世界传世藏书 【图文珍藏版】

世界通史

刘宇庚⊙主编

线装書局

萨尔区归还德国

萨尔位于德国西南部,南与法国接壤。这一地区是德国的重要煤炭基地,在历史上长期是德法两国争夺的对象。第一次世界大战结束后,《凡尔赛和约》就萨尔归属问题做出规定,该地区由国际联盟委托法国代管15年;此间萨尔煤矿的所有权和开采权归法国所有。15年后,由萨尔地区居民投票决定其归属,或维持原状,或与法国合并,或与德国合并。为使萨尔回归德国,受到德国政府资助的"德意志阵线"早在1934年就在该地区积极开展活动。在德国法西斯的压力下,在1935年1月13日萨尔公民投票中,近54万张票中的477000票赞成并入德国,4.6万票赞成仍归国际联盟监督管理,而赞成并入法国的只有2万票。主张并入德国的票数比例在90%以上。根据投票结果,国际联盟做出决议,自1935年3月1日起,萨尔地区交给德国。萨尔投票的结果极大地鼓舞了德国法西斯势力。

苏联第七届苏维埃代表大会

1935年2月6日,苏联第七届苏维埃代表大会重新选举出第七届中央执行委员会,该委员会确认现行领导班底后,大会宣布闭幕。斯大林第五次当选为中央执行委员会主席。莫洛托夫也保持了人民委员会主席的地位,并继续担任苏联的政府首脑。其他的重要政府职务由下列人员担任:马克辛·李维诺夫(外交部长)、克里门特·伏洛希洛夫(国防部长)、根利克·雅高达(内政部长)、安纳斯塔斯·米高扬(粮食部长)和契尔莫(农业部长)。苏维埃代表大会亦接受由莫洛托夫起草的一个选举改革方案,其中的基本内容是取消公开选举,代之以秘密选举。国防委员会代理人民委员米契尔·杜克柴夫斯基元帅提出令苏维埃代表大会吃惊不已的苏联扩充军备的数字,因为按照该项数字的估计,苏联的军备费用已不是财政收支中规定的16.6亿卢布,而是50多亿卢布,以便在与资本主义国家发生战争时有足够的武装部队。

考古学家发现已知最古老的城市

宾夕法尼亚大学博物馆1935年2月10日宣布,考古学家们在北部美索不达米亚地区挖掘德彼高拉大土丘时发现了已知的最古老城市的遗址。这个遗址距今约为5700年。这座城市是在巴格达和波斯湾之间的第11个发现物。这次对从巴格达到波斯湾地段所进行的系统勘察是由查尔斯·贝奇领导的。考古学家们挖出来的部分,包括一座庙宇的墙和个人居处、家用陶器、刀和磨石，还有妇女化妆品的容器、锭子、用织布机织的衣服以及其他一些家用器皿。同时还发现一些有木制棺材的坟墓，里面还有尸体，随葬的珍贵物品都原封未动。这座新发现的城市可追溯到公元前 3750 年，至少要比已知最早的迦勒底文化还古老。考古学家们说他们希望发现甚至更古老的遗址。他们在继续挖掘土丘。最后一批人曾在纪元前 1500 年居住在这里。

意大利总动员

1935 年 2 月 28 日，随着 1 万名意军运往非洲到意埃有争议的地点去，人们纷纷加入最近动员的 3.5 万名的志愿队伍。埃塞俄比亚人对意属索马里的边界地区发动进攻。自愿人员是响应墨索里尼扬言要对此可能进行报复而报名参加的。传到罗马的报道说共有 9 万名武装的埃塞俄比亚人正在这块殖民地边境集结。最近，边界事件突然在埃军和意属殖民军之间爆发，双方都指责对方应负责任。在瓦尔瓦尔境内，发生的最严重冲突中，双方有数人被打死，两国政府都向国联提出抗议，意大利并要求 7 万美元的赔款。

德国撕毁凡尔赛和约

1935 年 3 月 16 日，正当人们还在欧洲的银行之间为战债的问题绞尽脑汁时，欧洲各强国已经公开地为可能发生的世界战争做着准备。德国元首希特勒在所有的电台中宣布，德国重新实行义务兵役制。这是对凡尔赛和约的公然违抗，此举使欧洲各国震惊不已。使欧洲震惊的第二项消息是德国所公布的未来军队实力，希特勒预备扩建 36 个师，约合兵力 50 万人。事实上，连德国高级军官们也对这个扩充军备的规模而感到惊讶。外国空军武官在该月 10 日晋见德国航空部长赫曼·戈林时得知，德国在纳粹党掌权后，国防政策已有显著的变化。3 月 4 日，英国政府自大战结束以来，第一次宣布扩充英国的军备。在希特勒发表令人震惊消息的前一天，法国国会亦决定延长义务兵役的期限，这等于是使战斗力量增加一倍。

苏法互助条约的签订

在德国法西斯的侵略威胁日益严重，缔结集体防御德国侵略的东方公约难以实现的情况下，苏联继续争取与法国缔结双边互助条约。1935 年 3 月 29 日，苏联政府就此向法国政府提出建议，得到了法国的响应，并在日内瓦开始了双边谈判。5 月 2 日，苏联副外交人民委员鲍爵姆金和法国外长赖伐尔在巴黎签订了《苏法互助条约》。条约第一条规定:"当法国或苏联成为一欧洲国家侵略威胁和侵略危险的对象时,苏联和法国彼此保证相互立即进行协商,以便采取关于遵守国际联盟盟约第十条规定的措施"(指国联行政院应筹划履行防御外来侵犯义务的方法)。第二条规定:"当法国或苏联……成为欧洲国家未经挑衅的侵略对象时,苏联和法国彼此应立即给予支援和协助。"条约所附议定书规定了缔约一方遭受侵略时,"国联行政院未能体现一致表决,此项援助的义务仍应予以履行。"议定书还指出:"两国政府认为缔结一项区域性协定,其宗旨在组织缔约国间的安全并且可能包括或附带互助的义务,这是适宜的"。该条约对促进欧洲集体安全有积极作用,但是由于缺乏一项军事专约的保证(由于法国态度冷淡,这一谈判未能举行)以及法国推行绥靖政策,使其没有发挥应有的作用。

战争乌云笼罩欧洲

　　1935 年 3 月 31 日,欧洲的局势变得更加复杂动荡了。3 月 30 日,俄英双方官员举行了会议,使这个多事的月份达到了高潮。3 月 1 日,德国总理阿道夫·希特勒在萨尔受到最热烈的欢迎,那一天是萨尔从法国移交给德国的日子。人们在欢迎仪式上希望这块领土的移交将有助于缓和欧洲日益恶化的紧张局面。然而,那天萨尔一点儿也不平静,当元首称兴高采烈地庆祝者为"我的萨尔人"时,他们高兴得欣喜若狂。3 天之,后,英国宣布了一条新的加强防务的政策。一份由首相拉姆齐·麦克唐纳签署的白皮书说,由于德国具有"侵略意识"和"整个世界……武装力量日益增强",英国的防御需要加强。16 日,当第三帝国宣布将重建军队征兵制时,英国又增长了对德国的忧虑。这一行动违反了《凡尔赛条约》的军事条款部分。然而德国报纸对此用《凡尔赛条约结束了,德国重获自由》为标题公布这条恢复征兵制的法令说,"只有通过重建德国军队,德国人民才能在枪炮林立的欧洲保卫自己。"像人们所预料的那样,反响是多种多样的,大多数的大国都感到惴惴不安。法国感到泄气但并不感意外,英国感到愤怒但愿意派外长约翰·西蒙到柏林进行谈判;而表面缄默的日本对德国军国主义的复活感到高兴。一周之后,墨索里尼步其后尘扩充征兵,将 1911 年的毕业学生包括在内,到下月这个时候,意大利将有 100 万武装士兵可供作战。许多欧洲人对墨索里尼的动机还不太清楚,不过增加军队是为了欧洲局势而不是为了应付意大利在埃塞俄比亚的战争这一点是清楚的,因为意大利在埃塞俄比亚所需要的军队用不着动这么大的气力。这位独裁者在一次法西斯庆祝大会上说:"我想让所有的意大利人都知道,我们对任何事情都是有准备的。"英国的西蒙和希特勒之间的会晤倒是举行了,可是收效甚微。希特勒谴责苏联是战争的煽动者,并且否认有进攻立陶宛的任何意图。3 月 30 日,俄国和英国同意为了维护和平,国际联盟必须建立集体安全措施。作家加文在支持这些措施时写道:"如果英国强大,而且世人皆知时就会有和平;如果她弱小,而且人们以为是这样的话,就会有战争。"

苏联第一段地铁通车

1935 年 4 月 23 日，莫斯科地铁的第一段已向公众开放，每天有 15 万莫斯科人拥进地铁来享受下个月正式使用前所提供的免费服务。地铁是苏联的一件展品，里面有宽阔的楼梯，大理石支柱，苏联第一个自动扶梯和各种装饰性灯具。在设计上，没有两个车站完全相同的。该地铁建成后将穿过整个莫斯科。它的第一段长 7.5 英里，并以创纪录的时间建成。修建地铁的计划于 1931 年制定，工程于 1933 年动工。几乎每个莫斯科居民都为地铁出过力。苏联领导者约瑟夫·斯大林乘坐地铁并挥手向吃惊的工人致意。

苏捷互助条约签订

苏联与法国签订互助条约的前后，也在与捷克斯洛伐克进行类似的谈判。1935 年 5 月 16 日，苏联全权代表亚历山大罗夫与捷克斯洛伐克外长贝奈斯在布拉格签订了《苏捷互助条约》。其内容与苏法互助条约基本相同，第一、二条完全采用了苏法条约的有关条款，即规定："当苏或捷受到一欧洲国家侵略威胁或遭侵略危险时，两国彼此应立即进行协商和给予援助"。附加议定书第二款规定："两国政府承认互助之义务仅于两国间发生有本约所规定之情形，而法国方面对被侵略国将予以援助时行使之。"这就是说在缔约国一方遭受侵略时，只有法国同意援助受攻击一方时，互助义务才能生效。这一条款是应捷方要求列入的。由于法国推行绥靖政策，因此在 1938 年苏台德危机和 1939 年 3 月德国侵吞捷克斯洛伐克时，这个条约没有发挥实际作用。

美国解散国家复兴总署

作为新政主要复兴工具之一的国家复兴总署于 1935 年 5 月 27 日被美国最高法院裁定为不合宪法。国家复兴总署自 1933 年中期开始工作，是国家工业复兴法案的执行机关。国家工业复兴法案允许政府干涉私人工业的工资和工时规定，因此法院一致认为这超出了宪法的范围。法院的裁决对罗斯福总统及其顾问们是一沉重打击，但却给华尔街带来了喜悦。银行家和工业巨头们把法院的举动称为"几年来最好的事情"。许多共和党关键人物认为这项引起争议的决定维护了前总统赫伯特·胡佛近来对新政的攻击。但是本政府在因为取消了国家复兴总署而深感不快的同时又有了一项新武器来为贫困的美国人提供工作而战。这项武器就是工程进度管理署。它现在正向数以千计的建筑工人、教师、音乐家、艺术家、演员和各种工人提供工作。

欧洲互保运动

1935 年 5 月 25 日，德国即将进行重整军备的动态，引发欧洲国家的疑忌。因此，在 5 月份出现了第一个欧洲国家之间的互保协定，该协定保证当一国受到其他国家攻击时，将相互提供援助。苏联于 5 月 2 日与法国、16 日与捷克分别签订了互保条约。德国外交部认为这些条约是针对德意志帝国而制定的。为此，希特勒指示立即向条约国递交反对苏联—法国协定的备忘录。几天前，希特勒在柏林的克洛尔歌剧院召开的德意志帝国国会会议上发表了一次所谓的和平讲话。其中，他谴责战争，并说德国要为欧洲的和平服务。希特勒的讲话给外国观察员留下了深刻的印象。尤其是英国，她欣然接受了希特勒的提议：即德国战斗舰队力量最高可达英国目前所有海军实力总数的 35%。

日本军队进犯中国华北

1935 年 6 月 10 日，南京的中国国民党政府默许了日本的要求，把一支军队撤出东北。日本已向南京政府发出最后通牒，要求获得任免京津地区所有中国行政官员的权利。日本人的这一行动与 4 年前在东北建立由其扶植的满洲国时的行动很相似。按照日本人的要求，蒋介石的国民党政府就完全失去了其在华北地区的政治和军事影响。有报道说，日本的下一步行动将是在京津地区建立一个由日本可以接受的中国人领导的自治区。其结果是将华北变为位于满洲和仍由国民党控制的华中之间的一个缓冲区。

《英德海军协定》签订

德国元首希特勒在 1935 年 5 月向英国提出德国海军实力应为英国海军实力 35% 的建议，由德国大使乔奇姆·劳·里本特洛普在伦敦与英国政府进行长达两个星期的谈判，并于 1935 年 6 月 18 日签订了英德海军协定。消息传出，举世震动。协定的要点是德国海军实力与英联邦成员国海军总数实力的固定比例为 35：100。但是另一项协定规定，德国的潜水艇可占英国全部潜水艇的 45%，在危急情况下，此限度可提高至 100%。

美国新法案保护劳工权利

1935 年 7 月 5 日，罗斯福总统签署了《国家劳工关系法案》。该法案支持雇工享有加入劳工组织的权利,并授权给"国家劳工关系委员会"对不合理的雇工行为进行调查。由于这项法案的主要发起人是纽约州的罗伯特·F·瓦格纳参议员,因此它也被称为"瓦格纳法案"。这项法案被看作是为工人立法的一个里程碑。它要求资方承认工会,并由工会代表集体进行劳资谈判,禁止雇主侵犯工人加入工会的权利。在这项法案被提出的前几年,人们就控诉说,雇主们歧视那些参加工会的工人们。1932 年的诺里斯—拉加第亚法令宣布,有两项反对劳工的规定是违法的,即禁止工人加入工会和以工人不加入工会为雇佣条件。这项法令为劳工关系法的建立和通过铺平了道路。这项法案自然受到了雇主们的抨击,他们指责政府不必要地干预他们经营企业的权利。一些人提出的意见说这项法律是违背宪法精神的。然而,这项法案的支持者似乎可以肯定,它将会通过最高法院的复审。

日本军界相泽事件

1935 年 7 月,受统制派军官拥戴的陆相林铣十郎为消除内部派阀的对立,罢免了被视为皇道派中心人物的真崎甚三郎,于是两派矛盾更加尖锐。皇道派军官们认为,这是属于统制派的永田军务局长策划的,于是便散发了《关于整肃军队的意见书》《军阀重臣阀的大逆不道》《教育总监更迭情况要点》等攻击永田的秘密文件。受此影响的皇道派军官相泽三郎中校,于 1935 年(昭和 10 年)8 月 12 日上午闯进陆军省军务局局长室,大喊一声"天诛",即把正在听取汇报的永田铁山砍死。相泽被逮捕后声称,他的行动是"奉伊势神宫之神旨",是"大神附体,进行天诛"。相泽事件进一步引起陆军内部的两派对立,1936 年 7 月相泽三郎被处死。

法国人民阵线运动

20 世纪 30 年代初期,在经济危机的打击下,法国国内政局动荡,政治势力两极分化。一方面形形色色的右派法西斯组织纷纷出笼,准备武装夺取政权。另一方面共产党等进步力量也在团结人民群众,开展反法西斯斗争。1934 年 7 月 27 日,共产党和社会党在巴黎签订了关于同法西斯主义做斗争的《统一行动公约》,首先实现了工人阶级的统一。1935 年 7 月 14 日法国国庆日这天,共产党、社会党、激进社会党等 69 个党派团体的 1 万名代表,在巴黎巴士底广场举行"和平和自由大会",通过了《人民阵线誓词》,决定建立"人民阵线全国委员会"。巴黎有 50 万人,全国有 200 万人举行了拥护人民阵线的示威游行。1936 年 1 月,共产党、社会党、激进社会党制定了《人民阵线纲领》,作为国会竞选纲领。纲领在政治方面要求大赦,反对各种法西斯联盟,尊重工会权利,保证信仰自由,进行国际合作,保证集体安全,限制军备,保卫和平。在经济方面要求设立国家失业基金,不减工资的缩短周工作日,建立养老金制度,消灭投机商,法兰西银行收归国有,实行军事工业国有化。人民阵线纲领受到工人、农民以及小资产阶级、中等资产阶级的拥护。在4~5月的众议院选举中,人民阵线获得64%的多数席位,6月4日组成以社会党领袖莱昂·布鲁姆为首,激进社会党人参加的第一届人民阵线政府。布鲁姆政府实行了一些社会经济改革措施,部分实现了人民阵线纲领。但大资产阶级和反动势力反对改革,策动经济怠工、资金外流、哄抬物价,有意制造经济困难。1937年3月,布鲁姆政府宣布暂缓改革,并于6月辞职。此后政局再度动荡,内阁几度换届。1938年4月10日,激进社会党人爱德华·达拉第组阁,对内破坏人民阵线纲领的实施,对外推行绥靖政策,参与出卖捷克斯洛伐克。10月4日议会讨论慕尼黑协定时,社会党弃权,共产党反对,达拉第宣布同人民阵线决裂,法国人民阵线运动遂告瓦解。

纳粹加紧镇压犹太人

1935年7月30日,柏林发表消息说,纳粹将缓和对犹太人、天主教徒和"反革命分子"所进行的镇压行动,可是这一消息还未被事实证明。恐怖笼罩着柏林上流社会的库菲斯滕达姆区,那里的犹太人脸上淌着鲜血,纷纷逃离纳粹暴徒的追击。200名纳粹暴徒

纳粹德国禁止犹太人参加公众生活,图为希特勒在纽伦堡宣布反犹太人法令。

一边追赶着他们,一边吼叫着"消灭犹太人!"德国人与犹太人的任何方式的合作,都将受到惩罚。犹太人不准在科隆地区的城镇里定居。一个城镇宣布,从犹太人那里买东西就是"对人民的背叛"。由于顾客们害怕从犹太人的手里收到包裹,所以犹太人的邮购商行大部分都已关闭。在朱利叶斯·施特赖歇尔的命令下,联合抵制行动也波及了诸如理发店之类的较小服务行业。逮捕"种族亵渎者"的行动也很常见。在勃兰斯陆,被指控犯有

此罪的 24 名犹太人和"雅利安"姑娘被抓进集中营,男人们被押送到利希滕贝格,女人们被送往莫林根。

美社会保险法获得通过

罗斯福总统于 1935 年 8 月 14 日签署了社会保险法案,使之成为法律,完成了他在 1932 年竞选活动时所做的许诺。那年,民主党人保证说:"我们提倡在国家法律的保证下对失业者和老年人进行保险。"现在,美国同许多其他工业化国家一道,对上了年纪的人、残废人和失业者提供多种照顾。这项法案经过 14 个月才得以通过,所需资金将由工资税提供。自从 1931 年 6 月罗斯福提议以来,保守人士对法案表示反对。一位议员相信这项法案会对我们的公共机构的完整性构成威胁。可是大多数议员觉得它会减轻许多美国人的负担。

科学家发现维生素 E 的结晶体

加利福尼亚大学实验生物化学研究所负责人赫伯特·麦克莱恩·埃文斯 1935 年 8 月 20 日宣布,他们成功地分离了维生素中最难以获得的 E 纯结晶体。埃文斯在美国化学会的年会上报告说,这种维生素是经过一个使用氰酸进行的化学反应过程,在小麦的胚芽里分离出来的。埃文斯在 1922 年发现维生素 E,后来他又证明了这种维生素在运动繁殖过程中起一种必不可少的作用。他说,这项分离技术不久就会被用于维生素的商业生产中,并使运用维生素 E 来治疗人的不育症成为可能。维 E 的分离试验是一个历时 10 年的艰苦卓绝的研究工作。维生素 B-1 于 1926 年分离出来,维生素 D 于 1930 年,维生素 A 于 1931 年,维生素 C 于 1932 年,而维生素 B-2 是于 1933 年分离成功的。现在所有这些维生素都能在实验室里合成并可以进行批量生产,使用它们可以防治一些维生素营养缺乏症,如糙皮病、软骨病和脚气病等。

斯达汉诺夫运动风行苏联

苏联广大人民为超额完成第二个五年计划,在各个经济部门展开了修改陈旧的技术定额运动。斯达汉诺夫运动就是在这个基础上产生的。1935 年 8 月 30 日夜,顿巴斯卡迪耶夫区"中央伊尔明诺"矿井的采煤工人阿列克塞·斯达汉诺夫采用新的劳动方法,他一人采煤时,由两名支架工随着他的进度做支固工作,充分利用风镐生产作业,在 6 小时内采煤 102 吨,超过原技术定额 13 倍,创造了风镐采煤生产率的世界纪录。几天后采煤工米·久卡诺夫、米·康采达洛夫等人按照他的先进方法采煤,超过了这个水平。9 月 9 日斯达汉诺夫又刷新了过去所创的纪录,一班内采煤 175 吨。9 月 11 日戈尔洛夫卡的尼·伊左托夫又创造了更高纪录,一班内采煤 241 吨。这个先进生产者运动是由斯达汉诺夫首先发起的,因此以他的名字称为斯达汉诺夫运动。该运动在顿巴斯矿区发起后,很快席卷了国民经济各个部门。为了把群众性的革新运动推向更高水平,1935 年 11 月 14 ~17 日,在莫斯科召开了第一次全苏工业和运输业斯达汉诺夫工作者会议,交流了先进生产经验。这次会议对进一步推广斯达汉诺夫运动起了巨大作用。在第二个五年计划期间,工业劳动生产率增长了 82%,比原计划提高了 20%,从而加速了第二个五年计划的完成。

美国通过《中立法案》

德意法西斯执掌政权并不断扩军备战,企图推翻凡尔赛体系,对世界和平构成了严重的威胁。但是美国统治阶级出于自己国家利益的考虑,借口维护世界和平,反对战争,对侵略者采取纵容、绥靖政策,仍于 1935 年 8 月 31 日在美国国会通过了"中立法",声称对世界范围内存在战争状态的两个或两个以上国家实行武器和军火禁运,保持所谓的"中立"。这种政策实质上有利于拥有军火工业的发动侵略战争的法西斯帝国主义国家,而不利于遭受侵略的弱小的工业不发达民族和国家。

德国剥夺犹太人公民权

1935 年 9 月 15 日,德国国家社会主义劳工党(纳粹党)在纽伦堡召开党大会,希特勒宣布一项新法律,不承认犹太人为德国公民,故犹太人没有选举权,也不能参与德国政治。这项有关德国公民、血统与荣誉的法律禁止犹太人有如下的行为:与德国公民通婚;与德国公民发生婚姻外的关系;雇用 45 岁以下的德国妇女帮助家务;悬挂德国国旗。违法者将被判刑入狱。

巴西民族解放联盟军起义

1930 年,巴西自由主义者赫图利昂·瓦加斯借助人民的力量通过政变取得政权之后,立即解散议会,把行政权、立法权集中于一身,建立了地主资产阶级的独裁统治。1929 年爆发的世界性经济危机和 30 年代法西斯势力的猖狂活动,使广大工农群众的处境进一步恶化,因而各地工人和广大群众反对独裁统治和法西斯势力的民主运动不断高涨。在斗争高潮中，1935年3月建立了以共产党为核心的，包括各种进步党派团体的、广泛的政治联盟——巴西民族解放联盟，路易斯·卡洛斯·普列斯特当选为联盟名誉主席。联盟所制定的反帝反封建反法西斯的革命纲领得到广大群众的热烈拥护，在几个月之内盟员便发展到500万人，并建立了自己的武装力量。它引起了瓦加斯政府的极大恐怖，于1935年7月11日宣布该联盟为非法，并对共产党员和联盟盟员进行残酷迫害。全国各地群众纷纷举行罢工、集会和游行示威，抗议反动政府的白色恐怖。11月23日，北里约格郎德州首府纳塔尔市的联盟革命部队举行武装起义，曾一度夺取市政权，建立起以制鞋工人何塞·普拉克塞德斯·德·安德拉达为政府首脑的巴西历史上第一个人民革命政府。11月25日，人民政府出版了第一期也是唯一的一期"自由报"。人民政府给自己规定的基本任务是：反对帝国主义奴役和大地主统治，争取民主与政治自由。11月25日，瓦加斯使议会通过决议，宣布全国实行戒严，并授权总统采取必要的措施镇压联盟起义。瓦加斯政府调派大批军队对起义者和人民进行残酷镇压，起义者经过几昼夜的英勇抵抗，最终于27日宣告失败。在纳塔尔市起义的同时，伯南布哥州首府累西腓市、巴拉那州的库里提巴市以及圣保罗州、南里约格朗德州的一些城市也都相继发生过武装起义，到11月27日都先后被镇压下去。1935年民族解放联盟武装起义的工人和士兵，用自己的鲜血在巴西历史上谱写了光辉的一页。

意大利入侵埃塞俄比亚

意大利对埃塞俄比亚觊觎已久。1934年12月，意军有意挑起的"瓦尔瓦尔事件"，成为意大利大举进攻埃塞俄比亚的前奏。1935年10月3日，在埃塞俄比亚雨季业已结束、机械化部队便于行动之时，经过长期准备的意大利军队从南北两线大举入侵埃塞俄比亚。战争爆发后，入侵意军遭到埃军的顽强抵抗。意军主力在北部突破埃军防线之后，历时5个月进展竟不足100公里。同时南线亦是胶着状态。1936年3~4月以后，战局转而对意大利有利。同年5月1日，埃塞俄比亚皇帝海尔·塞拉西一世携眷逃亡国外。5月5日，埃塞俄比亚首都亚的斯亚贝巴陷落，意军取得战争胜利。5月9日，墨索里尼正式宣布意大利兼并埃塞俄比亚，将其与意属索马里和厄立特里亚合并成为意属东非洲。意大利军队武装入侵埃塞俄比亚，在国际上引起了强烈反响。但由于英法帝国主义的默许甚至怂恿，这一可耻的侵略行径并未得到十分有效的制止。意大利侵埃战争是第二次世界大战前法西斯势力扩张和侵略的重要事件，对国际关系产生了十分重要的影响。

30年代美国中立法的实施

20世纪30年代资本主义世界的政局动荡不已，欧洲的德、意和亚洲的日本两个战争

埃塞俄比亚皇帝海尔·塞拉西呼吁国际联盟对意大利进行制裁

策源地已经形成。英法力图保持自己的既得利益,对德意侵略采取绥靖政策。美国为避免卷入欧洲冲突,在处理欧洲问题上也采取了中立政策。1935年8月意大利侵略埃塞俄比亚前夕,美国总统罗斯福签署了参议员皮特曼提出并经两院通过的中立法案。法案规定:"在两个或两个以上外国中间,发生战争或战争在进行之中,总统应宣布此项事实。宣布以后凡由美国或其属地之任何地点把武器、弹药及军事装备输往交战国,或远至任何交战国所利用之任何中立国港口者,均为违法。"并宣布禁止美国船向交战国运送军火,不保护乘坐交战国轮船旅行的美国人。这是一个强制性的严格的中立法,限期为6个月。1935年10月3日,意大利发动了侵略埃塞俄比亚的战争。10月5日罗斯福援引中立法,宣布对意大利和埃塞俄比亚实行军火禁运。但事实上美国仍向意大利输出原料和战略物资,并拒绝参加国联对意的经济制裁。该年11月美国对意大利的石油出口等于平时的3倍,对意属东非的石油出口高达平时的6倍。1936年2月第一个中立法到期后,美国国会于2月20日通过了第二个中立法,规定禁止向交战国提供贷款,并授予总统裁断权得以将军火禁运扩大到新参加战争的其他国家。如果美洲国家同一个非美洲国家发生战争时,美国则不执行中立法。1937 年 5 月第二个中立法到期,罗斯福又签署了一项永久性的中立法。该法授权总统决定从何时起已存在战争状态,或一个国家的内战是否威胁世界和平。如果总统发现这种战争或内战存在,就应立即禁止向交战国输出武器、军火和信贷。此外法案加进了一个有效期为两年的"现购自运"新条款,凡运往交战国的美国货不得由美国船只运输,另一方面交战国必须支付现金或不超过 90 天的短期信贷。这个法案助长了法西斯的侵略扩张。它可使英法在战时利用海军优势获得武器和其他物资供应,又可使美国通过出售军火获取巨额利润而不承担风险。但对于被侵略国家的人民来说,则是十分不利的。美国 30 年代中立法既是孤立主义的产物,又是对法西斯侵略势力采取绥靖政策的体现。它以中立为名行纵容侵略之实,结果不仅无助于美国脱离战争,反而损害了美国的切身利益,最后美国自己也落入了战争的深渊。

DC-3 型飞机首次试航

一种时速接近 160 英里,可载 21 名乘客的新型客机"道格拉斯 DC-3 型"1935 年 12 月 21 日首次试航。由唐纳德·道格拉斯设计的这种新型飞机是对 DC-2 型客机的改进,打破了多种客机飞行速度和载货纪录,机身加大,增加了运载能力,装的是 2 台 900 马力的柯蒂斯—赖特引擎,大大超过了 DC-2 型引擎的功率。按美国航空公司最初的要求,DC-3 型客机应配有 14 张床位,为的是同铁路上的普尔门式火车卧车服务进行竞争,但是其他航空公司则要求 DC-3 型上配有 21 个座位。

德国流亡作家塔契尔斯基自杀

1935 年 12 月 21 日,流亡在瑞典的德国新闻记者兼作家库特·塔契尔斯基去世。他在 1933 年被剥夺国籍而流亡在外,因对纳粹主义感到绝望而自杀。他从 1913 年起,以笔名彼得·潘特、西奥巴得·泰格、伊格纳兹·渥罗贝尔和卡斯柏·豪塞为《世界舞台》杂志写稿。1926 年亲自担任该杂志的发行人。1932 年以前,他一直是该刊物最重要的撰稿人。塔契尔斯基的文章使他成为一个杰出的讽刺作家和令人生畏的时事评论家。他的政治立场属于极左派,因此,他经常以充满辛辣和讽刺的笔调大肆抨击战争与资本家。《德国,德国高于一切》(1929 年)便是其中的代表作。

电影帮助美国人逃避现实

1935 年,电影为人们逃避现实提供了几种渠道。背着沉重的生活负担的人们,非常高兴地在这里找到了避难的场所。他们喜欢冒险片、浪漫片、古典片和喜剧片。《叛舰喋血记》具有上述所有特点。克拉克·盖博扮演弗莱切·克里斯琴这位18世纪的反抗者，

8岁童星秀兰·邓波儿主演《可怜的富家小女孩》
和《小酒窝》等4部影片，达到了她电影事业的顶峰。

他与残酷的布莱船长（由查尔斯·劳顿扮演）进行抗争。在皮特凯恩岛他爱上了一位叫作莫维塔的女演员。由埃罗尔·弗林主演的《布拉德船长》也是一部描写暴徒的影片。这位塔斯马尼亚岛人1935年在美国拍了他的第一部影片。加里·库珀参加演出的《一个孟加拉舞者的生活》说的是一个英国军团里同伴们的事情。葛丽塔·嘉宝主演的《安娜·卡列尼娜》是一个永恒的爱情故事。嘉宝把托尔斯泰的悲剧女主角扮演得十分出色，这也不足为怪。在此之前，她曾在与约翰·吉尔伯特合拍的《爱情》（1927）中扮演过同一个角色。导演约瑟夫·范·斯登堡在《魔鬼女人》中又一次选派马林·黛德丽饰演了片中令人伤心的角色。《危险》讲的是一个女人被一个男人的爱改造成新人的故事。贝特·戴维斯的演技属于奥斯卡获奖者的水平。银幕上还有两部古典片：《大卫·科波菲尔》忠实地再现了狄更斯的故事；莎士比亚的《仲夏夜之梦》配有音乐和特技效果。詹姆斯·卡格尼在扮演一个叫作博顿的男人时头上戴着一副驴头道具。最值得一看的大概要数《歌剧院一夜》了。马克斯兄弟们仍像往常一样处处搞破坏。

西班牙人民阵线的建立

西班牙位于西欧,20世纪30年代前是一个半封建的君主制国家。1931年4月爆发的资产阶级革命,推翻了君主制度,建立了资产阶级共和国。由于资产阶级力量的软弱,新政府虽进行了一些民主改革但不彻底。在意大利法西斯和德国纳粹势力的鼓舞下,西班牙右派保皇反动势力猖獗活动。左翼政党也积极开展群众斗争,保卫共和制度,发展民主成果。1935年6月2日,以何塞·迪亚斯(1894~1942)为首的西班牙共产党第一次号召成立反法西斯人民同盟,并提出了这个同盟的纲领。1936年1月15日,签订了人民阵线公约,参加者有左翼共和党、共和联盟、工人社会党、劳工总会、共产党、工团主义党、社会主义青年联盟和马克思主义统一工党等左派政党和团体。人民阵线纲领规定:大赦1933年11月后被捕的政治犯,吸收因政治信仰、维护自由和法制而被解雇的人参加工作;降低赋税,消灭高利贷,减少地租,取缔投机商,鼓励农产品出口;保护民族工业,保护关税,扶助小工商业,执行公共工程计划等。人民阵线纲领得到了人民的广泛拥护和支持,在2月16日举行的全国议会选举中,人民阵线获得胜利。在472名议员中人民阵线各党占258席,中间政党占62席,右翼政党占152席。2月19日,西班牙人民阵线政府建立,由左翼共和党的曼努埃尔·阿萨尼亚组阁。工人社会党和共产党人没有参加政府,但表示支持实行人民阵线纲领的新政府。西班牙人民阵线政府的建立是西班牙民主力量对右翼法西斯反动势力的一个重大胜利。

戈培尔要求扩张殖民地

1936年1月17日,德国宣传部长约瑟夫·戈培尔博士面对18000名纳粹分子发表了激烈的演说,他宣布德国必须拥有殖民地。他说:"德国确实是一个贫困的国家,我们没有殖民地也没有原材料。"为了装备新的军队,德国需要铜、羊毛和其他物资,可这些产品不是德国没有就是供应不足。在谈到这个问题时,他说:"没有黄油我们还能活,可没有大炮我们就活不下去了"。在拒绝给予德国犹太人公民权的纽伦堡法出台之后,英国犹太人中的头面人物收到了由中间人转来的一份纳粹计划,计划说如果英国和美国的犹太人能为以后的犹太人迁出德国提供补偿,德国将把大批的犹太人放逐到巴勒斯坦和英国。由于德国只允许以货物的形式进行补偿,所以这个计划将有利于德国的工业和出口业。假如这个计划不能得以实现的话,德国就将加紧对德国境内犹太人的迫害。

英王乔治五世去世爱德华八世继位

1936 年 1 月 28 日,国王乔治五世的苏格兰军团吹奏起高地北部的挽歌,皇家海军的舰队响起了刺耳的汽笛声,英国国王乔治五世的遗体被安葬在温莎的圣乔治教堂。他的祖辈们也都葬在此地。当天举国上下都沉浸在前所未有的悲哀之中。乔治五世享年 70 岁。英国从未有过如此庞大的皇家送葬队伍。走在装殓他的遗体的炮车后面的有法国总统、各国大使、来自世界各国的部长们和军事首领,还有 10 位公爵和 5 位国王。这 5 位国王是挪威国王哈康,罗马尼亚国王卡罗尔,比利时国王利奥波德,丹麦国王克里斯琴和保加利亚国王鲍里斯。在伦敦送葬的队伍不时被 300 万哀悼的人耽搁,忠诚的臣民向他们的"好"国王表示最后的敬意,据报道有 7000 人昏厥被送往医院。他的长子爱德华八世继承了王位,新国王宣布他决心学习他已故父王的榜样,为全国各阶层人民谋利益。

德国生产价廉的国民车

1936 年 2 月 15 日,希特勒在柏林汽车展览会上宣布:德国已制造出一种人人都买得起的国民车。由于德国的燃料生产问题已获得实际上的解决,而且德国目前采用一种化学合成的轮胎,因此已生产出了 3 辆国民车的样车。柏林的油漆利益联盟股份公司提炼出一种"布纳橡胶",这是由实验室中研制出来的合成橡胶,利用这种橡胶制成的汽车轮胎已通过国防车辆的检验,其坚固耐用程度远超过天然橡胶制成的轮胎。目前德国正着手更换工厂设备,全力制造合成橡胶。

日本"二·二六事件"

明治维新,使日本迅速走上了资本主义经济的发展道路。但是由于明治维新并没有完全彻底地废除封建主义,因此封建残余在日本演变成封建军国主义,强烈要求日本政府扩大军备,通过战争向外扩张。

法西斯主义在日本早就存在。第一次世界大战刚刚结束,日本法西斯分子大川周明就组建了第一个法西斯组织"龙存社",此后日本出现了大量的法西斯团体,例如"黑龙会""大日本国粹党"等。

1929 年的资本主义经济危机迅速席卷了日本。由于日本是个岛国,资源贫乏,因此对外贸易对它来讲显得尤为重要。由于这次经济大萧条是世界性的,其他资本主义国家也都受到了影响,因此日本的出口受到了很大影响,经济下降非常快。1930 年,日本的进出口数量分别比 1929 年下降了 30% 和 32%，次年再次下降了 57% 和 53%。

从 1929 年到 1931 年，日本的工业总产值下降了 32.9%，有些工业部门的开工率只有原来的 1/2。虽然日本在 1929 年出现过农业丰收，但是由于世界米市场的价格下跌，导致农业总收入大幅度下降，部分农作物的价格甚至抵偿不了运输费用。

为了降低经济危机给日本带来的负面影响，日本政府通过法律的形式规定：加强工人的劳动强度，同时降低工人的工资，加紧对外侵略扩张。而广大工人和农民由于生活条件日益下降，也起来反抗政府。1931 年，日本共发生了 2415 次罢工，同时发生了农民要求减租的斗争 3400 多起，打破了历史纪录。同时，工会和农会的力量在不断加强。

经济危机的出现，促使日本更多人倾向于法西斯主义。1930 年，日本先后成立了"樱会""神武会""爱国社""国家社会党"等右翼法西斯团体。和意大利、德国的法西斯团体不同，这些民间法西斯团体封建性非常强，奉行家族主义和自我个人主义，团体数目最多时曾达到了 501 个，团体之间的关系松散，而且没有共同纲领。因此，这些团体在日本法西斯化过程中并没有起到很大的作用。

真正对日本的法西斯化起到作用的是日本军部。军部是一个独立于政党政治之外的特殊政治团体。军队中的年轻军官非常不满当时日本政党的腐败统治，对议会和民主政治感到厌倦和非常惊恐。趁着经济危机，法西斯分子提出"打倒财阀和政党""重点解决满蒙问题"等口号，鼓吹向国外转嫁经济危机。他们积极要求对日本进行"国家改造"，取消议会制，实行军事独裁统治，进行扩军备战以达到对外侵略的目的。

所以，军部是日本法西斯化的主要决策者和推动者。他们的目标是在天皇的名义下建立法西斯独裁政权，实行对外侵略扩张。为了达到这一目的，军部法西斯分子制造了一连串暗杀、政变等恐怖事件。日本一步步走上了对内独裁、对外扩张的道路。

从 20 世纪 20 年代开始，在民间法西斯分子大川周明等人的影响下，军部内部形成了两个对立的派别，他们分别是"皇道派"和"统制派"。"皇道派"的代表人物包括荒木侦夫和冈村宁次等，以陆军中下层军官为主。这个派别形成于荒木侦夫出任陆军大臣之后，由于他们经常口称"皇道"和"皇威"而得名。"统制派"的代表人物包括东条英机、宇恒一成等。这个派别以陆军中下级官员为骨干，主要是参谋本部和陆军省的一批上层军官和关东军的一些将领。

在推行法西斯统治、建立法西斯独裁、向外进行军事扩张方面，"统制派"和"皇道派"是没有任何分歧的。但是在某些手段的使用上，这两个派别就存在一定的分歧了。"皇道派"主张通过暗杀、政变等手段进行法西斯化，他们还主张取消朝廷的重臣和元老，实现"一君和万民直接相结合"。"统制派"和老财阀、旧有官僚关系紧密，认为军部的势力已经非常强大，因此不需要使用暴力去改变现状，强调在维护现有天皇统治的前提下，通过合法手段建立法西斯独裁统治。

中国成了法西斯分子对外扩张的首选目标。日俄战争后，东北三省成了日本的势力范围，但是日本还没有拥有对东北三省的主权。中国发生辛亥革命后，以军阀张作霖为首的奉系占据着东北，而且势力日益强大。鉴于奉系军阀成为日本占领东三省的障碍，日本想方设法炸死了张作霖。

张作霖死后，他的儿子并没有像日本人想象的那样将东北交给他们，而是宣布"东北易帜"，投靠南京蒋介石。同时，张学良计划引入资金和技术，修筑西满铁路，和日本人控制的南满铁路竞争。日本人对此咬牙切齿，准备采取一切措施尽快夺取东北。

参谋部和陆军省制定了攻占东北的计划。1931年9月18日，日本关东军按照计划炸毁了沈阳北部的柳条湖段铁路轨道，然后说是中国军队故意破坏。在此借口下，关东军向沈阳发动突然袭击。由于蒋介石政府采取"不抵抗"政策，关东军在三个月之内就占领了东北全境。1932年3月1日，日本在东北建立了以末代皇帝溥仪为首的"满洲国"，实行傀儡式统治。

在中国政府的多次要求下，国联理事会通过决议，要求派调查团到中国东北调查中日问题。1932年1月，由英、法、美等五国代表组成的调查团开始着手调查"九·一八事变"，以英国代表李顿为团长。经过八个月的调查，这个代表团出具了调查报告，即"李顿报告"。报告声称，中国抵制日货运动是导致这场冲突的重要原因，同时也不承认满洲国的合法性。

日本军国主义者在看到国联的报告后非常不满。因此，虽然国联在1933年通过了这一报告，日本还是拒不接受。1933年3月27日，日本宣布退出国联。

"九·一八事变"之后，法西斯分子在日本的地位得到了很大的提升，同时也鼓舞他们夺取国家政权的野心。1931年10月18日，"统制派"准备发动武装政变以建立军人政权，但是由于军部首脑开始对此次暴动举棋不定，导致阴谋破产，主谋分子被捕。

1931年冬和1932年春天，是日本农村最为贫困的时候。与此同时，由于日本财阀看到英国等先后废除了金本位制而担心日本也会发生类似事情，而发生了财阀抢购美元的事件，群众对此非常愤慨。著名法西斯团体"血盟团"的海军军官决定在此时采取行动，暗杀财团。从1932年2月开始，前藏相井上准之助、三井以及日本财界首脑团琢磨等先后被暗杀。但是凶手也很快被捕，"血盟团"的阴谋败露。

1932年5月15日，在"血盟团"的领导下，"皇道派"再次发动武装暴乱。这次暴动的参与者包括海军军官、一些陆军士官和"血盟团"的成员。在这次行动中，法西斯分子分头袭击了三菱银行、警视厅、首相官邸等处，暗杀了首相犬养毅。在《告国民书》中，法西斯分子提出了"打倒政党和财阀"的口号，要求实行"昭和维新"。

由于参加暴动的人随后就向日本宪兵队自首，暴乱当晚就被平定了。但是军部上层军官却利用这次政变向政府施加压力。事后，陆军发表声明，反对继续通过议会进行组阁，要求在日本建立"举国一致"的内阁。日本政府最后接受了这一要求。5月26日，海军大将斋腾实组织了包括军部、官僚和政党代表在内的"举国一致内阁"。在这个内阁中，政党成员只占少量次要职务，军部的势力占了多数。至此，日本历史上短暂的政党政治正式结束。

"五·一五事变"发生后，以陆军省军务局局长永田少将为首的统制派核心人物在处理皇道派军官残余政变的事情上，极力打压皇道派，引起皇道派军官的不满。此后，皇道派和统制派的矛盾日益尖锐,经常排斥异己。

在荒木侦夫卸任陆军大臣之后,军部大权落到了统制派手中。1935年,属于统制派的陆军大臣林铣十郎罢免了皇道派真崎甚三郎的总监职务。皇道派对此十分不满,认为是统制派核心人物永田所策划,因此伺机报复。不久,皇道派军官相泽三郎闯进永田的办公室劈死了永田。

双方的矛盾此时已经到了不可调和的地步。为了进一步打击皇道派,新上任的陆军大臣、统制派代表人物之一的川岛义之下令将以皇道派军官为主的东京第一师团调往满洲。这引起皇道派军官的强烈不满。于是,皇道派决定在东京第一师团调往中国东北之前发动武装政变,夺取以统制派为主的陆军省,建立由皇道派控制的军事独裁政府。

1936年2月26日凌晨,皇道派军官率领1400名士兵发动了政变。政变官兵占领了首相官邸、陆军大臣官邸、陆军省、警视厅、藏相府等地方,杀害了藏相高桥、教育总监渡边锭太郎、首相冈田的妹夫等人。

其实,在皇道派政变之前,就有一名少佐告了密,陆军省知道了这件事情。同时,第一师团的一个小分队竟然集体跑到东京警视厅的门前去撒尿。但是陆军省没有予以足够的重视,只是采取了几项很一般的措施,例如监视嫌疑分子、给政府要员加派应付紧急情况的保镖、用钢筋和铁条加固首相官邸和其他重要机构,在重要办公大楼里面安装直通警视厅的报警器等。

2月26日上午,政变官兵占领了东京市内一平方英里的地方。他们利用山王旅馆作为临时指挥部,在此发表他们的"宣言"。"宣言"声称,政变的目的是要"清君侧,粉碎重臣集团",认为"元老、重臣、军阀、财阀、官僚、政党均为破坏团体的元凶"。此外,政变者还提出惩办统制派,任用皇道派军官,充实国防以扩大军备等要求。

由于海军担心军事政变会导致陆军独裁,天皇、财阀和一些官僚也反对皇道派的这次行动,使得政变者非常孤立。在天皇的支持下,首相冈田马上采取措施,于29日召集24000名政府士兵包围了政变者,不费一枪一弹镇压了政变。

"二·二六事变"之后,统制派在军部占了绝对优势,荒木侦夫、真崎甚三郎等皇道派军官被迫退出现役,参与政变的一些下级军官被处死。从此,皇道派一蹶不振直到销声匿迹,以东条英机为首的统制派完全掌握了陆军的主导权。

随后,冈田内阁垮台,原外交大臣广田弘毅上台组阁,内阁官员全部都是能够听命于军部、忠实执行国家法西斯化和对外侵略的人。不久,广田弘毅恢复了军部大臣的现役武官制,使军人控制政府合法化,并废除了议会多数的政党内阁制,取消议会对内阁的监督权,修改选举法等。

此外,广田内阁还接受了陆海军提出的扩大军队预算的要求,军费支出在国家预算中占了46.6%,而当时保证"国民生活安定费"才占1.6%。到1937年初,日本陆军常备军已经达到了45万人,并且大搞军事演习,准备全面的侵华战争。

通过"二·二六事件",日本建立了军事法西斯独裁统治体制,为后来大规模的军事扩张道路奠定了基础,第二次世界大战的亚洲战争策源地在日本最终形成。不久,日军就侵占了中国热河省。1937年7月7日,日军发动"卢沟桥事变",发动了全面侵华战争。此后,日本对亚洲各国犯下了滔天罪行,特别是中国。中国人民此后经历了八年的抗日战争时期,中国经济遭受彻底破坏,人民生活处于水深火热之中。因此,"二·二六事件"是日本走向军事侵略扩张、开始法西斯战争道路的开始。

五相会议

1936年(昭和十一年)8月7日,广田弘毅首相召开了有陆相寺内寿一、海相永野修身、外相广田兼、藏相马场瑛一等参加的五相会议,决定在新形势下实行国策的大转变。五相会议以军部提出的《国防国策大纲》为基础,通过了一个决定日本国策的纲领性文件——《国策基准》。

《国策基准》一开头便提出:日本国的根本国策是"在大义的名分下,内求国基之巩固,外谋国运之发展,使帝国在名义上和实质上都成为东亚的安定势力……"。一言以蔽之,就是要牢固确立日本帝国主义在东亚的统治地位。从这一点出发,《国策基准》确定的基本国策是"在外交国防密切配合之下,在确保帝国在东亚大陆地位的同时,向南洋发展"。

为此,《国策基准》提出了四项原则性纲要,分别规定了大陆政策和海洋政策的基本方针。大陆政策的基本方针在于"谋求满洲国的健全发展,巩固日满国防,消除北方苏联的威胁,并防范英美,实现日满华三国的紧密合作"。海洋政策的基本方针在于"向南洋,特别是向外南洋方面,谋求我国民族的经济发展,力图避免刺激其他国家,逐步以和平手段扩张我国势力"。《国策基准》所规定的大陆政策和海洋政策,明确地肯定了海军长期以来所力主的"南进"要求,清楚地表明了侵略南洋,以至进行太平洋战争的计划。实际上,这正是根据修改过的新的《国防方针》,不折不扣地采纳了陆军的"北进"和海军的"南进",南、北并进的国策方针。

五相会议所制定的《国策基准》,是日本帝国主义总体战的根本国策。它在规定侵略扩张的基本方针的同时,还提出"以上述根本国策为基础","统一调整内外各项政策,以期适应现今的形势而全面革新政治"。《国策基准》在扩充陆海军国防军备、外交和"庶政一新"等方面,提出了八项具体纲要,规定:"陆军军备以对抗苏联在远东所能使用的兵力为目标,尤其要充实驻在满洲的兵力,使其能在战争开始时,立即对苏联远东兵力予以痛击";"海军军备应以对抗美国海军,确保西太平洋的制海权为目标,充实足够兵力"。

日本统治集团在认识到同美英的对立愈来愈尖锐的情况下,仍然这样提出问题,当然"不是出于单纯的军人的征服欲望,而是侵略满洲以来的战时经济的必然结果"。日中战争对于日本来说,不论在军事上还是在经济上都是难以负担的。随着战争的扩大,军需物资需求的迅速增加,和国内经济状况的不断恶化,日本统治集团不能不决定到南洋去谋求"民族经济的发展"以"充实和加强国力",为此不惜激化同美英法荷等帝国主义各国之矛盾。这正是五相会议决定"防备英美"之原因所在。

《国策基准》提出要在外交政策上"全面加以革新",其实质就是使外交活动完全操纵在法西斯军阀手中。此外,《国策基准》在行政、教育和舆论宣传等方面也提出了旨在强化军人政权的原则性规定。

在举行五相会议的同一天,还举行了一个四相(首相、陆相、海相、外相)会议。四相会议进一步地确认了《帝国外交方针》。它在把"粉碎苏联侵犯东亚的企图,特别要消除军备上的威胁,阻止赤化的发展"作为当前"外交政策的重点"的同时,还提出了与德意志"相提携"的方针。

五相会议所通过的《国策基准》,是法西斯军人依靠和利用天皇制,推行国家法西斯化的必然产物,它充分暴露了日本帝国主义称霸远东进而向太平洋扩张的狂妄野心。

五相会议标志着日本帝国主义已经走上了国家战争总动员的道路。

五相会议后,日本军部法西斯政权,根据《国策基准》和新修订的《帝国国防方针》等规定的原则,加紧对中国扩大侵略。五相会议后不久,即8月11日,广田弘毅内阁根据《国策基准》通过了《对中国实行的策略》和《第二次处理华北要纲》,进一步重申要使华北五省"特殊化",以达到对华北五省实行"政治分治"的侵略目的。《第二次处理华北要纲》还提出了对中国侵略活动的具体方案,规定要在中国华北地区内策划"成立一个牢固的防共、亲日满的地带,以便取得国防资源,扩充交通设施,借以防备苏联侵入和奠定日满华三国互助的基础"。方案规定了扶持"冀察政务委员会"和"冀东防共自治政府"等傀儡政权的"指导方针",分别规定了对山东、山西、绥远三省的"指导方针",所有这些都是为了达到"分而治之"和"经济开发"的侵略目的。

五相会议后,为扩大对外侵略,实现《国策基准》的要求,陆军以大力充实与加强空军和在中国东北的兵力为中心,海军制定了包括"大和"号和"武藏"号在内的73艘军舰的庞大造舰计划。军部法西斯政权还制定了惊人的军事预算,提出:1937年度的军事预算将为前一年度的1.3倍,占当年度国家总支出的一半。这些措施使日本在建立高度国防化的国家体制方面又大大前进了一步。

五相会议所确定的基本国策,也使日本军事法西斯主义集团向国际法西斯主义集团靠近了一大步。五相会议后不久,在国际上深感孤立的广田弘毅内阁,为摆脱孤立地位,并在未来的世界大战中实现它的称霸野心,于1936年11月25日,同在欧洲和苏、英、法、美对立的希特勒德国缔结了《日德反共产国际协定》。一个月后,日本和欧洲另一个法西斯国家意大利缔结了承认意大利占有埃塞俄比亚,意大利承认伪满洲国的协定。1937年11月6日,意大利正式加入《反共产国际协定》。这样,日、德、意三个法西斯国家公开结成政治同盟,从而加剧了世界大战的危险。

西班牙佛朗哥叛乱

1936年2月西班牙人民阵线政府的成立,引起了西班牙反动势力的仇恨。在大地主、大资本家、反动僧侣和法西斯势力的支持下,反动军队准备武装叛乱夺取政权,其中反动军官组织"西班牙军事联盟"和法西斯组织"长枪党"起着重要作用。德国和意大利法西斯分子扩大了对西班牙政治和经济的影响,并答应给叛军以军事物资援助。叛军领袖是反动将军圣胡尔霍和弗朗西斯科·佛朗哥(1892~1975)。1936 年 7 月 17 日,西属摩洛哥首先发难,参加叛乱的 3.5 万官兵中有 1.1 万"外籍军团"、1.4 万摩洛哥雇佣军。7

西班牙左翼政府宣布全国大赦政治犯

月 18 日西班牙各大城市也发生了暴动,武装力量的 80%——12 万官兵和大部分国民警卫军站在叛乱分子一边。7 月 19 日,佛朗哥乘英国飞机从加那利群岛(人民阵线政府免去佛朗哥的军队参谋总长职务后调任加那利群岛司令官)飞抵摩洛哥的得土安直接指挥叛乱。7 月 20 日圣胡尔霍从葡萄牙(圣胡尔霍曾因组织叛乱被判刑,大赦释放后移居葡萄牙)飞回西班牙途中因飞机失事身死,佛朗哥成为叛乱的魁首。10 月 1 日佛朗哥被宣布为"国家元首"和叛军"最高统帅"。他向全国发表广播演说,鼓吹西班牙必须建立强大的极权主义国家。佛朗哥的叛乱挑起了西班牙内战。

美国全国黑人大会建立

美国在 20 世纪 30 年代世界性经济危机的打击下,广大工农群众被抛入苦难的深渊,而其中受害最深的又首先是生活在社会最底层的黑人劳动者。他们工资比白人低,失业率比白人高,政治权利比白人少得多。"新政"时期,南部各州种植园主为独占因缩减耕地面积而获得的补偿,又纷纷解除合同、驱逐分成佃农。因而在危机与"新政"时期全国工农运动的高潮中,广大黑人不仅与白人工农群众一起并肩战斗,而且还建立了各类黑人组织。为了加强黑人之间以及黑人与白人之间的团结,1934年美共领导人、黑人领袖詹姆斯·福德提出了建立全国黑人大会的建议。1935年5月,全国复兴联合委员会与霍华德大学政治经济学系联合召开专门讨论黑人经济状况的会议。会议鉴于"新政"以来广大黑人的经济状况仍在继续恶化,决定筹建全国黑人大会,以便推动黑人反对饥饿、争取民主的斗争。1936年2月14~16日,首届全国黑人大会(即全国黑人大会成立大会)在芝加哥举行。来自28个州的817名代表参加了大会,他们代表着全国585个黑人组织和120万会员,代表中有共和党人、民主党人、社会党人、自由党人和共产党人,有工人、农民、教士、工商业者和自由职业者,许多著名的黑人领袖如威廉·杜波依斯、拉尔夫·邦奇、阿·兰道夫、詹姆斯·福德等都参加了这次大会。大会选出了由75人组成的全国黑人大会理事会,阿·兰道夫被选为大会主席,约翰·戴维斯出任执行秘书。大会通过的纲领性文件声明,全国黑人大会坚决反对法西斯主义和战争,反对对黑人的种族歧视和压迫,主张把全国黑人工人纳入全国工人运动中去,实现工会与工人运动的团结,要求取消谷物分成制,主张兴办消费与生产合作社,主张成立独立的工农政党。在大会闭幕后的几个月内,全国各地建立了56个地方委员会。1937年10月,全国黑人大会举行第二届代表大会,有1218名代表参加大会,主要讨论组织问题。1940年4月全国黑人大会举行第三届代表大会,会上由于保守势力对苏联和美共发动攻击,削弱了大会的团结。在第二次世界大战时期,全国黑人大会的活动规模和作用逐渐缩小,1947年宣告解散。

德军占领莱茵兰非军事区

德国军队进入莱茵兰非军事区,是20世纪30年代中期欧洲国际关系的重要事件。第一次世界大战结束之后,战胜国为抑制德国,防止其再度攻击法国、比利时等国,曾在《凡尔赛和约》中就莱茵兰(即莱茵河两岸地区)专门进行了规定。据此,莱茵河左岸由协约国分区占领,右岸50公里为非军事区。1925年,英国、德国、意大利和比利时等国缔结了《罗加诺公约》,德、法、比三国相互保证不破坏《凡尔赛和约》所规定的德国西部边界现状;禁止在莱茵兰非军事区内集结军队,否则将被视为对《凡尔赛和约》的破坏,即构成"无故的侵略行为",遇此情况,被侵犯的缔约国可以立即采取相应行动。1930年,协约国占领军自莱茵河左岸撤退完毕,该地区亦成为非军事区。1933年10月,德国宣布退出国际联盟。1935年3月,德国实行普遍义务兵役制。此后,德国便积极准备进一步破坏《凡尔赛和约》,进军莱茵兰非军事区。英国和法国对意大利入侵埃塞俄比亚的退让和姑息极大地鼓舞了希特勒的扩张野心。1936年3月7日,希特勒在德国国会发表演说,声称法苏两国缔结互助条约违反了《罗加诺公约》,并以此为借口,宣布德国不再承认《凡尔赛和约》关于莱茵兰的全部条款及《罗加诺公约》。与此同时，3.5万名全副武装的德国官兵进入莱茵兰非军事区。实际上，这次有预谋的军事行动是希特勒的一次军事冒险。他曾密令进入莱茵兰的德军头目，一遇法军抵抗，立即撤回。但对希特勒公然破坏凡尔赛体系的行动，西方国家竟然未能做出任何军事反应。德国军队进入莱茵兰非军事区一事使希特勒在国内的地位得以巩固和加强。对德国公然违反《凡尔赛和约》束手无策的英法等国的国际威望则一落千丈。希特勒此举得逞之后，便沿德法边境加紧构筑齐格菲防线，进一步为发动大规模侵略战争做准备。

日本法西斯专政建立

日本法西斯专政的建立，是通过日本军部法西斯上层集团实现对政权的控制来完成的。1929年经济危机发生后，早在20年代中期已形成的军部法西斯帮派"军内革新派"便掀起了"国家改造"的浪潮，要求取消议会制、结束政党内阁、实行军部独裁，并采用对外扩大侵华战争、对内策划刺杀、政变来实现其目标。从1930年11月4日刺杀滨口首相开始，日本刺杀和政变事件频频发生，并逐步扩大对中国的侵略。1931年10月政变未遂之后，日本军部法西斯分化成皇道派和统制派。皇道派继续用原来的方式，以图建立以天皇为中心、以皇道派为主体的法西斯体制。于是发生了1932年的"血盟团"刺杀事件和"五·一五"暴乱事件，直至1936年2月26日皇道派少壮军官发动的军事政变。"二·二六"政变遭到镇压后，皇道派首领荒木侦夫、真崎甚三郎等退出现役，皇道派从此一蹶不振，军部大权完全落到统制派手中。统制派在三井、三菱、安田、住友四大财阀支持下，贯彻"在陆军中央机关将校的统治下注意策略"、实行"断然改革"的方针，确立军部对国家的统治权。1936年3月9日，在统制派的支持下广田弘毅组阁。广田遵照军部意愿遴选阁僚，组成了听命于军部的内阁，并提出"广田国防"的口号，把日本的政治、经济、文化都纳入法西斯军国主义的轨道。在政治上，恢复军部大臣的现役武官制，使军部控制内阁合法化。取消议会多数的政党内阁制，取消议会对内阁的监督权，继续压制人民的民主自由权利。在经济上，加速国民经济军事化，加强对石油、汽车、粮食等重要战略物资的控制。在对外政策和军事上，8月7日的五相会议确立了"基本国策纲要"，规定"在排除苏联威胁的同时，防备英美，实现日满华三国的紧密合作，筹划我民族和经济向南洋、特别是外南洋方面发展"。"纲要"提出日本的陆军军备要足以对抗苏远东兵力，海军军备要足以对抗美国海军，为此陆海军部制定了庞大的扩军计划。广田内阁的成立标志着由军部统制派为代表的天皇制法西斯体制的建立。

雷达的发明

雷达作为一种无线电探测和定位技术是在发现了电磁波以后发明的。1865年麦克斯韦在理论上预言了电磁波的存在,1888 年赫兹用实验证实了这一预言。1897 年俄国科学家亚历山大·斯捷潘诺维奇·波波夫(1859~1905)与同事雷布分别在"阿非利加号"和"欧罗巴号"巡洋舰上进行无线电通讯实验时,发现电磁波遇到金属时产生反射的现象。波波夫预言了这种现象将在军事上有着广泛的用途,遗憾的是并没有引起重视。1922 年意大利电气工程师威廉·马可尼再述了这一思想,此后美国海军的科学工作者开始了这方面的探索。他们首先在实验室研制了收发分离连续波的雷达装置。1935 年英国物理学家罗伯特·沃森·瓦特(1892~1937)完成了论文《用雷达的方法探测飞机》,当此论文送至英国空军时,正值第二次世界大战前,人们已经意识到空袭的威胁,因此作者利用脉冲的反射来侦察飞机的思想立刻引起了重视。1936 年 4 月,第一台脉冲式雷达装置问世,它利用重复频率为 28.3 赫兹的 5 微秒的脉冲,可探测 4 公里以内的目标。到 20 世纪 30 年代末,雷达就被广泛地应用在防空袭报警系统之中了。

法鲁克继任埃及国王

1936 年 4 月 28 日,埃及国王福阿德去世,法鲁克王子 1936 年 4 月 28 日晚就任埃及国王。正在伦敦一家军事学院学习的法鲁克晚些时候将到达埃及。这位 16 岁的国王将受到一位摄政者的辅佐。

朝鲜祖国光复会建立

"九·一八"事变后,日本帝国主义进一步把朝鲜变为它的军事战略基地,残酷地剥削压迫朝鲜人民。以金日成为首的朝鲜共产主义者为团结朝鲜的一切抗日力量,1936 年 5 月 5 日在中国东北的东岗成立了朝鲜第一个抗日民族统一战线组织——祖国光复会,金日成被推选为会长。金日成发表了著名的《抗日救国十大纲领》,其主要内容是:推翻日本帝国主义的殖民统治,建立朝鲜真正的人民政府;解除日军宪警武装,建立朝鲜的革命军队;没收日本帝国主义及其走狗的财产;进行土地改革;保障各阶层人民的民主和自由权利;消除日本帝国主义思想残余和封建思想残余;实行八小时工作制,改善劳动人民的工作和生活条件;实行人民性税收政策,发展工业和农业、教育和文化等。它是朝鲜民族民主革命史上的第一个完整的革命纲领。祖国光复会和十大纲领得到了朝鲜各阶层人民的拥护,到 1936 年底在汉城、元山、甲山等地已建立了祖国光复会的地方组织,会员达几十万人。祖国光复会是以朝鲜共产主义者为核心的抗日民族统一战线组织,它在教育和动员各阶层爱国人士积极参加抗日斗争,光复朝鲜的革命活动中起了重要作用,并为重建马克思主义政党准备了条件。

意大利占领埃塞俄比亚

1936 年 5 月 9 日晚,墨索里尼的威尼斯宫灯火辉煌,人们涌向广场。墨索里尼宣布意大利胜利占领埃塞俄比亚,一个帝国重获新生。"意大利终于有了她的帝国",墨索里尼在人们的欢呼声中这样炫耀道,"这是一个法西斯帝国,因为它具有罗马帝国那种不可摧毁的意志和力量"。墨索里尼说:埃塞俄比亚已经正式归属于意大利。意大利国王维克托·伊曼维尔也将成为帝国的国王。常胜将军彼得罗·巴多格里奥元帅已被任命为总督,他将管辖这个非洲的新殖民领地。4 天前,巴多格里奥进驻亚的斯亚贝巴。在海尔·塞拉西仓促撤退之后,首都城市的一部分已遭浩劫和烧毁。当巴多格里奥进驻这座城市时,排成长队的意大利士兵和埃塞俄比亚的平民百姓都向他欢呼致敬。尽管这场战争已经结束,日内瓦的国际联盟并没有表示要解除对意大利采取的制裁措施。至于墨索里尼本人则正在试图缓和同英国的关系。"相信我",这位总理告诉《每日邮报》的记者,"意大利在东非的胜利已使她进入世界强国的行列"。

德国哲学家斯宾格勒逝世

1936 年 5 月 8 日,德国哲学家奥斯华德·斯宾格勒在年满 56 岁的前夕,逝世于慕尼黑。他自 1911 年起成为自由作家,一直居住在慕尼黑。斯宾格勒的代表作《西方的没落》(1918~1922 年)曾经获得尼采奖。斯宾格勒的哲学观点接近君主专制思想,这在他晚期的著作《抉择的时刻》(1933 年)中表现得极为明显。斯宾格勒反对纳粹党的种族政策,结果在希特勒执政后遭到放逐。

法国二百万工人大罢工

1936 年 4 月 26 日~5 月 3 日法国举行国会选举,由激进党、激进社会党、共和社会党、社会党组成的人民阵线在议会选举中获胜,拥护人民阵线的各党派获 550 万张选票,占选票总数的 56.6%,它的候选人在 618 席中获得了 375 席。由于人民阵线在选举中的胜利,1936 年 6 月 4 日组成了以社会党领袖莱昂·布鲁姆为首的政府。布鲁姆开始执政前后,正是法国新的罢工浪潮席卷主要工业部门的时候。5~6 月间有 200 万工人举行罢工,罢工工人提出提高工资、签订集体合同、改善工作条件、实行 40 小时工作周制和假日照发工资等要求。在罢工的压力下,布鲁姆政府和企业主接受了工人的要求。1936 年 6 月 7 日,政府、企业主和总工会三方代表在"马蒂尼翁"饭店开会,签署了《马蒂尼翁协定》。协定规定平均提高工人工资 7%~15%，承认工会自由和车间代表制度，每周 40 小时工作制以及保障工人享有签订集体合同的权利。不久，布鲁姆政府又通过立法程序将《马蒂尼翁协定》的内容固定下来，同时还改组了法兰西银行，由政府、工会和股东三方代表组成监理会实行对企业的监督，给予中产阶层某些贷款优惠等措施，此外还颁布了解散法西斯团体的命令。但这些措施却遭到大资产阶级和反动组织的强烈反对和抵制，布鲁姆政府屈从于大资产阶级的压力，以"巩固已经采取的措施"为借口，宣布刚开始实行的措施"暂时停止"。不但如此，还在 1936 年 9 月~1937 年 6 月两次宣布法郎贬值，引起物价暴涨，实际上使工人通过斗争中获得的成果化为乌有。布鲁姆也不得不于 1937 年 6 月 21 日辞职。

法国联合内阁与劳工达成协议

1936 年 6 月 8 日，法国总理莱昂·布鲁姆初掌社会主义和共产主义的新联合内阁仅 5 天之后，与法国劳工达成一项协议。这项协议将可减缓因为前总理艾伯特·沙拉特下台所造成的政治冲击。该项协议经过劳方与资方代表的同意，规定将工资平均提高 12%，一周工作 40 小时，一年有 2 个休假，并有集体罢工和仲裁的权利。罢工事件及占领工厂事件虽然曾影响生产，但大多数都已恢复秩序。

苏联作家高尔基逝世

1936 年 6 月 18 日，苏联作家马克西姆·高尔基逝世于莫斯科，享年 68 岁。他的小说、记叙文和剧本均被视为描绘 19 世纪末和 20 世纪初俄国情况的写实代表。他靠自学以及在故乡的长途徒步旅行而获得许多知识，并接触了许多社会情况。高尔基以剧本《夜店》（1902 年）获得世界性的声誉。他的自传体小说三部曲：《我的童年》（1913 年）、《在人间》（1917 年）和《我的大学》（1923 年）亦极为著名。高尔基是马克思主义者，他的长篇小说《母亲》（1907 年）是"社会主义的现实主义"的经典之作。

蒙特勒公约的签订

1923 年 7 月洛桑会议通过的"关于海峡制度的公约"，剥夺了土耳其在黑海海峡设防的权力。30 年代以来，随着德意法西斯政权的建立和欧洲战争策源地的形成，欧洲形势日益紧张。土耳其从自身安全出发，多次要求修改洛桑条约中关于海峡制度的规定。1935 年 10 月意大利对埃塞俄比亚发动侵略，1936 年 3 月德国武装占领莱茵兰非军事区，使欧洲局势进一步恶化。同年 4 月 11 日，土耳其政府再次照会洛桑会议签字国，要求召开新的国际会议修改海峡公约。英国等国家出于维护自身利益的考虑，表示赞同召开新的国际会议。1936 年 6 月 22 日，土耳其、英国、法国、苏联、希腊、罗马尼亚、保加利亚、南斯拉夫、日本等洛桑条约签字国代表，在瑞士的蒙特勒召开了制定新的海峡制度的国际会议（意大利未出席会议）。会上关于各国军舰通过黑海海峡问题，争论十分激烈。苏联代表主张，在和平时期黑海沿岸各国军舰可自由通过海峡，而非黑海沿岸国家军舰通过海峡则应受到吨位的限制；战时封锁海峡，任何国家军舰均不得通过。英国代表为防止苏联在地中海地位的加强，则坚持非黑海沿岸国家与黑海沿岸国家在此问题上享有平等的权利；战时各参战国军舰可自由通过海峡，封锁海峡必须经国联大会 2/3 以上多数票通过。经长时间争论，最后于 7 月 20 日达成协议，与会 9 国代表签署了新的"关于海峡制度公约"，通称蒙特勒公约。公约确认了海峡通行的自由原则：平时和战时各国商船均可自由通过；在平时黑海沿岸国家的军舰可自由通过海峡，非沿岸国家之军舰通过海峡则要受到一定限制，即同一时期通过的军舰总吨位不得超过 1.5 万吨，在黑海停留的船只总吨位不得超过 3 万吨，停留时间不得超过 21 天；在战时如土耳其为中立国，各交战国军舰不得通过海峡，如土耳其为参战国，则由土耳其决定是否允许别国军舰通过。根据新公约，撤销了原来的海峡国际委员会，恢复了土耳其对海峡的全部主权，土耳其获得了在达达尼尔海峡和博斯普鲁斯海峡设防的权力。该公约于同年 11 月 9 日生效。

西班牙叛军发动战争反对共和政府

　　1936 年 7 月早些时候在西班牙爆发的内战已经迅速波及全国。法西斯军队的领导人弗朗西斯科·佛朗哥将军发誓要继续前进，直到占领马德里。忠于共和政府的军队则奉命与反叛者决一死战，要把马德里以北的瓜达拉马山变成"法西斯的坟墓"。这场战争的爆发使整个欧洲的局势紧张起来。最近有报道说，意大利派遣飞机前往西属摩洛哥以帮助佛朗哥，使得局势变得更加紧张。法国已向英国和意大利发出紧急呼吁，要求召开一个联合会议。这次会议将强调在这场战争中保持中立的必要性。英国外交部对法国的呼吁反应冷淡。美国迅速采取行动，转移被这场战争困在西班牙的美国人。大约有150 名美国人跑到马德里大使馆避难，他们中许多人睡在地板上和浴缸里。海岸警卫队汽车艇"卡尤加号"救起了在圣塞瓦斯蒂安的美国难民，还有一些美国人在圣让—德吕兹避难。克劳德·鲍尔斯大使逃往靠近法国边境他自己的避暑别墅。"卡尤加号"在以后的几天里将停留在靠近他的别墅的海域。美国班轮"埃克塞特"号破例在巴塞罗那靠岸停留，帮助 160 多名美国人离开西班牙，他们中很多人是妇女和儿童。夜间发生在巴塞罗那的恐怖事件使那里的居民毛骨悚然。忠于共和政府的军事委员会公然默许左派分子搜查民宅。据悉已有不少人甚至是全家人在夜晚失踪。另据报道说，在城市附近偏僻的地区有暗杀事件发生，被暗杀的甚至有传道士和修女。在马德里，内务部长已经下令

佛朗哥将军(中)和叛军将领在一起

不许继续进入民宅搜寻反叛分子和武器。一份报告说有几百名反叛军官已经被捕,首都局势很紧张。政府官员们宣布那里食物供应充足,试图以此来安抚民心。但是也警告市民如果他们藏匿食物,囤积居奇,他们将被告发。54名忠于共和政府的士兵正保卫首都的水源。佛朗哥将军自从带着来自摩洛哥的军队在卡的斯登陆并发动了内战之后,已经运动到阿尔赫西拉斯。他正企图沿着海岸去往被称之为叛军大本营的马拉加。佛朗哥宣称"地球上没有任何力量能够阻止我们胜利的进军,西班牙得救了!"佛朗哥强烈要求共和政府解散。此外,在南部前线,右派力量正向塞维利亚挺进。政府军的飞机轰炸了马略尔卡岛上帕尔马市的叛军阵地。许多叛军企图乘小汽船逃跑,但是他们被政府军的潜水艇抓住。从北部向马德里挺进的叛军已经由于共和政府军队凶猛的反击而减缓下来。政府宣布已经有成千的叛军被处死。在北部,叛军控制了圣塞瓦斯蒂安周围的乡村。得到共产主义者和社会主义者支持的忠于共和政府的军队还没有力量能阻止叛军的稳步前进。据说成千的巴斯克人参加了叛军,叛军的飞机扫射了圣塞瓦斯蒂安的街道。虽然政府最近在马德里附近炫耀其军事力量,但它的政治力量比起它的军事力量来却相形见绌,佛朗哥在早些时候发出的威胁使政局动荡不安,致使西班牙在24小时之内换了3个政府。

第十一届奥运会在柏林举行

1936年8月1日~16日,第11届奥运会于德国柏林举行。1932年国际奥委会决定在柏林举行第 11 届奥运会时,遭到许多国家的反对,其后 1934 年国际奥委会仍坚持原议。1936 年 6 月,一些国家在巴黎召开了捍卫奥林匹克理想大会,反对在希特勒统治下

西班牙自愿青年参加反对佛朗哥的战斗

的德国举行第 11 届奥运会,并拟在西班牙巴塞罗那举办人民奥运会。7 月中旬,法、英、美、比、希等 20 多个国家的运动员云集巴塞罗那,但因佛朗哥在西班牙发动法西斯叛乱,人民奥运会被迫停开。此届奥运会共有 49 个国家的 4066 名运动员参加,其中女选手 328 人,中国派出了 64 名选手(一说 54 名)。此届比赛项目恢复了足球,增加了皮划艇、篮球和手球。这届奥运会的热门人物是美国黑人选手杰西·欧文斯,他一人独得男子 100 米、200 米、4×100 米和跳远 4 项冠军。欧文斯的出色表演使在场观众大饱眼福,也使极力证明雅利安人种优越的希特勒无地自容。男子长跑芬兰仍占优势,获得 5000 米、1 万米两项金牌。撑竿跳高和三级跳远的冠军被日本夺得,男子跳高首次突破 2 米的高度。男子游泳日本得了 3 枚金牌,居各队之首。女子游泳荷兰占据优势,亨·玛斯滕布罗克独得 100 米、400 米、4×100 米 3 枚金牌。男女跳水共 4 枚金牌,均被美国囊括,其中跳板得主玛·杰斯特,年仅 13 岁零 9 个月,是历届奥运会年龄最小的冠军。男女击剑 7 枚金牌,意大利获 4 枚。马术 6 项比赛,金牌全由德国包下,是迄今奥运会史上仅有的一次。此外,德国还在现代五项、体操、赛艇、自行车、拳击、手球、皮划艇等项目中拿到了一大批金牌。在裁判方面,德国人做了许多"手脚",引起了不少国家的不满。篮球决赛在滂沱大雨中进行,美国以 19∶8 胜加拿大,获奥运会首枚篮球金牌。获奖牌前三名的是:德国金牌 33、银牌 26、铜牌 30;美国金牌 24、银牌 20、铜牌 12;匈牙利金牌 10、银牌 1、铜牌 5。

英埃同盟条约签订

　　1936 年 8 月 26 日,英国为维护其殖民统治,同埃及政府签订了为期 20 年的条约。1935 年 11 月埃塞俄比亚危机发生后,对英国在埃及、红海和东非的地位造成了威胁。于是英国当局立即着手加强埃及的边界,英国部队、武器和弹药源源不断运往埃及,并动工修建机场、弹药库、战略公路和通讯线路。这些战备措施引起了埃及人民的忧虑,他们不愿意遭受近邻利比亚被意大利占领的灾难。因此埃及民族主义力量力求利用英国外交上的困难,迫使英国做出让步,其后英国于 1935 年 12 月恢复了埃及 1923 年宪法。1935 年底,代表埃及民族运动的 5 个政党向英国驻埃及高级专员兰普森递交了备忘录,建议在"尊重埃及利益的基础上"签订英埃条约。12 月 31 日,伦敦做出了正式答复,认为就签订条约进行谈判是不适时的。这一态度引起了埃及人民的极大愤怒,在新的示威运动压力下,英国政府作了某些让步。1936 年 1 月 20 日,英国驻开罗高级专员向埃及政府和华夫脱党领袖纳哈斯表示,他愿就英埃达成协议一事进行讨论。2 月 13 日埃及国王在开罗降诏,命令纳哈斯率领代表团同英国政府进行谈判,但谈判时断时续。5 月埃及举行议会选举,华夫脱党取得巨大胜利,新内阁不惜做出让步同英国妥协,英埃遂于 8 月 26 日签订了同盟条约。条约规定英埃结成"同盟",为期 20 年;英国负有保护埃及不受外国侵略的责任,埃及在战时置于英国的管理之下;英国终止在埃及的军事占领,撤走军队,但有权在苏伊士运河驻军 1 万人和飞行员 400 人;英国空军有权在埃及的领空飞行和使用埃及的机场;英国保留亚历山大港的海军基地,为期 8 年;埃及可以建军,但需要购买英国武器,接受英国军事代表团的训练;废除在埃及的治外法权;埃及加入国际联盟;英国高级专员改为大使;恢复 1899 年"英埃共管苏丹协定",埃及人可以移居苏丹;埃及不得与其他国家缔结同这一条约相抵触的政治同盟等。这一被埃及议会批准的不平等条约,遭到埃及人民的反对。1951 年 10 月,埃及宣布废除了该条约。

布鲁塞尔和平大会召开

　　由于战争危险的日益增长,从 1935 年起,世界各国人民广泛开展了争取召开世界和平大会的运动。1936 年 9 月 3 日,世界和平大会在布鲁塞尔胜利开幕,参加大会的有 35 个国家的 4000 多名代表,分别代表了 750 个全国性和国际性的组织。第二国际的领导人拒绝参加大会,德国、意大利、日本和波兰 4 国政府不准本国代表前往参加。各政党、工会、知识分子组织、农民组织、妇女团体、青年团体、宗教团体和体育团体的代表都在大会上发了言,说明争取和平的必要性。大会各个委员会在会议上提出了许多重要建议,其中意义最大的是:各国必须每年在固定日子里举行争取和平的示威游行;组织国际性和平问题的全民投票;要求国际联盟设立有工会参加的混合委员会,以监督裁军决议的执行;在高等学校中进行反对把科学成就就用于战争目的的宣传;坚决要求国际联盟通过关于对侵略者采取有效制裁的决议。为协调和平拥护者的行动,大会选出了总理事会、执行委员会和书记处。大会在告各国人民书中说:"和平在危险中,必须拯救和平!我们的唯一敌人是破坏国际法从而摧毁普遍和平的侵略者……"大会于9月5日闭幕。

西班牙内战爆发

西班牙内战是西班牙人民反对国内法西斯军人叛乱和外国武装干涉的民族民主革命战争。1936年2月16日,人民阵线在大选中获胜,组成由共和党、社会党、共产党等参加的联合政府。君主派、大地主、资本家、高级僧侣、长枪党人和反动军官等势力仇视新政府。1936年7月18日,在德意志法西斯的支持下,佛朗哥发动武装叛乱。10月1日,西班牙内战开始。内战初期,西班牙共和军在人民支持下阻止了叛军在南部的进军,控制了国内所有大工业和政治中心、主要海港、交通干线。叛军处境十分危急。但此刻德、意法西斯开始插手,不但帮助将叛军从摩洛哥运抵西班牙,还分别派遣5万和15万军队去西班牙协助叛军作战。英、法等国在"不干涉"政策的名义下,对西班牙政府进行封锁。国际进步力量积极支持西班牙联合政府,来自54个国家的大约3.5万名志愿人员组成国际纵队,与西班牙人民并肩战斗。1936年11月6日,佛朗哥叛军和干涉军战争矛头直指马德里。至1937年3月,叛军先后向马德里发动4次大规模进攻。在西班牙共产党等领导下,马德里守军和人民击退了叛军的进攻,守住了首都。之后,叛军把作战重点转向西班牙北部。1937年4月,叛军主力推向毕尔巴鄂方向,对未加设防的城镇和乡村实施空袭,6月20日占领毕尔巴鄂,继而向桑坦德、希洪进军。尽管此间共和军进行了两次大规模战略进攻,但未能挽救北部危局。接着,叛军转向东线,1938年3月突破共和军防线,夺得东线战略主动权。7月25日,共和军在埃布罗河战役中获胜,部分扭转了军事形势。但《慕尼黑协议》的签订助长了德意法西斯支持佛朗哥对共和国的进攻。12月23日,叛军和干涉军开始全面进攻。在敌我力量悬殊的情况下,共和国内部又出现党派纷争,力量削弱。1939年3月28日马德里陷落,共和国倾覆,佛朗哥建立独裁统治。内战中有100余万人死亡,成千上万的群众逃往法国。西班牙内战是第二次世界大战前欧洲最大的流血战争之一,给西班牙人民带来了巨大的损失。

罗斯福再度当选美国总统

1936年11月3日,罗斯福总统以美国历史上未曾有过的压倒多数票击败了阿尔弗雷德·兰登,再次当选美国总统。选举结果表明这位总统获得523票,而他的共和党对手仅得 8 票。这次选举证明新政得到了广泛的拥护,它是总统寻求使国家摆脱萧条的具有革新精神的纲领。大批工人,包括失业工人,走向投票处,这对他们中的许多人来说是第一次。堪萨斯州州长兰登曾在最近几周发起攻击,指责总统想要成为独裁者。

世界犹太人大会建立

这一大会于 1936 年在日内瓦宣布成立。它的宗旨是:促进犹太人的团结,努力实现犹太人的愿望;通过加强世界各国犹太人同以色列的联系,促进各团体之间的团结;维护犹太人的权利、地位和利益,鼓励和帮助犹太人在社会、宗教和文化生活方面的创造性发展;协调犹太社团和组织,在政府和政府间以及国际事务中代表犹太人的利益等。世界犹太人大会由亚洲、非洲、美洲、大洋洲和欧洲 67 个国家和地区的犹太人社团和组织组成。该组织设全体大会、总委员会和执行局,由它们负责和领导日常活动。此外,世界犹太人大会还出版《新闻与展望》《基督教和犹太人关系》《犹太人文化新闻》等杂志。根据世界犹太人大会的组织章程规定,全体大会每 4 年举行一次,总委员会每两年举行一次。1981 年全体大会在耶路撒冷召开。

德国齐格菲防线

20 世纪 30 年代帝国主义国家加紧了军备竞赛,国际局势日渐紧张,战争的危险已迫在眉睫。1936 年,法西斯德国为了防范法国的进攻,开始在西部边境修建庞大的防御阵地体系,于 1939 年竣工。这一防线全长 500 多公里,大部分地段与法国的马其诺防线对峙。齐格菲是德国 13 世纪初民间史诗《尼伯龙根之歌》中的英雄,相传以龙血沐浴之后,全身刀枪不入。该防线以此命名,含有坚不可摧之意。第二次世界大战后期,它曾一度阻挡了英美联军的攻击。1945 年 3 月被盟军突破。

麦克马洪线的提出

中国与印度边界过去虽然从未正式划定,但两国人民在长期睦邻友好的交往过程中,早已形成了一条传统的边界。其东段沿着喜马拉雅山脉的南麓,中段沿着喜马拉雅山脉,西段沿着喀喇昆仑山。但英国帝国主义为实现对中国西藏的野心,经过长期策划,于 1913 年 10 月在印度北部西姆拉召集了所谓"中英藏会议"。英国政府代表、印度殖民政府外务大臣亨利·麦克马洪一手把持会议,并背着中国中央政府代表,于 1914 年 3 月 24 日在印度德里同西藏地方当局代表用秘密换文的方式,划出了所谓中国与印度的东段

1936 年 11 月,约 200 名失业者从 30 年代的英国贫困地区出发,开始了著名的抗议游行。

边界线。根据这条非法的"麦克马洪线",把不丹以东的印度与中国西藏地方之间大约有 9 万平方公里的中国领土划归英属印度。在秘密换文以后的很长一段时间内,英国政府既不敢公布这一换文,也不敢改变地图上这段边界历来的划法。自 1936 年起,所谓"麦克马洪线"才开始出现在英国和印度出版的地图上,但它从未被中国的任何一个中央政府承认。西藏是中国领土不可分割的一部分,西藏地方当局根本无权私自同外国签订边界条约,因而麦克马洪线是非法的、无效的。

法西斯轴心国形成

德国和日本 1936 年 11 月 25 日签署了一份反共条约,保证在对抗苏联影响方面共同合作。这一条约被说成是一个"保卫欧洲文化与文明,以及世界和平的措施"。它是 10 月德、意之间签订的一个相同条约的补充。事实上,由 3 个独裁国家组成的反共轴心国已经形成,这使德国总理希特勒建立世界性反共集团的梦想得以实现。在德、日条约之中并没有提到苏联;但条约却声称其宗旨是一个互相合作直接反对莫斯科国家以及共产党国际世界活动的治安公约。尽管柏林和东京一致否认,在欧洲,人们仍怀疑这一反共阵线是一种掩护,其真正目的是建立传统的军事联盟并在西太平洋和东印度建立势力范围。

爱德华八世不爱江山爱美人

1936年12月10日,英王爱德华八世在退位声明上签字,结束了他在大英帝国的统治地位。这位42岁的前任国王为了他的夫人辛普森夫人而放弃了王位。爱德华八世的婚姻及其夫人的背景均使英国人民震惊不已。辛普森夫人出生于美国,曾经有2次离婚纪录,英国上下议院因而反对他们的婚姻。爱德华八世在6年前认识辛普森夫人。1936年10月,辛普森夫人取得正式离婚证明。爱德华八世决定与她结婚后,将王位让给其弟约克公爵,约克公爵即新任国王乔治六世,爱德华八世改封为温莎公爵。爱德华八世于11日在广播中向全国臣民作告别演说:"若无心爱的女人的支持,我无法承担国王的重责大任……。"他立即与辛普森夫人离开英国,于13日抵达奥地利。

梅隆向国家捐献大批艺术珍品

安德鲁·W·梅隆似乎并不是一个吝啬之人。虽然政府对他的所得税情况仍在进行调查,1937年1月2日却有人在华盛顿宣布,他将把价值1900万美元的艺术收藏品捐献给美国人民,同时还捐出900万美元用于建造国立美术馆来收藏这些艺术品,以及雇用管理这个美术馆的工作人员。有关梅隆的赠品在他与罗斯福总统之间的通信之中有所透露。总统说这些赠品"妙极了"。梅隆的这一计划是两年前做出的,当时他曾起诉说有人向他索要高额税收。不过此案一直悬而未决。梅隆是匹兹堡银行家和投资者,从1921年到1932年担任财政部长。他促使国会同意削减对富人的税收,并减少了国家债务。他收藏的艺术品中,有些是从俄国买来的,是现存最可观的个人收藏品。它们将使华盛顿成为一个世界水平的艺术中心。

英意地中海协定的签订

西班牙内战爆发,英、法两国政府实行不干涉政策。而德国和意大利法西斯则对西班牙共和国进行公开的武装干涉,不仅给西班牙叛军送去大批金钱和武器弹药,派军舰封锁西班牙海岸,而且派出几十万正规部队,直接侵入西班牙,使地中海的局势顿时紧张起来。在这种情况下,为了结束地中海危险的敌对状态,英国和意大利两国政府于1937年1月签订了《地中海协定》。协定双方保证维持地中海的现状,相互尊重对方在地中海的利益和权利,并共同维护西班牙的独立和领土完整。但是,这个协定的缔结对地中海的局势没有产生什么具体影响,对意大利的侵略扩张和对西班牙的武装干涉也没有起到任何限制作用。

罗斯福提出最高法院改革计划

为了向最高法院补充新鲜血液,罗斯福总统于 1937 年 2 月 5 日向国会提出一份计

1937 年 1 月,罗斯福宣誓就职,成为美国第一个在 1 月份就职的总统。

划,他要求如果那些 70 岁以上的法官拒绝退休,他将有权提名 6 位法官补充到最高法院去。他说:"法官们往往在他们体力和精力都不适合的情况下还呆在最高法院。"他的建议是在一份突然提交给国会的咨文中提出来的。这项建议立即遭到指责。前总统赫伯特·胡佛和其他共和党领袖说这会使最高法院"人满为患"。他们说这纯粹是为了确保最高法院批准尚有争议的新政方案。除了"农业调整法案"以外,最高法院曾把总统的主要措施之一"民族复兴法案"裁决为违反宪法精神。一位政策评论员在谈到这类决定时写道:在攻击新政时最高法院说了疯话。为了推翻农业调整法案,最高法院对联邦政府给予农业的一切援助都表示怀疑;为了贬低民族复兴法案,最高法院抨击国家为保持良好的劳动条件而做出的一切努力。最高法院不仅向新政的政策挑战而且故意设置法律上的障碍,使政府无法正当行使国家和民族的行政权力来满足 20 世纪社会的需要。

海明威报道大决战

1937 年 3 月 29 日,《太阳照样升起》的作者欧内斯特·海明威成为西班牙战地记者,3 月 28 日他报道了发生在布里韦加的一场有决定性意义的战役:共和派在一次计划周密的进攻中,打死了几百名法西斯军人及其意大利盟军。海明威在报道中说:"……意大利

人不得不用石头构筑掩体而不是挖取泥土,因为在那里的泥土用铁锹根本挖不动。但当炮弹落到石头上时,杀伤力令人胆寒。在布里韦加战场有 60 辆坦克与步兵协同作战,它们射来的炮弹在石块中间炸开,尸横遍野,目不忍睹。"

朝鲜人民军奇袭普天堡

1936 年 5 月朝鲜祖国光复会在中国东北成立,并发表了著名的抗日救国十大纲领。此后,朝鲜人民的革命武装斗争得到了迅速发展,仅几个月时间,祖国光复会的组织就遍及朝鲜各地,会员达几十万人。1937 年 3 月,金日成在中国吉林的西冈召开会议,提出关于进军朝鲜国内的战略方针,制定了攻打普天堡的作战计划。普天堡位于鸭绿江畔,是日本国境警备的主要据点之一,防守极其严密。1937 年 6 月 4 日,朝鲜人民革命军在金日成的直接指挥下,突破中朝边境的封锁线,进入朝鲜两江道北部鸭绿江畔的普天堡。袭击并烧毁了日本殖民者的警察所、事务所、山林经营所和农业试验场,消灭了大量敌人,缴获了大批军用物资和枪支弹药。祖国光复会的《十大纲领》《告朝鲜人民书》等文件和宣传品贴满普天堡的大街小巷。金日成向人民发表了演说,号召一切反日爱国力量团结起来,为光复祖国,反对日本帝国主义而斗争,给群众留下了深刻的印象。6 月 5 日人民革命军撤离普天堡,击溃了前来追赶的军警,胜利地返回根据地。普天堡战役显示了英雄的朝鲜人民的顽强斗争精神,沉重打击了日本侵略者,使朝鲜人民的抗日斗争掀起了新的高潮。

美旧金山大桥启用

1937 年 4 月 27 日,旧金山的金门大桥正式启用。这座桥是当时世界上最长的吊桥(2725 米),景观壮丽无比,由施特劳斯主持建造。桥身主跨长 1280 米,由悬在 227 米高塔上的 2 根钢索吊起,路面中间点高出平均水位 81 米。

德国变更教育体制

1937 年 4 月,自当年度复活节假期之后,德国教育体制有了新的改变,从新学年开始进行教育改革的重点,是把教学时间缩短到 12 年。新学年起,4 所国民学校教育(初级学校)必须开设原属于中等学校里的一些科目。教学准则由帝国教育部颁发。中学和文科中等学校的新准则规定增设外语课程。初级中学今后要教授 3 门外语,从一年级开始学英语,4 年级开始学拉丁语,7 年级增加一门现代外语。文科中等学校从一年级学拉丁文,4年级学希腊文,7年级开始学习英文。女子中等学校或建筑学校,在前一种情形下,可以在高年级选修语言或家政课。

托洛茨基流亡国外

流亡到墨西哥的苏联领导人托洛茨基1937年4月18日说,有必要进行一场新的革命来推翻斯大林及其苏维埃官僚政府。托洛茨基在墨西哥的一个由约翰·杜威教授领导的小组委员会上发表了讲演。这个委员会正在调查莫斯科对于托洛茨基与德、日密谋成立"反苏联盟"的指控。托洛茨基宣称,斯大林应"被除掉"而不应被杀死。托氏还猛烈抨击了当时苏联的官僚主义及其特权。他断言苏联的官僚主义必须靠一场新的革命来推翻。托氏还说,如果战争到来,俄国与英法结盟的话,俄国可能会变成资本主义,因为它目前正在社会主义和资本主义之间摇摆,盟国会向它施加政治压力。"如果苏联抵抗这种压力,她的盟国就会在战后同他算账。"

兴登堡号飞艇爆炸

1937年5月6日,美国东部时间19时30分,兴登堡号飞艇在纽约的雷克赫斯特降落时被大火烧毁。这次空难使富于希望的往返大西洋航线——齐柏林航线就此宣告结束。在这场大火中,共有36名乘客、22名乘务员和一名地勤人员不幸丧生。这次飞行曾在大西洋上空遭遇逆风,延误了12个小时才抵达终点站。后来兴登堡号飞艇在东海岸缓慢盘旋,最后选定在最适宜的黄昏时刻准备降落。约在19时20分左右,飞艇放下2条降落绳索,正向地面下降时,突然间在降落时所释放的氢气产生大火,飞艇的尾部立即冒出一片火光,转瞬间火焰蔓延了整个飞艇。德国和美国立即组织3个调查委员会调查空难的原因。德国飞艇公司负责人雨果·埃克纳和设计师路易·杜尔率委员赶赴现场。

石油大王洛克菲勒逝世

1937年5月23日,美国大企业家、慈善事业家约翰·洛克菲勒去世于佛罗里达州,享年97岁。洛克菲勒并未受过高等教育,1864年从事石油工业,1870年创设标准石油公司。洛克菲勒自从16岁开始工作以来,便将收入的十分之一捐赠给慈善事业。他生前已捐赠至少5.3亿美元给教育、科学、宗教等研究机构。他早在1913年便设立洛克菲勒财团资助各种慈善事业。

日本松下电器公司的建立与发展

松下电器产业公司是世界最大的家用电器公司,也是日本大工业公司之一。它的前身是生产电器插座的松下电器器具制作所,由该公司现顾问松下幸之助和夫人及内弟井植岁男(现三洋电机公司总经理)创建,1929 年 3 月改名为松下电器制作所。1932 年 5 月 5 日,松下幸之助发表著名的"产业人的使命"的演说,提出了经营发展方针,使该制作所迅速发展。1935 年 12 月改名为松下电器产业股份公司,从此该公司成为合资经营的股份公司。1977 年松下破格提拔当时 57 岁的山下俊彦为总经理。山下任职后进行体制改革和人才交流,使领导层年轻化,并主持制订了 A—61 计划,从而使松下变成"综合电子机械厂家"。为便于管理,该公司把下层 50 多个事业部划分为三大综合事业本部,即无线电机器、电气化机器和工业机器 3 个部,由 3 位副总经理领导。松下早在 1965 年就在日本最早实行每周 5 天工作制,其后建立了住宅制度和工龄工资制,以调动企业职工的积极性。松下在日本国内拥有 3 万家电器代销店,并积极向海外投资。目前,松下在全世界 26 个国家和地区拥有 52 家子公司。1983 年该公司资产额为 146.24 亿美元,雇佣职工 12 万人,销售额为 167.19 亿美元,居日本大公司第 5 位,资本主义世界大工业公司第 24 位。公司总部设在大阪。

8 名苏维埃将军被枪决

约瑟夫·斯大林的"清洗"进入俄国军队的最高层机构。在一次秘密审讯中,8 名将军因叛国罪被处死刑,并于 1937 年 6 月 12 日执行。官员们说他们都对指控他们企图推翻斯大林政权表示服罪。"打倒叛徒!"共产党官方报纸《真理报》宣称:"对间谍和叛徒决不仁慈。"被判处死刑的将军中有图哈切夫斯基元帅,在此之前他还担任着国防部副部长职务。秘密警察在半夜逮捕了他,据说他当时企图逃脱,因此被秘密警察打伤。这些将军都被指控和外国一起阴谋反对苏维埃联盟。这个国家的名字没被提及,据推测可能是德国。《真理报》批判了所谓的"德国和日本法西斯伸进来的黑手。""虽然法西斯间谍爬虫有许多脑袋。"《真理报》说道:"但是我们将一个不留地将其砍掉,割断每一条伸进来的触角并且除去毒蛇的毒液。"

好莱坞的宠儿琼·哈洛去世

1937 年 6 月 7 日,"淡金黄色头发女郎"琼·哈洛在好莱坞医院去世。这位 26 岁的女演员在患病一年后死于尿毒症。她的老搭档威廉·鲍威尔在她的床边守灵。哈洛出生于密苏里州的堪萨斯城。她年仅16岁时就和一位商人私奔了,并和他一起搬到好莱坞。她热衷于扮演电影中的小角色。哈洛与她的丈夫分手后涉足影坛,演出了一部早期有声电影,反映空战冒险故事的《天使的地狱》(1930);在《公敌》和《受诽谤的女人》中她成功地表现了一个倔强的姑娘的形象。晚期,她在喜剧《流氓》和《妻子与秘书》中扮演了疯女人。

日本发动全面侵华战争

"卢沟桥事变",即"七·七事变",是日本帝国主义入侵中国过程中所发动的严重事件。1937年7月7日,日本军队在北平城西南的卢沟桥非法举行军事演习,借口一名日军士兵"失踪",向中国方面提出进入宛平城进行搜查的无理要求。在其要求遭到中国方面拒绝之后,即向宛平城发动大举进攻。当地中国驻军进行了顽强的抵抗。此事变是日本帝国主义大规模进攻中国的开端。中国守军在卢沟桥的抗战,揭开了中国全国性抗日战争的序幕。7月11日,日本内阁召开会议,决定从中国东北、朝鲜和日本本土增调军队扩大侵华战争。8月13日,日本侵略军大举进攻上海。日本进攻中国华北及华中、华南,对英、美在华利益造成了极为严重的威胁。事件爆发后,日本与英、美等西方国家的关系趋于紧张。

《萨亚达巴德公约》签订

《萨亚达巴德公约》也称《土耳其、阿富汗、伊拉克和伊朗互不侵犯条约》。为了加强阿拉伯国家的团结,促进各国的联合,避免相互之间的冲突,1935年10月伊朗政府向土耳其、阿富汗、伊拉克发出倡议,其后与会国在日内瓦签订了草约。1937年7月8日,这些国家在德黑兰的萨亚达巴德宫正式签字。1938年6月生效,规定有效期为5年。该公约共10条,主要内容是确立缔约国之间的互不侵犯、互相尊重现存国界和相互协商的关系。

日本飞机猛烈轰炸上海

1937年8月22日,日军严阵以待,准备占领著名的港口城市上海。日本的轰炸机和战舰使整个城市战火弥漫、充满恐怖。滚滚的浓烟笼罩在城市的上空,日本战斗机连日的轰炸使上海变成了混乱的地狱。显然,日本人的战略是在地面部队占领这座城市前使用空中力量消灭所有中国抵抗力量。遵循这条战略原则,日本飞机投下燃烧弹使房屋着火,将反抗者赶到露天处,然后向他们投掷杀伤力很强的炸弹。烈火蔓延到这座城市里中国难民聚集的外国租界。日本人对这座城市的攻击是在这个月早些时候借口一名日本海军军官和一名士兵在附近的机场被杀后开始的。与此同时,日本军队占领了北京。日本飞机撒下传单,上面写着"日本军队已经赶走了你们邪恶的统治者以及他们邪恶的军队,使他们永不返归。"中国国民党军队进行了抵抗。在北京的西南部,这场未经宣战的战争的第一次较大的战役已经爆发。

日本丰田汽车公司成立

丰田汽车公司是日本最大的汽车工业公司。它的前身是丰田喜一郎于 1934 年在丰田自动织布机公司设立的汽车部,并在 1937 年 8 月成立了丰田汽车工业公司。1982 年 7 月 1 日,丰田汽车工业公司和丰田汽车销售公司合并,改名为丰田汽车公司。该公司以生产价廉物美、经济实惠的丰田汽车见长,逐渐打入并占领了国际市场。为使企业经营管理科学化,该公司除加强对职工培训、实行专业化生产和协作相结合、搞好劳资关系外,还有其独特的"丰田生产方式",即根据"非常准时"的思想,利用"传票卡"来达到生产合理化。这种科学而严密的经营管理方法,使得丰田汽车公司不断向前发展。为了提高质量和加强新产品开发,该公司还设立了丰田中央研究所和东富士研究所。该公司目前主要生产卡车、公共汽车、轿车、汽车零部件和住宅等,并着眼于 21 世纪的新产业作为发展的目标。公司早年就向海外发展,已在海外建立多家公司。1983 年公司资产额为134.54 亿美元,雇用职工 5.78 万人,销售额为 197.41 亿美元,是日本最大的公司,居资本主义世界大公司第 18 位。总部设在丰田市。

德国启用大型集中营

1937 年 8 月,德国精卫队首领海里希·希姆莱向德国元首希特勒报告目前重新安排集中营的计划,其中位于魏玛市的布亨瓦得大型集中营开始使用。布亨瓦得集中营启用后,德国境内便有 4 个集中营:达豪、萨克森浩森、列希登堡和布森瓦贝得。其中的列希登堡集中营是女犯集中营。纳粹精卫队根据管理达豪集中营的经验,按照一个有关容纳数量的统一计划,将萨克森浩森和布亨瓦得集中营大力整建。从该月份起,这 3 个男犯集中营的每个集中营都由驻扎在集中营内的 1000 名到 1500 名精卫队骷髅头联军共同看守。

太阳能源理论创立

太阳几乎永不衰减地发出强大的光和热,使地球上的生物和人类得以生存。在历史上人们对太阳感到神奇无比,以至有许多神话传说。直到本世纪 30 年代,人们对核反应有了认识以后,才猜想太阳的光和热来自某种核反应。1929 年,美国天文学家罗素(1877~1957)判断太阳总体积的 60% 是氢(实为 80%),显然太阳的能量是由某种核反应释放出来的。1937 年德国著名物理学家贝特提出了第一个科学的太阳及一般恒星能量生成的理论:氢是太阳的燃料,太阳上所进行的反应不是一般的化学反应,而是在高温中进行的热核反应。经过实验和计算,贝特认为,目前太阳的能量主要由 4 个氢核(质子)聚变为 1 个氦核的热核反应所产生。4 个氢核聚变为 1 个氦核后,质量亏损了 30.7%,亏损的质量转化为 27 兆电子伏的能量。由于太阳强大引力场的作用(比地球大 33 万倍),足以把高温的粒子约束在一起,使聚变反应得以持续、稳定而缓慢地进行。据估计,太阳中每秒钟有 6.5 亿吨的氢聚变成氦,也就是说每秒钟有 460 万吨的质量转化成辐射能。按照这一标准推算,100 亿年之后,太阳的质量也仅损失 0.06%,故不会影响辐射能的散发。贝特的这一理论,有助于人们对热核反应的认识与研究,对研究天体物理、化学性质、天体演化有极大的推动。为此他获得了诺贝尔物理学奖。

德国纳粹在纽伦堡举行大型集会

1937 年 9 月 5 日,纽伦堡的街道排满了冲锋队员,当阿道夫·希特勒为参加国家社会主义代表大会开幕式到达这里时,所有教堂都响起了钟声。这次活动被安排成德国有史以来纳粹炫耀其力量的规模最大的一次活动。会议的规模令人吃惊,希特勒将要检阅 60 万人的游行队伍。成百列火车正在往纽伦堡运送军队和起军事辅助作用的人员。这些人正在 13 个"帐篷城"里住下来。一个把共产主义和犹太教联系在一起的反布尔什维克展览会今天开幕。当地纳粹领导人尤利乌斯·施特赖歇尔令人震惊地指责说,正是犹太教法典给了犹太人残杀非犹太人的权利。外交使团,包括美国的代办,将在近日到达。贝尼托·墨索里尼将到会。估计希特勒和墨索里尼将互致军礼,希特勒还有可能把墨索里尼当成法西斯主义的拥护者、欧洲反共主要领导人来加以欢迎。

墨索里尼访问德国

1937 年 9 月 25 日,意大利首相墨索里尼的德国访问之行,开始了两大独裁者的合作。墨索里尼在访问的第一天,就颁授德国元首希特勒为法西斯民兵部队的荣誉班长,这是意大利法西斯党授予的最高荣誉。希特勒给墨索里尼的回礼是一枚特制的、独一无二的德意志鹰式大十字勋章和金质的纳粹党徽,在当时,这种党徽只有希特勒本人佩戴。希特勒和墨索里尼在两国建立新的关系和加强持久合作方面,互相赞扬彼此的政治远见,并表示要同心协力打击所有共产主义分子的活动。

奥林匹克之父顾拜旦去世

1937 年 9 月 2 日,现代奥林匹克运动会创始人,体育界业余运动的思想家顾拜旦在瑞士洛桑逝世,享年 74 岁。顾拜旦在 1863 年出生于法国一个颇有声望的贵族家庭。他在学生时代就已经具有一种特殊的思想:即法国在普法战争(1870~1871 年)战败以后,受到凌辱的法国青年应该改革国民教育体系,重新锻炼身体,强壮体格。顾拜旦在英国留学期间,在英国的学校里发现了理想青年教育的榜样,他在许多体育教育法的著作中都表达了这种理想。在一次赴芝加哥参观世界博览会时,此时已经自学成为体育专家的他在法国组织业余体育运动,并且首次公开提出 1900 年世界博览会在巴黎举行时,重新恢复奥林匹克运动会这一构想。1894 年在巴黎召开的为期一周的体育教育家和赞助者的大会中,顾拜旦的奥运构想获得热烈的拥护,不久便成立国际奥林匹克委员会(IOC),并推选顾拜旦担任主席,直到 1925 年为止,顾拜旦一直担任国际奥林匹克委员会主席。

法属摩洛哥民族起义

1937 年 9~10 月,位于北非的法属摩洛哥爆发了反法民族起义。法国殖民当局把一条流经梅克内斯城的河水引到法国殖民者的种植园,造成了城市用水的严重不足。几千名摩洛哥人签字请愿,遭到了殖民当局的拒绝。之后梅克内斯城举行抗议游行示威,法国当局又向示威者开枪,从而爆发了起义。而在马拉喀什城,地方当局下令修饰房屋和店门,以"欢迎"法国公共工程部副部长和省督,市民拒不服从而遭逮捕,因此演发成反法运动。胡梅萨特、非斯和利奥特港等地也举行了抗议游行示威。法国政府急忙调遣军队,镇压了这次自发分散的民族起义,逮捕了许多民族运动领袖。

大众汽车股份公司创建

大众汽车股份公司于 1937 年 9 月 16 日成立。1938 年,公司在沃尔夫斯堡建立了世界最大的汽车厂——大众汽车厂,1939 年 8 月 15 日生产出第一批"甲壳虫"牌汽车。第二次世界大战中该公司为纳粹法西斯生产了大量军事武器,获得了惊人的利润。战后一度被英国接管,并改为沃尔夫斯堡汽车厂。1949年该厂归还给联邦德国政府,由萨克森州政府代管。1960年根据联邦议院法律,把该公司由国家垄断改为公私合营性质的大众汽车股份公司,其中政府占有股份的20%,萨克森州占股份的20%,其余的60%归私人占有。该公司早年只生产"甲壳虫"轻便客车,随着竞争的加剧,开始转向多样化生产。目前主要生产"马球"型、"高尔夫"型、"奥迪"型、"波舍尔"型、"桑塔纳"型汽车。该公司在国内外拥有大量的生产工厂、销售公司和其他公司,其中国外销售额一直占2/3左右,成为欧洲最大的汽车制造公司,也是世界上最大的汽车业制造公司之一。1983年资产额为105.9亿美元,雇用职工23.17万人,销售额为156.9亿美元,居资本主义世界大工业公司第31位。总部设在沃尔夫斯堡。

英国法西斯分子在伦敦集会遭袭击

英国法西斯领导人奥斯瓦尔德·莫斯利爵士1937年10月10日在发表讲话前被利物浦的1万多名示威者投掷的石块击成脑震荡,头部留下了几处伤口。当莫斯利登上装有扬声器的小型客车时,许多人向他投掷石头,其中一块石头击中他的左太阳穴。12名骑警立刻赶来,援助100名巡警,很快驱散了人群。但是在他们到达之前,人们已经捣毁了那辆讲演车。在法西斯主义者和共产主义者之间也发生了战斗。集会在国歌《上帝拯救国王》的歌声中结束。共产主义者和法西斯主义者都起劲地歌唱。他们举手敬礼,握紧拳头,向国歌致意。1937年早些时候,当莫斯利在警察的保护下走在街上时,受到了群众的袭击。

巴勒斯坦限制犹太人入境

巴勒斯坦政府1937年10月颁布一项法令,限制犹太人移民入境,这项法令违背了他们早先有关经济利益的原则。如今,犹太人能否移民已不再取决于经济环境,而要看国际政治形势。犹太人猛烈抨击这项新法令,他们指责法令中有关"信仰犹太教分子"的叙述,已经违反了在巴勒斯坦境内,所有宗教信仰一律平等的协议。伯利恒和耶路撒冷的报纸同时指出国际联盟理事会要求英国坚持经济原则。自从7月7日英国以托管国的身份建议将巴勒斯坦分割为阿拉伯和犹太两个国家以来,已经有301人死于恐怖分子的攻击。昨天,一群狙击手向伯利恒教堂附近的警察局开火,所幸无人伤亡,但已造成恐慌。

德国要求家长向孩子灌输纳粹思想

1937 年 11 月 29 日,在德国的瓦尔登堡,一法院做出判决,让孩子们离开他们的父母,因为他们的父母拒绝向孩子们灌输纳粹思想。这些父母是和平主义者,是被称为国际圣经研究协会的基督教派成员。法院指控他们所造成的家庭环境会使孩子们成长为"国家敌人"。孩子们被转交给国家照管。法官发表了一次长篇讲话,其部分内容如下:"作为种族和国家工具的法律,要求德国的父母们只能在特定的条件下教育他们的孩子,也就是说,他们必须用民族和国家所期望的方式来教育孩子们。"

德国进行直升机试飞

1937 年 11 月 2 日,德国飞行员汉那·雷切首次公开试飞一架在不莱梅制造的直升飞机。首次飞越大西洋的林白上校亦在旁观察,并对其大为赞扬。这架直升飞机最高飞到 2439 米的高空,并达到每小时 122.6 公里的速度,试飞了 108 公里。观察者说:"这架飞机的上升和下降就像是一架升降机,能绕着自己的轴心转动。"

希特勒阐述二战计划

霍斯巴赫备忘录是记录希特勒策划对外侵略扩张的一次绝密会议的材料。材料反映出德国法西斯统治集团处理欧洲国际关系并实现其世界霸权的战略思想。由希特勒的副官霍斯巴赫上校整理而成,因而得名。1937 年 11 月 5 日,希特勒召集德国国防部长、外交部长及三军总司令在总理办公厅举行秘密会议。希特勒在会上所做的长篇发言,全面、系统而详尽地阐述了其发动世界大战的战略计划。讲话指出,德国所需要的生存空间是在欧洲领土范围之内,德国只能以武力才能获得。在夺取生存空间的过程中,首先要对付的是英国和法国。德国的目标是最后在 1943~1945 年解决其生存空间问题。必须夺取捷克斯洛伐克和奥地利,以便在对西方进行大规模战争时解除对德国侧翼的威胁。霍斯巴赫在会上担任记录。会后又负责将记录稿整理成为备忘录。第二次世界大战后,盟军在整理历史档案时发现了该备忘录的抄件。霍斯巴赫备忘录是极为重要和珍贵的历史文件。1946 年纽伦堡国际军事法庭对此备忘录进行了确认,并在审讯过程中将该备忘录作为法西斯德国领导人策动侵略战争的重要罪证。

希特勒和墨索里尼在一起

帕索斯完成美国三部曲

　　勇敢的悲观主义是 1937 年美国文坛的标志。约翰·多斯·帕索斯,一个葡萄牙移民的儿子,完成了他的美国三部曲。出版的头两部是《北纬 42°》和《1919》,最后一部是《赚大钱》。在多斯·帕索斯的笔下,美国是个孤独的国家。他采用"摄影机镜头"的方法,描写了许多人物的生活,以"新闻短片"式的表现手法,客观凝练地表现了人生。像多斯·帕索斯一样,欧内斯特·海明威也以新闻报道式的写作风格,写出了《有的和没有的》。海明威笔下的主人公从不雷同,这一次主人公是一个无计谋生、得过且过的西印度群岛附近的海上外国雇佣兵。约翰·斯坦贝克推出一部名为《鼠与人》的短篇小说,这部书讲述了两个到处流浪的南方黑奴因逃跑被杀死的经历。小说节奏很快,是对短暂人生所做的迅速评价。

希特勒自封为军事首脑

阿道夫·希特勒 1938 年 1 月 4 日将至高无上的权力掌握在自己手中,从而使他的内阁与军队之间逐步激化的紧张关系得到缓和。元首自命为德国军事力量的最高统帅,并把制定外交政策的权力直接控制在自己手中。希特勒强迫两位将军提前退役。其中一位是陆军元帅兼陆军部长维尔纳·冯·布隆伯格,有关他的丑闻加速了他的退役。布隆伯格刚刚结婚,希特勒本人就是证婚人。自举行婚礼以来,许多人一直在指控他的妻子,说她原来是一个妓女。陆军总司令维尔纳·冯·弗里奇将军也被迫退休。他被指控为同性恋者。威廉·凯特尔和瓦尔特·冯·布劳希奇两位将军都被提升到最高位置上。希特勒成立了一个秘密内阁会议,以作他的对外政策顾问。他还任命了几位老朋友到这个会议中来,其中包括鲁道夫·黑斯、赫尔曼·戈林和约阿希姆·冯·里宾特洛甫。

法国存在主义文学流派

20 世纪初至第二次世界大战爆发前,资本主义世界爆发了几次大规模的经济危机,政局随之动荡不安,使中、小资产阶级及其知识分子深为恐慌,普遍存在着一种把握不住自己命运的颓废、悲观情绪,这种情绪在面临德国法西斯威胁之下的法国尤其盛行。在这种情况下,法国著名作家萨特首先将无神论的存在主义哲学思想运用于文学领域,创立了存在主义文学流派。他于 1938 年发表的长篇小说《恶心》,是为这一文学的开端。萨特的《恶心》和另一存在主义作家加缪的《局外人》(1942)颇似姊妹篇,描绘了一个令人厌恶的荒诞世界,刻画了生活在其中的彷徨无主的"多余人物"。存在主义文学流派到 40～50 年代进入鼎盛时期,萨特于 1943 年发表的哲学著作《存在与虚无》,阐释了存在主义的纲领。在这里,萨特宣扬人的"存在先于本质",证明上帝并不存在;反对逆来顺受,主张确立新的人道主义。1946 年萨特发表的《存在主义是一种人道主义》,是存在主义的另一篇重要宣言。1940 年～1950 年间的存在主义文学作品往往体现了"新人道主义"精神,其代表作为萨特于 1947 年发表的《恭顺的妓女》。他通过这部小说,无情地鞭挞了种族主义的罪恶行为,对被压迫的黑人寄予了深切的同情。另外,在萨特的《死无葬身之地》(1946)、《肮脏的手》(1948),加缪的《正义者》(1949),西蒙娜·德·波伏瓦的《大人先生们》(1954)等作品中,作者们强调了道德同行动、目的同手段、生存自由同生存条件之间的矛盾与冲突,表现了人的理想与客观存在的不一致性。从60年代起,存在主义作家没有写过有影响的文学作品,这一流派逐渐丧失了发展的势头,至70年代事实上已不复存在。但它作为法国战后文学中最有影响的流派,在欧美乃至东方一些国家的文学界产生过广泛的影响。

罗马尼亚实行军事管制

1938年2月12日,在结束了与奥克塔维安·戈加的全国基督教党为时7周的策略性妥协之后,罗马尼亚国王卡罗尔宣布自己执政,命令军队实行军管,然后于当年许诺要制定新宪法。国王和特兰西瓦尼亚的诗人戈加的决裂是在戈加拒绝停止对犹太人的残酷迫害之后发生的。虽然卡罗尔对反犹太主义表示同情,但是戈加的政策已使罗马尼亚犹太人感到恐慌,并且使这个国家的经济面临危机。与戈加决裂后,商业已经得到改善,犹太人又恢复了正常的经济生活。由于那些未经官方许可就居住在罗马尼亚的外国人必须离开这个国家,绝大多数犹太人将在其他地方寻找栖身之处。然而2月12日他们松了一口气,因为在戈加宗派的报纸上,当天似乎没有像以往一样刊登反犹太人的漫画和谩骂犹太人的文章。

美国产业工会联合会建立

美国工人阶级在20世纪30年代经济危机的袭击下,经济处境急剧恶化,失业队伍迅速扩大,实际工资大幅度下降。罗斯福“新政”的实施,一方面对失业工人采取了一定的救济措施,另一方面又加速了垄断资本对工人阶级的剥削,因而1933年开始,美国工人运动掀起了新的高潮。斗争中广大工人逐渐认识到,按行业原则组织起来的劳工联合会已不适应反对产业托拉斯斗争的需要,特别是劳联上层领导的投降主义路线更引起工人的不满。为进一步推动工人运动,1935年11月10日,劳工联合会所属的矿工联合会和纺织工人联合会等10个产业系统的工会组织,按照世界产业工人同盟的模式,根据产业原则成立了“产业职工委员会”。但劳联中央全会拒不承认“产业职工委员会”。1938年2月,该委员会在匹兹堡正式召开了全国第一次代表大会,决定脱离劳联,改建“产业工会联合”(简称“产联”),矿工联合会主席刘易斯被选为主席。1955年,产联与劳联合并,建成美国劳工联合会——产业工会联合会。

德国吞并奥地利

希特勒对奥地利垂涎已久。他在《我的奋斗》一书中就明确宣称:“日耳曼的奥地利,必须回到日耳曼的伟大祖国。"奥地利人口虽不过 700 万,但处于中欧心脏地区,战略地位十分重要。德国如据有奥地利,就可以对捷克斯洛伐克形成三面包围之势,并打开通往巴尔干半岛的大门。希特勒把吞并奥地利作为对外扩张、争夺欧洲霸权的第一步。希特勒上台伊始,就加紧网罗奥地利法西斯分子,唆使他们制造事端。1934 年 7 月,奥地利的纳粹党徒在维也纳发动叛乱,刺杀了奥总理陶尔斐斯。希特勒原想乘机侵占奥地利,只是由于羽翼未丰,同时惧怕意大利出面干涉,才未敢轻举妄动。1936 年 7 月,德奥签订条约,德国重申承认奥地利的主权。然而就在签约的同时,德国即着手制订、并于次年 6 月批准了武装入侵奥地利的"奥托方案"。意大利发动侵略埃塞俄比亚的战争得到德国的支持,两国开始接近。此后,两国共同干涉西班牙内战,关系愈加密切。1937 年 11 月,意大利加入德、日《反共产国际协定》,德国吞并奥地利的障碍排除了。对于希特勒的侵奥野心,英、法、美统治集团一直采取绥靖政策。英国明确表示,不反对包括奥地利在内的欧洲秩序变更,"英国所关心的,仅仅是通过和平方式来实行这种改变"。1938 年 2 月,希特勒把奥地利总理舒施尼格叫到德国,"举行会谈"。会谈一开始,希特勒就大肆攻击奥地利政府对德国的"不友好"行为,接着又对奥地利进行威胁恫吓。当天下午,里宾特洛甫交给舒施尼格一份最后通牒,内容包括取消对奥纳粹党的禁令,大赦纳粹罪犯,任命纳粹分子担任要职等。舒施尼格被迫屈服。面对亡国的危险,奥地利广大群众纷纷集会游行。在人民群众的压力下,舒施尼格宣布将于 3 月 13 日举行全民投票,就是否赞成保持奥地利的独立举行公决。希特勒闻讯后,立即电令舒施尼格辞职,任命亲纳粹的赛斯·英夸特担任总理,取消公民投票。同时,命令德军入侵奥地利。3 月 11 日晚,德军越过边境,实施占领奥地利的"奥托计划"。14 日,德奥正式合并,奥地利成为第三帝国的一个省。

希特勒重返奥地利

对阿道夫·希特勒来说,1938 年 3 月 14 日是空前荣耀的一天。这位德国领袖早年离开奥地利时是个身无分文的艺术家,而当天,当他返回维也纳来宣布"德奥合并"时,他受到几千人的热烈欢迎。希特勒从他的临时司令部所在地林茨来到奥地利的首都,40 辆坦克在前面开路,坐满军官的警车作后卫,一路上希特勒受到来自奥地利各地的纳粹分子的欢迎,而过去就是他曾经保证过奥地利的边界是不可侵犯的。在路上大部分时间里,希特勒站在敞篷汽车上,身着棕色的突击队员军服向狂热的支持者们几乎是歇斯底里地挥手致意。他的支持者们许多人挥舞着饰以标志的旗帜。一些纳粹分子把这个标志缝在奥地利国旗上。"我们此时此刻的感受",希特勒在维也纳宣称:"也是所有其他德国人的共同感受。不管发生什么事,我们今天宣称的统一的德帝国,再也不会被任何人所分裂,永远不会处于分裂状态。"希特勒已经签署了由他担任德国和奥地利军队总司令的法令,所有奥地利士兵必须发誓效忠于这个纳粹头子,这个领导着 7000 多万人的元首。希特勒的胜利就是库特·舒施尼格的失败。自1934年以来这位奥地利总理就试图阻止国家社会党人（即纳粹主义者）掌权，但是1936年他的保护伞贝尼托·墨索里尼和希特勒联合，舒施尼格的统治便开始动摇。舒施尼格上个星期二力图进行公民投票让奥地利人在纳粹和他之间做出选择，以此来挽救其政府，但投票没能举行。希特勒与奥地利的纳粹内政部长阿图尔·塞斯·因克瓦特取得了联系，命令他取消公民投票，舒施尼格企图采取对策，但是当他听说德国军队已经入境，只好作罢。当天晚上，舒施尼格和他的几千名支持者们将获悉阿道夫·希特勒的对手所面临的处境。他们都已被逮捕。

奥地利被迫归并德国

1938年4月10日，在奥地利与德国"重新统一"4周之后，德国与奥地利的居民进行

奥地利投票人被迫赞成合并

表决，在选票上印有两大决定事项：同意德国元首希特勒所有的政策，同意奥地利归并德国。选票上针对这两大事项提出以下问题："你同意3月13日奥、德重新合并的决定吗？你赞成我们的元首希特勒所提出的官员名单吗？"第二个问题指的是所附的一份新帝国国会成员名单，其中包括了来自奥地利的议员，因为再过不久，奥地利将在官方的正式用语中，被称为"东马克"区。由于奥、德合并而被迫成为德国人的奥地利王位继承人奥托·芳·哈布斯伯格，在这次表决中未获提名。维也纳的国家第一法庭，以叛国的罪名通

缉他。按照纳粹的说法,哈布斯伯格是德国历史上最后一名分裂主义分子,他的所作所为,玷污了德意志的哈布斯伯格家族。欧洲各国对希特勒所为不加干涉,听其自然。4月2日,英国、法国、波兰、比利时、南斯拉夫和捷克便已经承认了这一新的大帝国。

佛朗哥宣称战争胜利

1938年4月19日,弗朗西斯科·佛朗哥将军宣布西班牙内战结束,敦促忠于共和政府的军队投降。在取得击败政府军和外国支持者的关键性军事胜利后,佛朗哥通过电台向全国发表讲话。佛朗哥说,他已击败了"赤色分子",但"对其他国家并不怀有任何敌对情绪。我们完全是为文明而战。我们不信任一个民主自由的政权,因为这个政权给西班牙带来的损失太大了。"佛朗哥是在他的部队在地中海沿岸取得胜利后发表这番讲话的。他的部队放弃了对托尔托萨的进攻,转而向南,一路长驱直入逼近比纳罗斯海滩。这一胜利把西班牙实际上分成两半,使忠于共和政府派的大本营巴塞罗那与这个国家的其他地区分隔开来。一支以"林肯——华盛顿营"著称的美国先遣队在反叛者的袭击中惨遭失败。他们根本不是佛朗哥装甲部队的对手。这个营的大部分人在托尔托萨的袭击中丧生。只有极少数幸存者在敌人防线后面发动了游击攻势。其中6人决不投降,在试图游过埃布罗河时淹死。

赛珍珠获诺贝尔文学奖

美国女作家赛珍珠(1892~1973)凭借1930年创作的小说《大地》,于1938年获诺贝尔文学奖。这部仅用3个月时间完成的小说以作者熟知的安徽省和南京市为背景,描写了一个普通农民王龙的发家史。作者以生动的笔触,顺畅的语言,刻画了一个因剥削而发家的典型形象,淋漓尽致地描述了主人公王龙发家前的勤劳朴实,意外得到金条珠宝后的堕落及晚年的悔悟。这部小说可以称作是一部有影响的历史教材,1931年出版后受到广泛的注意,先后被译成20多种文字,并改编成电影。赛珍珠获奖后,美国曾出现种种非难,认为她不该获奖,因为她年纪太轻、名著太少。

美黑人改革家约翰逊逝世

"如果让黑人失败,那么美国就会同他一起失败。"詹姆斯·威尔登·约翰逊曾这样说过。他于1938年6月26日去世,终年67岁。约翰逊生于佛罗里达州,受教于亚特兰大大学(1894年获文学学士学位)和哥伦比亚大学。他是第一位进入佛罗里达法律界的黑人。他曾被委任为驻委内瑞拉和尼加拉瓜的领事。约翰逊还是一位多产的作家,他写过小说、杂文、诗歌、歌曲和歌剧。他同时还帮助创建全国有色人种促进会并任这个促进会的书记达 14 年之久。

德国画家柯希纳自杀

1938 年 6 月 15 日,德国最卓越的表现主义画家埃恩斯特·路德维·柯希纳,在纳粹当局宣布其作品为"颓废"后,自杀而死,享年 58 岁。柯希纳是艺术家协会《桥》的创始人之一,他认为美术是将内心冲突转化为视觉形象最直接有力的手段,其画风偏重于色彩的表现。自 1918 年以来,由于健康原因,他一直住在瑞士。

罗斯福签订合理劳动标准法

1938 年 6 月 25 日,罗斯福总统签署了合理劳动标准法。本法规定:每小时最低工资为 40 美分,每周工作量不得超过 44 小时。这项新规定只适用于从事州际贸易活动的美国企业。5 天前,总统还签署了失业救济法,为虽可雇用但没有职业的工人拨款 37 亿美元,以刺激工商业的发展。在纽约海德公园罗斯福的家里举行的签字仪式上,他乐观地预言说:"国民收入将从原来估计的 50 亿美元上升到 60 亿美元。"他不肯说出这一高潮什么时候开始,而是打了个比方:"空中下着几滴雨,也许紧接着便是一场及时雨。"这些法案的签订坚持了许多新政政策所遵循的原则:经济和社会福利的发展必须保持同步,联邦机构与州政府机构必须步调一致。总统还强调说在一项公共项目中每雇用一个男工或女工,在一个私人企业中就雇用 2.5 个工人,这样,新政便"起动了私人工业这个水泵"。

但泽危机

但泽原是波兰的格但斯克,位于波兰北部波罗的海沿岸,在波兰历史上 3 次被俄、普、奥瓜分的过程中被宣布为"自由市",19 世纪改名为但泽。第一次世界大战后波兰复国,凡尔赛和约规定但泽为国际联盟保护下的自由市,波兰拥有关税权和对外贸易权,自由使用水路和铁路,并得到德国和东普鲁士之间的一条狭长地带作为出海通道,这一地带即称为波兰走廊或但泽走廊。肢解捷克斯洛伐克领土的慕尼黑协定签订之后,希特勒就把侵略矛头指向了波兰。1938 年 7 月 24 日,德国外长里宾特洛甫向波兰大使提出:但泽重新并入德国;德国建造穿过波兰走廊的享有治外法权的一条高速公路和一条铁路;

德、波在反共公约的基础上对苏俄执行共同的政策。德国担保波德边界现状，把 1934 年签订的德波互不侵犯条约延长 25 年。在几个月的谈判中，波兰拒绝了德国的无理要求。1939 年 3 月，德军强占捷克斯洛伐克和立陶宛的默麦尔，形成了北、西、南三面包围波兰的形势。德国重提割让但泽等广泛要求，再次遭到波兰拒绝，波德关系急剧恶化，这就是"但泽危机"或称"但泽——波兰危机"。

斯坦尼斯拉夫斯基逝世

1938 年 8 月 7 日，莫斯科艺术剧院的康斯坦丁·斯坦尼斯拉夫斯基逝世，终年 75 岁。但是他那种训练演员的方法，即"斯坦尼斯拉夫斯基表演法"却还活着。在纽约同仁剧团李·斯特拉斯伯格的课堂上，他的表演法丝毫不减往日的活力。他主张摆脱造作和机械的表演技巧，强调内心与角色求得一致的重要性。作为导演，他强调整体配合和人物的情感真实，然后才是外表的真实，如表现历史题材的作品便是如此。1867 年他创建了莫斯科艺术剧院，该剧院致力于把艺术献给广大人民和更为现实主义地创作新剧目。这个剧院成功地演出托尔斯泰的描写伊凡雷帝的剧作，真实地再现了历史。此后这个新剧院又成功地首次将契诃夫的《海鸥》搬上舞台。接着又继续上演了契诃夫的《万尼亚舅舅》《三姊妹》《樱桃园》。在根据契诃夫的作品改编的剧目中，没有那些刻意安排的情节和戏剧性动作。这就要求演员要有新的表演技巧，而斯坦尼斯拉夫斯基继续发展了这种表演技术。他导演的其他剧作有易卜生的《人民公敌》和高尔基的《底层》。

数条新航空路线陆续开辟

1938 年 8 月，民航界又有一些引人注目的新报道。旅客们获知，英国皇家航空公司开辟了从英国到雪梨之间的定期客运班次。第一班飞往澳大利亚的飞机，在达尔文降落，一共费时 7 天 3 时 45 分。另外，荷兰航空公司也开辟了从阿姆斯特丹到雪梨的航线，飞行时间为 8 天，中途的停靠站有雅典、巴斯拉（伊拉克）、久德浦（印度）、仰光、新加坡、巴达维亚（雅加达的旧称）和克伦克里（澳大利亚）等城市。德国汉萨航空公司以大型飞机——4 个发动机的神鹰 FW200 型飞机，作柏林至开罗间的直达飞行试验，它以 360 公里的时速，花了 11 个小时飞完 3155 公里的距离。

第四国际建立

1929 年 2 月，托洛茨基被苏联驱逐。之后他曾企图从各国共产党和第三国际内部进

1938 年 7 月 3 日,当时世界上速度最快的"马拉德"号火车开始在纽卡素和伦敦之间运行。

行瓦解,但未能得逞。希特勒上台后,他认为有必要创建新的国际,从此进入了创建第四国际的准备时期。1933 年夏,英国独立工党向不属于第二国际和第三国际的组织呼吁召开一次国际会议,研究德国问题。托派的国际共产主义者联盟、德国的工人社会党、荷兰的社会党和工人党四个组织在会上发表了《共同宣言》,提出了建立"新的国际"的必要性。1936 年托派召开了一次国际会议,托洛茨基在会上提议成立第四国际,但因意见分歧未被通过。1938 年 8 月 3 日,托洛茨基在巴黎郊外某地召开了代表大会(在公布时宣布是在瑞士召开的),参加大会的有苏联、美国、英国、德国、法国、意大利、波兰、比利时、荷兰、希腊等国家以及拉丁美洲的"左翼反对派"的代表共 21 人。会议通过了由托洛茨基起草的《资本主义的垂死挣扎与第四国际的任务》(即过渡纲领)。该纲领主张实行"不断革命"和"世界革命",建立"世界社会主义联邦"。大会宣告第四国际成立,其成员仅有几百人。第四国际是破坏世界无产阶级革命斗争的一个"极左派"国际组织,它的建立是托洛茨基分裂国际共产主义运动的具体行动。

张伯伦推行"绥靖"政策

尼维尔·张伯伦(1869~1940),英国首相,保守党领袖。1869 年 3 月 18 日生于沃里克郡伯明翰市,早年在伯明翰市经商。1911 年当选下院议员,1922 年起任邮政大臣、卫生大臣、财政大臣,1937 年 5 月至 1940 年 5 月任首相。辞职后在丘吉尔内阁中任枢密院院长至 1940 年 9 月。同年 11 月 9 日病逝于汉普郡涅克菲尔德。著有《演讲集·为和平奋斗》。张伯伦在历史上是推行纵容法西斯侵略的绥靖政策的代表性人物之一。1938 年

3月，奥地利被纳粹德国吞并后，张伯伦政府声称英国在保障奥地利独立方面不承担任何义务，并于同年4月正式承认德国对奥地利的吞并。同时，张伯伦政府同意大利签订条约，承认意大利对埃塞俄比亚的侵占，并纵容意大利对西班牙继续进行武装干涉。在远东，张伯伦纵容日本侵略中国。1938年9月，张伯伦又积极策划将捷克斯洛伐克出卖给纳粹德国的慕尼黑阴谋。9月30日，又同希特勒签署《英德互不侵犯宣言》。张伯伦推行绥靖政策的结果是引火自焚。1940年7月，战火烧到了英国本土。在此之前的5月10日，当德国入侵荷兰、比利时、卢森堡时，张伯伦在一片谴责声中辞去首相职务，这是其绥靖政策导致的必然结局。

德、英、法、意签署《慕尼黑协定》

到1938年9月12日，希特勒在德国纳粹党代表大会闭幕典礼上发表讲话时，国际间才恍然大悟，捷克是希特勒扩张政策下所选择的下一个牺牲品。捷克总统爱德华·班尼斯立即对境内的德国人居住区实施军事管制。针对希特勒的意图，西方列强只能努力地

1938年9月30日，欧洲慕尼黑会议达成协议。图为墨索里尼和张伯伦握手，旁观者为希特勒，达拉第·戈林。

做出以非武力解决苏台德问题的决定。英国首相张伯伦派遣特使劳德·瓦尔特·朗西曼到这个充满争议的地区，调查当地居民的意见。朗西曼在苏台德区、布拉格与相关各方谈话，从而确信，不能再忽视苏台德区人民的自决。张伯伦因此于15日急忙搭机赶往德国南部，在上萨尔斯堡与希特勒商议此事。然而，希特勒此刻不仅要求苏台德区自治，而且要把它和德国合并，一如奥地利。英国政府与法国总理爱杜瓦德·达拉第及外交部长乔治·波纳特于18日、19日在伦敦磋商希特勒的这项新要求。法国希望不要因为苏台德区的问题引起欧洲冲突，因此同意希特勒吞并该地区。英、美两国将此意见告知班尼斯后，20日，班尼斯接纳英、法两国的解决方案。同一天，匈牙利也向捷克提出归还喀

尔巴阡——俄罗斯地区的要求。张伯伦接着再度访问德国。他和希特勒于 22 日、23 日在巴德·高德斯贝格会商,结果希特勒发出最后通牒,要求捷克人在 10 月 1 日前撤出苏台德区。希特勒的要求引起欧洲各国的反应,使人们感到战争一触即发。捷克于 23 日首先发出动员令。而当希特勒在柏林的体育场发表了一次颇具煽动性的演讲后,英、法两国也于 26 日发出动员令。次日,意大利首相墨索里尼也宣布全国总动员,但他提议,由德、英、法、意等列强举行一次谈判会议,避免战争发生。29 日,4 国即依照墨索里尼的建议,举行举世闻名的慕尼黑会议,安排捷克的命运。会中一致同意把苏台德区割让给德国,原来的捷克居民撤离该地区;区内的捷克驻军于 10 月 1 日至 10 日间逐渐撤离,而由德军接替。德、捷两国的新边界若有争执,可由德、英、法、意、捷等 5 国代表组成的国际委员会,以公民投票的方式解决。

希特勒的军队接收苏台德地区

1938 年 10 月 5 日,阿道夫·希特勒的军队正成扇形进入苏台德,占领了这个有激烈争议的捷克边境地区。希特勒本人当天到达埃格尔,受到英雄式的欢迎。德军开进奥地利时的场面,在这里重演。巨大的人群挥舞着纳粹旗帜,向街上投鲜花,向元首致意。当地的纳粹官员,曾协助希特勒颠覆爱德华·贝奈斯政府的康拉德·亨莱因,前来欢迎德国领袖。他说:“我们感到高兴,因为我们不再被迫接受一个对我们来说既陌生又有敌意的政权,而是接受一个作为我们自己的一部分的政权。”又说:“现在欢迎你的是你自己祖国的一部分。”英法对希特勒入侵捷克的企图的联合抵制上周在慕尼黑宣告破产,这就为德军开进埃格尔铺平了道路。罗斯福和墨索里尼都敦促张伯伦和达拉第尽一切可能避免在欧洲爆发一场新的战争。捷克官员甚至没有接到去慕尼黑的邀请。法国打算不再考虑它与布拉格签订的条约了。而希特勒几乎得到了他想得到的一切。希特勒同意军队占领苏台德后举行公民投票,但根本没有举行公民投票的迹象。德国军队既然来了,就根本不会同意撤走。而波兰和匈牙利则重新向捷克斯洛伐克提出领土要求。

广播剧《星际战争》给美国人带来恐慌

1938 年 10 月 30 日晚上,当广播里播送 H·G·威尔斯的科幻小说《星际战争》改编成的广播剧时,剧中的火星人和其他虚构的东西使全国听众毛骨悚然。奥森·威尔斯是听众所熟悉的《影子》节目的主持人。他执导了这个节目,并于晚 8 点在整个哥伦比亚广播网播放了这个广播剧。威尔斯事先和颜悦色地提醒过人们。节目开始时,他告诉听众他们听到的是 H·G·威尔斯的优秀科幻小说。紧接着又是 3 次预告,报纸上的节目预告栏也做了介绍。俄亥俄州戴顿城里有人给一家报社打电话问:“世界的末日何时到

奥森·威尔斯在广播《星际战争》

来?"还有,好几百纽约人突然跑出家门,用手帕堵住嘴为的是想堵住火星气体;交通阻塞,电话中断,许多人休克住进医院。一个女人打电话给公共汽车公司,打断调度员吞吞吐吐的讲话,不耐烦地说:"世界要完了,可我还有许多事要办。"等等。这一切都是怎么回事呢?原来这是个骗局:电台的音乐节目突然中断,播出一篇"公告":火星人已经在新泽西州的普林斯顿附近着陆,1小时后,火星人几乎无所不在了。

德国"水晶之夜"大恐怖

在1938年的前10个月里,德国基本上通过行政命令的手段,剥夺了德国的犹太人参与社会生活的权利。一名17岁的犹太人,其悲观绝望的行动成为德国人对犹太人实行暴行的藉口。该月7日,这名年轻人赫歇尔·格鲁斯彭在巴黎的德国大使馆,将使馆秘书埃恩斯特·芳·拉德误认为是德国大使,而对他开枪射击。后来在法国的刑事警察面前,他指出,他之所以这样做,是为了报复德国当局对他父母的迫害。这一桩行刺事件,被纳粹当局大加宣传。希特勒1938年11月9日提出一项处理犹太人的方案。于是,以突击队员为主的打手队遍布全国,他们到处破坏,以纵火和劫掠来勒索、杀害犹太人。根据纳粹最高法院最后的统计:在这所谓的"水晶之夜",共有91名犹太人遇害,其中大多数是商人,29家犹太百货商店被捣毁,171幢住宅和101座犹太教堂遭到破坏、烧毁,7500家商店被洗劫。然而,纳粹突击队的暴行不止于街上,根据希特勒的命令,今夜又逮捕了约35000名犹太人,并暂时送至集中营。纳粹此举是为了迫使犹太人迁出德国境内。陆军元帅戈林指示犹太人,可以用高价来"赎回"自己。戈林还利用有关赔偿金的规定赚了大钱。由于被破坏的商店为德国人所有,犹太人只是租用者,因此,在德国境内的犹太人必须筹足 10 亿马克,以赔偿损失。在今夜,光是橱窗玻璃的损坏,就高达数百万马克。这些橱窗的水晶玻璃必须在比利时定做,"水晶之夜"这一名词即因此而来。"水晶之夜"事件实际上是希特勒法西斯掠夺犹太人财富,扩充战争经济的一个重要步骤。

凯特·史密斯演唱《上帝保佑美利坚》

1938 年 11 月 11 日晚,一直受欢迎的凯特·史密斯演唱了欧文·伯林的《上帝保佑美利坚》引起更大的轰动。她是在停战之夜广播晚会上唱这首歌的。这首歌的歌谱原来是伯林于 1918 年为音乐喜剧《汪、汪、汪》谱写的,这一音乐喜剧一直没公开演出过。这首歌的感情纯朴、节奏明快,与史密斯的演唱特点恰好吻合。她的新广播节目"凯特·史密斯讲话"也像她的晚会表演一样受欢迎。尽管有位批评家说她的"白天闲话节目"过分伤感,尽是些家庭主妇们的闲言乱语,却受到"家庭主妇们的欢迎"。主妇们一个接一个打电话给她,以便听她讨论那些妇女感兴趣的东西。无论怎么说史密斯小姐是独具特色的。自从她 1931 年首次在广播里演唱《当月亮从山那边出来的时候》以来,她就是美国风格的象征。

德国并吞默麦尔

希特勒德国为发动第二次世界大战,在慕尼黑会议后三个星期就命令他的军事首脑,在准备侵吞残存的捷克斯洛伐克的同时,准备占领立陶宛的默麦尔,以便在侵略波兰时形成海陆两方面夹击的有利形势。希特勒按照侵吞奥地利和苏台德区时已惯用的手段,组织默麦尔的日耳曼人制造事端,以便为入侵寻找借口,并于 1938 年 11 月拟定了代号为"斯德丁运输演习"的侵吞默麦尔的计划。1939 年 3 月 21 日,希特勒向立陶宛政府下最后通牒,要立陶宛派全权代表立即到柏林签字,把默麦尔地区交给德国,"绝不容许拖延时间"。3 月 22 日,希特勒和海军上将雷德尔乘袖珍战列舰德意志号从施魏恩缪德出发,率海军前往攻占默麦尔。立陶宛甚至没有来得及向德国的最后通牒表示屈服,德军便占领了默麦尔。在英法等国的默认下,希特勒又一次公然撕毁了凡尔赛条约所规定的条款,吞并了立陶宛的默麦尔。

原子分裂实验成果首次公诸于世

在 1938 年 12 月 22 日出刊的《自然科学》杂志上,刊登了柏林威廉皇帝化学研究所所长奥托·哈恩的研究成果报告,其中的理论可能只有少数人能够完全理解。哈恩公布了在这个时代令人难以想象的事情——原子可能分裂,并释放出原子能。自从经过茱利欧·居里夫妇和恩利克·费尔米的研究,发现人工放射现象以来,在全世界的实验室里,学者们都在研究此一现象。他们认为,30 年代中期,他们在试验人工放射现象时,就已发现比人们熟悉的铀更重的元素。这些达莱姆的化学家们,将他们的发现命名为"超铀元素",并由此得知,围绕这种新元素的核心,其周围旋转的电子一定比铀的电子更多(在铀原子核的周围有 92 个电子)。该月初,达莱姆的科学家们从巴黎得到居里夫妇传来的讯息,表示他们相信也发现了"超铀元素"。哈恩等人针对巴黎的物理学家所提供的资料再三研究、检查,最后以一项实验证实了他们的假设:并未形成比铀更重的元素,也没有什么"超铀元素"的存在,而是铀在试验过程中,分裂为 2 个中等重量的元素。历史上首次原子分裂实验成功了。当哈恩立即将此项发现公诸于世时,制造原子弹的构想根本还未产生。

佛朗哥占领巴塞罗那

1939 年 1 月 26 日,欢呼的人群欢迎佛朗哥将军的军队胜利进入巴塞罗那。在过去的 3 天里皇家军队已经撤离该城,佛朗哥国民军进城时,只遇到零星的抵抗。26 日晨,佛朗哥的军队从两侧夹击并占领了这座城市。挥舞着旗帜的佛朗哥国民军从北向南推进时,一下子占领了几个机枪阵地,从西南杀来的摩洛哥军队只打了几枪,就席卷入城。佛朗哥的军队入城时,人们潮水般围拢过去,行佛朗哥式礼,挥舞着红白两色旗帜。大批难民和市民从他们躲藏的地铁车站涌出来。一队队卡车开始向饥饿的人群分发食品。士兵痛哭流涕的场面使庆祝活动受到影响,因为他们好容易找到家后发现家人已经在这场斗争中死去。

德国采取反犹太人新措施

纳粹德国继"水晶之夜"后,1939 年 1 月份继续采取反犹太人的强硬措施。起先是禁止犹太人进入电影院、剧院、音乐会以及艺术展览会,收回犹太人的驾驶执照,并且不准犹太人子女在德国学校求学。然后在 1939 年 1 月起又公布新的就业禁令:帝国经济部决定在手工业、工业和贸易商会方面禁止犹太人考试就业,并且以一项帝国民法新条例规定犹太裔牙医、兽医和药剂师的执照一律作废。这一切的目的就是尽快赶走犹太人,从而实现所谓的"无犹太人"的国家。1933 年德国住有 50 万犹太人,至 1939 年只剩下 23.4万人留在德国,另外约有 7 万人住在归并的奥地利和苏台德地区。1939 年 1 月,德国对犹太人的移民采取更加严密的组织手段。目前在保安队首领莱因哈德·海德里希领导的安全警察局里设立了一个"促使犹太人迁离帝国中心",该中心负责尽快和尽可能把大量犹太人赶出德国。然而,德国还借此做一笔交易,即自己或请国外的教会兄弟对向帝国赎身的犹太人,将可尽快而不受刁难地离开德国。

爱尔兰诗人叶芝逝世

爱尔兰著名诗人威廉·巴特勒·叶芝 1939 年 1 月 28 日逝世于法国,享年 74 岁。叶芝在 1865 年 6 月出生于都柏林,是彻底的爱尔兰人。他对爱尔兰文化的自豪反映在他的诗、戏剧及政治活动中(他曾担任爱尔兰自由邦参议员 6 年)。叶芝 15 岁时从伦敦迁回都柏林上中学,接着进入市立美术学校。当时他已开始写诗,结识了其他爱尔兰诗人和艺术家。1893 年他写了散文集《凯尔特的曙光》。他想通过诗、戏剧和文艺唤起爱尔兰的民族意识。1923 年,叶芝获得诺贝尔文学奖。

巴勒斯坦会议在伦敦召开

1939 年 2 月 7 日,经过英国政府再三努力之后,提议分割巴勒斯坦的各方代表,终于答应展开桌面谈判。这次巴勒斯坦会议在伦敦召开,与会者包括巴勒斯坦阿拉伯的代表,以及阿拉伯高层委员会的所有六方代表—埃及、伊拉克、沙特阿拉伯、也门、约旦的政府代表团和犹太主义的代表。所谓犹太主义的代表,则包括以"犹太代理"为名的代表团和一个由英国、巴勒斯坦、美国和其他国家内的犹太社区的知名人士所组成的委员会。各方阿拉伯人费时 2 天,达成协议后,于 9 日加入谈判,他们表示要求完全独立。"犹太代理"主席夏姆·魏茨曼博士,则代表犹太人表达了他们的立场,亦即他们的人民希望在巴勒斯坦家乡定居,并愿意与阿拉伯人和睦相处。由于阿拉伯人和犹太人两个阵营的立场无法相容,于是英国政府又提出下列妥协计划:①在巴勒斯坦成立一个立法会议,其中阿拉伯人占 70 席,犹太人占 30 席;②逐步降低犹太人移入的比例;③英国保证犹太人获得公民权和参政权;④把巴勒斯坦分成 3 个地区,其中一区不限制犹太人购买土地;第二个地区犹太人购买土地必须经批准;第三个地区则禁止犹太人购买任何土地。然而上述计划遭到犹太人代表团的拒绝。

英国承认佛朗哥政权

在英国下院里"叛国""耻辱"的呼声中,英国首相张伯伦 1939 年 2 月 27 日宣布承认西班牙的佛朗哥政权。法国总统勒布伦也采取了类似的步骤,但他却得到法国内阁成员的一致支持。摇摇欲坠的西班牙共和国政府总统阿萨尼亚,在巴黎期间一直未参加政治活动。这时,他离开了西班牙驻法国大使馆,但拒绝辞职。人们认为承认是不可避免的,但是许多人特别是英国畅所欲言的在野党人士对佛朗哥的"建立一个自由的西班牙"的含糊保证并不信任,同时还对仍留驻在西班牙的德国和意大利的军队表示关注。

纳粹分子在纽约集会

"美—德同盟会"1939 年 2 月 22 日晚在纽约麦迪逊广场公园举行"忠于美国"集会,谴责这个国家里的犹太人怨恨纳粹和国家社会主义。希特勒的最早追随者之一,同盟会的全国领袖弗里茨·库恩对为数达 2.2 万的人群说:"我们并不是说所有的犹太人都是共党,但我们确信他们在强化共产党的力量。"罗斯福总统的顾问伯纳德·M·巴鲁克就是在这次集会中被谴责的犹太人之列。礼堂里悬挂着反犹太和支持纳粹的横幅标语,但大会的议程都是"忠于美国"。人群还高唱《星条旗永不落》,背诵着忠心誓言。会场上还有乔治·华盛顿的画像。但当一位发言人提到罗斯福总统时,人群发出嘘声。会场四周有 1700 名警察负责警戒。场外虽有零星的冲突,但只有 13 人以轻微的理由被捕。会场内发生一起事件,一位犹太青年登上讲台,当即被揪住并赶下台去。

德国吞并整个捷克斯洛伐克

1938 年 9 月,英、法、德、意 4 国签署了《慕尼黑协定》,规定将捷克斯洛伐克苏台德区和与奥地利接壤的南部地区割让给德国。在 1938 年 9~10 月波、匈等国出兵侵占捷部分地区,以及 1939 年 10 月英、法、德、意"国际委员会"决定,无论日耳曼人是否占多数的地区,均可不经公民投票就交给对其提出领土要求的德国之后,德国便开始策动斯洛伐克的"独立"。在德国支持下,斯洛伐克于 1939 年 3 月 14 日宣布"独立"。同日,希特勒召见捷总统哈查和外长赫瓦尔科夫斯基,强迫其在由德所起草的《德捷协定》上签字。这一协定的内容是捷克斯洛伐克"要求"德国对捷实行"保护"。次日,德军进入捷克境内。3 月 16 日,德军占领斯洛伐克。3 月 16 日,希特勒还宣布成立波希米亚和摩拉维亚"保护国",并由他所任命的"保护长官"进行统治。于是,在《慕尼黑协定》签署后不到半年,德国就全部占领了捷克斯洛伐克。在此期间,英法等西欧大国并未履行《慕尼黑协定》附件所确定的原则,坐视捷克斯洛伐克惨遭肢解和吞并。吞并捷克斯洛伐克,使德国的经济和军事潜力有了巨大的增长。这一重要国际事件也极大地震动了欧洲各国以及各阶层的人士,从此欧洲的力量对比和国际形势都发生了深刻的变化。

1938 年 10 月 5 日，纳粹德国军队接收捷克苏台德地区。

意大利进军阿尔巴尼亚

正当阿尔巴尼亚和意大利为加强 1926 年 11 月 27 日所签订的友好条约展开谈判之际，1939 年 4 月 8 日，意大利军队突然以迅雷不及掩耳之势进军阿尔巴尼亚。意大利首相墨索里尼的发言人表示，这项军事行动是为了保护在阿尔巴尼亚境内受到威胁的意大利人。10 日，阿国所有的重要地区均被占领。国王佐固偕同王后逃往希腊。墨索里尼则派外交部长夏诺前往地拉那，成立亲意大利的过渡政府。12 日，阿尔巴尼亚人民大会将阿国的王冠加诸意大利王室，达成两王室的结合形式。2 天后，意大利国王维克多·伊曼纽三世即继任阿国王位。15 日，夏诺在罗马法西斯议院中发表谈话，对南斯拉夫在意大利占领阿尔巴尼亚期间保持镇定、未加干涉一事表示感谢。他同时向南斯拉夫担保，墨索里尼对南国并无觊觎之意。

英国和波兰签订互助条约

1939 年 4 月 1 日，张伯伦首相已保证在军事上支持波兰，以防止对其领土完整的威胁。伦敦发表的官方声明宣布："如果波兰政府感到她的独立受到威胁，必须用武力进行

"我们打败希特勒就马上回家"，墙上这样写道。

抵抗，那么英国和法国将站在波兰一边。"当希特勒意识到英国的声明是针对德国入侵而言时，便勾引英国上钩，向它挑战，或挑它来干涉德国实现自己的政治抱负。在德国北部的威廉港举行的"提尔皮茨将军"号战列舰下水的仪式上，希特勒向10万人群发表了愤慨的讲话。他警告说，德国将不允许英国着手推行大战之前已经用过的旨在包围德国的"罪恶计划"。他向人们宣布："不论是谁，如果他准备在大国之间火中取栗，最终必将玩火自焚。"法国观察家认为，这篇讲话"平淡无奇，思想混乱。"

纽约世界博览会开幕

随着纽约世界博览会的开幕，"明天的世界"在1939年4月30日变成了现实。罗斯福总统向60万站在初春料峭的寒风中的人群发表演说，从而为博览会正式揭幕。罗斯福的讲话使在这个1216英亩的广场上举行的游行活动达到了高潮。2万名全副武装的人们，直接参与博览会筹备的工作人员也列队经过博览会上两座主要的建筑水晶玻璃球的三角金尖塔。巨大的华盛顿雕像耸立在宪法广场上。苏联馆称为联盟大厅，厅内伫立着一位劳动者高举红星的雕像。意大利馆展出一台水力发电机。其他许多展室还未完成。但人们对博览会的进程有一种谨慎的气氛。博览会的正式主题是"进步与和平"，但每个人都知道欧洲正面临着战争。这消息犹如笼罩在会场上空的乌云，令人不安。

英德秘密谈判

英德秘密谈判,是第二次世界大战全面爆发前夕欧洲国际关系的重要事件。1939 年 4 月初,希特勒在德国秘密下达了对波兰进行战争的"白色方案"。此时欧洲战云密布,形势极为紧张。一贯推行绥靖政策的英国政府依然希望通过谈判与侵略成性的法西斯德国达成妥协。1939 年 5 月至 8 月底,英德两国通过各种渠道进行了频繁的官方秘密接触。5 月 14 日,英国保守党活动家德拉蒙·沃尔夫与德国外交部官员进行会谈。5 月至 7 月,德国驻伦敦大使与英国外交大臣哈里法克斯举行会谈。6 月 8 日,英国首相张伯伦与德国外交官特洛特举行会谈。6 月和 7 月,英国首相顾问威尔逊同德国政府官员沃塔特举行谈判。7 月 29 日,英国工党活动家巴克斯顿与德国驻英使参赞考尔达特会晤。8 月 7~10 日,英国工业家代表团团长斯宾塞与德国法西斯头目之一戈林会晤。8 月 25~31 日,戈林的私人代表达拉普斯与张伯伦和哈里法克斯进行谈判。同期,英国驻德大使韩德逊与希特勒、戈林举行谈判。在上述一系列会晤和谈判中,英国力图通过给予德国若干殖民地以求避免世界大战。英国甚至以"尊重德国在东南欧和东欧的势力范围"相承诺,换取德国不对英国发动进攻。英国对德国的忍让和妥协,实际上是其绥靖政策的一种继续。德国则充分利用了英国的心理,将与英国方面所维持的官方接触视为继续麻痹英法的重要手段。德国通过英德密谈,间接影响了同期举行的英法苏谈判,有效地拖延了反德统一战线的建立。在英德密谈过程最终结束后的第二天,希特勒就将准备就绪的军队攻入波兰,致使第二次世界大战爆发。

英国实施义务兵役制度

德国公然违反和平条约,加上其在捷克的行为,使英国不得不采取应急措施。1939 年 4 月 20 日,英国成立了国防军备部。26 日,下议院提出动员后备力量的法律草案,接着又提出一项关于实行有限制的义务兵役法草案。根据这项法令,几天后,英国就将实施义务兵役制度,以增强作战能力。约在同时,法国也积极地从事重整军备的工作,这些都是德国并吞捷克后所产生的反应。

德、意签订《钢铁盟约》

1939 年 5 月 22 日,德意为发动世界大战,双方签订了《德国和意大利同盟条约》,即《钢铁盟约》。在英法政府的纵容和姑息下,法西斯国家侵略阴谋步步得逞。但是法西斯头子十分清楚,无论是德国还是日本、意大利,都没有力量能单独夺取世界霸权,由此,要实现他们的狂妄野心,就必须把法西斯国家组成一个统一的军事政治联盟。虽然德意日已签订了《反共产国际协定》,但是,协定没有规定明确的军事义务。为了更有效地共同对付苏、英、法、美和其他国家,必须把《反共产国际协定》进一步发展为政治军事同盟。因而从 1938 年 1 月起,德日开始进行关于缔结军事政治同盟的谈判。同年 7 月,日本五相会议对德国的建议进行了讨论,原则上表示同意,同时又认为需要明确双方承担义务的范围和条件。鉴于德国的建议得到日本的积极响应,于是希特勒又向墨索里尼提出了订立德意日三国军事同盟的建议,墨索里尼表示完全同意,并在 1938 年 10 月给希特勒的信中强调说,不能建立单纯的防御同盟,"我们应当为重画世界地图而缔结同盟"。但是日本统治集团内部在同德国结盟的问题上存在分歧,致使条约暂时搁浅。这时,日本以陆军大臣板垣为首的一派坚决主张同德意结成军事同盟,认为只有这种同盟才能迫使英美停止对中国的援助,从而使国民党迅速投降。而以海军大臣米内和外务大臣有田为首的另一派,则对结盟不热心,因为这时他们对与英美作战还有顾虑,所以极力主张三国军事同盟应只针对苏联而不针对英法美。两派经过斗争,米内派占了上风。1939 年 2 月,伊藤率领的日本特使团访问罗马和柏林,向德意两国政府转告日本政府关于应将苏联作为条约的主要针对对象的意见,并强调英法美不是条约所要针对的国家。这和德意的意见大相径庭:德意认为当前的主要敌人是英法,是首先应该打击的对象,而为了避免两面受敌,他们倒倾向暂时缓和同苏联的关系。争论的结果,最终未能取得一致意见。由于日本坚持不肯无条件加入三国军事同盟,于是德意决定撇开日本先缔结军事同盟。1939 年 4 月,德国空军司令戈林访问意大利。5 月,德外长里宾特洛甫到罗马和意大利齐亚诺外长会谈。22 日,双方签订了《德国和意大利同盟条约》,即所谓《钢铁盟约》。条约的序言中说:两国"决心并肩协力行动以取得它们的生存空间"。条约的本文共 7 条,其主要内容是:如果缔约一方的安全或其他重大利益受到外来威胁时,缔约另一方将给予受威胁一方充分的政治上和外交上的支持,以消除该威胁;在缔约一方同一个或几个国家发生战争时,另一方应立即以盟国的身份以其全部的军事力量在陆地、海上和空中予以援助和支持;两缔约国一经共同参加战争,对缔结停战协定或和约,则采取一致的行动。两国还决定在军事和经济范围内加强合作,并为此建立常设委员会。德意军事同盟条约的签订,是两个法西斯国家进一步勾结和准备发动世界大战的一个重要步骤。

德国强制犹太人移民

1939 年 7 月 6 日,德国根据 1935 年德意志帝国民法的第十条规定,成立了一个"德国犹太人组织",它的目标是强制犹太人移民。这个组织是由具有法律地位的协会所成立的,其另外一项任务是维持私立犹太小学的运作。在此组织成立的前一天,犹太人的治疗活动也受限制,他们只有在犹太人的治疗机构、旅馆或小客店,且与其他就诊病患者隔离时，才能接受医疗。

日本公布国民征用令

日本 1939 年 7 月 8 日公布国民征用令。此令已在 6 月 14 日由国家总动员审议会通过。自从中日战争爆发后，军需产业扩大，为确保日益不足的劳动力，日本乃招募包括机械技术人员、采矿工、冶矿工等共 134 种行业，16 岁至 50 岁的男子服役。本令将于下个月 1 日起实施。

佛朗哥建立独裁统治

弗朗西斯科·佛朗哥（1892~1975），西班牙独裁者，长枪党首领。1892 年 12 月 4 日生于埃尔费罗尔一个军官家庭。曾就读于托莱多步兵学院。1912 年赴摩洛哥参加西班牙殖民战争。1915 年升为少校。1917 年参与镇压阿斯图里亚斯工人运动。1928 年起任萨加戈萨军事学院院长。1931 年西班牙第二共和国成立，他被取消现役军人资格。1933 年，保守势力控制政府后被重用。次年升为少将。1935 年任陆军参谋长。1936 年 7 月 18 日，发动反对人民阵线政府的武装叛乱。1938 年 3 月 28 日，占领首都马德里，推翻人民阵线政府，建立独裁统治，自任国家元首兼大元帅。取消共和国的一切代表机构。1939 年 8 月颁布新法令，独揽一切立法、行政和司法大权。他亲自领导内阁，任命内阁部长，批准法令和法律。所有高级官员、将军甚至主教的任命，均须得到他的同意。取消其他一切政党，宣布法西斯政党长枪党为唯一合法政党。1939 年 7 月，佛朗哥签署法令，制定了新的长枪党章程，强调民族主义和军国主义，逮捕、枪杀共产党人和进步人士。根据 1940 年 3 月的法律，凡参加共产党和其他任何秘密组织的人均犯有罪行，送交"政治责任"特别法庭审讯，被告人无权聘请辩护律师。到 1941 年初，有 100~200 万共产党人和进步人士被关进监狱和集中营。同时，取消工人阶级的工会组织，重组受佛朗哥势力监督的产业工会，恢复天主教会的许多特权，教会对戏剧、出版、书刊实行严格检查；与法西斯德国、意大利建立友好关系；以爱国为招牌，开展仇视犹太人和一切外国人的运动。1947 年宣布西班牙为君主国，任终身摄政王。1969 年 7 月宣布前国王阿方索十三世之孙胡安·卡洛斯为王位继承人。1975 年 11 月 20 日佛朗哥逝世，卡洛斯继位，佛朗哥独裁政权结束。

《苏德互不侵犯条约》签订

苏联为防止世界大战的爆发，自 1939 年 3 月起与英国和法国进行外交接触，就建立反法西斯同盟,制止德国侵略的问题进行商谈。4月15日,三国谈判开始。但英法和苏联双方互相怀疑,缺乏诚意。因斯大林历来仇视英国,丘吉尔等英国政府要员则认为共产党对欧洲安全的威胁不亚于纳粹,故谈判毫无结果。尔后开始的三国军事谈判也因同样原因而陷于僵局。1939年8月16日,德国为避免两线作战,向苏联建议缔结互不侵犯条约。苏联这时仍把英、法视为敌人,为避免本国首先承受德国的打击,便以法政府祸水东引、挫败英挑拨苏德战争的阴谋为理由,决定与德国进行交易。8月23日,苏德政府签订了《苏德互不侵犯条约》,规定缔约国双方相互不使用武力,也决不直接或间接参加反对缔约国另一方的国家集团,如果互相之间发生纠纷,两国将通过和平的方法解决;条约有效期为10年。该条约的签订虽然暂时缓解了苏德矛盾,为苏联的备战赢得了一些时间,但给世界反法西斯斗争带来很大危害。西方大国领导人感到震惊,伦敦和巴黎企图遏制希特勒的努力成为泡影。在柏林,这个条约被称为德国挫败英国借助法苏包围德国的企图的巨大胜利。条约的一个直接后果是孤立了波兰,希特勒放心地加快了吞并波兰的步伐。

苏方代表莫洛托夫在《苏德互不侵犯条约》上签字

欧洲正在为战争而动员起来

1939年8月31日晚在西欧各国的首都,人们对找到一项和平解决德国与波兰冲突的办法的希望破灭了。依赖外交手段已不能阻止希特勒,欧洲面临一场新的战争。英国开始动员它的舰队,政府在议会批准后紧急调动军事力量,数千名小学生已经从伦敦疏散到农村安全地带。在法国,儿童也已被转移出巴黎。军队的后备力量被召集起来,采取了战时审查限制措施,共产党的报纸被查封。波兰政府的军队已经向西转移,开进与摩拉维亚和斯洛伐克接壤的边境地区。随后政府又向全国发布了总动员令。

德国突袭波兰第二次世界大战爆发

1939 年 9 月 1 日凌晨 4 时 45 分,德军兵分三路向波兰发起闪电式进攻。德国入侵波兰,英法等国对德宣战,第二次世界大战正式拉开帷幕。慕尼黑会议后,德国多次向波兰提出领土要求,要波兰政府归还波通往波罗的海的一条狭长地带——但泽走廊和濒海的但泽自由市,德国要修建享有治外法权的超级公路和复线铁路,将德国和东普鲁士连接起来。其实希特勒的目标并不仅仅是夺回根据《凡尔赛条约》被割去的但泽走廊,而是要占领整个波兰,夺取"东方的生存空间"。波兰政府拒绝了德国的要求。希特勒即于1939 年 4 月颁布一道准备战争的秘密指令,其中附有一个进攻波兰的"白色方案",规定德军应于 9 月 1 日前做好一切准备。按照这个方案,希特勒计划以快速兵团和空军优势,用突袭手段,迅速打破波军防线,占领波西部和南部工业区,继而长驱直入波兰腹地,围歼各个孤立的波兰军团,力求在半个月内结束战争,然后回师增援可能遭到英法进攻的西线。为此,德军集中了 62 个师、2800 辆坦克、2000 架飞机、6000 门火炮和迫击炮,组成南、北两个集团军群和一个预备集团军群及两个航空队,分别从西里西亚、波美拉尼亚和东普鲁士三个方向对波实施向心突击。波兰当局虽制订了对德作战计划,但并未作切实的准备。它的主要兵力配置在波苏边境,而对波德边境则未有效设防。波军统帅部认为德军主力为英法所牵制,难以东调,能够用来进攻波兰的兵力最多不会超过 25 个师。另外,波决策机构抱着过时的战争观念不放,认为即使发生战争,也会按照惯例,双方局部接触后,边境战斗才会逐渐展开。波兰政府对德国法西斯发动侵略战争缺乏警惕,且害怕"刺激德国",而迟迟未进行战争动员,直到发现德军大兵压境,才于 8 月 24 日开始局部动员,8 月 30 日(希特勒发动"闪击战"前两天)才宣布全国总动员。经过秘密紧急的准备,希特勒于 1939 年 8 月 31 日发出第一号作战指令。当晚,一支身着波兰军服的德国党卫队"袭击"并"占领"了紧靠波兰边境的德国城市格列维兹。在"占据"该城电台后,用波兰语广播了向德国"挑战"的声明,还丢下几具穿波兰军服的德国囚犯的尸体。紧接着,德全国各电台都宣布"德国遭到波兰的突然袭击",并以此为借口发动了侵波战争。9 月 1 日拂晓,德军出动大批飞机连续轰炸波重要军事目标,地面部队从西、南、北三个方向发动全线进攻,数千门大炮向边境线猛烈轰击。同时,停在但泽港外伪装友好访问的德国军舰也突然向波军基地开炮。潜伏在波的德"第五纵队"纷纷破门而出四下活动,配合德军作战。面对德军的突然袭击,缺乏戒备的波军全部 42 个师中只动员了不过

30个师,而这些部队也未能完成战略部署,实际上只有20个师和12个旅的兵力投入战斗。500架第一线飞机没来得及起飞就被炸毁在机场,无数火炮、汽车及其他车辆来不及撤退即被摧毁,部队间失去联络而处于被动挨打的地位。30多个城镇发生大火,交通通讯枢纽、电站和行政中心遭到破坏,群众潮水般东撤,全国陷入一片混乱。德军乘势以坦克为先导,很快从几个主要地段突破波军防线,在北面冲进但泽走廊,在南面突入西南工业区。不到两天,波军第一线陆军就被打得七零八落。德军随即向波兰腹地推进。波兰处于危急之中。德国侵入波兰后,意大利还想居中调停,再召开一次慕尼黑式的会议,以满足德国的要求,但希特勒根本不予理睬。而英法两国政府虽在国内人民和世界舆论的压力下,于9月3日匆忙对德宣战,但他们并不想真正履行对波兰的义务。尽管德军主力投入东线波兰战场,西线只有25个师防守齐格菲防线,而英法拥有100余个师,上百万兵力,具有压倒的优势,两国实际上仍是按兵不动,宣而不战。英国军事史家富勒写道:"当波兰正在被消灭之时,西线也发生了一场令人惊奇的冲突。它很快就被称为'奇怪的战争',而更好的名称是'静坐战'。"英法的军队躲在钢筋混凝土工事里静坐,从不出击。号称欧洲最强大的法国陆军一直龟缩在马奇诺防线之后,法国政府每天发布"西线无战

法国士兵在西线静坐"站岗"

事"的战报,新闻机构不断渲染希特勒垂涎乌克兰,说德国将进攻苏联。英法的"静坐"使德国得以集中全力对付波兰,从而加速了波兰的崩溃。德军突破波军防线后,以每天五六十公里的速度向前推进,9月6日攻克波第二大城市克拉科夫。9月8日坦克部队进抵华沙郊区。9月14日德军"南方"集团军群占领波中部地区。9月15日其"北方"集团军群攻占了布列斯特。16日两个集团军群在符沃达瓦地区会师,合围了退集在布格河、桑河与维斯瓦河三角地带内的波军。9月17日德军限令华沙当局12小时内投降。而波兰政府已于9月6日就离开华沙,16日越过边界逃到罗马尼亚,后在巴黎和伦敦组织流亡

政府。华沙守军和居民拒绝投降，在武器弹药匮乏、生活条件极差的情况下顽强抵抗，使法西斯侵略者付出巨大代价。在德军的轰炸和炮击下，孤立无援的华沙于9月28日陷落。以后数日，所有被围的波军陆续被歼，10月2日进行抵抗的最后一个城市格丁尼亚停止抵抗，波兰沦亡。在德波战争中，波军伤亡20万人，被俘40余万人。德军亡1.06万人，伤3.03万人，失踪3400人。

苏联与德国携手瓜分波兰

1939年9月17日，苏联政府向波兰驻莫斯科大使递交了一份照会，指出苏联政府下令部队越过边境保护西乌克兰和西白俄罗斯。同日凌晨，苏军分六路向上述地区进军，未遇重大抵抗即占领了这一地区。以实施其建立"东方战线"的战略意图。波兰的东部领土，苏联将它称为"西乌克兰和西白俄罗斯"。因为19世纪初，沙皇俄国在参与瓜分波兰时占领过这些地区。第一次世界大战结束，波兰复国，1919年巴黎和会确定波兰东部边界线时，把西白俄罗斯和西乌克兰大部分地区划在波兰版图之外。但1921年3月18日，列宁领导的苏维埃政府在里加与波签订和平条约，重新划定俄波边界，将西白俄罗斯和西乌克兰划归波兰。1939年9月17日，苏军占领西白俄罗斯和西乌克兰以后，苏联外交人民委员莫洛托夫发表广播演说称："苏联进军波兰是向居住在波兰的白俄罗斯和乌克兰同胞伸出援助之手。"同一天，苏联政府向波兰驻苏大使递交的一份声明说："波兰政府已经崩溃且已无生命的迹象，这就是说实际上波兰国家和政府已不复存在。因此，苏波之间缔结的条约已归于无效……波兰已经成为可能对苏联造成威胁的种种偶然和意外事件的方便场所。苏联政府迄今为止一直是保持中立的，但它不能再以中立的态度来对待这种局势了。""苏联政府对居住在波兰境内的同胞——乌克兰和白俄罗斯人的命运不能采取漠不关心的态度，不能让这些同胞被抛弃、任人摆布而毫无保障。""鉴于这种局势，苏联政府命令红军总司令部所属部队越过国界，去把西乌克兰和西白俄罗斯的居民的生命财产置于自己的保护之下。"9月18日，苏军抵达布列斯特。苏联这次出兵，不仅占领了西白俄罗斯和西乌克兰，而且占领了"寇松线"西边的比亚威斯托克等地。这些地区面积为7.76万平方英里，人口1319万人。德国占领的波兰地区面积为7.28万平方英里，人口2214万人。9月27日，德国外长里宾特洛甫到达莫斯科，与斯大林和莫洛托大举行会谈。28日两国签订《苏德边界友好条约》，划定苏德边界，波兰的东部属于苏联，西部属于德国。1939年11月1日和2日，西白俄罗斯和西乌克兰分别并入白俄罗斯加盟共和国和乌克兰加盟共和国。这样，苏德为各自的需要瓜分了波兰。

罗斯福宣称美在欧战中保持中立

美国总统罗斯福于1939年9月5日宣称，美国在欧战中保持中立，并将举行泛美谈判,以减轻西半球因战争而受到的损害。在一项声明中称,罗斯福表示,不允许身陷欧战的交战国侵犯美国领土与海域。他在另一项声明中,禁止武器、军需品、飞机和飞机零件以海运输出至任何卷入战争的国家,这些国家包括法国、德国、英国、波兰、印度、奥地利和新西兰。罗斯福的中立声明,是承袭自 1914 年欧战爆发时,威尔逊总统在美国参战前所发表的一项声明。20 日,美国国会应罗斯福之请,集会讨论修正中立法问题。罗斯福提出 6 项建议:①限制美国轮船驶入战争区;②禁止美国人民乘坐交战国的轮船和经行危险区;③交战国向美国购得的货物,由美方起运之前,即应过户,由购买国自行负责;④禁止贷款给交战国;⑤规定在国内为交战国募款的办法;⑥军火与作战工具的输入与输出,仍须获有政府的证件。

弗洛伊德逝世

奥地利籍的神经科医生和心理学家弗洛伊德,1939 年 9 月 23 日在流亡地伦敦逝世,享年 83 岁。弗洛伊德出生于 1856 年。1938 年,因其出身为犹太人,而不得不离开奥地利的家乡。但纳粹当局允许他将家具、图书和古董带走。弗洛伊德于 1920 年起一直任教于维也纳,他最伟大的贡献是发明了精神病的精神分析治疗法。他在早期便已研究通过诱导和催眠来治疗歇斯底里症和神经官能症的方法,此后又由此发展出他的治疗方式,揭开无知觉或潜意识的发病原因,并发现这种病可以通过发泄而达到治疗效果。他建立了"潜意识动机支配工人类许多行为"的理论。另外,弗洛伊德从对人类性生活的基本认知,发展出关于人类性行为的理论。这个理论的主要观点是,禁忌和社会习俗对性的抑制作用,会导致神经官能症的发作。他的学说虽然屡遭误解和否认,但对心理学、精神病学、哲学和人类学等领域都有启迪的作用。

英法对德宣战

1939 年 9 月 30 日,继纳粹闪电入侵波兰之后,英、法对德宣战。9 月来欧洲大地留下去不掉的血渍。在德国军队突破波兰边境后,法国和英国政府立刻向第三帝国发出最后通牒:"终止一切对波兰的侵略行为,并从波兰领土上撤出军队。否则,联合王国和法国将履行我们的义务,去帮助波兰。"德军继续向波兰深入,两天以后,9 月 3 日英国首相张伯伦郑重地宣布:"两个西方国家的军队将与阿道夫·希特勒的军队交战。""我们将抗击残忍的军队",这位英国领导人补充道。张伯伦所说的义务是指波兰、法国和英国所签订的互防条约而言。战争一开始,英国马上宣布对德国进行封锁。德国一艘潜艇袭击并打沉了英国在利物浦至蒙特利尔航线上行驶的"雅典尼亚"号客轮。在这次袭击中,有 120 人丧生。英国军队的第一次进攻是在 9 月 4 日进行的。英国空军在北海道通往基尔运河的入口处轰炸了一支德国舰队,多艘德国船只被炸毁或严重损坏。但德国人说他们的高射炮击落了 5 架英国飞机。英军飞机不仅向地面狂轰滥炸,根据张伯伦的命令,飞行员还在德国境内散发了 600 万张传单,标题是《大不列颠警告德国人民》。传单呼吁德国公民,并向他们说明英国在这次新的可能很长的战争中的立场。传单将纳粹领导人描写成骗子,谴责德国人所进行的大规模屠杀。宣传小册子要求德国人民"坚持和平",告诫他们英国的力量将在一场持久战争中歼灭德军。在法国与英国对德国宣战时,其他国家都表示不介入战争。美国谴责德国的侵略,但表示它将不参与这场战争。罗斯福总统说:"本国保持中立国地位,但不能保证每个美国人在思想上保持中立"。拉美国家及巴尔干国家都表示不介入。意大利不介入的态度十分坚决。尽管德国潜艇一再出现,意大利的贸易商船依然恢复了正常的海上运输业务。9 月,德军潜艇的战绩显赫,仅在 7 日就击沉或烧毁 7 艘英法舰只,其中包括英国的"曼纳尔"号和"考林塞克"号及法国的"塔玛拉"号。在对"曼纳尔"号的袭击中,至少 2 人死亡,40 人失踪。据目击者说 4 支鱼雷一齐射向这艘英国货轮,第 4 发把船体炸成两截,眼看着这艘船垂直下沉直到完全沉没。到该月中旬,已经有 19 艘同盟国船只被击沉。法国已动员 800 万军士,许多被派去加强西部防线。月初,法军和德军交火,但绝大多数德军都在东部,扩大对波兰的占领。军事观察家们相信法国对德国的进攻会削弱德国的战略力量。但法国除了采取封锁和防御方针之外,没有采取其他什么行动。与此同时,全世界都在担心西线暂时的平静不会持久。

盟国与德国在大西洋多年角逐

在 1939 年 9 月~1943 年 5 月间,大英帝国几乎天天都面临着海上生命线被切断的可怕前景。德国潜水艇、战舰、武装商船以及飞机一直在试图切断这些贸易路线,尤其是横跨大西洋的路线。1939 年 9 月 3 日,英国向德国宣战,大西洋上的危机随即开始出现。宣战没过几个小时,英国客轮"雅典尼亚"号就被德国潜水艇击沉。几天之内,又有 27 艘商船遭到同样的命运。9 月 7 日,英国海军部采取了护航队的方法,但由于缺乏护航舰只和有效的空中保护,这一方法并不很灵验。1940 年 4~6 月间,英国海军在挪威之战和法国之战中遭受了损失,造船速度也没有多大改进,局势更加严重了。此时,英国海军力量大力削弱,又失去了法国海军的支援;而意大利海空力量在德军援助下威胁着直通苏伊士运河的海路,迫使英国船只绕道好望角远航。9 月,英国与美国做成一笔交易,用纽芬兰和加勒比海地区的英国基地换来了 50 艘旧驱逐舰。但是由于德国在欧洲占领的港口距大西洋海上运输线很近,因此德国潜艇战果辉煌。到 1940 年底,占英国战前海上商船1/4 的 1200 多艘商船被摧毁了。潜艇并不是唯一的威胁,德国战舰也定期在大西洋上巡逻。1941 年 5 月 27 日,在一场激烈的追逐战之后,纳粹的战列舰"俾斯麦"号被击沉,英方也损失了战列巡洋舰"胡德"号。与此同时,声纳、无线电测向仪与更加有效的深水炸弹的发明，使得护航条件大为改善。尽管德国潜艇东躲西藏，1941 年仍有 24 艘被摧毁。盟国还在加拿大、格陵兰岛和冰岛部署了远程飞机，从而开始填补空中空白。1941 年 12 月，专门用于护航的航空母舰下水，这使整个大西洋上的英国船只有了空中保护。尽管德国潜艇损失巨大，1942 年达 87 艘，但德国继续对护航队进行袭击。这种袭击于 1943 年 3 月达到高潮，仅在大西洋就有 82 条盟国船只被击沉。5 月，在决定性的一系列护航战中，41 艘德国潜艇被摧毁，盟国仅损失了 34 艘船只。行之有效的护航战术、性能大为改善的雷达与空中保护技术的综合运用使盟国最终占据了优势地位。当美国的造船速度超过损失速度时，大西洋海路的危险性就更加微小了。虽然潜艇的攻击一直继续到 1945 年，但在 1943 年和 1944 年，德国分别损失了 237 艘和 242 艘。当然，盟国付出的代价是高昂的。英国在战争结束时共损失了 5000 多条商船。但盟国总算取得了大西洋之战的胜利，而这一胜利成为欧洲大陆获得解放的一个必要条件。

库恩·贝拉逝世

匈牙利共产党的缔造者和领袖，国际工人运动的著名活动家库恩·贝拉，于 1939 年

1939 年 9 月~1940 年 3 月，德国潜艇横行于大西洋上，这些潜艇被人们称为"海狼"。

11 月 2 日因被诬告死于狱中。他出身于乡村小书记员家庭，1902 年加入匈牙利社会民主党。第一次世界大战爆发后被迫应征入伍，1916 年在俄国被俘，同年在托姆斯克战俘营加入布尔什维克党。十月革命前他在布尔什维克党托姆斯克省委员会和《西伯利亚工人》杂志编辑部工作，十月革命胜利后他来到彼得格勒，曾任外国小组国际同盟负责人，率领国际纵队参加过保卫苏维埃政权的斗争。1918 年 3 月，他在苏联组织成立匈牙利共产主义小组。1918 年 11 月回国，组织成立了匈牙利共产党，并当选为党中央书记。1919 年 2 月 21 日被反动当局逮捕，1919 年 3 月 21 日获释。在 1919 年匈牙利苏维埃共和国期

间,他任外交和军事委员。革命失败后侨居维也纳,不久前往苏俄,曾任克里米亚红军南方战线革命军事委员会委员。1921 年 6 月,他当选为共产国际执行委员会委员。1922～1923 年,他在乌拉尔做党的宣传工作,曾出任俄共(布)中央驻共青团中央特派员。1924年到维也纳,在那里重建匈牙利共产党。1928 年 4 月 26 日在奥地利被捕,不久被驱逐出境,重新回到苏联,在共产国际工作。由于他反对共产国际"七大"制定的路线,被共产国际监察委员会免去职务。1937 年 6 月 29 日,他被诬告为托洛茨基分子而被捕,1939 年11 月 2 日死于狱中。1956 年,苏共中央为他平反并恢复了名誉。

美国解除武器禁运

美国总统罗斯福 1939 年 11 月 3 日签署一项众参议院的共同决议:美国运交武器及战略物资给交战国的禁令解除。这项议案会引起长达 6 个月的辩论。当时,美国人民和船只仍禁止前往欧洲的交战区域。据修正后的中立法,美国允许在支付现金及以本国船输运的条件下,将武器输往交战国。

罗斯福庄严地向全国发表讲话

苏芬战争爆发

早在 1938 年春,苏联就以德军可能在芬兰登陆并经芬兰入侵苏联为借口,提出援助芬兰和在芬兰湾的岛屿上设防的要求,遭到芬兰拒绝。1938 年底和 1939 年 4 月,苏联又两次向芬兰提出割让和租借芬兰湾岛屿的建议,并提出以卡累利阿的土地交换这些岛屿,也都遭到拒绝。1939 年 10 月 12 日,苏芬两国在莫斯科举行会谈。10 月 14 日苏联向芬兰提出强行交换领土的要求,即把列宁格勒北侧的芬兰边界后移到卡累利阿地峡,割让靠近列宁格勒的芬兰湾内的几个岛屿,租借芬兰湾入口处的汉科港作为海军基地,苏联则把比这些芬兰领土面积大两倍的苏芬边界中段的一块领土作为交换,再一次被芬兰拒绝。于是,苏联于 11 月 28 日宣布废除 1932 年签订的苏芬互不侵犯条约,苏芬战争终于爆发。1939 年 11 月 30 日拂晓,苏军分 5 路进攻芬兰。战争爆发的当天,芬共领导人

世界大战进入最后阶段时,德国海军一步步走向失败的深渊。盟军调动飞机和军舰对德国舰只进行猛烈轰炸。大西洋之战最终以盟军的胜利而告终。

奥托·库西宁在被苏军占领的铁里尤基村建立了"芬兰民主共和国",并与苏联缔结互助条约。战争初期苏军打得十分艰苦,竟被芬兰军队消灭了两个师。到 1939 年底,芬兰军队不仅守住了曼纳尔海姆防线,还重创苏军第 8、第 9 集团军的中央部分和第 9 集团军的南北两翼。1940 年 1 月,苏军在铁木辛哥的指挥下加强了主战场的兵力,并于 2 月 11 日发起新的大规模的进攻,以 13 个师的兵力通过拉多加湖上的坚冰,向宽 20 公里的曼纳尔海姆防线正面猛攻。芬兰军队寡不敌众,曼纳尔海姆防线被打开缺口,2 月 15 日芬军被迫退到第二道防线。3 月 2 日战斗的中心转移到维堡,同时另一路苏军从维堡背后登陆实行包抄,首都赫尔辛基受到严重威胁。此刻芬兰的基本兵力已消耗殆尽,只好被迫求和。1939 年 3 月 12 日,苏芬两国在莫斯科签订了合约。通过这次战争,苏联从芬兰获得4.1 万平方公里的土地。按和约规定:苏芬边界从列宁格勒北移 150 公里,即原属芬兰的卡累利阿地峡(包括维堡、维堡湾及其岛屿)、拉多加湖西岸、芬兰湾中的一些岛屿、雷巴契和斯列特尼半岛的一部分划归苏联,汉科半岛及其周围海域租给苏联 50 年。在这场战争中,苏军阵亡 4.8 万人、伤 15 万人,芬兰阵亡 6 万人、伤 25 万人。斯大林以战争手段为苏联"东方战线"的最北段划定了位置。

电影《飘》深受欢迎

　　人们喧闹着祝贺电影《飘》于1939年12月15日晚在亚特兰大首次上映。这部根据玛格丽特·米切尔风靡一时的描写南北战争时期南方的同名小说改编的电影，现在已通过了最困难的一关。亚特兰大人会不会把这部彩色片中的大火焚毁亚特兰大城市看作为对南方人的荣誉的侮辱呢？从人群的叫喊声里，回答是毫不含糊的"不"。亚特兰大大戏院被装饰成像12棵橡树，即斯卡雷特奥哈尔与追求她的男人们调情的种植园。6点钟整，剧院周围已用绳子隔开，以便使乘车来的明星们免受狂热的人群的冲击。克拉克·盖博8点40分露了面。几位女士一见便晕了过去。长达3小时40分钟的史话般的电影结束后，米切尔小姐讲了话。她用颤抖的声音说："对于佐治亚洲和南方来说，现在重见以前的邦联是了不起的。"美国女子同盟会的主席多罗西·拉玛尔夫人赞扬费雯·丽的演出："没能挑出毛病来。"她又说："她把玛格丽特·米切尔的斯卡雷特演活了。"这部影片由维克多·弗莱

1940年3月1日，费雯·丽因主演《飘》获学院奖。

明导演，参加演出的还有影星莱斯利·霍华德，哈维兰德和麦克丹尼尔。影片由斯坦那谱曲。

德舰"施佩伯爵"号自沉

　　1939年12月20日，德国战舰"施佩伯爵"号在蒙得维的亚港外自沉，舰长朗斯多尔夫用左轮枪自杀身亡。3艘英国巡洋舰"埃克塞特"号、"阿贾克斯"号和"阿克琉斯"号的一场殊死的海战，使得"施佩伯爵"号严重损坏，船上许多人员受伤，士气受挫，舰长自杀。这支由海军准将H·H·哈伍德率领的英国舰队，在"施佩伯爵"号进攻"阿贾克斯"号后，向这艘袖珍型战列舰开火。这艘德国军舰凭借它的速度和强大的火力，与3艘皇家海军军舰周旋了数小时，但也多处被击中。经过整整一天的海战，它逃进了蒙德维的亚

港,死 36 人,伤 60 多人,舰只也严重受损。按希特勒的命令,舰长将这艘德国最大的军舰之一炸沉,又给纳粹海军写了一封信后,结果了自己的生命。

美海军眼看着深水鱼雷击中了德国潜艇

纳粹驱逐犹太人和波兰人

经过一个多月的准备,纳粹精卫队队长希姆莱 1939 年 12 月开始执行他早已宣布的行动——将 55 万名犹太人驱逐至新德意志领土之外。希姆莱同时还要 45 万波兰人"远离家乡"。第一次大规模的驱逐行动由帝国安全总局和保安警察执行。他们用 80 班次货运火车,把 87000 名波兰人和犹太人赶出帝国的波森省。这些人被驱逐后,前途茫茫,命运未卜。在波兰战役之后,有 320 万名归总督政府管辖的犹太人挤在犹太区,从其他地区来的犹太教友们也多半迁移到该区。

希特勒狂称要统治欧洲

1940 年 1 月 1 日,德国元首希特勒在新年文告中宣布,1940 年是彻底摧毁英国以及重组欧洲最关键的一年。要实现这些目标,不能依靠"正在衰败的世界中老朽之力量,也不能依靠那些连国内基本问题都无力解决的政治家"。希特勒继而认为,要重新建设欧洲,只有那些以奋发的态度和目前的成就,证明自己年轻而具有生产力的人,才能胜任这

波兰难民乘船来到伦敦避难

项工作。

德军西线攻势计划外泄

  1940 年 1 月 10 日，一架德国通讯军机，因在大雾中迷航，于比利时北部的美克林迫降。机上一名德国军官的举动，引起前来盘查的比利时军警的注意。这名军官企图销毁随身携带的文件。这些资料中，有德国西线进攻的空袭目标和空降登陆等文件。比利时和荷兰随后在军事上加以部署，但法国在西线的最高统帅莫利斯·古斯达夫·加麦林将军并未采取相应措施。德国国防最高指挥部把原定于 1 月 13 日展开的攻势延至 17 日，后来又因气候恶劣，再度拖延至春季。德国元首希特勒对这次军机外泄一事感到懊恼，他要求德国"一定要痛下决心，保守作战计划秘密"。

希特勒在讲坛上发表狂言

芬兰抵抗挫败苏联人

1940 年 1 月 19 日,在过去的一周里,芬兰的上空晴朗了,苏联轰炸机惩罚了赫尔辛基和其它城市。苏联人看来是拼命了。在这场为时 6 周的战争中,他们损失惨重,因而想教训一下芬兰人。在卡累利阿地峡的战斗中,数百名苏联士兵被打死,苏联坦克也陷在雪地里被俘获,大批士兵被俘,许多人精疲力竭,挨冷受冻。瑞典,挪威和丹麦的志愿兵一直在同芬兰人并肩作战。他们的政府说,将不允许苏联人从他们的领土上进攻芬兰。报道说,苏联人又气恼又沮丧,在营地里骂声不绝。据传苏联飞行员们在空中互相开战。莫斯科的军事指挥员们否认他们召回前线指挥官并予以惩罚的报道。但他们并不否认已经派秘密警察到芬兰以加强前线。

德国地下组织与英国代表会谈

1940 年 2 月 2 日,德国反抗希特勒的地下组织虽然在战争爆发之际,仍未中断与英国的联系。然而,即使作风保守,一心想与德国和解的英国政府,对德国这个反对集团想维持 1939 年国界的愿望,也不表同意。怀着阻止英、法两国与德国之间发生冲突的希望,2 月中旬,德国地下组织代表与英国内阁代表在瑞士会谈。英国希望 4 月底前,德国能成立新的政府,摒弃普鲁士军国主义,但地下组织的成员,仍有意继续发动战争,直至

战争初期，许多熟悉的货物从英国商店中消失了。这家商店匠心独运在顾客腿上涂色模仿丝袜。

新的国界得到保证为止。他们最终的目标是在德国建立一个国家制度，让党派和议会退居到次要角色。

伊丽莎白女王号抵达纽约

最新巨型英国客轮伊丽莎白女王号 1940 年 3 月 6 日上午悄悄地驶进斯塔腾岛的锚地检疫处，从而结束了其最奇怪的远洋处女航。等待她的没有欢呼喝彩，也没有兴高采烈的乘客下船走向拥挤的码头。船身线条均匀优雅，船身漆成海蓝色，长长的上层甲板漆成黑色，这艘 85000 吨巨轮为当今世界上最大的轮船。她虽然还没有完全建成，也没有做好服役的准备，却安全地驶入世界上最安全的港口——纽约港，停靠在 90 号位。她没装备大炮或其他防御武器，但有英国最新的防水雷装置。她计划在这里停留到战争的结束。

墨索里尼同希特勒会晤

据消息灵通人士说，1940 年 3 月 18 日进行的希特勒元首和墨索里尼首相间的会谈的主要进展是签订了德国、意大利和俄国三大国间的协约。两位领导人在布伦纳罗山口的意大利这边的火车站轨道旁的墨索里尼私人车厢里讨论了双方关心的问题。德国估计不久将与莫斯科谈判。这项协约旨在通过确保三大国在这块大陆上的政治、经济霸权,缩小英国的势力范围,在东南欧及可能的话在近东把英国作为一支政治力量消灭掉,以建立"欧洲的新秩序"。

反战联盟在美国成立

1940年4月1日,几个月来一直对罗斯福总统对外政策耿耿于怀的一些孤立主义者成立了"美国第一委员会。"其成员包括:查尔斯·林德、博格、罗伯特·麦克考米科、《芝加哥论坛报》的出版人和几个参议员。孤立主义者反对美国介入欧战,并已经组织起来,准备为实现其主张而采取抗议、派纠察人员游行等行动。孤立主义者完全反对国际主义者的观点——只有联合起来,西方各国才能战胜法西斯。

德国侵占丹麦和挪威

1940年4月9日凌晨,丹麦人还在睡梦之中,德国的轰炸机突然出现在哥本哈根上空。同时,集中在德丹边境的德军突然向丹麦发起进攻。德军的登陆部队也从丹麦的西兰岛、弗恩岛、法耳斯特岛等战略要地登陆。德国公使当天清晨向丹麦国王提出了最后通牒。年已古稀的国王克里斯蒂安十世急忙召开内阁会议,经过激烈争论后接受了德国的最后通牒,并命令已打了几枪的卫队放下武器。当日上午8时,丹麦人在广播中听到"丹麦已接受德国保护"的惊人消息时,都感到莫名其妙而不知所措。就这样,德国只用了4个小时便占领了丹麦。在进攻丹麦的同时,德军空降兵和登陆兵在挪威沿岸的奥斯陆、克里斯蒂安桑、斯塔万格和拉尔维克等地空降和登陆。当德国舰队入侵首都奥斯陆附近的港湾时,驻守奥斯卡斯炮台的挪军战士猛烈开火,并从岸上发射鱼雷,打沉打伤德舰数艘,特别是击沉了德国舰队的旗舰——崭新的"布吕歇尔"号重巡洋舰,使1600名德军官兵葬身鱼腹,并活捉了泅水逃命的德国舰队司令奥斯卡·孔未茨将军和另一名将军,迫使舰队的残部暂时撤退。但在同一天(4月9日),德军空降部队占领了奥斯陆。挪威王室、政府人员和议会议员匆匆乘专车撤离首都。挪威军队虽进行了顽强抵抗,但是兵力和武器均处于劣势,弱不敌强。长期奉行绥靖政策的张伯伦政府,这时仍对希特勒抱有幻想,一直徘徊观望,犹豫不决。由于英法军队行动迟缓,直到4月14日和16日才开始在挪威北部纳尔维克和中部纳姆索斯登陆。中部登陆联军于4月19日向特隆赫姆发起进攻,但部队既无坦克、大炮,又无空军支援,进攻失败,到5月2日即退出挪威西海岸的中部。在挪威北部登陆的盟军曾于5月28日攻占纳尔维克,但由于当时西欧战场英

英国连环漫画《琴女郎》在战争期间拥有大量的读者,鼓舞着军中的士气,这位琴女郎的形象被漆在飞机机身上或粘贴在战舰舱房的门上。

法军队已遭惨败,便于 6 月初相继退出挪威。6 月 7 日,挪威国王和政府人员乘军舰流亡伦敦。一部分挪威商船开入英国港口避难,以后在大西洋的海运中发挥了作用。6 月 10 日德军占领了挪威全境。在德军刺刀的保护下,早已为德国收买、豢养的挪威卖国贼吉斯林组成了卖国政府。在整个挪威战役中,德军共伤亡 5700 人,损失驱逐舰 10 艘、巡洋舰 3 艘、潜艇 4 艘;英法和挪威的军队共伤亡 5000 余人。英国损失航空母舰 1 艘、巡洋舰 1 艘、驱逐舰 7 艘,法国损失驱逐舰 1 艘。

美国史密斯法制定

上世纪 30 年代后半期,法西斯团体在美国如雨后春笋般成立和发展起来,到 1938 年不下 750 个。1940 年春成立了庞大的法西斯组织美国第一委员会,它在全国各地设有办事处,同所有的法西斯团体都有联系,自称有 1500 万同情者。一些金融资本家甚至策划要在美国建立法西斯专政。美国建国以来曾多次制订和补充有关外国移民的法律。面对国内外法西斯势力的猖獗,美国国会以"限制法西斯团体活动"为理由,于 1940 年 4 月制订通过了《1940 年外侨登记法》,众议员史密斯对该法又提出追加条款,故称《史密斯法》。该法案主要规定:蓄意鼓动、教唆他人用武力或暴动以及暗杀官员手段颠覆并破坏美国政府;印刷、发行、传布或公开揭示具有上述目的、任务的手写或印刷品;组织或协助组织任何与会社、集会以传扬、提倡或鼓励以暴力颠覆政府;与人同谋从事上述任何行动,凡是犯有这些罪行都要处以 10 年徒刑或 1 万美元罚金,或二者并课。此外,凡在国外出生而未取得美国公民权的人,都必须在表示效忠美国登记表上登记并加盖手印。根据该条规定,有 360 万人进行了登记。战后,该法案多被当作反对美国共产党人、侵犯美国

挪威流亡政府成立

1940 年 5 月 5 日,战火在挪威继续燃烧。由于国王哈康拒绝了所有与德国的谈判,德军不断地空袭那些哈康可能藏身的地区。为了避开德军的追踪,并继续掌握挪威的命运,王室和内阁迁往伦敦,立即组成一个获得承认的流亡政府,绝大多数的挪威人民视之为合法政权。反观吉斯林在挪威所领导的国民议会,虽然作为合法成立的党派中唯一还在国内执政的政党,却得不到民众的支持。

德军突破马其顿防线

1940 年 5 月 20 日,当德军经过法国东北部的色当,穿越了被认为不可能通过的阿登

马其顿防线将法国大部分兵力束缚在防线上,
可供机动作战部队却很少。

纳,而且在马斯也未遭阻截时,法国凭恃着马其顿防线固守国境的幻想随之破灭。法国将军莫利斯·加麦林静静注视着事态的发展,他只给士兵们"不战胜,毋宁死"的口号。国防部长爱杜瓦德·达拉第眼睁睁地看着亲手建立起来的军队被德国坦克和俯冲轰炸机摧毁。总理保罗·雷诺则利用这种形势,使法国的领导机构向右翼扩张,他指派 84 岁的贝当元帅接任国防部长的职位。

丘吉尔出任英国首相

1940 年 5 月 10 日,在德国展开西线攻势时,张伯伦试图通过信任投票以挽救其内阁,但由于自由党和社会党拒绝在一个编制扩大的内阁中共同工作,首先退出,使得执政

派原来支持票由 240 票减少为 81 票。国王乔治六世随即召见丘吉尔。在这之前,丘吉尔曾准备担负起在挪威的军事工作。他一直被视为当时执政党的反对派。丘吉尔组阁后,工党的主要成员均加入新的内阁。丘吉尔一反张伯伦的姑息作风,要求全国人民发扬牺牲精神。他说:"我别无所有,只能奉献我的鲜血、辛苦、汗水和眼泪!"

丘吉尔出任首相

德军对荷、比发动"闪电战"

　　1940 年 5 月 10 日,正当纳粹不断拓宽其破坏性入侵的道路之时,上百架德国飞机今天早晨猛然袭击了比利时和荷兰的城市和机场,为陆军的入侵开辟道路。在荷兰,德军显示了"闪电战"的威力。阿姆斯特丹市内和周围多数主要机场,在黎明前突如其来的惊骇中,受到猛烈的炮击。德国伞兵,其中一些穿着荷兰军服,在陆军快速越过荷兰边界的同时,从天而降。突然袭击并没有使荷兰感到特别意外,一个星期来,这个国家一直在准备抗击德国侵略。事实上,至少有 6 架德国飞机被高射炮击落。然而,德军强有力的、配合得当的闪电战终使荷兰陷入流血与恐怖之中。预期荷兰政府不久将使用其独特的防御武器——水战,即打开荷兰特殊构造的防洪坝的闸门。不言而喻,荷兰立即对德宣战,女王威廉敏娜向公众宣布:"在我们的国家,凭良心审慎地严守中立之后,……德国在未发出任何通牒的前提下,突然袭击了我们的领土。"她号召人民拿起武器,"最大限度地保持发自良知的警惕和镇定"。另一些德军团以同样的快速有效的方式越过比利时边界。凌晨,纳粹空军在安特卫普、尼韦尔和布鲁塞尔投下炸弹。伞兵在位于比利时防线北部

　　1940 年 5 月 10 日凌晨,德军地面部队在空军掩护下大举进攻。庞大的坦克部队从比利时和卢森堡南部的阿登山区分三路纵队前进,纵深 100 多公里。图为德军坦克部队侵入比利时的佛兰德尔地区。

的埃本·埃马尔要塞着陆。正当守军与德国伞兵部队激战之时,德国步兵却实际上未受任何阻碍地在附近的阿尔贝特运河上涌入。安特卫普机场受到猛烈的轰炸,一直持续到天明。天亮时,机场上已有 400 名比利时人被炸死,附近居民房屋的火势已难以控制,居民深为自己的生命安全担忧。比利时首相皮埃洛特和外交部长保罗·亨利·斯派克拜见了国王利奥波德。三位首脑发布了一道"国家紧急状态"令,向柏林提出了抗议,并动员一切可能参战的男子,他们相信法国和英国会提供帮助。可是据德国外长约希姆·冯·里宾特洛甫说,联合入侵是为了保护低地国家免受盟军进攻的危险。他说,英法两国准备用低地国家作为入侵德国的垫脚石。他还声称:"盟军正策划袭击德国领土。这一点是德国所不能容忍的。"冯·里宾特洛甫还发表声明说:"德国人民被强加于生与死的斗争,政府不打算垂手等待英国和法国的进攻。"同盟各国政府不屑对上述谬论加以评论,把其视为纳粹的宣传。

荷兰、比利时向纳粹投降

　　1940 年 5 月 28 日,比利时的黑暗时期开始了。利奥波德国王命令比利时军队向德国投降。投降违背法国总理保罗雷诺的意愿,他把当时的形势描绘为"黑暗"和"严峻",

横亘在法德边境上的马其顿防线。它是上次大战中堡垒战的产物。

并说法国对比法战线上的"胜利信心"仍然十足。比利时的投降发生在荷兰屈服于德国闪电战的无情炮火之后两星期。5月14日，荷军总司令亨利·捷哈德·温克尔曼要求其部下放下武器以防止进一步的流血和毁灭。尽管法英两国表示了对比利时和荷兰的妥协的蔑视，其严厉的措辞却掩盖了其内心真实的情感。实际上，德国在低地国家的胜利使英法两国严重受挫，甚至是受到了威胁，纳粹现已泰然自若地站在英吉利海峡一侧索姆河—埃纳河防线上。同盟国已意识到其领土已成为希特勒侵略日程上的一个目标。

敦刻尔克城堡大撤退

敦刻尔克是一个具有一千多年悠久历史的古城堡，滨于多佛尔海峡法国一岸。如今它已发展成为重要的工业中心，而且还是一个拥有现代化设备的优良港口。第二次世界大战中，在这里曾发生过一幕惊心动魄的大撤退场景，至今还使人记忆犹新。

1940年5月，纳粹德国以迅猛的攻势分别用5天和18天就征服了荷兰与比利时，然后绕过法德边境上的马奇诺防线，从防御薄弱的法比边境出其不意地攻入法境。5月14日，德军主力由色当沿圣康坦、亚眠一线直向英吉利海峡扑来。这天下午六点，法国总理雷诺打电话给英国首相丘吉尔，要求英国援助。第二天雷诺又给丘吉尔写了一封充满绝望情调的信。5月16日，丘吉尔亲自飞抵巴黎和雷诺等人会谈。这时，英、法两国各有打

1940 年 5 月 15 日,荷军总司令亨利·捷哈德·温克尔曼要求部下放下武器宣布投降。

算,双方互不信任。丘吉尔猜疑法国制造走投无路的假象是想放弃比利时和沿海地区,以便撤走部队保卫巴黎,把德国的进攻矛头引向英国方面来,而自己则从战争中抽身出去;法国人怀疑英国一心只想保存实力,正准备将法国出卖给希特勒。从这次会谈中双方都得出各自的结论:法国人认为,英国不想援助法国;英国人认为,应赶快从欧洲大陆撤军。

面对严峻的局势,英法两国矛盾越演越烈,这时德军前锋已逼近海岸,在索姆河以北截断南北交通线,英军进退维谷处境危险。5 月 18 日,英军向伦敦紧急呼救,英国政府闻讯,马上命令海军部拟订一个紧急撤退大量部队的计划,这个计划后来被定名为"发电机"。

正当英法都为自保性命而争得不可开交的时候,德军已经手痒难耐,恨不得一口把盟军生吞下去。5 月 19 日,希特勒发出只许进行"大规模侦察"的命令后,由七个坦克师组成的强大的楔形队伍以轰炸机为先锋,伴随着大炮的轰鸣声,像一群斗红了眼的野牛冲向海岸。英法集团军被分割为南北两段。陷入三面包围的北方盟军,唯一的希望是转向西南,突破海峡沿岸的德军战线与索姆河北面的法军汇合。但是,由于指挥人员无能,错过良时,铸成大错。

德军的胜利使希特勒大喜过望,他调集重兵投入战斗,巩固和扩大坦克部队的战果。德军经过的市镇村庄,如入无人之境。大量法军成了战俘,他们乖乖地把武器交给德国人,眼看着成批的枪支被放在坦克下面压得粉碎。5 月 22 日,德军向海峡挺进,彻底切断了英国远征军与法军之间的防线,盟军处境更加险恶。5 月 24 日,沿英吉利海峡向北多佛尔海峡一岸方向推进的德国部队攻占布伦,包围了加莱,兵临距敦刻尔克仅30多公里的格拉夫林。被逼到敦刻尔克周围的几十万盟军,挤在一块很小的三角形地带。这个三角形底部是沿多佛尔海峡从格拉夫林到敦刻尔克以北的尼乌波特,顶端在发隆西纳,距离海岸110多公里。英法大军前临强敌,背靠大海,欲战不敢,欲逃无路,面临绝境,眼看成了"瓮中之鳖"。他们唯一的生路就是经敦刻尔克港横渡多佛尔海峡撤退到对面的英伦三岛上去。

敦刻尔克距英国最近处为100公里左右。被围困在这里的英军有22万人,法军20万人。在短时间内要把这样多的部队运过海峡并非易事,英国政府为此伤透了脑筋。最初拼凑起来的可以用于运载部队的船只仅仅有36艘,难解燃眉之急。最后丘吉尔只好叫海运官员将英国各港口凡是可以适用的船只,即便是游艇也要登记下来,以应"特殊的需要"。

这时,德军的坦克已经望见敦刻尔克,并在盟军前沿阵地摆开架式准备实施最后打击。英国远征军和法国第一军团被围在15里宽,距海岸50多里长的袋形阵地上。如果德军实行左右夹攻,便可一举歼灭盟军。战局的发展使英法军队的命运危在旦夕,在这紧要关头,希特勒突然命令坦克部队停止追击,盟军得到一个喘息之机,从而加强了敦刻尔克外围的防线。两天后希特勒发现海岸附近运输舰只活动频繁,暗叹失策,急忙下令部队从西面和南面恢复进攻,但为时已晚,德军受阻于加莱港,盟军利用洪水泛滥暂时挡住了敌人的坦克。

就在德军恢复进攻的这天,敦刻尔克也忙成一团。26日晚6时57分,英国海军部下令开始执行"发电机"撤退计划。850多艘船只组成的船队陆续涌到敦刻尔克,从巡洋舰、驱逐舰到内河用的拖船、渔船、驳船和客轮,甚至伦敦码头上的救生艇、汽艇和各种各样的游艇都被搜罗在一起。为了撤退,英国政府也顾不得什么脸面,海军部通过广播呼吁周末业余水手和游艇主人驾船,加入他们撤退的"舰队"行列。在德国飞机和大炮的轰炸下,运载部队的船只艰难地渡过波涛汹涌、水面宽阔的多佛尔海峡,5月27日撤走了非战斗人员和后勤人员7669人。

5月28日,全部英军和大部分法军乘夜色逃出了德军的合围,大批运输车辆和部队涌进了滩头阵地。当他们正庆幸自己虎口脱险时,一支比利时军队投降了,英法联军骤然失去后卫掩护部队,在原比军防守的伊普尔到大海之间一侧露出30多公里宽的空白地带,德军经此可直抵敦刻尔克。在这关键时刻,刚撤下来的英军重新填补了空隙,组成一条所谓"逃避走廊",与德军展开激战,迫使敌人暂时退却。29日,盟军紧缩防线,并造成一个5里宽的洪水区,水淹德军,挡住了他们的进攻,减缓了阵地的压力。但是,德国空军的飞机整天在敦刻尔克上空俯冲轰炸,严重地威胁着撤退。于是,英国皇家空军把凡是可以动用的战斗机都投入了敦刻尔克上空的战斗,控制了制空权,使德国飞机不敢毫无顾忌地轰炸渡海的船只。

敦刻尔克本来拥有可供巨轮停泊的7个大型船渠、4个干船坞和8公里长的码头,现在已被德军炸成一片废墟,唯一可以利用的是靠木桩搭起的1200米长的东防波堤。这样，撤退不得不在海滩上同时进行。一行行等待撤退的士兵，50人为一组，惊恐地站立着等候上船。最前面的士兵泡在齐下巴深的海水里，飘浮的尸体不时地撞在他们身上，伤亡数字与日俱增。德军的轰炸还在进行，数万名士兵挤在狭小的桥头阵地里，等待渡船的队列密密麻麻站在海滩上，处境十分困难。英国海军又拼凑了30多条船只应急。为了尽快撤退，狭小的驱逐舰居然装载七八百人。由于空间小，只好让士兵呆在甲板上，凭借航海技术，摇摇晃晃作"之"字形航行保持平衡，冒着风浪和轰炸驶过海面，有时还遭到德国潜艇鱼雷的袭击。就是这样，到30日还是只撤退了12万6千多人，尚有一多半士兵等待撤退。

盟军士兵登上战船，开始撤退。

5月30日，德军把敦刻尔克围得水泄不通，英军被迫紧缩防线，拼命阻止德军的突破。直到这时，德军统帅部才明白事情真相，希特勒气急败坏地命令继续加强攻势。6月1日，德国空军全面出动狂轰滥炸，海面上到处飘浮着沉船的油污。风浪中运兵船颠颠簸簸地航行，士兵被面前的景象吓得惊恐万状。

6月2日拂晓，最后4000名英军由10万名法军掩护准备撤离。这时，盟军防线越来越小，德军大炮已能打到敦刻尔克，白天的撤退工作被迫停止，全部改在夜间进行。德军的轰炸造成大量重伤员滞留，撤走重伤员的活动陷于停顿。此时，英军指挥部发出命令，规定每100名伤员留1名医官和10名医务人员，其余的全部撤走。谁走谁留只好听天由命，这就出现了英国陆军史上一次空前绝后的抽签活动。医务人员把自己的姓名写在纸上一起放在帽子里，然后抽签决定去留。这对曾经在世界上炫耀一时的英国军队是个绝妙的讽刺。

到6月3日晚，剩下的英军和6万名法军仓皇撤出阵地逃离欧洲大陆。6月4日，最后一批法军撤离海岸，后卫部队眼巴巴地看着再也不会回来的船只起航伤心不已。经过八天八夜苦斗，总共有33万8千226名英法士兵撤退到英伦三岛，其中包括英国远征军22万4千人，一部分法军和少量波兰军队。在敦刻尔克被英国抛弃的4万名法军全部被俘；700辆坦克、2400门大炮、7000吨军火弹药和全部军械装备都成了纳粹德国的战利品。在撤退过程中，英国7艘驱逐舰被击沉，20艘受到重创，8艘客轮被毁，另外8艘陷于瘫痪。

敦刻尔克撤退是英法长期推行绥靖政策所造成的必然结果。在撤退中，英国为了保全自己，不惜抛弃昔日的盟友。帝国主义国家之间的"友好"关系这时已经一钱不值，历史记下了他们各自的丑态。

贡比涅和约和法国败降

敦刻尔克撤退后，英国在大陆上只留下一支象征性的军队：一个步兵师和一个不满员的装甲师。法国被迫以残存的 71 个师来迎击德国的 140 个精锐师。战局急转直下，所谓"魏刚防线"很快就被突破。更为严重的是法国统治集团内早就弥漫着失败主义的情绪，高级将领内的投降派比比皆是。战争伊始，普雷塔拉将军就丢下所指挥的四个军，只身逃往尼斯，第一集团军群司令布朗夏尔将军还在 5 月 26 日就公开谈论向德国投降。贝当就任副总理后，露骨地鼓吹必须保留一支军队来"维持内部秩序"，否则"就不可能有真正的和平"。6 月 8 日，魏刚在见到戴高乐时对面临的失败处之泰然，但是却忧心忡忡地说："啊！要是我能有把握使德国人给我留下必要的部队来维持秩序的话，那就好啦！"这位在前线屡战皆北的败将竟公然散布多列士已夺取爱丽舍宫的谣言。巴黎公社的历史困扰着法国的上层人物，他们宁愿蒙受战败的奇耻大辱，也不愿再看到巴黎落入起义人民的手中，当然也就对法国共产党在 6 月 6 日提出的进行全民抗战的建议全然置之不理了。

6 月 10 日，法国政府仓皇逃离巴黎，先后迁都图尔和波尔多。同一天，意大利宣布对法作战。作为法西斯德国的伙伴，墨索里尼一直在窥伺着参战的最好时机。1939 年 8 月 25 日，他感到跟随希特勒进攻波兰会冒过大的风险，便以准备不足为理由拒绝立即卷入战争。在这以后，墨索里尼摆出一副待价而沽的架子。1940 年 5 月 10 日后，英法竞相讨好意大利，向后者建议就地中海地区划分势力范围问题进行谈判，并且表示"什么都可以讨论"。丘吉尔也宣称他"从不与意大利的强盛和伟大为敌。"然而这一切都满足不了墨索里尼的贪欲。他认为随着法军的溃败，攫取胜利果实的时机已到，私下对人说："……我只要付出几千条生命作代价，即可作为战争参加者坐到和会桌旁"。为此意大利动员了 32 个师，计 325000 余人从勃朗峰到地中海约 200 多公里的战线上向法国大举进攻。法国只能以 6 个师，共 175000 余人来与之相抗。在十多天的时间内，毫无士气的意大利军队竟不能越雷池一步。这更进一步暴露了意大利帝国主义的虚弱。

处于南北夹击中的法国接连向英国告急。丘吉尔曾于 6 月 11 日和 13 日两次来法紧急磋商，并宣称即使在敦刻尔克后也愿与法国共存亡。但他并不增派一兵一卒。自 6 月 15 日起，又陆续将所有英国士兵全部调遣回国。6 月 16 日，正值法国崩溃前夕，丘吉尔建议英法合并，成立所谓"两元帝国"，遭到法国拒绝。

雷诺也曾一再向美国求援。他在 6 月 14 日致罗斯福的急电中更是大声疾呼："拯救法兰西民族的唯一希望……是今天就将举足轻重的强大美军投入战争"。美国政府除空头的同情和安慰外，只是再三告诫法国在任何情况下都不得将它的舰队和殖民地交给德国。这事实上也正是英国政府唯一真正关心的事。

尽管孤立无援，法国仍可依靠自己的力量继续为民族的独立和生存而战。著名的抗战派如内政部长芒代尔等便主张将政府迁至北非继续抵抗。当时法国在北非有10个师，国内另有50余万后备兵，可以重建一支有战斗力的军队。法国在非洲的殖民地幅员辽阔，资源丰富，又拥有舰队和黄金，完全可以自成一体，凭借地中海的天险与德国对抗。但是投降派越来越占上风。6月12日，魏刚在内阁会议上公开要求停战，并且威胁说："……假如不立即要求停战，对军队以及对老百姓和难民就将失去控制"。次日，贝当向内阁提出一份备忘录，断然反对以任何形式继续抵抗。一向动摇的雷诺虽确曾在5月下旬建议退居布列塔尼，并在那里筑垒固守，以待时机，此时不仅全然放弃这一计划，而且屈服于投降派的压力，于6月16日宣告辞职。贝当立即就任总理，并在当天晚上通过西班牙大使向

德军在法政府迁都维希并于12日宣布巴黎为不设防城后，于14日进入巴黎，图为德军通过凯旋门。

德国试探停战条件。17日，他在电台发表讲话，命令法军放下武器，同时正式向德国求和。

贝当的讲话在全国引起极大的混乱，还在各地坚持战斗的法军被迫放下武器。而德国故意不立即作复。直至20日，双方才就停战问题进行正式会晤。6月22日，在贡比涅森林的雷通车站，也就是22年前德国向协约国投降的地方，在当年福煦所乘坐的同一辆车厢内（由德军特地从历史博物馆内拖出），法国代表亨茨格将军和德国代表凯特尔元帅签订了停战协定。同一地点，同一车厢，只是战胜国和战败国互换了位置。停战协定将法国的东部、北部、中部划为占领区；西南部则为非占领区，亦即此后贝当傀儡政府偏安之处。占领区包括巴黎在内，约占全国总面积的2/3，集中了65%的人口，并且是煤、铁、钢、小麦的主要产地。法国的主要工业也都位于这个地区。德军控制整个占领区，强迫法国人民支付沉重的占领费用。除一支"维持社会秩序"所必需的军队外，法国应全面解除武装。即使在非占领区，所有的武器和弹药也均交德国管理。法国政府投降后，7月1日迁都维希，这就是所谓的维希政府，它实际上是德国的附庸。

希特勒没有一口把整个法国都吞下去，那是由于他认为："假如法国政府拒绝德国的建议，并退到伦敦继续抵抗，那么情况就要糟得多……"。通过贝当还可控制住法国的舰队。不占领全部法国对德国有利。从里宾特洛甫的一次谈话中，可以清晰地看到希特勒的想法："领袖希图用这种办法得到用其他手段无论如何也得不到的东西。关键是利用贝当使非洲殖民地不致脱离维希，因而也不致脱离西班牙和德国，因为否则就只有在反

在车厢内的投降仪式上，法军元帅莱拉克表情木然。

对英法军队的苦战中才能把它们重新夺回"。那时希特勒确实想使贝当发挥作用，在"欧洲新秩序"中占一席位。但一年以后，希特勒就恶狠狠地对德国驻巴黎高级专员阿贝茨说，只要一解决苏联问题，他就准备同"那些维希先生们坦率地讲话了"。

6月23日，法国和意大利签订停战协定。墨索里尼想攫取里昂、阿维尼翁等城市，并企图吞并科西嘉、突尼斯和法属索马里，后来只得到法意边境上的一小块土地，面积为832平方公里。这位意大利的法西斯头子懂得，既然在战场上未能前进一步，那么也就休想在和谈判桌上捞到太多的东西。

6月21日，希特勒曾亲自到雷通车站参加同法国代表团会晤的仪式，他在离开时情不自禁地跳了一段小步舞。他为意想不到的胜利而兴高采烈，有点飘飘欲仙了。战胜法国可以说是法西斯德国达到了它势力的顶峰。

不列颠之战

法国的败降使希特勒的冒险生涯达到了顶峰，他已经为德国征服了欧洲大部分地区，现在阻挠他在欧洲建立霸权的只有英国和苏联。苏联是肯定要被消灭的，但必须在对苏动手之前保持西线的平静，办法是利用英国目前的孤立无援处境与英国媾和，条件是够优惠的:归还德国的原海外殖民地并让德国在欧洲大陆自由行动。希特勒推测,现在法国是完了,英国当然会明白个中道理,也会承认"一败涂地,绝无希望"而考虑谈判。于是他从6月中旬到7月中旬频频向英国摇晃橄榄枝,还通过瑞典、美国和梵蒂冈教廷向伦敦做出和平试探。但是他听到的回答始终是一个坚决的"不"字。

法国沦陷后,英国的处境确实不妙。英伦诸岛,孤悬海上,岌岌可危。他的各自治领、殖民地和印度都不能给她有力的支援和及时的供应;得胜的德国军队装备完善,后方还有缴获的大量武器和兵工厂,现在又在大批集结准备对英国最后一击;意大利也已向英国宣战;西班牙随时可能与英国为敌;维希法国时时会被迫对英作战;远东的日本居心叵测并趁火打劫,直截了当地要求英国关闭滇湎公路,断绝对中国的物资供应。英国的敌人真是不少,它正遭到有史以来最强大的军事力量的围攻,而自己差不多是在赤手空拳地孤军在欧洲作战。

但是英国人明白,现在是在为自己的民族生存而斗争,因此要豁出性命去与纳粹德国决一死战。这种精神在丘吉尔6月18日的下院讲演中表达得十分清楚:"……'法兰西之战'现在已宣告结束。我预计'不列颠之战'就要开始了。……我们英国人自身的生存以及我们的制度和我们的帝国是否能维系久远,也取决于这场战争。……因此让我们勇敢地承担我们的责任,我们要这样勇敢地承担,以便在英帝国和它的联邦存在一千年之后,人们也可以说:'这是他们最光辉的时刻'。"

丘吉尔断然拒绝妥协的态度使希特勒有点进退两难。他念念不忘进攻苏联,对英国既不想打又不能不打,看来还是要先打一下逼它讲和,然后再转身攻苏。7月16日希特勒终于下令准备实施对英登陆作战的"海狮作战计划",确定8月中旬完成准备工作。该指令称:"由于英国不顾自己军事上的绝望处境,仍然毫无愿意妥协的表示,我已决定准备在英国登陆作战,如果必要,即付诸实施。"这其中"如果必要,即付诸实施"几个字,正表明了希特勒没有把握。

的确,"在英国登陆作战",说起来容易,做起来难。希特勒和最高统帅部以及陆海空三军的参谋总部从未认真考虑过同英国的仗怎么打和怎么取得胜利的问题。他们不知道如何进攻英国。当然,靠德国现在的陆军力量,他们能在一周之内击溃英国软弱无力的陆军,但他们必须渡过由英国占优势的海军日夜守卫的多佛尔海峡,尽管它的最狭处只有30公里,在万里晴空的秋天里法国的加来和英国的多佛尔能清晰地隔海相望。但是德国不仅海军处于劣势,而且陆海军在水陆两栖作战方面都是既无经验也没受过训练,看来只有先掌握海峡地区的制空权才谈得上登陆作战。希特勒命令空军元帅戈林猛烈轰炸削弱英国的防务,戈林则夸下海口:只用空袭便可征服英国。于是"登陆作战"实际降到了配角地位,空战变成了这一战役的主要特点和唯一特点。

德国的空军在数量上占有2:1的优势,当时戈林集结了约2660架战斗机和轰炸机,而英国的战斗机起初不到700架,轰炸机仅500架左右。但英国空军的飞机性能更为先进,并拥有约1800门高射炮和沿东海岸线设立的一系列雷达站、观察哨等防空措施,加上全国军民同仇敌忾斗志昂扬地进行战斗,便使德军的优势大打折扣。再加上英国破译

在废墟中生存下来的人

了德方的通讯密码,致使德国的"空中闪击战"一开始就未奏效。

8月10日,德空军开始大规模连续不断地空袭英伦本土,进攻目标从海峡舰队、港口到机场和重要军事设施,从而拉开了不列颠之战的第一阶段的战幕。8月15日两国发生第一次大规模空战,戈林派出大约1500架德机实施为消灭英国空军而策划的"飞鹰行动"计划。但英国空军沉着应战,在雷达配合下猛烈反击,双方在长达500海里的战线上进行了5次大战。这一天德军共有75架飞机被击落,英国损失飞机34架。

德国难以忍受这次失败,从8月24日重又开始发动大规模进攻,使战事进入决定性阶段。德军平均每天出动1000多架飞机,集中破坏英国南部的机场和雷达站,几乎摧毁了南方整个通讯系统,英国损失激增,2周之内飞机损失近300架,100多名飞行员被打死。但英国军民靠着非凡的忠勇顽强渡过了这个最艰险的阶段。

德方意识到要在短期内获得全面制空权实为不易,便于9月上旬开始转而对伦敦等城市不分昼夜地狂轰滥炸,企图瓦解英国人民的斗志,逼其就范,不列颠之战进入第二阶段。德国攻击目标的改变,使英国空军得到喘息之机,而伦敦人民则经历了血与火的考验。9月7日德空军出动1000多架飞机对伦敦首次大规模空袭,使不少街区化为灰烬,主要商业区损失惨重,但人民坚韧不拔,妇孺老人撤退秩序井然,国民军警戒救援,对空监视哨坚守岗位……。更为重要的是英国空军也从溃败边缘恢复过来,当9月9日第二次大规模空袭伦敦时,便只有不到一半的德机冲过英军防线,而且慌忙投弹后无功而返。15日德空军大举出动,对这个已炸得残破不堪的首都实行最后也是最大的冲击——连续昼夜大轰炸。这一天成为整个战役中战斗最为激烈紧张的一天,皇家空军共击落德机60架,自己仅损失26架。几千名英勇无畏的英国飞行员用他们的汗水和鲜血挽救了祖国,难怪丘吉尔赞叹道:"在人类战争的领域里,从来没有过这么少的人对这么多的人做过这么大的贡献。"

英国儿童躲在一条壕沟里

　　9月15日的战斗证明了德国无法对英取胜。17日希特勒无可奈何地无限期推迟实施"海狮计划";10月12日又正式下令把入侵推迟到来年春天;1941年7月元首再次把它推迟到1942年春,以为"到那时对俄国的战争就将结束",但这不过是一个美妙而徒然的幻想;1942年2月整个计划被完全搁置起来。"海狮"就这样完蛋了,而9月15日正是它的真正断命之日。英国则把这一天定为"不列颠战役日",每年都举行庆祝活动。9月15日以后,德军仍对英国的一些工业城市实行空袭,并曾把考文垂夷为平地,但这都不过是"海狮"的回光返照而已。

　　在这场二战史上历时最长、规模最大的空战中,英军以915架飞机的代价击毁了1733架德机,使希特勒的侵略计划第一次未能得逞,在反法西斯的历史上谱写了光辉的一页。

　　攻英不成,元首西线受挫,只有望洋兴叹。在海军元帅雷德尔的劝说下,希特勒转而考虑打击英帝国最易受攻击的地方——地中海和北非地区,但这时意大利已经在这里惹是生非了。

1940 年 9 月 15 日"不列颠战役日"后的伦敦

托洛茨基在墨西哥遇刺身亡

自 1929 年起开始流亡,当年俄国十月革命的主要领导人之一——托洛茨基,仍然继续进行反对斯大林及共产主义的斗争,并在许多文章和书籍中,辛辣地抨击苏联的局势和苏维埃的政策。托洛茨基自知生命受到威胁,他多次险遭杀害,因此在位于墨西哥的住宅中颇有设防。1940 年 8 月 20 日,有一名"朋友"来访,不料此人用一把凿冰斧头砍击托洛茨基。次日,托洛茨基不治而亡。凶手被擒后,在警察面前以及在调查他的身份和幕后策动者的诉讼中一言不发。不过,一般认为,他是苏联秘密特务机构的人员,或直接听命于苏联共产党总书记斯大林。托洛茨基提倡"不断革命化"。1924 年,他曾发动了一场对官僚主义及布尔什维克老近卫军的攻击,要求在党内外有更多的民主,更紧密地与工厂和基层党组织的工人群众结合。斯大林掌权后,他被撤除所有的职位。1929 年被驱逐出境,之后辗转于法国、挪威,1936 年避难于墨西哥。

德国飞机攻击英国城市

1940 年 9 月 4 日,就在英国再度空袭柏林和其他德国大城市之后,德国元首希特勒于冬季救济工作开幕式中,以威胁的语气宣布:"如果英国空军投掷 2000 公斤、3000 公斤或 4000 公斤的炸弹,那么我们一夜应扔下 15 万、18 万、23 万、30 万、40 万或 100 万公斤炸弹;如果英国宣布大规模地进攻我们的城市,我们就会以牙还牙,将他们的城市全部夷为平地。"这之后,德国军机就开始有目标地攻击英国的城市,伦敦严重受损,白金汉宫于 11 日、13 日多次被炸弹击中。英国人认为,德军此举是有目标的攻击英国王室贵族的生命。于是,面对德国即将展开的攻势,英国加强了防御措施。希特勒原先决定 21 日为登陆英国的最后期限,但由于气候恶劣,空军无法制敌机于先,希特勒只好将"海狮行动"的计划延后,日期未定。德国空军继续空袭英国,使英国在经济和心理上大受打击。然而英国也不甘示弱,15 日,英国皇家空军便击落了 58 架德国轰炸机。

德意日轴心国集团形成

1940 年 9 月 27 日,德、意、日三国在柏林签订了酝酿已久的军事同盟条约。条约共六条,其中主要内容为:"日本承认并尊重德意志和意大利在欧洲建立新秩序的领导权;德意志和意大利承认并尊重日本在大东亚建立新秩序的领导权,德意志、意大利和日本同意循着上述路线努力合作;三国并承允如果三缔约国中之一受到目前不在欧洲战争或

听到警报后出击迎战的英国飞行员

中、日冲突中的一国攻击时,应以一切政治、经济和军事手段相助。"至此,德、意、日三国军事轴心正式结成。条约的矛头不仅指向那些正在与德、意、日交战和已被德、意、日奴役的国家,而且也指向尚未与德、意、日直接作战而反对德、意、日侵略的苏联和美国。对德、意、日说来,签订这项条约时是各怀鬼胎的。德国期望通过条约促使日本与英、美的矛盾进一步尖锐起来,在东方和太平洋上牵制英、美的力量,以便它对英、对苏作战。意大利则企图依仗德、日的实力,称霸地中海、北非和东非。日本想得到德、意的支持,以巩

固已经攫得的权益和进一步侵占苏联的东部以及夺取太平洋的霸权。因此,这一侵略性条约的签订,使德、日与苏联的矛盾和英、美与德、意、日的矛盾更加尖锐,比较明显地形成了德、意、日与英、美、苏对立的态势。从1936年的"反共产国际"协定,到1940年的军事同盟条约,德、意、日从政治上到军事上形成了法西斯侵略轴心。

意大利突袭希腊

1940年10月28日,意大利首相墨索里尼统治地中海的梦想又向前迈了一步。他要德国元首希特勒明白,不单是德国才能有能力发动惊人的军事行动。墨索里尼藉着侵希战争表达了他对德国未经商议即派军进驻罗马尼亚的不满。尽管意大利总司令巴多格里奥元帅坚决反对,墨索里尼还是在外交部长夏诺和意大利驻阿尔巴尼亚总督的支持下,决定突袭希腊。他忽略了意大利人已经被非洲的战役压得喘不过气来,对进攻希腊一事缺乏充分的准备。事实上,凭意大利军队的装备,想在巴尔干半岛发动一场冬季战争是远远不足的。墨索里尼甚至未考虑到希腊会长期抵抗。希腊总理罗尼斯·米达萨斯将军曾经在柏林受过一些军事训练,自1936年起就掌握了希腊独裁大权。他号召人民起来反抗,保卫民族自由,反抗意大利的袭击。此外,以他的名字命名的希腊北部防线,很快地成为令侵略者几乎难以逾越的屏障。为了保卫克里特岛,一支英国军队应希腊的要求,在岛上登陆,从此,这场战争迈入一个新的阶段。

希特勒会见贝当和佛朗哥

1940年10月30日,由于进军英国难以实施,阿道夫·希特勒对他的战争方针,又做了一次戏剧性的改变。他要求法国和西班牙和他一起作战。在过去的一周内,这位元首已分别会见了法国总理贝当、副总理赖伐尔和佛朗哥将军。德国官员对会见的内容闭口不谈,但外交人士相信希特勒准备在直布罗陀和北非向英国发动新的攻势。贝当拒绝了希特勒要法国海军接受德国指挥的要求,但希特勒坚持他有权使用法国在欧洲大陆和非洲的基地。赖伐尔显然在同希特勒交往中比贝当灵活,元首觉得他可能在合作问题上更坦率。在与佛朗哥首次会面中,希特勒就请求他帮助攻击直布罗陀,而佛朗哥则要求希特勒补偿将来注定要被英国切断来源的小麦和石油。

法国发现史前艺术

1940年11月1日,一个不多见的史前洞穴在法国多尔多涅的蒙蒂尼亚克附近被发

伦敦的地下铁路网被用作防空洞

现。拉斯克洞穴是由 4 个寻狗的孩子发现的。该洞有 1 个主洞穴和几条通道,这些地方都装饰着雕刻和绘制的动物。

罗斯福第三次入主白宫

罗斯福总统 1940 年 11 月 5 日再度当选,成为美国历史上第一位三届入主白宫的总统。同他一起当选的副总统是原农业部长亨利·A·华莱士。总统获得的选票接近他 4 年前压倒多数的票数,因此他轻而易举地击败了共和党候选人温德尔·韦尔基。在纽约海德公园的集会上,罗斯福总统发表了演说,他保证他一如既往。

莫洛托夫拜访希特勒

希特勒 1940 年 11 月 12 日晚宴请了来访的俄国人,希望会给轴心国拾来一个新伙伴。里宾特洛甫于当天早晨在柏林车站,迎接了苏联总理莫洛托夫。这次未像往日举行炫耀的阅兵式,以此降低这次会晤在人们心中的重要性,使人们不提起德—苏关系问题。

在午后 3 个小时的单独会晤中,希特勒同斯大林的得力助手莫洛托夫讨论了欧洲的新政治秩序和重新划定欧亚地图中日本所起的作用。会后,莫洛托夫及其随行人员受到盛宴款待。200 多人出席了宴会,其中有 100 名纳粹高级官员。会谈未谈及苏联与其他国家的关系,但罗马方面和纳粹党徒们期望这次会谈能导致苏联加入德意日联盟。这是一次自 1936 年 10~11 月间的条约出世以来较大的逆转。当时,法西斯国家一致同意要防御来自共产主义的威胁。

意大利军队东、北非防线崩溃

1940 年 12 月 6 日,英国军队已成功地阻遏了意大利在东非及北非的攻势,并且转守为攻。在北非,英军利用坦克部队,突破意大利的防线,迂回攻击被围困的意大利军队,意军仓皇败逃。在东非和希腊前线,意大利军队也节节败退。意大利首相墨索里尼已批准多数海、陆军总司令的辞职。

凯瑟林·赫本的得意影片《费城故事》

在凯瑟琳·赫本的爱情喜剧《费城故事》中,她是个最易受流言中伤的目标。自从主演《抚育孩子》两年以来,谣言蜂起,说她失去了观众,哪个导演也不用她。事实是赫本小姐不过是等待着出现个好剧本。她清楚,《费城故事》是成功的作品,因为她在其中表演得很出色。她是该年度为数不多的百看不厌而压倒群芳的演员之一。《星尘》是由林达·丹尼尔主演的。她还在《佐罗的印记》中露过面,她的角色是个迟钝的金发女郎。在《星尘》中,她出众的才华得以充分地显露。琼·麦克里在阿尔弗莱德·希区柯克导演的《外国记者》中的表现,证明他可以担当主要演员。在这个电影中,出现过被其姐姐奥丽维亚迪·哈维兰德的光彩遮掩而未被人赏识的美国的珍·芳汀。她在希区柯克另一电影《蝴蝶梦》中大放光彩。1939 年的《金鸡驰骋的迪斯堡》使马林·黛德丽走红。她当时接着拍了《七罪人》,使她声望更高。纳粹政府近期要求黛德丽归国,在德国拍电影,她婉言谢绝。在喜剧方面,N.C.菲尔德与人合写了《迪克银行》(笔名马赫马·凯恩·季维斯),并在剧中饰主角。尽管他已 61 岁,据说身体也不好,在剧中却表演了几处惊人的绝技。劳莱和哈代在《海上的傻瓜》中表演平平。人们说他们和制片人哈尔·罗奇闹翻了。最引人注目的是贝蒂·戴维斯,她回绝了华纳兄弟影片公司的最新剧本,公司对她停职停薪,她对此提出了上诉。那时,她正在主演《信》。

罗斯福称美国为民主国家的军工厂

1940 年 12 月 29 日,在对世界大部分地区广播的"炉边谈话"节目中,罗斯福总统把美国描绘成"一个民主国家的军工厂"。尽管美国总统决心使美国不卷入战争,他却说:"美国必须向那些为民主而战的前线提供更多的军用物资。"他说,没有哪个独裁者或独裁者联合体能够制止美国援助那些同纳粹德国战斗的人们。美国总统拒绝任何和平谈判,除非可以肯定各侵略国摈弃了要控制和征服全球的梦想。他接着说:"两年来的实践已经毋庸置疑地证明了没有哪个国家能够使纳粹满足,谁也不能用爱抚手段把猛虎驯成小猫。"罗斯福告诉美国人民,他的宗旨是:"使你、你的子女、你的孙辈免除一场殊死的战争,以保卫美国的独立。"他说自从 17 世纪初以来美国从未像现在这样处于危险境地。他又说,美国将运送更多的枪支、飞机、轮船以及一切物资。

罗斯福发表四大自由原则

1941 年 1 月 6 日,在新的一年开始之际,美国总统罗斯福确信,美国不可能置身于欧战之外。白宫官员了解到,英国的财力、资源很快地便会耗尽,虽然英国在非洲告捷,但是仍迫切地需要援助。在致国会的国情咨文中,罗斯福宣布了几项美国施政目标的原则,这些原则乃是日后国际法的基础:①人人有言论自由;②人人有信仰自由;③免于匮乏的自由——此意指世界各国在经济上应达成共识,使国民都能享有健全、和平的生活。④免于恐惧的自由——也就是说,全球应裁减军备,且彻底执行,不再有侵略他国的事件发生。由于对国际形势的争论,加深了美国国内各政治派系之间的鸿沟:有的支持孤立主义的立场,有的却主张与法西斯主义独裁者展开斗争。18 日,示威群众扯下旧金山德国领事馆屋顶和大门口的"卐"字旗帜,表达出他们所感受的威胁。日前美国舆论认为,不但欧洲的局势应特别留意,太平洋地区日益紧张的局势,也应引起注意。

英澳联军攻占利比亚港

1941 年 1 月 22 日,英国军队突破托布鲁克防线后,与意大利军队展开肉搏战,意军不敌,将这座利比亚北部的重要港都让给英、澳联军。这次攻击,是在英国空军 20 日和 21 日两天连续轰炸之后展开的。21 日晚英军已推进到托城的 2.4 公里以内。澳大利亚军队则于 22 日早上越过战壕,在坦克掩护下,节节进逼,成千名意军被包围后弃械投降。外围的法国与英国军队则沿着防线发动零星的攻击,防止意大利军队增援。澳军在英国

1940 年 12 月，戈林的轰炸机狂炸伦敦引起大火。图为火海一角，摄于圣保罗大教堂屋顶。

军机、舰艇的掩护下，也占领了托布鲁克。22 日，意大利政府在罗马电台一项声明中，承认托布鲁克失守。

隆美尔抵达利比亚

1941 年 2 月 14 日，德军非洲军团最高统帅隆美尔将军抵达利比亚首都的黎波里，他奉命挽回轴心国在利比亚的形势。当天，他的非洲军团第一批部队向岸上前进，这些部队经隆美尔特别训练，擅长于沙漠作战。隆美尔将军将指挥 2 个师，一个装甲师，一个机动部队。自 1940 年 6 月意大利向英国宣战后，双方在北非数度交战。英国以埃及为根据地，进攻意大利占领的衣索匹亚、利比亚，意军处于劣势。由马歇尔·鲁道尔夫·格拉齐亚民所指挥的意大利军队，在过去数周以来一直疲于奔命。意大利失去了利比亚北部的托布鲁克。另一座大城班加西也被英国攻占。意大利首相墨索里尼接获战败消息后，愤而将高级将领们革职。

荷兰犹太人抗暴

1941 年 2 月 25 日，在荷兰，德国特派员英克瓦特和荷兰法西斯分子展开迫害犹太人的行动：解雇他们，迫其放弃自宅，不准他们进入旅馆、饭店、电影院和剧场。愤慨的犹太人在集会示威遭到攻击时，奋起抵抗，造成德国警方人员伤亡，400 名犹太人被捕，阿姆斯特丹的工人发动罢工声援。荷兰精卫队以武力镇压，造成人员伤亡。罢工结束后，100 名阿姆斯特丹居民被控为共产主义分子和暴动首领而被捕。

投降的意军士兵

美国通过《租借法案》

　　1941年3月1日,尽管孤立主义者不断地反对,美国国会还是通过了武器租借法案。法案的全称是《进一步促进美国国防及其他目标的方案》,亦称《租借法案》。法案授权罗斯福总统将武器、物资提供给任何和美国的安全休戚与共的国家,由此美国成了民主国家的兵工厂。罗斯福随即提供英国价值70亿美元的军火用品。然而,英国由于将所有的经济力量投入战斗,黄金储量和国外投资都大受损失,英国的出口将大受影响。而德国元首希特勒在租借法案实施后,自知攻击英国的大好时机已经过去,遂转移注意力于东欧。

南斯拉夫人对纳粹态度强硬

　　1941年3月27日,军方采取闪电行动推翻了南斯拉夫政府,任命一位将军任新总理,还将一位新国王推上了王位,同时逮捕了两位同轴心国签署协定的官员。阿道夫·希特勒为此十分恼火,他的驻南斯拉夫大使递交了来自柏林的最后通牒后被逐出外交部。南新政府为防止希特勒报复,下令境内100万军队进入戒备状态。在纳粹占领的保加利亚境内已有部队紧急向南边境运动。前总理戴吉沙·克维特克维克和他的外交部长在家里被捕。他们刚刚从维也纳出席签字会议返回后即被抓获。新总理杜山·西莫

维奇将军正在迅速采取行动,以求组成新内阁。彼得二世取代保罗亲王登上王位。这个戏剧性的发展使东南欧军事形势发生变化。希特勒要想使希腊屈服,他就不得不先征服南斯拉夫。

希姆莱下令扩建奥斯维辛集中营

1941年3月1日,德国纳粹精卫队队长希姆莱参观了1940年6月竣工的奥斯维辛集中营。他在观察一周后,下令扩建。因为他认为这个集中营可以提供附近的工厂大量的劳力,尤其是颜料联合公司的丁纳橡胶厂。此集中营平日可容纳3万名犯人,另外,德国还计划建造一个可容纳10万名战俘的集中营。

匈牙利总理自杀身亡

民族主义者保罗·特勒基,自1939年以来即担任匈牙利总理,1941年4月2日因政治压力而自杀身亡。特勒基在1940年2月与南斯拉夫签订永久的和平友好条约。而匈牙利民众现在支持他心目中的"恶魔"——德国和意大利,二者正要以军事手段并吞南斯拉夫领土。他不愿放弃对南斯拉夫的承诺,又不能违反民意出兵支持南斯拉夫。是年62岁的特勒基,在进退两难的困境中,选择了自杀。

希腊向德国投降

德国军队1941年4月6日进军南斯拉夫时,同时向希腊挺进。德国元首希特勒以英国军队登陆希腊为由,突袭希腊。早先希腊总理亚历山大·科里西斯因为担心德军侵略,故向英国求援。德军发动攻势后,希腊军队虽然在梅塔克萨斯防线全力抵抗,但仍然难以招架,科里西斯自杀身亡。德国企图制造假象,使世人误信科里西斯及前任总统被英国驻希腊大使馆人员谋杀。1941年4月23日,希腊军队在拉立沙城向德军投降,意大利首相墨索里尼却坚持希腊军队应于次日向萨洛尼卡的德、意军官重新投降。令希腊人更加愤慨的是,他们必须承认意大利是胜利者,然而事实上在4月6日德军进攻希腊之前,希军一直能够坚守阵地,阻止意大利的攻势。

美国占领格陵兰

鉴于近来德国侦察机群时常出没于北大西洋,美国有意接管格陵兰岛,一方面保护格陵兰岛,一方面确保丹麦对该岛的主权。美国总统罗斯福和丹麦公使亨利克·迪·考夫曼于 1941 年 4 月 10 日达成协议。美国获准于战略区域建立空军基地及其他军事设施。最近饱受德国威胁的格陵兰岛,是观测不列颠岛气象的重要地点。依据美国官方说法,德国空军在格陵兰岛上空的行为,迫使美国不得不将该岛纳入哈瓦那法案北半球防御体系之中。当天同时也是德军入侵丹麦一周年,罗斯福在签约后表示:希望丹麦能及早重获自由。英国对美国这项决定极表欣慰,这显示美、英间的合作关系密切。位于冰岛与加拿大之间的格陵兰,将可用做美国输往英国战略物资的基地。

纳粹侵入南斯拉夫

在毫无预警的情况下,德国军队 1941 年 4 月 6 日攻击贝尔格莱德。历经 10 天的激战之后,贝尔格莱德 4 月 17 日被德军占领。南斯拉夫 3 月曾一度加入轴心国,但随后发生军事政变。新政权转而与苏联缔结互不侵犯条约,和德国的关系因之恶化。德国元首希特勒欲使南斯拉夫为拒绝与轴心国签约一事付出代价,到目前为止,希特勒的意图已一一得逞。在靠近意大利边境的南斯拉夫北方,德军乘胜追击,他们自称在札格拉布市附近已俘虏数千名南斯拉夫士兵和 20 多名将领。希特勒希望将南斯拉夫分割成不同的小邦。克罗西亚地区已宣告独立,但是共产党铁托誓言将与希特勒抗争到底。

希腊军队在拉立沙城向德军投降

海斯企图与英国谈判

1941 年 5 月 10 日,德国纳粹党党魁希特勒的职务代理人鲁道夫·海斯,在希特勒准备以国家元首身份,在德意志帝国国会上发表胜利谈话的前几天,秘密地飞往英国,希望通过芳·汉弥尔顿公爵的关系,促成他与英国政府谈判,使英国在德、苏战争开始前与德国停战,并将全球瓜分为德、英两大势力范围。结果,因飞机失事,海斯被迫降于格陵兰,并遭拘押,谈判的企图失败。德国宣称海斯患了精神病,同时其同事、朋友们均以知情不报的罪名被捕。马丁·鲍曼接替海斯的职务,成为纳粹党中央的首长。海斯与希特勒的关系密切,当时有感于权势逐渐失落,遂采取此一惊人行动,意图结束大战。

意属东非向英军投降

1941 年 5 月 19 日,英军已迫使意属东非的法西斯堡垒投降。意大利东非总督奥斯塔公爵和他率领的 3800 名士兵,18 日在埃塞俄比亚的阿拉吉挂起了白旗,愿接受英军提出的条件,但这些条件不得公开。当时在埃塞俄比亚,意大利仅控制两个地区。据信,由于这位被称为意大利抵抗的灵魂的公爵投降,剩下的法西斯军队也会步其后尘。攻陷阿拉吉将使英国可以不受阻碍地向北非和中东的前线运送物资。英军的这个胜利是在两周前海尔·塞拉西重新登基后取得的。塞拉西在法西斯分子统治期间,被迫流亡 5 年。

德国巨舰俾斯麦号被击沉

1941 年 5 月 27 日,英国皇家海军同仇敌忾,追上德国军舰俾斯麦号,并将之击沉于大西洋底,为 3 天前被击毁的英国军舰头巾号报了一箭之仇。俾斯麦号和头巾号于 3 天前在冰岛、挪威间的海域交战,头巾号的弹药库被击中,全舰爆炸、沉没。英国海军发誓复仇,追踪了 2800 公里后,终于如愿。俾斯麦号上的 1000 余名德军官兵死亡,这是纳粹海军在第二次世界大战中最大的败绩。

英军平息伊拉克暴乱

1941 年 5 月 31 日,伊拉克总理拉施德·阿里·吉拉那在英军包围巴格达后,结束了他对英军的叛乱,被迫签署了停战协议。英军的攻势也将巴格达的德国空军和意大利公

图为德国战舰"俾斯麦"号

使逐出中东地区。这个事件强调了这个事实:英军不会像对付轴心国暴乱一样对阿拉伯人民作战。人们都称赞英军在克里特与纳粹恶战打乱了德军的日程表,为巴格达的胜利创造了条件。在拉施德·阿里之间的伊拉克政权阿卜杜勒·伊拉酋长立即组织了新政府。根据受降协议,英国可以使用伊拉克所有公路、铁路和通讯设施。另外,据伊拉克内务安全委员会说:"国家完全独立和军队的荣誉也将会得到保证。"

盟军攻占叙利亚向黎巴嫩进军

1941 年 6 月 21 日,经过几周以来的激烈战斗,英国与自由法国的军队终于将维希政府逐出叙利亚的首都大马士革。英军当时已经攻占大马士革,接着将进攻黎巴嫩首都贝鲁特。根据伦敦的报道,英国皇家海军的军舰可能将停泊在贝鲁特的外海,并炮轰这座被维希政府所控制的城市。盟军在此次不宣而战的战役中,遭到维希分子猛烈的抵抗,盟军为赢得胜利,已不惜任何代价。盟军占领大马士革,不但具有重大的战略意义,并符合了英国于 7 月 1 日发表的宣言,亦即英国誓言防止任何敌对势力占领国际联盟交由法国托管的黎巴嫩、叙利亚。尽管德国援助维希政府,但英国似乎已获胜利。而且依据贝鲁特通讯记者报道,盟军意图再进攻一座位于叙利亚中部,铺有输油管的塔穆尔空军基地。

德国进攻苏联

    1941 年 6 月 22 日 4 时 30 分,法西斯德国撕毁了苏德互不侵犯条约,未经宣战就向苏联发动了全线进攻。5 时 30 分,当大批德军已侵入苏联国境后,德国驻苏大使舒伦堡才向苏联外交人民委员莫洛托夫宣布德国已开始对苏作战。接着,意大利、匈牙利、斯洛伐克、芬兰追随希特勒德国,相继对苏联宣战。战争第 1 天,莫洛托夫代表苏联政府发表广播演说,号召苏联军队和各族人民奋起反击侵略者。当晚 9 时,英国首相丘吉尔发表声明,支援苏联对德作战。他说:"任何对纳粹帝国作战的个人或国家,都将得到我们的援助,任何跟着希特勒走的个人或国家,都是我们的敌人。"翌日,美国代理国务卿桑奈尔

1941 年 6 月 22 日凌晨 3 点,惊天动地的炮火在苏联境内响起,纳粹德国向苏联发动了全面进攻。300 万德军涌进苏联。到日落时分,德军坦克已前进到苏联境内 50 英里处。

·威尔斯代表罗斯福总统发表了美利坚合众国支持苏联的声明。各国共产党和工人党纷纷发表声明,动员全世界各国人民支援苏联的反法西斯斗争。苏联的参战,大大加强了反法西斯阵营的力量,使全世界反法西斯国际统一战线迅速形成,鼓舞了世界各国人民为保卫国家和民族的独立自由而顽强战斗。从此,正如周恩来所指出的那样,"世界战

争进入到苏德战争的新阶段。"

法西斯德国是以突然袭击的方式开始这场战争的。德军首先以大量的航空兵对苏联西部的重要城市、交通枢纽、军事基地以及正在向国境线开进的军队进行猛烈轰炸；并在苏军防御纵深内空降伞兵，夺占要地，同时以数千门火炮对苏军的边防哨所、防御工事、通讯枢纽和部队集结地域实施猛烈轰击；然后以优势的坦克和摩托化兵团为先导，从波罗的海至喀尔巴阡山宽约 1500 公里的正面上，发起全线进攻。苏联西部的 66 个机场遭到猛烈的轰炸。苏军半天之内就损失了飞机 1200 架，其中 800 架未及时起飞迎战，即被毁于机场。许多重要城市、通讯设施、交通枢纽和海、空军基地，在德军航空兵和特务分子袭击下，遭受严重破坏。边境军区指挥机构基本上陷于瘫痪，部队出现了混乱。边防值班部队虽也进行了抵抗，但因得不到及时增援，防线迅速被突破。战争第 1 天，德军就前进了 50~60 公里。苏联国防人民委员，在战况不明的情况下，于 22 日 7 时 30 分发布了第 2 号命令，要求边境军区实施猛烈反击，消灭入侵之敌。当时 21 时 15 分，国防人民委员又根据所谓"敌人已被击退"这一不确切的战况报告，下达了第 3 号命令，再次要求苏军转入反攻，粉碎主要方向上的敌人，并向敌国领土挺进。苏军的反击没有达到预期的目的，损失巨大，前线战况更加恶化。

德军"北方"集团军群，其任务是歼灭波罗的海沿岸地区的苏军，攻占列宁格勒。6月 22 日，该集团军群在大量航空兵的支援下，从东普鲁士的哥尼斯堡向苏联波罗的海沿岸地区发起进攻。至黄昏时，坦克第 4 集群的先遣部队已到达杜比萨河。苏军西北方面军决定对突入第 8 和第 11 集团军接合部的德军实施反突击。6 月 23 日和 24 日，苏军向施亚乌利亚伊方向实施反突击的 3 个坦克师，与德国优势兵力遭遇，受损后被迫退却。6月 26 日，德军一股伪装成苏军的伤员，加入苏军运输队的行列，到达西德维纳河后，夺占了渡口，使德军的机械化部队顺利地渡过了西德维纳河，攻占了陶格夫匹尔斯。6 月 29日，德军在克鲁斯特皮尔斯地域渡过了西德维纳河，7 月 1 日占领了里加，7 月 5 日攻占奥斯特罗夫。苏军在奥斯特罗夫地区和普斯科夫接近地实施的反突击失利后，于 9 日放弃普斯科夫。苏军的坦克损失很大，有些新型坦克也落入了德军的手中。苏军红旗波罗的海舰队被迫从利耶帕亚撤至塔林。至此，德军"北方"集团军群在 18 天内已侵入苏联境内约 400~450 公里，推进到列宁格勒州。

德军"中央"集团军群的任务是围歼白俄罗斯的苏军。德军计划分南、北两路实施钳形突击：北路第 9 集团军和坦克第 3 集群，从东普鲁士的苏瓦乌基地区发起进攻；南路第4 集团军和坦克第 2 集群从布列斯特地区实施突击。两路德军应在白俄罗斯的首都明斯克会合，并在消灭被围的苏军后继续向斯摩棱斯克挺进。6 月 22 日晨，德军"中央"集团军群以约 40 个师的兵力向苏军发起攻击。苏军西方方面军右翼第 3 集团军，被尼维尔纽斯方向上进抵湟曼河右岸的德军坦克第 3 集群包围后，于 6 月 23 日被迫放弃格罗德诺。西方方面军左翼第 4 集团军，在德军空军和炮兵的袭击下，其第 42 师和第 6 师未能按计划占领规定的防御地带，并在德军优势兵力的攻击下，开始从科布林撤退。这样一来，西方方面军的两翼就面临被德军坦克兵团深远包围的威胁,而其中央的第10集团军在比亚威斯托克突出部也有被合围的危险。在战争的头几天,西方方面军曾以机械化第14军、第11军和第6军分别向布列斯特和格罗德诺方向实施反击,虽取得了一定胜利,但因缺乏空中掩护,油料、弹药得不到补充而告失败。这时,德军坦克第3集群的基本兵力在占领维尔纽斯后,继续向明斯克推进。与此同时,德军坦克第2集群也已逼近斯卢茨克。明斯克已危在旦夕。6月25日,西方方面军司令员巴甫洛夫根据统帅部指示,命令第3集团军和第10集团军从比亚威斯托克突出部向东撤至利达、斯洛尼姆、平斯克一线。但由于缺乏车辆和燃料,苏军未能摆脱德军。6月29日,德军第2和第3坦克集群的部队在明斯克会师,在比亚威斯托克和斯洛尼姆地区包围了苏军2个集团军。苏军被合围的部队在激战中突围,受到很大损失。7月2日,苏军统帅部决定,将统帅部预备队集团军群编入西方方面军,并解除了西方方面军司令员巴甫洛夫的指挥职务,送交军事法庭审判。一起交法庭审判的还有参谋长克里莫夫斯基、通信兵主任格里哥里也夫、炮兵主任克里奇等。国防人民委员铁木辛哥被任命为西方方面军司令员、叶廖缅科为副司令员、马兰金为参谋长。但是,撤换方面军的领导后,该方向上的局势仍在继续恶化。7月3日,德军由明斯克向东和东北发展进攻。至9日黄昏,其坦克部队在从波洛茨克到日洛宾的正面上逼近了西德维纳河和第聂伯河地区,并攻占了维捷布斯克。从6月22日至7月10日,德军在这一方向上深入苏联国境450-600公里,几乎占领了白俄罗斯全部领土,斯摩棱斯克受到严重威胁。

德军"南方"集团军群,其任务是向基辅总方向实施进攻,把乌克兰的苏军主力消灭在第聂伯河以西。德军的计划是:第6集团军和坦克第1集群从卢布林东南地区向东挺进,攻占基辅后转向东南,沿第聂伯河向黑海方向进军,夺取第聂伯河上的渡口,阻止苏军东撤;第17集团军向利沃夫、文尼察方向发起进攻;第11集团军和罗马尼亚军队取道卡缅涅茨—波多利斯基和莫吉廖夫—波多利斯基攻入乌克兰,牵制那里的苏军。德军"南方"集团军群于6月22日发起进攻后进展较慢,直至24日,才有几个师突破苏军西南方面军的防御正面,向杜布诺前进。西南方面军司令员基尔波诺斯为了肃清在第5和第6集团军接合部上突入的德军坦克第1集群的部队,先后以机构化第8、第9、第15、第19和第22军实施反突击。从6月24日到29日,在卢茨克、杜布诺、勃罗德一带进行了一场战争初期最大的坦克交战。苏军由于缺乏统一指挥,不能协调一致地行动,反突击终于失败。30日利沃夫和罗夫诺失守。德军坦克第1集群激战后调整了部署,于7月4日突入奥斯特罗格,7月9日攻占了日托米尔。个别坦克部队已进至通向基辅的接近地。德军第11集团军和罗马尼亚军队也于7月3日进抵莫吉廖夫—波多利斯基。这样一来,不仅基辅受到威胁,而且西南方面军的主力有被德军包围的危险。于是,西南方面军决定将第6、第26和第12集团军撤至科罗斯坚、沃伦斯基新城、舍佩托夫卡、旧康斯坦丁诺夫、普罗斯库罗夫和卡缅涅茨—波多利斯基老筑垒地域一线。南方面军的右翼撤至卡缅涅茨—波多利斯基以南。至此,德军在西南方向已推进300~350公里。

战争头几天，苏德战场两翼（从巴伦支海到芬兰湾和从喀尔巴阡山到黑海）没有发生激烈的战斗。北翼德军"挪威"集团军于6月底才开始行动，半月后前进25至30公里。南翼德军于7月1日发起进攻，5日开始向基什尼奥夫方向前进。

苏德战争一开始，苏联共产党和苏维埃政府立即采取了一系列紧急措施：在军事上建立和改编军队的组织机构和战略指挥机构。6月22日，波罗的海沿岸特别军区、西部特别军区和基辅特别军区相应改为西北方面军、西方方面军和西南方面军。6月24日列宁格勒军区改编为北方方面军。此外，还组建了南方方面军。6月23日苏联政府决定建立苏军统帅部。

德军一贯打先锋的装甲部队

6月30日成立以斯大林为首的国防委员会，在全国进行公开动员，至7月1日，共动员了530万人，组建了新的战略预备队。在列宁格勒、莫斯科等城市建立民兵组织。在沦陷区成立游击队，开展游击活动。在政治上确定了伟大卫国战争的政治军事目标，对苏联人民进行政治动员。7月3日，斯大林发表了广播演说，动员全国人民"挺身捍卫自己的自由、捍卫自己的荣誉、捍卫自己的祖国"。加强军队和居民中的群众性政治思想工作，动员共产党员和青年团员参加军队，提高苏军的组织性、纪律性和士气。苏联政府还广泛开展外交活动，建立反希特勒同盟；在经济上进行改组，以保障战争的需要，从受威胁的地域向东疏散物资和居民；改组国家机关以保障动员全国的人力物力支援前线作战。

在苏德战争初期，从6月22日至7月9日，德军在西北方向推进约400至450公里，在西方方向推进450至600公里，在西南方向推进300至350公里，夺占了拉脱维亚、立陶宛全部，白俄罗斯、乌克兰、摩尔达维亚大部，侵入了俄罗斯联邦西部各州，进抵列宁格勒远接近地，威胁了斯摩棱斯克和基辅。在此期间，苏军遭到重大损失。西部边境军区170个师中有28个师被歼灭，70个师人员武器损失过半。法国亨利·米歇尔在其《第二次世界大战》一书中指出，经过为时18天的战斗，"俄国人丢掉了2000车皮的军火，30万人被俘，损失火炮3000门、坦克1500辆和飞机2000架。"至于德军在这期间的损失，据苏联元帅朱可夫在《回忆与思考》一书中记载，"希特勒军队已经丧失将近10万人、1000多架飞机、近1500辆坦克。"

苏联为什么在战争初期遭受如此严重的失利？苏联有些史学家认为，主要是由于在欧洲没有第二战场；西方国家有人则把它说成是仅仅由于斯大林拒绝了丘吉尔关于德国即将向苏联发动进攻的忠告，没有及时做好迎战准备的结果；赫鲁晓夫则把失利的原因归罪于所谓"斯大林在干预战争进程中所表现的那种神经质和歇斯底里性"，这些说法，

饱受战争创伤的平民百姓居无定所,四处流浪。

有的属于偏见,有的属于别有用心。苏联在战争初期的严重失利。其原因是多方面的。

以马列主义为基础的苏联军事思想,从总体上看,是先进的,但苏军在战前研究战争问题时也有形而上学的东西,在研究战争初期等问题时未能摆脱第一次世界大战旧观念的影响。苏联元帅朱可夫也承认,当时国防人民委员部和总参谋部认为,"像德国和苏联这样的大国之间的战争,可能还像从前那样开始:先在边境交战几天以后双方主力才进入交战。"认为法西斯德国在集中和展开主力的时间方面将和苏联一样,需要 15 到 20 天的时间。德军在使用兵力上,也只能以 50% 的兵力用于苏联战场,其余兵力要驻守在西方被占领国。由此可见,苏军根本没有料到德军一开始就投入 75% 以上的主力,并大量集中使用坦克和飞机这些技术兵器,同时向大纵深实施突击。苏军战前关于战争初期的理论,仅仅研究了实施强大的进攻性回击,忽视了对战略防御问题的研究。至于在强敌突击下的战略退却、反合围战斗和遭遇战等也没有很好地研究。这些军事理论上的错误,集中反映在苏联 1941 年春季制定的国境防御计划中。该计划规定,"如果战略第 1 梯队不仅击退了敌人的首次突击,并且在主力展开之前已将战斗行动推至敌人领土,那么,战略第 2 梯队(预计在第聂伯河一带展开)根据总的战略企图应当加强第一梯队并实施反击。"这个严重脱离战争初期实际的计划,导致苏联领导人在战争爆发的当天两次下令苏军转入反攻,并要求他们向敌国领土挺进,从而造成了严重的恶果。

战前,苏联做了大量的战争准备工作。但是,由于对战争爆发的时间判断错误等原因,未能抢在战争爆发之前准备就绪。例如:苏联没有及时安排武器装备,特别是新式技术兵器的大量生产。部队武器装备陈旧。而且缺额很大。苏军的飞机 80% 已陈旧,辅助设备很差。坦克大部队也很陈旧,临战前,20% 的坦克在大修,47% 的坦克正在进行或需要中修。新型坦克数量很少,且刚装备到部队。火炮,特别是防空武器和防坦克武器尤为缺乏。弹药储备不足,只能满足 1 个月的作战需要。苏军没有独立的国防通讯网,各

德装甲部队展开攻击

种通讯手段的运用和维修均借助于邮电人民委员部，而该部的通讯手段远不能满足战争的需要。平时没有建立紧急报知系统，上级的指令无法迅速传至部队。从 1941 年 6 月 21 日 17 时斯大林召见铁木辛哥、朱可夫准备下达一级战备的训令，到 6 月 22 日 4 时 30 分德国发动进攻，中间将近 11 个小时；但是，由于没有建立报知系统，加上逐级传达训令迟缓，大多数部队均未及时接到进入战备的训令。战场建设的速度太慢。旧国境线上的工事大部分已拆除，新国境线上的筑垒地域尚未构筑完成，原定在西部修建 170 个机场，到战争爆发时大部分都没有完工。各级领导统率机关均未构筑地下指挥所。西部边境的交通条件差，不能满足调运大量军队的需要。部队的改编抓得太迟，缺额很大，西部边境军区的 170 个师和 2 个旅均不满员。战备训练脱离现代战争的实际，忽视了对预想敌人作战特点的研究。平时缺乏对打集群坦克、反空袭和组织诸兵种协同作战的训练。各级指挥人员和司令部人员指挥能力和文化基础知识较差，大部分还没有具备与其职务相称的战役、战术素养，因而在战争爆发后不能迅速适应德军那套闪击战法，一时找不出相应的对策。

　　苏联对希特勒的侵略野心虽早有察觉，但对爆发战争的时间作了不符合实际的判断，不相信法西斯德国会背离俾斯麦东方政策的传统，在结束西线战事以前会向东对苏联发动战争；并指望通过外交活动，使自己不致过早地卷入战争；并认为德国正忙于对英作战，无力在两线上同时打仗。政治局委员和高级将领们也都坚信可以避免在 1942 年以前卷入战争。他们估计，德国可能要在征服英国，或与英国议和后才会发动侵苏战争。1941 年 3 月以后，苏联从各种渠道获得德军即将进攻苏联的大量情报，但苏联以为这可能是英国在故意挑拨苏德关系，企图"火中取栗"。希特勒的副手鲁道夫·赫斯于 1941 年 5 月飞往苏格兰后，苏联更加怀疑来自英国等资本主义国家的情报。尽管德国飞机不断侵犯苏联的领空，大量的德军正向苏联的边境集结，满载战争物资的火车夜以继日地向东方开进,但被德国"海狮"计划挡住了视野的苏联领导人,还认为这仅仅是希特勒在向苏联施加压力,不相信德军真的会进入苏联。1941 年 6 月 14 日,即在战争爆发的前 1 周,塔斯社还授权发表了一项只能是麻痹自己的声明。声明说:"德国和苏联一样,也在认真遵守苏德互不侵犯条约。有鉴于此,德国企图撕毁条约和进攻苏联的传闻是毫无根据的。"苏联由于在判断战争爆发的时间上犯了严重错误,临战动员失之过迟,边境军区部队未及时展开便遭到德军强大的突然袭击,战争一开始就陷于极为被动的局面。

战前,苏军对德军的主攻方向判断错误。苏军总参谋部认为,"最危险的战略方向是西南方向的乌克兰,而不是西部方向的白俄罗斯。"因而在西南方向上配置了 80 个师,占西部边境苏军总兵力的 47%,而在德军实施主要突击的西方方向上,只部署 40 个师,占23%。直至战争爆发几天后前苏军统帅部才发现自己判断失误,急忙将战略第 2 梯队的防线向中央收缩,并将配置在乌克兰地区的第 16 和第 17 集团军转移到白俄罗斯,从而增加了苏军的被动和混乱。

苏联在战争初期虽然遭受了严重损失,但是经受了严峻考验的苏联人民和武装力量,在苏联共产党的领导下,及时吸取了失利的教训,从政治、经济、军事上全面加强了反法西斯斗争,经过长时间的英勇奋战,终于打破了纳粹德国妄图以一次快速的战局击溃苏联的迷梦。

美国海军接管冰岛

1941 年 7 月 7 日,美国总统罗斯福告知国会,美国海军已登陆冰岛,以防德国军队占领。冰岛政府为了使美国能够安全地运送军火给英国,而欢迎美国接管。部分美国国会议员表示反对,他们担心此举会使美军卷入欧洲各国间的冲突;但大多数议员赞同这项行动,他们认为有必要扫除德国在海上造成的威胁。英国则赞许罗斯福的这项决定为"受欢迎的消息"。冰岛位于北极圈下方,距格陵兰东部约 320 公里。德国占领丹麦后,英国军队曾于去年进驻冰岛保护,现已改由美军接管。

英、苏军队进攻伊朗

1941 年 8 月 25 日,英国和苏联曾要求伊朗,将在伊朗从事间谍活动的德国人驱逐出境,并准许英、苏两国军队通过其国境,但遭伊朗政府一再拒绝。英、苏军队当日攻占大布里士和伊朗南部油田区。28 日,在国王巴勒维的命令下,伊军停止抵抗。9 月中旬,整个伊朗被占领,并且被瓜分为英国和苏联两大势力范围。

《大西洋宪章》发表

德苏战争爆发后，斯大林在 1941 年 7 月 3 日的广播演说中表示，苏联的卫国战争，不仅是为了保卫苏联，而且要帮助那些呻吟在德国法西斯主义枷锁下的欧洲各国人民。这促使英、美政府要对法西斯侵略和战争目的表明自己的态度。1941 年 8 月初，罗斯福、丘吉尔分别率领本国政府的官员乘军舰在纽芬兰的阿金夏港举行会谈，最后于 8 月 13 日签署了联合声明，14 日正式公布，史称《大西洋宪章》。声明宣布了对德战争的目的和战后和平的处置。声明称英、美两国并不追求领土或其他方面的扩张；凡未经有关民族自由意志所同意的领土改变，两国不愿其实现。两国宣称尊重各民族自由选择其所赖以生存的政府形式的权利。待纳粹暴政被最后毁灭后，使全世界所有人类悉有自由生活的保证。两国相信世界所有国家，无论为实际上或精神上的原因，必须放弃使用武力。两国赞助与鼓励其他一切实际可行的措施，以减轻爱好和平人民对于军备的沉重负担。大西洋宪章在当时历史条件下，对于动员世界人民，加强反法西斯联盟，打败德、意、日侵略者，无疑起着积极的作用。美国作为一个尚未参战的国家，与英国一起发表如此明确的声明，对德、意、日法西斯是个沉重的打击。但是，大西洋宪章中也反映出英、美存在争夺殖民利益的矛盾。美国依仗其经济实力而极力强调把"机会均等"、"海上自由"的原则塞进宪章，这反映了美国要争夺英国殖民地的心情。然而，总的说来，大西洋宪章不仅标志英、美两国在反法西斯基础上的政治联盟，而且也是后来联合国宪章的基础。

希特勒和墨索里尼宣称战后建立欧洲新秩序

1941 年 8 月 25 日，德国元首希特勒和意大利首相墨索里尼视察苏联的布列斯特——里托夫斯克，并且在乌曼检阅意大利军队。根据一项公报指出，他们在会谈中决定作战到底，以获得最后的胜利。公报中说道："胜利后建立的欧洲新秩序，应该尽可能地扫除过去造成欧洲战争的根源，唯有消灭布尔什维克主义带来的危机和富豪统治的剥削，……欧洲大陆的各国人民才有可能除了在政治上，也能在经济上和文化上展开和平的合作。"一般认为，这个声明乃是针对大西洋宪章而发。

德军包围列宁格勒

1941 年 9 月 4 日，德国人说，对列宁格勒的包围圈已经收紧，德国部队紧紧地从南部、西部和东部围住了这座城市，芬兰人则从北部沿着卡累利阿地峡南下。柏林官方说，阿道夫·希特勒未必命令他的士兵强攻该城市。有报道说,他计划将城内军民全部饿死。当部队占领并沿诺夫哥罗德城沃尔霍夫河谷北进时,德军便有效地包围了列宁格勒,当德军到达施吕瑟尔堡时,他们切断了重要的铁路线,包括通向摩尔曼斯克的铁路。俄国人试图由拉多加湖及涅瓦河上乘船逃跑,但有些船被击沉。在西部,德国人先赶到了普希金诺,他们从西、南方向进犯并占领了卢加。在战争的中段,德军遇到了俄国人顽强的抵抗。但是苏军缺乏新坦克,许多坦克是旧的,甚至依赖农用拖拉机改装战车。在南部前线,德军似乎遇到了巨大困难,他们要克服在乌克兰遇到的反抗——敖德萨城依然在坚守。

哈瓦那公约的签订

第二次世界大战初期,德国闪电般地横扫了北欧和西欧,到 1940 年 7 月,不仅丹麦、挪威先后被占领,而且荷兰、比利时、法国也相继被迫投降。美国为防止德国夺取法、荷等国家在美洲的殖民地,并为乘机控制这些地区创造条件,积极倡导加强美洲各国之间的团结与合作,共同维护西半球的安全。1941 年 9 月 21~30 日,美洲国家第二次外长协商会议在古巴首都哈瓦那举行,并于 9 月 30 日签订了《关于暂时管理欧洲国家在美洲殖民地和属地的公约》,通称《哈瓦那公约》。公约宣布,美洲国家反对把欧洲国家在美洲的任何殖民地和附属地转交给任何另一个非美洲国家。并宣称如果出现这种转移的危险时,美洲国家为了维护和保证新大陆的安全,可以建立"美洲各国领土管理委员会",对这些地区进行托管。公约还规定,如果有紧急需要,任何一个或几个缔约国有权首先采取行动,事后再同其他缔约国进行协商。《公约》于 1942 年 1 月 8 日经 14 个缔约国批准生效。

德国纳粹政府进一步侮辱迫害犹太人

德国秘密警察 1941 年 9 月 6 日在法律公报上公布了一项命令,该命令从 9 月 19 日起生效。命令的第一段中说:"凡年满 6 岁以上的犹太人,不佩戴犹太星章者,不准在公共场合露面。"这是一种六角星章,在其上题写黑字"犹太"并必须将此章明显地、牢固地缝在衣服的左胸上。命令还说,犹太人未经警察许可不准离开他们居住的地区。此外,它宣布,若违反此命令将受 150 马克罚金或 6 周监禁。此命令适用于全德国及其领地波希米亚及摩拉维亚。这个最新行动是自 1939 年 11 月 9 日爆发的反犹太行动以来最严厉的反犹太的官方措施。这一规定为对犹太人的进一步迫害扫清了道路。

德军妄图攻占莫斯科

德军在"闪电战"计划破产后,被迫缩短战线,妄图集中力量,迅速攻占莫斯科。莫斯科是苏联首都,全国政治、经济、军事和文化中心,也是铁路交通枢纽,具有极其重要的战略意义。希特勒认为,一旦攻占莫斯科,就能击败苏军主力,达到结束对苏战争的目的。9月30日,德军对莫斯科发动了代号"台风"的大规模攻势,妄图在10天之内攻占它。德

德军在莫斯科外围阵地上发动进攻

军投入的兵力有74个半师,180万人,1700辆坦克,1390架飞机,14000多门大炮和迫击炮。德军集中了最精锐的部队。苏军方面总共有95个师,125万人,990辆坦克,677加飞机,7600门大炮和迫击炮。希特勒扬言要在莫斯科红场上检阅他的法西斯军队。10月2日,德军从中部突破了苏军防线,到10月中旬的两周之内,德军中央集团军群完成了三个大包围圈,两个在布良斯克附近,另一个在维亚兹马以西。在这三个包围圈作战中,德军共俘房了66.3万俄国人。面对这危急关头,苏军迅速在莫斯科以西约八十公里的莫日艾斯克组织了防线,阻止德军推进。10月10日,斯大林任命朱可夫大将为西方和预备队方面军司令员。朱可夫迅速重建了四个集团军,以防守莫日艾斯克。10月中旬,在北、西、南通往莫斯科的所有重要地段上都展开了激烈的战斗。10月15日,苏联政府的部分机构和外国使节迁往古比雪夫。斯大林留在莫斯科,亲自指挥保卫战。10月19日,国防

委员会宣布莫斯科戒严,号召首都人民誓死保卫莫斯科。三天之内,全市组织了25个工人营,12万人的民兵师,169个巷战小组。有40万人参加修筑防御工事,其中四分之三是妇女。在首都和全国军民支援下,前线军民英勇抗敌,浴血奋战。到10月底,德军被阻止在加里宁—土耳基诺沃—沃洛克拉姆斯克—多罗霍沃—纳罗·佛敏斯克—谢尔普霍夫—阿列克辛以西一线。希特勒妄图在10月占领莫斯科的计划破产了。

日本东条英机组阁

日本首相近卫文磨1941年10月18日率领其第三内阁总辞职后,在国内引起了政治危机。这次总辞表明日本对国际事务意见的分歧。一派人士认为日本应该与美国达成协议,另一派却主张与德国等轴心国继续结盟。裕仁天皇核准了近卫辞职后,任命陆军大臣东条英机将军重组新内阁。东条英机在陆军大臣任内,曾经大力主张扩大侵华政策,加上近卫对美国的态度较东条友好,这次的内阁改组,对美国而言,是一项严重的威胁。

意大利鱼雷击沉英国航空母舰

一艘意大利潜艇在距直布罗陀海岸25英里的水域发射鱼雷,击沉了英国航空母舰"皇家方舟"号。这是英国海军大臣A·V·亚历山大1941年11月13日宣布的。据报道,有18人失踪,但并不排除获救的可能。可能有许多人被这一水域的其他英国舰只营救,目前尚未返回港口。据信,由于这艘航空母舰不能卸下它所运的飞机,"皇家方舟"号上的70架飞机,其中有鱼雷反击机、俯冲轰炸机和侦察机,已全部葬身大海。两年多来,有大量的谣言声称,"皇家方舟"已被德意海军击沉,这也使得她带有几分传奇色彩,如今轴心国终于如愿以偿。这对于活动在地中海的英国海军来说无疑是个沉重打击。自1938年以来以"皇家方舟"号为基地的英国飞机,已击落了100多架德意飞机。这艘战舰的沉没,使法西斯分子更加便于向利比亚运送武器和兵员。在附近一艘军舰上的一位英国中尉目击了"皇家方舟"号中弹时的情景,以及随之而来的舰上的水兵弃舰时的混乱场面。他在叙述当时的情况时平静地说:"那是我一生中所见到的最悲惨的场面。"

德军在莫斯科面临溃败

1941年11月5日,已推进距莫斯科不到20英里的德军,在俄国人顽强的反击下向后撤退。自俄国人收复了西北的首都加里宁市以后,形势开始好转。这场讨厌的消耗战并未结束,但俄国人毕竟已经阻止了纳粹,而且冬天对自己有利。只有阿道夫·希特勒和他的密友依然迷信所谓的最后打击。希特勒无视前线发回来的报告,即德军坦克陷在泥潭中无法前进,士兵在严寒中挨冻。费多尔·冯·博克将军在写给柏林的报告里说道:"我们在遭到如此严重的损失和缺少军官的情况下期望这一次打击能够成功,那是不可想象的。"但是希特勒拒绝听取这些意见,就像在早些时候,他不肯听前线的将军们要求对莫斯科发动闪电战的建议一样。当时,元首犹豫不定,派兵北攻列宁格勒,南攻克里米亚。列宁格勒被围以后,俄国人进行了殊死的反击,使德军无法抽调更多的兵力去进攻莫斯科。在首都外围,苏军在格奥尔基·朱可夫将军的指挥下坚守阵地,并装备了新式武器,他们有了 T-34 型新式坦克和威力强大的喀秋莎火箭炮。在天上,苏联空军集中火力对付远离后方的缺少燃料的德军飞机。希特勒将他的失败,归因于寒冷的气候,但苏军在同样的条件下进行战斗。无视将军们的建议的元首摧毁了德军的斗志,饥寒交迫、精疲力竭的部队分散在俄国数百英里的战线上。希特勒的令人痛恨的盖世太保与俄国人也进行着针锋相对的斗争。这些秘密警察使俄国人震惊。他们不经审讯就将共产党的官员处死,把抓到的农民作为纳粹的奴隶运往德国。俄国的游击队则在德军后方进行破坏。俄国老百姓遵照约·斯大林的指示参加战斗,莫斯科外围也看到人们赤手挖堑壕,以阻挡德军坦克。

英国对三国宣战

1941 年 12 月 6 日,英国已对芬兰、罗马尼亚和匈牙利宣战,这是由于他们对一周前英国提出的要其停止敌视苏联的最后通牒,没有做出令人满意的答复所致。罗马尼亚和匈牙利都是轴心国的傀儡。而芬兰的情况则有所不同,因为长期以来,一直为保持独立而斗争,并一直保持与美国的友好关系。然而在 6 月份德军侵苏前 8 天进驻芬兰后,英国将封锁扩展到芬兰。到 7 月份,外交关系也断绝了。由于苏联一再要求英国对芬宣战,这导致了英国政府对芬兰发出警告,如果其继续敌视苏联那么将被视为英国的敌人。尽管苏联实际上已撤出芬兰,这种敌视也已不复存在,但在 11 月 25 日,芬兰同罗马尼亚、匈牙利等国于柏林签订了反共产国际条约,从而使得英国对芬兰发出最后通牒。

驻港英军向日军投降

对在港的英军和英国公民来说,这是个令人沮丧的圣诞节。在经历了几年的动荡和数周逃亡后,英国人于 1941 年 12 月 25 日晚向日本人投降。由于 12 月早些时候 38 个日本师团的逼近,马克·扬总督已下令守备部队撤退至九龙。日军不断对其进行袭击和狂轰滥炸。12 月 25 日晚,马克爵士向日军酒井将军投降。

日军偷袭珍珠港美军基地

1941 年 12 月 7 日,大约 350 架日本飞机抵夏威夷群岛,彻底摧毁了珍珠港的美军基地,成千上万的人或伤或亡。如今,到了月末,美国大规模地卷入了全球性的大战并决心取胜。正如罗斯福总统在致命的狂轰的次日所说:"美国遭到日本帝国海、空军突然而精心策划的袭击,我们必将胜利。愿上帝支持我们获胜。"国会在日本袭击珍珠港之后立即对日宣战。只有一票持不同意见,他就是詹尼特·兰金——蒙大拿的共和党众议员。当罗斯福总统在国会上遣责日本对珍珠港的袭击以及把 1941 年 12 月 7 日作为"国耻日"时,他的讲话被一阵热烈的掌声打断。11 日,美国领导人投票表决向轴心国家意大利和德国宣战,以"确保在全球范围内正义和正直的力量战胜野蛮和邪恶。"日本在很长一段时间内,一直在计划对夏威夷群岛进行突然袭击。但与此同时,日本还伴装与美就贸易协定和最后日本在法属印度支那的扩张问题进行谈判。就在总理大臣东条英机再三说这场战争并不值得恐惧,并说东亚依于这场战争的时候,6 艘航空母舰在众多潜水艇和战舰的护拥下,在海军中将南云中一的率领下秘密驶离千岛群岛,目的是到檀香山去发动战争。12 天之后,东条英机的轰炸机群集在他们的目标的上空。2 个小时不间断的轰击,日本飞机炸沉或重创了美军战舰 5 艘。其中包括"亚利桑那"号和 14 艘较小的船只,击毁 200 架飞机,炸死了 2000 余名水兵和大约 400 多名其他人员,另有 1300 人受伤,美国人至今还没有从震惊中清醒过来。东京的部队在轰击之后,实际上是以极小伤亡撤离战场。他们死伤还不到 100 人,损失飞机 29 架和 5 艘小型潜水艇。这一军事行动在日本历史上被认为是一次巨大的战术成功。罗斯福总统已经承认,轴心国的头目们取得了惊人的胜利,并暗示说,在这次袭击之前,日本已将此意图告知了德、意两国。罗斯福总统说:"我们的敌人表演了一场辉煌的骗术,选择了完全适当的时机,进行得也非常巧妙"。然而,总统认为珍珠港的惨剧使日本人在太平洋地区已占有优势之说并不成立,借此安抚民心。

太平洋战争爆发

珍珠港的惨败促使美国举国一致地投身于第二次世界大战之中。太平洋战争从此拉开了帷幕。此后,英荷等 20 多个国家对日宣战。这样第二次世界大战在欧洲和大西洋,北非和地中海,亚洲和太平洋三大战场展开。当珍珠港硝烟四起的时候,日本南进部队还攻击了威克岛和香港(当地驻军分别于 12 月 23 日和 25 日投降),空袭了菲律宾,并在泰国和马来半岛的北部登陆。12 月 9 日,曼谷失陷。当侵略军在马来半岛上猛攻英军据点时,其他部队则占领了吉尔伯特岛和关岛。12 月 10 日,英国皇家海军的"威尔士王

1941 年 12 月 25 日，香港守军向日军投降后，第二天日本军队就列队进入市区。

子"号战列舰与"却敌"号战列巡洋舰在马来半岛东面的海面上被日本飞机击沉。对菲律宾的地面入侵也开始了。6 天后，日军在文莱登陆。盟军由于战线过长，再加上仓促应

日军向木棉进发

战，很快就陷于绝境。在马来半岛上，英军在没有空中和海上支援的情况下撤往新加坡，那里的守军于 1942 年 2 月 15 日向山下奉文将军投降。在菲律宾，麦克阿瑟在巴丹半岛上坚守到 4 月 9 日，在科雷吉多尔的要塞里坚持到 5 月 6 日，然后逃往澳大利亚。日军在西里伯斯岛（1 月 11 日）、苏门答腊岛（2 月 14 日）、帝位岛与巴厘岛（2 月 19 日和 20 日）

以及爪哇岛(3月1日)登陆,荷属东印度群岛相继陷落。1月15日,日军入侵缅甸,英军一败再败,于5月退入印度境内。2月27日,一支英荷舰队在爪哇海战中被消灭。日军顺利地在新不列颠岛(1月23日)和新几内亚岛(3月8~10日)登陆。到1942年5月,一个北起千岛群岛,南到拉包尔的庞大帝国出现在太平洋上。

美军在北爱尔兰登陆

1942年1月30日,英国空军大臣阿奇博尔德·辛克莱爵士在谈及美军在北爱尔兰登陆情况时声称,"这是美国军事力量中一支相当可观的先锋队。"美国远征军数千名将士将在此抵御轴心国可能发动的入侵行动。最近,德军飞机频繁飞临不列颠群岛上空,致使皇家空军加强了戒备,亦促使了美军的抵达。据一位皇家空军军官报告:"敌人的活动一直没有停止,防空部队已投入战斗。"然而,敌机至今并未实施轰炸,这使大多数人认为,敌机是在侦察。美军登陆后,南爱尔兰总理埃蒙·德·瓦莱拉在继续要求实现南、北爱尔兰统一的同时亦想谋求美国的保护。

《联合国家宣言》签署

太平洋战争爆发后四天,德、意、日签订了对美、英共同作战协定。英、美被迫对日宣战,德、美也互相宣战。从此,美国正式参加第二次世界大战。接着,又有20多个国家对日、德宣战,战争扩展到世界五分之四的人口。在这种形势下,美、英政府首脑罗斯福和丘吉尔于1941年12月22日在华盛顿举行会议,商讨作战计划。美国倡议,为了协调作战步伐,所有对德、意、日作战的同盟国家签署一项共同宣言,即《联合国家宣言》。由美国提出宣言草案,英国和苏联等国进行了修改,然后通知各同盟国政府。1942年1月1日,26个国家的《联合国家宣言》在华盛顿签字。这26个国家是:美国、英国、苏联、中国、澳大利亚、比利时、加拿大、哥斯达黎加、古巴、捷克斯洛伐克、多米尼加共和国、萨尔瓦多、希腊、危地马拉、海地、洪都拉斯、印度、卢森堡、荷兰、新西兰、尼加拉瓜、挪威、巴拿马、波兰、南非联邦和南斯拉夫。宣言的内容称,签字国政府对大西洋宪章的宗旨和原则表示赞同,各自保证对与各个政府作战的三国同盟成员国及其附从者使用其全部资源,不论军事的或经济的;并保证与本宣言签字国合作,不与敌人缔结单独停战协议或和约。《联合国家宣言》的签订,标志着世界反法西斯联盟的进一步壮大和加强,为后来联合国组织的建立奠定了初步基础。

日军进入马尼拉

1942 年 1 月 31 日，在菲律宾，日本海军和空军不断攻击美国和菲律宾部队。麦克阿瑟将军已被迫撤离了马尼拉。但日本间雅晴将军还不能宣布他已获全胜。他的海军还不能进入马尼拉湾，因为麦克阿瑟仍然占据着岛上的克雷希多要塞，他在巴坦半岛建立了从马尼拉横跨海湾的防线。日本人向前推进，显然使美国人感到十分担心。正如陆军少将约纳森·温莱特所指出的那样："老鼠在房间里，就不会得安宁。"对于日本人来说，占领克雷希多和巴坦并不是一件轻而易举的事情，但他们对马尼拉的封锁给麦克阿瑟将军造成了巨大的麻烦，他的许多士兵又病又饿。

纳粹制定灭绝犹太族方案

1942 年 1 月 20 日，德国纳粹多位领导者在柏林开会，共商德国及德军占领区内犹太人的命运。会议由素有"欧洲刽子手"之称的莱因哈德·海德里希主持。与会官员称此计划为"最后解决"方案，最后的决议是将犹太种族灭绝。德国元首希特勒和他的官员们表示"次等民族"的唯一命运是死亡。针对若干人士提出的异议，陆军将领瓦尔特·芳·赖兴尼奥解释说："我们应该考虑以冷酷手段对付犹太人的必要，对这种下等人施以合理的惩罚是可以理解的。"在这决定犹太人命运的会议中，还讨论"一级混血儿"的问题。与会者认为这些人应与犹太人获同等待遇，可能的话，应使其失去生育能力。另外还讨论了具有"德意志血统"的"二级混血"同等地位的问题，结果决议：这些人如果行为逾矩，即与犹太人同等对待。对于犹太人的处置问题，海德里希表示："在最后解决的过程中，必须以最适当的方式，将犹太人送往东方参加劳动。有劳动能力的犹太人应该按性别分开，编成许多劳动大队，在东方建造公路。毫无疑问的是，其中大部分人会死亡，其他能咬紧牙关幸免于死的，一定是反抗能力最强的犹太人。因此我们必须采取相应措施对付他们。因为这些人一旦释放出来，就会像生殖细胞，不断繁衍，孕育出新的犹太人。"至于没有劳动力的犹太人，则遭到立即处死的命运。只有 65 岁以上，在战争中受重伤和获一级铁十字勋章者可免于一死，他们被送往台里辛斯达特。然而对许多人来说，这个地方意味着被谋害之前的过渡站。虽然会议记录中并未提及"清除"这个字眼，但与会者均心知口明"最后解决"及"特别处理"的意义。希特勒该月在 30 日和 2 月 24 日的两次谈话中，也明确提到要根除犹太人。对犹太人而言，此为一大浩劫。

奎斯林担任挪威总理

1942年2月1日，维德肯·奎斯林已重新被任命为挪威总理。这项任命受到挪威纳粹分子的欢迎，却令挪威人民感到憎恶。奎斯林曾脱离农民党，并成立法西斯国际联合党。1940年，他协助德国，为4月9日德占领挪威的行动铺路。奎斯林与德国元首希特勒密切合作，遭到同盟国领袖们的一致谴责，其中包括英国首相丘吉尔。他在圣·詹姆士皇宫的一次演说中，把奎斯林作为卖国求荣的新字。丘吉尔说："使用奎斯林这个新字，将使这些如奎斯林般卑鄙的卖国贼遗臭万年。"丘吉尔发表这段谈话，以谴责那些在挪威与纳粹分子勾结的人。奎斯林，在1945年5月盟军收复挪威后，以叛国等罪名伏法。

日军占领新加坡

1942年2月15日，日本军队对新加坡的围攻，在持续2个星期后终告结束。英国的帕西佛将军向日军无条件地投降，同盟国因此失去了亚、欧两洲间这条重要航道的控制权。2个月前，大家尚以为新加坡的防御固若金汤，然而，日本空军在马来西亚所向披靡。英军虽然以为新加坡北部的丛林地带可提供他们良好的掩护，但事实上却是估计错误，这片丛林反而成为日军进军时的一个最佳的掩护。日军骑着脚踏车，自泰国大举向马来半岛进攻。他们乘着小艇，顺溪而下，自英军背后突袭。当时英军远在仰赖大批的后勤补给，日军却已学会如何在丛林中自谋生存。日本为盟军上了一课——若想赢得这场战争，就必须先征服丛林。日本首相东条英机宣称，新加坡攻陷后，日军将得以依次占领缅甸、中国、印度、澳大利亚和新西兰。此外，日军并于爪哇海歼灭了包括6艘巡洋航、1艘小型航空母舰和12艘驱逐舰的同盟国舰队。因此，印尼无法受到保护。然而，美军对威克岛的空袭，表明了同盟国的军队是不会轻易被打败的。

罗斯福下令日裔美人迁居

1942年3月3日，根据美国总统罗斯福所发布的一项命令，美国西海岸地区将划出64万平方公里的土地，在该区的所有日本后裔必须迁移他处。在划定该地区的范围时，西部防线的司令官约翰·戴维特少将并未下令日本后裔迁离，因为他认为这种迁移行动没有实质上的意义。但他确定这些日裔，包括已取得美国公民权的日裔美籍人民，将被迫迁居。根据估计，这项迁移的命令将有10万人受影响。这个面积几乎与日本帝国相当的地区，绵延约3200公里，包括三分之二的俄勒冈州，三分之二的华盛顿州，一半以上的加利福尼亚州和亚利桑那州的一部分。戴维特表示,这些日裔民众迁出后将获得相当利益,且不再受到任何干扰。

德国对弹道导弹的研制

第二次世界大战中,各主要交战国都在研制导弹,处于领先地位的是纳粹德国。20世纪30年代初德国就组织了火箭学会,为火箭研究奠定了基础。1937年德国投资3亿马克,集中了全国有名的科学家,在波罗的海沿岸的佩内明德建立了一个火箭研究中心,装备有发动机实验台、发射场地等。1942年3月30日下午4时,在这个研究中心成功地发射了试验性的A—4火箭,这实际上是弹道导弹的雏形。1944年6月,德国向伦敦发射了1000多发V—1火箭,虽没有被中途击落,然而由于命中率不高,使用的又是普通炸药,对整个战局影响不大。1944年9月,纳粹德国又向英国发射了人类战争史上第一颗现代意义上的战略弹道导弹——V—2飞弹。这种飞弹是V—1飞弹的改进型,长14米、直径1.6米、重14吨,由火箭引擎推动,可发射到高达90.5公里的高度,然后由安装在弹内的自动驾驶仪操纵飞行。弹内电脑可在适当时间自动关闭引擎,并指令飞弹射向目标,命中率较高。V—2飞弹射程为384公里,速度为音速的4倍多。这种V—2飞弹战后成了美英发展战略弹道导弹的基础。

美军撤离菲律宾

1942年3月12日,美国总统罗斯福在了解菲律宾迟早将沦入轴心国的势力范围后,下令驻守于菲律宾、全力抵抗日军攻势的麦克阿瑟将军撤离。大部分的美国人都同意此决定,因为日军已在该区集结了强大的兵力。麦克阿瑟将调往澳大利亚,并担任太平洋战区的盟军统帅。这位颇孚众望的将军在离开巴丹半岛时,曾允诺过菲律宾人,美国将继续予以支持。他肯定地说:"我将会回来!"

英国袭击圣纳泽尔港

1942年3月27日晚晚些时候,英国突击队员将位于法国圣纳泽尔港的纳粹潜艇基地摧毁。他们驾驶着英国"坝贝尔敦"号海军舰艇,突破了港口设置的各道防线,尔后,他们弃舰冲上海岸,舰只随后向港口的主要码头撞去,突击队员刚跳入水中,这艘装有5吨炸药的"坎贝尔敦"号舰艇就发生了大爆炸。皇家海军是在两艘德国战列巡洋舰偷越盟国海上封锁线,直抵挪威后采取这次作战行动的。战斗中,法国抵抗力量在圣泽纳尔发挥了重要作用。

英国空军猛烈轰炸德国城市

英国空军自1942年2月起由空军总司令亚瑟·哈里斯指挥,采用集结轰炸式的方式。鲁贝克是第一座遭到此类轰炸的德国城市。根据德国保安局的公开报道,人们对此次攻击的反应是"深受震撼"。所谓50人死亡,200人受伤的消息,只有少数人知道:这是德国政府为了安扰民心,以免民众恐慌,而刻意隐瞒,少报了数字。实际上是死亡320人,受伤720人,房屋被炸毁达1044栋。德国的官方避免将伤亡惨重的根本原因归咎于空防薄弱,在宣传上却大力谴责英军炸毁了艺术纪念碑,同时准备袭击英国贝台克,以为报复。

日本空军轰炸锡兰

1942年4月5日清晨,当日军轰炸机由孟加拉湾飞临锡兰领空时,空袭警报四起,打破了复活节的宁静。日机虽然轰炸了科伦坡的港口、机场和铁路,但日本遭受重大损失。盟国方面已估计到日军将向西发动新进攻。为此,英国已在锡兰采取了严密的防范措施。此次空袭,日军至少有27架飞机被击落,还有相同数目的飞机被击伤。一枚炸弹在一所医院爆炸,炸死许多平民。进攻锡兰是日本进攻印度本土的一条路线。日本已经占领距锡兰以东900英里的安达曼群岛。因此,锡兰因控制着通往波斯湾和印度洋的海上运送物资的通路而成为战略要地。

拉佛尔任法国维希政府总理

1942年4月18日,法国维希政府已向德国元首希特勒屈服,并邀请前总理皮尔·拉佛尔重组新政府。据报道,希特勒威胁维希政府的领导者贝当元帅,若不重新征召拉佛尔,他将下令处决所有法国战俘,并切断食物供给。依照新宪法规定,贝当只不过是傀儡,拉佛尔握有独裁大权。除了担任维希政府的总理,拉佛尔还任命自己担任内政、外交和情报部长。拉佛尔在一年半以前,曾试图发动政变推翻政府,而被贝当逮捕。德国下令释放他,获释后,拉佛尔在德国占领下的法国旅行,并极力倡导与德国合作。

美军轰炸日本城市

1942 年 4 月 18 日,由詹姆士·杜立德将军率领的 16 架美国军机,出其不意地轰炸了东京、横滨、神户和名古屋等日本城市。此次轰炸对日本造成的损伤不大,但美军在心理上所获得的成功很大,并且重振了美军在巴丹半岛受挫败后低落的士气。杜立德率领的 B—25 型轰炸机群从航空母舰大黄蜂号起飞。此次轰炸行动颇具危险性,但是所有艇上的飞机都参与了这项任务。当他们飞临日本上空时,杜立德说他们飞行的高度已低到足以清楚地看到一场进行中的球赛。在日本人尚未认清攻击者的身份时,美军已投下炸弹。日本对这次攻击行动究竟是如何发动的,仍不甚了解。

法国吉拉德将军脱逃成功

法国前陆军第七军团司令吉拉德将军,被德国巡逻队逮捕之后,1942 年 4 月 18 日化妆成老妇人,自艾尔巴北方的科尼格斯坦要塞,顺着高墙上的绳索滑下逃脱。这次脱逃行动似为吉拉德大人和维希政府的成员所安排。德国元首希特勒愤怒地对部下吼道:"这个人的身价低得上 30 个师。"虽然德国施压要 63 岁的吉拉德返回,并提出释放其他战俘的条件交换,却为其所拒。为此,德国当局取消所有法国战俘的缓刑,并下令通缉吉拉德。吉拉德及时逃往北非,于 11 月提出愿为美国服务的声明。

日军攻占科雷希多岛

1942 年 5 月 6 日,尽管驻菲律宾科雷希多岛和其他岛上要塞的美、菲守军进行了顽强抵抗,但日军已占上风。指挥盟军 10 万兵力的盟军联合部队司令温赖特将军在向陆军部通报时称:"我军防线已被敌人摧毁,投降条件尚未定下来。"日军为给登陆部队顺利渡过科雷希多岛与巴坦岛之间三英里狭长的水域铺平道路,曾向科雷希多岛发动了大约300 次空袭。当时,许多人认为,该岛将很快失陷。这是美军有史以来最惨重的一次失败。日军俘获美、菲守军约 4200 人。日军在此次战役中取得了巨大胜利。东京可将从这次战役中解脱出来的军事力量派往其他战区。然而,他们仍将不得不对付科雷希多岛上的丛林中潜伏着的众多的游击队。

美日珊瑚海大战

1942 年 5 月 8 日,美国和日本均自称在珊瑚岛的海、空战中获胜,这是世界海军战史上,首次敌对双方未曾面对面遭遇的战役。两军发动航空母舰上的军机交战,在此,海军舰艇只不过是飞机的跑道罢了。美军在此战役中,成功地阻止日军登陆所罗门群岛的士拉吉和新几内亚的摩尔斯比港,但美军也付出惨重的代价——航空母舰列克辛顿号被击沉,约克镇号则严重受损。另外,美军还损失了一艘驱逐舰、一艘油轮和 60 余架飞机。但日军在 5 天的战役中,损失了一艘航空母舰、数艘巡洋舰和驱逐舰。更重要的是,此为日军在珍珠港事件后首次挫败,美国也藉此证明了日军在太平洋地区并非所向无敌。

英国空军轰炸科隆

1942 年 5 月 30 日夜间,皇家空军倾巢出动,派出上千架轰炸机空袭科隆。黎明时,英方估计,其空军已摧毁科隆市的 200 余座工厂。皇家空军轰炸机向科隆市投下 2000 余吨炸弹。据皇家空军估算,他们在当天夜间给科隆市造成的破坏程度比他们在以前发动的 1300 余次进攻造成的破坏程度的总和还要大。英国空军元帅哈里斯爵士承认,此次进行的饱和轰炸并没有具体的目标。但哈里斯希望通过更多的地毯式空袭来打乱德国的经济秩序。

英苏签订防御友好条约

1942 年 5 月 26 日,苏联外交部长莫洛托夫在前往美国华盛顿途中,抵达英国伦敦,促请英国开辟第二战场,使德国在西方投入大量的军队,减轻苏联战场的压力。英国首相丘吉尔拒绝做此承诺,因为西方盟军实力较弱,不足以进军纳粹德国统治下的法国。英国在美国总统罗斯福的催迫下,仍然不准备承认苏联在 1938 年所吞并的外国领土。结果英、苏两国签订了一项为期 20 年的防御友好条约,在这项条约中,双方特别声明:禁止扩张领土和干涉他国内政。

苏军在哈尔科夫发动反攻

1942 年 5 月 31 日,为阻止纳粹的猛烈突击,苏联在哈尔科夫前线发动了一次令人难忘的反击作战,歼灭了成千上万的德军部队。莫斯科发表的一份战报声称,在两周的激战中,苏军共击毙或俘获德军9万人,苏军伤亡亦很惨重,约为7.5万人。此次反击使纳粹向通往高加索战略要地罗斯托夫发动的进攻受挫。据莫斯科报道,苏联的军事目的已经达到:"既然战役已接近尾声,现在可以说,苏联指挥部下达的阻止德国法西斯部队迅速突击的主要任务已经完成。"铁木辛哥元帅是指挥此次猛烈进攻战役的功臣。这次战役规模之大,甚至使那些最有经验的军事家都感到震惊。在苏军实施反击作战的同时,德军在哈尔科夫以南的哈尔科夫前线包围了苏军1个师。苏后卫部队对此尽管有些吃惊,但仍在继续坚守阵地,牵制着可能向哈尔科夫增援的纳粹部队。

德国将领海德里希被刺杀

有"欧洲刽子手"之称的德国高级将领海德里希,1942年6月4日突遭捷克抵抗分子袭击,结果伤重不治而亡。捷克抵抗分子的目的是:"激发纳粹前来镇压,加深捷克人民对纳粹的仇恨,促使更多的人参与抵抗运动。"德国元首希特勒在愤怒之余,展开报复行动。至9月1日为止,已有1351名捷克人被判处死刑。由于德军获悉有一名凶手藏匿于黎底斯村,于是对全村开火,95户人家全被烧毁,199名15岁以上的居民当场遭到射杀,将近300人被送往集中营、警察局等地。另外,纳粹突击队接获密报,赴布拉格一家教堂捕捉一名凶手,凶手在被捕前自杀身亡,但神父、教堂服务人员和教区负责人均因此被处死。

艾森豪威尔出任欧洲战区总司令

1942年6月25日,艾森豪威尔将军已接受美国的欧洲战区总司令职务,总部设在伦敦。有人认为此举显示美国无视于目前在利比亚、埃及的连连挫败,仍有意开辟第二战场。艾森豪威尔却认为此项命令只是为了协调英、法两国之间的合作。

美日中途岛海战

太平洋战争爆发后,日本海军一直寻求与美国海军舰队主力决战。1942年4月18日,美国杜立德上校率领的B-25轰炸机群从航空母舰上起飞空袭东京成功,更迫使日本海军决定打垮美国舰队。于是,日军大本营批准了日本联合舰队司令山本五十六关于进攻占领中途岛和阿留申群岛的作战计划。日本海军集中了11艘战列舰、22艘巡洋舰、8艘航空母舰、65艘驱逐舰及21艘潜舰,并分成8支舰队分别担任佯攻、牵制、主攻等任务。此时,美国太平洋舰队司令尼米兹指挥 3 艘航空母舰、8 艘巡洋舰和 15 艘驱逐舰及 19 艘潜艇迎击日军。由于美国海军掌握了日本海军的密码,所以对日本舰队作战计划、实力等情况全部掌握,并根据这些情况制定了最佳的迎击敌人的方案。6 月 4 日凌晨 4 时 30 分,日机从航空母舰上起飞轰炸中途岛,双方展开激烈的空战。上午 10 时许,美航空母舰上起飞的轰炸机成功地利用日机在航空母舰上加油添加弹药而无法作战的时机,将日本 3 艘航空母舰炸沉。当日正午,另一艘日军大型航空母舰也被炸沉。5 日凌晨,山本五十六被迫发出撤退命令。整个中途岛战役中,日军损失大型航空母舰 4 艘,重巡洋舰 1 艘,飞机 400 余架,伤亡 3500 余人,其中包括数百名训练有素的飞行员,而美方只损失航空母舰 1 艘、巡洋舰 1 艘、飞机 147 架,兵员 307 人。中途岛海战是太平洋战争的转折点,国力空虚的日本受此次重创后,再也不能随心所欲地进攻了,而国力雄厚的美国逐步掌握住战争的主动权,开始向日本发动反攻。

隆美尔突入埃及境内

1942 年 6 月 25 日,隆美尔陆军元帅已率部队从利比亚迅速攻入埃及,击溃因托布鲁克市失陷而士气低落的英军。隆美尔是在港市托布鲁克被意大利人丢弃 17 个月后,于星期日将其夺回的。据来自距埃及边境 60 英里的西迪拜拉尼的最新报道,英陆军第 8 集团军司令里奇中将已不想再继续溃退,正在重整旗鼓,准备与隆美尔进行新的较量。这位战绩显赫,被称为"沙漠之狐"的隆美尔在进攻中一直使用缴获的美、英、法军的坦克。"卐"字油漆在从盟军缴获的卡车顶。目前,隆美尔已将下一个进攻目标对准了亚历山大城,驻克里特的空降兵和滑翔机预计届时将为其提供支援。

斯大林格勒保卫战

1942 年夏,德军在沃罗涅什方向突破苏军防御,迅速突入顿河大河湾,其第 6 军集团军奉命全力攻打斯大林格勒。7 月 12 日,苏军建立了由 63、64、62 和 21 集团军组成的斯大林格勒方面军,防守长达 530 公里的顿河防线。7 月 17 日,斯大林格勒外围防御战开始了。7 月 23 日德军突破苏军第 62 集团军防线。7 月 25 日,德军在卡明斯基和下切尔斯卡亚地区突击顿河,造成从西面和西南面对斯大林格勒的威胁。7 月 28 日,斯大林发出第 227 号命令,要求苏军寸步不退。8 月 5 日,苏军统帅部将斯大林格勒方面军分为斯大林格勒方面军(辖 61、62、63 集团和第 4 坦克集团军)和东南方面军(辖 64、57、51 集团军和第 1 近卫集团军),共同保卫斯大林格勒。德军见其第 6 集团军难于拿下斯大林格勒,于 7 月 31 日命德军坦克第 4 集团军自高加索调头北上,加入夺取斯大林格勒的战役,不久即突破苏军第 51 集团军防线,于 8 月 5 日进抵苏军外围防御的正南面,并开始猛烈进攻苏军防线。由于苏军顽强抵抗，德军坦克第 4 集团军于 8 月 10 日转入防御。同时，德军第 6 集团军至 8 月 14 日将苏军压迫退至顿河东岸。至 8 月 17 日，大部苏军因敌人压力过大，损失惨重而退过顿河西岸，至此斯大林格勒外围防御战结束。苏联红军的英勇抵抗，迫使德军付出重大伤亡，削弱了敌人的战斗力。德军在 1 个月的进攻中仅前进了 60~80 公里，使其"在进行中"占领斯大林格勒的计划彻底破产。

美日瓜岛争夺战

中途岛海战后，美军转入进攻。美海军司令欧内斯特·金上将选择瓜岛作为在南太平洋的下一个攻击目标。瓜岛位于所罗门群岛的东南端，与日军进逼的美、澳交通线最前沿的图拉吉岛相邻。美军一旦占领瓜岛，不仅可制止日军南下，还可作为进攻日本本土的起点，于是双方在瓜岛展开了惊心动魄的争夺战。进攻瓜岛的计划由美太平洋战区所属南太平洋部队负责执行。该部下辖两个特混编队，有航空母舰 3 艘、战列舰 1 艘、轻重巡洋舰 14 艘、驱逐舰 32 艘及多艘登陆和运输舰艇，并载有近两个师的海军陆战队。1942 年 8 月 7 日晨，第一陆战师约 20000 人分乘 23 艘运输船，由飞机和舰艇掩护，在瓜岛和图拉吉岛登陆。8 日下午占领了图拉吉岛全岛和瓜岛机场等重要设施，并击退了日军多次反扑。美军兵力强，给养足；而日军缺粮，只靠树皮、野草充饥，加上疟疾、痢疾等热带病流行，死亡人数大增，再也无力发起进攻。1943 年 1 月 4 日，日军大本营被迫下令瓜岛日军撤退。在历时 6 个月的瓜岛争夺战和在其附近海域进行的多次海战中，日军24000 余人死亡，损失舰艇 24 艘、飞机 600 余架。美军伤亡 5800 人，损失舰艇 24 艘、飞机数百架。瓜岛之战标志着太平洋战局的转折，从此，美军转为全面进攻。

圣雄甘地再遭逮捕

1942 年 8 月 9 日，由印度国大党领袖甘地所领导，促使英国结束统治印度的运动，已在孟买造成流血冲突。在印度的英国政府以催泪瓦斯和机枪镇压暴动的群众。据报道，有 8 人丧生，63 人受伤。印度国大党被官方视为对公众安全有危险的非法组织，甘地、尼赫鲁、阿查德和其他国大党的领导者，均被逮捕。其中甘地为了印度独立，这次已是第六次下狱。甘地前往监狱途中，告诫其随行们："牢记我们的口号——不自由，毋宁死！"在狱中他可能一如往昔地进行绝食抗议。

英、美决定共同研制原子弹

1942年2月，一名德国物理学家与陆军元帅赫曼·艾林在一次谈话中明确地表示，德国不可能于明年制造出原子弹。与此同时，美国继续推动原子弹的准备工作，且颇具成效。英国首相丘吉尔于7月份访问华盛顿时获悉此事，他表示，希望战争的发展，使大家都不必用到原子弹。英、美两国决定共同合作，研制原子弹，并取名"DSM（替代材料之发展）"作为掩护，此即"曼哈坦"计划。这项工作的进行保密周全，参与的所有科学家，都受到特务机构严密监视，以防止机密外泄。

盟军突袭迪耶普失败

1942年8月19日，在盟军对法国沿海的迪耶普实施的一次勇敢的试探性进攻中，有数千名加拿大士兵丧失生命或被俘。这次行动意在进攻德国的军事设施，并试探一下盟军进攻法国的可能性。但部队很快得知，进攻法国并非易事。约6000名士兵乘登陆艇，在避开德国雷区后，于黎明前上岸。许多士兵在刚刚抵达海滩上6个目标区时即被击毙。幸免的士兵在压制住敌人火力后，驾驶着带来的坦克冲向迪耶普市中心。他们在一座娱乐场周围与敌人进行了激战。皇家空军在空中与德国空军开始交战，双方各损失飞机90余架。更多的加拿大士兵在艰苦地返回海岸登陆艇的途中被击毙。盟军料到这次战斗将会有较大伤亡。他们曾预先警告法国抵抗力量不要参与，此次战斗并不是一次全面进攻，冒这样的危险并不值得。

德军向斯大林格勒城区进击

1942年9月17日，由于纳粹轰炸机的野蛮轰炸，斯大林格勒燃起大火，俄国人第一次承认在连续26天的战斗中，德军突击队冲进了这个城市的外围防线。德军司令部宣称，德军已跨过伏尔加河，并快速开进市区中心。德军在斯大林格勒西北部突破了苏军防线，现仍在西部和西南部进攻。德军正在稳步地，但很不策略地向前推进。步兵无法依靠自己的力量前进，只能依靠德机对苏军前沿阵地的俯冲轰炸。在打开缺口后，坦克和突击部队就蜂拥而入。然后，飞机再次进行轰炸，但这种作战方法在最近不怎么有效了。躲在战壕里苏联狙击兵学会了如何惩罚这些德国飞机。据报，激战也在高加索地区进行，据说，德军正从诺沃罗西斯克顺着沿海公路前进。

纳粹大量残杀欧洲人

同盟国所成立的同盟国情报委员会 1942 年 9 月 21 日晚宣布,在德国纳粹占领下的欧洲大陆,计有 207373 人被处死,其中包括经由军事法庭判处死刑者,遭纳粹射杀的人质,以及被德军拘押的囚犯。遭德军杀害最多的是波兰人。自从 3 年前纳粹入侵以来,已有 20 万人被杀。其中 10 万人是遇害的人质,另外 3 万人则死于集中营。该委员会指出,当天所公布的数字资料是经由官方证实的,可能还有更多的欧洲人已被希特勒杀害。

美国大量生产船舶

在这场第二次世界大战中,美国为保障供应自己和盟军,在船舶生产中出现了最大奇迹。可以批量生产的货船自由号是由海事委员会设计的,旨在制造出快速船,以免受德国海军袭击。1942 年 9 月 25 日该委员会宣布,1941 年一年已造出 488 艘这样的船只。西海岸工业奇才亨利·J·凯撒,使用装配线和预制方法每 4 天就可以造一艘船。

盟军突击队攻击法国北部

1942 年 10 月 18 日,盟军最近在法国北部第厄普发动的突击行动,对德国在占领区的独裁势力颇具威胁。德国元首希特勒在第 46 号指示中,指责这些突击队员"特别残忍、奸诈",并表示部分成员甚至是监狱中释放出来,受雇于盟军的刑犯。希特勒因而发布一项命令:不管这些对手是否穿着军装或携带武器,不管他们在战斗或撤退中,都必须将其消灭殆尽,决不宽恕。如果俘获这些突击队员,则应送交保安机关。希特勒在这份军事密件中,把突击正规部队与民间游击力量同等看待,不将他们列入日内瓦条约中受保护的战俘。

蒙哥马利、隆美尔对峙北非

1942 年 10 月 31 日,德国沙漠之狐——隆美尔将军终于可能遇上一个旗鼓相当的对手,因为蒙哥马利将军已重掌英国第八军团兵符。原先在德国医院接受治疗的隆美尔,于 10 月稍早即重返埃及,准备与蒙哥马利一决雌雄。但其非洲兵团已在阿兰·哈尔法受挫,目前精疲力竭,士气低落。以神出鬼没著称的,由隆美尔指挥的坦克部队,正为流沙所阻,而且燃料缺乏。蒙哥马利表示,未来几天的战斗,将是北非战役的转折点。

盟军北非登陆作战

　　1942 年 5 月 20 日至 6 月初,莫洛托夫访问了伦敦和华盛顿,要求英、美在法国西部开辟第二战场。但是,丘吉尔坚持 1942 年不能在欧洲开辟第二战场,主张英、美盟军应首先在北非登陆,为此,1942 年 6 月 17 日,丘吉尔又访问华盛顿,主要目的是为 1942 年至 1943 年的作战行动达成最后的协定。在丘吉尔的坚持下,1942 年 7 月 25 日,罗斯福正式批准了代号为"火炬"的 1942 年秋在北非登陆对德、意作战的计划。8 月 13 日,美、英联合参谋长委员会正式任命艾森豪威尔为盟军北非远征军总司令,决定在卡萨布兰卡、奥兰和阿尔及尔登陆。这时,北非法国军政官员受维希政府管辖。11 月 8 日凌晨,由 10 万大军组成的英、美联合舰队,在大量飞机掩护下,分三路在顶定目标登陆,11 月 11 日,盟军完全占领了卡萨布兰卡(达尔贝达),10 日占领了奥兰(瓦赫兰)。在阿尔及尔,维希法军未做抵抗,盟军就占领了。美、英盟军在北非登陆成功,完全出乎希特勒的意料之外,希特勒大为震惊,立刻伙同意军占领法国南部,并迅速占领突尼斯城和宾泽特(比塞大)。

德非洲军团受挫

　　1942 年 11 月 11 日,德国非洲军团元帅隆美尔率领其精疲力竭的军队,企图在埃尔·阿拉曼突破英国军队的围攻,然而徒劳无功。英国首相丘吉尔派蒙哥马利取代反对及早发动攻势的克劳德·奥金莱克将军。在蒙哥马利的指挥下,英国第八军团于 10 月底开始向德国、意大利联军攻击。11 月 2 日傍晚,英国向实力已削弱的轴心国部分发动总攻势。德国元首希特勒接到隆美尔的报告,表示部队须撤退,以保存实力,但希特勒断然拒绝。当英军再度以强大的坦克部队猛烈进攻时,隆美尔下令撤军。德国国防最高指挥部的传奇事迹至此告一段落。在埃尔·阿拉曼,德、意的损失惨重,3000 名士兵被俘,至少 300 架飞机遭击落,在地中海被击沉的补给舰更是多得无以计数。另外,英军还收复托布鲁克和班加西 2 座重要城市。

丹麦首相布尔辞职

　　1942 年 11 月 10 日,丹麦首相威廉·布尔辞职后,亲德国的现任外交部长埃里克·斯卡文尼斯继任。他强调将与德国建立友好关系。事实上,丹麦的通敌合作主张另有他图,其目的在于试图避免像其他占领区那样发生冲突事件。在此策略下,反抗运动也获得了掩护。

俄军在斯大林格勒围困德军

1942年11月25日,苏军士兵收紧了包围圈,将占领这座大城市的300000德国占领军团团围住。在斯大林格勒的西部和南部突破德军防线,苏军前进的速度如此之快,以至于德军还没有来得及逃离便受到了来自背后的枪击。一座德军控制的飞机场,飞机还没来得及起飞就被苏军占领。苏军说他们打死或俘虏77000多名敌人,许多其他的德军已被切断给养,正被冻死于靠近顿河的荒原之上。俄国反击的第一次大的胜利是重新收复卡拉契—斯大林格勒以西40英里,这是去年冬天以来,莫斯科最大的一次行动。不久,红军占领了两座通往卡拉契南的铁路重镇,并切断了两条给斯大林格勒德军给养的铁路线。3名德国师团的将军被苏军俘虏。德军统帅部开始承认,他们有些防线已被冲破。但德国人说,他们正在激烈的战斗中保卫他们的阵地,并且正在制定对策。

法国舰队在土伦港自沉

法海军指挥官1942年11月27日接受命令凿沉他们的舰只,没有任何人出来反对。德国已占领法国南部的大部分,并于今日凌晨进入土伦,就在这时德·拉博德海军上将发出了这一命令。多数法海军的最大舰只都在港内避难。达兰海军上将已经命令拉博德,如果有迹象表明那些舰只可能会落入德国人之手的时候就把它们凿沉。许多舰长留在他们的驾驶台上,直到清楚地表明他们已凿沉为止。有些人同他们的舰只同归于尽。许多轮机兵站在码头上,望着他们的战舰被火吞没,一些人在哭泣,另一些人在敬礼。100万吨的船舰的1/4沉了大海,这是继德国1919年在斯卡帕湾把他们的船只沉入大海之后的一次最大的凿沉。损失的有战列舰"敦刻尔克"号、"普罗旺斯"号和"斯特拉斯堡"号,7艘巡洋舰和12艘潜艇,具有奇迹般色彩的是5艘潜水艇逃离了港口。

美国原子裂变成功

1942年12月2日,由恩利克·费米所领导的研究小组,首次成功地控制住原子分裂的连锁反应,开辟了人类使用原子弹和原子能的重要途径。这个由物理学家所组成的小组,在美国芝加哥的典型实验室中,建造了一个含有铀元素及石墨的原子反应炉。当天15时45分,关键性的一刻终于来临。当他们移开控制棒后,发现中子会撞击其他原子,使其分裂而产生连锁反应。这个原子反应炉是列入机密的曼哈坦计划中之一部分,其目的是制造原子弹。据说，德国也致力于此研究。

隆美尔溃逃

1942 年 12 月 18 日，陆军元帅隆美尔，自从在伊尔·阿拉曼惨遭失败后，已无喘息之机。在他撤退途经利比亚时，先在托布鲁克失败，后又在班加西失败。隆美尔总算在阿盖拉站稳脚。他修筑了一条 40 英里长的防线。"攻下阿盖拉，结束北非战斗"，这已成为盟军的口号。12 月 17 日，盟军冲破了防线。"沙漠之狐"被从阿盖拉迅速穿越沙漠的英军切断了与后卫的联系。

卡萨布兰卡军事会议举行

1943 年 1 月 24 日，美英战略家可能在一些问题上有分歧，但罗斯福总统和丘吉尔首相把轴心国作为战争目标的看法却是一致的。为期 10 天的卡萨布兰卡会议结束时，罗斯福说："只有全部消灭德国和日本的军事力量，世界才能进入和平。"这就意味着德国、意大利和日本无条件投降，也意味着这些国家建立在以征服和奴役其他民族为基础的哲学彻底破产。虽然罗斯福和丘吉尔对开辟第二战场有分歧，但是他们认识到，盟军 1943 年不可能出兵法国。他们同意加紧对德国潜艇发起攻击，然后出征西西里岛和意大利。丘吉尔说服罗斯福总统，要让夏尔·戴高乐将军参加卡萨布兰卡会议。亨利·吉罗将军虽和维希联系在一起，但仍是法国的主要代表。

轴心国在非洲、苏联失利

1943 年 1 月，苏联红军不仅于斯大林格勒获胜，1941 年以来被轴心国围攻的列宁格勒也已解围。23 日，还击退了高加索的德军。30 日，收复迈科普后，向罗斯托夫迈进。而意大利的伏波尼希的防线亦于 16 日遭攻破。在非洲防线上，也出现了对轴心国的不利形势，英国第八军与自由法国军队在东利比亚沙漠地区会师。17 日，英军统帅蒙哥马利再次发动攻势，并试图包围隆美尔的部队。1942 年 12 月和 1943 年 1 月，轴心国已在地中海损失 43 艘运输船。

德国第六军在斯大林格勒投降

1943 年 1 月，先前占领斯大林格勒的德国第六军，在饥寒交迫、弹尽粮绝的情形下，原有的优势逆转，因为自从去年 11 月，苏联军队开始包围这座城市之后，前陆军元帅戈林将军所保证的空运补给行动，就几乎不曾实现过。依照军队规定，三级冻伤的战士才能转送野战医院，每天的食物配额只有 75 克面包。士兵情绪低落，有不少人自杀。当该月 18 日，苏联建议第六军投降时，指挥官弗里德列希·保勒斯将军要求希特勒同意，但希特勒断然拒绝。苏联红军因此发动全面进攻，由朱可夫指挥，企图一举攻下斯大林格勒。22 日，红军的包围圈迅速紧缩，以至于斯大林格勒内的纳粹军队几乎无法收到空投的补给品。保勒斯发出电报说："弹药已告用罄"。苏军开始切入第六军各纵队，保勒斯再次要求在迫不得已的时候投降，但希特勒仍予以拒绝。25 日，红军发动最后总攻势。数日前，希特勒念及保勒斯麾下没有任何统帅投降，因此提拔其为苏联战区的指挥官，并指望他在战败时会自尽殉国，然而，当 31 日苏联坦克长驱直入至保勒斯的作战司令部前，他同士兵们一起投降，出乎希特勒意料之外。根据统计，27 万德军在斯大林格勒战役中，有 34000 名受伤；7000 名专家中，部分人靠金钱贿赂而逃脱，包括 2500 名军官在内的 9 万名俘虏被押往贫瘠寒冷的俘虏营；4000 名士兵因精疲力竭而渴死于半途，只有 6000 名在战后回到德国。希特勒对保勒斯及其部属的行径嗤之以鼻，德国军事最高指挥部却正式宣布："斯大林格勒之役结束了，陆军元帅保勒斯以身作则，指挥全军，谨守战至最后一口气的诺言，在敌军优势的军力和险恶的环境下殉职。……各位将士们，让我们并肩作战，直至最后一颗子弹。他们罹难了，但德国还生存着。"

列宁格勒突破重围

1943 年 1 月 18 日，苏军突破了包围列宁格勒长达 17 个月之久的德军严密封锁圈。在朱可夫和伏罗希洛夫元帅的指挥下，红军突破了拉多加湖南部的纳粹阵地，重新占领了德军的军事要地多处，包括什利谢利堡要塞。突破重围的喜讯，使举国上下松了一口气，列宁格勒的被围困是这次大战中最悲惨的事件之一。全城的一半居民在去年冬天丧生，其他居民能得以生存，是战士越过了冰封的拉多加湖，给他们运送物资才幸免于难。冲破重围，意味着苏联可以利用芬兰湾和铁路线为其部队供应物资。这为斯大林进击巴尔干各国增添了锐气。在南部，俄军已开始突破纳粹在乌克兰和高加索的防线。

苏军收复库尔斯克

1943 年 2 月 9 日,苏军收复了沦陷纳粹手中 1 年零 3 个月的库尔斯克城。这个 12 万人口的城市,是一个铁路枢纽,莫斯科——克里米亚和沃洛尼兹——基辅线在此相会。同时它也是乌克兰德军各前哨阵地的重要连结点。1942 年夏天,纳粹占领了库尔斯克直至亚速海几百英里的数座城市,控制了第聂伯河和顿河之间的数千英亩土地。他们从这些地方向斯大林格勒和高加索的部分地区发起了进攻。库尔斯克城解放了,苏联人希望能解放附近的哈尔科夫。苏军将最后进攻纳粹防线最南部的罗斯托夫。北非的美军在作战间隙休息。

盟军为占领卡塞林要塞苦战

1943 年 2 月 26 日,驻突尼斯中部地区的美国军队,曾因败于轴心国之手而懊恼。随着德军陆军元帅隆美尔纵队的撤离,他们饿虎般地、艰难地爬向卡塞林要塞的山顶。10 天前轰炸美国人的俯冲轰炸机和装甲车已不见了。在战略要塞的东北部,另一股非洲军团依然在史比巴和欧塞尔一带抗击美国士兵。很明显,撤出卡塞林的部队将在东到法伊德南至加夫萨附近一带平原,建起新的防线。但是隆美尔亲自指挥这个军团,深知自己已陷入困境。他的老对手伯纳德·蒙哥马利将军从东面向麦里斯逼近。西部美军在阿尔及尔做好准备,隆美尔几乎被包围。在突尼斯的前沿阵地北部,德军失掉了从英军手里夺下的阵地。德军坦克、步兵和伞兵向方圆 80 英里的盟军阵地发动进攻。可是丘吉尔的英国坦克占了上风,德军被击退,人力和物力损失严重,几百名德军为英军所俘获。

墨索里尼全面改组内阁

1943 年 2 月 5 日,鉴于军事上的严重危机和民众激烈的反应,意大利首相墨索里尼决定全面改组内阁。此行动完全出乎人们的意料之外。劳动部长在前往巴勒莫途中,因为其专用车厢被拆脱节时才得知此事。墨索里尼的女婿——时任外交部长夏诺,原本希冀得到特殊的待遇,但政府改组后,他奉命至梵蒂冈任大使,原来的职权由墨索里尼本人接管。

日军撤离所罗门群岛

1943 年 2 月 9 日,在所罗门群岛持续 6 个月之久的瓜达尔卡纳尔争夺战以日军的撤退和美军的胜利而结束。海军部长富兰克·诺克斯在华盛顿对记者们说:"岛上所有敌军的对抗行动都已停止"。他的声明,是长期艰苦战争以来,政府首次做出的胜利宣言。在这之前,日本政府发表声明说,他们将从瓜达尔卡纳尔和新几内亚撤出其军队。美军占领瓜达尔卡纳尔及其简易机场和完善的港口,使美军进而可以攻打日本的一个重要基地腊包尔。

美军陷于瓜岛的丛林地形中,精疲力竭。

在所罗门群岛持续 6 个月的瓜达尔卡那尔争夺战中美军也遭受重大损失。图为美国的航空母舰"黄蜂"号在瓜岛海岸沉没。

隆美尔连战失利返回欧洲

1943 年 3 月 10 日,德国陆军元帅隆美尔即所谓的"沙漠之狐"连连败北,又病又累离开非洲沙漠,返回欧洲。他首次失利是在埃及,继而在突尼斯再次失利。阿道夫·希特勒在阿拉曼所说过的话仍回荡在他的耳边。"对于你的士兵,"希特勒说:"你应该让他们清楚,除了胜利就是死亡,别无他路可走。"在埃及,隆美尔失去了胜利的希望,他为这场战争而心力交瘁,他不得不住进医院。4个月后,英国陆军元帅蒙哥马利证明了埃及失利并非偶然,因为他在突尼斯再次击败隆美尔。

丘吉尔提出巴尔干计划

巴尔干计划是第二次世界大战中英国首相丘吉尔提出的盟军在巴尔干地区对德作战,以代替在西欧开辟第二战场的计划。丘吉尔为了维护英国在巴尔干、中东和北非地区的势力范围以及地中海交通线,在与美国讨论1942年作战计划时,就力主盟军在北非登陆。丘吉尔在莫斯科说服斯大林时,曾画了一幅鳄鱼图形,称袭击其"柔软的下腹部"(地中海战场)与袭击其"颚部"(法国北部)同样重要,这是以后巴尔干计划形象化的表述。1943年1月召开卡萨布兰卡会议,在讨论1943年作战计划时,丘吉尔正式端出了巴尔干计划。他极力主张扩大地中海战场,进军意大利,迫使意大利退出战争,并与希腊沿海进攻相配合。罗斯福并不赞成巴尔干计划,但在丘吉尔的坚持下只得妥协,同意攻占意大利西西里岛。

盟军对德实行战略轰炸

在1943年1月的卡萨布兰卡会议上,英美两国首脑确立了对德国本土实行战略轰炸的任务。美国参谋长联席会议于1943年3月21日给空军司令部的命令中,规定了对德战略轰炸的明确任务是:"加紧破坏德国的军事、工业和经济体系并使之陷于混乱状态,动摇德国人民的士气,使他们完全失去武装抵抗能力。"命令指出,按其重要性依次对下列各种目标进行战略轰炸:制造和装配潜水艇的造船厂、航空工业企业、运输体系、石油加工厂、合成燃料企业和军火工业设施。命令中还规定昼间轰炸由美国空军负责,夜间轰炸由英国空军负责。在盟军参谋长联席会议直接领导下,由英国查尔斯·波特尔爵士负责协调各项行动。按照这一计划,1943年英美空军对德国及其占领国共投弹20.76万吨。

苏联境内发现卡廷巨坑

1943年4月13日,在苏联卡廷附近,发现埋葬了4000名波兰军官的大坑。经国际红十字会调查委员会确认,死者死于德国的弹药,不过他们在德国占领该地区前就已被埋葬。苏联人宣称,屠杀乃德军所为。但德军在调查中,根据若干波兰官员的见证指出,苏联军队使用所俘获的德国武器杀害波兰军官,企图嫁祸于德国。流亡于英国伦敦的波兰政府多年来一直打听 1939 年以来波兰战俘的下落。如今随着巨坑的发现,波兰的流亡政府宣布与苏联断绝关系。在莫斯科活动的波兰全国委员会,地位因之提高,并于苏联境内建立了一支波兰军队。在德国,人们受到卡廷巨坑的影响,对拘押于苏联的德国战俘安全颇感忧虑。

山本五十六坠机死亡

日本海军大将山本五十六,1943 年 4 月 18 日搭乘飞机观察阵地,在所罗门群岛上空遭盟军击落,坠机而死,享年 59 岁。山本五十六出生于 1884 年。1904 年,毕业于日本海军大学,以少尉官衔参加日俄战争。1925 年,出任日本驻美国大使馆海军武官,1934 年至 1935 年间,代表日本参加伦敦海军会议。此后山本晋升迅速,1939 年,升任为日本联合舰队司令长官。山本是日本首位提出在海战中结合空、海军兵力的将军。他曾担任驻美武官,深谙英、美军的实力。前年,太平洋战争开始,山本不但极力主战,并且亲自指挥日本军机袭击美国珍珠港。1942 年,山本攻击中途岛,经数次海战,卒遭击退。随后,日军在阿留申群岛和瓜达康纳尔岛的攻势亦受阻。由于美军破译了日本密码,掌握了山本的行踪,终于使山本的军旅生涯写下句号。

纳粹镇压波兰犹太人的反抗

1943 年 4 月 19 日,在波兰华沙,犹太人正在同纳粹分子进行战斗。这是一场殊死的战斗。犹太人明白,即使他们不战死在家中或居住区的下水道中,他们也一定被毒死在臭名昭著的集中营内。4 月 19 日早晨,纳粹德国的党卫军,在朱尔金·斯特鲁普将军的率领下,袭击了筑有围墙的犹太人居住区。他们奉命抓获仍在该区居住的 6 万犹太人。去年这时,该犹太人区住有 50 万犹太人。他们中的大部分人都已经被纳粹分子强行赶走,另外一些人则侥幸逃脱了。纳粹分子正在一条条巷子,一座座房屋,从地下室至房顶仔细地搜索该地区。遇有抵抗时,纳粹德国党卫队则动用坦克、迫击炮、机枪予以回击,或用火焰喷射器焚毁房屋。犹太人清楚,他们已经没有什么可以失去的了。他们缺的是武器,可他们用智慧来弥补。当纳粹分子来到时,他们户挨户的传递着消息,一些人还击,另外一些人则藏入屋顶或下水道里。犹太人被纳粹分子用车劫走的消息,传到华沙的犹太人区内,已经不是什么秘密了。他们也无处可以躲藏。比纳粹搜索队提前到达华沙的犹太人抵抗战士,带来了鲁布林犹太人区的消息。犹太人从楼上的窗子里可以清楚地看见梅达内克集中营的铁丝网,也可以看见从焚尸炉中冒出的浓烟。一年前,华沙的犹太人委员会帮助纳粹分子将居住在犹太人区的犹太人第一批输送到特雷布林卡集中营。而今天再没有人进行这种合作了,犹太人清楚地认识到他们的命运。纳粹分子执行他们要消灭所有的犹太人的命令,否则,他们绝不会离开这个犹太人区。华沙犹太区的反抗活动在持续了将近4周后失败,只有少数人利用下水道逃生。纳粹党卫军的斯特洛普将军估计,他的党卫军至今已杀死56065名犹太人,其中还不包括宁可被焚死在屋子里或被炸死的,以及在下水道中逃生时丧命的人。斯特洛普宣称党卫军有16人死亡,90人受伤,此说颇令人怀疑。搜索行动并未就此终止。直到6月,党卫军和警察部队还进入废墟中进行搜查。

英美首脑决定未来作战计划

美英首脑于1943年5月12至25日在华盛顿召开了代号为"三叉戟"的会议,主要研究和确定下一步的军事行动计划问题,会议没有邀请苏联参加。两国政府首脑表明对未来作战计划的原则态度之后,两国参谋长开始具体研究磋商。会议经过激烈争论,最后通过了参谋长联合委员会起草的报告,并于5月25日经罗斯福和丘吉尔批准。其主要内容是:"同俄国和其他同盟国合作,尽早促成欧洲轴心国家的无条件投降。"关于横渡英吉利海峡战役的问题,决定"将在联合王国集结兵力和物资,以便在1944年5月1日开始这一战役"。关于对地中海的军事行动,由北非盟军总司令艾森豪威尔紧急制订西西里岛战役作战计划,西西里岛战役胜利后,在意大利南部登陆,促使意大利退出战争,并最大限度地牵制德国的武装力量。"在欧洲轴心国家失败时,与其他太平洋国家合作,如果可能的话,并与俄国合作,充分发挥美国和英国的力量,尽早促成日本的无条件投降"。此外,会议还决定在缅甸发动一次有限攻势,以及美国空军加强在中国的战斗活动等。

德国完成喷汽战斗机试飞

1943年5月25日,德国空军的战斗机飞行员阿道夫·加兰德将军完成一架新式飞机的试飞任务。这架Me282型飞机由维利·梅塞施米特所设计,是世界上第一架喷气战斗机,其时速达800公里,比美国速度最快的战斗机快200公里。加兰德试飞后对飞机性能颇为满意,并要求立即大量生产。德国元首希特勒指示重新设计,将此类飞机改装成轰炸机使用。

北非战事终告结束

1943年4月,德国和意大利12个师在突尼斯一个桥头堡受到围攻,并且被切断所有的补给。5月6日,盟军将此包围圈切成两部分,然后占领了突尼斯城和比塞达城。9日,北面包围圈内的轴心国军队投降,残存的部队撤退至波纳半岛。1943年5月13日,接替隆美尔成为北非轴心国军队最高指挥官的芳·阿尼姆将军投降,25万名军人被俘,其中半数以上是德国士兵。同盟国接受他们的投降,北非战事终告结束。

"共产国际"解散

1943年5月15日,苏联解散了其世界性的共产主义者组织——共产国际。共产国际的解散是出于促使同盟国打消他们对苏联共产主义运动扩张的忧虑的目的。这被视为是共同作战的策略,并借此加强俄国与同盟国之间的关系。共产国际是1919年3月由列宁组建的,目的在于组织亲共工会,灌输党的纪律,扩大在存在着共产主义同情者国家的宣传。

美国底特律发生种族暴乱

联邦部队1943年6月21日进入底特律,协助恢复种族暴乱后的秩序。在这场暴乱中,有29人丧生,数以百计的人严重受伤。这是第二次世界大战以来美国国内最大的一次种族冲突。罗斯福总统发布通告后,全副武装的军队立即奉命开进底特律,维持这座混乱的工业城市的安定。这次暴乱干扰了底特律地区军工厂的正常生产。许多工人都很害怕,不敢去上班。是什么引发了这场暴乱目前还不清楚。一些黑人领袖认为暴乱是由纳粹分子挑起来的,而另一些人报道说,这是由一位白人与一位黑人殴斗引起的,而且很快蔓延到了整个城市。旅馆、酒吧都停止了营业,许多学校也无法开课。底特律与克利夫兰市之间的垒球赛也被取消了。在市内的一些地区、商店遭抢,窗户被砸碎,汽车翻倒被烧毁。联邦军队使用了催泪毒气,发射了一千多发子弹,击溃了一直在窗内进行狙击的黑人。警方报道说,有1300多人被捕,其中大多数是年青黑人。此后便下达了晚上10点钟开始宵禁的命令。

纳粹从事绝育新实验

德国的克劳伯格教授通知纳粹党卫军队长希姆莱说,他发明了一种不经手术的妇女绝育法。经过再三的研究后,1943年6月7日,由一名医生和10名助手负责对1000名妇女执行绝育注射,集中营内的犹太妇女和吉普赛少女均成了实验品。这些妇女和少女在被注射后,身体极为疼痛,有的甚至死亡。

胜利的盟军部队在突尼斯乘着树枝作伪装的车辆，列队经过兴高采烈的人群。

法国地下活动领袖被处决

　　法国地下活动领袖让·穆兰，在遭受了盖世太保一个月的折磨后于1943年7月8日去世，年仅44岁。穆兰联合了南北方的抵抗力量。一个叛徒出卖了他。穆兰曾在1940年11月被监禁过。当时，他正任巴黎西南部一个县的文职长官。他拒绝签署一项塞内加尔士兵犯有谋杀罪的声明，而这次谋杀实际却是德国人干的。一个德国士兵写道："我很钦佩你那种维护你们国家荣誉的精神与力量"。

墨索里尼被废黜

　　1943年7月24日夜，法西斯最高委员会通过决议，恢复君主立宪，把军队指挥权交还国王。翌日夜晚，国王埃马努埃尔三世召见墨索里尼，令他辞职，同时任命巴多格里奥陆军元帅为总理，组成了一个无党派政府，并向全世界宣布了这个消息。两天之后，墨索里尼被押到蓬察岛，后又被送往马达累纳岛。7月28日，巴多格里奥宣布解散法西斯党，结束了持续21年的法西斯统治。1943年7月初盟军在西西里的登陆和对罗马的轰炸宣告了墨索里尼的最终垮台。当这位"领袖"与希特勒结盟时，许多意大利人甚感不安，但却袖手旁观。然而,当他们可爱的国家遭到侵入时,他们便起来反抗了。墨索里尼的法西斯党在战斗中四分五裂,对他的前途甚为不利。他的反对者在罗斯福总统和丘吉尔首相的呼吁与鼓励下,要在意大利彻底埋葬法西斯主义。甚至墨索里尼的女婿,一位与德联盟的缔造者齐亚诺伯爵也在为自己留后路,请求与同盟国讲和。

俄德军队在库尔斯克会战

　　1943 年 7 月,德军在库尔斯克地区集结了陆军的近 50 个精锐师,其中包括 16 个坦克师和 3 个摩托化师,以及大量的炮兵和航空兵,总兵力达 90 万人,配有近 10000 门野战火炮和迫击炮,2700 辆坦克和自行火炮(车),2000 架飞机。7 月 4 日,希特勒发出进攻库尔斯克的命令。德军统帅部的意图是,从奥廖尔和别尔哥罗德—哈尔科夫战线发起进攻,实行强大的向心突出,合围并消灭库尔斯克突出部的苏军,继而消灭顿巴斯的苏军,创造一个"德国的斯大林格勒",完成 1942 年未实现的战略计划。苏军最高统帅部识破了德军的冒险企图,决定由朱可夫将军指挥迎战,计划先以有准备的防御削弱和疲惫德军突击集团;然后调集兵力转入进攻,彻底歼灭德军主力。防守库尔斯克突出部的任务,由罗科索夫斯基将军率领的中央方面军和瓦杜丁将军率领的沃罗涅日方面军担任。这两个方面军共 130 多万人,拥有 20000 门野战火炮和迫击炮,3400 余辆坦克和自行火炮(车)以及 2000 余架飞机。另外,他们的后方还有强大的由科涅夫将军指挥的战役预备队方面军(后改称草原方面军)为策应。7 月 5 日,德军从奥廖尔和别尔哥罗德向库尔斯克方向发起炮击,接着,在大批飞机的掩护下出动 30 个师展开进攻。苏军在库尔斯克突出部共建立了 8 个防御地带和纵深达 300 公里的防御体系。经过 7 昼夜的激战,德军付出重大伤亡,勉强突破苏军个别地段的防线,分别推进了 9~15 公里和 5~35 公里,但未能达到预定目的。苏军在阻击德军进攻中保存了自己的力量,为反攻创造了有利条件。苏军主力从 7 月 12 日起,先后在库尔斯克突出部以北至奥廖尔方向和突击部以南至别尔哥罗德—哈尔科夫方向转入反攻。参加反攻的除抗击敌军进攻的 3 个方面军之外,还有未参加防御战斗的两个方面军,共计有 22 个合成集团军,5 个坦克集团军,6 个空军集团军和一些其他部队。苏德两军在普罗霍夫卡地区进行了第二次世界大战爆发以来最激烈的坦克战。双方投入的坦克共有 1200 辆。经过一个多月的血战,苏军歼灭大量德军,收复了奥廖尔和别尔哥罗德等城市,并乘胜前进,发起大规模反攻。至 1943 年冬,苏军解放了被占国土的一半以上,包括乌克兰首府基辅,南线苏军则逼近波兰和罗马尼亚边界。库尔斯克会战历时 50 天,到 8 月 23 日以苏军胜利而结束。苏军共击溃德军 30 个精锐师,歼敌 50 多万人,缴获和击毁德军各种火炮 3000 门,飞机 3700 多架。德军从此无力进攻,转入全面战略防御,苏军则从战略防御转入战略进攻。

苏联军队击溃纳粹坦克部队

历史上最大的坦克大战，1943年7月13日在莫斯科南部的库尔斯克战场结束。希特勒虽未投降，但已宣布撤军。德国的士兵和新式坦克均遭到严重打击。苏共总书记斯大林立刻宣告胜利。"如果斯大林格勒之役是德军覆灭的开始"，斯大林说道："库尔斯克这一战便是德军的大灾难。"这场战争于上星期开始，在欧利尔和卡尔可夫之间的苏联防线展开。德军集结了包括27个师在内的坦克部队，发动空前强大的攻势。其中美洲豹和波斯策两种车型，是有史以来最大型的坦克车。德军芳·克鲁奇和芳·曼斯泰恩两位将军分别自南、北方展开攻势，虽然伤亡惨重，但还是突破了苏联防线的数个据点。不过，就整体而言，红军可说是有备而战，并且防守得十分稳固。苏联的坦克大小无法和德国相比，但地面和空中整体的武力占优势。处于壕沟中的红军同时发现，喷火器可以破坏坦克车内的通风设备，这对德军构成莫大的威胁。7月12日，苏联军队从欧利尔东、北方反攻，他们奉命彻底歼灭敌军，一场浴血战就此爆发。双方各派出1000辆坦克对决，但彼此短兵相接，德国坦克大而无当，不够灵活，许多坦克动弹不得。战场上硝烟弥漫，双方飞机无法飞近，因为他们无法清楚地分辨出敌我。黄昏时分，红军已控制了战局。希特勒7月13日下令停火。

盟军连续轰炸汉堡

从1943年7月24日至30日，同盟国军机连连轰炸德国汉堡，其中6次在夜间，2次在白天。轰炸期间，由于盟军空投铝箔纸，使汉堡雷达追踪目标的功能大受影响。8天以来，盟军共投下将近25万颗炸弹，城内陷于一片火海。火焰散发出的热气使逃难者难以脱身。有3万人死亡，包括5500名儿童。全城一半的面积——19平方公里被炸毁，港口的船只被炸沉18000艘。这次空袭，是盟军对德国迄当日为止最严重的一次轰炸。

盟军在西西里岛登陆

1943年6月11日，为了取得进攻西西里岛的前进阵地，盟军在班泰雷利亚岛登陆，俘敌1.1万多人。两天后，邻近两个小岛上的意军也放下武器，自此揭开西西里岛战役的序幕。从7月2日开始，盟军空军对西西里岛进行猛烈的轰炸。7月9日下午，盟军舰队在马尔他岛东西两侧集结，准备登陆时天气骤变，狂风怒号，恶浪滔天，意军因此放松警惕。9日深夜，劲风稍有缓和，巴顿和蒙哥马利指挥的16万美、英登陆大军，在1000架飞机的护航下,于西西里岛的南部和东南部登陆。意军装备不良,士气低落,盟军轻而易举地登上了西西里岛。盟军登陆成功后,德军统帅部向西西里岛北部增派了7万援军,其中包括一个精锐师和一个坦克师。这使盟军进攻遇到新阻力。英军在卡塔尼亚地区同德军进行了艰苦的战斗,于7月12日攻克锡腊库扎。又经过3天的激战,英军夺取了锡美托河上的普利马索莱桥,打通了通往卡塔尼亚平原的道路。在向北推进时,英军受到德军后备队的顽抗,蒙哥马利被迫把第八军团向西移动,从西侧绕过埃特纳火山迂回前进,与向东推进的美军第七军团相呼应。7月22日,美军不战而克重要海港巴勒莫。8月5日,英军攻克了卡塔尼亚。5天后,美、英两军会师,分两路向墨西拿海峡疾进。8月17日,美军进入墨西拿,西西里岛上的一切抵抗均告停止,盟军胜利完成"爱斯基"作战计划,占领了西西里岛,从此在地中海往来无阻,打开了登陆欧洲的大门。

纳粹杀害战俘从事人种研究

自1942年上半年以来,德国斯特拉斯堡帝国大学解剖学教授奥古斯特·希尔特,对犹太人和苏联战俘的尸体进行头颅测量和骨架研究工作,这些人都是为了供研究之用而遭杀害的。1943年8月,100余名男女囚犯,在奥斯维茨集中营,遭当地司令官用希尔特送来的氰化盐毒死后,被送至纳特兹威特集中营。希尔特对这些尸体加以研究。直至1944年,盟军攻进斯特拉斯堡附近时,希尔特拆毁了所收集的骨骼和收藏品,逃逸无踪。他在逃亡之前,还取走了死者的金牙齿。

特雷布林卡集中营内囚犯暴动

1943年8月2日,在波兰特雷布林卡集中营担任焚尸任务的一批囚犯,组成了一个反抗组织,成功地从精卫队的军火库中取得武器,对警卫人员发动攻击,并纵火焚烧营地的棚屋。由于事机泄密,迫使这项行动提前进行,因此,只足以摧毁部分营地。600名囚犯中有150名幸运地脱逃,其余多数是被追击而来的精卫队虏获,并遭杀害。只有52人在第二次世界大战中享有自由并活到战后。这次暴动使纳粹用毒气杀人的情况逐渐减少。这个营地于11月份时撤离,大楼被拆毁,但党卫队在撤退之前还杀害了最后一批服劳役的犹太人。

蒙巴顿将出任东南亚盟军总司令

1943年8月25日,英国乔治国王的二表弟罗德·蒙巴顿将军,即将成为东南亚战区的盟军总司令,指挥在印度和锡兰的英国军队,以对抗日军。这项任命,是英国首相丘吉尔和美国总统罗斯福在一次会谈后所决定的。

英美首脑在魁北克会晤

1943 年 8 月 17 日,罗斯福总统和丘吉尔首相在威严壮观的俯瞰圣·劳伦斯河和劳伦琴山脉的魁北克的城堡会晤,筹划对德日作战的军事和政治策略。两位领导人都应斯大林要求开辟一个新的战场,减轻苏联的负担。据估计,他们将讨论进军法国的时间和地点问题,这次进军行动被密称为"霸王战役"。在此之前,罗斯福和丘吉尔就一致认为,这次行动在 1943 年是无法执行的。但是,他们俩都认为对法国的进攻应越快越好。此外,人们还期待他们两人对艾森豪威尔关于突袭意大利的最后具体布置表示赞同。他们还将说服斯大林参加他们的下一次会晤。

盟军攻占领西西里岛

1943 年 8 月 17 日,美军挺进墨西拿,用了 88 天的时间结束了对西西里的联合攻占。对这座大的地中海岛屿的征服使得盟军部队与意大利大陆之间只隔了一个墨西拿海峡。海峡对岸,炮火仍在纷飞。进入墨西拿的第一支部队是乔治·巴顿将军的第七集团军的第三师。英国第八集团军在美国步兵团攻入墨西拿后不久也开进了这座城市。巴顿将军率军沿着多山的北海岸进行大规模的强攻,有时也在德军防地周围进行两栖登陆。英军以同样的战术从南部两栖登陆,但遇到了德军的顽强抵抗。德军采取行动,加强后卫力量,设法拖延盟军的前进。与此同时,德国部队和军事装备正在撤往意大利。然而,他们最终由于抵抗力量的崩溃而投降。据官方统计,被俘的德军和意军共有 13 万人。

丹麦反纳粹运动受挫

自 1943 年初以来,丹麦的反抗运动分子无视于埃里克·斯卡文尼斯政府对挑战活动所发出的警告,加紧破坏交通。8 月份,在一些反抗分子被杀之后,丹麦爆发了罢工浪潮。1943 年 8 月 28 日,德国驻丹麦的全权代表维尔纳·贝斯特要求丹麦军队解除武装,宣布戒严,并且将从事破坏活动者法办。然而,丹麦政府拒绝了这项要求,并解散内阁。丹麦海军的所有舰队或逃往瑞典,或自行击沉。纳粹下令丹麦全国实施戒严。

意大利法西斯投降

意军在战场上的失败,加深了意大利法西斯政权的危机。到 1943 年,意大利的经济、政治和军事都出现了严重危机。经济上,黑市猖獗,食品匮乏,民不聊生。政治上,工人罢工,地下抵抗运动日益发展,统治集团内部矛盾尖锐,人民和官兵都憎恨德国人。在这种情况下,墨索里尼还想动员 100 万人去继续战争。统治集团内部,以国王埃马努埃尔为代表的一派,决定抛弃墨索里尼,以维护他的资产阶级政权。早在 1943 年 5 月初,国王便与总参谋长安布罗西奥以及巴多格里奥元帅等人谋划,决定夺掉墨索里尼的权力。1943 年 7 月 17 日,盟军飞机空袭罗马,散发传单,号召意大利向盟国实行体面的投降,加深了统治集团内部的分歧。7 月 24 日,法西斯最高委员会举行会议,与会者多数要求恢复宪制,把政权交给国王,墨索里尼留任党的领袖。7 月 25 日下午,墨索里尼会见国王,企图进行申辩。但国王已做了安排,墨索里尼被拘禁,先被送到蓬察岛上,8 月底转移到亚平宁山脉的一个小旅馆里。墨索里尼被拘禁后,国王命令巴多格里奥组织新内阁。巴多格里奥政府表面上声称与德国站在一边继续作战,暗地里与盟军谈判停战投降条件。9 月 3 日,艾森豪威尔代表盟军接受意大利投降。9 月 8 日,艾森豪威尔和巴多格里奥宣布了停战宣言。接着,盟军在意大利南部登陆。但是,罗马周围的德军却立刻行动,包围了罗马。9 月 10 日,王室和巴多格里奥内阁逃到布林迪西盟军占领区。

苏军攻克斯摩棱斯克

1943 年 9 月 26 日,红军轰炸了斯摩棱斯克的纳粹军队。斯摩棱斯克曾一度是德国东线最大的阵地工事,他们控制着这座城市,曾为第聂伯河一战积蓄了力量。苏联军队经过几天时间的艰苦战斗,将德军一步一步逐出城外。夜幕降临时,完成了攻克计划,终于在当天解放了斯摩棱斯克。同时还报道了斯摩棱斯克东南 37 英里外的罗斯拉夫尔被收复的消息。斯摩棱斯克的被攻克使得俄军拥有了长达 250 英里的连续不断的完整阵线。约瑟夫·斯大林在发布的公报上说,在 24 小时的战斗中,有 4100 多名德军战死,包括在基辅郊区布罗瓦雷一战中战死的 1000 名德军。基辅是苏联第三大城市,1941 年 9 月以来一直被纳粹占领,它很可能就是俄军下一次胜利的基地。柏林评论员阿道夫·哈尔费尔德评论说,德国在东线的节节战败都是由意大利向盟军的投降而导致的。他写道:"意大利的背叛使得德国军队在军事和政治上发生的变化是不可避免的。"这个评论强调了多数德国人对意大利的默默投降表示痛惜。在最后的几天里,苏联将 540 多个地方从德军的手里夺了回来。基辅的胜利从战略意义来说,将仅次于斯大林格勒保卫战的胜利。

盟军收复科西嘉岛

1943 年 10 月 4 日,科西嘉岛成为法国在欧洲第一个从纳粹手中夺回的领土。纳粹军队当天从该岛撤军,留下了一座可以提供盟军进攻欧洲大陆的海、空军基地。纳粹从科西嘉岛的撤退,也意味着它无法再次使用科西嘉岛的潜水艇基地来攻击盟军的船舰。科西嘉岛位于地中海,距离法国本土东南方大约 160 公里,南与意大利撒丁岛隔海相望。岛上多山,战略地位颇为重要。盟军在意大利签署暂时停火协定之前,曾经秘密地提供弹药武器给科西嘉岛上数千名地下抗暴队。就在这份协定公开之后,科西嘉岛上的意大利部队立即与抗暴军及法国人并肩作战,对抗纳粹。科西嘉岛在战争中受创不少。巴斯蒂亚和岛上其他城市的德军基地都受到了盟军的猛烈轰炸。纳粹放火烧毁了几百亩的农田,使科西嘉岛上的粮食供应日益短缺。但无论如何,法国这一小块领土现在已经获得解放。

英美苏举行外长会议

1943 年 10 月 19 日,英、美两国外交部长安东尼·艾登和科德尔·赫尔在莫斯科会见苏联外交部长莫洛托夫,商讨下一步的军事和政治行动。期间还讨论了是否及如何才能争取瑞典和土耳其参战并提供战争基地的问题。英国提议由欧洲各小国组成一个联盟,但遭到苏联的反对,因为苏联想对东欧和南欧单独施展影响力。同样的,莫洛托夫所提,将意大利部分舰队交予苏联的要求也遭艾登和赫尔的断言拒绝。3 国外交部长只有对今后如何分割德国领土的问题意见一致。此外,外交部长们也达成谅解,德国的战犯交由各有关国家审判,但主犯除外,他们应该是提交到一个国际法庭审判。会谈还涉及在意大利和奥地利重新建立民主制度、建立一个新的国际组织以及战后的裁军问题。此外,3 国外长还同意邀请中国共同发表在魁北克会议中决定的联合国宣言。在宣言中,4 国除了保证共同和轴心国作战,并且声明应尽早建立一般性的国际组织,维护国际和平与安全。

盟国空军大举展开空中攻击

美国空军 1943 年 10 月 20 日炸毁了德国迪伦的一家重要重工业工厂,完成了 10 月攻势的第七次轰炸任务。当夜的袭击使得美国在近来的 100 天内投向欧洲的炸弹总量达到了 80270 吨之多。德国的半数城市遭到了严重的破坏。在迪伦的一次袭击中,两架德国战斗机被击落,使10月份被击落飞机总数达475架。8架美国轰炸机被击落,使10月份轰炸机坠落总数达174架。10月初,英国皇家空军和美国空军对德国的法兰克福进行了猛烈的联合轰炸,法兰克福在毁灭性的火势中熊熊燃烧。这座城市中遍布着许多大型工厂,也是一个具有战略意义的交通枢纽。10月中旬,聚集在太平洋战场的最大的盟国空军部队袭击了新几内亚的拉包尔,击毁或严重损坏了177架敌机和123艘船只。这次袭击共投下炸弹350吨,机枪扫射25万多发,导致了所谓的"敌人毁灭性的大败"。

希特勒下令严防同盟国登陆西部

1943年11月3日,希特勒以德国国防军最高统帅的名义在其第51号命令中宣布,同盟国在西部登陆,将会使德国面临比东部苏联战线更严重的威胁,而且这项预定在1944年上半年的进攻行动,可能还会提前。希特勒下令在适宜登陆的地区——丹麦和德国在西欧的占领区,做好防守的准备。这是希特勒最后一项战略性的指示,尔后各项指示所涉及的都是纯战术行动问题。7日,国防军作战指挥部司令阿尔弗雷·约德尔说,这场战争已无计可言,纯粹在赌运气。

德黑兰会议举行

1943年11月28日至12月1日,罗斯福、丘吉尔和斯大林在德黑兰举行了第二次世界大战期间第一次英、美、苏三国首脑会议,史称德黑兰会议。会议主要讨论制定对德作战方针,即开辟欧洲第二战场问题;战后波兰边界、分割德国问题以及战后维持世界和平的国际组织,即未来建立联合国等问题。会议最后签署了《苏美英三国德黑兰宣言》和《苏美英三国德黑兰总协定》。德黑兰宣言关于战争问题提到,三国已经议定了将德军消灭的计划,并就从东、西、南三面对德进行军事行动的规模和时间,商得完全的协议。在总协定中规定"霸王"计划应于1944年5月初发动,同法国南部的战役相配合。苏军将在差不多同一时间发动攻势,以便阻止德军从东战场调到西战场。在讨论战后波兰的边界时,斯大林提出,西边应以奥得河为界,东边要以1939年9月苏军占领的"西乌克兰和西白俄罗斯"西边为界。罗斯福和丘吉尔虽同意波兰国土应向西移,但并不完全同意斯大林的意见,所以没有达成协议。关于如何分割德国的问题,三国首脑决定由欧洲咨询委员会再进一步研究。对战后组成维持世界和平的国际机构,会议赞同这个机构应该是世界性的,而不是区域性的。在会上,斯大林还表示:一旦德国最后被打败,那时就有可能把必要的增援部队调到西伯利亚,然后将能联合起来打击日本。德黑兰会议和开罗会议、魁北克会议是1943年下半年三次重要的国际会议,这三次会议在反法西斯战争中产生了巨大的作用和影响。它表明国际反法西斯联盟的加强和巩固。会议有关加强合作和协同作战的决议,促使反法西斯同盟国在 1944 年的战争中取得更加巨大的胜利。

《中美英三国开罗宣言》签订

1943 年 11 月 22 日至 26 日,美国总统罗斯福、英国首相丘吉尔和中国政府首脑蒋介石举行了开罗会议。这时罗斯福和丘吉尔正准备前往德黑兰会晤斯大林。开罗会议着重讨论了对日作战问题,会议签订了《中美英三国开罗宣言》。这份宣言在会后由罗斯福带到德黑兰,征得斯大林的同意,于 1943 年 12 月 1 日发布。开罗宣言的主要内容是:"我三大盟国此次进行战争之目的,在于制止及惩罚日本之侵略……三国之宗旨在剥夺日本自 1914 年第一次世界大战开始以后在太平洋所夺得的或占领之一切岛屿,在使日本所窃取于中国之领土,例如满洲、台湾、澎湖群岛等,归还中国。""日本亦将被逐出于其以暴力或贪欲所攫取之所有土地,我三大盟国轸念朝鲜人民所受之奴役待遇,决定在相当期间,使朝鲜自由独立。""我三大盟国抱定上述之各项目标并与其他对日作战之联合国家目标一致,将坚持进行为获得日本无条件投降所必要之重大的长期作战。"因此,开罗宣言是第二次世界大战结束后处理日本问题尤其是处理日本抢占别国领土问题的重要的、公认的国际准则。

英国大举空袭柏林

1943 年 11 月 22 日,英国空军元帅亚瑟·哈里斯称:"我们能将柏林全部摧毁,……对英国而言,付出的代价也许是 400 架到 300 架飞机,但对德国而言,却是一场战争的代价。"英国军机于当晚起至 24 日,开始轰炸柏林。首批 444 架轰炸机轰炸柏林,随后,其中 352 架转向曼海姆。第二批又有 330 架飞机向德国首都柏林投下炸弹和燃料弹。由于浓雾低垂,迫使飞机提前返航,一场 1000 架轰炸机空袭事件便告终止。柏林市内大部分地区被炸毁,有 3738 人死亡,574 人失踪,9907 人受伤,8701 栋大楼全毁,48577 栋房屋受损,417665 人流离失所,无家可归。

铁托担任南斯拉夫领袖

1943 年 11 月 29 日,原名约瑟夫·布罗兹的铁托,已正式成为南斯拉夫政权领袖。铁托一直与盟军密切合作,为苏联军队在 9 月份通过贝尔格莱德的行动铺路,并协助英军展开对轴心国的战斗。同时,铁托的头号政敌德拉亚·米哈洛维奇将军因为和德国私通而被盟军拒之门外。

铁托新政权获美国支持

根据德黑兰会议，美国国务卿赫尔 1943 年 12 月 9 日宣布，美国日后不仅支持南斯拉夫流亡政府——保皇派的德拉亚·米哈洛维奇将军，同时支持其国内的新政权——社会主义者铁托元帅。铁托在战争期间率领南斯拉夫游击队抵抗德军入侵，1943 年 11 月由反法西斯会议任命为元帅，于 12 月 4 日领导成立南斯拉夫临时革命政府，反对流亡到开罗的保皇政府。

战争书籍风靡美国

战争充斥到了文学作品中。戏剧、小说和非小说所涉及的尽是国外的战争现实问题。不过偶尔也有些作家提供些消遣，或者写一篇凉爽的玉米地，或者写一写布鲁克林的树下，作为对战争书籍的补充调剂。理查德·特里加斯基斯就太平洋的海军陆战队情况写了名为《瓜达尔卡那尔的日记》（1943 年）一书。《莱茵河上的警戒》是莉莲·海尔曼创作的关于法西斯主义和孤立主义的一个剧本，这个剧本赢得了评论家的赞赏。哲学家和政治家们也将精力倾注到了时事上面。埃德蒙·威尔逊的《到芬兰车站去》（1940 年）写的是政治动乱。帕斯托尔和社会主义者赖因霍尔德·尼布尔出版了《自然与人类的命运》（1941 年）。本书将当前的现状归咎于人类历来的贪婪与自私。埃里希·弗罗姆在 1942 年写了《惧怕自由》。这部作品说，工业的发展使得人们之间的关系疏远了。读者们在《生长在布鲁克林的树》（1943 年）荫下找到了歇息之地。这部由贝蒂·史密斯新写的小说，叙述的是一位聪颖的女人在一家公寓力图提高自己的生活地位的故事。埃姆林·威廉斯的剧本《玉米绿了》（1940 年）详细叙述了他在威尔士矿区与一位激励人心的教师在一起的经历。最后，前总统竞选人温德尔·威尔基的目光越过眼前的混乱状态，期待着一个和平的未来——那时，我们将生活在一个《大同世界》（1943）。

前意大利外长夏诺遭枪决

1944 年 1 月 11 日，以叛国罪遭起诉的前意大利外交部长夏诺已遭枪决。夏诺为法西斯大会成员，该会会议决议反对首相墨索里尼。2 天前，他被押往威罗纳接受审判，纳粹当局认定其有罪，其妻——墨索里尼之女艾达，为此向墨索里尼求情，但墨索里尼仍下令处决。

苏军对德军实施的十次突击

从 1944 年 1 月中旬开始,苏军从北起巴伦支海、南至黑海大约 4500 公里的战线上,连续对德军及其仆从军实施了十次歼灭性打击,这就是苏联卫国战争中著名的"十次突击"。1944 年 1 月 14 日至 3 月 1 日,苏军在列宁格勒和诺夫哥罗德附近实施了第一次突击,全歼德军 3 个师,击溃 23 个师,苏军西进 220 至 280 公里,使列宁格勒从德军的长期围困中彻底解脱出来。1 月 24 日至 4 月 17 日,苏军在第聂伯河右岸乌克兰地区实施了第二次突击,粉碎德军 66 个师,其中全歼 10 个师,解放了整个第聂伯河右岸乌克兰,苏军在 400 公里的正面上越过国境线,战争已开始转移到苏境外进行。在这次战役中,苏军在整个德军防线上打开了一个宽 650 公里、纵深 450 公里的巨大突破口,实现了卫国战争以来的第一次战略突破。3 月 26 日至 5 月 12 日,苏军在敖德萨地区和克里米亚半岛实施了第三次突击。在敖德萨战役中,苏军重创了德军第六集团军和罗马尼亚第三集团军,于 4 月 10 日解放了敖德萨。在克里米亚进攻战役中,德第十七集团军被歼灭,陆上损失 10 万多人,海上损失 4 万多人,并且几乎损失了所有的装备。第三次突击以克里米亚半岛全部解放而告结束。6 月 10 日至 8 月 9 日,苏军在卡累利阿地峡和南卡累利阿进攻芬兰军队,被称为第四次突击。这次突击的胜利,进一步改变了苏德战场北翼的态势,迫使芬兰于 9 月初退出战争。9 月 19 日,苏、美、英、芬兰政府代表在莫斯科签订停战协定。6 月 23 日至 8 月 29 日,苏军实施第五次突击,即著名的白俄罗斯战役。苏军有 4 个方面军参战,共 140 万人,德军 66 个师,120 万人。在战役第一阶段中,苏军解放了白俄罗斯大部分领土;在第二阶段中,苏军击溃了德"中央"集团军群,解放了白俄罗斯全境和立陶宛、拉脱维亚的部分领土。7 月 13 日至 8 月 29 日,苏乌克兰第一方面军在乌克兰西部和波兰东南部实施了第六次突击,并取得重大战果:击溃德军 23 个师,全歼 13 个师,解放了西乌克兰和波兰东南部,强渡了维斯瓦河,建立了巨大的登陆场,为在华沙至柏林方向上的进攻占据了有利地位。这次突击的一个特点是,充分发挥了快速部队在进攻中的作用。8 月 20 日至 9 月底,苏军在苏、罗边境地区和罗马尼亚、保加利亚境内进行了一次进攻战役,即第七次突击。在发起进攻后不久,苏军很快切断了德第六集团军和罗第三集团军的联系,完成了对基什尼奥夫德军 18 个师和罗第三集团军的合围。8 月 24 日,罗新政府声明脱离德国,退出侵略战争。从 8 月底至 9 月底一个月的时间内,苏军的主要任务是歼灭罗马尼亚和保加利亚境内的德军。8 月 31 日,苏军进入罗首都布加勒斯特,9 月 5 日,苏联向保加利亚宣战。9 月 9 日,保加利亚建立了新政府,并对德宣战。9 月 15 日,苏军进入索菲亚,尔后苏、保军队联合行动,于 9 月底肃清了保境内的德军。9 月 14 日至 10 月 22 日,前苏军在波罗的海沿岸地区实施了第八次突击,击溃德军 29 个兵团,解放了波罗的海沿岸大部分地区,战线由 1000 公里缩短到 250 公里,从而使苏军腾出更多兵力用于东普鲁士和柏林方向上的进攻。1944年9月28日至1945年2月13日,苏军在南斯拉夫、匈牙利、罗马尼亚北部和捷克斯洛伐克东部地区实施了第九次突击。前苏军与南斯拉夫人民军协同作战,于10月20日解放了贝尔格莱德。10月底,苏军解放了外喀尔巴阡乌克兰,并于10月28日进入捷克斯洛伐克。从29日开始,乌克兰第二方面军开始向布达佩斯进攻。12月9日攻占黑沙城,并抵达多瑙河。26日,乌克兰第二、第三方面军在埃斯泰尔戈姆会师,完成了对德、匈布达佩斯集团18.8万人的合围。这时,匈牙利各民主团体召开临时国民会议,成立了临时政府,并于12月28日对德宣战。1945年2月13日,布达佩斯解放。1944年10月7日至11月1日,苏军在苏联的佩特萨莫和挪威的希尔克内斯北极地域实施了第十次突击,15日解放佩特萨莫,25日攻占希尔克内斯市。至10月底,苏军推进150公里,进抵挪威北部沿海地区。

美军在安齐奥登陆

美军两个师1944年1月22日在离敌战线后方60英里处的安齐奥强击登陆,给在意大利的德军一个突然袭击。他们在袭击中没有遇到多少阻力。因为,德国军队正在向南撤退,以此来巩固蒙特卡西诺附近的防御工事。在东线,苏军勇猛冲过乌克兰地区的德军阵线,攻占了波兰境内距边界10英里的拉基特诺,然后向西大力进军。苏军说,德军"正在溃退"。

美军轰炸蒙特卡西诺

1944年2月15日,美国出动229架轰炸机猛烈轰炸蒙特卡西诺的德军要塞。建于公元529年的圣本笃修道院亦遭破坏。此举极可能成为第二次世界大战期间最受争议的行动之一。修道院中的圣本笃修道士们纷纷寻求掩护。纳粹宣称,只有2位德军军官曾到过修道院,而且,德军早已奉命不准跨入修道院周围半径300码(约270公尺)的区域。盟军则表示,因为德军利用修道院周围地区侦伺美军的行动,并以迫击炮攻击美军,所以美军不得不发动攻势。在过去数周内,许多盟军曾因企图占领该要塞而阵亡。美军指挥官表示,他们看到大约200名德军,在飞机轰炸时从修道院中逃出。轰炸行动持续了数小时,修道院内所有建筑物均毁于一旦,但尚无任何修道士罹难。他们躲在地窖里,逃过一劫。轰炸过后,他们被送到安全的地方。次日,德军进入废墟阵地,并建起防御工事。

美军在太平洋战场发动攻势

　　道格拉斯·麦克阿瑟将军率领的部队,1944年2月29日在阿德默勒尔蒂群岛来势凶猛地冲上洛斯·内格罗斯,使盟军在太平洋战场上的攻势达到了高峰。这个攻势大大鼓舞了来势迅猛、逐岛而战的麦克阿瑟的部队的士气。对阿德默勒尔蒂群岛进攻的代号为"酿酒者"的攻势,对当前的作战行动具有重要的意义。这一点,美国人很清楚,日本人也很清楚。日军在援救这个被袭岛屿上一些战略据点的反攻中,组织涣散,损失惨重。美国空军第五师对阿德默勒尔蒂群岛的空中轰击,为进攻这一地区做好了准备。空中轰炸机在天气极为恶劣的条件下袭击了莫莫特和洛伦高群岛上的堡垒。海上通道刚刚被打通,麦克阿瑟便率军乘快速驱逐舰冲向阿德默勒尔蒂群岛。麦克阿瑟亲眼目睹了这次登陆,并宣布,这次占领孤立了俾斯麦群岛上的5万多名日军,为向菲律宾进军的第一步扫清了道路。这次将推进到菲律宾以北1300英里的地方。上次的报道说,将军坚持,要不惜一切代价占据海滩阵地。日军的夜间袭击预计将在2月29日晚上开始。2月初,在太平洋的另一战场,美国轰炸机自日本军队在战争开始时占领关岛的军事设施以来,第一次袭击关岛——美军在马利亚纳群岛被占领的军事基地。海军上将切斯特·尼米兹报告说,这次进攻还袭击了塞班岛和提尼安岛的空军和海军基地。在这次进攻中,135架日军飞机被消灭,11艘船只被击沉或严重损坏;日军防御军队几乎无法阻止美军的进攻,但是他们还是设法击落了6架美国飞机。18日,海军上将尼米兹宣布,美国陆军海军和海军陆战队联合部队,在海军少将李奇孟·凯利·特纳的率领下进攻马绍尔群岛的埃尼威托克环礁,取得成功,这次进攻行动执行得很成功。因为美国飞机袭击了特鲁克岛——日军防御系统中心,作为对埃尼威托克进攻的佯攻。尼米兹说:"最初的登陆是在以航空母舰为基地的飞机和太平洋舰队的重型船只进行了猛烈的初步的进攻后开始的。军队在战舰炮火的掩护和低飞的海上飞机的密切支援下登陆。"登陆前,埃尼威托克像马绍尔群岛的大部分岛屿一样,对外来者是关闭的,该岛具有极好的空中设施和巨大的军事营房。现在这些设备和营房将用作美国飞机和船只向西进军的基地。2月在猛烈的轰击下开始了。美国军队在埃尼威托克环礁将敌人打得不知所措。在那里,海军少将特纳率领他的部队首先进入环礁湖,然后登上海岸。人们认为,这次攻占削弱了日军的士气。正如特纳所说,"如果打,我们就狠狠地打,而且要打胜,各地的日军如果得知这种情况,会感到非常沮丧。"

纳粹对罗马爆炸案展开报复

　　1944年3月23日,罗马发生一桩爆炸谋杀事件,造成33名德国警察死亡,60人重伤。希特勒立即下令,每死一名警察,便枪杀 50 名意大利人,以此报复。陆军元帅阿尔贝特·凯瑟林将此比例降为 10∶1,并宣布,这些意大利人将从罗马的死刑犯,或在预料中会被判处死刑的被告中选取。然而德国警察局长、党卫队强击支部领导人赫伯特·卡普勒发现人数不足,因此又下缉捕令,最后逮捕了 335 人,但他们并非人犯,而是包括军官、牧师和一般男女民众在内的意大利人及意大利的犹太人。他们被送到一个地下墓穴里,并于当日晨时遭枪决。另外,希特勒也下令秘密枪杀 76 名英国军官战俘中的 50 名,他们曾企图逃脱战俘营,但没有成功。

德军歼灭法国马基游击队

　　纳粹 1944 年 3 月 26 日企图在阿纳西附近的格利埃尔高原给法国抵抗力量一个教训。法国方面只有几百人,而德国方面却动用了几千名陆军和空军才把他们驱逐出去。一些人说,是抵抗力量教训了纳粹。一周前,当同盟国两次向马基组织空投武器后,维希政府试图捕获马基游击队或抵抗组织成员。维希想给他们一个惩罚,但是维希政府的国民军在捕获马基中的失败激怒了纳粹。德国军队盖世太保和德国空军的头目们聚集在阿纳西,计划对抵抗力量发动一次袭击。维希的国民军企图讨好纳粹,也在这次计划中出了一把力。12000 名德军猛攻这座高原时,德国空军为他们提供了空中掩护。马基拼命抵抗,但由于力量悬殊,大约 465 名马基战士战死。尽管如此,这次战斗却创造出了许多神话式的故事。

德国遭受严重轰炸

　　1944 年 4 月,美国与英国军机在德国和西欧的空战中获得惊人进展,两国在空中占尽优势。美国空军元帅亚瑟·泰德向同盟国空军部队发布命令:"空军武装力量的主要战略任务乃是进一步摧毁和扰乱德国的军事、工业和经济系统,破坏重要的交通联系。"盟军在德国上空无情轰炸,战况因而获得新的进展。英国皇家空军亦常于夜间轰炸,但由于德国空军愈来愈熟练于夜间防御行动,因此轰炸任务多由美军负责。在新式的"野马"型战斗机的护航下,美国轰炸机在日间非常精确地投下炸弹。第八航空大队以英国为基地,轰炸德国北部、中部与被占领的法国地区。第十五航空大队则以意大利为基地,攻击德国南部与巴尔干半岛。美国第八与第十五航空大队轰炸了工业城市西里西亚、维也纳、布达佩斯、布加勒斯特及普洛耶什蒂油田。

戴高乐任自由法国军队司令

1944 年 4 月 9 日，在阿尔及尔，查尔斯·戴高乐将军被任命为自由法国军队的总司令。但是，就在盟军即将出兵西欧时，军队内部出现了争端，这对将法国军事领导人组织起来甚为不利。戴高乐就任新职，取代了自 1942 年起一直担任此职的亨利·霍诺尔·吉罗将军。吉罗声称，撤掉他的职务是不合法的，并且对他的新任检察长头衔嗤之以鼻。自 1943 年 6 月以来，戴高乐和吉罗一直在阿尔及尔合任民族解放委员会主席。然而，他们的合作很不顺利。戴高乐深信吉罗太保守。戴高乐还有他自己对法国未来的想法。美国和英国对戴高乐似乎有些怀疑。他们对他组织武装法国抵抗力量的能力也很担心。1944 年年初，丘吉尔曾这样问他："你能保证抵抗者会服从艾森豪威尔吗？你能保证他们不会把新得到的武器互相对准对方吗？"同盟国也不相信，抵抗力量对即将到来的出兵行动会有多么重要，因此在制订计划中，并没有给他多大的权力。如上所说，负责出兵法国的将军是一名美国人，他的助手们是英国人。

苏军收复刻赤半岛

1944 年 4 月 13 日，两年前从苏联手中被夺走的、位于黑海中的刻赤半岛，很快又要回到苏联手中。在过去的两天内，苏联军队在克里米亚取得了巨大进展。他们于 4 月 11 日收复了主要沿海城市，包括重要的工业港口敖德萨。4 月 13 日，苏联军队稳固地驻扎在距克里米亚首都辛菲罗波尔 11 英里的地方。苏联黑海舰队阻止了德军从水路撤退。苏联轰炸机横扫海岸线，将轴心国军队进一步逼向内陆。苏联空军刚刚开始轰炸位于塞瓦斯托波尔西南 240 英里的罗马尼亚港口康斯坦萨。雨季结束，克里米亚的飞机场变干，容易接近。苏联飞机可以很容易地来回于布加勒斯特和普洛耶什蒂油田等地区之间。混乱的轴心国军队没有预定的陆地逃跑路线。美联社和合众社估计，有 10 万德国军队驻扎在克里米亚。然而，没有人能猜出，现在究竟有多少德军在守卫塞瓦斯托波尔。那座位于克里米亚西南端的城市是一座极为重要的海军基地，德军是不会轻易放弃的。敖德萨解放的消息鼓舞了苏联人民的斗志。在这座城市落入马利诺夫斯基将军的军队手中的几小时后，莫斯科礼炮齐鸣，放出红、白、绿三色的照明弹，来庆祝这一重大胜利。马利诺夫斯基的高兴还有他自己的原因：他自己就是一位土生土长的敖德萨人。

亲德的法国军团在巴黎集会

与纳粹合作的法国人,1944 年 4 月 16 日在巴黎的自行车赛车场集会,他们挥舞法国国旗,身着德军制服。他们唯一抱怨的是纳粹没有委任足够的差事任其发挥。他们已非常厌倦看守道路的铁路车站的工作,最想做的是逮捕抗暴军分子,以及所谓的恐怖分子。与会士兵都是反布尔什维克自愿军的成员。这支军团系阿道夫·希特勒下令入侵苏联一个月后成立的。

盟军在新几内亚反攻

1944 年 4 月 24 日,在一次大胆地沿着新几内亚海岸推进的 500 英里行军中,道格拉斯·麦克阿瑟将军的部队绕过了日军在豪萨和威瓦克的堡垒,以汉博尔特和塔纳默拉海岸登陆并占领了这两个海湾。麦克阿瑟的军队还攻取了荷兰迪亚镇,而且距城外的简易机场不到 5 英里。据估计,只有 1000 名日军守卫机场。占领这个机场将有助于扩展美国对整个新几内亚的空中控制并切断向在东部的日军供应物资的运输线。麦克阿瑟的军队得到了海军上将切斯特·尼米兹的海岸袭击部队的大力支援。这支部队在麦克阿瑟发动进攻之前就击毁了 100 多架日本飞机,摧毁了 500 英里的海滩阵地。这支由航空母舰组成的舰队在向南转弯前,一直在向帕劳前进。日军不得不仓皇撤退,美军发现了许多敌人留在岸上没有动过的早餐。

隆美尔参与反纳粹活动

在非洲战役中,身经百战的德国陆军元帅隆美尔,1944 年 5 月 14 日已从纳粹体制的支持者变成了反对者。斯图加特市长卡尔·施特罗林和隆美尔的参谋长汉斯·施派德尔将隆美尔卷入整个西欧的反纳粹活动中。在法国的德军司令卡尔·海因里希·芳·施蒂普纳格和隆美尔均拒绝参与暗杀希特勒的行动。隆美尔决定请求希特勒在西欧停战,并撤回德国边境。这两位将军进一步打算,为和平谈判做好准备。一家电台在两位将军要求之下,向德国公民阐明实际的军事形势和纳粹暴行。根据他们的要求,坦克部队必须隔绝元首的总部与外界的联络,并逮捕希特勒,将他移送法办。

萨特的剧本《禁闭》开始上演

让·保罗·萨特的存在主义剧本《禁闭》1944 年 5 月 27 日晚在巴黎公演。四位人物出现在舞台上,其中三个人——二女一男被锁在了一间屋里等待死神。这个独幕剧的要旨可以归结为一句话:"他人就是地狱。"36 岁的萨特去年以他的《存在与虚无》一书突然出现在文学舞台上。这部作品说:"意识使我们获得了自由,但是自由又是一个沉重的负担;我们的许多选择压得我们喘不过气来。"一些批评家认为萨特是一位悲观主义者;另一些人说他只不过是描写了现实。

自由法国成立临时政府

1944 年 6 月 3 日,法国的夏尔·戴高乐正在证实他在政治事务与军事事务上同样内行。在他的领导下在阿尔及尔的民族解放委员会宣布,这个委员会为法国的临时新政府。这一举动正好发生在戴高乐被任命为法国总司令的两个月之后。新政府计划,盟军一经将法国从纳粹手中解放出来就取代维希内阁。议会对这一计划也表示赞同。临时政府的形成使法国面临着令人烦恼的货币问题:什么才是真正的法国法郎?是维希政府印刷的货币还是盟军统帅发行的货币?戴高乐声明唯一合法的法国通用货币应该是已经他同意的。在军事前线,戴高乐正努力争得对法国抵抗力量的统治。在以后的几天里,他希望同盟军进行商讨,讨论他和抵抗力量在即将到来的进攻法国的行动中将担任什么样的角色。

盟军开进罗马城

盟军以惊人的速度击溃了纳粹的最后反抗,一路射击,于 1944 年 6 月 4 日晚上开进罗马。他们受到了城中许多居民的热情欢迎。罗马对盟军来说没有什么战略价值。但它是轴心国家的首都之一,也是第一个从纳粹手中解放出来的首都。一支德国军队顽固不化,在城门外进行最后的守城抵抗。但是当美国将军马克·克拉克命令他的军队开火时,德军便撤退了。盟军成扇面形迅速穿越此城,在罗马广场同一支守卫队交战,击毁了图拉真圆柱附近的一辆警察巡逻车,并搜查可能落在后面的纳粹狙击手。在盟军的最后一次突击中,罗马城几乎没受到什么破坏,城中居民与盟军配合,清理街道。撤退中的德军对阿道夫·希特勒的命令置若罔闻,不去轰炸台伯河上的桥梁。城中的古迹仍完好无损,只是铁路车场似乎遭受了很大破坏。盟军在过去的 24 小时内行军 15 英里。他们行动如此迅速致使他们在沿途中多次遭到小块纳粹遗留的阵地上的敌人的袭击。1000多名德军被抓获，600辆敌人机动车被毁。美军为占领了罗马而感到无比激动。

盟军在诺曼底登陆

　　1944年6月4日，大规模进攻之日来到了。等待已久的英美进入欧洲的战争在黎明时分开始了。联军司令德怀特·D·艾森豪威尔将军发表声明，声明中删去了可能会被敌人利用来对付他们的细节。声明说："同盟国的海军在强大的空军掩护下开始将盟国陆军送往法国北海岸"。一天的时间慢慢地过去，但究竟有多少人登陆了却一直没有公布。不过他们的登陆地点渐渐地被人知晓。许多人在瑟堡东南65英里处的卡昂附近登陆。一家德国公报说，这些人的登陆地点是塞纳河口。四批解放战士由上千的伞兵为先导。他们从C—47运输机上跳下，他们的背上或胸前都捆着弹药和装备。一些伞兵将在敌人战线的后方充作步兵。另一些是工程师，他们将占领德军机场。如果失败，他们将建立新的登陆机场。空军第九师部队运输机司令部900多架牵引机和滑翔机将第二批士兵送上岸。这些进攻部队涉过最后几码的水面到了海滩，他们背着武器和军用品，浑

欢天喜地的意大利人围着美军吉普车

身都被海水和汗水浇湿了。在他们旁边行进的是吉普车、大炮和巨大的汽油桶。第三、第四批解放战士预定将于今天晚上和明天到达。由于德军加强了防御，这些战士要

进行一场更艰苦的战斗，就像艾森豪威尔和另一位司令预计的那样，纳粹开始了报复。不出所料，有2%到3%的盟军飞机被击落。德军增加了探照灯照射，口径20毫米的大炮被运来对付一批接一批的军队。机枪构成了纳粹主要的地面防御武器，但是他们也有一些作战工具是原始的。联军发现了许多埋在海滩战场上的削尖的木桩。艾森豪威尔1944年6月4日早晨通过电台向西欧人民讲了话。他讲的话大部分是讲给法国人的，他承认法国人在这次联合进攻面前是首当其冲的。他赞扬了他们的军队，接着便把他的注意力转向了法国民众，他宣告说："法国的公民们！因为首次登陆发生在你们的国土上，我要重复强调我对西欧其他被占国家人民的要旨，听从你们领袖的指示。在这个关键时刻，你们全体法国人举行不成熟的起义，将会阻碍最大限度地援助你们的国家。耐心些。要准备……这次登陆只是西欧战争的开始阶段。大规模的战斗还在后面。我号召所有热爱自由的人们同我们站在一起"。

纳粹奥拉多尔大屠杀

1944年6月10日，法国游击队成立了一个军事组织，其中若干支队由昔日法军的军官领导。各个小组接受英国供应的武器，成为法国的反纳粹力量。他们被德国的新闻报道称为"歹徒"，并遭到德国占领军的跟踪、追击。6月9日，游击队员劫持一名纳粹党卫军的军官，并谣传他将于10日在奥拉多尔被杀。于是，党卫军当天包围整座城镇，将居民召集至广场上。关于这之后的事情的发展，根据维希政府的一份报道指出："男士们被强迫分成4至5组，并被关入谷仓中；妇女和儿童被带往教堂拘禁。14时许，机枪声大作，男士们首先遇害，接着整个村子及邻近的农场都燃烧起来，房子一幢接一幢地被焚。由于村中住屋分散，焚烧行动持续了数小时。……17时，德国士兵闯进教堂，将一个箱形的窒息器放在圣餐桌上，点燃导火线，很快地教堂内就缺乏氧气。虽然有人成功地打开贮藏室的门，然而德军透过教堂的窗口射击，并涌入教堂，以冲锋枪扫射幸存者，同时倾倒易燃品……。18时左右，德军拦截一列经过奥拉多尔的火车，命令拟前往该镇的火车乘客下车。德军以冲锋枪射杀他们，将尸体扔进大火中焚化。"德军蛮横地阻止邻近地区的居民进入奥拉多尔埋葬罹难者，直至13日才允许地区长官进入。纳粹在奥拉多尔的暴行，使642名18岁至85岁的受害者牺牲了性命。然而有一名儿童、一名妇女和五名男子，竟奇迹般地幸免于难。

第一枚 V—1 火箭袭击伦敦

在1944年6月12日当时说出阿道夫·希特勒的新式"神奇武器"将会有多大威力还为时过早，但是，当第一枚 V—1 火箭在伦敦着陆并爆炸时，英国受到了极大的震惊。

V—1 火箭是一种靠喷气发动机推动无人驾驶的飞行炸弹。它载有 1 吨的炸药,以每小时高达 370 英里的速度运行。盟军一直在努力摧毁纳粹在波罗的海试制 V—1 式火箭"复仇"的基地,但没有多大成效。现在,皇家空军不得不在火箭给地面造成破坏之前在空中击毁它们。

国际货币基金组织成立

1944 年 6 月 30 日,若干国家的代表,在美国新罕布夏州布雷顿森林召开一个为期 3 周的国际货币金融会议,讨论第二次世界大战后对外的贸易和财政问题。他们通过英国经济学家凯恩斯和美国财政部长摩根索的建议,成立国际货币基金组织(资本额 88 亿美元)和国际复兴开发银行(资本额 91 亿美元)。

美军登陆马里亚纳群岛

美军 1944 年 6 月 15 日在轰炸马里亚纳群岛后开始登陆该岛,550 艘登陆艇载着 13 万人,在 93 艘战舰和 1000 架飞机的掩护下开始进攻。这些飞机亦展开空袭行动,把塞班岛上的日本机场摧毁得不堪使用,使日军的战斗力受到很大的影响。在登陆马里亚纳的同时,美军在菲律宾海域的战役也有所进展。但对日本海军司令部来说,此役有助于减轻塞班岛和新几内亚的日本驻军负担。日本飞机担负着消灭美国航空母舰的任务,但由于过早地被美军的雷达所发现,因此在首次进攻中就遭到致命的打击,360 架飞机被美军击落。

美军轰炸日本岛

1944 年 6 月 15 日,据陆军部发布的特别公报报道,美国 B—29 型超级堡垒轰炸了日本,开始了同日本帝国的全力空战。日本主要岛屿的最南端的工业中心九州岛遭到了能力巨大的飞机的严重轰击。这次袭击突出表明,太平洋战争又有新的开端。总参谋长乔治·C·马歇尔将军称这次袭击为"一种新式的对敌攻势"。伤亡情况尚未公布,不过很清楚,这次空袭对辅平进攻日本的道路起了大作用,就像大规模的空战削弱了德国的力量并进而占领德国一样。国防部长亨利·史汀生说:"我向计划这次行动的人和飞机驾驶人表示祝贺。这些先锋队缩短了我们到东京的路程。"

盟军解放瑟堡

红、白、蓝 3 种颜色的降落伞 1944 年 6 月 27 日下午在瑟堡上空迎风飘扬。法国第三大港口经过长达 1 周的疲惫的围攻终于解放了。盟军为之而欢呼,他们称这次事件为彻底解放西欧的必不可少的第一步。英国和美国的战列舰和重型巡洋舰轰炸了瑟堡海岸线。德国用装备有 450—MM 大炮的炮兵连进行反击。排成一排 4 座碉堡似乎坚不可摧。盟军用爆破筒和火箭筒竭力袭击碉堡。结果表明,他们的努力取得了显著效果。6 月 26 日,士兵们向敌军的通气孔投掷手榴弹,碉堡终于被摧毁了。就在同一天,盟军发现,在瑟堡南部有一个隧道,纳粹炮火的烟雾从中喷出。美军讨论,计划炸开这个隧道。德国人一定一直在偷听,因为一会儿功夫,就有一个士兵举着白旗冒了出来。他告诉一个美国司令说,卡凡·凡·施利本将军在隧道里,希望投降。美军接受了这一提议。他们惊讶地看到 800 人从隧道里出现了。总之,大概有 3 万德军在瑟堡被俘,纳粹报纸只看到事物光明的一面。报纸声称:"德军统帅牺牲了瑟堡的军队,但因此赢得了时间。"凡·施利本将军在解释他为何迟迟不投降时重复了这些观点。盟军有权利欢呼胜利,瑟堡已经落入他们的手中。然而,一座城市解放了,另一座城市却被奴役了。纳粹已于 6 月 27 日下午长驱直入赫尔辛基。

苏军炸弹猛轰华沙

1944 年 7 月 20 日,沿着整个东部战线,一支强大的苏联军队在新式坦克和飞机的掩护下,正在迫使德军撤退。苏军正在拉长战线,从北面的里加延至南面的罗马尼亚。苏军第一批炸弹雨点般地落向华沙。波兰游击队从德军战线的后方发动进攻。俄军解放了卢布林后,一个全国解放委员会在这个城市成立。这个委员会把在伦敦的波兰政府抛在一边,而同莫斯科密切合作。许多波兰人为纳粹在溃逃而感到激动,但是他们也为苏军的到来而担心。他们疑虑纳粹占领军是否就会被共产主义者所取代。在漫长战线的北部,俄军的目标是,越过爱沙尼亚和拉脱维亚,最后占领波罗的海。俄军还竭力加强已松弛下来的从"白俄罗斯"至喀尔巴阡山脉的战线。在莫斯科,57000 名德军从大街上走过。然而,他们不是征服者,而是战俘。俄国宣扬他们新的军事胜利,来自世界各地的外交家们观看这一景象。毫无疑问,东欧的战局已发生了转变。俄国的战争机器是庞大的,而且是不断增长的。1944 年上半年,工厂就制造了 16000 架飞机和 14000 辆坦克。这些新的武器正在惩治那些在西线已被盟军削弱的德国军队。

德国将军们谋杀希特勒未遂

　　德国施陶芬贝格上校在非洲战役中身受重伤,返回国内,他失去了一只眼睛、右手和左手的两个指头。然而他仍利用其后备军总参谋长的职务,和路德里希·贝克将军及其他反抗运动的成员共同策划推翻纳粹的暴力统治。施陶芬贝格确信谋杀是必要手段,因而与几名挚友着手准备。他们决定,为了防止内战,将实施戒严令,后备军将占领所有的重要部门,排除党卫军及其他纳粹组织的势力。而谋杀希特勒后,除宣布其死讯外,还宣

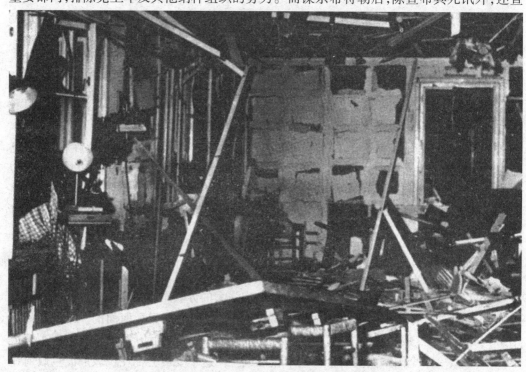

图为希特勒在东普鲁士的总部"狼窝"被炸毁的房子

布由贝克和卡尔·格德勒接管政府。为推动组织工作,施陶芬贝格必须留在柏林,因为这些反抗分子中,他是唯一能借讨论形势之便接近希特勒的人,也就是说,只有他才能执行这项谋杀任务。由于伤残,施陶芬贝格无法迅速地拔出手枪,必须利用爆炸物。他曾4次于公事包内暗藏炸弹,前往讨论。6日、11日、15日这三次,均因客观条件不尽理想而错过点火时机。直到1944年7月20日,他飞往元首总部,并启动定时炸弹。就在会议即将开始之际,他离开了这间会议室,返回柏林。孰料,一名与会军官嫌此公事包对其构成妨碍,而将之挪开,使得炸弹无法直接命中希特勒。12时42分炸弹爆炸,施陶芬贝格在远方密切地注意此事件的发展,并确信这项行动已成功无疑。但事实上,参与讨论的人

希特勒在爆炸中仅受轻伤,他右臂的伤势拖延了一段时期,本图是他在爆炸发生之后不久,与墨索里尼、波曼、杜尼兹海军上将及戈林合影。

员中,有 11 名受重伤,其中 4 名生命垂危,希特勒则仅受轻微擦伤,下午还得以如期接见来访的意大利首相墨索里尼。爆炸之后,纳粹立即展开侦缉工作,很快地,施陶芬贝格成了可疑人物。纳粹随后大加逮捕,贝克将军自杀而死,施陶芬贝格和若干参与爆炸计划的军官均被枪决。希特勒在一次广播谈话中告诉民众他还活着,并称这些阴谋者是追求虚荣、无良知的人,是极恶劣的罪犯、愚蠢的军官。他表示,必须"毫不留情地消灭"这个"完全由恶劣的罪犯组成的小集团"。希特勒利用这些失败的谋杀行动强调他乃"天命之所受",因此决定进一步地追求他的目标。若干反抗运动的成员逃往国外,其中有些人自杀,有些躲避起来,以免受党卫军及盖世太保的折磨。由 400 名工作人员组成的调查局逮捕了约 7000 人,至次年上半年为止,与此次行动有直接关系者有 170 人罹难。施陶芬贝格、格德勒及同谋军官的亲属亦受牵连,被拘押至集中营。

纳粹逮捕贝当

法国维希政府的通敌头目,前"凡尔登救世主"亨利·菲利帕·贝当元帅,被德国党卫队逮捕,1944 年 8 月 20 日押往德国。据报道,元帅坚决拒绝离开维希,但纳粹党卫队制服了贝当的私人警卫。当他被告知已成为一名囚犯时,贝当说:"你们可以随心所欲地处置我,但我决不离开这座城市。"可是德军发出了最后通牒,要么乖乖地离开这座城市,否则他们将把城市炸毁。贝当与他的顾问们商量后,改变了主意。目前,贝当正在去德国威斯巴登的途中。那里已为他备好了一套公寓。

纳粹集中营屠杀暴行被揭露

记者们1944年8月27日视察了波兰梅登内克集中营。波兰和苏联官员估计,那里大约有150万人被杀。牺牲者是来自欧洲各国的男女老幼,有犹太人,也有基督教徒。这个占地670英亩的集中营是经过精心设计的。围墙上电网密布,围墙外设有14个机关枪炮塔。围墙内是排列整齐的绿色营房,营房的一侧是密闭毒气室和火葬场。囚犯们被高效率地处理掉。他们先去洗澡间,脱光衣服,衣服被运往德国,去填充那里人们的衣橱。然后,囚犯们被驱赶到另一个房间。这个房间除了在房顶上有几个小孔外,是密闭的。毒气筒从外部将毒气由这些小孔喷射下来。温热的淋浴已将囚犯身上的毛孔充分打开,这就使毒气得以更加迅速地发挥效用。看守们透过房顶的玻璃窗看着囚犯被毒死。尸体被运到炼尸炉处,金牙被敲下,以便日后出售,每具尸体需焚烧10~12分钟。正常情况下,每天可烧炼1900具尸体。骨灰被收集起来,作为肥料赏给德国农民。

盟军在法国南部登陆

假如攻克诺曼底能同攻占法国南部一样容易,反击希特勒的这场战争到1944年8月29日就可能结束了。在不过14天里,盟军就席卷了从马赛到尼斯的整个南部海岸。美军也越过阿尔卑斯山脉,占领了格勒诺布尔。在法国步兵和装甲部队的进攻下,德军在重要港口马赛的防御被摧毁。这一胜利使帕奇将军的美军第七兵团获得源源不断的后勤补给。德军对第七兵团的抵抗被描绘为"软弱无力、混乱不堪"。在格勒诺布尔战役中,第七兵团俘获17000余名德军战俘。兵团又全速推进,完全切断了在意大利和法国的德军之间的通信联络。亨利·威尔逊将军的一份战报提到这种迅猛挺进的目的是准备"与来自诺曼底的盟军会师并继续挺进"。按着美军目前的速度,这两支部队将在几天内会合。另一支美军正在向德国在法国西南部的最后一个占领区波尔多逼近。

罗马尼亚向德国宣战

苏联军队1944年8月31日大举进攻罗马尼亚,占领首都布加勒斯特,并控制普洛耶什蒂油田。罗马尼亚于25日阵前倒戈,反过来向德国宣战。因为罗首相安东尼斯库请求让军队自苏境内撤回,但为德国元首希特勒所拒,安东尼斯库认为此刻正是罗人民捍卫国土的时刻,罗马尼亚军队遂起而反抗,与红军结盟。希特勒恼羞成怒,下令轰炸布加勒斯特,并逮捕罗国王米哈伊。然而米哈伊早已逃往瑞士。

巴黎解放

1944年3月,法国共产党领导的游击队和国内资产阶级抵抗组织的武装力量联合为法国"内地军"。1944年6月3日,戴高乐把"自由法国"的法兰西民族解放委员会改为法兰西共和国临时政府,自任主席,和盟军一起,准备迎接法国的解放。1944年6月6日,以美、英、加军为主的盟军在诺曼底登陆,戴高乐在北非组建的法国第二装甲师也随盟军参加了登陆战役,内地军和法国人民听到盟军登陆的消息后,纷纷参加游击队,响应和协助盟军对德军作战。内地军迅速发展成一支具有50万人的队伍。法共领导的游击队猛增到25万人。德军遭到盟军和内地军的两面夹击。盟军突破诺曼底的德军防线后,游击队包围了大约15个德国师,为光复祖国做出巨大贡献。游击队在盟军到达前用自己的力量解放了二十几座城市和28个省(全国共90个省)。由于游击队的配合,在南部登陆的法军第一师前进非常顺利。1944年7月24日,巴黎爆发了有15万人参加的罢工和示威游行。8月10日和15日,巴黎地区铁路工人和警察再次罢工。接着,共产党、社会党和天主教的代表组成了巴黎解放委员会。8月19日,35000名地下军、50000名民兵和倒向戴高乐的原维希政府的宪兵队和近卫队,联合举行武装起义,在巴黎街区与德军展开激战,解放了首都。这时盟军正在塞纳河西岸与德军战斗,尚未到达巴黎。8月25日,戴高乐的法军第二装甲师从巴黎的南门和西门进入首都。这天下午,法国勒克莱尔将军奉艾森豪威尔之命,在巴黎接受德军投降,巴黎全部解放。戴高乐将军以法兰西共和国临时政府主席的身份进入巴黎。法国解放。

德国使用 V—2 火箭

1944年9月8日,纳粹新式的遥控火箭V—2火箭,首次对英国伦敦和比利时安特卫普发射。V—2火箭所携带的弹药量与V-1火箭相同,然而它的速度更快、杀伤力更强。V—2火箭系以5倍音速飞行,要侦测到这种速度逼近的火箭几乎是不可能的事。纳粹自从部署于诺曼底的发射台遭盟军包围后,即已放弃了V-1火箭。

比利时各城市解放

美军第一兵团从德国手中解放了几座比利时城市之后,又转向东部战场。这支部队现在距离德国边境仅 20 英里。它的下一目标是有重兵把守的齐格菲防线。盟军的先头坦克部队在拂晓前攻入列日。天一亮,数千名比利时人便将胜利的美国军队团团围住。几天前,他们还惊恐地躲在家里,而 1944 年 9 月 9 日,他们则拍打着美国士兵的后背,读着自德军占领以来第一次没有经过审查就出版的报纸。列日的比利时人欢迎"美国大兵"几乎到了狂热的地步,在布鲁塞尔,场面也是如此。败退的德军试图放水淹没比利时和荷兰的洼地,以争取时间保卫自己的国土。他们缺少坦克和车辆,他们拚命要赶在盟军到达齐格菲防线前搜寻到新的车辆和坦克。预期,盟军一旦得到补充,就会立即发动进攻。

英美决定攻势转向太平洋

在 1944 年 9 月 11 日起举行的第二次魁北克会议中,英国首相丘吉尔和美国总统罗斯福一致同意,将战力由欧洲战场转移至太平洋。这项决议正意味着纳粹已步向土崩瓦解的边缘。在一份会议之后所发表的联合声明中,对此项决定大加赞扬,声明中说:"他们在极短的时间内便达成协议,一方面力图结束行将落幕的欧战,一方面将大军投向太平洋,以消灭野蛮的敌人。"当这两国首脑同意转移战争焦点,并认为太平洋幅员辽阔,作战指挥行动不可能仅由一人独当一面时,丘吉尔对美国新闻界颇多怨言,因为美国新闻界暗示,英国想减轻对日作战的负担,转由美国承当,他对此说法大加驳斥。

美军攻入第三帝国

1944 年 9 月 15 日,战争终于在德国的土地上打响了。美国将军奥马尔·布拉德利率领的第一军团突破了亚琛以东的齐格菲防线,驻扎在位于莱茵河畔的离科隆郊外不到 30 英里之处。这就使美国步兵得以逼近德意志帝国的大本营——鲁尔工业区。虽然这份捷报使其他报道相形见绌,但是南部的攻势进展也很顺利。乔治·S·巴顿将军的第三军团在过去的 24 小时内,击溃了在其右翼的南希·查姆斯和埃皮纳勒的军队。摩泽尔河畔的德国防线的根基已被摧毁。

芬兰与苏联停战

芬兰总统曼纳海姆元帅于 1944 年 9 月 2 日通知德国元首希特勒,芬兰有意与苏联停战。苏联则提出停火条件:芬兰与德国断绝外交关系,德军于 15 日前撤离芬兰领土。芬兰新任总理哈克策尔 1944 年 9 月 19 日与苏联签署条约,芬兰除了归还 1940 年占据的领土之外,必须割让佩萨莫、租借波特拉和乌德给苏联。希特勒认为芬兰背信弃义,拒绝立即自佩萨莫撤军。而在芬兰北部的德国山地部队第 20 军,由于撤军时实施焦土政策,与芬兰军队发生战事。

保加利亚停战并组织新政府

1944 年 9 月 19 日,保加利亚被苏联红军在东欧的步步进逼吓破了胆。在与苏军短期交战之后,它断绝了与德国的所有联系,与苏联签订了停战协定,并建立了新政府。新政府在共产党支持者基蒙·乔治夫上校的领导下,开始流放并监禁那些对保加利亚与柏林纳粹政府相勾结负有责任的人。保加利亚是在苏联在其邻国南斯拉夫取得胜利后做出这种改变的。苏联统帅约瑟夫·斯大林在莫斯科电台高兴地宣布:"保加利亚已经不再是德国势力在巴尔干半岛的中心了。"

德国征召十六岁至六十岁的男子入伍

1944 年 9 月 25 日,德国元首希特勒发布公告,规定凡 16 岁至 60 岁尚未服役的男子,都要参与保国卫民的战斗。希特勒根据海因兹·古德里安和阿道夫·豪辛格 2 名将军的建议,决定成立人民游击队。后备军总司令海因里希·希姆莱负责人民游击队所需的军事装备——武器战利品和反坦克火箭筒。纳粹游击队担任训练工作,马丁·博尔曼负责政治和组织方面的执行规定。10 月 18 日,人民游击队正式成立,有 100 万德国人应征,包括儿童、老人和病患者,他们将被派往修建防御工事或开赴前线作战。

盟军"市场花园"行动

1944 年 9 月 27 日,盟军攻占荷兰阿纳姆大桥所做的努力已遭惨败。数千名英、美、波兰和荷兰士兵在凶猛的德军炮火下牺牲。盟军控制莱茵河的计划虽未被彻底打乱,但至少也需修改。9 月 3 日至 4 日的两天里,英军战区元帅伯纳德·蒙哥马利率领下的第二集团军的一支部队攻入比利时,解放了布鲁塞尔和安特卫普。接着部队又向东北方向挺进,与波兰和美国军队会师。一周后,他们进入荷兰的领地。14 日,蒙哥马利对"市场花园"行动做出具体指示,命令空降部队占领阿纳姆和莱茵河下游的另外两个城市——格雷夫和艾恩霍德芬。伞兵为步兵攻入鲁尔盆地铺平道路。似乎是胜利在望了。阿纳姆港已获解放,只有横跨在斯海尔德港湾口处的大桥仍在德军手中。此外,从比利时到荷兰,德军的撤离似乎已成定论。但是,德军在阿纳姆大桥的防守是坚不可摧的。登上桥墩的一个旅的波兰士兵几乎全部被击毙。3000 名伞兵中只有 50 人幸存。近 1 万名荷兰抵抗战士阵亡。美军和英军也伤亡惨重。9 月 27 日,在阿纳姆这块几年前盛开着郁金香的土地上,铺满了五彩的降落伞,降落伞旁,静卧着一具具死尸。"市场花园行动"失败了。

纳粹控制布达佩斯

1944 年 10 月 15 日,匈牙利摄政尼古拉斯·芳·霍德说:"我希望所有思想正直的匈牙利人跟随我,向拯救匈牙利民族的艰难大道行进。"他是在宣布与苏联缔结的停战协定时作如此呼吁的。目前匈牙利的第二大城塞德格已被苏联红军占领,然而霍德的呼吁为时过早,匈牙利军队中,仍有许多军官信赖控制着国内大军的德国当局。德国对霍德的号召,立刻有所回应,因为他投向同盟国阵营一事早在纳粹意料之中,他的儿子被诱捕,成为谈判的筹码。纳粹党卫队控制了匈牙利首都布达佩斯,并要求霍德辞职,否则将有丧子之痛,结果,霍德签了辞职书。当时担任国家元首的是法西斯箭十字运动的领袖弗伦克·斯扎拉西,但他无力提出己见,反而成为德国占领军的帮凶。结果反对者被杀,居住于布达佩斯的犹太人被驱逐至迅速成立的犹太人居住区。

隆美尔被迫自尽

隆美尔将军虽被视为德国的英雄,却也是希特勒的敌人,他 1944 年 10 月 14 日被迫自杀身亡。隆美尔被控企图谋杀元首。2 名希特勒麾下的将军今天来到隆美尔家中——隆美尔自从 1944 年 7 月头部受伤后,便在家中疗养。他们给予这名"沙漠之狐"两种选择:服毒自尽,享受英雄式的葬礼,使家人免受屈辱;或在柏林接受审判,妻子遭逮捕。结果隆美尔选择前者,他跟着 2 名将军乘坐汽车,在途中服毒。希特勒下令为这名充满传奇色彩的军官举行国葬,以隐瞒他自杀的真相,他的遗孀和儿子也被迫参加葬礼。

美军登陆雷伊泰岛

在麦克阿瑟将军领导下的美军,1944 年 10 月 23 日在菲律宾群岛的雷伊泰岛登陆。在此之前,盟军已占领马里亚纳群岛,日本与东南亚之间的海陆大受影响。如今,美军登陆雷伊泰岛,令日本的石油和原料供应受到威胁。日军以神风特攻队反复空袭美军军舰之后,日本海军司令部即根据击沉的敌船的错误数报告,认为日军有阻止或击退盟军登陆的可能。结果雷伊泰岛在 4 天的海战中,盟军以 218 艘的战舰与 64 艘日舰对垒,尽管日军得到驻扎于菲律宾的日本空军的支援,但仍非盟军敌手。虽然美国的太平洋舰队在此役中损失了航空母舰和驱逐舰各 3 艘,但日本却损失 4 艘航空母舰、3 艘战舰、10 艘巡洋舰和 10 艘驱逐舰。日本海军最后终被击溃,然而盟军亦不得不停止水陆两栖作战计划,因为神风特攻队也造成盟军极大的损伤。

麦克阿瑟的部队在雷伊泰岛登陆

英、苏划分在欧洲的势力范围

1944 年 10 月 9 日,为了明确地划分英国和苏联在欧洲的势力范围,英国首相丘吉尔前往莫斯科,并于美国驻苏联大使阿弗拉·哈里曼在场的情况下,共同划分界线:苏联在罗马尼亚的势力范围占90%,在匈牙利和保加利亚各占80%,而苏、英两国在南斯拉夫的势力范围各50%,希腊90%的势力范围则划归英国。至于波兰问题,英、苏两国并未取得协议,因为波兰流亡内阁总理米高拉耶兹克拒绝和较占优势的波共共同建立政府。丘吉尔认为划分线只是一时的权宜作法,他在下议院宣布:"我们和苏联的关系,从来不曾像当前这么亲近、密切而真诚。"

盟军攻占德国亚琛

1944年10月21日,经过激烈的战斗之后,损毁严重的亚琛已被美军占领,此为第一座落入同盟军方的德国城市。德国的官方宣传,凭着新式的精良武器,不久即可收复这座城市。然而重要的问题是,亚琛居民并不对美军报以敌视的态度,反而视之为"解放者"。在莱茵地区甚至于出现一种趋势——民众宁可战败,也不愿逃难。德国内政部长希姆莱威胁所有的德国人:凡对同盟国卑躬屈膝,有失尊严者,待德军收复失土后将接受法律制裁。

巴顿部队攻进萨尔盆地

1944年11月24日,乔治·S·巴顿将军的部队闪电式攻进了德国第二重要矿区和厂区——萨尔河流域。人们认为,在战争中它的重要性仅仅次于鲁尔河流域。当德国军队在科洛涅战场被英军包围,在斯特拉斯堡被法军包围时,战略性的进展就来到了。结果表明,德军的撤退是没有组织性的,而且很胆怯。一周前,当美军的进攻开始时,美国士兵发现那些被遗弃的城镇都已经过了德军的精心安排。德军在街上布上了地雷,在下水道里设下了致命的陷阱。德军给这些村庄放了火,他们很慷慨地给了村民们10分钟时间收拾东西,然后划着了火柴。然而,在最后的48小时里,巴顿和他的军队发现了恐慌的迹象:两堆弹药和四门177mm的火炮等着他们去缴获。在最后的3天里,美军还抓获了3000名俘虏,其中还有两名重要将领。

纳粹结束集中营屠杀

1944年11月2日,第二次世界大战即将进入尾声,种种征兆已对德国内政部长希姆莱造成影响。他从1943年起就企图与西方列强建立关系,却未能成功。他听取党卫队旗队领袖康特·贝歇尔的意见,认为结束奥斯维辛的毒气屠杀是明智之举,因此他在10月便发布相关命令,但直到1944年11月份,这项命令才转送至奥斯维辛集中营内,因此,尚有多人由斯洛伐克、意大利、法国和波兰运送至此。这些人员旋送转至位于德国的贝尔根——贝尔森、布森瓦尔德、达豪等集中营。11月底,纳粹下令炸毁奥斯维辛集中营里焚化人犯的设备。

罗斯福四度当选美国总统

民主党籍的富兰克林·罗斯福 1944 年 11 月 7 日以 1916 年以来最低的领先票数,击

美国总统富兰克林·罗斯福

败共和党总统候选人托马斯·杜威,第四次当选美国总统,双方各得到 25610946 票和 22018177 票。密苏里州的民主党参议员哈利·杜鲁门当选为副总统。民主党在国会中赢得 242 个席位,共和党仅获 185 席。罗斯福票数偏低的主要原因在于他在竞选时甚少露面,造成他给人有职务倦怠和体质衰弱的印象。

美国建立五星级上将军衔制

1944 年 12 月 15 日,国会全票通过建立一个新军衔级别——五星级上将。这项议案刚刚通过,就有 4 名将军得到晋升:总参谋长乔治·马歇尔;西南太平洋盟军总司令麦克阿瑟;欧洲盟军最高司令艾森豪威尔以及陆军航空队司令亨利·阿诺德。罗斯福总统签署了这项授予新军衔的议案,然后,议案又被送往国会。虽然国会没有明确说明这些将

军要佩戴五星军衔,但人们认为,这些被提升的战斗英雄的制服上会多一颗星的。这次提升是对这些把生命贡献给保卫国家的人们的奖赏。在盟军看来就要以胜利结束欧洲之战时,国会通过的这项法案向几位将军致以敬意。

罗曼·罗兰去世

1866 年生于法国的小说家、剧作家、音乐学者兼传记作家罗曼·罗兰 1944 年 12 月 30 日逝世,享年 78 岁。罗兰 14 岁时前往巴黎留学后,便抛弃原有的宗教信仰,热衷于斯宾诺沙和托尔斯泰的作品,并对音乐产生浓厚的兴趣。他在 1914 年第一次世界大战爆发时,移居瑞士,极力呼吁参战双方的知识分子为和平而工作,他秉持国际主义与和平主义的理想,颇令时人所误解。其散文集《战场之上》出版后,树敌不少,然而这部作品及他的第一部小说《约翰·克利斯朵夫》(10 卷),为他获得 1915 年的诺贝尔文学奖。罗兰早期的剧作,意在重新唤起英雄主义和民族信心,但未成功。他对英雄主义的热情,表现在一系列的名人传记中,如《贝多芬传》《米开朗基罗传》《托尔斯泰传》等。他的小说《约翰·克利斯朵夫》,亦颇富传记笔调,全书描写一名具有德国血统,却以法国为第二故乡的音乐天才,追求理想的心路历程。

德军在阿登地区的最后反扑

1944 年 12 月,希特勒亲自策划了在阿登地区发动大规模的反击,以打破盟军新的进攻计划。12 月中旬,德军在阿登地区集中了"B"集团军群的 25 个师,共 25 万人,火炮和迫击炮 2617 门、坦克和自行火炮 900 辆、飞机 800 架。结果使德军在阿登地区的兵力、兵器占有很大优势。1944 年 12 月 16 日拂晓,德军开始反击,在反击之前,德军组织了一支约 800 人的特遣队,身穿美军军服,口操英语,佩美式武器,潜入美军驻地进行破坏,使美军陷于混乱,之后,德军发起了猛烈进攻,顺利地在美军防线打开一个大缺口,于 12 月 22 日进抵马斯河,盟军为阻止德军越过马斯河,迅速加强了阿登地区的防御力量,于 23 日开始对德军进行大规模空袭,在德军先头部队距马斯河只有 4 公里的时候,盟军终于阻止了德军的前进。德军受阻后继续调集兵力,对巴斯托涅和斯特拉斯堡发起了新的进攻。1945 年 1 月 1 日,德军出动 1000 多架飞机对盟军的机场进行了几个月以来最猛烈的轰炸。盟军的 260 架飞机被毁,为彻底击退德军反扑,盟军于 1 月 3 日转入进攻,经过激战,于 1 月 8 日击退了德军,其间,英国首相丘吉尔于 1 月 6 日致电斯大林,希望苏军发动大规模进攻相配合。苏军于 1 月 12 日至 14 日,在北起波罗的海、南至喀尔巴阡山的 1200 公里的战线上,对德军发起了强大进攻,希特勒不得不从西线抽调兵力到东线作战。盟军乘机迅速推进,于 1 月底将德军赶回反扑前的阵地。至此,二次大战中德军规模最大的一次反扑被彻底粉碎。阿登战役之后,遭到严重削弱的法西斯德军彻底丧失了反攻能力。

在大雪纷飞中,美国第一军的士兵发动反击,力图击败希特勒的最后反攻。

希腊爆发内战

1944 年 12 月 30 日,为了结束席卷全国的内战,希腊国王乔治二世正式宣布退位。国王在伦敦宣告说,只有自由选举能使他回去统治他的国家,否则他绝不回国。他任命雅典大主教达马斯基诺斯代替他摄政。达马斯基诺斯反对德国占领希腊,而且被认为在广大希腊人民心中享有众望,能够左右民心。国王的退位是由英国首相温斯顿·丘吉尔和外交大臣安东尼·艾登安排的。他们二人曾飞往雅典,为了结束这场把越来越多的英军卷入其中的雅典内战。战斗是在左翼的民族解放阵线的伊拉斯民族自卫团与乔治·帕潘兹雷夫首相为首的受英国支持的政府皇家军队之间进行的。战场在雅典地区。内战是在民族解放阵线拒绝解散其民族自卫团,并发起了一场使雅典陷于瘫痪、引起巷战的罢工时爆发的。英军被调来与左翼力量战斗。作为缓解民族矛盾的一部分,帕潘兹雷夫首相将辞职。

苏军向柏林外围发动进攻

1945年1月31日,铺天盖地的暴风没有能够阻碍苏军攻入柏林的外围城市。乔治·朱可夫元帅的第一军离这座首都最近,他们占领了柏林东北方向的拜尔斯道夫镇,离柏林仅有67英里。纳粹在广播中说他们对朱可夫马上就要正面出击柏林的恐惧。朱可夫稳扎在柏林城的边缘之外,而其他红军部队则迂回到数百里之外的东部和南部。一支共产党的队伍封锁了东普鲁士首都柯尼斯堡。另外一支队伍向摩拉维恩山峡——通往布拉格和维也纳的要道挺进22英里。几家西方报纸报道纳粹吓破了胆,但苏军报告说德军的反抗还同以往一样疯狂。红军占领了奥得河沿岸150英里的地盘,将东西两侧的纳粹部队隔离开来。这几支被隔离的部队本来是准备保卫法兰克福的。下一个要被攻陷的柏林外围城可能就是法兰克福。德国难民像被猎狗追踪的狐狸一样跑在前苏军的前面。其中有些人曾住在希特勒在波兰强夺的区域"生活区"里。其他老百姓来自德国东部地区。巴黎一家电台广播说,苏军在罗兹一个城里就围拢了20万德国百姓。在那些难民中有些是希特勒的将领,据说海因里希·希姆莱就在其中。希特勒命令他们赶往东部前线,"制定和实施强硬的决策"。然而,除了投降之外,任何决策都会被证实是强硬的。

苏军攻进奥斯维辛集中营

苏联红军1945年1月27日横扫波兰,并在铁丝网环绕的奥斯维辛集中营,发现5000名饱受纳粹凌辱、目光呆滞、饥饿不堪的囚犯,其中大部分为犹太人。这一批囚犯得以幸存,尚称幸运,无以计数的囚犯已被纳粹毒死于煤气室,纳粹自称此举是为了净化德意志民族。奥斯维辛煤气设备已于1944年11月关闭。1945年1月初,最后一批囚犯从柏林押解到此,6日,集中营内执行最后的处决:4名被控收藏爆炸物的犹太女孩被处以绞刑。纳粹早在获知红军即将到来时,即已召集6万名囚犯,强行向德国行进,许多无法忍受酷寒者,或被殴打,或遭杀害,苏联当天所发现的5000名犹太人,即为此次因病而未能随行的囚犯。

日本在缅甸公路遭伏击

1945年1月28日,麦尔瑞尔的马蒂德斯部队的接替部队马尔斯·塔斯科部队进入阵地,伏击残留的日军。这是最后一次战斗,以便扫除日军,使刚刚竣工的勒多——缅甸

公路通车，美国部队在孟尤南部，也就是勒多路与缅甸路的交界之处设置了拦路栅。同时，中国云南军队正将日军驱往美军驻地。1 月 12 日，首批从该公路（战争期间最大的筑路成就之一）通过的车辆离开勒多去中国的云南。但是，在这 133 辆车辆去中国之前，必须肃清那里的日本退兵。蒋介石将军说，这条新通路打破了对中国的封锁，并且声明，要以约瑟夫·史迪威将军的名字给这条路命名，是他提议修建这条公路的。

雅尔塔会议召开

　　雅尔塔会议是第二次世界大战期间苏、美、英反法西斯盟国所举行的最重要的国际会议，对战后国际关系格局产生过长期的影响。因在苏联克里米亚半岛的雅尔塔召开，亦称克里米亚会议。会议是在反法西斯战争处于重要关头举行的。苏联领导人斯大林、美国总统罗斯福和英国首相丘吉尔于 1945 年 2 月 4 日至 11 日出席了会议全过程。会议的主要内容和议题是：处理德国问题、波兰问题、联合国问题以及远东问题，均为第二次世界大战末期迫切需要立即加以解决的重大国际政治问题。会议决定：在第二次世界大战结束后，由盟国对德国实行分区占领，设立盟国中央管制委员会进行协调管理，并设置赔偿委员会专门负责处理德国赔偿问题。会议就波兰问题进行了长时间的激烈争论，并就波兰政府的组成达成了妥协。关于波兰的疆界问题，苏、美、英三国领导人最后决定，波兰东部边界以寇松线为界，但可做若干适当调整。波兰的北部和西部将从德国获得领土补偿，但补偿范围未定。会议决定于 1945 年 4 月 25 日在美国旧金山召开联合国会议。会议解决了敦巴顿橡树园会议上尚未解决的两个问题（安理会表决程序适用"大国一致原则问题"及联合国创始会员国问题)。经三国领导人讨论,苏联同意在欧战结束后两三个月内参加对日作战。会议还讨论了托管制问题、南斯拉夫问题、三国外长会议问题和遣送战俘问题。会议期间,苏、美、英三国领导人通过了《关于被解放的欧洲宣言》。雅尔塔会议在通过公报和议定书后闭幕。这次会议对加速第二次世界大战的进程和安排战后的世界秩序具有重大的影响,标志着"雅尔塔体系"形成。

B—29 型轰炸机屡次空袭东京

美国轰炸机 1945 年 2 月 25 日袭击了东京,向东京工业区投弹 2000 吨。清晨,1200架舰载飞机偷袭了日本首都外围的军事设施。不给敌人任何喘息之机,美 B—29 型空中堡垒从第二十一轰炸机指挥部出发,空袭这座本已惊恐不安的城市。恶劣的天气没能阻止空袭,不过它几乎导致一场误炸。裕仁天皇的财产之———裕仁母亲的宅邸,富丽堂皇的宫殿差点被炸毁。连续轰炸使日本首相小矶国昭大发雷霆。他对"敌人的肆无忌惮和目无法纪感到气愤"。还在日本帝国只是遭到轻微的轰炸时,小矶国昭就说:"我感到十分慌恐。"第二次空袭几乎没有遇到什么抵抗,因为重型轰炸机已为 B—29 扫清了道路。空军上校卡尔·斯托里说:"我们没有遇到任何反击,可能是我们的舰载飞机使他们忙得不可开交。"他又自豪地补充道,"我们向主要街道投下炸弹,今晚这座城市肯定要燃起熊熊大火。"名古屋也遭到空袭。然而,东京则是飞行员们争相袭击的目标。对于许多飞行员来说,空袭东京是他们的首次行动。他们损失极小,几乎没有舰载机被击落,B—29 空中堡垒也无一损伤。

盟国飞机炸毁德国德累斯顿城

被誉为"德国的佛罗伦萨"的德累斯顿,1945 年 2 月 14 日晚是一片火海。同盟国连续两天将炸弹投到这座城市上。价值连城的艺术珍品被焚为灰烬,17 至 18 世纪的建筑也顷刻间成为一片瓦砾。城市里的 13 万人,大多数是平民百姓,被炸身亡。整个战争期间,同盟军对德累斯顿都是敬而远之,因为它不是工业中心,而是拥有许多居民的历史悠久的艺术之城,有许多洛可可式和巴罗克式建筑。几家博物馆里珍藏着意大利、荷兰和佛兰芒著名画家的名画。2 月 13 日夜里 11 点 15 分,对于这座艺术中心的敬意消失了。245 架英国皇家空军的飞机向德累斯顿投下燃烧弹以及 2 吨级炸弹。14 日中午,450 架美国 B—17 型轰炸机又连续轰炸了这座城市。当晚 550 架英国皇家空军的飞机又返了回来,继续轰炸。这座城市几乎没做任何抵抗。它也从未有过防御这种轰炸的任何措施。当然,确有 8 架轰炸机被德国防空部队击落。为什么要炸毁德累斯顿?苏联曾一度要求削弱德国在这一地区的防御,英国空军阿瑟·哈里斯元帅也主张对这一历史名城发动袭击。但是，当天许多同盟国国家发出了强烈的抗议：如果我们这样做，那么我们又用什么来阻止德国空军炸毁牛津城及其他宝贵的同盟国城市呢？毁灭性的轰炸连续不断地将塑像、绘画和古老的教堂炸毁，它们都是属于我们大家的财富啊。

美军占领硫磺岛

1945年2月23日，经过4天的激烈战斗，美海军排枪队胜利地攻上硫磺岛南部的制高点苏拉贝奇山，在那里插上了美国国旗。硫磺岛在东京以南750英里处，岛虽小但却具有战略意义。占领防守严密的苏拉贝奇山是攻克这个小岛的初步目标之一。突破防御，登上山顶的任务落到第五海军师的第二十八团的士兵肩上。海军部长福雷斯特在滩头堡看见美国国旗后对海军中将霍兰·M·史密斯说："国旗在苏拉贝奇山上升起意味着在今后的500年里这儿将由海军陆战队控制。"

希特勒下令实施焦土政策

1945年3月19日，对德国元首希特勒而言，他认为在同盟国占领的国土中，居民若不向农村内地疏散，则应成为焦土政策的牺牲品。他对军备部长阿尔贝特·史匹尔说："如果输掉这场战争，也将输掉人民。"他因此下令："所有的军事、交通、新闻、工业和后勤设施及领土内一切建设，只要可能为敌人利用，应一概销毁。"史匹尔警告希特勒此举可能带来的后果，他表示，这种做法将毁灭人民生活的根基。结果，史匹尔与地方行政机构商议后，并未执行此命令。

美军横渡莱茵河

横渡的时间大约是在1945年3月22日晚上10时30分。第一军装甲师指挥官中校卡尔·廷默曼·霍齐斯将军，率领部队穿过位于刚刚发生过恶战的阿登战场东部的艾弗尔高原到达雷马根。这座小城在莱茵河畔，科隆和柯布伦茨之间。正当另一支部队试图在一条小河上建立桥头堡时，廷默曼手下的人意外地发现，在莱茵河上有一座完好无损的桥梁。这就是鲁登道夫大桥。显然，这是德国人在撤退时丢下的。廷默曼请求过桥并得到允许。突然廷默曼的部队潜入水中隐藏起来。原来德国人在一个桥墩下埋设了饵雷，一声爆炸使桥梁发出咯咯的响声。然而，大桥竟奇迹般地保留了下来。接着又是一声巨响，但桥身仍未被炸毁。廷默曼率手下的人过桥后，在河对岸发现了一个隧道，有许多德国士兵和百姓躲在那里。他们都被拘留起来。廷默曼通过无线电把胜利的消息汇报给总部。布拉德利闻讯便立即下令所有的部队趁此良机向雷马根挺进。盟军在莱茵河上需要更多的桥头堡。布拉德利的情绪显然因廷默曼的神速横渡莱茵河而高涨起来。他说，他的部队能够在"任何时间,任何地点"跨过莱茵河。在莱茵河西部,盟军刚刚执行完毕艾森豪威尔将军下达的歼灭所有德军的命令。巴顿将军的坦克部队攻克了德国在这一地区最后的大本营之一——斯派尔。

苏军包围柏林

1945 年 4 月,苏联步兵在几无止息的炮击及空军轰炸的掩护下,步步进逼,几乎包围了整座柏林。目前,柏林三分之一的地区已在苏联军队的控制之下。若干纳粹军队仍然坚持抵抗,他们步出直冒浓烟的建筑物,一手挥动白旗,一手持着未爆的手榴弹。这些誓死不屈的军人,大部分是纳粹精卫队员,其中有许多是青少年。苏联军队表示,柏林尚未克服的地区,只要略加扫荡,即可肃清。同时,苏军表示,如果柏林困兽犹斗,继续从事于事无补的防御战,苏联军队将铲平这座城市。另一方面,美国第一军团和乌克兰第一军团于 27 日在德国心脏地带——易北河会师。德国边境已完全被盟军所控制,法国军队扼守瑞士前线,并在斯图加特南方的黑森林一带扫荡。英国第二军团和波兰装甲师则沿海岸线推进,英军已占领贝尔曼附近的雷达站。

罗斯福逝世

第 32 届美国总统罗斯福 1945 年 4 月 12 日因脑溢血逝世,享年 63 岁。副总统哈利·杜鲁门随即宣誓继任。罗斯福于 1932 年 11 月首次当选后,领导美国度过经济大恐慌时期,使经济状况转危为安。在外交政策上,他严守中立立场,直到发现轴心国已威胁到民主制度时,才逐渐改变中立的态度。罗斯福总统连续 4 次当选为美国总统,被公认为美国历史上最卓越的总统之一。继位者杜鲁门,迄今为止很少有崭露头角的机会。他曾任参议员,表现平平,第二次世界大战后任国防调查委员会主席,揭发过许多贪污等弊端。去年总统大选时,民主党保守分子为排挤副总统华莱士,而推荐杜鲁门竞选。

纳粹集中营场面令世人震惊

1945 年 4 月 12 日,美国军队解放了布森瓦尔德集中营。但迎接他们的却全是些死人,或者说,他们看上去是死人。奴隶般的劳工们几乎连抬头看看他们救命恩人的力量都没有。他们个个骨瘦如柴,凹陷的眼角满是眼屎。他们静静地注视士兵们从他们身边走过。战士们的头脑中此刻充满鬼魂之说,他们回想起在墓地行走脚步要放轻等迷信说教,他们轻轻地走着,在大约5万名无辜的人们死去的地方走着。布森瓦尔德集中营是纳粹党在1933年建立的。那时,集中营几乎全是"犹大"——德国犹太人。随着战争的发展,犯人名单上的人名也日益增多。在4月12日发现的2万名活着的囚犯中,有波兰人、匈牙利人、法国人、苏联人、荷兰人、比利时人、南斯拉夫人、奥地利人、意大利人,反对佛朗哥的西班牙人,以及其他一些民族的人。一个由美国解放大军组成的委员会向同盟国总部汇报了布森瓦尔德的情况。他们说,这里的囚犯"是来自欧洲各国的知识分子和

尸体乱七八糟地在集中营的万人坑里

领导人"。囚犯中有4名是反维希政府的法国议员。报告接着说:"任何一个杰出的知识分子、存有道义的人、主张民主和有反纳粹倾向的人士,以及他们的亲属"都在集中营中相继惨遭杀害。犹太人和基督教徒都受着残酷的虐待,而"犹太人比其他种族的人遭受着更为残忍的酷刑。"最惨无人道的是,囚犯们要被关押6个星期。在此期间,他们只能得到微量的食物,体重至少要减少40%。他们从来没有得到过红十字会的救济品。所有的救济品都被纳粹党卫队员们独享了。囚犯们要做劳工、服苦役,时时要遭受各种毒打、折磨。还有许多人被用来做培植细菌、截肢手术、毒素和抗菌素等方面的医学实验。做了实验之后,很少有人能活下来。有些纳粹队员把死者的皮肤保留下来,在上面烙上花纹后作为战利品收藏起来。那些经过6个星期的监禁后仍活着的人被送进毒气室内,直到他们窒息为止。之后,他们的尸体被运到焚尸炉。焚尸炉共6个。一个炉子一次可焚烧3具尸体,大约需要20分钟。它们将尸体化为灰烬,销毁了原本生存的人的痕迹,也销毁了这种骇人听闻的罪行的一切罪证。3月份里有10天焚尸炉因无煤而中断工作。据

目击者说,尸体就像木炭一样堆积在营地上。到最后,有1800具尸体堆到了集中营营房外。一支杂役部队把那些尸体拖到卡车上。他们随卡车出了集中营,来到附近的一个森林里。在那里,他们挖了一个大坑,把尸体拖到里边,然后用土埋上。他们按着命令把坑的一头空出来。最后,所有这些杂役兵都被纳粹党队员开枪打死,抛进空出来的坑里。今天,一些曾经当过德国集中营卫兵的人和家人邻居团聚。他们看着时光的逝去,从日升到日落。他们的妻子和母亲轻柔地把他们叫到桌旁,面对着美味佳肴,他们胃口很好,他们感到饥饿,表示出他们的胃肠还在蠕动,他们的鼻子还在呼吸。然而,在内心深处,他们知道,他们在布森瓦尔德集中营的所作所为已经证明他们的人性泯灭,已将他们与人类区分开来。在余年之中,他们不过是虽生犹死而已。

苏联红军控制维也纳

1945年4月13日,经过几天激烈的巷战,维也纳落入红军手中。数以千计的德国士兵成了战俘。苏军又封锁了一条主要铁路,德军主要从那里溃逃。德军在利奥波得城古老的犹太区和两个商业区进行垂死的抵抗。苏军声言,德国士兵在极其绝望之中,竟歇斯底里地把枪口对准毫无防范的老百姓。一份来自莫斯科的电讯把德军最后的抵抗描述为"混乱的暴徒之战"。苏军攻占了东普鲁士首都柯尼斯堡,俘获9万多名战俘。苏军用梯子攀上了中世纪城堡的大墙,并且用现代化的自动步枪杀死了大批防卫军。德军说,城市的陷落使他们失去了大量弹药。

美苏两军在易北河会师

考特民·霍齐斯将军的美国第一军和伊凡·科涅夫元帅的乌克兰第一军1945年4月27日在德国中心地带的易北河会合。他们把德国拦腰切为两截,将其置于死地。盟军以摧枯拉朽之势横扫了东部和西部,现在他们将从容不迫地向北部和南部挺进。德国边界也在盟军控制之下。法军占领了瑞士边界并扫荡了斯图加特南部的黑森林。英国第二军正在向海岸挺进,占领了不莱梅城外的一个雷达站。波兰装甲师也在海边的德国海军基地埃姆登的东南部。当天,盟军要在奥地利会合。乔治·巴顿将军的第三军将与乌克兰军队会师。

墨索里尼被处死

1945年4月28日,面临同盟国在意大利北部发动的攻势,前意大利首相墨索里尼企图逃往瑞士。他和他的情妇在行经科摩附近时,被游击队发现,并遭枪决。他们的尸体被倒吊示众。墨索里尼,这名意大利法西斯主义者的领袖,家世平凡,曾任教师和新闻记者。第一次世界大战前,在宣传社会主义的《前进报》担任总编辑。他过去被视为激进的工团主义革命者,1914 年,他为意大利加入协约国一事加以辩护,次年他志愿从军、参战。战后,组织法西斯战斗同盟,并于 1919 年成立法西斯党,其反对自由主义和社会主义的政策获得许多民众支持,法西斯党逐渐茁壮,成为大党。在资产阶级、地主和军人一致支持下,法西斯运动如火如荼地展开。在 1922 年,国王伊曼纽尔三世任命黑索里尼为首相,他上台后,即采取独裁统治,铲除异己。墨索里尼掌权后,通过立法程序,重新整顿利于雇主的劳动法,强行改善了经济状况。1930 年中期,墨索里尼开始向国外发展,扩张势力,并与其他右翼政权——如佛朗哥领导的西班牙、希特勒领导的德国——建立同盟关系。意大利于 1940 年同德国攻占法国,并有席卷全欧洲之势时,加入第二次世界大战,与德国并肩作战。然而,在军事连连失利的阴影下,法西斯党内部分裂。伊曼纽尔三世于前年下令逮捕墨索里尼。虽然后来他被纳粹救出,并隐居于意大利北部,然而盟军的迅速推进,迫使他不得不逃亡。

联合国成立

1945 年 4 月 25 日,在美国旧金山召开了联合国家国际组织会议,以便成立国际组织——联合国和通过联合国宪章。早在 1944 年 8 月 21 日至 10 月 7 日,苏、美、英以及中国的代表,继续在华盛顿郊区的一个古老庄园——敦巴顿橡树园开会,拟定了联合国宪章的草案。但是,由于苏联代表坚持安理会常任理事国应有否决权,以及乌克兰和白俄罗斯应为联合国的创始国,因此草案的某些部分长期不能确定。后来在雅尔塔会议上,这些问题得到了解决,即确认在表决实质性问题时常任理事国有否决权,但禁止对提交安理审议的争端的任何当事国就有关争端投票;乌克兰、白俄罗斯为创始会员国。参加旧金山会议的有 51 国的代表。6 月 26 日,代表们签署了联合国宪章。董必武作为中国代表之一在宪章上签了字。1945 年 10 月 24 日,联合国正式宣告成立,总部设在美国纽约。联合国宪章规定:"维持国际和平与安全";"发展国际间以尊重人民平等权利及自决原则为根据的友好关系";"促成国际合作"是它的宗旨。

希特勒自杀身亡

由于不愿被捕受辱,德国元首希特勒和他多年的情妇——才结婚不久的埃娃·布劳恩,于1945年4月30日双双自杀。随后,他们的尸体被焚毁于柏林的总统府花园内。1889年,希特勒出生于奥地利北部。其学历仅中学肄业。年轻时喜欢绘画,报考维也纳艺术学校失败后,于1913年前往慕尼黑求发展,并在第一次世界大战爆发时志愿加入德军。1921年,担任纳粹党主席,成为国家社会主义的关键人物。1929年德国的经济危机,为希特勒带来发展机会,他的国家社会主义和种族主义观念日渐风行,纳粹党党纲中包含模棱两可的措辞,加上民众对经济困难的忧虑和对共产主义的畏惧,使该党从1929年底开始,所获得的选票急剧增加,并得到企业界的资助。1933年1月30日,德国总统兴登堡任命希特勒担任总理。这名身材矮小,蓄有短髭的政治人物,上台后便排除异己,将反对者一网打尽,建立完全由他掌握的极权政体。希特勒的目标先是统治德国,然后要统治欧洲的日耳曼民族,进而统治全世界,使德意志的"生存空间"向东扩张。他最重要的也最具危险性的意识是:德国必须发展成纯种的雅利安种族。这种想法和统治世界的意图,使希特勒点燃第二次世界大战战火,数百万犹太人及其无以计数的无辜人民,惨死在纳粹集中营里。希特勒自信、专横,而且坚持事必躬亲。当他遇到挫折或发展方向错误时,总是推诿责任。他秉持着病态的进化论观点,认为唯有强者才有权利生存。然而德国在第一次世界大战中连连受挫,而他又眼见"强大的东方民族"——苏联获得胜利,德意志似乎将因此失去生存的权利。大多数渴望和平的德国人,获知希特勒的死讯后,虽然松了一口气,却也颇感震惊,但他们最最关心的,还是自身的安危问题。

德国无条件投降

1945年5月7日早晨,整个欧洲获得了解放。凌晨2点41分,德国按盟国的要求,在一个仪式上宣布投降。投降书是在兰斯的一所很小的红色教学楼里签署的。这座不起眼的建筑一直是艾森豪威尔将军的总部。然而,艾森豪威尔却没有亲眼看到签字仪式。参谋长沃尔特·贝德尔·史密斯中将在场。苏联、法国和大不列颠都出席了签字仪式。德国代表是约德尔·古斯塔夫将军和汉斯·弗里德堡海军上将。尽管投降条件还没有公开发表,但人们认为,必须解除所有德军的武装,战犯要接受盟国政府的裁决。囚禁在盟国中的战俘将作为劳动力重建备受蹂躏的欧洲各城市。盟国有可能分割德国,以迎合波兰和苏联的要求。但这只有在具有广泛意义的和平会议之后才能实现,而这个会议可能要在几年之后才能召开。在此期间还可能出现一些临时性的调整。瑞典边境的纳粹军队在朝奥斯陆靠近,准备投降。挪威的纳粹军队也同意采取同样行动,尽管一位指挥官抵制说:"我们并没有被击败,我们仍拥有强大的力量"。布拉格的德军在黄昏时分仍在顽抗,但最终也会放下武器。与德国的战争终于结束了,美国人民欢庆这一天的到来,然而,罗斯福总统的逝世又使整个美国沉浸在悲痛之中。也没有人忘记太平洋战

1945 年 4 月 30 日 14 时 25 分,苏军战士把胜利的红旗插到柏林国会大厦顶上。

争还要继续。而欧洲对胜利的反响则更为压抑。老百姓蜷缩在那曾经是他们家园的废墟之中,疲惫不堪,无力庆祝战争的结束,大概只有在都柏林才能看到喧闹的庆祝活动,三一学院的学生们爬到房顶,插上英国和其他盟国国家的国旗,他们高唱着"统治吧,大不列颠。"上午 8:09,德国外交部长卢兹·施韦利恩伯爵通过广播向德国人民透露了投降的消息。他希望世界人民今天对德国怀有的憎恨能够让位于一种民族间和解的精神。没有这种精神,这个世界是不可能康复的。在兰斯战场宣布德国无条件投降后,到处响彻着乞求饶恕的哀号。欧洲战争持续了 5 年 8 个月零 6 天。德国丧失了 285 万士兵、50 万百姓,盟国的损失大致相等。这就是第二次世界大战。但愿它是最后一次战争。

第三帝国土崩瓦解

第三帝国的结束远不如它兴起时那样简单和威风。1945 年 5 月 23 日,第三帝国灭亡了,随之而来的是德国人民士气的崩溃和希特勒邪恶意图的破产。盟军包围并逮捕了德国残余政府元首卡尔·邓尼茨大元帅以及其他军事头目。经济生产部部长阿尔凡科·施佩尔在他居住的城堡里被俘。他说,"这就是末日。"接着他又补充道:"这是件好事。

这不过是一场戏。"筹划集中营的刽子手海因里希·希姆莱在被捕后不久服毒自尽。这些德国俘虏所犯下的罪行是无法估量的。几乎有300万德国士兵在他们的指挥下丧生；他们发动的战争使40%的德国人离开了自己的家园。他们发出的命令使数百万犹太人和其他民族的人民在死亡集中营丧生。

丘吉尔辞职

1945年5月23日，战时的联合政府解体，英国首相温斯顿·丘吉尔提出辞职，迫使英国重新普选。7月5日，英国将开始10年来第一次举行的大选活动。人们普遍认为，曾在1940年组建了有工党和自由党参加的联合政府的丘吉尔能够当选，因为国会中保守党压倒多数。在此之前，工党拒绝了丘吉尔提出的把联合政府维持到对日战争结束的要求；而他又拒绝了工党提出的联合政府维持到10月底的建议。在这种情况下丘吉尔不得不提出普选。

美、英、法、苏占领德国

同盟国的4名最高统帅1945年6月5日在柏林签署一项声明，将德国分成4个区域，并且规定德国的投降条件。在这项正式协议中，同盟国并未像当年签署凡尔赛条约一样，签下任何文件。这次代表签约的最高统帅，分别为美国艾森豪威尔、英国蒙哥马利、苏联朱可夫和法国拉泰尔4名将军，他们将成立联合国管制委员会。美、英、法、苏4国占领的德国领土，是1937年纳粹侵占奥地利之前的德国版图。其划分如下：苏联占领东部地区；英、美两国分别占领西北、西南部；法国则占领西部地区。联合国业已批准这项行动，其理由是"德国并无足以维持秩序的中央政府"。在同盟国的声明中，尚包括其他条款：解散所有德国武器制造工厂、释放纳粹政权下的囚犯、盟军撤出德国以外占领区、逮捕所有在大战期间涉嫌犯罪的纳粹分子，并严重警告一切试图销毁德国所存档的行为。

德国人被迫观看集中营暴行

1945年6月7日，德国公民被迫面对现实，通过电影目睹了贝尔森和布森瓦尔德集中营里的种种惨状。军事政府的官员们命令德国布格施泰因富特的居民们都到地方剧院去看纪录影片。影片拍下了盟军在解放集中营时所见到的目不忍睹的场面。在这些绝大部分是女性的观众中,有些人流了泪。但还有些人虽然看到了一堆堆尸骨,但对这是否是德国人犯下的罪行表示怀疑。当然还有一些妇女毫不怀疑这是德国人干的。1944年4月,这些身体健壮、吃得饱饱的德国党卫队的妇女们在贝尔森受命埋葬了那些被饿死的囚犯的尸体。

端着枪的英国士兵命令德国党卫军队员装运德国贝尔森集中营内被害者的尸体

美、日军队在冲绳岛血战

　　1945年6月21日,在美国陆军、海军登上冲绳这个具有战略意义的大岛的83天后,终于以美军的胜利宣告战役结束。这个位于东京以南300英里的岛屿成为迄当时为止太平洋战争中流血最多的战场。日军有组织的抵抗以其通常的形式结束。冲绳日军司令牛岛满将军在黎明时分走出他的山洞,在其下属面前剖腹自杀。4天前,冲绳美军司令西蒙·博利瓦·巴克纳将军在指挥海军第8团的最后进攻时被敌人的流弹击中。他是美军在作战中牺牲的最高级的官员。冲绳血战在开始时,也就是在海军第一、第六师和陆军第七、第九十六师在该岛登陆时,是较为平静的。但接着美国攻入了苏里防线,这是牛岛满在该岛的南部中心一片满是崎岖的岩石的地方建立起来的防御工事。接踵而来的是为期3周的山洞与山洞之间的苦战。最后防线终于被攻破,日军失去了它在该岛南端的最后一块立足之地。与此同时,神风飞机对冲绳岛海外的美军战舰进行疯狂的轰炸。

日本向同盟国求和

1945年7月10日,日本请求苏联出面向同盟国求和,正同蒋介石进行谈判的斯大林当时没有表态,而在波茨坦会议中提出日本的要求。斯大林比较赞成作战,以便实现苏联的目的,而美国总统杜鲁门和英国首相丘吉尔原准备答应日本所求。但是美、英两国在苏联没有出席之下,仍然于该月26日提出原议定的波茨坦宣言。根据波茨坦宣言,美、英两国必须打败日本,占领这个岛国,但允许日本维持政体,由日本政府自行管理。日本军队在解除武装后将遣送回家,但主要战犯要送交法庭审判。在工业方面,除军备工业外,其他均可保留。宣言中要求日本无条件投降,但日本并未接受。

苏、美、英三国首脑聚会波茨坦

1945年7月26日,波茨坦会议在缓解苏联与同盟国之间紧张关系方面彻底失败了。如果说这次会议还有所成效的话,那就是要提醒人们注意到那些在这几个国家对付同一个敌人时所忽视了的分歧。丘吉尔所称的"铁幕"沉重地降下,谈判桌上,把会谈者分为两派,从一开始就破坏了会议。罗斯福总统已故去,已不能与斯大林谈笑,丘吉尔在会议开了一半时被迫匆忙走掉,他返回祖国期待着再次当选,但却被工党领袖克雷芝·艾德礼击败。于是艾德礼赶到波茨坦,坐到了丘吉尔的席位上。与会者在一些小问题上难以达成协议,但他们决定通过管制委员会来采取一致行动,共同管理这个新的、版图小了些的德国。在分割德国工业时,斯大林也要求苏联的那份要大些。斯大林拒绝在波兰问题上做出让步,甚至声明他不能阻止波兰接管尼斯河流以西的地区。斯大林还拒绝保加利亚、罗马尼亚和匈牙利要求进行自由选择的呼声。斯大林把丘吉尔对苏联镇压这些国家的指控称为无稽之谈。三国首脑向日本发出了最后通牒,要求日本立即投降,否则,日本就将被完全、彻底地摧毁。这可能是在暗示要使用原子弹,因为杜鲁门已告诉斯大林,他的科学家已经发明了原子弹。

英、美、苏三国首脑丘吉尔（前左）、杜鲁门（前中）、斯大林（前右）在波茨坦会议期间的合影

日本"本土决战"的失败

　　硫磺岛和冲绳岛相继失守后，战火已临近日本本土，法西斯日本已处于败降前夕。但日本军国主义者仍不甘心灭亡，他们一方面极力准备在本土实行决战，妄图进行最后的挣扎；另一方面又幻想在有利的条件下谋求妥协，以保住军国主义势力。早在 3 月 20 日，日军大本营制订了在本土决战的"决号作战准备纲要"，其基本内容是：利用本土作战的"有利条件"，先以残存的陆海军、航空兵实行特攻作战，力求在海上挫败准备登陆的盟军；尔后将日本本土全部地面兵力集中于主要方向，实行纵深配置，对上陆的盟军部队进行坚决抵抗，以决战争胜负。

　　日军判断，盟军将于 6 月以后，在九州、四国地区登陆，初秋以后在本州的关东地区登陆。为此，日本必须在此之前以关东和九州为重点完成本土作战准备。从 1945 年 2 月起，日本加紧从中国东北和朝鲜等地向本土调集兵力，加修重点地区的工事，竭力提高军需生产。日大本营确定，在 7 月以前，在全国实行第 3 次动员，使本土总兵力达到 250 万人，飞机达 7000 架，以便进行决战。与此同时，日军实行了战时组织体制改革，撤销了原东部、中部及西部军司令部，成立了专门担负本土作战任务的 5 个方面军司令部和专负地区警备任务的 5 个军管区司令部。至 6 月中旬，日本在本土共集中步兵 53 个师团、25 个旅团，2 个战车师团，7 个战车联队，4 个高炮师团。陆军航空兵编为 3 个军，共有特攻机 2100 架，其他飞机 1100 架。海军仅有驱逐舰 19 艘、潜艇 38 艘。至 7 月底，组成特攻突击队 33 个，特攻艇 2593 只。海军飞机共有 5200 架，大部为特攻机。进行本土决战的陆海军总兵力达 240 万人。

为了把日本国民驱上战场，日政府于 6 月 22 日和 23 日相继颁发了"义勇兵役法"和"国民义勇战斗队统率令"，规定 15-60 岁的男性公民和 17~40 岁的女性公民均须服役，适龄人员都要编入"国民义勇战斗队"，从事各项为战争服务的活动。根据这项法令组织起来的"国民义勇战斗队"，包括男女老少在内，总人数达 2800 万。日本实行决战的指导思想，就是在海上、空中和陆上都实施不断的特攻作战，以挽救军国主义者失败的命运。所谓陆上特攻战法，除拼刺刀之外，还包括对坦克实行肉搏攻击，用一个兵拼搏炸毁一辆坦克，日军参谋次长河边在 6 月 8 日御前会议上声称，实行本土决战对美军不利，而对日军则"绝对有利"。他叫嚷再把"皇国的万物众生统通化为战力"，"发挥一亿国民的特攻攻击精神"，以"互相刺杀的战法"消灭敌人，保卫国土。

日本军国主义分子的叫嚣掩盖不了其衰亡的实质，也扭转不了日本面临总崩溃的败局。从 1944 年底以来，日本海军已彻底被击溃，航空兵也遭到毁灭性打击。特别是日本从南方掠夺战略资源的运输线已被切断，国内资源枯竭，储备告罄，不仅严重影响了作战，生活保障也极端困难。至 1945 年 3 月底，作为战争和一切经济活动的大动脉石油的储存量仅有 40 万吨，海空作战已难以保障，汽车燃料和重油至二季度即将全部用完。和 1943 年相比，钢材产量下降 35%，储备仅 26 万吨，造船业降至 27%，飞机制造 64%，轻武器 50%。粮食进口断绝，年度米产量只有 300 万吨。因此，新动员的部队没有武器装备，部队行动受到很大限制，全国口粮发生恐慌，局势异常混乱，法西斯部队的横行和与民抢粮引起了强烈的反军和反战情绪。

接替东条的小矶内阁已无力控制日益恶化的局势，日本上层统治集团——财阀、重臣、天皇惊恐万状，被迫另寻出路。他们力求继续卫护天皇制，避免由于战败而引起工农阶层的革命。从 1945 年 2 月起，部队重臣就结束战争的方式进行私下活动。4 月，小矶内阁因内部矛盾激化又无法解决当前危机而提出辞职，日统治阶级趁机推出前侍从武官铃木贯太郎组织"和平内阁"，逐渐转入公开寻求结束战争的出路。5 月 11、12 和 14 日，日本最高战争指导会议决定，要努力防止苏联参加对日战争，并请苏联从中斡旋，同美、英进行和谈。6 月 22 日，日本天皇亲自召集最高战争指导会议成员，提出迅速谋求结束战争的途径。日本政府确定通过苏联驻日大使和日本驻苏大使向苏方交涉，希望苏联以"中立国"身份在日本和西方盟国之间进行调停，沟通谈判道路。日本还准备派出前首相近卫文麿赴苏交涉。但苏联政府以各种理由没有接受日本政府的要求。7 月 26 日，美、英、中发表波茨坦公告，要求日本无条件投降，否则必将受到毁灭性打击。但日政府认为公告对保留天皇制没有保证，态度犹豫，企图继续通过苏联斡旋。铃木在军部的压力下公开表示,日本对公告绝对置之不理,并将把战争进行到底。由于日本统治集团顽固不化,使日本人民遭受了更加惨重的灾难。

早在 1944 年 12 月,美国参谋长联席会议根据战况的发展,拟订了在日本本土实施登陆的计划。他们的设想是,在占领冲绳之后,加紧对日本的轰炸和海空封锁,以摧毁敌人的抵抗意志。尔后于 1945 年 11 月在日本南部的九州登陆,建立海空基地,为 1946 年 3 月在本岛登陆创造条件。1945 年 3 月,美国参谋长联席会议重新改组了太平洋战区的指挥机构,麦克阿瑟负责全部地面部队的指挥,尼米兹负责海军的指挥,太平洋战区的战略空军由斯帕兹上将统一指挥。5 月 25 日,参谋长联席会议正式下达了在日本九州和本州的关东地区登陆的时间和要求的指示。

太平洋美军根据参谋长联席会议指示,于 5 月底开始拟订在九州和关东地区登陆的具体计划。计划规定:在登陆前,要以驻马里亚纳群岛、硫磺岛和冲绳岛的全部美军航空兵与太平洋舰队相配合,摧毁日本海空基地和工业设施,瘫痪其海陆交通,消灭日本本土和亚洲大陆上的全部日军飞机,摧毁上陆地区的日军防御设施,切断本州与九州等本土岛屿之间的联系,以及本州南北的陆上交通,以便彻底孤立九州、特别是上陆地区的日军。此外,战略空军还要担负对一些战略目标(如大城市)的轰炸任务,以瓦解敌人的士气。美军计划在九州南部地区的登陆兵力为第 6 集团军,下辖 4 个军共 14 个师。登陆之后,每隔 30 天增加 3 个师,总兵力为 81.5 万人。登陆部队的海空支援由太平洋舰队第 3、第 5 舰队和太平洋地区的航空兵担任。在本州的关东地区的登陆,将由 3 个集团军、4 个军共 25 个师实施,总兵力达 117 万余人。登陆计划详细拟订了对付日本自杀飞机和自杀艇的计划,要求首先摧毁日军的自杀飞机基地,压制登陆地区 800 公里以内的所有机场,在船团和登陆地区上空保持强大的航空兵掩护群,在敌机、艇可能出击的方向派出雷达监视机和雷达哨艇,昼夜不间断地进行巡逻。最后,还要求各种舰船上都配备一定数量的高射炮。美军预计,通过以上措施,可以使自杀机、自杀艇的攻击成功率由冲绳作战时 1/15 降至 1/20。

在拟订对日本本土登陆计划之前,美军就开始了对日本的战略轰炸。从 1944 年 6 月 15 日开始,美国战略空军 B-9 型超级空中堡垒约 50 架从中国和印度的基地起飞,对日本钢铁工业城市八幡进行了轰炸。1944 年下半年,美机从上述基地共出动 10 次,投弹 800 吨。自从占领马里亚纳群岛之后,美战略空军又以该群岛为出动基地,对日进行大规模轰炸。1945 年 3 月 9 日,美军一次出动 B-9 型机 234 架对东京进行大面积轰炸,共投燃烧弹 1667 吨,使该市 1/4 地区燃起了大火,烧毁房屋 26.7 万幢,死伤市民 18.5 万人。此后,大阪、神户、名古屋、横滨也都遭到燃烧弹的袭击而部分被烧毁。从 1945 年 6 月 17 日至 8 月 14 日,美机向日本的 58 个城市投燃烧弹 8.5 万吨,摧切面积占这些城市的一半,炸毁房屋 250 万幢,1300 万居民逃到郊区。至 8 月 14 日日本投降前,美战略空军第 315 联队对日本炼油厂和油库共投弹 9100 吨,日本仅有的一点石油储存被炸毁 1/7,炼油能力下降 80%。

　　1944 年底，日本海运能力已由开战时的 600 万吨下降至约 300 万吨。莱特湾海战以后，日本和南方的运输线已被切断。日本的海运活动仅限于中国东海和日本海，仅有的航路是经过对马海峡到朝鲜和中国华北、东北的航线。1945 年春、夏，硫磺岛、冲绳岛作战时，美国开始对日本本土岛屿的封锁。从 3 月底以后，在下关海峡两侧和神户、广岛、佐世保等港湾布雷。5 月份，美军在本州的西海岸从新泻至下半各港、濑户内海和北九州等沿海都进行了大面积的布雷。美第 20 航空队对日本的空中布雷持续四个半月之久，出动飞机 1700 多架次，共投水雷 1.4 万枚，击沉击伤日本船只 670 艘，共 139 万余吨，使日本海上交通陷于停顿，下关海峡，名古屋、横滨、东京和盐釜等港口先后被封锁。

　　美军占领冲绳以后，全部美舰投入对日本的轰炸和炮击活动。7 月 10 日起，美快速航母编队的舰载机对东京周围机场<用法不当>以及本州北部和北海道的函馆、室兰及津轻海峡的火车轮渡等目标进行了大规模轰炸。北海道对本州的煤炭供应几乎断绝。美舰还对横须贺港内残存的日海军舰只进行了袭击，击沉各型舰只 22 艘，对日立、神户、大阪、舞鹤、清水等港口和城市进行了直接的炮击。

　　盟军的轰炸、炮击和封锁，使日本经济陷于瘫痪，社会陷于混乱。日本 1/4 的住房被毁，死 26 万人，伤 41 万余人，2300 万人无家可归。粮食进口已不可能，各种物资极端缺乏，日本法西斯已面临绝境。这时，美国第 1 颗原子弹试爆成功。为了制造原子弹结束战争的神话，并为了战后称霸世界进行原子讹诈，杜鲁门总统下令对日本实施原子突袭。

　　1945 年 8 月 6 日 8 时 15 分，美国在广岛投掷了第 1 颗 TNT 当量为 2 万吨的原子弹。

　　广岛是本州南部的一个工业城市，有一个装卸军港，该市人口疏散后为 24.5 万人，每平方公里密度 1.2 万人。市内木质住房较多，原子弹爆炸后，引起了大火，被毁面积达 12 平方公里，市区建筑被毁 81%。在爆发 6.4 平方公里地域内的工业机器全部遭到破坏。先后死亡 7.1 万余人，受伤 6.8 万余人。

　　第一次原子突袭两天后，即 8 月 8 日，苏联宣布对日宣战。杜鲁门为了加强他在远东的发言权，再一次指示按原计划投掷第 2 颗，也是美国当时拥有的最后一颗原子弹。8 月 9 日 10 时 58 分，长崎遭到原子弹袭击。

　　长崎是九州南部的一个港口和工业城市，疏散后居民约 23 万人。由于受山谷地形影响和当日无风，原子弹爆炸后破坏程度较小。受破坏地区呈椭圆形，南北长 3.7 公里，东西宽约 3 公里。市区 68.3% 的工厂被摧毁，死亡 3.5 万人，失踪 5000 人，受伤 6 万人。

　　这两次袭击造成大量伤亡的主要原因是：原子弹是首次出现的新武器。美国在研制过程中采取了极其严格的保密措施，日本当局事先一无所知，军民对原子的防护毫无知识和准备。直至广岛被炸后，政府组织专家赶赴现场调查才弄清为原子弹。但日本统治集团生怕引起震动和混乱，不敢公布事实真相，仅广播消息说："广岛因新型炸弹遭受相当损害"，以致长崎受到突袭时，居民仍然毫无准备。其次，美军在实施原子突袭时采取一系列伪装和欺骗措施，因此当携带原子弹的单架飞机进入广岛上空时，市民由于美军气象侦察机刚刚飞走，警报解除，没有再进入防空洞。当地居民对单架飞机活动也习以为常,在原子弹爆炸时大多数都在工作或留在家中,有的甚至在外仰视飞机活动。原子弹爆炸后,仍在沾染地区奔走或观望,从而更加增大了伤亡。

苏军出兵中国东北

1941年4月,苏、日两国政府签订《苏日中立条约》。签约同时,日本声明"尊重蒙古人民共和国之领土完整与神圣不可侵犯性",苏联声明"尊重满洲帝国(注,即伪满)之领土完整与神圣不可侵犯性"。条约签订以后,苏、日之间一直保持着正常的外交关系。

在太平洋对日作战中,美、英两国从其自身利益出发,不断要求苏联参加对日作战,

英、美、苏三国首脑(从左至右,丘吉尔、罗斯福、斯大林)在雅尔塔会议上

苏联政府一直未予允诺。1945年2月,苏、美、英三国首脑在雅尔塔举行的会议上,苏联有条件地正式承担了在德国投降及欧战结束后2个月或3个月内,参加对日作战。

1945年春季之前,日本关东军的作战计划,一直根据日军大本营"北进"方针,拟在迅速结束侵华战争后,准备对苏作战,配合德国,进攻苏联远东地区。德、日协议规定,以东经70度线为德、日作战分界线。日本关东军按照进攻企图和计划进行部署。

中国的持久抗战,粉碎了日军的企图,打乱了它的战争时间表;德国在欧战中失败;英、美军队在太平洋的反攻节节胜利;日本的经济、军事力量大为下降,国内矛盾更加尖锐;在亚洲、太平洋战争过程中,关东军大批主力被调往中国关内和南洋战场,新建的一

些师团战斗力不强,使整个关东军的战斗力大为削弱。在这种情况下,日军大本营不得不改变计划。

1945 年春,关东军的作战计划由进攻改为防御性的持久作战。关东军按照防御作战要求,重新组建部队,调整部署,加紧防御准备。日军估计,苏军对德作战结束后,需要休整,对日作战时间可能在 1946 年春季,最早也要在 1945 年 9 月上旬。苏军的主要进攻方向,可能由苏联远东滨海地区向中国东北实施。据此判断,日军确定关东军防御的重点在中国东北的东部方向。

当时,日军关东军辖第 1、第 3、第 17 共 3 个方面军和独立第 4 军,共 31 个师团、13 个旅团、约 97 万人,火炮 5000 余门,坦克 160 辆、飞机 1800 架。另有伪满和伪蒙军约 20 万人。其部署为:

第 1 方面军:10 个师团约 24 万人,主要担负中国东北东部方向防御,抗击苏军的进攻。

第 3 方面军:9 个师团约 20 万人,是关东军的机动部队,主力配置在长春、沈阳地区,准备向苏军可能进攻的方向机动使用。以 1 个师团担任中国东北西部方向的边境防御。

独立第 4 军:3 个师团约 10 万人,担任中国东北北部和西北部的防御。

第 17 方面军:9 个师团约 21 万人,是关东军的战役预备队,配置在朝鲜境内,策应中国东北和日本本土作战。

关东军的防御计划要求,以 1/3 左右兵力配置在边境主要防御地段上,依托筑垒工事和有利地形,抗击苏军的进攻,掩护主力机动。以 2/3 兵力作为战役机动部队,配置在纵深,随时准备前出到受威胁方向,以反突击制止苏军突破并阻止其进攻。计划还规定,如苏军优势过大或反突击失利,则退至长春、沈阳、锦州地区进行坚守。如这一地区不能坚守,则将主力撤至朝鲜境内,依托中朝边境山区凭险固守,以持久战策应本土决战。当条件有利时,决不放弃实施反攻,甚至进一步占领苏联远东部分领土。

苏联在对德作战尚未完全结束时,已开始拟制对日作战计划并进行作战准备。从 1945 年 2 月开始,苏军在极严格的保密与伪装下,从欧洲战场抽调大量军队输送至远东,其中包括成建制的 4 个集团军,共约 75 万人,使远东地区的兵力增至 80 个师、46 旅,共 158 万余人,2.6 万余门火炮和迫击炮、5500 余辆坦克和自行火炮、5300 余架飞机、670 余艘各型舰艇,形成了对日关东军的兵力优势。同时,苏军储备各种作战物资,改善交通条件,加速进攻准备。

苏联为了领导对日作战的陆军和海军,成立了远东苏军总部,任命华西列夫斯基元帅为总司令。

苏军企图是,使用 3 个方面军从西、东、北 3 个方向,向中国东北纵深实施向心突击,夺取沈阳、长春、哈尔滨、吉林,切断关东军与关内日军及在朝鲜日军之间的联系,全歼关东军主力,占领中国东北全境。主要突击方向选在日军设防薄弱的西部。苏军的进攻部署是:

后贝加尔方面军(司令员苏联元帅马利诺夫斯基):辖 4 个合成集团军、1 个坦克集团军、1 个骑兵机械化集群,共 37 个师、20 个旅,约 65.4 万人。方面军集中基本兵力于蒙古东部塔木察格布拉克地区,向沈阳、长春方向实施主要突击。坦克集团军在主突方向第 1 梯队内行动。同时,方面军实施两个辅助突击,一个向张家口、承德方向;一个向海拉尔、齐齐哈尔方向。方面军进攻正面约 2300 公里,进攻纵深约 1000 公里。

远东第 1 方面军(司令员苏联元帅麦列茨科夫):辖 4 个合成集团军,共 32 个师、14 个旅,约 58.7 万人。方面军集中基本兵力于兴凯湖东南地区,向绥芬河、牡丹江方向实施主要突击,尔后向吉林、哈尔滨推进。同时,实施两个辅助突击,一个向密山方向;一个向汪清、延吉方向。

远东第 2 方面军(司令员普尔卡耶夫大将):辖 3 个合成集团军及其他部队,共 11 个师、12 个旅,约 33.7 万人。方面军集中基本兵力于列宁斯科耶地区,沿松花江向哈尔滨实施主要突击。同时,实施两个辅助突击,一个向饶河、宝清方向,一个向孙吴、齐齐哈尔方向。

亚洲和太平洋战争后期,日军在中国战场和太平洋战场节节失利。日本统治集团感到大势已去,期望通过苏联的斡旋,谋求在对日有利条件下结束战争。

1945 年 8 月 6 日,美国在日本广岛投掷第 1 颗原子弹。8 月 8 日,苏联外长约见日本驻苏大使,递交苏联对日宣战书,苏联提前出兵,完全出乎日本的意料。8 月 9 日,美国又向日本长崎投下 1 颗原子弹。在苏联对日宣战同时,苏军 3 个方向军越过国境线,对日军发起了进攻。地面进攻开始后,苏军出动 480 多架次轰炸机,在大批歼击机掩护下,分批轰炸了沈阳、长春、吉林、哈尔滨、齐齐哈尔、索伦和朝阳等军事工业中心和交通枢纽。日机害怕被歼,于战役第 1 天即全部转移至朝鲜和日本本土。苏军完全掌握了制空权,地面部队在没有空袭顾虑的条件下,迅速向前推进。

在 8 月 9 日至 14 日的 6 天内,苏军和蒙军在不同方向上推进了 50 至 500 公里左右,完成了对沈阳、长春、吉林、哈尔滨和齐齐哈尔等地日军的分割包围。日军除在海拉尔、同江、富锦、孙吴、爱辉(当时称瑷珲)等筑垒地域及牡丹江附近进行顽抗外,全线基本失去有组织的抵抗。苏军使用部分兵力围攻日军抵抗基点,主力高速向纵深推进。关东军总司令部获悉前苏军越过大兴安岭正向长春、沈阳疾进时,于 8 月 12 日,匆匆将总指挥部由长春迁往通化预备指挥所,造成指挥中断,部队陷于混乱状态。14 日,日本政府宣布接受投降。

8 月 15 日以后,日军除在个别筑垒地域顽抗外,已完全失去抵抗。17 日,关东军总司令向远东苏军总司令提出停战建议。18 日,关东军总司令下令部队向当地苏军投降。远东苏军总司令答复要关东军从 8 月 20 日 12 时起,在全线停止一切对苏作战行动,放下武器,投降就俘。当时,苏军各部队或因油料耗尽,或因道路受阻,均不能到达东北主要城市受降。远东前苏军总部命令各方面军,立即组成精干的快速支队,或将剩余油料集中于少数车辆,务必如期到达指定的战役目标。同时,抽调部分兵力乘飞机到沈阳、长春、哈尔滨、吉林、旅顺和大连等地降落。8月17日以后,前苏军加快了推进速度。19日,进占齐齐哈尔。20日,进占沈阳、哈尔滨和吉林。21日,进占长春。24日,进占大连。8月下旬,关东军主力陆续被解除武装。在边境筑垒地域顽抗的少数日军,至8月底被肃清。

苏军出兵中国东北之战,得到中国人民与军队的支援和配合。在苏军进军同时,中国解放区的抗日军民对关内日军展开了总反攻,使关东军和关内日军同时受到猛烈攻击,彼此不能策应。邻近苏、蒙军进军地区的八路军,以部分兵力向北推进,迎接苏军,与他们取得联系。饱受日军长期奴役的中国东北人民,欢迎苏军出兵,给苏军以支援,使苏军获得大量牛羊等补充部队的给养。对苏军少数人员的违纪行为,均以友谊为重,予以谅解。

苏军在进军中国东北的同时,于8月11日至31日又进军萨哈林岛(即库页岛)南部和千岛群岛,肃清了那里的日军,结束了远东的军事行动。

苏联对日宣战,苏军出兵中国东北,粉碎了日本关东军主力,共毙伤俘日军68万余人,其中包括建制完整的22个师团、12个旅团是不战而降的。这一胜利,使日本在短时间内丧失了一支机动部队,对于日本帝国主义进行垂死挣扎、实施本土决战的企图是个沉重的打击。它缩短了对日作战的时间,加速了日本的投降。苏军远东战役的主要特点是:

采取各种措施,确保战役的突然性。苏联在对日作战之前,一直与日本保持正常的外交关系,始终让日本抱着苏联仍将保持中立的幻想,从而隐蔽了苏军的作战企图。在作战准备上,苏军制定了隐蔽变更部署的规定,采取了集中物资的特殊方法,进行了严密的伪装。如:高级将领暂时改变姓名和军衔;禁止下达任何与战役有关的书面号令;所有军用列车均以民用列车为掩护,从欧洲向远东隐蔽地机动兵力;军队的集中地域离国境线保持相当距离等,使日军对前苏军进攻的时机、方向和规模等重要问题判断错误。因此,在苏军发起进攻时,日军的防御部署尚未调整就绪,部队尚未完全展开,有的部队正在整编而被迫仓促应战。战役主动权一开始就为苏军完全掌握。

编组强大的第1梯队,实施强大的首次突击。苏军将3个方面军的11个合成集团军使用于第1梯队,占参战总兵力的80%。远东第1、第2方面军都是1个梯队部署;后贝加尔方面军虽为2个梯队部署,但其所属6个集团军的地面部队,有5个集团军编入第1梯队。苏军还将坦克集团军作为第1梯队编入主突集团,这在苏德战争中是为数不多的。由于苏军将绝大部分兵力集中在第1梯队,因而便能实施强大的首次突击,迅速突破日军防御,并向敌纵深迅猛推进,从而使溃退的日军无法获得喘息机会。苏军的实际进攻速度大大超过了原定计划。例如,坦克第6集团军从行进间发起进攻,以高速度脱离主力独立作战,前进速度平均每昼夜为82公里。由于进攻速度快,战役第1天就抢占了大兴安岭山垭口,第4天就前出到东北平原。

选择日军防御弱点实施主要突击,并实施多方向多路向心突击。苏军统帅部将主攻方向选在蒙古东部突出部,越过大兴安岭到长春、沈阳方向。日军没有料到前苏军坦克兵团在极其复杂的地形条件下,能在一星期内前进几百公里,直逼东北腹地,因而未及在纵深内集中兵力进行抵抗。苏军采取了统一指挥下的多方向多路分进合击的战法,3个方面军同时从西、东、北3个战役方向发起进攻,使日军从战役一开始就陷于多面作战的困境,使其无法判明苏军的主攻方向而采取有效的对策。

实行统一的后方保障,重视解决油料和供水问题。苏军统帅部根据远东地区远离苏联的经济中心、交通不便、物资缺乏、供应困难等特点,在远东总司令的统一领导下,成立了由总后勤部长领导的后勤指挥组,统一领导后勤工作。苏军调集了约50万人的后勤部队,赶修道路,组织运输,保障了各部队建立足够的弹药、粮食储备。在后勤补给中,特别重视解决油料和供水问题。但由于进攻速度快、道路稀少,后勤保障仍出现不少问题。

"火炬"计划

英军在阿拉曼发动进攻两星期以后,美英联军在法属北非登陆,实行"火炬"作战计划。

1942年6月,丘吉尔提出实行由美英联军在北非登陆的"体育家"计划。对英国来说,把作战的重点放在北非,既可以避开德国的主力,减少损失,又可以确保英国在中近东和非洲的战略地位。6月17日,丘吉尔偕同英国三军参谋长飞往华盛顿。丘吉尔在罗斯福面前强调在法国过早登陆的缺点和危险,力主暂时放弃在法国登陆、开辟第二战场的计划,而执行"体育家"计划。

罗斯福考虑到,如果轴心国在北非取得胜利,立即会危及苏伊士运河和中东油田的安全,敌人还可能占领法属北非和西非,使南大西洋航线、甚至南美洲西海岸都面临危险。此外,德军有可能利用西班牙、葡萄牙及它们的属地。罗斯福排除了美国三军参谋长的反对,于7月25日同意实行"体育家"计划,其条件是不放弃1943年春天在欧洲登陆的计划。在丘吉尔的建议下,这一计划的代号改名"火炬"。双方同意由美国人担任司令官。

7月26日,马歇尔通知艾森豪威尔出任这次战役的总司令。登陆时间定在11月8日。登陆地点选在卡萨布兰卡、奥兰和阿尔及尔。罗斯福提出,为了减少和避免北非法军的抵抗,应使这次登陆部队保持纯美军的外表。因为英军曾在奥兰、达喀尔和叙利亚同法军发生过武装冲突,法国人敌视英国。丘吉尔同意了罗斯福的意见。

8月12日,丘吉尔飞往莫斯科,向斯大林通报了"火炬"作战计划,并说这就是准备在1942年开辟的第二战场。他解释了1942年不能在法国登陆的原因,企图取得苏联方面的谅解和支持。

法国在北非拥有20万人的兵力,能否把这支部队争取到盟国方面来或使法军的抵抗减弱到最低限度,这是盟军能否顺利登陆作战的关键。为争取法军的合作,美国驻北非的首席外交代表罗伯特·墨菲展开了积极的外交活动。他说服法国驻阿尔及尔防区部队司令马斯特将军、卡萨布兰卡防区司令贝图阿尔将军与盟军合作。应马斯特的请求,艾森豪威尔的副手马克·克拉克将军秘密潜入阿尔及尔以西约 60 英里的一所别墅与法国代表会晤,商讨策应办法。这次秘密会议决定让吉罗出面号召法军停止抵抗并与盟军合作。吉罗在 1940 年 5 月任陆军司令官,曾被德军俘虏,越狱逃跑到法国南部。11月 7 日,美国人设法把吉罗从法国南海岸的一个地方接到直布罗陀艾森豪威尔的临时司令部。盟军许诺让他作北非法国军政首脑。

11 月 8 日凌晨,由 650 多艘船舰组成的三支特混舰队,浩浩荡荡分别开到卡萨布兰卡、奥兰和阿尔及尔。三路盟军在预定的地点登陆。由于得到马斯特、贝图阿尔等法国将军的策应,登陆比较顺利。

巴顿指挥的 24500 人的美国部队在卡萨布兰卡附近几个地点同时登陆。由于法国驻摩洛哥总督诺盖将军和实际负责卡萨布兰卡地区防务的米歇勒海军上将开始不愿合作,对登陆做了一番抵抗。法军的火力很快被压下去。11 月 10 日,诺盖收到达尔朗发布的停火令,遂命令法军停止抵抗。

一支 18500 名的美军在奥兰东西几个地方登陆,分东、西、南三路向奥兰城进军,在前进过程中遭到不同程度的抵抗。11 月 10 日上午,美军两支轻装甲纵队从南面攻进奥兰城内,法军宣布投降。在三天战斗中,美军伤亡不到 400 人。

9000 人组成的英美联军在阿尔及尔的登陆得到马斯特及其同僚的策应,更为顺利。英美军队在阿尔及尔东西两侧多处海滩同时登陆,法军只在几个地点做了一番抵抗,未能阻止盟军顺利推进。

11 月 9 日早晨,克拉克和吉罗飞到阿尔及尔。在此以前,暗通盟军的法国人曾以吉罗的名义,做了一次广播讲话,宣布他将领导法属北非,并命令法军停止抵抗。但北非军政当局不愿接受吉罗的领导,他们要根据达尔朗的指示行事。盟军别无他法,求助于达尔朗。达尔朗是法国战斗部队的总司令,贝当的继承人。他正在阿尔及尔探望得了小儿麻痹症的儿子。在墨菲的周旋下,达尔朗于 8 日晨向贝当发出电报,说"局势日益恶化,守军将无法支持",要求贝当授权他便宜行事。贝当复电授予他所要求的全权。8 日下午 6 时 45 分,达尔朗向阿尔及尔地区的法军和舰只发布停火令。当天下午 7 时,阿尔及尔投降,达尔朗也落入盟军手中。

10 日晨,克拉克要求达尔朗命令法属北非各地立即停火,否则就要扣留他。达尔朗被迫于 10 日上午 10 时 20 分发出停火令,他宣布"以贝当元帅的名义",掌握法属北非的全部权力。

盟军在北非登陆以后,德国立即向维希政权施加压力,要后者接受德国的"军事援助"。没有等到维希当局正式答复,希特勒就撕毁 1940 年的停火协定,于 11 月 10 日命令他的部队同意大利军队一道在午夜开进未被占领的法国地区。意军占领了科西嘉岛。

德意军侵占法国南部反而有利于盟军稳定北非法国人的情绪。当这一消息于11日传到北非时，达尔朗说，由于德国人破坏了停战协定，他可以毫无拘束地与美国人合作了。

鉴于停泊在土伦的法国舰队有落入敌手的危险，达尔朗应克拉克的要求，打电报给土伦舰队司令，要他把法国舰队开到北非港口。达尔朗还命令突尼斯的法军参加盟军一方作战。

13日，达尔朗与艾森豪威尔达成协议。根据协议，达尔朗任法属北非高级专员兼海军总司令，吉罗任地面部队和空军部队总司令。盟军得到了利用港口、铁路和其他设备的保证，并得到了在法属北非调度军队所需的法律权利和特权。盟军为了把法国人拉到自己一边作战，小心翼翼地避免军事占领的做法。

达尔朗是一个声名狼藉的附敌分子。同达尔朗达成的协议一经传开，立即在英、美两国引起抗议的浪潮。舆论谴责这是一桩卑鄙龌龊的勾当。12月24日，一名法国青年开枪打死达尔朗。这一事件使罗斯福和丘吉尔摆脱了窘境，也为戴高乐的自由法国运动与法属北非的法军合作扫清了道路。达尔朗死后，吉罗继任高级专员。

法国在土伦的主力舰队司令拉博德海军上将，既不愿把舰队交给盟军，也不愿交给德军。11月26日，当德军企图夺取舰队时，法国海军按计划凿沉了军舰。这支被凿沉的舰队有各类舰艇51艘，计22万吨。盟军没有得到这支庞大的舰队非常惋惜，但它没有被德军夺到手却可聊以自慰。

轴心国不肯轻易放弃在北非的阵地，从11月9日开始，通过海运和空运，大举向突尼斯运兵。到11月底，突尼斯的德军增至15000人，还有9000名意军由陆路从的黎波里开来。

盟军在阿尔及尔登陆以后，英国将军安德森按计划接过这支盟军的指挥权。他指挥新建的第一集团军向东推进，去抢占突尼斯。11月17日，安德森命令部队在边境集结完毕后再向突尼斯进军。盟军兵力本来占压倒优势，因过于小心谨慎，行动太慢，未能在轴心国军队主力开到以前一举消灭它的先遣队，占领突尼斯，因此坐失良机。

12月9日，于尔根·阿尼姆元帅奉希特勒之命接替内林，任当时已称为第五装甲集团军的轴心国部队的最高司令官。他着手把德军占领的突尼斯和比塞大两个环形阵地扩大为一个总桥头堡，用绵亘100英里长的一连串哨所联结起来，分北、中、南三区防守。

盟军在11月下旬和12月发动的一系列进攻进展不顺利，不得不放弃立即攻占突尼斯的计划。而希特勒和墨索里尼受到初步胜利的鼓舞，源源不断地向突尼斯增派兵力，使轴心国的总兵力增至25万人以上。这为盟国大量消灭轴心国的有生力量提供了一个机会。

为了讨论结束突尼斯战争后盟国的战略计划，罗斯福总统和丘吉尔首相于1943年1月14日至24日在卡萨布兰卡举行重要会议。会议决定，盟军面临的任务是肃清北非的轴心国军队，并为攻占西西里岛、扩大地中海战场做准备。同盟国要在1943年动用一切力量打击法西斯国家，并支援苏联作战。会议决定任命艾森豪威尔为盟军总司令，英国亚历山大将军为副总司令,负责指挥突尼斯战线的盟军;在突尼斯战役结束以后,负责指挥西西里战役。

这次会议还促成了吉罗和戴高乐的合作。戴高乐应罗斯福总统的邀请,并在英国政府的催促下,于1月22日来到卡萨布兰卡,与吉罗商讨联合法兰西力量,争取法国解放的事宜,并于1月26日发表联合公报。

1943年1月15日,蒙哥马利向防守布埃拉特阵地的隆美尔残部发起进攻。隆美尔被迫退到突尼斯的马雷特防线。1月23日,英军在没有抵抗的情况下进入的黎波里。的黎波里港口和机场的开辟,为盟军提供了极为重要的供应基地,也为盟军加强空中攻击提供了条件。第八集团军加快了向西推进到突尼斯的速度。2月16日,蒙哥马利的先头师越过突尼斯边境,迫近有坚固设防阵地的马雷特防线。

法国戴高乐与吉罗在阿尔及尔相会

2月23日,罗马发布命令,把轴心国在突尼斯的两个集团军组成集团军群,交给隆美尔指挥。两个集团军共有兵力约30万人,其中有德军116000人。时过不久,隆美尔见轴心国在北非的败局已定,便于3月9日请病假,把德军交给阿尼姆指挥,飞回了欧洲。

3月20日,蒙哥马利以两倍于敌人的兵力(共约16万人)向梅塞指挥的第一集团军发起进攻,迫使轴心国部队放弃马雷特防线,于4月11日撤退到昂菲达维尔阵地。马雷特战役的胜利使第八集团军与从西向东推进的英美军队会合。盟军的兵力达20个师,30多万人,拥有1400辆坦克,以优势兵力向敌人发起总进攻。

这时,轴心国军队的地位已完全动摇。盟军海、空军的拦截活动几乎完全切断了敌人的补给线。到5月初,敌人的空军已撤到西西里,其地面部队失去空中掩护,燃料和弹药也快耗光,完全陷于绝望的境地。敌人的抵抗崩溃了。5月7日,盟军分别攻下突尼斯和比塞大两个城市。5月9日,防守北部地区的轴心国部队指挥官威尔斯特率其残部正式投降。盟军在这一地区俘获近4万人。

5月13日,继隆美尔负责指挥轴心国部队的梅塞陆军元帅向第八集团军投降。冯·阿尼姆也带领德军向盟军投降。除了大约100人渡海或乘飞机逃到西西里岛以外,余下的轴心国部队全部被俘,总数达25万人。

盟军在北非战场的胜利,肃清了北非的轴心国军队。这一重大胜利同苏联军队在斯大林格勒战役所取得的伟大胜利以及美军在太平洋战场取得的重大胜利一起,使第二次世界大战发生了有利于反法西斯国家的根本转折。轴心国在北非的失败使意大利丧失了多年经营的海外帝国,动摇了意大利法西斯政权的基础,为最后把意大利从法西斯阵营中分离出来创造了条件。

盟军在北非战场消灭了轴心国部队大量的有生力量。在整个北非战场,轴心国军队被毙伤和俘虏90余万人,损失飞机8000架,船舰240万吨。这一重大胜利挫伤了敌军的锐气,鼓舞了反法西斯国家军队和人民的胜利信心,也在一定程度上减轻了德军对苏联的压力。

北非的轴心国军队被肃清以后,同盟国就可以比较安全地使用地中海航线了。北非的机场为地中海的航行提供了空中保护,北非的一系列港口可资利用。盟国在中东和印度的护航队不必再绕道好望角。这一胜利还确保了中东石油基地的安全,粉碎了纳粹军队通过中东与日本会师印度的狂妄计划。

盟军在北非的胜利使意大利本土和附近的岛屿都暴露在盟军的轰炸机火力之下,为盟军进攻西西里岛和意大利本土,为最后打回欧洲大陆铺平了道路。

"火炬"战役显示了同盟国联合作战的可能性。盟军在这一战役中形成了比较完整的指挥系统,为英美联军1944年6月在诺曼底登陆作战提供了经验。

缅甸作战计划

1943年,第二次世界大战东、西两线战场都发生了转折性的变化。反法西斯同盟国军队越来越主动。意大利的投降使德、日、意轴心解体。但德日法西斯仍在顽抗。要彻底消灭它们,还要进行艰巨的斗争。为了更好地协同作战,击溃侵略者,尽早结束战争,同盟各国首脑感到有必要立即进行会晤,商讨以后的战略方针。开罗会议就是在这样的形势下召开的。这一年,美国在太平洋上进行"逐岛进攻"和"越岛进攻",先后攻占了瓜达尔卡纳尔岛、阿留申群岛、所罗门群岛和吉尔伯特群岛,战绩显著,但离进攻日本本土和最后战胜日本,还很遥远。

在中国,抗日战争已经进入第六个年头。解放区战场战果辉煌。然而国民党政府继续推行积极反共、消极抗日的方针。罗斯福颇有烦言。他私下责怪,"为什么蒋介石的军队不打日本人","为什么把他大部分最精锐的军队屯在西北——红色中国的边境上。"由于缅甸沦陷,美国向中国政府和在华美国空军供应物资的陆路交通完全断绝,不得不越过"驼峰"(喜马拉雅山南部支脉)进行空运,每月充其量只能供应一万吨物资。在前线失利、外援匮乏的情况下,国民党文武官员和部队叛国投敌者,不绝如缕。开罗会议前夕,罗斯福担心,国民党"搞单方面和平的可能性是始终存在的",如果出现那种局面,美国对日战争的前途,将不堪设想。为了利用中国巨大的人力和空军基地,罗斯福"至为关心的……是使中国继续打下去"。罗斯福对他的儿子说过:"事实上,在中国的工作只有一个重点：我们必须使中国能够继续抗战，以牵制日本的军队。"美国海军上将李海在回忆1943年的形势时写道，美国将领们都认为，尽管中国军队打得不好，但它那几百万军队毕竟牵制了大量日本军队，"为了我们自己的安全和使盟国的事业得到成功，支持中国是必不可少的"，"如果不能把蒋介石的装备甚差、吃得不好的军队留在战场上，要打败日本就得付出更多的船只、生命，更不用说金钱了。"

缅甸作战计划是开罗会议的一个重要议题。在开罗会议之前和开罗会议期间，美国都主张，为了使中国政府坚持抗战，除了维持空运接济外，还必须打通陆上运输线。因此，最重要、最紧迫的任务，是在1944年初，缅甸雨季到来之前进攻缅甸，修建从印度经由缅甸通往中国的公路。要完成这个任务，既应有中国陆军参加，又必须得到英国海军的支持。

蒋介石希望在缅甸打通陆上运输线，以便获得更多的外援物资，由孙立人、廖耀湘等统率的"驻印军"和驻在云南的"远征军"共有14个师，全部美式装备，可供进攻缅北之用。但是，由于蒋介石把主要注意力用来对付共产党，一心要保存实力，又怕英军不予配合，自己孤军深入，将遭到失败。因此，蒋介石在开罗会议上坚持，只有当英国在孟加拉湾海岸发动大规模的两栖作战，中国军队才能入缅作战。此外每月对华空运的一万吨物资，也不得因缅甸作战而有所减少。

丘吉尔虽然希望杀回缅甸，也赞成支持中国继续抗战，并利用中国基地进行空军活动，但他十分反对在缅甸进行大规模的战役。第一，他不喜欢看到美国人，特别是中国人，分享夺回缅甸的荣誉；第二，他认为对日作战的胜利主要取决于在海上摧毁日本的交通线，用封锁扼杀日本。因此，他主张在东南亚，首先应该攻占新加坡，进而夺取香港，而不应该在远离日本的缅甸丛林中进行极为困难的作战，使美国陷在那里而不能自拔；第三，他坚持先欧后亚的战略部署，认为在缅甸进行大规模的两栖作战，将会占用大量登陆艇，因而削弱拟议中的登陆法国的计划，并妨碍在意大利的大规模战役。

由于丘吉尔反对在缅甸进行两栖进攻，蒋介石同他进行了激烈争论。最后，罗斯福出面向蒋介石保证，几个月内将在孟加拉湾进行一次大规模的两栖作战行动。蒋介石遂以此为条件，同意使用中国军队进攻缅北。

然而，丘吉尔仍然坚持己见。开罗会议结束后第三天，丘吉尔书面通知英国三军参谋长："首相希望将下列事实记录在案，即他明确拒绝蒋介石大元帅关于要我们在缅甸进行陆地战役的同时，负责发动一次两栖作战的请求。"德黑兰会议后，丘吉尔又称，苏联既已答允在对德战争胜利后参加对日作战，东南亚战区业已失去其重要性，孟加拉湾的两栖作战自应取消，登陆艇则应调往欧洲。面对丘吉尔的坚决态度，罗斯福终于让步，在12月5日决定收回他对蒋介石的诺言，并电请蒋介石在下述两个方案中作一抉择：一、不管英国海军是否在南缅夹击，中国仍调远征军入缅；二、将缅甸作战计划延期至1944年11月。

蒋介石不愿独力承担攻缅任务，遂电复罗斯福接受了第二个方案。复电中还说："鄙人亦愿于此坦率告曰：盟邦对于中国战场之如此措施，实可引起各方忧虑。"

蒋介石在开罗会议上,还曾通过兼任中国战区参谋长的驻华美军代表史迪威要求美国提供装备,由中国在 1945 年 1 月之前,分三批训练新军共 90 个师。一俟滇缅路打通,中国新军准备完毕,中国即在 1944 年底至 1945 年底之间出兵攻打广州、香港、台湾、上海。广州、香港收复后,美国须以 10 个步兵师、3 个装甲师参加华中、华南、华北作战。会上,没有就此达成具体协议。

总之,开罗会议在实现中、美、英三国配合对日作战方面,矛盾重重,没有任何具体建树。这次会议的重要意义,是在政治方面。

蒋罗会谈

开罗会议第二天晚上,罗斯福设宴招待蒋介石。宴会后,罗蒋就广泛的政治问题长谈到深夜 12 点。要了解这次会谈的由来,必须先介绍一下有关的背景。

开罗会议之前,日本为了笼络人心,瓦解抗日阵线,曾同汪精卫伪政权缔结了《交还租界及撤废治外法权协定》,并宣称,战后将从中国撤军,标榜所谓对华"新政策"。英美为了抵消日本对华"新政策"的影响,也做出以平等对华的姿态,同蒋介石缔结"新约",宣布放弃其在华特权,归还租界。在这方面,罗斯福看得更远。他认为,战后"中国可能在远东成为一个对日本进行监督的十分有用的国家",而且,"中国由于同俄国存在着严重的政策冲突,将会毫无疑问地站在我们一边"。因此,他要"用一切可能的办法来加强中国的力量",包括给予中国以大国的地位。罗斯福深知争取民心的重要性,他把"保持中国人民对美国的友谊",同"使用中国继续打下去"并列作为他"至为关心"的两大问题,甚至说,他"在每做一个决定时,都把这些目标牢记在心"。对于中国人民打败日本侵略者,收复东北四省和台湾、澎湖,恢复中国主权完整的要求,罗斯福均表支持。

日本在占领东南亚各地后,利用当地人民对欧美帝国主义的仇恨,在 1943 年 9 月的御前会议上,明确提出以"收揽民心"作为"对大东亚各国各民族的指导方针"。据此,日本先后导演了菲律宾、缅甸"独立",并在印尼、印度筹备"自治",召开"大东亚会议",制造亚洲国家合作以摆脱白人统治的假象。对此,美国不能不筹谋对策。罗斯福认为,英、法、荷等国如果不改变他们在东南亚的旧殖民政策,不但不能在战时挫败日本的政策,而且将不能适应战后的新形势。因此,罗斯福表示,"战后美国外交政策将采取一个新的方向,使英国、法国和荷兰觉悟到我们管理菲律宾的方法是他们管理他们殖民地的唯一的方法。"所谓管理菲律宾的方法,就是改换赤裸裸的殖民统治的旧形式,用允许殖民地独立的诺言,来维护帝国主义的经济统治。

可见,为了对日斗争的需要,并在战后限制苏联的影响,罗斯福认为,一方面应该提高中国的国际地位,另一方面应该对亚洲殖民地争取独立的要求表示同情。罗斯福的这种政策,在蒋罗会谈中表现得十分清楚。

蒋罗会谈未做正式记录。根据1957年的国民党政府向美国国务院外交文件编纂处提供的中方记录英译文,谈话主要内容如下:

关于中国的国际地位,罗斯福表示,中国应取得四强之一的地位,并平等地参加四强机构,参与制定该机构的一切决定。蒋介石答称,中国将欣然参加四强的一切机构和参与制定决定。

关于中国的领土:蒋罗双方同意,日本用武力从中国夺去的中国东北四省、台湾和澎湖列岛,战后必须归还中国。经谅解,辽东半岛及其两个港口,即旅顺和大连必须包括在内。罗斯福一再问,中国是否想要琉球群岛。蒋介石答称,中国愿由中美两国共同占领该群岛,最后,在一个国际组织的托管下由两国共管,罗斯福还提出香港问题,蒋介石建议,在进一步考虑之前,请罗斯福跟英国当局讨论一下这个问题。

据罗斯福的儿子伊利奥·罗斯福称,他父亲告诉他,开罗会议期间,蒋介石希望得到美国支持,不使英国或其他国家战后在香港、上海和广州享受特殊的帝国权利。罗斯福表示支持,但蒋介石"必须在战争还在继续进行的时期与延安方面握手,组织一个联合政府"。蒋介石同意了,条件是美国应该保证苏联答允尊重满洲的边界。

在会谈中,罗斯福还特别问到唐努图瓦的目前情况及其与邻近地区的历史关系。蒋介石指出,该地区在被俄国用武力夺走、并入其版图以前,一直是中国外蒙古的一个组成部分。他说,唐努图瓦问题将来必须通过与苏俄谈判,同外蒙古问题一并解决。

关于朝鲜、印度支那和泰国等问题,罗斯福指出,中美应就朝鲜、印度支那和其他殖民地,以及泰国的未来地位达成一项相互谅解。蒋介石表示同意,并强调了给朝鲜独立的必要性。他还认为,中、美、英共同努力帮助印度支那在战后取得独立,而泰国则应恢复独立地位。罗斯福表示同意。后来,罗斯福在德黑兰会议期间对斯大林说,蒋介石告诉他,中国对印度支那没有什么打算,但印度支那人民还没有为独立做好准备。对此,罗斯福曾回答说,当美国获得菲律宾时,当代居民也没有为独立做好准备,但在对日战争结束时,美国仍将无条件地给予他们独立。罗斯福曾同蒋介石讨论在印度支那实行托管制度的可能性,其任务是在一定时期内,也许是20年到30年,让人民为独立做好准备。另据小罗斯福称,罗斯福还同蒋介石谈到马来联邦和缅甸等问题。罗斯福说,英国在印度应该满足于它的特惠的经济地位,必须允许给印度人民以政治独立。

关于战后对日本的处理问题:罗斯福认为,在战后对日本的军事占领中,中国应担任主要角色。蒋介石说,中国不具备条件担负这项重大责任,此项任务应在美国领导下执行,中国可作为辅助力量参加。蒋介石提议,战后日本给予中国的赔偿,一部分可以用机器、战舰、商船、铁路车辆等实物支付。罗斯福表示同意。罗斯福询问,战后是否应废除日本天皇制度。蒋介石说,这应该由日本人民自己决定。

罗斯福还建议,战后中美应做出安排,遇有外来侵略,两国应据此互相支援。蒋介石表示同意,并建议,应使每一方的陆海军基地可供另一方使用,中国准备把旅顺交给中美共同使用。罗斯福提议,在就任何有关亚洲的问题做出决定之前,中美应进行磋商。蒋介石表示同意。所谓中美每一方的陆海军基地可供另一方使用,貌似平等,实际上只不过是用来掩盖美国在战后继续控制中国军事基地的野心罢了。从罗斯福关于中美互相支持反对"侵略"的建议和蒋介石关于旅顺交给中美共同使用的意见中,人们不能不怀疑,美蒋双方,都怀有抑制苏联的用意。

从总体来看,此次蒋罗会谈,是有利于中国和亚洲殖民地人民的。在此基础上发表的"开罗宣言",也是有积极意义的。

开罗宣言

蒋介石、罗斯福、丘吉尔在开罗的会谈结束后,由霍普金斯起草会议宣言。11 月 28 日,蒋介石离开开罗回国,罗斯福和丘吉尔则于 27 日赴德黑兰,同斯大林会晤。斯大林对中、美、英的宣言稿表示完全同意。1943 年 12 月 1 日,宣言在开罗正式发表。

开罗宣言宣布,中、美、英"三国军事方面人员,关于今后对日作战计划,已获得一致意见"。实际上,如上所述,关于对日作战计划,三国分歧很大,所谓"已获一致意见",应该打很大折扣。不过,必须看到,开罗宣言是在对德战争出现了根本转折的形势下,由中、美、英三国最高领导人发表的,它宣布三大盟国"将坚持进行为获得日本无条件投降所必要的重大的长期作战",并"表示决心以不松弛之压力,从陆海空诸方面加诸残暴的敌人"。这对于鼓舞人心,威慑敌人,仍有其积极作用。

开罗宣言宣布,"三大盟国此次进行战争之目的,在于制止及惩罚日本之侵略。三国决不为自身图利、亦无拓展领土之意。三国之宗旨在于剥夺日本自 1914 年第一次世界大战开始以后在太平洋所夺得的或占领之一切岛屿,……日本亦将被逐出其以暴力或贪欲所攫取之所有土地"。这就是说,无论是日本在第一次世界大战中从德国夺得的马绍尔、加罗林、马里亚纳群岛,或是它在太平洋战争爆发前后所占领的法、英、荷、美的殖民地,都必须放弃,至于战后这些领土将如何处理,宣言里未见提及。从上文所述蒋罗会谈中可以看出,罗斯福是反对殖民地重归旧主的。但他的意见,只同蒋介石谈,而没有向丘吉尔提出。看来,这是为了维护盟国之间的关系,有意回避可能引起同丘吉尔争论的敏感问题。

开罗宣言宣布,"我三大盟国轸念朝鲜人民所受之奴役待遇,决定在相当期间,使朝鲜自由独立。"这表明,长期以来,朝鲜人民反抗日本侵略、争取民族独立的正义斗争,已经得到三大国承认,这是开罗会议的一项积极贡献。但是,日本所占领的原法、英、荷、美殖民地,是否也将获得独立,开罗宣言未置一词。这是一个重大缺陷。人们知道,罗斯福、丘吉尔在 1941 年大西洋宪章中虽曾宣布"各国人民有权选择自己的政府形式",但丘吉尔很快就声明,这个宪章不适用于英国殖民地。可见,同样是殖民地,只可许诺日本的殖民地朝鲜独立,而不能同意让英国的殖民地马来西亚和缅甸独立。开罗宣言中虽然载有"决不为自身图利"的堂皇词句,实际上并未打算彻底付诸实施。

开罗宣言还宣布,将"使用日本所窃取于中国之领土,例如满洲、台湾、澎湖群岛等,归还中华民国"。这一条具有重大意义。第一,它谴责了日本自甲午战争和"九·一八"事变以来对中国的侵略;第二,它承认了东北和台湾、澎湖都是中国固有领土;第三,它肯定了中国收复包括上述领土在内的全部失地,恢复国家领土主权完整的正当权利。后来,1945年7月26日,美、英、中促令日本投降的波茨坦公告重申,"开罗宣言之条件必将实施"。日本投降后,当时的中国政府收复了东北和台湾、澎湖。开罗宣言的有关规定,已经变成了事实。中华人民共和国成立后,国际上有些人无视国际文件和历史事实,制造"台湾地位未定论",阻挠台湾回归祖国,破坏中国统一大业。在同他们斗争时,开罗宣言是中国政府和中国人民手中一个有力的法律武器。

苏、美、英首脑德黑兰会议

1943年11月28日至12月1日,苏、美、英三国首脑斯大林、罗斯福、丘吉尔在伊朗首都德黑兰举行会议。这是第二次世界大战期间反法西斯联盟三大国首脑的第一次会晤。会议就加速击溃德国法西斯,尽早开辟第二战场和战后世界的安排问题交换了意见。这次会议对大战的进程及战后国际关系的发展产生了重大影响。

1943年是反法西斯国家捷报频传的一年。苏联红军接连取得震惊世界的斯大林格勒战役和库尔斯克战役的胜利。美英联军占领北非后,又在西西里岛登陆,迫使意大利投降。美国在太平洋战场上也夺回战争的主动权。这一切标志着第二次世界大战已经发生了根本转折,德、日法西斯的覆灭已不可避免。在这种形势下,美、英、苏三国为了尽快结束对德、对日战争,商讨战后世界安排问题,都希望举行首脑会议,其中罗斯福尤为积极。

罗斯福认为,第二次世界大战是美国建立世界霸权的大好时机。早在大战初期,罗斯福就下令成立专门机构,研究如何"从美国的最大利益出发","建立一个理想的世界秩序"。1943年以后,罗斯福更明确地表示:美国"已经取得的权力——道义、政治、经济和军事的权力","给我们带来领导国际社会的责任和随之而来的机会",为了美国的"最高利益",美国"不能、不应、也不要回避这种责任"。同时,罗斯福看到,随着希特勒德国临近崩溃,苏联在国际舞台上的地位将日益重要。而美英在军事战略方面存在严重分歧,在战后世界安排方面也潜伏着深刻矛盾。为了实现美国的战略目标,罗斯福急于同斯大林和丘吉尔会晤,以便协调对德作战部署,争取苏联早日参加对日作战。他特别希望能在有关战后世界安排和处理德国问题方面取得斯大林的支持与合作。

还在1942年12月,当苏军在斯大林格勒和顿河战线完成对德军的包围之后不久,罗斯福即一再向斯大林提议:他和斯大林、丘吉尔"应当早日会晤",共同"做出重大的战略决定"，并"对德国一旦崩溃时应当采取的处置办法获致某种初步谅解"，还可讨论"有关在北非和远东和未来政策的其他事项"。

1943 年 5 月初，罗斯福派前驻苏大使约瑟夫·戴维斯专程前往莫斯科，把他的一封"私人信件"送交斯大林，提出要跟斯大林进行几天"不带参谋人员""不拘形式的极其简单的会晤"和"谈心"。罗斯福还建议会晤地点可在白令海峡两岸的苏联或美国一边，而不要在英国属地或冰岛。因为那样做"很难不同时邀请"丘吉尔。斯大林复电罗斯福，表示同意两人会晤，但因苏联"正在准备击退德国人的攻势"，所以他不能离开莫斯科。

英国首相丘吉尔从维护大英帝国的利益出发，既要依靠美国，联合苏联，以抗击德国，又要提防美国挖英国的墙脚；还担心苏联称雄欧洲。他看到美苏在第二战场问题上，观点比较接近，因而他不愿举行"三巨头"会议讨论这一类问题；但他又怕美苏撇开英国单独就重大问题达成协议。因此，他在 1943 年 7 月建议举行美、英、苏三国首脑会议。这一建议得到罗斯福和斯大林的赞同。

1943 年 8 月，三国商定在首脑会议前先举行外长会议。英美两国提出外长会议在英国或某个中立地点举行，但斯大林坚持要在莫斯科开会。9 月 10 日，英美做了让步。

10 月 19 日至 30 日，苏、美、英三国外长莫洛托夫、赫尔、艾登在莫斯科举行会议。参加会议的还有苏联元帅伏罗希洛夫、美国驻苏大使哈里曼、英国国防部参谋长伊斯梅将军等人。

外长会议的第一项议程是缩短战争时间的措施和开辟第二战场问题。这是反法西斯联盟内部争论的焦点。1941 年希特勒进犯苏联后，德军主力投入苏德战场，使苏联蒙受巨大牺牲。为了减轻战争压力，尽快打败希特勒，苏联一直要求英美两国在西欧开辟第二战场。但是，丘吉尔首先关心的是英国本土和整个大英帝国的安全。他坚持在北非登陆，以维护大英帝国从直布罗陀经苏伊士到远东的生命线；然后进军意大利和巴尔干，恢复英国在那里的势力范围，阻止苏联进入东南欧，固而借故拖延开辟第二战场。在1943 年 1 月的卡萨布兰卡会议上，美国军方力主横渡英吉利海峡，在法国北部登陆，直捣德国。但罗斯福的态度不够坚决，以致第二战场的开辟被一再推迟。8 月间的魁北克会议虽批准了登陆西欧的"霸王"计划，并决定给予优先地位。但由于英国的掣肘，攻击日期又一次推迟。

在莫斯科外长会议上，苏联代表主张明确规定开辟第二战场的日期。英美代表对此不愿承担明确义务，反而提出了种种条件：(1)"如果英吉利海峡的气候有利"；(2)"在西北欧的德国空军力量大量缩减"；(3)发起进攻时，德军在法国的预备队不得超过 12 个师，而且两个月内德国没有可能从其他战场向法国调遣 15 个师以上的兵力；(4)最后根据苏联的建议，会议公报只笼统地提到三国的"首要目标是尽快地结束战争"。

外长会议接着讨论了由美国起草、得到英国同意的《苏、美、英、中四国关于普遍安全的宣言》。最后决定这个文件用四大国名义发表，中国驻苏大使傅秉常代表中国政府签署了这个宣言。四国宣言宣布四国战时的"联合行动将为组织及维持和平与安全而继续下去"。它们将尽速"根据一切爱好和平国家主权平等的原则,建立一个普遍性的国际组织,所有这些国家无论大小,均得加入会员国,以维持国际和平与安全"。

外长会议着重讨论了德国问题,并根据艾登的建议,决定在伦敦成立"欧洲咨询委员会"。其任务是研究与战事发展有关的欧洲问题,首先是德国问题。

会议还发表了关于意大利、奥地利、德国暴行的三个宣言。宣布盟国对意大利政策必须根据彻底消灭法西斯主义的基本原则,并决定成立由苏联、美国、英国、法兰西民族解放委员会、希腊、南斯拉夫代表组成的意大利问题咨询委员会。宣布"1938年德国对奥地利的强迫兼并无效",表示"希望看到重新建立一个自由和独立的奥地利"。对"负责或同意参加暴行的德国官兵和纳粹党徒,将押回犯罪地点进行审判",对于罪行不限于某一地区的首要罪犯则将"由各盟国政府共同决定加以惩处"。

会上,英国提出战后欧洲小国建立联邦或邦联的方案,英美代表提出苏联与在伦敦的波兰流亡政府恢复外交关系问题,均遭到苏联的反对。美国还向会议提出了三个文件,包括战后各国经济关系的指导原则宣言和关于附属国人民托管的宣言,主张实行"自由贸易"原则,把殖民地变为国际托管。英国断然拒绝了这些主张。

10月30日外长会议结束时,斯大林设宴招待美、英代表。他在宴会上对赫尔表示:在打败德国后,苏联将参加对日作战。

在筹备首脑会议过程中,美苏两国为会议地点问题进行了激烈的争论。斯大林提出以伊朗首都德黑兰作为会议地点。罗斯福从他个人和美国的"威望"考虑,不愿跑到苏联的家门口同斯大林会晤。他说,"我决不考虑这样的事实:我必须从美国领土旅行到离俄国领土不到六百英里的地方"。他建议到伊拉克的巴士拉去开会。他最后说,"如果只是由于几百英里"而使三国首脑会晤不能举行,"后代子孙将认为这是一个悲剧"。但斯大林强调"由于前线极其复杂","我身为最高统帅,不可能到比德黑兰更远的地方去"。罗斯福急切希望同斯大林会晤,最后只好让步。

德黑兰会议前还有两个插曲。一是丘吉尔希望在会前先同罗斯福单独会谈,以协调彼此的立场。但罗斯福不愿在这个时候单独会见丘吉尔。他提出,他与丘吉尔、蒋介石在开罗会谈,并希望莫洛托夫代表斯大林出席。斯大林在得知蒋介石前往开罗后,不同意让莫洛托夫前往开罗,并向罗斯福指出,"德黑兰应该只是三国政府首脑之间的事,""应当绝对排斥任何其他国家的代表参加"。二是罗斯福在开罗期间向斯大林提出他在德黑兰开会时的住处问题。他不同近在咫尺的丘吉尔商量,却致电远在莫斯科的斯大林说,美国驻伊朗使馆,距苏联和英国的使馆较远,驱车往来会议地点,"会冒不必要的风险"。他问斯大林:"您想我们应当住在哪里?"斯大林便顺水推舟,邀请罗斯福下榻在苏联使馆。这两个小小的插曲,反映了当时罗斯福、丘吉尔、斯大林之间的微妙关系。

法国自由运动

　　1940 年 6 月 17 日上午，波尔多机场上一片混乱，一架载着英国斯庇尔斯将军的专机正准备腾空而起，忽然从人群中闪出一位身材高大的法国军人，他没有同任何人打招呼，就快步走进机舱。当送行的人们还没有弄清楚是怎么一回事的时候，飞机便怒吼着离开地面，飞向天空。当时人们没有注意到这件小事，也决不会想到这位法国军人就是后来领导抵抗运动，抗击德国法西斯，风云法国和世界政坛多年的戴高乐将军。

　　夏尔·戴高乐自 1912 年毕业于圣西尔军校后，一直在军界服役。他早就认为未来战争的胜负将取决于机动性和火力，因而力主建立一支强大的坦克部队，以加强国防，抵御可能来犯之敌。1940 年 5 月 10 日，德国在西线发动闪电战，年已 50 的戴高乐终于实现了多年的抱负，亲率一个装甲师赴前线杀敌，曾在雷翁和阿贝维尔屡立战功，因而擢升为准将。6 月 6 日，他被任命为国防部副部长，奔波于伦敦和巴黎之间，负责与英国的联络工作。戴高乐是坚定的抗战派，主张同德寇周旋到底，并认为在必要的情况下可放弃本土，退守北非。他看到政府一片混乱，知道大势已去，遂决定只身出走，以便在异国建立抗战基地。

　　17 日下午，当戴高乐抵达伦敦时，他感到"自己是单独一个人"，正面对着"一片茫茫的大海"，然而这丝毫动摇不了他抗战的决心。针对贝当的公开屈膝求和，戴高乐在 18 日夜间通过英国广播公司向法国人民庄严声称："我说法国的事业没有失败，我请求你们相信我。使我们失败的那些因素终有一天会使我们转败为胜。因为你们要记住法国不是孤单的……。无论发生什么事情，法国抵抗的火焰不能熄灭"。他号召目前在英国或将来可能来英国的法国官兵、军工厂的工程师和技术工人与他取得联系，共同为拯救法国而斗争。戴高乐坚定的声音穿过夜空，越过波涛汹涌的英吉利海峡，飞向巴黎，飞向里昂，飞向所有法国的城镇和农村。当时知道戴高乐的法国人还不多，然而他简短有力的讲话却在每个人的心里燃起希望的火花。6 月 18 日的讲话就这样载入了法国的史册。不少法国统治集团的成员在法兰西民族处于生死存亡的危急关头动摇徘徊，有的甚至完全丧失民族气节，戴高乐

自由法国组织的领导人戴高乐将军

却能挺身而出,呼吁全国抗战到底,这在当时确是难能可贵的。

这样就开始了戴高乐领导的抵抗运动,在丘吉尔的直接支持下,他们运动的中心设在伦敦,并于8月7日同英国正式签订了确认其地位的协议,随后戴高乐又把他领导的运动命名为"自由法国",还以"洛林十字"作为它的象征。

在法国还未从惨败的噩梦中清醒过来的时候,只有前印度支那总督贾德鲁、实业家普利文等少数比较知名的人士支持戴高乐。为了进行民族抵抗,戴高乐做了大量组织工作和联络工作。他接连不断地发表各种文告、广播讲话和通讯,揭露可耻的停战协定。谴责维希政权同德国"合作"的罪行。他明确指出维希政权是"不合宪法的","只能是当作法国的敌人用来作反对国家的荣誉和利益的一种工具"。戴高乐十分重视武装部队的筹建,认为"没有武装就没有法国。建立一个战斗部队比什么都重要"。他在伦敦积极招募军队,志愿人员由6月下旬的几百人发展到7月末的7000人。尽管人数仍不多,戴高乐还是继续惨淡经营他所开创的事业。

戴高乐深知寄人篱下终非长久之计,必须在非洲拥有自己的立足点。法属西非和赤道非洲土地辽阔,资源丰富,未被贝当政府所牢固控制,完全可以成为"自由法国"的根据地。他成功地利用当地的有利条件,派出一个代表团深入非洲盆地,在8月份几乎不发一枪就促使乍得、喀麦隆、下刚果(今刚果人民共和国)和乌班吉—沙里(今中非共和国)加入"自由法国"。9月,法国在大洋洲和印支的殖民地都纷纷宣布支持戴高乐。散布世界各地的法国侨民,也建立了戴高乐委员会、自由法兰西委员会等组织。下一步就是夺取西非的咽喉达喀尔。为此,"自由法国"动用了它拥有的全部舰只,同英国海军组成联合舰队,于8月31日离开利物浦向达喀尔进发。不幸在中途被维希海军发现,9月23日驶抵达喀尔时又遭到当地驻军的抵抗,只得折回。这是"自由法国"的一次重大挫折,也使戴高乐无端受到许多英国报刊的指责。

这一切并没有阻止"自由法国"在非洲的发展。10月在布拉柴维尔成立了"卫国帝国委员会",其使命是"进行战争和与国外打交道"。到1940年底,"自由法国"控制的海外殖民地总人口已达1200余万。这样,戴高乐所领导的抵抗运动就有了自己的基地。

但是,它同盟国的摩擦不断发生。法德停战协定签订后,英国人担心法国舰队落入德国人之手。7月4日,英国海军袭击停泊在北非麦尔斯—埃尔—克比尔港的法国舰队,大部分法国舰只受重创,1300名海员死亡,严重损害了法国人民的感情。不久戴高乐又得悉丘吉尔通过一位名叫路易·鲁吉埃的教授同维希政府进行秘密接触;英国大使在马德里也同维希政府的代表保持着联系。这使同盟者之间更为不和。至于美国,则一向同贝当政府搞得火热,它任命李海海军上将出任驻维希的大使,又派出干练的外交家墨非到北非进行活动。显然美国另有自己的打算,它不仅不愿意丧失在西欧的据点,还试图乘法国之危,攫取法国在北非的殖民地。戴高乐因而对美国一直存有戒心,双方的关系十分冷淡。但是戴高乐仍孤军苦斗,毫不气馁!

"自由法国"的军队尽管人数少,装备差,但很快就活跃在反法西斯战争的各条战线上。它的空军组成"阿尔萨斯""洛林""布列塔尼"等大队,同英国皇家空军一起战斗。它的海军舰只在各个海洋担负起护航任务。"自由法国"的陆军活跃在利比亚战场。1941 年 3 月,勒克莱尔率领一支小部队,在经过 1600 多公里的急行军后,一举攻克重镇库夫拉,全歼那里的意大利守军。这批法国勇士们宣誓:"只要国旗不飘扬在斯特拉斯堡的上空,我们就决不停止前进!"

1941 年春开始,"自由法国"的部队同英军在叙利亚和黎巴嫩并肩作战,反对那里的维希政府,取得了很大的成果。由于英国政府试图排挤法国在两地的势力,导致双方关系日趋紧张。有一段时间,戴高乐被迫滞留在伦敦,几经交涉才得以亲往叙利亚和黎巴嫩进行视察。他 9 月重返伦敦时才发现,不仅英国公开以中止援助相威胁,而且在"自由法国"内部也出现了分裂。为了扭转这种局势,戴高乐便在 1941 年 9 月 24 日正式成立领导"自由法国"的民族委员会,分别由自己的亲信贾德鲁、普利文、苏斯戴尔等出任财政、宣传委员。接着,它得到英、苏等大国的承认,这样戴高乐的地位重新得到巩固。不少干练的政治家,如德勃雷、德姆维尔和沙邦。戴尔马等也纷纷投奔戴高乐,协助他领导抵抗运动,并且成为战后戴派的核心。

在斗争的过程中,戴高乐逐渐认识到,只有团结一切愿意抗战的同胞,才能解放祖国,同时顶住某些大国的压力。

他在扩大海外抵抗基地的同时,加强了法国本土的工作,首先是开辟情报工作的特殊战场。化名为帕西领导的第二局承担了本土的侦察任务。一年内先后派遣了十个小组的谍报员,在国内抵抗组织协助下,搜集情报。戴高乐的"6·18"演讲在国内得到很大反应。6 月 9 日,戴高乐的广播演讲首先在南部《小普罗旺斯报》头版全文发表,其他报纸也刊登了广播的消息。据许多爱国者回忆,戴高乐"6·18"的号召是鼓舞他们走上抵抗道路的巨大力量。一位抵抗战士德·拉巴多尼回忆说:"自从我聆听了戴高乐的首次广播时起,我就参加了抵抗运动……当我意识到戴高乐讲演的内容时,我大声叫喊着:'我们战胜了'"。一个红衣主教阿尔维特回忆说,当他听了戴高乐的首次广播演讲后,马上跟人说"我是戴高乐主义者"。共产党人罗歇·佩斯图尔甚至也说:"我们做的不如戴高乐主义传播得快,它有着无线电广播的有利之处,而且还有许多流行的方法表明你是戴高乐主义者。我记得在洛特、来自我们村庄的一些人就相互转告着'戴高乐万岁!'"国内一些爱国者宣布自己是戴高乐派,出版和散布传单。据维希政府的秘密报告说,从 1940 年 9 月到 11 月,戴高乐派的传单在北部、南部 16 个城市发现,包括巴黎、里昂、马赛、波尔多、南特、维希、蒙贝利埃等大城市。有的传单说:"如果我们想得救,我们就要跟随戴高乐和他的志愿者。如果我们想叛卖,就跟随赖伐尔及其喽啰!"有的说:"善良的法国人,我们为我们的自由和法国而斗争,我们不要轻视我们以前的盟国,我们和戴高乐在一起。"在北部占领区,尤其是布列塔尼沿海一带,一些法国人偷渡海峡,投奔自由法国。有个士兵躲在渔船甲板下逃到英国。有个旅行飞机的飞行员,从布列塔尼起飞,在几乎没有汽油的危险情况下,冒着暴风雨,飞越海峡到了英国的康沃匀。上述事实表明,作为

"国外抵抗"的自由法国运动,是整个法国抵抗运动的组成部分,对于促进国内抵抗运动的开展,有着重大影响。

随着国内抵抗运动的蓬勃开展,戴高乐于 1942 年 1 月派出忠诚的抵抗战士让·穆兰去法国内地,作为"自由法国"的全权代表,并与各抵抗组织建立联系。1942 年 7 月,社会党人菲力普参加民族委员会。1943 年初,共产党代表格利尼埃来到伦敦,会见戴高乐,表示全力支持他所领导的抵抗运动。于是,国内抵抗运动也就成为戴高乐的强大支柱。

图为 1944 年 6 月解放后,戴高乐将军凯旋法国。

根据戴高乐《战争回忆录》的记载,到 1942 年,他所领导的武装部队已达七万余人,并且接近越来越多的战火洗礼。它的一部分参加了埃塞俄比亚境内驱逐意大利侵略军的战役,曾经在 1941 年 4 月 8 日进攻马索阿重镇的战斗中,生擒来非意军总指挥,立过赫赫战功。另一部分在利比亚境内作战。特别是第一轻机械化旅于 1942 年 6 月上旬曾在昔兰尼加的比尔哈凯姆同数量占优势的德军奋战近半个月。这支不到 5000 人的队伍,经过血战虽被迫后退,并且蒙受了近千人的伤亡,但这是法国败亡后法军首次同德军大规模交锋,法国官兵所表现的英勇气概使这块不出名的地方后来成为法国人民英雄主义的象征。1942 年底至 1943 年初,勒克莱尔率领的"自由法国"军队横越利比亚沙漠 3000 余公里,胜利进入的黎波里,同英国第八集团军会师,并共同进军突尼斯。戴高乐还计划派出一个旅前往苏德战场作战,由于英国的反对未能如愿。1942 年底,法国"诺曼底"飞行大队被派往东线同苏联人民并肩战斗。在整个战争期间,它前后参加 869 次作战,共击落敌机 300 余架。全大队 70% 的飞行员光荣牺牲。

利德尔·哈特与间接路线

20 世纪 60 年代,一位著名的英国军事理论家向别人透露了一个惊人的秘密:他卷帙浩繁的军事著作中所阐述的观点,其实在 2000 年前的《孙子兵法》中就可以找到。他也确实对中国古代兵学家孙武及其著作深感兴趣,不仅为《孙子兵法》英译本作序,还在自己的得意之作《战略论》前面大段引述孙武的格言。

这位英国著名军事理论家就是利德尔·哈特。

利德尔·哈特 1895 年出生于巴黎,父亲是一位英国牧师。他早年在英国最著名的学府——剑桥大学读书。随着第一次世界大战爆发,他加入英国陆军,成为一名步兵军官，军衔也升至上尉。1916年8月，英、德两军在索姆河附近交战，双方使用了坦克、毒气、喷火器等一系列新式武器。利德尔·哈特也参加了这次会战，不幸被德军施放氯气而负伤，无法继续作战，只好转到后方从事步兵训练方法的发展研究以及战术研究，参与修订《英军步兵训练手册》，出版了《步兵战术学》等军事专著。1927年他以健康的原因按上尉军衔退役。从此放下了剑，拿起了笔，终身从事军事写作。

利德尔·哈特退役后，先后任伦敦《每日电讯报》军事记者、《泰晤士报》军事专栏评论员、《不列颠百科全书》军事编辑。1937年出任英国陆军大臣霍尔·贝利沙的军事顾问。不过他更喜欢的是军事理论研究。他专门为自己建立了一间军事图书室，从各地搜集图书充实到这里来。一有空闲时间他就将那些军事经典著作拿出来读，不时将自己的一些想法记在书的空白之处。他还很喜欢同世界各国的史学家和军事理论家通信，探讨战争理论与实践方面的问题。一有机会，他就以报社军事记者的身份奔波于国内外，采访军事演习，并顺便考察历史上著名战役的遗址。第二次世界大战期间，他曾给英国军事当局提出过不少战略建议，后来又到加拿大和美国的军事学院讲过学。1970年逝世。

利德尔·哈特一生中以笔代剑，写下了30多部军事著作和大量论文，其中有《战争中的革命》《西方的防御》《战略论》《第二次世界大战史》等，尤以后两部著作较著名。他写作的态度相当严肃，曾经说："伟大的统帅多半是拙劣的作家。除在描写其行动方面缺乏文学技巧外，他们对自己的思路也有意搞得晦涩不清。关系到他们的所作所为，就如何及为何这两方面，他们告诉子孙后代的极少。"为了将前人语焉不详的东西说清楚，他先是于1929年出版了《历史上的决定性战争》一书，以后多次扩大改写，直到1954年定名为《战略：间接路线》（中文译本名为《战略论》）。内容涉及从古希腊时代到第二次世界大战近30次战争，280多场战役。他发现，大多数战役都是采取间接路线取胜的，只有6场战役采用了直接路线的计划，并夺取了胜利。他由此创建了自己的"间接路线"战略理论。为了写作《第二次世界大战史》，他从1947年开始，花费了20年的时间。这期间，他查阅了缴获的德军档案，访问了同盟国的主要司令官和被俘的德军将领，多次到战场实地考察。这部书写成后，没有来得及出版，利德尔·哈特便去世了，由他的妻子帮助于1971年出版。

利德尔·哈特研究范围广泛，曾与富勒等人一起提出坦克、机械化步兵和飞机联合作战的现代战争原理，但最具特色的还是"间接路线"战略。他认为：

一、战略是一种分配和运用军事手段以求达到政治目的的艺术，它所研究的不仅限于兵力的调动，而且要考虑调动的结果。

二、战略的成功取决于对"目的"和"手段"的正确计算、结合和运用；战略的目的在于破坏敌人的稳定性，战斗只是达成战略目的的手段之一；最完美的战略是那种"不必经过严重战斗而能达到目的的战略"。

三、破坏敌人稳定性的方法包括物质手段和精神手段；选择抵抗力最小的路线对敌人实行迂回或前出到敌人后方要比对敌人实行正面进攻更有利于破坏敌人的稳定性；真正的间接路线必须同时考虑物质因素和精神因素。

四、战略分战略和大战略两个层次。大战略的目的在于调节或指导一个或几个国家的所有资源以求达到战争的政治目的,所以更应该重视整体力量,即财政、外交、商业和道义上的压力。战略则是大战略在较低阶段的运用,只限于研究与战争相关的各种问题。

五、作战的最基本原则是分散敌人兵力和集中己方兵力,或者说集中自己的力量对付敌人的弱点。方法是首先自己分散,引起敌人分散,然后才是自己集中。

六、战争有8条原则。一是"根据自己的手段来选择目标"。二是"时刻记住你的目标"。三是"选择一条敌人最想不到的行动路线"。四是"沿着抵抗力最小的路线行动"。五是"选择一条可以同时威胁敌人几个目标的作战路线"。六是"保证计划具有灵活性"。七是"当敌人有所戒备时,决不要以你的实力去实行进攻"。八是"当一次尝试失利后,不要沿同一路线和采取原来部署再次发动攻击"。

利德尔·哈特提倡的"间接路线"战略,就其宗旨而言,与当时盛行的机械化战争理论是相通的,即强调节省战争费用,减轻战争造成的破坏和伤亡。这与克劳塞维茨所说的利用会战消灭敌人实力的想法背道而驰,客观上向以《孙子兵法》为代表的东方兵学靠拢。利德尔·哈特本人之所以如此尊崇孙武,与二人在思想倾向上的趋同是不无关系的。

轴心国对南斯拉夫的占领

1941年春,法西斯德国和意大利已征服大半个欧洲,正积极准备进犯苏联。在奥地利和阿尔巴尼亚被占领,匈牙利、罗马尼亚和保加利亚加入德、意、日三国公约,并沦为它们的附庸后,南斯拉夫和希腊成了德意在巴尔干进攻的主要目标。

此时,南斯拉夫资产阶级君主执政集团在德国压力下打算抛弃"中立"政策,把自己国家绑上轴心国的战车。1941年3月4日,摄政王保罗前往德国,同希特勒商谈南斯拉夫参加三国公约事宜。希特勒声称,英国实际上已被战胜,"希腊的崩溃亦指日可待"。德国期待南斯拉夫立即走上同轴心国结盟的道路,"南斯拉夫到了当机立断的时候了"。

3月25日下午,南斯拉夫首相茨韦特科维奇和外相马尔科维奇在维也纳正式签署南斯拉夫参加三国公约的议定书。为了安抚南斯拉夫王国的执政集团,签字当日,德意政府向王国政府递交书面照会,宣称德意"将永远尊重南斯拉夫的主权和领土完整……轴心国政府确认在战争期间将不要求南斯拉夫允许它们的军队或交通工具通过南斯拉夫领土"。

南斯拉夫统治集团本希望以投降乞求和平,维持其统治,结果却作茧自缚。3月26日,当人们从广播里听到王国政府签约加入轴心国集团的消息时,群情激昂。全国各地自发地举行了声势浩大的示威游行。示威群众高呼"宁可打仗,不要公约","宁可死亡,不当奴隶"等口号。有的青年学生高唱国歌,烧毁当日报纸和希特勒的照片。

在人民群众的推动下,并在西方国家政府的支持下,1941年3月27日凌晨发生了一场不流血的军人政变,成立了以杜尚·西莫维奇大将为首的新政府。不足18岁的国王彼得匆匆登上王位,摄政委员会被撤销。

3月27日事件显示了人民群众反对战争的强烈愿望,它揭开了"南斯拉夫人民的人民解放斗争的序幕"。但是,这一事件却成了德国入侵南斯拉夫的导火线。还在政变的当天,希特勒利用南斯拉夫的动荡局势,下达了准备立即进攻和消灭南斯拉夫的第二十五号指令。内称:"不必等待南斯拉夫新政府表明忠诚,立即做好一切准备,以其在军事上粉碎南斯拉夫,使其不再成为一个国家"。

4月6日晨,德国出动450余架飞机对贝尔格莱德狂轰滥炸,使大半个城市化为灰烬,许多文化古迹被破坏。四、五千名无辜市民丧生。希特勒把这场不宣而战的战争称作对3月27日事件的"惩罚"行动。

轴心国总共出动了52个师,其中24个德国师、23个意大利师和5个匈牙利师,约87万人的兵力,2170架飞机(德国1500架,意大利670架)对南斯拉夫发动了全面进攻。而南斯拉夫军队只有31个师和415架飞机。

由于力量对比极其悬殊,南斯拉夫军队于4月17日停止抵抗,被迫投降。在这前两天,即4月15日,国王彼得及其大臣、高级将领、政党领袖等二百余人携带国库的黄金,乘飞机逃亡国外。

四月灾难使南斯拉夫王国陷于崩溃,侵略者立即占领和瓜分了南斯拉夫。德国吞并斯洛文尼亚的什塔耶尔和戈雷尼斯卡两个地区,对巴纳特和塞尔维亚实行军事管制,总面积约79000平方公里,人口520万。意大利吞并斯洛文尼亚的其余地区和亚得里亚海沿岸部分地区,占领黑山、科索沃和梅托希亚,以及马其顿西部,总面积近4万平方公里,人口约200万。匈牙利占领普列科穆尔耶、梅尔穆尔耶、巴拉尼亚和巴奇卡,面积11000多平方公里,人口114万多。保加利亚占领塞尔维亚东南部的部分地区和马其顿的大部分地区,面积28000多平方公里,人口126万。侵略者还成立了一个所谓的"克罗地亚独立国"和其他傀儡政权,面积近10万平方公里,人口600多万,置于德意的卵翼之下。

这样,南斯拉夫被彻底肢解了。但是,南斯拉夫的三月事件和四月战争却钳制了德意法西斯的部分兵力,打乱了希特勒在巴尔干的侵略计划。

南共武装起义和铁托游击战争

南斯拉夫王国崩溃之日也是南斯拉夫各资产阶级政党政治破产之时。在这民族存亡的关键时刻,形形色色的资产阶级政党或公开站在占领者一边,卖国求荣,或分崩离析,偃旗息鼓。唯有南斯拉夫共产党站在人民的前列,肩负起组织和领导反法西斯斗争的重任。从被占领的第一天起,南斯拉夫共产党就为武装起义进行了大量的政治和军事准备。

1941 年 4 月 15 日,南共中央发表《告南斯拉夫人民书》,号召党员和工人阶级站在反对侵略斗争队伍的最前列,并预言从这场血腥的战争中将产生一个新的世界。5 月初,南共中央在萨格勒布召开各地区领导人会议,分析四月战争后南斯拉夫各地的形势,研究在沦陷条件下党如何开展工作。会议认为南斯拉夫各族人民的唯一出路在于同占领者及南奸卖国贼进行斗争。

1941 年 6 月 22 日,希特勒发动侵略苏联的战争。当天,南共中央政治局在贝尔格莱德举行会议。党中央和铁托一致认为,武装起义的时机已到。会后散发了由铁托起草的《告人民书》,号召人民群众立即行动起来,以实际行动反对占领者,声援苏联人民的正义斗争。这时,第一批突击小组已开始对敌人进行骚扰和破坏活动。6 月底,南斯拉夫人民解放游击队总司令部成立,铁托任总司令。

7 月 4 日,南共中央政治局在贝尔格莱德做出了开展武装起义的历史性决定。会上制定了首先在塞尔维亚进行武装斗争的详细计划,重点在摧毁占领当局设在乡村和小城镇的据点。

武装起义的决定发出后,在南斯拉夫各地迅速爆发了群众性起义。这在欧洲被占领国家中是罕见的。全国解放后,为了纪念南斯拉夫人民的反法西斯武装斗争,把 7 月 4 日这一天定为"战士节"。

塞尔维亚和黑山首先做出了榜样。7 月 7 日,人民英雄日基察·约万诺维奇率领瓦列沃游击小组,利用一个集市日袭击宪兵巡逻队,在塞尔维亚克鲁帕尼县的"白庙村"打响了起义的第一枪。7 月 13 日,黑山人民举行群众性的反占领起义。短短几天之内,30000 多黑山起义者解放了三分之二的国土,在许多地方建立了人民政权。起义者解除了意大利两个师的武装,挫败了敌人建立黑山傀儡政权的阴谋。7 月 27 日,在波斯尼亚—黑塞哥维那,游击队攻占了德尔瓦尔城,开始建立解放区。起义在斯洛文尼亚、克罗地亚和马其顿等地,也达到了一定的规模。

在各地起义获得初步胜利的基础上,南共中央委员会和南斯拉夫人民解放游击队总司令部于 9 月 16 日从贝尔格莱德迁到塞尔维亚的西部解放区。9 月 26 日,在斯托利察村召开了各地游击队负责人的第一次会议。为了适应政治和军事形势发展的需要,会议决定将人民解放游击队总司令部改名为最高司令部,而在各省设立总司令部;建立解放区和新的政权机关——人民解放委员会,以取代旧政权;成立较大的游击队,开展机动灵活的游击战;决定让铁托同切特尼克头子德拉甘·米哈伊洛维奇会晤,以寻求共同反对侵略者的可能性。

10 月底,铁托冒着生命危险到切特尼克控制区,同米哈伊洛维奇举行谈判。铁托陈述了"一切为了前线,一切为了斗争"的原则,向米哈伊洛维奇提出了联合对德作战和建立临时政权等十二点建议。这次谈判由于米哈伊洛维奇毫无诚意，同9月19日的第一次谈判一样，没有解决任何实质性问题。

在斯托利察会议决议的鼓舞下，游击队开始改组为更大的作战单位。12月22日，在波斯尼亚的小镇鲁多成立了第一无产者旅（全称为无产者人民解放突击旅）。当时该旅有近1200名指战员，其中党团员650多人。无产者旅的成立，为南斯拉夫新型军队的诞生奠定了基础。这一天作为南斯拉夫人民军的建军节写进了史册。

到1941年年度，南斯拉夫各族人民的起义已发展为全民的反法西斯战争。活跃在南斯拉夫各地的游击队员有80000人，分别建立了92支较大的游击队。这支人民武装力量牵制了6个德国师、17个意大利师、5个保加利亚师和1个匈牙利师，连同吉斯林部队总共近60万人。特别是占领军的师团深陷在南斯拉夫，不能开往别的战场。南斯拉夫的游击战争在被奴役的欧洲开辟了一个反对轴心国军队的战场。

游击队在解放区建立了人民政权机关——人民解放委员会。建立在塞尔维亚西部大片自由土地上的"乌日策共和国"，面积达15000平方公里，人口超过100万。它坚持了67天，才被德军占领。

慑于起义规模越来越大，德国法西斯决定采取大规模军事行动进行血腥的报复。早在1941年9月16日，德国最高统帅部根据希特勒同日命令，发出了消灭南斯拉夫抵抗运动的指令。德国占领当局公布了两条杀令：一、凡杀死一名德国士兵或其家属，应杀死100名南斯拉夫俘虏或人质；二、凡击伤一名德国士兵或其家属，应杀死50名俘虏或人质。10月21日，纳粹匪徒在塞尔维亚制造了一起骇人听闻的"克拉古耶瓦茨大屠杀"。一次枪杀了7000人，其中有300多名正在上课的小学生。

9月26日，敌人开始了第一次大攻势。他们到处杀人放火，将一座座村庄夷为平地。在所谓"扫荡萨瓦河湾"的"惩罚行动"中，德军第342师仅在马奇瓦镇就杀死千余人。他们往死者身上洒面粉，让猪狗撕啃，惨不忍睹。

在持续两个多月的攻势下，游击队被迫放弃塞尔维亚西部解放区，撤退到波斯尼亚的东部。敌人的第一次攻势没有达到消灭游击队的预期目标，于1942年初又发动了第二次大攻势。德意军队和伪军共出动45000人，向刚刚进入波斯尼亚东部的游击队发动进攻。南共中央和最高司令部决定撤出萨拉热窝地区。铁托率领部队突破敌人的围追堵截，在零下30多度、积雪一米多深的恶劣气候条件下，成功地穿过了陡峭的伊格曼山脊，进入德里纳河畔的佛恰镇，在那里开辟了一个新解放区，并于3月1日成立了第二无产者旅。

南斯拉夫建立人民政权的斗争

在战争的第二个年头，南斯拉夫人民武装力量继续在战火中成长，解放区里的革命政权建设也有了进一步的发展。南共把武装斗争同政权建设有机地结合在一起,明确地向广大人民群众展望了斗争的未来:"我们能通过解放斗争实现自己长久以来的社会要求和民族愿望:绝不能再复旧"。

随着人民解放斗争的发展,在南斯拉夫的解放区和个别沦陷区,陆续出现了第一批政权机关,以取代旧的国家机器和解决人民解放运动中的迫切问题。

这种新的政权机关叫作人民解放委员会。它的任务是多方面的,主要是保障前线的各种需要和维持后方的社会秩序。1941年10月19日爱·卡德尔发表题为《人民解放委员会应当成为人民政权真正的临时承担者》的著名文章,论述了人民解放委员会的性质和任务:1.组织全体人民的活动,以便向前方战士提供所需要的一切。2.保证后方的秩序,通过人民自己的警卫队来保持这种秩序,反对一切掠夺、盗窃、投机、第五纵队等等活动。3.组织对居民,特别是贫困阶层和战士、生活无保障的家庭的供给,提供食品,尽量正确地组织和发展经济生活、商业、交通(武装力量直接管理的部门除外)。4.用一切办法来巩固前方同后方、全体人民同他们的战士的联系。

革命政权机关出现后,人民群众有了同流亡政府的旧政权和占领当局建立的法西斯政权以及其他伪政权进行斗争的领导机构。人民解放委员会的加强和扩大,又推动了武装斗争的进一步发展。

1942年6月,成立了第三、第四和第五无产者旅。在粉碎了德意占领军和吉斯林部队联合发起的第三次大攻势后,最高司令部决定率领无产者旅的4000名战士从黑山边境出发,向波斯尼亚西部作战略转移。其目的在于保存游击队的主要力量,使无产者旅同活动于南斯拉夫西部的游击队会合,在克罗地亚、斯洛文尼亚等地开辟新的解放区。这就是著名的无产者旅的七月进军。

无产者旅兵分两路挥戈西进,行程250公里。他们攻克许多敌人据点,解放了一批中小城镇和村庄,扩大了人民武装,新建了几个无产者旅。七月进军揭穿了敌人散布的"游击队的力量已经被彻底打垮"的谣言,为建立人民解放军和召开全国性会议创造了条件。

1942年11月1日,最高司令部发布命令,成立第一和第二无产者师。11月9日,成立第三、第四和第五师。它还组建了波斯尼亚军和克罗地亚军。南斯拉夫人民解放游击队和志愿军最高司令部改名南斯拉夫人民解放军和游击队最高司令部。

除人民解放军的正规部队外,各地还有游击队。到1942年年底,人民武装力量拥有2个军、9个师、36个旅、43支游击队和其他小的军事单位,总共达15万人。他们抗击着驻在南斯拉夫领土上的15万德军、33.5万意军、9万保军和2.8万匈军,以及近25万吉斯林部队,敌伪军总共85万人。解放区的面积达5万平方公里,占全国总面积的1/5。

这样,在南斯拉夫解放区成立一个全国性政治机构的条件已经成熟。11月26和27日,在新解放的比哈奇镇召开了由南斯拉夫各民族和各反法西斯团体代表参加的南斯拉夫人民解放反法西斯委员会的第一次会议,决定成立一个全国性的政治机关——南斯拉夫人民解放反法西斯委员会(简称"人解委员会")。它设立执行委员会,行使最高行政机关的职能,领导人民政权机关的日常工作。执行委员会的主席是前议长伊万·里巴尔博士。

人解委员会的成立标志着人民政权建设进入了一个新的阶段。它充分表达了南斯拉夫各族人民厌恶旧制度和渴望建立革命政权的愿望。

1943 年的南斯拉夫战场

1943 年初,苏联红军在斯大林格勒保卫战中取得了重大胜利,同盟国家在太平洋战场和北非战场也都从战略防御转为战略反攻,第二次世界大战发生了根本的转折。同盟国家在各个战场的节节胜利,鼓舞了各国被奴役人民战胜纳粹德国和争取解放的信心。

南斯拉夫各族人民的解放斗争在这一年也取得了决定性的胜利。

1943 年 1 月 20 日,德意侵略者在罗马制定了消灭"铁托的国家"的新方案,代号为"Ⅰ—Ⅲ白色作战计划"。敌人的主要战略目标是分割解放区,围歼南斯拉夫人民解放军的主力。这就是敌人的第四次大攻势。敌人集中了 4 个德国师、3 个意大利师和 2 个吉斯林师,共约 8 万人,向两万名人民解放军进攻。

2 月 8 日,最高司令部召开紧急会议,决定除留下部分兵力牵制敌人外,主力部队向东突围,进入黑山,以创建新的根据地。在撤退途中,游击队由于日夜行军,部队疲惫不堪,加上严寒和饥饿的折磨,伤病员日益增多。3 月 5 日,主力部队和 4000 名伤病员到达奈雷特瓦河谷。前面是急流滚滚的奈雷特瓦河,后面是穷凶极恶的追兵。在这危急时刻,铁托镇静自若,采取了迷惑敌人的计谋。他下令炸毁河上的桥梁,派部队向右边佯攻,摆出要背水决战的阵势。敌人以为游击队放弃了渡河的打算,放松了对奈雷特瓦河的监视。3 月 6 日晚,游击队利用夜幕的掩护抢修了一座半毁的铁路桥,铺上木板,把重型武器投入河里,开始强渡奈雷特瓦河。3 月 15 日,游击队的师和旅、最高司令部连同全体伤病员到达左岸目的地。敌人调动部队堵截和猛烈炮轰空袭,但为时已晚。

在奈雷特瓦河左岸的战斗中,游击队肃清了 18000 名米哈伊洛维奇的切特尼克。这伙匪徒在军事上和道义上声名狼藉,从此一蹶不振。3 月底对切特尼克的胜利意味着奈雷特瓦战役的结束。这是南斯拉夫人民解放战争中最激烈和最重要的战役之一。铁托指出,这是一次救护伤员的战役,是军事史上最人道的战役。

紧接着,敌人发动了第五次大攻势,在德国军事文献中称为"黑色行动"。敌伪投入的兵力达 127000 人,向 16000 名(其中包括 3500 名伤病员)刚进入黑山的游击队进攻。攻势从 5 月 15 日持续到 6 月 15 日。6 月初,在苏捷斯卡河谷狭长地带展开血战,双方损失巨大。铁托的手在空袭中被炸伤。英国驻最高司令部军事使团的首席代表斯图尔特上尉被炸死,使团的迪金上尉也负了伤。在这次悲壮的战役中,有 8000 名指战员牺牲。

冲出敌人包围圈后,游击队再度进入波斯尼亚东部,于7月初在那里建立了一片解放区。苏捷斯卡战役是一曲革命英雄主义的凯歌。

1943年9月,意大利投降。此后南斯拉夫人民解放运动获得了更加迅速的发展。人民解放军和游击队解除了15个意大利师团中的11个师团的武装,缴获了大量的武器、军用物资和粮食。人民武装力量用缴获的武器装备了80000名新战士,建立了一批新的师和军。

法西斯意大利退出战争使南斯拉夫西部的解放运动出现了高潮。亚得里亚海沿岸的部分地区和斯洛文尼亚的意大利占领区获得了解放,并同西方盟军建立了直接的联系。盟国开始向游击队提供武器和其他军事装备等援助。南斯拉夫战场成为反法西斯同盟国在巴尔干和地中海地区的一个重要因素。

德军从1943年9月下半月起,开始了第六次大攻势。这次攻势一直延续到1944年1月。这次,敌人改变策略,在南斯拉夫各地同时突然袭击,以确保主要城市和交通线的安全,攻占亚得里亚海沿岸。第六次大攻势也遭到失败。到这年年底,人民解放军已拥有30万装备较好的战士,解放了一半的国土和近500万居民。人民政权已成立几千个村一级、800个乡一级、240个区一级、51个州一级和14个地区一级的人民解放委员会。

国际和国内条件对南斯拉夫的人民解放战争越来越有利。1943年11月29~30日,在波斯尼亚的亚伊策城举行了南斯拉夫人民解放反法西斯委员会第二次会议。会上做出了一系列具有深远历史意义的决议,其中最重要的有:确定人解委员会为最高立法和执行机关,设立类似议会的主席团(里巴尔任主席)和相当于政府的全国解放委员会(铁托任主席);新南斯拉夫将建立在联邦制原则之上,成为各民族平等的国家共同体;剥夺伦敦流亡政府的一切权利,禁止国王彼得二世回国。会议还授予铁托元帅衔。

这次会议的召开及其决议标志着解放斗争过程的总转折。它为新南斯拉夫的诞生准备了条件,为人民解放运动获得国际承认开辟了道路。

11月29日这个日期镶嵌在国徽上,成为南斯拉夫的国庆节。

英美政府看到米哈伊洛维奇完全站在占领者一边,专门进攻游击队,已经声名狼藉,便开始停止援助切特尼克和流亡政府。在德黑兰会议上,盟国事实上已承认南斯拉夫人民解放军是一支盟军,答应向它提供援助,会议的军事决议称:"会议决定要尽最大可能给予南斯拉夫游击队物质援助和补给"。

南斯拉夫的解放

1944年,南斯拉夫战场对同盟国来说,具有愈来愈大的战略意义,人民解放军和游击队的活动范围遍及南斯拉夫全境。

面对人民解放战争的胜利发展,希特勒决定孤注一掷。1944年5月,德军和伪军发动了最后一次大攻势,即第七次大攻势。敌伪出动了48万兵力,包围解放区,进行"遍地开花"的战斗,妄图控制具有战略意义的交通线。

德尔瓦尔空降是这次攻势的高峰。根据德国最高统帅部下达的"要不惜一切代价活捉总司令铁托"的指令,5月25日,一支700人的伞兵部队突然在空军和机械化部队的配合下,降落在人民解放运动的领导机关所在地——德尔瓦尔。每个德国伞兵都带着一张铁托的照片,捉到铁托可以获得重奖。

当时,在德尔瓦尔镇的游击队力量薄弱,只有最高司令部所属军官学校的学员和一支警卫队。他们首先投入战斗,以铁托为首的最高司令部和苏、英、美三国军事使团的成员只好躲进德尔瓦尔附近的一个山洞。由于人民解放军部队的及时增援,特别是第六利卡师急行军赶到,加上该市和郊区居民的协助,经过一整天战斗,德国空降部队几乎全部被歼。在保卫德尔瓦尔城的战斗中,青年们表现得最为突出。5月25日这一天被定为南斯拉夫青年节。铁托的战友们还把这一天作为铁托的生日(实际上铁托生于1892年5月7日)来庆祝。

1944年秋季的形势对希特勒德国更加不利。南斯拉夫战场已将苏联红军的南翼跟西方盟军的意大利战场直接联系起来。南斯拉夫战场的主要任务是阻止德军向北撤退。8月12~13日,铁托元帅访问意大利盟军前线后,在那不勒斯会见了丘吉尔。双方就南斯拉夫人民解放军以及盟军在意大利和巴尔干的军事行动进行了会谈。苏联红军进入巴尔干半岛,罗马尼亚和保加利亚成立新政府之后,9月19日,铁托在莫斯科同斯大林达成协议,由南、苏军队共同解放塞尔维亚东部和首都贝尔格莱德。1944年10月20日,南斯拉夫人民解放军第一军和苏联乌克兰第三方面军联合作战,解放了贝尔格莱德。在庆祝该市解放的群众大会上,铁托说:"即使是在最困难的时刻,我一直在想:我们是从贝尔格莱德开始的,我们定会在贝尔格莱德结束。"

到1944年底和1945年初,整个塞尔维亚、马其顿和黑山,以及波斯尼亚、黑塞哥维那和达尔马提亚的绝大部分,均获得解放。

在人民解放战争获得重大军事胜利的前提下,建立新南斯拉夫国家的问题提上了议事日程。流亡政府于1944年6月初经过改组成分发生了变化。1944年6月16日,全国解放委员会主席铁托和流亡政府新任首相伊万·舒巴希奇经过多次协商后签订了共同协议,规定新的王国政府要由战争期间未曾与占领者同流合污和未曾反对过人民解放战争的民主分子组成,并承认和援助国内的解放运动。11月1日,签订了成立南斯拉夫联合政府的第二个协议。该协议规定,关于国家体制的最终形式问题,将在战争结束后由南斯拉夫人民通过全民投票来决定。在此之前,国王不得回国。

苏、美、英三国首脑的克里米亚(雅尔塔)会议充分肯定铁托—舒巴希奇协议,要求双方使协议尽快生效。1945年3月7日,在贝尔格莱德成立了南斯拉夫民主联邦临时政府,铁托任总理,舒巴希奇任外长。盟国立即承认了临时政府。

1945年春,南斯拉夫人民解放军发起了彻底解放南斯拉夫全境的攻势。3月1日,最高司令部发布命令,南斯拉夫人民解放军更名为南斯拉夫军,最高司令部更名为总参谋部。新成立了四个集团军。人民武装建立了自己的海军和空军。到战争结束时,人民解放军拥有 63 个师,共约 80 万名官兵。

在南斯拉夫的德国军队,主要是 E 集团军群,仍有 45 万人,另外还有 23 万多吉斯林部队。南斯拉夫军队的主要任务是切断德军的退路,解放南斯拉夫西北部及亚得里亚海沿岸,配合西方盟军在意大利和苏军在匈牙利的军事行动。3 月下旬,南斯拉夫第四集团军解放了利卡和克罗地亚沿岸岛屿。4 月下旬,德军坚固的斯雷姆防线崩溃。5 月 2 日,第四集团军的部队解放了的里雅斯特市。5 月 8 日和9 日,萨格勒布和卢布尔雅那回到人民的怀抱。至此,南斯拉夫全境获得解放。

南斯拉夫领袖铁托对伦敦作正式访问。图为访问结束时,他离开伦敦市中心威斯敏斯特码头。

当 1945 年 5 月 8 日法西斯德国无条件投降,全世界人民欢庆对法西斯的伟大胜利的时候,南斯拉夫战场歼灭溃逃德军残部和伪军的战斗还在进行,直到 5 月 15 日才结束。南斯拉夫军队在最后解放祖国的行动中,击毙敌人 10 万人,俘虏约 30 万人。

至此,南斯拉夫人民解放战争胜利结束。同年 11 月 29 日,南斯拉夫宣布废除君主制,成立共和国,走上了社会主义发展道路。

南斯拉夫各族人民主要依靠自己的力量,在盟国的配合和支持下,解放了自己的祖国。他们牵制了德意法西斯的几十个师团,在反轴心国集团的斗争中占有重要的地位,对在世界范围内战胜法西斯的共同事业做出了宝贵的贡献。

在四年战争中,法西斯侵略者对南斯拉夫人民犯了大量罪行,制造了一桩桩惨绝人寰的大屠杀。南斯拉夫在人力和物力上都遭受巨大损失。在战争中牺牲 1706000 人,占全国总人口的 10.8%,仅次于苏联和波兰。南斯拉夫的财产损失为 460 多亿美元,其中直接的财产损失达 91 亿多美元。南斯拉夫的整个物质损失相当于美国损失的 7.2 倍、希腊的 3.6 倍、英国的 2.4 倍、荷兰的 2 倍。从这一统计数字可以看出,南斯拉夫是战火中打出来的英雄国家。南斯拉夫人民为自由和独立付出了高昂的代价,为战胜法西斯侵略者尽了最大的努力。

安东内斯库独裁政权

第二次世界大战前,罗马尼亚工农业非常落后,地主、资本家和外国帝国主义几乎掌握着国家的全部财富,广大工农极端贫困。1938年建立的国王卡罗尔二世的独裁专政,取消了过去宪法中的民主条款,解散工会,取缔政党,议会名存实亡。而1930年成立的法西斯组织"铁卫军"的活动却十分猖獗,他们扩充队伍,搜集大批武器弹药,加紧与德意法西斯秘密勾结。国王虽然在国内对"铁卫军"采取了严厉的镇压措施,但在对外政策上却屈服于德国法西斯的淫威。

德国利用1938年9月慕尼黑协定签订后对它有利的国际形势,向罗马尼亚施加很大压力。1938年11月,罗马尼亚国王卡罗尔二世访问德国时,希特勒要他"现在就决定是跟德国走还是反对它"。1939年3月法西斯德国逼迫罗马尼亚政府与德国签订了《关于加强罗马尼亚王国和德意志帝国经济关系的协定》和协定的秘密附件,规定罗马尼亚的工业(尤其是石油)、农业和畜牧业要根据德国进口的需要规划,罗马尼亚所需机械、军备和军工设备必须从德国进口,罗德建立各种合营公司,等等。罗共总书记乔治乌·德治指出,这一协定"把罗马尼亚的自然资源交给纳粹德国支配,这是使我国丧失民族独立的第一个决定性的步骤。"这样,罗马尼亚在外交上迈出了疏英法亲德意的重要一步。

1939年8月23日,苏德签订互不侵犯条约。当时外国报纸披露条约附有一个秘密议定书,涉及从波罗的海到黑海之间的东欧国家的边界,其中"苏联方面强调它对比萨拉比亚表现的兴趣"。罗马尼亚感到它的领土有被分割的危险,对苏联充满了疑惧。罗马尼亚政府以为"只有希特勒德国能够停止苏联的进攻",因此更加依附于德国。1940年5月29日,罗马尼亚政府决定放弃中立政策,"适应现实",与德国结盟。

1940年6月28日,苏联出兵占领了罗马尼亚的领土比萨拉比亚和北布柯维纳。8月30日,德国强迫罗马尼亚接受"维也纳裁决",将罗马尼亚的特兰西瓦尼亚东北部割让给匈牙利,把多布罗查南部给保加利亚。罗马尼亚前后两次共丧失99.738平方公里的土地,占全国领土面积的33.8%。卡罗尔对内专制独裁,对外软弱无能,激起全国上下的极大愤怒,卡罗尔政权摇摇欲坠。原国防大臣约恩·安东内斯库将军趁机在希特勒支持下发动政变,上台稳定政局,于1940年9月5日出任首相,废黜卡罗尔,拥立王子米哈伊为傀儡国王,建立了安东内斯库政权。

安东内斯库自称"元首",安插法西斯组织"铁卫军"首领西马为副首相。他废除宪法,攫取颁布法令的大权,宣布"铁卫军"为唯一合法的政党。他到处设立监狱和集中营,用极端残酷的手段迫害共产党人和进步人士。1940年11月26日夜,"铁卫军"竟闯入拉瓦堡监狱枪杀70多名政治犯。安东内斯库还追随希特勒,杀害犹太人。第二次世界大战期间,50万罗马尼亚犹太人遇难。

　　安东内斯库上台后，罗马尼亚同德国签订一系列新的经济协定，规定罗马尼亚按照德国的需要和希特勒的"欧洲新秩序"发展本国经济，改造本国交通，聘请德国专家管理经济，降低罗币同马克的比价。这样，罗马尼亚经济便更加依附于德国。

　　1940 年 9 月 20 日，在安东内斯库同意下，德国军事使团和军队进入罗马尼亚，占领了罗马尼亚的石油矿区和最重要的战略据点。11 月 23 日，罗马尼亚正式加入德日意三国公约，声明"罗马尼亚的军团运动、国家社会主义和法西斯主义是有机地、自然地相联系在一起的"。从 1940 年 11 月起，半年内安东内斯库四次拜见希特勒，向希特勒保证罗马尼亚将参加反苏战争。战后安东内斯库供认，"由于希特勒关于共同对苏联发动战争的建议符合我的侵略意图，我说我同意参加进攻苏联。"1941 年 5 月 11 日，希特勒在与安东内斯库的会谈中，同意"罗马尼亚占领并管理苏维埃乌克兰南部地区，直到第聂伯河"。希特勒的诱惑满足了罗马尼亚部分上层统治者收回比萨拉比亚和继续向东扩张领土的欲望。1941 年 6 月 12 日，安东内斯库答应希特勒无条件地参加反苏战争。6 月 22 日，罗军同德军一道对苏联发动进攻，从而写下了罗马尼亚历史上最黑暗的一页。

　　安东内斯库推行的内外政策是违背人民意愿的。1942 年 2 月，安东内斯库对里宾特洛甫说："是我自己宣布我必须实行与轴心国站在一起的政策，我仅仅得到了米哈伊·安东内斯库的支持。"米哈伊是他的弟弟，"铁卫军"叛乱被镇压后任副首相兼外交大臣。

　　罗马尼亚主要资产阶级政党国家农民党和国家自由党领导集团在德国压力面前怯懦退缩，容忍并支持安东内斯库军人集团，使其得以巩固政权。这两个党虽然声明反对维也纳裁决，但同时反对人民起来斗争，担心这样做会引起德国军事干涉，因此认为向德国屈辱妥协是迫不得已的。两党主席尤·马尼乌和康·勃拉蒂亚努认为军事独裁是当时特殊国际形势下的产物，是"维持秩序"所需要的，幻想将来军事独裁政府能过渡到议会制民主政府，因此对安东内斯库当政表示支持，允许本党党员参加政府的"技术工作"。1941 年 7 月 18 日，马尼乌在给党组织的指示中，要党员不要给"国家首脑"制造任何困难。1942 年 5 月，他在党的干部会议上首次声明，谁也不应该妨碍安东内斯库"继续领导国家"。安东内斯库把国家农民党和国家自由党看作自己政治上的后备队，默认两党事实上的存在。

　　安东内斯库的独裁统治和亲德政府把罗马尼亚拖入了苦难的深渊，激起了罗马尼亚人民的反抗。

罗共民族统一战线

　　罗马尼亚共产党与资产阶级政党的立场迥然不同。安东内斯库刚刚上台，罗共中央就于 1940 年 9 月 10 日在《我们的观点》的决议中明确指出，安东内斯库是一个"军团主义的军事独裁者"，揭露他出卖民族利益的政策，号召人民坚决与之进行斗争。10 月 17

日,罗共中央机关报《火花报》载文指出,只有通过革命斗争才能获得和平、面包、土地和自由。当时罗共受到共产国际一些错误指示的影响,比如,共产国际要罗共把英法当作国际上的主要敌人,把国家农民党和国家自由党当作国内的主要敌人;要罗共服从苏联当时的需要,不要进行反对德国的斗争;要罗共拥护苏联对比萨拉比亚的兼并等。在组织上,罗共还受到共产国际纪律的束缚。虽然如此,在世界各国人民与法西斯之间的矛盾成为主要矛盾的时候,罗共领导认识到法西斯是本国无产阶级和广大人民的主要敌人。1940 年 11 月 7 日,罗共不顾共产国际关于不要把斗争矛头指向德国的错误指示,在布加勒斯特奥博尔广场组织了反法西斯示威。在“铁卫军”叛乱被平定后,罗共中央通过了《从军团政权到军事独裁》的决议,表明了继续反对安东内斯库政权的态度。

罗马尼亚参加反苏战争后,罗共中央立即于 1941 年 6 月 27 日发表谴责反苏战争的声明。从这时起直至 1944 年 8 月 23 日武装起义,罗马尼亚共产党在政治、思想和组织上进行了两个方面的努力。一是坚持不懈地谋求工人阶级在反对法西斯,争取民族解放、民主自由和社会主义斗争中的团结一致,实现两个主要的工人政党共产党和社会民主党的统一行动,建立工人阶级的统一阵线。二是通过实现工人阶级的团结,达到全民族各爱国民主力量的团结,即实现工人政党、其他劳动者的组织与主要的资产阶级政党国家农民党和国家自由党的联合行动,建立广泛的反法西斯统一战线。1941 年 9 月 6 日,罗共中央公布了本党关于反法西斯斗争的行动纲领,明确提出了建立“民族统一阵线”的号召。行动纲领共八条,主要点是:停止反苏战争,与国际反法西斯同盟一道进行斗争;停止为希特勒战争服务的军事生产,赶走占领军,争取民族独立;推翻安东内斯库军事法西斯政府;建立所有爱国力量组成的民族独立政府;废除“维也纳裁决”……。

罗共的号召在群众中产生了深远的影响,爱国力量积极行动起来参加抵抗运动。他们炸毁敌人军火库、油轮、军用列车等,军工厂的工人消极怠工或举行反战罢工,使军火生产下降。甚至敌人统治的心脏地区布加勒斯特也发生了爱国者武装袭击德军司令部的事件,出现了“打倒安东内斯库”的标语。罗共还在罗马尼亚军队中做工作,号召士兵倒戈反对希特勒法西斯,站到爱国斗争的行列中来,以至大量前线士兵逃亡,有的向苏军投诚。1942 年,代表农民利益的反战反独裁组织农民阵线以及由知识分子组成的反法西斯组织爱国者同盟相继建立。

为建立反法西斯统一战线,罗共做出了不懈的努力。1942 年初,罗共中央与社会民主党中央执委会建立联系,多次提议建立工人阶级统一阵线。1943 年 1 月,罗共中央向社会民主党中央提出,希望两党在罗共 1941 年 9 月行动纲领的基础上联合起来。虽然左派社会民主党人对罗共的建议做出了积极的反应,但是,由于以社会民主党主席佩特雷斯库为首的右派社会民主党人认为,没有两个资产阶级政党参加的合作,阵线将是单方面的、软弱无力的。他们不同意罗共对专制政权采取“破坏”、即用暴力反抗的策略,借口说“我们没有组织起来,我们太弱了”,拒绝了罗共的提议。

同时,罗共不断地探寻与国家农民党和国家自由党合作的可能性。1942 年 1 月 26

日,罗共中央致信马尼乌,提出建立民族统一阵线的建议。马尼乌指出合作必须在得到苏联对罗马尼亚 1940 年以前边界承认的条件下才可能,实际上予以拒绝。1942 年 12 月和 1943 年 1 月,罗共中央两次致信马尼乌,信中写道:"如果我们不立即断绝与希特勒的可耻联盟,与苏联、英国和美国单独媾和,我们民族的存在就面临危险。"1943 年春,罗共中央代表米哈伊·马盖鲁和珀特雷·约恩与马尼乌进行谈判,双方澄清了各自的观点,但仍没有达成协议。

1943 年春斯大林格勒战役胜利后,苏德战场上出现了不利于法西斯军队的转折,1943 年 5 月共产国际解散,6 月,罗共中央通过《共产国际的解散和罗马尼亚共产党的任务》的决议。决议认为,"由于共产国际的解散,在反对德国占领者的斗争中,罗马尼亚所有民族力量与共产党联合道路上的最后障碍已经消除。我党不再受共产国际的规章和决定所赋予它的责任的束缚。"这促进了罗马尼亚国内反法西斯力量的接近。

1943 年 7 月底和 8 月初,罗马尼亚共产党与格罗查为首的农民阵线建立合作关系。同年秋,在罗共 1941 年 9 月 6 日行动纲领的基础上,成立了反希特勒爱国阵线,包括罗共、爱国者联盟、农民阵线、马扎尔劳动人民联盟、农民社会党以及社会民主党的一些地方组织。阵线的成立显示了罗共在统一战线工作上的进展,但阵线还没有包括主要的工人政党社会民主党和两个主要的资产阶级政党。

1943 年 11 月 7 日,罗共中央再次致信马尼乌,认为政治观点的分歧不应妨碍争取民族解放的斗争。在信中,罗共重新修订了 1941 年 9 月关于联合行动的纲领,删去了争取社会改革的内容,仅仅剩下争取民族解放的目标,包括如下三条:1.推翻安东内斯库政府,建立所有反法西斯力量代表组成的政府;2.退出法西斯战争,加入英美苏同盟;3.动员军队和人民参加反对占领者的斗争。

国际形势的发展迫使资产阶级政党迅速做出抉择。罗马尼亚参加反苏战争后,罗军在苏德战场上伤亡惨重。1943 年 10 月,安东内斯库致信希特勒抱怨说,罗马尼亚已损失了 25 万士兵,支出了 3000 亿列伊军费。在战争期间,德国肆意掠夺罗马尼亚的石油和粮食等物资。1941 年、1942 年和 1943 年运往德国的石油分别为 400 万吨、346.4 万吨和311.4 万吨。罗马尼亚出口德国的粮食价格只相当于国际市场的 1/3;到 1944 年 8 月,德国欠罗马尼亚的债务达 900 亿列伊,德驻罗占领军消耗罗物资 670 亿列伊。由于经济上受到破坏性的掠夺,罗工农业生产大幅度降低。工人工资只能够维持一日两餐,居民购买力 1943 年底比战前降低 3 倍。战争将要把罗马尼亚完全拖垮。形势迫使马尼乌和勃拉蒂亚努考虑和探索与英美苏单独媾和的问题。

但是,根据 1943 年 10 月莫斯科会议和 1943 年 11 月德黑兰会议的精神,在解决毗邻苏联的德国附庸国的问题上,英美承认苏联有优先权。马尼乌得知这一消息,表示同意立即停战,但对比萨拉比亚的归属问题仍持保留态度,而苏方则拒绝讨论涉及比萨拉比亚的任何问题。面对苏联的强硬态度和战场上无法阻止苏军西进罗马尼亚的实际状况,国家农民党和国家自由党不得不做出新的抉择:一方面继续敦促安东内斯库悬崖勒马,另一方面寻求与共产党和社会民主党的合作。

　　1944年4月，共产党与社会民主党达成了建立工人阶级统一阵线的协议，在五一节散发的传单中公布了统一阵线的行动纲领，号召工人阶级和各阶层人民投入反法西斯的"决定性斗争"。

　　在苏军即将进攻罗马尼亚之际，马尼乌和勃拉蒂亚努非常担心自己被现实摒弃于国家政治生活之外，最后勉强地同意与共产党合作。

　　1944年6月20日，帕特拉什卡努、佩特雷斯库、马尼乌和勃拉蒂亚努代表共产党、社会民主党、国家农民党和国家自由党，签署了成立民族民主同盟的协议。协议规定：立即

罗马尼亚人民在皇宫广场欢庆人民共和国成立

同苏英美缔结停战协定；转到国际反希特勒同盟一边；解放祖国，恢复国家独立和主权；推翻独裁政权，在给予所有居民以公民权利和自由的基础上建立立宪民主政府；在实现共同目标的前提下，各党保持自己思想和政治上的独立性。同盟的建立标志着广泛的反法西斯民族统一战线的形成。

　　罗共中央还加强了争取国王米哈伊和具有反法西斯情绪的高级军官的工作。随着形势的发展，以王宫军事署长官康·萨纳特斯库为首的一批高级军官认为，由于苏联在国际反法西斯同盟中的地位及其对东欧的重大影响，王室和资产阶级政党必须与共产党合作。米哈伊也看到了共产党的潜在力量和发展前途，希望从共产党方面得到对其君主地位的"保障"。共产党认为，由于国王是国家的象征，对军队和政府的去向具有极大影响，加强了争取国王和军队的工作。1944年4月，罗共著名政治活动家帕特拉什卡努作为共产党代表与国王代表萨纳特斯库等会谈时保证："尽管共产党原则上将坚持共和的立场，但认为实行君主制还是共和制的问题还不是一个迫切问题，如果国王采取行动使罗马尼亚退出希特勒的战争，共产党的中央委员会将给国王以全力支持。"这样，双方达成了合作的协议。

于是,罗马尼亚形成了一个反安东内斯库独裁政权,反希特勒德国占领的最广泛的联盟,为后来全民族武装起义的胜利打下了坚实的基础。

丘吉尔扭转战局

1941年6月22日,德国大举入侵苏联。丘吉尔立即表示英国将同苏联联合对德作战,在当天晚上发表广播讲话说:"最近25年以来,没有一个人比我更始终不渝地反对共产主义了,凡过去我说过的有关共产主义的话,我一个字也不想收回。但是,在此刻正在展开的景象面前,任何对纳粹统治作战的个人或国家都将得到我们的援助,任何和希特勒携手同行的个人或国家都是我们的敌人"。

丘吉尔是英国垄断资产阶级的政治代表。他参加反法西斯战争是抱有明显的帝国主义目的的:打垮德国、削弱苏联,尽力为大英国谋求好处。丘吉尔再三拖延在法国开辟反对德国法西斯的第二战场,而且认定从北非用兵既可确保英国在北非的传统利益,又可使英国势力进入巴尔干。丘吉尔非常重视北非战场,而北非战场的英军正遭到德军的沉重打击。

1942年8月,隆美尔正率领德意志非洲兵团长驱直入,疯狂地直奔开罗。他阴险狡猾,用兵诡秘,战术变化多端,连挫英军。英国第8集团军在隆美尔的凌厉攻势下节节败退,伤亡惨重。眼看整个北非就要给纳粹德国占领,形势极为严重。

丘吉尔首相日夜冥想如何击败号称"沙漠之狐"的隆美尔。他决定到北非亲自了解北非战场的形势,研究和制定新的作战计划。1942年8月3日晨,丘吉尔在总参谋长阿兰·布鲁克上将的陪同下,从英国本土乘飞机抵达开罗郊外。当天,丘吉尔主持召开军事会议,听取中东总司令兼第8集团军司令奥金莱克汇报北非战场形势和他的作战计划。奥金莱克畏战情绪严重,尤其严重的是,他不清楚隆美尔将在何处发动下一次攻势,并准备把第8集团军撤出埃及,以图保存实力。这实际上只会把北非拱手让给纳粹德国,势必对整个战局产生严重影响。丘吉尔决定改组中东战区的军事领导。

8月4日至6日,丘吉尔主持军事会议,对中东总司令和第8集团军司令的人选反复进行酝酿、审议。最后,决定撤销奥金莱克的职务,任命曾经指挥敦刻尔克大撤退的英雄哈罗德·亚历山大为中东司令,任命原第8集团军13兵团司令戈特将军为第八集团军司令。正在前线的戈特将军接到命令后,首先请求丘吉尔允许他到开罗休整几天。8月7日,他在飞赴开罗的途中,突遭德军飞机截击,不幸机毁人亡。戈特将军不幸遇难的噩耗立即传到开罗。丘吉尔同布鲁克和其他将领们紧急磋商,最后决定由伯纳德·洛·蒙哥马利中将接替戈特担任第8集团军司令。

8月13日上午11时,蒙哥马利来到阿拉曼前沿阵地。迎接他的是一片准备撤退的混乱情景。当夜,蒙哥马利召集60名指挥官和军事参谋训话,当他那瘦小的身材穿着肥大的沙漠军服出现在他们面前时，他们甚至觉得可笑。

蒙哥马利虽然觉察到了军官们的情绪，但并未发火。他命令军官们坐在沙地上。接着他以坚定、沉着、充满信心的声音说道："埃及的战线就在这阿拉曼和鲁韦萨特山脉。如果我们失去这个阵地，我们就将失去整个北非。……我们将在此战斗，决不后退，我已命令立即烧毁一切关于撤退的计划和指示……"最后他以洪亮的声音结束了自己的讲话："如果我们不能在此生存，那我们就在此献身。"

蒙哥马利激动人心的讲话，充分显示了一位杰出将领的气质给垂头丧气的军官增添的勇气和力量。他以惊人的组织和军事才能，将这个由澳大利亚人、新西兰人、南非人、印度人和英国人组成的杂牌军恢复了活力，随即制定了一项扭转北非战局的"超级冲锋作战计划"，具有历史意义的阿拉曼战役拉开了战幕。

10月23日晚9时40分，整个英军阿拉曼防线上1200门大炮齐鸣，闪光的炮弹冲破夜空，暴风雨般地倾泻在德军炮兵阵地上，20分钟内，就重伤德意炮群。接着，英军坦克装甲部队和步兵同时分三路向德军、向德意非洲军团发起了猛烈的进攻，隆美尔指挥部队拼命抵抗，双方进行激战。

几天之后，蒙哥马利又采取了一次新的行动。他用800辆坦克向德、意阵地冲击。隆美尔也集中了几百辆坦克发动反攻。辽阔的沙漠上战车隆隆，炮声震天，互相对射，进行较量。突然，头顶上飞来了几十架英国飞机，在15分钟内，对暴露的敌人进行轮番轰炸。战场上人山人海，展开了白刃战。这是一场空前的沙漠恶战。

战局按照蒙哥马利的预想进展，隆美尔这只"沙漠之狐"虽然使出了浑身解数，终究抵挡不住第8集团军越来越凶猛的攻势。经过12天鏖战，英军全面突破敌军阵地，收复了马特鲁港，隆美尔率领残部一气溃退了700英里。到达突尼斯才逃脱了蒙哥马利的紧紧追击。"沙漠之狐"隆美尔遭到了他军事生涯中的第一次惨败。

阿拉曼战役是英国对德国作战的首次决定性胜利。它使纳粹德国丧失了对北非的控制权，为英美联军不久在诺曼底登陆创造了条件。但是，当初丘吉尔并未能充分认识蒙哥马利的军事才能。他任命亚历山大为中东总司令，是指望亚历山大来力挽狂澜，扭转英军在北非战场的被动局面。然而，丘吉尔没有料到，完成丘吉尔扭转北非战场局面的竟是蒙哥马利。

丘吉尔还有一个奇特动作，使人感到莫名其妙。一次宴会上，丘吉尔和夫人面对面坐着。丘吉尔的一只手在桌子上来回移动，两个手指头向着他夫人的方面弯曲。旁人看见这个情况十分好奇，就问丘吉尔夫人："您丈夫为何这样若有所思的看着您？他弯曲着手指，来回移动又是什么意思呢？""那很简单，"丘吉尔夫人回答，"离家前我们俩发生了小小的争吵，现在他正在承认那是他的过错，那两个弯曲的手指表示他正跪着双膝向我道歉呢？"丘吉尔要是见到蒙哥马利，他的手指又要弯曲了，但这又表示什么意思呢？

曼哈顿计划

1942 年 8 月 11 日,美国制定了研制原子弹的"曼哈顿计划"。9 月 17 日,美国陆军工程兵团建筑部副主任莱斯利·格罗夫斯将军被任命为执行该计划的总负责人。他负责这个计划的所有方面,包括科学、技术和制造过程的研究工作、生产、安全和敌人活动的情报,以及使用原子弹的计划等。他本人受过高等教育,是一位工程师,又在陆军工程兵团负责过美国国内和海上基地许多重大军事工程。他有组织大规模工程的丰富经验,是一位非常能干的科研工作组织者。

遵照美国政府为"曼哈顿计划"确立两条原则:一、造出能够结束战争的原子弹供给美国军队;二、赶在德国人前头造出原子弹。"曼哈顿计划"必须高速进行。格罗夫斯将军采取了以下有力措施。

第一,迅速建立精悍的领导核心。1942 年 9 月 23 日,格罗夫斯正式上任,当天下午在陆军部长外面的办公室开会,立即着手筹建新计划的领导机构。他极力反对陆军部长史汀生关于建立九人或七人组成的新的军事政策委员会的意见,认为委员太多有弊无利,主张建立三人委员会:最后成立了包括他在内的三人委员会,由总统科学顾问布什任主席,哈佛大学校长詹姆斯·康南特作候补主席。原子弹研制工作的所有指挥权,统一由新计划领导机构曼哈顿工程区接管。统一后的"曼哈顿计划"直属总统,任何人不得干预。重大问题,格罗夫斯可以通过布什向总统汇报,取得最高领导的指示和支持。曼哈顿计划总部办公室是华盛顿政府机构中最小的一个,内部机构简单而灵活,领导能迅速而明智地做出决定。总部行政官员大都派赴现场指挥,及时发现和解决问题,避免产生官僚主义。

第二,优先解决铀矿石供应。铀矿石是研制原子弹最重要的战略原料。第二次世界大战期间,最重要的铀矿石来源是在比属刚果(今刚果民主共和国)。开发该矿最重要的人物是加丹加高原联合矿业公司总经理埃德加·森吉尔先生。

格罗夫斯非常了解原料问题的极端重要性。1942 年 9 月 17 日,他被指定为"曼哈顿计划"负责人的当天,就迫不及待地和助手 K·D·尼科尔斯讨论铀矿石的来源问题。第二天,他的助手迅速同联合矿业公司总经理签订了供应铀矿的秘密协定。森吉尔同意立即把贮存在纽约的大约 1200 余吨铀矿石交给美国,并同意把比属刚果已采出的全部铀矿石运至美国。

刚果铀矿对美国具有极其重大的战略价值,不仅数量大,而且矿石的品质高,远远超过世界所有已发现的矿石。据了解,从美国科罗拉多高原和加拿大运来的矿石中的氧化铀只含 0.2%,南非铀矿石中的氧化铀含量为 0.03%,而刚果矿石中氧化铀的平均含量竟超过 65%。格罗夫斯强调指出:"我们掌握了这种矿石,就能在所面临的危急的战争岁月中，继续进行我们的原子能发展工作，而不会担心原料——铀的匮乏。"

第三，集中美国和西欧最优秀的科学家，联合起来同德国竞争。第二次世界大战初期，英国也开始研制原子弹，其发展规模与研究水平与美国不相上下。1941年2月，美国派遣以康南特为首的科技代表团访问英国，达成美英交换军事科技情报的协议。1943年8月在魁北克会议上，罗斯福总统和丘吉尔首相财政部英美两国合作研制原子弹。根据魁北克协定，成立了美、英、加共同研制原子弹的联合委员会。同年12月，英国先派了以詹姆斯·查德威克（1935年度诺贝尔物理学奖金获得者）为首的28位杰出的科学家参加"曼哈顿计划"。意大利著名物理学家、1938度诺贝尔物理学奖金获得者恩科里·费米、丹麦著名物理学家、1922年度诺贝尔奖奖金获得者尼尔斯·H·O·玻尔、匈牙利著名物理学家爱德华·特勒和利奥·西拉德等都被吸收参加制造原子弹的行列。欧洲科学家贡献出许多有价值的有关原子能的原始资料，带头进行这个计划。正是由于欧美科学家的共同努力，才使美国在原子能科学领域获得巨大成就并居世界领先地位。

第四，实行极端严格的保密制度和新闻检查。美国研制原子弹的计划是在严格保守机密的情况下进行的，甚至严格到连当时的副总统杜鲁门和国务院最高级的官员事前竟毫无所知。所有参加"曼哈顿计划"人员的历史、政治信仰、生活习惯和出身成分都做过一定程度的审查。对有可能取得机密情报的人，审查更严格得多，要追溯到他们的幼年时代。所有人员的指纹都曾送到联邦调查局查对。

新闻检查相当严格。要求报纸和电台不准发表以任何方式泄露重要机密的消息，避免使用像"原子能"这一类的字眼，不许提汉福特和橡树岭等地名，以免引起外国间谍的注意。

保安工作的主要对象，首先是针对纳粹德国，因为只有德国能利用从美国窃取的情报；其次是针对苏联，不让苏联知道有关原子弹研制的详细情况，尽一切努力使第一次使用原子弹成为谁也不曾料到的惊人之举。希特勒的军需部长阿尔贝特·施佩尔在纽伦堡被判为战犯。他后悔说，要是他当时想象得到美国在进行"曼哈顿"计划，他就是上天入地也要设法赶上美国人的。这话最清楚地说明了国防科研的保密工作何等重要。

第五，组织特别情报小组。1943年秋天，美国组织了一个特别的军事科技情报组织，代号为"阿尔索斯"。它的成员由军事人员和有军衔的具有原子科学知识的科技人员组成。他们穿的服装和士兵一样，只是佩戴的徽章上有一个白色希腊字母 a 和一条红色闪电的线。"阿尔索斯"的主要任务就是要搞到德国在原子能方面的情报，包括德国铀矿的来源，德国著名核物理学家的工作地点和家庭住址，核物理实验室和工厂的位置，以便判断德国在研究原子武器方面进展到什么程度，一有可能就抢先占有或摧毁它们。

1943年11月，美国对纳粹德国在挪威生产重水的里尤坎工厂进行了大规模的空袭，迫使德国转移该厂生产重水的贵重设备和大部分重水，而在运往柏林途中又遭到挪威游击队的彻底破坏。1944年6月6日，执行"阿尔索斯"行动的谍报人员随同盟军在诺曼底登陆。1944年11月，美国第六军团的前锋刚刚冲进斯特拉斯堡，阿尔索斯情报小组人员直奔斯特拉斯堡大学，闯入新建的实验室，发现了隐匿于此的极有价值的德国 U 计划和铀学会最完整的档案。在第三帝国崩溃的时刻，美国认为，抓到一个第一流的德国科学家比俘获十个师的德国军更有价值。他们决心不惜一切代价搜寻德国最著名的核物理学家，绝不让这些人员和有关仪器设备落在俄国或法国人手里。阿尔索斯情报小组发现，位于柏林北面 15 英里俄国占领区内的奥兰宁堡有一座正在从事原子能生产德国工厂。1945 年 3 月 15 日，美国空军出动 612 架飞机，投下 1506 吨烈性炸药和 178 吨燃烧弹，把地面上所有厂房全部摧毁。在法国占领区内的小镇黑兴根，有一个德国 U 计划基地。1945 年 4 月 24 日，美国迅速组织一个突击兵团袭击该城，俘获了美国所需要的第一流的德国核物理学家和夺取了重要资料，然后摧毁剩下的设备，立即撤退。阿尔索斯小组行动的成功，才彻底消除了美国人当初决定研制原子弹时的忧虑。

第六，多管齐下，一齐上马。"曼哈顿计划"的主要内容，一是生产足够数量的裂变材料，二是设计和研制原子弹。怎样生产裂变材料呢？以往的实验证明，铀 235 是可以裂变的，但是铀 235 在天然铀中不到 1%。铀 238 在中子轰击下可以转换成一种新元素钚，钚像铀 235 一样可以裂变。从理论上讲，当时有五种方法生产裂变材料铀 235 或者钚，实际上，哪种方法都没有进行工厂生产的可靠资料。为了尽快地生产足够数量的裂变材料，及早造出原子弹，格罗夫斯将军决定采取多管齐下的方针。他把科学家分成四个组：

第一组由 1927 年度诺贝尔物理学奖金获得者阿瑟·康普顿领导的芝加哥大学冶金实验室（代号）和杜邦公司组成。主要任务是采用石墨型反应堆，生产足够数量的钚。1942 年 12 月 2 日，在芝加哥大学斯塔格运动场西看台下面，在费米指导下，建成了世界上第一个实验型原子反应堆，成功地进行了第一次可控的链式反应。接着，杜邦公司承担起建设大型反应堆和分离钚的工厂的任务。设计资料由芝加哥大学实验室提供。厂址选在华盛顿州的汉福特。制钚工厂顺利地建成和投产了。第一颗用做试验的原子弹和轰炸长崎的原子弹都是用钚制成的。

第二组由 1940 年度诺贝尔物理学奖金获得者欧内斯特·劳伦斯教授领导的加利福尼亚大学实验室和几家公司组成。任务是用电磁法分离浓缩铀 235。厂址设在田纳西州的橡树岭。该厂 1943 年初动工兴建，到 1944 年 3 月就生产出第一批浓缩铀 235。

第三组由 1934 年度诺贝尔化学奖金获得者哈罗德·尤里博士领导的哥伦比亚大学代用合金实验室（代号）和几家公司组成。任务是用气体扩散法生产浓缩铀 235。厂址设在橡树岭。

另外还有华盛顿卡内基学院葵利普斯·阿贝尔桑试验成功的一种热扩散法，受到海军重视。1944 年 6 月，奥本海默提议用热扩散法生产低浓缩铀 235。同年 6 月底开始建厂，10 月底就生产出首批产品。

第四组由罗伯特·奥本海默博士领导的洛斯阿拉莫斯实验室。主要任务是设计和制造原子弹。厂址位于新墨西哥州圣菲城外洛斯阿拉莫斯的一座荒凉方山上。制造原子弹本身的工作于 1943 年春开始，经过两年多日夜奋战，1945 年 7 月 12 日，一颗试验性原子弹开始最后装配,7月16日上午五点半在新墨西哥州距阿拉莫戈多50多英里的一片沙漠地带爆炸成功。美国充分调动本国庞大的工业和经济资源,联合欧美最优秀的科学家,利用美国远在敌人轰炸机航程之外的有利地理条件,终于成功地抢在纳粹德国之前赶制出第一颗原子弹。

德国完全不了解美国研制原子弹的情况,没有紧迫感。1942年6月23日,德国军需部长施佩尔把制造原子弹的可能性告诉希特勒,希特勒对此态度冷淡。在原子能研究方面,德国没有全面的指导和统一的目标,各单位之间缺乏协作。教育部、陆军部、邮政部各搞一套,你争我夺。特别是希特勒的排犹主义,把德国物理学界一些出类拔萃的人物逐出国外。德国核物理学家维尔纳·海森贝格在1940年开始研制反应堆,另一位物理学家哈特克曾领导过铀的离心分离工作,但是,直到1944年底,德国在原子能研究方面仍停留在实验室阶段,比之美国整整落后两年。美国某些人士认为,假如当时希特勒像罗斯福那样,让他的科学家们放手大干,欧洲的地图,甚至两半球的版图,也许会大不一样。这话虽说得不免有点夸大,但也不无一点道理。

杜鲁门宣布原子弹突袭日本

1945年8月5日下午,代号为"埃诺拉·盖伊"的B—29型轰炸机装载了原子弹。6日凌晨2时45分三架B—29型机由提尼安岛起飞,经航程3200公里,8时正,抵达日本上空,高度9400米,执行原子弹突袭任务。

9时14分17秒,"埃诺拉·盖伊"轰炸机的视准仪对准了广岛一座桥的正中时,自动装置被打开了。60秒钟后,原子弹从打开的舱门落下。为了尽量远离爆炸地点"埃诺拉·盖伊"瞬即155度转弯,俯冲下来,飞行高度下降了300多米。45秒钟后,原子弹在离地600米空中爆炸。立即发出令人眼花目眩的强烈的白色闪光,广岛中心上空随即发生震耳欲聋的大爆炸。大地被震得微微颤抖。滚滚浓烟腾空而起。一些烟是红色的,一些是黑色的。瞬时城市冒起黑焦油式的浓烟,在19000米的高空形成巨大的蘑菇状烟云,霎时便竖起几百根火柱,广岛市马上沦为焦热的火海,气浪沸腾。

8月6日,开完波茨坦会议的杜鲁门总统,乘坐"奥克斯塔"号巡洋舰,正在回国途中,心情激动异常。他认为原子弹对美国和他本人来说,不仅是一种军事武器,可以对付日本,也是一种外交武器,可以抑制苏联。便决定对日本进行原子弹突袭,借以敦促日本投降。他指令"8月3日以后,只要天气允许,即可使用特殊炸弹以目视轰炸突袭广岛、小仓、新泻、长崎等目标之一"。8月1日,美在提尼安岛组装原子弹。但由于3日后天气一直不好,最后选定8月6日为突袭日期。此时此刻,杜鲁门总统预备了整整三页的声明,等着太平洋地区传来的消息。

上午10点30分,代理白宫新闻秘书埃本·艾尔斯在早晨例行的新闻发布会上对记者说,他没有什么新东西好告诉大家,但晚些时候也许会有。在史密斯不在时,代替史密斯在白宫采访的合众社记者查尔斯·法格斯问道,这是不是一个一般性的、好的或热门的消息。

艾尔斯说:"这将是一个非常好的消息。"

半小时之后,艾尔斯又把记者们叫到"奥克斯塔"作战室内,由杜鲁门亲自向聚集在作战室内的军官严肃地宣布:

"美国第一次对日本使用了爆炸力相当于两万吨 TNT 的原子弹。这种新式炸弹,现在还在生产,威力更大的型号也正在研制之中。"之后,艾尔斯宣读了杜鲁门总统三页纸的一项声明中的几段,并把声明的文本分发给大家。就在记者通过电传打字机咔嚓咔嚓地往全国和全世界传播这条消息时,华盛顿其他的消息闸门也敞开了。

在国防部,一位负责公共关系的将军打开保险柜,将一沓沓预先准备好的绝密材料分给记者。从国会山则传出了这样的消息:国会的一些委员会对于自己授权政府开支的20 亿美元,政府除了告诉他们这笔钱将用于"曼哈顿计划"外,其他情况对他们也一概保密。就连副总统杜鲁门,也是在 1945 年 4 月罗斯福死后接任总统时才获悉的。

"曼哈顿计划"是罗斯福制定的。30 年代中期,德国科学家哈恩·斯托拉斯曼和犹太女科学家迈特纳发现了铀 238 如在中子轰击下就会产生链式反应的核裂变。由于纳粹德国疯狂迫害知识分子和犹太人,迈特纳、特勒、西拉德和其他杰出的科学家,包括科学巨人爱因斯坦在内,先后逃离德国,迁居美国。1939 年 8 月西拉德等人听说德国科学家打算要分裂原子的消息时,请求爱因斯坦出面写信给美国总统罗斯福。要他警惕纳粹有制造原子弹的可能性;制造原子弹非同小可,人手、经费、保密问题如何解决? 罗斯福经过一周的思索,终于在 10 月 19 日对爱因斯坦的信做了肯定的回答。他按了一下电钮,指着一大堆各种说明资料,对应声而入的军事助手平静地说:"这件事必须处理一下。"

随即,按照罗斯福的指令,组成了一个以"S—11"为代号的特别委员会,由陆军工兵部队的韦斯利·格罗夫斯少将领导。具体科研由杰·奥本海默为首的科学家进行。格罗夫斯领导委员会制定了一个命名为"曼哈顿"的计划。计划投入人力约 50 万,经费达22 亿美元。研究工作所有权都集中在"曼哈顿"工程管理处。格罗夫斯将军坐镇华盛顿"曼哈顿"总部。"曼哈顿"计划大致有三方面内容:生产钚、生产浓缩铀 235 和研制炸弹。1942 年 12 月,铀 235 链式反应实验成功;翌年 4 月在美国新墨西哥州阿拉莫斯成立原子能研究所。在橡树岭、汉福特两家工厂配合下,开始原子弹的设计与制造。

每天,格罗夫斯与研究所的奥本海姆通话数次,以便及时解决工作中出现的问题。科学家们研究了两种原子弹:一种以铀原料为基础的原子弹,绰号"小男孩"。每颗需要60 公斤钚,经过六个月加工提炼后,才能制造;另一种以钚原料为基础的原子弹,绰号"胖子",每颗仅需十二磅钚,一个月加工即可制成。1945 年 7 月 16 日,美国试验钚原子弹成功。加上试爆命名为"瘦子"的原子弹,第一批共制造出三颗原子弹。

正在参加波茨坦会议的杜鲁门得知原子弹试验成功,别人种树,他来摘桃,心里非常

1945 年，被原子弹炸后的广岛。

高兴。于是他在 8 月 2 日的回国途中，授权美军在 8 月 3 日后可对日投掷两颗原子弹。

美国原子弹突袭日本的哪个城市，在此之前，杜鲁门总统成立了一个目标选择特别委员会，研究具体突袭目标。1945 年夏，美国对选择突袭目标，众议纷纭。陆军要求对日入侵作战，海军建议封锁日本，陆军航空队主张以常规轰炸方式摧毁日本。唯有科学家们主张使用原子弹作为结束战争的手段。

原子弹要袭击有选择的日本城市，不在于军事效果，而在于制造恐怖气氛。美国负责官员支持科学家的意见并将各种建议送交杜鲁门，杜鲁门又去征求英国首相丘吉尔的意见。

"一次或两次袭击可能结束战争，给日本挽回其'体面'的台阶，这样可解除日本决死作战的武士道精神"，丘吉尔说。

杜鲁门指令委员会选择好目标，美国把突袭日本的目标从 17 个城市减至 5 个，在执行轰炸前一个月又筛选出广岛、小仓、长崎、新泻四处，去掉京都地区。7 月 23 日格罗夫斯草拟突袭计划，最后经正在参加波茨坦会议的杜鲁门总统批准。7 月 26 日至 8 月 1 日，盟国飞机在日本各城市上空散发了 150 万张传单，300 万张美、英、中发表的《波茨坦宣言》，敦促日本立即无条件投降。传单对这些城市发出警告，说它们将受到猛烈的空中轰炸。但日本政府并没有表示接受《波茨坦公告》的任何迹象。这样，杜鲁门便按原来计划，对日本使用原子弹。

但是，日本政府并未因广岛悲剧而立即同意接受波茨坦最后通牒，即无条件投降。而苏联政府遵守对盟军的义务，接受盟军的要求，宣布从 8 月 9 日对日宣战。美国在 9 日上午 11 时 30 分，又在长崎投下第二颗原子弹，两次突袭共杀伤 239000 人，数 10 万人无家可归。给日本人民带来惨重灾难。日本终于在 8 月 15 日宣布无条件投降。

美国对日使用原子弹的决定迄今仍是世界军事史上做出的最有争议的决定。美国政府官员反复强调,虽然广岛和长崎原子弹的投掷给日本人民带来大规模的伤亡和破坏,却减少了美军和日本更大的伤亡。"曼哈顿计划"的负责人格罗夫斯将军认为,杜鲁门费了不少脑筋做出的对日使用原子弹的最后决定,"将永远被认为是无比勇敢和聪明的行动。"在对日战争胜利两周年的纪念会上,有人问杜鲁门,他是否由于当初下令毁灭了广岛而心里感到遗憾。他若有所思地回答道:"没有。……做这桩事固然我也感到害怕,但是我肯定救了50万条生命。这是不得已而为的。"1946年麻省理工学院长卡尔·康普顿在《大西洋》月刊上撰文辩解说:"我相信,如果有这种炸弹而不用,事后就无法向自己国人交代。"他建议持批评意见的人,应该回忆一下轰炸德累斯顿市和汉堡市所引起的大火,和B—29轰炸机两次对东京空袭投掷的燃烧弹,其中一次杀死12.5万日本人,另一次近10万人。他的意思是说,如果道义这个问题可用统计数字来衡量的话,那么,决定使用核武器对付日本,远远不是最大的罪过。

然而,有些美国军事领导人对杜鲁门使用原子弹的决定纷纷提出异议。道格拉斯·麦克阿瑟将军在战后一再表示,从军事角度看,为了迫使日本投降而使用这种炸弹是"完全不必要的",因为在那时,日本无疑已到了彻底崩溃的边缘。艾森豪威尔将军、李海海军上将、金海军上将、阿诺德空军上将和英国前首相丘吉尔也持同样看法。战后美国战略轰炸调查处的报告更为明确:"即使不投原子弹,即使俄国不参战,即使不制定进攻的计划,日本也是会投降的。"

另外一些科学家和外交家则侧重从政治上着眼来考虑使用原子弹的问题。英国著名物理学家布莱克特指控说,美国政府抢在苏联参战之前匆忙对日使用原子弹,"与其说是第二次世界大战的最后一次军事行动,不如说是现在正在进行的对苏外交冷战的最初一次大规模作战,"国务卿贝尔纳斯明确地声明说,亮出原子弹是为了使俄国在欧洲更加驯服。苏联官方学者甚至认为:"无论从战略上或战术上看,都没有任何必要使用原子弹。所以说,使用原子弹基本上只带有政治色彩,是美国帝国主义企图显示其原子威力,以便在解决远东问题上削弱苏联的地位,并把战后的日本变成它在亚洲的重要基地;而建立美国的世界霸权,是使用原子武器的更大的政治目的。"他们的结论是:"原子弹不能决定战争的结局,"只有"苏联的参战,消灭了日本黩武主义者手中的王牌,""才决定了战争的结局。"

客观地说,反法西斯战争的胜利和日本的无条件投降,是美国、中国、苏联和所有其他参加反法西斯统一战线的世界各国人民的共同努力和长期斗争的结果,虽然各个国家对日本法西斯作战的积极程度、时间长短和贡献大小不同,但不能把迫使日本投降的决定性因素简单地归之于美国的两颗原子弹或苏联的参战。事实是,战争进行到1945年7月,日本法西斯的统治已面临绝境。德国在欧战中的失败,使日本军国主义在国际上陷于彻底孤立;中国的持久抗战,拖住了日本陆军主力,歼灭日本军事力量一百多万人;美、英盟军在太平洋战场反攻节节胜利,基本上摧毁了日本的庞大舰队和空军力量,切断了日本与南方的海上联系;美军对日本本土岛屿的大规模轰炸、炮击和封锁,使日本的战时经济遭到彻底破坏,石油和粮食不能进口,工业原料极端缺乏,人民反战情绪高涨,国内各种矛盾十分尖锐。日本法西斯的末日指日可待。有些日本上层统治者已经意识到,他们的失败已不可避免,期望通过苏联从中斡旋,同美、英进行和谈,幻想要在有利条件下结束战争。但日本军方顽固派不甘心于灭亡,还试图作最后一次较量。这时,美国原子弹的投掷和苏联出兵对日作战,起了加速日本帝国主义崩溃和日本政府做出无条件投降决定的作用。

根据当时战局的发展,美国总统杜鲁门做出在日本投掷原子弹的决定与其说是军事上的迫切需要,不如说主要是出于政治考虑,既是为了夺取战胜日本的主要果实,亦是为了占有战后与苏联争霸的有利地位。投掷原子弹导致日本几十万无辜人民死亡的悲剧,并为战后冷战时期的核讹诈政策开创了先例。

盟国对日本的最后作战

1945年7月26日,中、美、英三国敦促日本法西斯无条件投降的《波茨坦公告》宣称:"日本必须决定一途,其将继续受其一意孤行之军人之统制,抑或走向理智之路?""吾人通告日本政府立即宣布所有日本武装部队无条件投降,并对此种行动诚意实行予以适当即充分之保证。除此一途,日本即将迅速完全毁灭。""开罗宣言之条件必将实施"。《公告》还暗示盟国已拥有原子弹,其效能可使"日本本土完全毁灭"。

早在《公告》发表前一年,美国空军已从1944年6月15日开始对日本本土进行持续的大规模轰炸,11月1日起更对日本使用B—29重型轰炸机进行"地毯式轰炸"。太平洋战争期间,日本本土被投弹16万吨,其中14万多吨是B—29机所投。1945年3月美军占领硫磺岛后轰炸更为频繁,平均每月3000多架次,7月份高达二万架次。特别是3月9日和5月19日对东京的两次大空袭,使东京损失最为惨重。3月9日至10日大空袭,使东京15平方英里的人口密集区化为焦土,市民被烧死者达九万八千人。5月19日大空袭,使皇宫的部分宫殿亦被烧毁,东京市区一半以上化为一片灰烬。美军不加区别地对日本大中小城市98座进行狂轰滥炸,其中72个城市并无军事设施,甚至"避开要害部门而过"。美国对日本滥施轰炸,一方面使日本全国生产陷于瘫痪状态,亦使日本统治集团受到震惊,起到迫使其尽快投降的作用;另一方面,"已经隐藏着战后要在美国统治下把日本培育成远东工厂的意图",因而受到世界公正舆论的谴责。截至日本投降,被炸大城市的烧毁率为:京滨地区为56%,名古屋为52%,阪神地区为57%。中小都市也在40%以上,个别城市如福井市高达96%。共烧房屋221万户,受灾人口920万,炸死35万,炸伤42万。

美国于1945年7月16日第一颗原子弹试爆成功后,为掌握对日最后一战的主动权,总统杜鲁门决定向日本投掷仅有的另外两颗原子弹。8月6日上午8时15分,美国在居民密集的广岛市投下了第一颗原子弹,9日上午11时30分,又在长崎投掷了第二颗原子弹。如将爆炸后几年内因原子病而死亡者计入在内,广岛死亡20万人左右,长崎死亡12.2万人。美国投掷原子弹,确实可使美国军人减少牺牲,也造成日本统治集团的恐惧,加速他们做出投降的决定,但美国使用这种大规模的杀人武器时,日本败局已定,从军事来说是毫无必要的,而且死伤的大部分是和平居民。

8月8日夜11时(莫斯科时间为下午5时),苏联政府对日宣战。9日零时,百万苏联红军以迅雷不及掩耳的猛烈攻势向侵占中国东北的关东军及朝鲜、库页岛日军发起全面进攻。当时关东军有60至70万人,精锐已抽调南下,装备水平亦大不如前。在苏军打击下,一周之内即迅速崩溃。除8.3万余人被歼灭外,其余59.4万人全部投降。

与此同时,中国和亚洲各国人民也对日本侵略军展开了大反攻。

在中国敌后根据地战场,于苏联宣布对日作战的第二天,即8月9日,毛泽东发表《对日寇的最后一战》,指出:"最后的战胜日本侵略者及其一切走狗的时间已经到来了","中国人民的一切抗日力量应举行全国规模的反攻"。翌日,八路军总司令朱德发布大反攻命令,要求八路军、新四军及其他人民武装向日伪军展开全面进攻,并限令伪军无条件投降。11日,八路军总部又发布六项命令,要求各解放区武装部队展开积极进攻,迫使日伪军投降。八路军、新四军及其他人民武装,在东北、平津、归绥、太原、平汉、陇海、济南、胶东、津浦、沪宁、运河、广(州)九(龙)前线,向日伪军发起猛烈反攻,取得了巨大胜利,占领了广大农村。在总反攻期间,收复国土31万5000平方公里,解放190座城市,歼灭日伪军23万人以上。

在中国国民党战场,蒋介石集团在美国支持下,也展开反攻抢占和接受沦陷区。国民党军队主要是占领城市。国民党陆军总司令部指派第一战区司令长官胡宗南到洛阳、第二战区司令长官阎锡山到太原、第三战区司令长官顾祝同到杭州、第五战区司令长官刘峙到南阳、第六战区司令长官孙蔚如到武汉、第七战区司令长官余汉谋到潮汕、第九战区司令长官薛岳到南昌、第十战区司令长官李品仙到徐州、第十一战区司令长官孙连仲到天津、第十二战区司令长官傅作义到归绥、第二方面军司令长官张发奎到广州、第三方面军司令长官汤恩伯到上海、第四方面军司令长官王耀武到长沙"接受日寇投降"。

1945年9月9日,日本派遣军总司令官冈村宁次大将在南京与中国政府代表何应钦上将签署了投降书。标志着中国人民的八年艰苦、英勇的抗战,终于取得了最后的胜利。

在朝鲜,金日成将军命令长期战斗在朝鲜和中国东北的朝鲜人民军转入全面反攻,发动解放祖国的大决战。并在苏联红军帮助下解放了朝鲜,结束了日本帝国主义长达36年的殖民统治。

在越南,1945年8月13日印度支那共产党在新潮召开全国代表会议,决定举行总起义。当天夜里发布了总起义命令。越南从北到南处都爆发了人民武装起义。8月17、18日,首都河内数十万群众举行政治总罢工。19日10万群众的示威游行转为武装起义,当晚,起义军解放了河内。8月23日爆发顺化起义,25日爆发西贡起义。日本傀儡政权保大"皇帝"被迫下台。越南八月革命取得了最后胜利,不仅制服了日本法西斯,而且推翻了近百年的帝国主义统治和上千年的封建君主专制制度。

在马来亚,抗日军于1945年8月通过英勇的战斗,强令日军投降,并接管了城市和乡村。9月5日,英军在新加坡登陆。9月12日,日军向盟军东南亚战区最高司令蒙巴顿将军投降。

美国对日本本土的轰炸及投掷原子弹,苏联的对日宣战,以及中国和亚洲其他各国人民的大反攻,敲响了日本法西斯的丧钟,终于迫使日本除迅速接受《波茨坦公告》宣布投降外,别无他途。

日本法西斯投降

在中、美、苏、英及亚洲其他各国人民的共同打击下,日本法西斯已完全陷入绝境。1945年8月9日上午10时30分,日本最高战争指导会议在皇宫内举行,铃木首相首先表示,鉴于目前形势,日本只有接受《波茨坦公告》,陆军大臣阿南惟几和参谋总长梅津美治郎要求先讨论应否把战争继续下去,海军大臣米内光政建议附带条件接受《波茨坦公告》。外务大臣东乡茂德认为只可讨论附带"维持国体"条件一个问题。由于意见分歧,未能取得一致意见。同日下午2时半至晚10时半,铃木内阁连续召开紧急会议。阿南等仍主张除"维持国体"外,还必须附带三个条件:日本自行处理战犯;自主解除武装;盟军不得进驻日本,万一进驻,也应限制在最小范围内以最低数量实行短期占领。因此仍未做出任何决定。同日午夜,昭和天皇在皇宫防空洞内召开御前会议,会议讨论了两个多小时,与会者意见形成三比三,仍相持不下,毫无结果。铃木根据事前同木户内大臣等人的默契,在会议即将结束时起立面请天皇"圣断"。天皇表示本土决战毫无可能,只有接受《波茨坦公告》。御前会议遂于10日凌晨2时30分结束。铃木立即召开内阁会议,让阁员们在同意受《波茨坦公告》的文件上签字。10日上午6时45分,日本外务省打电报给驻中立国瑞士和瑞典的日本公使,请两国政府将日本接受《波茨坦公告》的照会转交中、美、苏、英四国政府,但附有一项"谅解",即认为《波茨坦公告》"不包含变更天皇统治国家大权的要求"。

8月12日凌晨,日方收听到美国广播同盟国的答复,12日下午6时后,日本驻瑞士和瑞典公使相继发回美国国务卿贝尔纳斯代表美、英、苏、中四国政府的正式复照。主要内容是:"自投降之时刻起,日本天皇及日本政府统治国家之权力,即须听从于盟国最高司令官","按照波茨坦公告,日本政府之最后形式将依日本人民自由表示之意愿确定之。"对此复照,日本统治集团再次争议。13日上午9时,最高战争指导会议开会,下午4时,内阁又举行会议,争论均无结果。与此同时,美军舰机飞机猛烈轰炸关东和东北地区,又在广播中谴责日本故意拖延时间,并从 13 日下午 5 时至 14 日清晨派出飞机在东京等地大量散发日语传单,载明 8 月 10 日日本政府接受《波茨坦公告》的照会电文和同盟国的复照。这样就把日本政府一直讳莫如深的交涉秘密公诸于日本人民,使日本统治集团深为不安。14 日上午 10 时 50 分,天皇再次在防空洞召开御前会议,会上仍争议不定,最后,天皇在凄惨沉寂中开始讲话。他说:"我的异乎寻常的决心没有变……如果继续战争,无论国体或是国家的将来都会消失,就是母子都会丢掉。现在如果停战,可以留下将来发展的基础。……希望赞成此意。"天皇讲话后,铃木表示当即起草停战诏书。会议于正午结束后,日本政府随即拟就一份宣布接受《波茨坦公告》的诏书以及给同盟国的电报稿。这两份文件于 14 日 23 时拍发,天皇诏书还于 23 时 20 分录了音。近卫第一师团中的几名法西斯军官于 14 日深夜至 15 日凌晨,闯进皇宫,图谋劫夺天皇诏书录音盘。事败自杀。15 日晨,陆军大臣阿南切腹自杀。此后,一批死硬的法西斯分子如陆军元帅杉山地、陆军大将本庄繁等亦纷纷自杀。15 日正午,日本广播协会广播了天皇宣读"终战诏书"的录音。至此,日本正式宣布接受《波茨坦公告》,向盟国投降。标志着日本法西斯彻底崩溃。

8 月 15 日,铃木内阁辞职。8 月 17 日,皇族东久迩稔彦组阁,近卫文麿以副首相身份参加内阁,重光葵提任外相。同日,昭和天皇发布敕谕,命令国内外日本军队立即停止一切战斗行动。

8 月 28 日,美军先头部队在东京附近的厚木机场着陆,开始对日本本岛实行占领。

9 月 2 日上午 9 时,在停泊于东京湾的美国战列舰"密苏里号"上举行了签降仪式。首先由日本外相重光葵代表天皇和政府、陆军参谋总长梅津美治郎代表大本营在投降书上签字。接着麦克阿瑟上将以盟国最高司令官的身份签字。然后是接受投降的 9 个盟国代表分别代表本国依次签字:美国代表尼米兹海军上将、中国代表徐永昌将军、加拿大代表穆尔·戈斯格罗夫上校、法国代表雅西·勒克莱尔将军、英国代表布鲁斯·弗雷泽海军上将、苏联代表杰列维扬科中将、澳大利亚代表托马斯·布莱梅将军、荷兰代表赫尔弗里希海军中将、新西兰代表艾西特空军中将。至此,正式宣告了日本法西斯战败投降,德意日轴心国发动的第二次世界大战,也以反法西斯同盟国的胜利而同时宣告结束。

现代世界未解之谜

二战时的《苏德互不侵犯条约》
附有秘密议定书吗？

英国《曼彻斯特卫报》于 1946 年 5 月 30 日登了这样一则让人震惊的新闻：1939 年《苏德互不侵犯条约》附有一项秘密议定书，而且对其内容予以了披露。

不少西方学者推测 1939 年《苏德条约》附有秘密议定书。例如英国著名学者阿诺德·托因比等人编的《大战前夕，1939 年》一书载有《苏德互不侵犯条约》的秘密议定书的主要条款。法国当代著名史学家让·巴蒂斯特·迪罗塞尔在其《外交史》中断言：《苏德条约》存在着无可争议的秘密议定书。原纳粹德国上将蒂佩尔斯基希在其《第二次世界大战史》一书中叙述了关于希特勒将部分波兰领土划给苏联、对与苏联接壤的东欧小国不表示兴趣的问题，他实际上谈到了西方国家公布的《苏德条约》的秘密议定书的一些内容。英国学者艾伯特·西顿在其《苏德战争，1941～1945 年》一书也有《苏德条约》附有一份草率拟就、措辞模棱两可的秘密议定书的叙述。美国学者威廉·夏伊勒在其名著《第三帝国的兴亡——纳粹德国史》中还对《苏德条约》的秘密附属议定书的主要内容予以列举。奥地利的布劳恩塔尔也对《苏德条约》附有秘密议定书的说法持肯定态度。

中国一些学者近年来也认可《苏德条约》附有秘密议定书；有些学者还在书中介绍了西方国家公布的《苏德条约》的秘密议定书的内容。

但是，有关《苏德条约》的秘密附属议定书在苏联的出版物中至今尚未见到。1948 年 2 月，苏联情报局在题为《揭破历史捏造者（历史事实考证）》的文件中对英、美单方面公布德国外交文件予以反对。收入《苏联对外政策文件汇编》第四卷的苏德互不侵犯条约中没有涉及秘密附属议定书的条款。阿赫塔姆江等人的《苏联军事百科全书》在谈到《苏德条约》时对秘密议定书没有提及。鲍爵姆金领导编写的《外交史》第三卷和维戈兹基等人编著的《外交史》第三卷也只字未提秘密附属议定书。萨姆索诺夫主编的《苏联简史》也持同样说法。曾参与 1940 年苏德谈判的别列日柯夫在其回忆录中不仅没有提《苏德条约》附有秘密议定书，而且认为："对 1939 年苏德条约问题，虚假报道堆积如山。"德波林主编的《第二次世界大战史》引用了 1939 年 8 月 24 日苏联《消息报》所发表的《苏德条约》的条款，不但对秘密附属议定书一点儿也没提到，而且批评说："资产阶级世界有人陷于伪造的泥潭而不能自拔,继续就条约和苏联的目的撒谎。"

中国学术界在有关苏联对《苏德条约》的秘密议定书的问题上有两种不同的说法:一种是认为苏联并未否认其存在;另一种是认为苏联否认其存在。

这样,1939年《苏德条约》是否附有秘密议定书的问题就成为人们争议的一个热点问题。弄清这个问题对于正确评价战前国际关系、深入了解第二次世界大战史具有十分重要的意义。

克里普斯在二战期间为何突然访印?

正当世界人民的反法西斯战争正在如火如荼地进行,作为反法西斯的主力国的英国的下院领袖、掌玺大臣克里普斯却在1942年春,带着解决印度问题的《宣言草案》(亦称《克里普斯方案》),风尘仆仆地飞往新德里访问。在大战关键时刻,英国当权人物为何要采取这一行动? 他们又有什么目的呢? 会谈为何失败? 谁该负责?

英国战时联合内阁为什么要派遣克里普斯访印呢? 目前,在国内外学者和史学家的著述中,大致有四说。第一种是"丘吉尔决定说"。一般认为,是丘吉尔本人做出的这一决定。而这一决策又同当时战局关系重大。日本于1941年12月7日偷袭珍珠港,太平洋战争爆发,为了实现"大东亚共荣圈"的美梦,日本加速了侵略步伐。1942年春,日本先后占领了新加坡、仰光,并且威胁到了南亚次大陆的安全。印度的东大门——孟加拉和马加拉斯也随时有沦陷的可能。素以维护大英帝国利益而著称的丘吉尔首相,为了维护自己的印度殖民地免受日军踩躏,当机立断,派遣克里普斯访印,以此来加强英国的地位。

第二种是"罗斯福干预说"。美国一些学者并不完全同意上述说法。持此说者认为,美国总统罗斯福的影响和干预促成了这一行动的实施。因为,太平洋战争爆发后,英美两国同日本对南亚次大陆的争夺更加激烈了。当时,中美两国政府首脑考虑到盟国的共同利益以及印度所处战略地位,曾多次要求丘吉尔早日解决印度问题,以争取印度人民尽快投入反法西斯战争。

第三种是"工党压力说"。众所周知,战时英国联合内阁中,在对印行政策问题上存在意见分歧,工党内出现一股势头,要求丘吉尔改变以往的政策,放弃僵硬政策,缓和矛盾,争取让印度也加入战争中来,特别是克里普斯,力主改善英印紧张关系。丘吉尔害怕内阁分裂,在工党的压力下,被迫做出上述决定。

第四种是"印度呼吁说"。第二次世界大战爆发后第3天,即1939年9月3日,林利思戈总督没经各党派的同意,就擅自宣布印度参战。全印度人民奋起抗议他的这一决定,反英反战情绪高涨,印度自由派一些人士萨普鲁等人也联名上书,直接呼吁丘吉尔本人要求英国采取实际行动,以缓和日趋尖锐的英印矛盾。

然而,不论克里普斯访印的真实原因如何,这件事和它那不可解释的原因连在一起,只是在历史的长河中投下了一颗小石子,泛了泛水花,便悄无声息了。

托洛茨基暗杀之谜

十月革命的功臣

十月革命期间,托洛茨基担任彼得格勒苏维埃执行委员会主席和领导武装起义的中央政治局委员。在决战时刻,他几乎没有迈出起义指挥部——斯莫尔尼宫一步。斯大林在《十月的转折》一文中这样评价他:起义的全部实际工作是在托洛茨基同志直接领导下进行的。可以坚定地说,革命军事委员会的工作成绩,首先并主要应归功于托洛茨基。可是,在出版《斯大林全集》时,这篇文章被抽掉了。

以后,他相继担任外交人民委员、军事人民委员和最高军事委员会主席。内战期间,他穿着漂亮的军大衣,脚登长筒皮靴,腰悬自动手枪,巡视各条战线,向红军士兵发表慷慨激昂的演说。一辆装甲列车是他的战时流动指挥部,它由沙皇交通大臣的专用列车改制而成,电台、发电机、图书室和浴室,应有尽有。战场上到处传说着托洛茨基战车和他的卫队,甚至连托洛茨基的外表——蓬松的黑头发,尖形的黑胡子和藏在眼镜后也依然光亮可见的眼神,也为人们熟

斯莫尔尼宫——十月革命的指挥部

知。在这两三年中,他出尽了风头。全世界的各大报纸都曾突出地介绍过这位"红色拿破仑",把十月革命和红军的胜利的主要功劳都记在了他的账上。

列宁逝世不久,他成为党内反对派首领,1925年被解职,1927年12月,联共(布)十五大通过决议,将他开除出党,1929年2月,他又被驱逐出境,永远地离开了他的祖国。

2月13日,托洛茨基抵达土耳其的君士坦丁堡。他来到时,并不像一个名誉扫地的政治流放者,倒像是一个当权者在进行一次重要的国事访问。外国记者群集码头,等候着他的专用汽艇;世界各大报纸用大字标题报道了他的行踪。托洛茨基被安置在马尔马

拉海的普林基波岛。后来,他先后迁到法国和挪威,并游历了许多地方。无论走到哪里,他都在宣传自己的思想和观点,并且号召把联共(布)党内的反对派发展成一个国际性的派别组织。在他的鼓动和串联下,法、美、德、比、意、捷、英等国相继建立了托派组织。1930年,他们正式组成了国际左翼反对派。1938年,在巴黎组织"第四国际"(又称"世界社会主义革命党")。

血腥的暗杀

1936年12月,一艘名为"路得"的油轮载着托洛茨基在大西洋中颠簸了三个星期,于第二年的1月9日抵达墨西哥。墨西哥总统卡德纳斯派了一位将军和一些官员前来迎接。总统专列把托洛茨基夫妇接到了他们的新住所——墨西哥城郊的科约坎。

为了确保工作的顺利开展和自身的安全,托洛茨基组织了一个精干的武装警卫队。队长汉森来自美国,是托氏的狂热的崇拜者。不仅如此,科约坎的这所住宅实际上已经成了一座戒备森严的城堡。大门是双层的,由电气装置控制。周围有六米多的高墙,四角的塔楼上有手执冲锋枪的哨兵在昼夜守卫,随时准备射击企图偷袭的冒险者。每当有人按响门铃,卫士先打开通话的窗口,验明来访者的身份;然后打开大门,像经过国境线一样检查有无暗藏武器;再填写访问单,方能入内。墨西哥政府还在附近驻扎了一个警察小分队,日夜巡逻。托洛茨基夫妇各自随身带一支防卫手枪,那些秘书也多是腰悬手枪,时刻警惕着周围的一切。

但是,暗杀活动却防不胜防。1940年5月23日深夜,一伙身穿墨西哥警官制服的人携带各种轻重武器,分乘四辆汽车来到托洛茨基的住宅。不知他们用什么办法打开大门,冲入院中,用机枪同时向托氏夫妇和卫士住所猛烈扫射。托洛茨基和家人连滚带爬地钻到各自的床下,居然躲过了这场灾难。袭击者没有冲进房间,因为他们知道室内有各种暗设机关,足以制服入侵者。参加这次袭击的一些人被当局逮捕,其中那个穿着中校警服的人,是墨西哥画家,名叫西凯思露斯。

托洛茨基的失误,就在于他没能从"5·23事件"中发现异常:袭击者是怎样打开大门的?他们为何对住宅内部的情况了如指掌?墨西哥警察小分队的人都到哪里去了?

托洛茨基有个女秘书,叫西尔维亚·耶季洛夫。在巴黎参加"第四国际"成立大会期间,她结识了一个比利时贵族莫尔纳尔家的公子,并且被他的潇洒和才华迷住。很快,他们住到了一起。西尔维亚回到墨西哥后,继续得到托洛茨基的信任和重用。通过她的关系,那个公子杰克逊·莫尔纳尔也成了科约坎的常客,并且和几名卫士打得火热。袭击事件发生后,托洛茨基应想到这个新来的客人,但他疏忽了。杰克逊依旧自由出入这个戒备森严的大院,甚至提出请托洛茨基帮他校阅新近写的一篇论文。

8月17日傍晚,杰克逊按照事先的约定,来找托洛茨基,请他看了论文稿。8月20日,杰克逊再次拜访。原来的打算是和西尔维亚一同前来告辞,准备第二天去纽约,结果只来了他一个。他带来了那篇关于法国经济的论文，请托洛茨基修改。夫人娜塔莉娅奇怪地发现客人穿了一件雨衣，而且连雨衣的帽子也扣在头上，便问了一句：

"这么好的天，你还穿雨衣？"

"谁知道老天什么时候下雨啊！"回答是若无其事的，夫人也就没有在意。

杰克逊随着托洛茨基走进书房后一会儿，娜塔莉娅就听到丈夫一声十分恐怖的惨叫。她冲进书房，看到丈夫满脸是血，颤颤地站在门旁。

卫士们蜂拥而入，当即抓住了凶手。

托洛茨基立即被送进医院，但手术只不过使他的生命延续了 26 个小时。

杰克逊的遗书

当警卫蜂拥而入时，杰克逊右手提着一把滴血的凿冰斧，左手握着左轮手枪正站着喘气。警卫向他扑过去，把他打倒在地。杰克逊像是处于半昏迷状态，他哀叫着：

"他们让我干的。他们把我母亲关起来了。"

几分钟后，杰克逊似乎清醒了，挣扎着试图逃走，但被卫士制服。他拒绝回答问题，只是喃喃地说：

"西尔维亚与此事无关。"

除了凿冰斧和左轮手枪外，在杰克逊的西装里还发现了一把缝在口袋中的近三十厘米长的匕首。刺客显然作了充分的准备。在他身上没有任何能证明身份的证件，却发现了一封用法文打印的遗书。

遗书用"我出身于一个比利时世家"开头。他说，他在巴黎留学时，因受西尔维亚的影响而倾向于托洛茨基主义，并加入了巴黎托洛茨基主义组织。有一天，某个来自托洛茨基"第四国际"总部的不知名的先生建议他去墨西哥会见托洛茨基，并提供他钱和证件。来到墨西哥后，因为听到和看到的，与想象大不一样而感到失望，才知道托洛茨基是个可怕的骗子。特别是有一次，托洛茨基突然命令他潜入莫斯科去暗杀斯大林，但他不愿去，托洛茨基激怒地痛骂了他一顿。于是他决定，为了全世界的工人阶级，必须埋葬这个骗子。遗书里还说，托洛茨基禁止他和西尔维亚结婚，他决定牺牲自己也是为了她的缘故。这封遗书还注明，如果万一他本人遭遇不幸，请将此遗书公布于众。

他是谁

遗书公布后，比利时警方立即进行了调查，发现根本不存在所谓的"莫尔纳尔"家族。

在审讯杰克逊的日子里，全世界的无数报纸和杂志都登载过他的照片，报道过他的情况，可是却没有一个人出面证实自己认识这个神秘的刺客。令人奇怪的是，杰克逊受审讯期间的牢房里备有唱机、唱片、书刊，供他消遣，一日三餐由一家豪华的饭店提供，这些东西都由他的律师付账,资金来源是保密的。

1943 年 4 月 16 日,墨西哥第六刑事法庭宣判:杰克逊因犯有谋杀罪被判处 20 年徒刑(当时墨西哥没有死刑)。

判决书说,杰克逊从一开始来墨西哥,直到他成功地和托洛茨基建立关系,他的言行都是虚假的,是一种阴谋。经过两年零八个月的审讯,警方和法庭始终没有掌握凶犯接受任务的真实情况,连凶犯的真实姓名也没有搞清楚。

这个来历不明、行踪诡秘的凶犯,心甘情愿地在墨西哥的牢狱里,度过了 20 年的囚禁生活。1960 年 5 月 6 日获释。先安排他去了古巴,然后从那里乘船前往苏联。苏联国家安全委员会于 5 月 25 日向赫鲁晓夫报告了他获释一事。5 月 31 日颁布了苏联最高苏维埃主席团的一项非公开的命令:"因完成一项特别任务并在执行任务中表现出英雄主义和勇敢精神,授予洛佩斯·拉蒙·伊万诺维奇同志苏联英雄称号,同时授予他列宁勋章和金星奖章。"

1989 年 1 月 4 日,苏联《文学报》发表历史学家瓦谢茨基的文章,承认克里姆林宫卷入了这次刺杀活动。他说,组织暗杀活动的是内务人民委员会的艾廷冈上校。他招募梅尔卡德尔母子加入暗杀小组,并确定梅尔卡德尔直接行刺。梅尔卡德尔的骨灰和高级间谍金·菲尔比等人埋在一起。

同年 3 月 15 日,《莫斯科新闻》发表了题为《杀害托洛茨基的刽子手梅尔卡德尔》的文章,宣称是斯大林下令追杀托氏的。之所以选中梅尔卡德尔,是由于在西班牙内战中,托洛茨基分子支持无政府主义,因而遭到西班牙共产党人的憎恨。

1993 年,苏联间谍头子巴·阿·苏多普拉托夫发表回忆录《特别行动处》,自称由斯大林亲自布置,他指挥了暗杀托洛茨基的行动。

这一说法,不知是不是最后的结论。

隆美尔自杀之谜

1944 年 10 月 10 日,柏林。

莫德文元帅向全德国宣布,德国"最伟大的指挥官"埃尔温·隆美尔于 7 月 17 日受伤,不治身亡。

希特勒即刻给隆美尔夫人发了唁电。唁电说:"您丈夫的死给您带来了巨大的损失,请接受我最真挚的吊唁。隆美尔元帅的英名将永远和北非英勇的战役联系在一起。"

不久,希特勒又下令为隆美尔举行了国葬。

隆美尔真的是受伤身亡的吗?历史证明,这是希特勒的弥天大谎!

从枭将到元帅

第二次世界大战开始时,隆美尔只是德军第七装甲师师长。1940年,他奉命越过马其诺防线。

马其诺防线是法国专为遏制德国法西斯军事进攻而修筑的一道防御工事,因陆军部长马其诺倡导修筑而得名。南起地中海沿岸法意边境,北至北海之滨的法比边境,全长约七百公里。地堡林立,沟壑纵横,火力威猛,固若金汤,要想用强攻把它拉开一条缺口,几乎是不可能的。

隆美尔把部队安排在马其诺防线所在的阿登山脉中的丰凯森林附近,然后命令所有的炮手、通讯员和指挥官,全都放下武装,坐在卡车、坦克的外面,高舞欢呼地举着白旗慢慢开过丰凯森林。马其诺防线内的法军从来没有见到过这种场面,面对这支奇怪的德军,感到无所适从,不知该不该发弹射击,等到他们请示汇报、讨论决定之后,隆美尔的部队已轻轻松松地通过了马其诺防线,在法国境内长驱直入,把马其诺防线远远地抛在身后。

随后,他又以闪电般的速度,直抵英吉利海峡沿岸地区,迅速攻占扼控英吉利海峡的战略要地瑟堡,迫使敦刻尔克来不及撤退的三万多法军投降,从而成为纳粹德国最著名的坦克将领。

1941年2月初,希特勒任命隆美尔为北非前线总司令。由于当时英军握有地中海的制空权,德军海运受阻。上级命令他在主力第十五装甲师及后续部队调齐之前,不要轻易进军;但他认为,英军主力全部回埃及休整,这里的换防部队素质和装备较差,毅然决然发动进攻。他把汽车伪装成坦克迅猛进攻,一举攻占英军阵地,打开了进入北非沙漠的大门。他又乘胜追击,把英军赶到利比亚、埃及边境。

丘吉尔大为震惊。他撤了北非集团军司令韦维尔的职务,调来了英军印度总司令奥金莱克对付隆美尔。

英军经过五个月的休整,增强了作战力量,发动了代号为"十字军"的大规模进攻。11月18日傍晚,大雨倾盆,英军以10万兵力及万辆战车,向西推进,企图一举歼灭隆美尔所部。但是,德军在隆美尔的指挥下,早已筑起坚固的地堡,密布的机枪和大炮,把英军打得晕头转向。然后,隆美尔又连续发动冲击,十天之内,把英军的500辆坦克打得只剩下70辆。在得到这场巨大的胜利之后,考虑到自己兵力不足,补充困难,又获悉英军很快得到了补充,隆美尔果敢地决定迅速撤退。

不久,隆美尔得到了一批装备和人员,军团的坦克增加到1000多辆,于是,他又挥师西进。

在阿盖拉,隆美尔把意军四个步兵师部署在英军阵前,虚张声势,把装甲部队集中起来,于1942年5月27日出其不意地击溃了英军两个摩托旅。英军展开反扑,里奇的400

辆坦克被打得只剩下 170 多辆。6 月 20 日拂晓,德军在白托卜鲁克环形防线的东南角发动暴风骤雨式的猛袭,三个小时的饱和轰炸后,德军坦克突破缺口,汹涌奔袭,英军被迫投降,33000 人被俘。隆美尔穷追不舍,英军被迫全线撤退。这时,希特勒欣喜若狂,提升隆美尔为元帅。

由于隆美尔在北非沙漠中灵活善变,使英国人穷于应付,他被人称为"沙漠之狐"。

"挽救德国是我的责任"

1944 年 7 月 17 日,隆美尔到西线视察。在返回司令部的途中,他的坐车遭到盟军飞机的袭击,汽车翻倒在地,他的头盖骨严重骨折,太阳穴和颧骨受伤,头上还有不少炸弹碎片。他被送到巴黎附近的一所医院治疗,旋即返回德国乌尔姆附近他的乡间住宅养伤。

10 月 14 日,隆美尔接待了两名神秘的纳粹来使。几分钟后,他先后向妻子和儿子告别说:

"希特勒指控我犯了叛国罪,鉴于我在非洲的功劳,给我一个服毒的机会。那两个将军带来了毒药,3 秒钟能置人于死命。如果我接受的话,我可以得到国葬待遇。"

说完,隆美尔走出房间,跟着两位将军上了车。车在 3 公里左右的森林旁停下来。1 分钟后,隆美尔已直挺挺地死在座位上。

隆美尔为希特勒立下了赫赫战功,希特勒为什么还要加害于他呢?

原来,1944 年 6 月 6 日,盟军在诺曼底登陆成功,德国的将军们惊慌失措。他们都很清楚,盟军用不了几周,就会从西面到达德国边界。而东方战场的节节败退,早已使纳粹军队溃不成军。为了挽救德国免于彻底毁灭,一些将军早就决定除掉祸根希特勒,以便在较好的条件下同盟国媾和。以陆军元帅维茨勒,前任总参谋长贝克将军为首的军界领袖组成了一个密谋集团,旨在积蓄力量,等待时机,随时准备推翻希特勒统治。

1944 年 2 月底,隆美尔接待了一个十分重要的密谋分子。

来人对他说:"隆美尔将军,现在东方战线上某些高级陆军军官提议逮捕希特勒,强迫他在电台上宣布退位。"

隆美尔点点头,表示同意这种想法。

来人又说:"你是我国最伟大、最得人心的将领,在国外比任何其他将领都受尊敬。你是唯一能够使德国避免发生内战的人。"

隆美尔迟疑一下,最后做出决定,他说:

"我想,出来挽救德国是我的责任。"

后来,密谋集团通过一个协议,计划在推翻希特勒以后,让隆美尔出任国家的临时首脑或武装部队总司令。按照那个协议,德国将与西方盟国停战,德国人从西线撤回本国,逮捕希特勒,由德国人民法庭进行审判。

以陆军元帅维茨勒、前任总参谋长贝克将军为首的密谋集团主要成员。后来,希特勒用最残酷的方法将他们一一处死。

诺曼底登陆后,隆美尔曾多次当面指责希特勒,并希望尽快结束战争。他曾给希特勒写过一封长信,信上写道:"部队正在各地英勇作战,但是这场寡不敌众的战争即将结束,我必须请求您毫不迟延地做出恰当的决定。我作为集团军司令官,感到有责任清楚地说明这一点。"

当天,隆美尔对他的一位将军说:"我已给希特勒最后一次机会,要是他不接受,我们要采取行动。"

可是两天以后,他从前线返回总部的途中遭到盟军飞机的袭击,身受重伤。一切计划不得不向后推延。

"七月阴谋"

反希特勒密谋集团中有一个青年军官,叫施道芬堡。

施道芬堡眼看希特勒要把德国引向最后的失败,于是决定做一点事情来挽救德国。

在柏林,他和他的同伙拟就了一个代号叫"伐尔克里"的谋杀计划。伐尔克里是北欧—日耳曼神话中一些美丽而可怕的少女,据说她们飞翔在古战场上,寻找那些该杀死的人。这一次,他们要杀死的是阿道夫·希特勒。根据这一计划,一旦希特勒被暗杀,便在柏林迅速发动政变。

1944年6月底,施道芬堡被任命为国内驻防线总参谋长。这一职务使他有可能直接地经常见到希特勒。

　　7月20日下午,施道芬堡奉召去向希特勒汇报"人民步兵师"的进展情况。他在装有文件的皮包里放置了一颗英制定时炸弹。只要用钳子打破玻璃管,10分钟之内,炸弹里的金属丝就会被溶化,炸弹就会爆炸。

　　他在一间会客室里匆忙打开公文包,用钳子打破了玻璃管,然后走进会议室。这时,希特勒主持的会议已经开始。施道芬堡在离元首大约两米远的地方坐下来,把公文包放在桌面下面,紧靠在一条结实的橡木脚里边。在一位将军向希特勒汇报前线的战况时,施道芬堡向站在他身旁的勃兰特上校悄悄地说,他要出去打个重要电话,然后就急忙溜出了会议室。

　　勃兰特俯身在桌子上看地图的时候,发现施道芬堡的公文包挡住了他的脚,就弯下腰去把包移到了那条结实的桌子脚的另一边,这样,那块结实而厚重的橡木腿就把希特勒和炸弹隔开了。

　　炸弹准时在12时42分爆炸。

　　施道芬堡站在200米远的制高点,目睹希特勒的会议厅在轰隆一声巨响之后浓烟滚滚,火焰冲天。施道芬堡毫不怀疑,希特勒和他的将军们都已炸死。然而,希特勒并没有被炸死,那厚厚的橡木腿救了他的命。他的头发被烧焦,两腿被烧伤,爆炸的巨响震破了他的耳膜,但他还是活了下来。

　　活着的希特勒把这次针对他的暗杀行动称为"七月阴谋"。

　　希特勒对反叛者的镇压到了令人发指的地步。施道芬堡及其他几个叛乱组织者,一起被排在国防部的一堵墙前面,由行刑队枪毙了。接着,有7000人被捕,他们遭受到毛骨悚然的严刑拷打,然后宣判死刑。刽子手把反叛者用钢琴弦吊在钩子上缓缓地绞死。陆军元帅维茨勒就是这样被绞死的。

　　接着,厄运就降临到德军偶像隆美尔元帅身上了。

　　一个参与密谋的将军,自杀未遂,神志昏迷地躺在手术台上,喃喃地道出了隆美尔的名字。另一名同伙受不了酷刑,也招认了隆美尔曾参与7月20日的阴谋。他引证隆美尔说过的话:

　　"告诉柏林人,他们可以指望我。"

无端厄运,还是在劫难逃?

　　厄运理所当然地降临到了隆美尔头上。

　　希特勒大为震惊,下令处决隆美尔。鉴于隆美尔立下的汗马功劳以及他在社会上的重大影响,希特勒允许他在自杀和被判处叛国罪之间选择。希特勒对手下说:"如果这个赫赫有名的元帅,德国最得人心的将军被捕押上人民法庭的话,这将是非常丢脸的事。如果他选择自杀的话,他死后可以获得具有全副军事荣典的国葬仪式,而且可以保全他的家属。"

于是，隆美尔最后选择自杀，以逃脱希特勒的残忍报复。

但是，1977年，英国著名传记作家大卫·欧文在《狐狸的审判》一书中，对隆美尔是否参加了密谋集团，作了有趣的剖析。

有趣的是，希特勒并没食言，他为隆美尔举行了隆重的国葬。

他认为，隆美尔是个单纯的军人，是一个始终忠实于希特勒的纳粹分子，希特勒对他有知遇之恩，他从来没有而且也不会参与针对希特勒的谋反活动。但由于他功勋显赫，深得民心，理所当然地成了密谋集团争取的对象。

密谋集团曾经同他接触，但他反对谋杀希特勒，也不曾参加密谋集团，认为希特勒还能在政治上为失败找到一条出路。

他的真正悲剧在于：既没有向希特勒及时报告，如果他报告了，不仅同密谋集团划清了界限，而且为希特勒再建新功，必然获得极大的奖赏；同时，也没有同密谋集团合流，如果他真正参与了密谋，以他的智慧、威望和能力，必然有更好的办法结束希特勒的统治，而不必出此下策。

一场突如其来的重伤延误了他的思考和决断。待到谋杀失败，一些反叛者在严刑拷打之中抛出隆美尔来搪塞一阵的时候，隆美尔已经陷入了百口难辩的境地。

他深知希特勒的嗜血和残忍，于是选择了宁静和安详的死亡。

欧文郑重指出，1945年9月，正是希特勒战败身亡，密谋集团昭雪平反、论功行赏的时候，隆美尔夫人曾书面声明，隆美尔并未参与针对希特勒的暗杀密谋。

书成之后，隆美尔的儿子、斯图加特市市长曼弗雷德·隆美尔大加赞赏，说这本书"生动和引人入胜地描绘了我父亲的生与死"。

但是，更多的人认为，希特勒并非等闲之辈，二次世界大战之前，他曾巧施反间计，制造假情报，让苏军统帅轻率处死能征惯战的勇将，为袭击苏联扫清了道路；他决不会仅凭密谋分子的一句空话，就把自己最信任的元帅置于死地，从而削弱自己的力量，使自己更加众叛亲离。

希特勒未经审判，就决定让自己最亲密的部属去死，肯定有充足的证据；隆美尔不加辩解,就接受了希特勒为他安排的后事,肯定有不得不如此的理由。

看来,隆美尔接受的并不是一场无端厄运,而是在劫难逃!

希特勒生死之谜

活着,还是已经死去?

1945年5月9日,苏联红军攻克柏林。

朱可夫元帅立即和克里姆林宫通了电话。斯大林在电话中得知红军没有活捉希特勒,十分懊恼地说:

"那么,这畜生已经逃脱了我们,你们找到尸体了吗?"

中午前后,苏军派出了五支搜索队,进入位于国会大厦东北角的希特勒暗堡进行彻底搜索。

所谓希特勒暗堡,就是元首地下室,它是第三帝国的最高军事大本营,即希特勒用来指挥战争的13个指挥部中的最后一个。

搜索队从一个塞满尸体的旧栎木水柜里拖出一具尸体。这具尸体很像希特勒,后来经过辨认,确认是一个被谋杀的希特勒替身。

搜索队又从总理花园的一个弹坑里挖出两具烧焦的尸体,它们很快被送到一座野战医院去进行法医检验。

6月9日,朱可夫元帅在柏林举行的记者招待会上,提到过"希特勒死去或者失踪"的问题。可是,几天以后,他在拜会艾森豪威尔时私下说:"根本没有事实证明希特勒已经死亡。"

到了8月,有关希特勒还活着的种种传说,几乎每天都出现在世界各地的报刊上。有人看见希特勒做了隐士,隐居在意大利加尔达湖附近的一个山洞里;有人看见他做了牧人,生活在阿尔卑斯山的崇山峻岭之中;有人说他在瑞士圣加伦修道院当了修士;有人说他在法国格勒诺布尔当了茶房头儿;还有人说他在英国阿伦岛上当了渔夫……

那么,究竟希特勒是活着,还是已经死去?那两具被苏军挖出来的烧焦的尸体到底是谁?在灾难逼近的暗堡里,他怎样度过最后的日子?最后,他又去了哪里?

人们期待着确切的回答。

"5月5日"之谜

1945年1月16日,希特勒从西线悄悄地乘火车回到柏林。鉴于盟军对柏林市中心的狂轰滥炸,党卫队将军紧急建议元首撤离总理府,将办公室和住处转入地下室。

比下水道还低 20 米的暗堡地下室,通风设备很差,又阴冷,又潮湿,有的墙壁甚至发潮发霉。希特勒就在这里住了 105 天。这时候,他已是基本上足不出户了。直到最后一星期,为了呼吸一下新鲜空气,他才在夜色的掩护下走出暗堡,带着他的爱犬到总理府花园散散步,以偷得暂时的清闲。

1945 年 4 月 26 日,戈培尔带着他的夫人和六个孩子也搬进了暗堡。这意味着他们的末日即将来临。因为这时,苏军已攻到柏林郊区,柏林三面被围。

希特勒在 4 月 22 日中午召开军事例会前,就将政府地区(包括总理府和暗堡)交给近卫军的最后一名军官孟克少将指挥。希特勒对他说:

"孟克将军,你是职业军人,获得过一个德国军人在战场上所能获得的最高奖赏(骑士十字勋章)。现在我的生命掌握在你手中,我们从 1933 年以来就相识,我现在以军人对军人的身份最后一次要求你来指挥这座城堡。"

希特勒停顿了一下,以一种少有的坦率语气说:

"我曾希望能够在柏林至少活到 5 月 5 日,这是有直接原因的。"

孟克感到奇怪,好像到了那一天,元首将会永生似的。

但希特勒没有做出任何解释。他接着说:

"无论在什么情况下,我都不能被活捉。当你感到军事形势已发展到使你无法再坚持 20 小时以上的时候,你必须亲自向我报告,我将承担一切后果。这是我的个人请求,也是一项命令。"

4 月 30 日,躲在地下室的希特勒从收音机里听到了外界的最后一道消息:意大利独裁者,希特勒的侵略伙伴墨索里尼完蛋了,他的情妇克拉拉·贝塔西也和他同归于尽了。4 月 26 日,墨索里尼打算从意大利北部逃往瑞士时,被意大利游击队捉住,两天后被打死。他们的尸体被装上卡车,运到米兰,抛在广场上。第二天,又被吊在路灯杆子上,被仇恨满腔的意大利人民尽情辱骂。

当天晚上,希特勒在书房里召见了孟克将军。同往常一样,孟克开始简要的形势分析。希特勒默默地听了 5 分钟,当他知道苏军已打到威廉大街的阿德隆饭店,距暗堡只有四条街的时候,沉默了良久,没有提出任何问题。

孟克为了打破这一极为沉闷的局面,说道:

"元首,我忠于对你的誓言,我以一个军人的身份告诉你,我的部队已精疲力尽,我无法保证他们能够再坚持一天以上的时间了。我预计明天即 5 月 1 日的拂晓,苏军坦克将发动大规模的进攻。"

希特勒黯然。他回答说:"我知道你的部队打得很漂亮,我无可指责……我衷心地希望他们能坚持到 5 月 5 日,过了那一天,我也死而无憾了。"

孟克依然觉得难以解释。

希特勒显然察觉了他的困惑,便惨然一笑,自己解开了这个谜,他说:

"孟克将军,5 月 5 日是所有军人应当怀念和传诵的纪念日。1821 年 5 月 5 日,拿破仑死于圣赫勒拿岛,他的伟大事业同我的一样,是在幻灭、背叛和绝望中结束的。"

婚礼和葬礼

4月29日,希特勒做出了他一生中的最后一个决定:他要在黎明时与他的情妇爱娃·勃劳恩正式结婚。

结婚仪式在地下室的一间小会议室里举行。在简短的仪式之后,元首的私室里摆下了阴森森的结婚早餐。

这位新郎恶习不改,在餐桌旁仍是滔滔不绝地说个不停。他回顾了他戏剧性的一生中的各个高潮时期。最后说:"现在全完了,国家社会主义也完了。死,对于我倒是一种解脱,因为我相交最久的朋友和支持者都出卖了我。"

说到这里,他和在座的客人眼睛里都噙着痛苦的泪水。

他扶了扶身旁的新娘,又接着说:"我一直认为婚姻会阻碍我把全部精力献给我们的党以获得政权,影响领导我们的国家称霸世界。现在这一切都不存在了,我的生命也要结束了,我决定与我有过多年真诚友谊并自愿在柏林已遭围困之时来到这里与我同生共死的女人结婚。她自愿作为我的妻子同我一道死去。这就弥补了由于我服务于人民、投身于工作而给我们两人所带来的损失。"

希特勒终于为他必然的死亡安排了一个美丽的殉葬品。

4月30日上午10点10分,苏军在连续猛烈炮击90分钟后,开始向德国国会大厦发起最后的进攻。

希特勒向他的一名军官助手口授了最后一份命令:

"柏林地区卫戍司令官、炮兵司令威德林将军,在帝国首都既缺少弹药又缺乏给养的情况下,我允许我们的部队作突围尝试……"

下午2时30分,元首的司机、总理府车库的主管接到命令,要他立即用汽油罐送50加仑汽油到总理府花园去。就在这时,希特勒和他的新娘爱娃开始向核心集团做最后诀别。参加告别的有:格林、戈培尔、鲍曼、哈斯教授、两个女秘书以及布格道夫和克雷斯将军。

正式告别仪式只进行了几分钟。在一阵令人窒息的沉默之后,格林终于得到元首的示意,打开希特勒私人房间的门。希特勒和爱娃穿过人群,关上房门。在此之前,他已告诉格林,在外面等10分钟,如果听不到声音就进去。

希特勒把瓦瑟手枪对准太阳穴,随后咬破剧毒胶囊,同时紧扣扳机。他的躯体颓然倒下,血从他的右太阳穴不断地渗出来。爱娃一听到枪声,也立即咬破了剧毒胶囊。

10分钟过后,格林等人开门进去,他们找来了三名青年军官,将希特勒和爱娃的尸体抬到地下室上面的花园里。

希特勒生前遗言,在他死后,为他举行"维金式"的葬礼。维金人是北欧海盗的同义语,死亡之后立即火化。

在炮火暂停的时候,他们把尸体放进预先挖好的坑里,浇上汽油,点着了火。尸体开始燃烧,大股黑烟升腾起来。但是,由于尸体下面不通风,加上大部分汽油很快渗进土里,所以,两具尸体没有完全烧毁。午夜过后,三名士兵将两具烧焦的尸骨放到半块帐篷上,拖进附近的第二个坑里。此坑比第一个坑深近两米,是依弹坑挖的。三名士兵随即用土和碎石瓦砾掩埋了墓穴。

希特勒生前曾几次希望他死后能将遗体安葬在慕尼黑柯尼斯广场上的纪念堂里,供人瞻仰;在柏林暗堡里自杀并且埋葬在总理府花园,却是他所始料不及的。

5月1日夜间,德国汉堡电台广播说,希特勒当天中午在他的指挥部里死去。但盟军方面最初不相信这一说法,怀疑这是希特勒为了脱身故意施放的烟幕弹。

次日早晨,苏军的突击部队进了总理府。两天以后,苏军一支搜索队奉命搜寻希特勒。一名叫丘拉科夫的战士发现了"元首避弹室"出口处左边有一个弹坑,弹坑里的土是松软的。他看到了一条灰色被子的被角露在外面。他立即叫来同伴,把两具烧得蜷曲了的尸体挖了出来。

两具尸体被运到柏林北部的第496外科野战医院里,由白俄罗斯著名的法医和病理解剖专家什加拉夫斯基亲自对尸体进行解剖。他在鉴定书上写道:

在一只长163cm、宽55cm、高53cm的木箱里运来了一具烧焦了的男尸……在被火烧过后极度变形的尸体上未发现严重的致命伤或疾病的明显特征……嘴里发现几小块薄壁细颈玻璃管的碎片……因氯化钾中毒而死。此外,经过解剖,主要的发现是镶有大量假齿桥、假牙齿、牙套和填齿料的上下颌,这能作为这具尸体是希特勒本人的物证。

为了辨认这些物证,苏军派戈尔布申上校携带翻译,驱车去执行新的任务——寻找希特勒的牙病材料。

他们费尽周折,后来在地下室里的一个小仓库中找到了一只牙科椅,一张沙发和小桌子,最后终于找到了希特勒的牙齿的X光片,以及来不及装上的金牙套。戈尔布申带着重要的发现离开了地下室。

经鉴定:男尸就是阿道夫·希特勒。

尽管希特勒本人的物证得到了确认,但斯大林依然持怀疑态度。他坚持认为希特勒已逃脱,不是在西班牙,就是在阿根廷的某地。

1945年8月间,苏联《消息报》刊登了一条消息,说希特勒和他的情人爱娃还活着,居住在威斯特伐亚一座有深壕围绕的城堡里。而威斯特伐亚则位于德国的英占区内。这条消息使英占区军政府感到十分惊讶和恼怒,于1945年9月向白宫求援。白宫派出牛津大学一位年轻的学监罗庇尔来调查此事。他十分巧妙地把一切可能找到的希特勒暗堡生活的目击者,从他们隐蔽的地方找出来,并把他们的回忆和叙述综合起来,写成世界上第一份基本准确的关于希特勒末日情况的报告。接着,罗庇尔于1945年11月召开了记者招待会,在会上散发了一份载有大量证实材料的新闻公报。

至此，人们终于相信希特勒确实是死了。

另据中新网报道，希特勒的尸体曾被多次掩埋和挖出。第一次是1945年4月30日，希特勒和他的新婚妻子爱娃，以及他的两条狗，一起被埋在帝国总理府花园内。苏军士兵丘拉科夫5月4日在一个弹坑内发现了它，身份确定后，又于同日掩埋。5月5日，苏军又将尸体挖出，送往布赫镇的一个诊所里进行医学检查后，5月8日，在前苏军反谍部门的监视下葬于费诺夫镇。但是，尸体残骸于5月17日被再次挖出，从莫斯科赶来的米什克将军对其进行了重新检查。米什克将军亲自将重检报告和据称是希特勒和爱娃的下巴骨带回了莫斯科。

1970年3月13日，克格勃负责人安德罗波夫向当时的苏共总书记勃列日涅夫送去一份要件。这份请示文件称："第三集团军克格勃特别部门1946年2月在我们驻马格德堡军营内埋葬了希特勒、爱娃、戈培尔、戈培尔妻子和孩子的尸体。由于……需要，上述营地将转移给德国当局。由于考虑到工程建设或者其他土方开挖工程可能会使埋葬地被发现，我建议挖出这些尸体以进行火化。克格勃特别部门的工作人员将按程序在完全秘密的情况下执行这一任务。"

文件于3月16日得到了苏联最高领导层的批准。克格勃特别部门的工作人员于1970年4月5日早上挖出了希特勒、爱娃等人的尸体残骸。他们将这些骸骨放入盒内，并于当天早上完成了对尸体残骸的"物理摧毁"，骨灰被撒入比德里兹河。

这就是我们所能知道的希特勒的最终的结局。

美国在日本投放原子弹意图何在？

原子弹的横空出世无异于上帝毁灭之手的突然降下。1945年美国在日本的广岛和长崎投放的两枚原子弹就是见证。

如此具有杀伤力的武器，美国为何要选择在日本投放？

传统的观点认为：其最终目的只是为了缩短第二次世界大战，避免美军伤亡，同时对苏联炫耀一下原子弹的威力。而且，在投放原子弹后的第二天，杜鲁门就发表声明，要日本接受提出的条件，早日投降，否则的话，日本只会自取灭亡。

但是有些日本学者对上述的看法提出了质疑。1986年3月，金子郭朗在日本《文艺春秋》特别号上发表《美国选择广岛投掷原子弹的原因》一文。

文章说，日本驻华盛顿的7名记者通过查阅美国国会公文文书馆、当时美国政府的有关机密文件和有关人员的日记、著作后发表观点：避免100万美军阵亡的说法是不可信的。当时美军绝密文件《日本登陆作战纲要》记载，美军准备在日本进行两场登陆作战，一是九州，二是关东平原，在拟制这份纲要时，美总参谋部曾征询过西南太平洋军司令部的意见，得到的答复是九州登陆作战的头30天将死亡5万多人，而麦克阿瑟坚持认为事实上不会有那么多伤亡。总之,不论从哪个文件也找不到死亡 100 万人的推算数字。所以,他们认为,宣称避免 100 万美军阵亡完全是一种夸张,是为了使投掷原子弹的行为合理化。

究其最终目的,美国为什么在日本投掷原子弹呢?记者们根据所查阅的资料证明,在原子弹研究初期,美国就已确定对日本使用原子弹,并把它当作一种"巨大的实验"。美国还曾计划把这种未有充分把握的原子弹用来轰炸集合在特鲁克群岛的日本舰队,以避免万一原子弹不爆炸后泄露机密。随着原子弹试验成功,他们坚持要用原子弹进行攻击,目标选择在人口集中,没有遭到普通轰炸的城市,以便科学家同行观测原子弹的功能,检测其威力。这是原因之一。

另有一个原因是,美国迫于议会强大的压力而最终决定使用原子弹,因为美国研制这两颗原子弹耗资巨大,花了 20 亿美元。

原子弹的余威还未消失殆尽,中子弹的研制已大功告成。被称为生物武器的中子弹又将被美国何时投向何方呢?当年原子弹的投放原因至今仍说不清、道不明,以后投放别的炮弹还需要理由吗?

列宁下令枪杀了尼古拉二世吗?

作为皇帝,沙皇尼古拉二世可谓是"生不逢时",他成了俄国的末代沙皇,而且最后还惨遭枪杀,那么到底是谁下令枪杀了沙皇尼古拉二世呢?

革命胜利后,尼古拉二世及其全家被新成立的彼得格勒苏维埃和俄临时政府下令幽闭在彼得格勒郊外的皇村宫中。8 月,临时政府将其全家弄到很远的额尔齐斯河畔的托博尔斯克。沙皇一家一直呆到十月革命胜利。1918 年 4 月,苏维埃政权派全权代表到托博尔斯克,接受任务,随后沙皇一家又被转移到乌拉尔山脉东侧的叶卡捷琳堡。他们 4 月 26 日出发,30 日才到达叶卡捷琳堡,尼古拉二世的儿子阿列克塞因生病的缘故直到 5 月 20 日才去叶卡捷琳堡。

1918 年 5 月,苏维埃政权正准备把捷克军团遣返回去,谁知途中捷克军团与自卫分子勾结发动叛乱,

从伏尔加河流域以西西伯利亚的大片土地被占领。叶卡捷琳堡也被围攻,在押的末代沙皇,几乎要被劫走。一切都处于紧急时刻。为防止不良后果的产生,7 月 16 日深夜,尼古拉二世被乌拉尔州肃反委员会委员雅·米·尤罗夫斯基率领的行刑人员处决了。同末代沙皇一起死亡的共 11 人,这 11 具尸体被尤罗夫斯基连夜弄到郊外的树林中焚毁。7 月 25 日,叶卡捷琳堡被叛军如期攻陷。

这种未经法庭审判就枪杀沙皇全家的所作所为遭到许多人的非议,何况他的儿子和仆人也被枪杀,殃及无辜,让人不得不产生疑问,谁会将沙皇全家枪杀呢?

许多苏联的书，包括权威性极高的大百科全书均有记载：白军已攻围了叶卡捷琳堡，危在旦夕，为使尼古拉二世不被劫走，只有将他们就地正法，乌拉尔州的苏维埃政权于是就下命令枪杀了沙皇及其全家。

可是也有人对此表示出巨大的疑问。乌拉尔州苏维埃真有枪杀俄国皇帝尼古拉二世的权力吗？这可是关系重大的事情。瑞士人皮埃尔·日里亚尔从1906年开始就担任俄国宫廷的法语教师，从尼古拉二世被关押就一直呆在沙皇左右，到皇子阿列克塞离开托博尔斯克为止。在叶卡捷琳堡攻陷后，他也非常关注沙皇安危，主动参加自卫当局的调查工作。1921年日里亚尔写了《尼古拉二世及其一家的悲惨命运》。他的观点是，全俄中央执行委员会主席斯维尔德洛夫亲自下达枪杀沙皇一家的命令是乌拉尔地方苏维埃做出的。由于日里亚尔是内幕的参与者，因此其说法颇有说服力。

后来，更有人指出，尼古拉二世地位和身份非同一般。下令处决他命令的不是斯维尔德洛夫，而是列宁。此观点在西方国家极为流行。1991年3月，美国哈佛大学理查德派斯普教授在莫斯科举行的"列宁与20世纪"的国际学术讨论会上就宣称，列宁下令枪杀了尼古拉二世。

西方国家是否出于攻击列宁的目的而提出这种说法呢？这一点只有他们自己最清楚了。而末代沙皇的死，仍是一个未解之谜。

尼古拉二世一家的遗骨

希特勒选用卐作党徽有何用意？

希特勒采用了红地、白心、黑卐字来作为纳粹党的党旗，作为法西斯主义的象征，这是出于什么用意呢？

他在《我的奋斗》中这样解释说："任何党都应该有一面党旗，用它来象征庄严和伟大……黑、白、红 3 色的旧帝国的国旗……不适合作为我党的象征,因为所代表的德国,可能在以后会受尽耻辱,要被马克思主义所击败,而我党却是要消灭马克思主义的。所以我们不应该沿用旧的德国国旗……但是,在我的理想中,我们的党旗也应保存旧国旗中的黑、白、红三色。我做了很多试验,终于决定我党的党旗最后的形式是红地之中的一个白圆,圆中再画上一个黑色的卐字……"不久,它也成了维持秩序的军队的臂带的图案。

从以上这些话,可以清楚地看到他既把卐当作反马克思主义的标志,又把它当作争取纳粹主义胜利的斗争使命的象征。但为何选用卐字来作为纳粹主义的象征,希特勒并没有明确解释其原因。西方学者对此做过许多推测。有的认为,当希特勒在维也纳流浪时,看到反犹政党的党徽是用卐字来做标志的;也有的认为,德国的反犹的一些右翼组织是用卐字作标志的。其实,当希特勒还很小的时候,就对卐字有着深刻的印象了。美国学者罗伯特·佩恩在其所著的《希特勒传》中对此有过一段描述。

希特勒全家于 1897 年迁到林茨和萨尔斯堡之间的兰巴赫镇居住。那里有许多古老的教堂,其中有一座建于 11 世纪的东正派大修道院,希特勒进了这所修道院的学校,立刻被这里的一切迷住了。在修道院的过道上、天井上、修道士的座位上及院长外套的袖子上他都能见到一个卐字标志。希特勒就在附近的拐角处居住,他每天都能透过他住房的窗口看见卐字。

卐字是一个带钩的十字。修道院院长西奥利多赫·冯·汉根视它为自己名字的双关语。希特勒非常崇拜院长显赫的权势,所以将卐看成是院长的象征。他后来回忆说:"我屡次因教堂里的庄严、豪华的庆典欣喜若狂。我崇拜修道院院长,把他看成是我最渴望、最崇高的理想,这就像我的父亲把乡下的神父看作是他的理想一样,我认为这是很自然的。"

罗伯特·佩恩认为,冯·汉根院长的标志图很可能就成为日后希特勒的卐字的原型。

但这种种猜测都是人们在研究希特勒这一特殊的历史人物时所做的假想,究竟希特勒采用卐作为纳粹党标志有何用意,里边是否藏有什么奥秘,目前还无人得知。

斯大林之子在纳粹集中营中死亡之谜

令苏联人万分意外的是,1941 年 6 月 22 日,20 个月以前还在与他们共享瓜分波兰的喜悦的昔日朋友希特勒,会在这一天下令向苏联全线发动战争突袭。在几乎没有准备的情况下,苏联全线溃败,主要的工业、农业区相继被德军占领。

更富戏剧性的事发生在战争开始 20 多天的时候。在苏联第 14 坦克师被击溃后,斯大林之子中尉军官雅科夫·朱加什维利成了德军的俘虏。

但苏联毕竟不是法国,有着广阔的土地、雄厚的工业基础和英勇的军队。随着德国多线作战,苏联逐步掌握了战争主动权,在斯大林格勒战役中的德军将领保卢斯失利被迫向苏军投降。希特勒传信给斯大林,希望苏方释放保卢斯将军,作为交换条件,德国方面愿意释放已关押了半年多的斯大林的儿子雅科夫·朱加什维利。苏军统帅斯大林没有因此动摇,他让中立国的红十字会转告希特勒:"我不喜欢用一名将军交换一名士兵。"这就是战争期间的价值观,由此苏联人民更加敬佩斯大林,为他毫不自私、一心为苏联人民着想深深感动。但这对于雅科夫无疑是当头一棒。

果然雅科夫得到这条消息后极其失望,他在饥饿的俘虏中间目睹了濒临死亡的人们那种绝望的神情,斯大林所说的"没有战俘只有叛徒"的话也使他无脸回到故土去。当听说斯大林不愿"用一名将军交换一名士兵"的消息后,雅科夫在精神上遭受重创。但是雅科夫却不知道,斯大林没有一刻不在为营救他而努力,他特别下令,责成有关方面进行过两次营救行动,但都以失败告终。

雅科夫被关押的集中营里还有许多英国军官。但是英俄两国的军人们关系并不是很好。他们互相指责对方与德军看守的关系,互相鄙视。雅科夫看到同盟军之间也是经常恶语相向,情绪低落到了极点。而这时,已到1943年4月。有一天,一名看守将有关苏军在苏联境内的卡廷森林屠杀成千上万的波兰军民的报道拿给雅科夫看,雅科夫脑中关于正义与非正义的观念彻底崩溃,这次,他更加失望了。

终于他在同一名英国人发狠打了一架后,突然飞奔而去,这位炮兵中尉疯狂地向电网奔去。当时,哨兵朝扑向电网的雅科夫开了枪。但有些历史学家认为,当时雅科夫已经在电网上自杀了,因为最高统帅的儿子落于敌人之手的羞愧、永远也无法获救的绝望、斯大林屠杀波兰军民这一切让他被钉在了耻辱柱上,他成了众人的敌人。在这种情况下,他别无他途,只有自杀。但这一点值得商榷,因为雅科夫在集中营已经呆了两年,而且在斯大林屠杀波兰军民的前后,曾和他的几位波兰难友两次策划过越狱。这一切又表明雅科夫直到死前从未放弃过生的努力。由于雅科夫死前没有什么遗言留下,他是自杀还是他杀可能将永远成为一个谜。

纳粹刀下的犹太民族

人们都知道,希特勒是一个极端的种族主义者和反犹主义者。希特勒把犹太人看作是世界的敌人,一切邪恶事物的根源,人类生活秩序的破坏者。第二次世界大战中,希特勒的这些观点成了后来屠杀数百万犹太人,企图灭绝犹太人的理论依据。

被神诅咒的民族

犹太民族是古代西亚闪米特人的一支。公元前18世纪中叶,犹太人在其族长亚伯拉罕的带领下迁徙至今巴勒斯坦地区,被称为希伯来人,意为"游牧的人"。后来,为躲避自然灾害,犹太人不得不迁徙到了埃及尼罗河三角洲东部,直到公元前13世纪末期,他们才得以返回故乡。公元前 722 年和公元前 586 年,被分裂为以色列王国和犹太王国的犹太民族,分别被亚述人和巴比伦人所灭。在其后数百年中,波斯人、希腊人、罗马人先后征服了巴勒斯坦这块土地。公元 135 年,自从反抗罗马人的起义被镇压后,犹太人开始流散到世界各地。从此,居无定所的犹太人走进了苦难的沼泽。一切仿佛都应证了 2500 年前,先知耶利米的预言:"他们要在天下万国中抛来抛去,遭遇灾祸,在我赶逐他们到的各处,成为凌辱、笑谈、讥讽、诅咒。"在将近 2000 年的流散生活中,犹太人不断遭受来自居住国的各种歧视和迫害,反犹、排犹的活动到 20 世纪三四十年代更是发展到极致。第二次世界大战期间,大约有 600 万犹太人死于纳粹德国的屠刀之下。历史告诉我们,犹太人没有政府,没有军队,没有领事,没有保护,生命、财产一点都没有保障,被人随便打骂逼迫。犹太人为什么会承受着这样的遭遇? 难道,这个颠沛流离的民族真的被天上的神明诅咒了?

纳粹屠犹

20 世纪 20 年代末 30 年代初,世界性经济危机爆发了,德国因此受到了严重的打击,其工业生产倒退到了上世纪末的水平。深刻的经济危机不仅激化了国内的阶级矛盾,而且刺激了垄断资产阶级对外扩张的野心。在国力衰落的情况下,希特勒争霸世界的主张,得到了德国垄断资产阶级的拥护和支持。然而,面对犹太这样一个高素质而又富有的民族,希特勒及其党徒们,既感到仇恨,又觉得胆怯。在他们的心中,犹太人这个特殊的社会群体,是他们实现"第三帝国"美梦的严重威胁。于是,在认识到实施建立一个德意志帝国计划需要巨额资金提供财力保证的情况下,德国纳粹便把举着屠刀的双手伸向了富有的犹太人。

在希特勒当选为德国总理后,便开始了疯狂迫害犹太人的行动。最初,纳粹德国限制了犹太人在经济、政治、社会生活等诸多方面的权利,禁止犹太人当公务员、法官、律师、医生等,不许犹太人进入公共娱乐场所;不到犹太人商店购买商品,使德籍犹太人的社会地位降为"次等公民"。

1938 年 11 月 9 日,由希特勒领导的纳粹集团精心策划了"水晶之夜"的反犹惨案。法西斯分子们走上街头,肆意挥舞着棍棒,对犹太人的住宅、商店、教堂进行疯狂的打、砸、抢、烧,公然迫害和凌辱犹太人。不久纳粹德国又召开会议,策划着剥夺犹太人作为人应有的尊严和权利。

透过历史,法西斯对犹太人所采取的一系列惨绝人寰的暴行让人们产生了种种疑问:为什么纳粹只屠杀犹太人,而对有碍于其目的实现的其他民族反而"网开一面"呢? 时至今日,这仍是个未解之谜。

血洗冲锋队之谜

1936年6月30日凌晨,法西斯"混世魔王"希特勒进行了一场针对罗姆冲锋队的清洗行动。两天之内,包括参谋长罗姆在内的数百人惨遭杀戮,随后希特勒宣布解散冲锋队。是什么原因,使杀人不眨眼的希特勒将屠刀伸向了为他立下汗马功劳的冲锋队呢?

我行我素的冲锋队

在希特勒纳粹党的历史上,纳粹党的党派武装——冲锋队,占有重要的一页。冲锋队是希特勒于1921年创建,成员穿黄色卡其布军装,右袖戴万字袖标。1923年,希特勒纠集了冲锋队中一批能冲能打的民族主义分子,利用《凡尔赛条约》后德国的矛盾,发动了"啤酒馆政变",企图通过暴力手段影响德国社会。虽然政变失败,但这支名为"冲锋队"的组织却给希特勒和纳粹党挣足了资本。

1930年底,纳粹的势力已急剧膨胀,到1933年初,希特勒已掌握了德国的大权,与罗姆为首的冲锋队一起残暴地扩展纳粹恐怖统治。可以说,冲锋队为希特勒及纳粹政权立下了汗马功劳。

凭借希特勒的鼓吹能力和冲锋队参谋长罗姆的组织能力,短短数年间,冲锋队急速扩张,很快成为一个拥有450万人的巨大团体,约是德国陆军的20倍。正因为如此,他们横行霸道,目中无人,到处惹是生非,这使得德国正统的将军们深感不安。

1933年2月,希特勒登上总理宝座,狂妄的罗姆提出要以冲锋队为基础,扫除德国大企业家、金融家、贵族,同时将陆军、冲锋队、党卫队置于他的统一领导下,开展所谓的"第二次革命"。而希特勒却认为,冲锋队应该是一支政治力量而不是军事力量,现在的他仍需要企业家和陆军将军们的支持。为此,希特勒不仅没有听罗姆的意见,反而准备将冲锋队裁减2/3,并解除武装。

消息一传出,罗姆和冲锋队高级头目十分愤怒,普通冲锋队员则产生一股失望、被抛弃的情绪。于是,我行我素的罗姆,从国外购进了大批武器,并用重机枪装备了一支规模庞大的特别警卫队,一时间,有关冲锋队将要发动政变的消息四处传开。

6月初,希特勒和罗姆进行了摊牌,双方最终不欢而散,希特勒多疑的性格加上希姆莱和戈林卖力的"工作",使希特勒相信罗姆确实要发动政变。

6月29日夜,罗姆的死敌戈林、希姆莱分别从柏林和慕尼黑给希特勒发来两份急电,称罗姆正和冲锋队高级头目们在特格恩西湖畔维西小城的汉斯尔包尔旅馆密谋,准备发动政变,占领政府各部。这使希特勒找到了借口,他要血洗冲锋队!

慕尼黑大清洗

1933 年 6 月 30 日凌晨,希特勒带着包括戈培尔在内的随从和警卫人员,开始了慕尼黑的大清洗,200 多名中高级冲锋队领导人应召去巴特维西集结,但是在慕尼黑火车站和飞机场被一一截获,投进了施塔德尔海姆监狱。一批又一批的"罗姆叛逆分子"被希姆莱的党卫队和戈林的特别警察所组成的行刑队枪决。

在这次清洗中到底有多少人被杀,至今仍无法确认,希特勒在 7 月 13 日国会发言时宣布枪决了 61 人,另有 13 人因"拒捕"而被杀,3 人"自杀"。而在德国流亡组织出版的《清洗白皮书》中则宣称有 401 人被杀,但只列出了 116 人的姓名。1957 年,在慕尼黑审判中,有关材料提出的数字是"1000 多人"。

慕尼黑大清洗的背后到底会有什么不为人知的隐情,迫使希特勒对从前的功臣痛下杀手呢?

在纳粹的发家史上,冲锋队作为纳粹的政治资本和实力后盾,为希特勒摇旗呐喊,对希特勒上台起了不可或缺的作用。但是,纳粹一旦上台,冲锋队的使命就告结束。保障国家安全有国防军,维持社会治安有各种警察,实在没必要保留一种既非军队又非警察的武装力量。所以,不论通过何种途径,冲锋队都必须退出历史舞台。

1930 年,深受希特勒偏爱的党卫队从冲锋队独立出来,尽管只有几万队员,但仍成为冲锋队的强大对手。随着罗姆取代国防军的企图日渐暴露,军官团便不能容忍了。所以,希特勒权衡再三,为了实现自己的元首梦,最后决定以冲锋队阴谋"二次革命"为借口,除掉惹是生非的冲锋队。

最终,曾经靠着希特勒我行我素的冲锋队,成了最委屈的牺牲品。

敦刻尔克大撤退

1940 年 5 月 24 日,德军直扑布列塔尼半岛,将近 40 万英、法、比部队,逼退到敦刻尔克。此时,德军装甲部队已经进至可以望见敦刻尔克的地方,摆好阵势准备投入最后的厮杀。除非出现奇迹,否则包围圈内的盟军将全军覆没。然而,奇迹真的发生了。

死里逃生

1939 年 9 月 1 日凌晨,德国军队对波兰发动了进攻,第二次世界大战爆发。9 月 3 日,英国和法国被迫对德国宣战。1940 年 5 月 10 日清晨,德军 136 个师在 3000 多辆坦克引导下,绕过马其诺防线以 A、B 两个集团军群进攻比利时、荷兰、法国、卢森堡等国。德军的主攻方向选在左翼的 A 集团军群,其强大的装甲部队在曾被视为是坦克无法通过的阿登山区发动进攻,这让向比利时进军迎战德军右翼 B 集团军群的英法联军大失所望。仅仅十多天的时间,德国装甲部队就横贯法国大陆,直插英吉利海峡岸边。此时,西面的英吉利海峡成为联军绝处逢生的唯一希望。

5 月 23 日,德国军队从西、南、东三个方向,向被包围的敦刻尔克步步紧逼,然而,令德军坦克部队的将领们大惑不解的是,就在德军离这个港口仅约 12 千米,并准备向英法联军发起最后的进攻的时候,却接到了希特勒亲自下达的命令:就地停止前进,撤回先头部队,只准许执行侦察和警戒任务的部队继续前进。直到 48 小时之后,希特勒才下达了重新恢复前进的命令,而这正是几十万英法联军绝好的逃生机会。5 月 26 日 18 时 57 分,拉姆齐下令实施"发电机计划",从而拉开了敦刻尔克大撤退的序幕。

撤退从 5 月 26 日开始进行,至 6 月 4 日结束,共历时 9 天。此次撤军共有 338226 人从敦刻尔克撤到英国,其中英军约 21.5 万人,法军约 9 万人,比利时军约 3.3 万人。英国、法国、比利时和荷兰同时动用各种舰船 861 艘,短短 9 天时间,这支前所未有的"敦刻尔克舰队"把近 34 万大军从死亡陷阱中拯救出来。就这样,希特勒的一个奇怪的命令,为盟军日后的反攻保存了大量的有生力量,创造了二战史上的一个奇迹。

奇怪的命令

敦刻尔克唾手可得,却被命令停止前进,而德军空军却并没有停止进攻。希特勒为什么要下达这样一个奇怪的命令?

实际上,希特勒的这一命令是有他的考虑,而且不能完全归结为他一人的责任。

西线作战开始后,德军进攻速度快到不仅打乱了英法联军作战指挥的时间表,同时也打乱了德国人自己的作战指挥的时间表。德国人自己都没有想到会有如此快的进攻:A 集团军群 7 个装甲师像一把钢刀一样,一下就推向了布列塔尼半岛,直扑英吉利海峡,将法国境内的英法联军割裂开来。时局的变化,使希特勒开始担心:如果部队大纵深推进后,其后勤补给却没有跟上,那么,部队的两翼很可能会遭到法国境内的英法联军的南北夹击,而一旦遭到夹击,德军将腹背受敌。为保存装甲部队实力以备下一步作战计划,希特勒命令陆军停止前进,而指令戈林的空军,向包围圈内的英法联军实施强大的航空火力突袭。

戈林的空军部队整天在敦刻尔克的海滩上空,用大批轰炸机不断地骚扰正在撤退的英法联军。可惜的是,德国空军并没有发挥其全部的力量,为此,一些德国将领认为,希特勒如同制止地面部队一样制止了德国空军。所以除了军事目的之外,一定还有什么原因导致希特勒发出停止前进的命令。

对于英法联军来说,这次大撤退是一次败而不败的会战。希特勒的一个奇怪的命令让 30 多万人在绝境中撤回了英伦三岛,进而为后来的盟军大反攻准备了有生力量。

希特勒为什么违反军事常识,在最为关键的时刻,下达这样一个停止前进的命令呢?

他没有对自己的命令做过多的解释。于是,战后人们一直在猜想答案,或许这就是这个问题的迷人之处吧。

第三颗原子弹

为迫使日本投降,美国分别向广岛和长崎投下了一颗原子弹。然而事后有人却提出了三颗原子弹的说法。半个世纪以来,美、苏两个大国,都竭力回避这个问题,但人们一直试图弄明白事情的真相。美国向长崎投下的原子弹,到底是一颗,还是两颗?

逃过一劫的小仓

随着时光的流逝,美国原子弹研究的秘密逐步被世人所了解,其中最有权威性的材料,莫过于美国原子弹研制和生产的组织者、美国退役陆军中将格罗夫斯的回忆录。

1945 年 7 月 24 日,格罗夫斯在给马歇尔的报告中,提出了当时对日本进行原子弹轰炸的 4 个目标:广岛、长崎、小仓和新泻。月底,确定了其中的 3 个目标。格罗夫斯在他的回忆录中明确写道:"广岛是第一目标,小仓是第二目标,长崎是第三目标。"那么说,美国在一开始就准备了三颗原子弹。据说,美国空军 509 飞行大队甚至还准备了 7 架飞机,打算用于投掷这三颗原子弹。

一些史料记载,美国在第一颗原子弹轰炸广岛之后,又积极地进行了轰炸另外两个目标的准备工作。格罗夫斯在其工作安排中写道:"在洛斯阿拉莫斯'胖子'(美国内爆式原子弹的代号)所用的钚最后处置完毕后,就用 C—54 型专机运到提尼安,另外两个'胖子'所需要的一些其他重要零件,则由两架 B—29 型飞机运送。"由此可以肯定,美国在对小仓和长崎的轰炸之前,运到提尼安空军基地的是两颗原子弹。

被原子弹轰炸后的广岛一片废墟

8 月 9 日凌晨,两架 B—29 轰炸机和两架侦察机从美国提尼安空军基地起飞,直奔轰炸目标,当它们到达小仓上空时,突然变化的天气,让他们根本看不到目标,驾驶员用了45分钟时间在小仓上空来回飞了3次,最终决定放弃轰炸小仓而飞向第二目标长崎。此时的长崎上空同样云雾重重,但飞机是不可能带着核弹返回的,在机长临时决定采用雷达轰炸,并做好了投弹准备的时候,空中的云雾突然散开一个清朗的大洞,透过这个大洞,轰炸员看到了山谷中的一条跑道,就果断地把两颗核弹投了下去,其中一颗爆炸,一颗未爆……

对于这次轰炸,美国方面一直保持沉默,没有做过任何说明和解释。

留给苏联的原子弹

由于在长崎爆炸的这颗原子弹偏离目标约2000米,所以较之广岛,长崎的被害程度极轻,而那颗未爆炸的原子弹,并没有受到损害。接到报告后,日军大本营立即派人将这颗没有爆炸的原子弹严密看管起来。

据说当时日军大本营立刻召开紧急会议,会上认为日本目前已为战败国,并没有机会制造原子弹,而要想挽救日本只有一条出路,就是将原子弹交给苏联。战局的紧张,使日军大本营立即派代表约见了苏联情报人员。有传言说,日本将原子弹交给苏联时,苏联曾对日本作出了某些承诺,至于承诺的内容,至今仍是个谜。

就这样,苏联人不费吹灰之力便从日本人手里得到了这颗没有爆炸的原子弹的实物。也正是从那时起,苏联人便在西伯利亚的叶尼塞河畔地下200多米的深处,构筑起巨大的地下核工业城,由3万多人日夜开动着3个巨大的核反应堆,大踏步地奔上了与美国为敌手的核竞赛舞台。

1949年8月29日4时,苏联成功地试爆了一颗原子弹,其代号为"首次闪电",能量比此前美国人爆炸的任何一颗都大。听到这一消息,美国总统杜鲁门被惊呆了,因为自从1938年底,德国科学家哈恩和斯特拉曼用中子轰击铀,发生了裂变之后,美国、英国、法国和逃到美国的德国科学家们,在经过了7年的艰苦努力下,才造出了第一颗原子弹。为此美国动用了50万人,花费了23亿美元,这样巨大的开支对于刚刚在战争中恢复过来的苏联,显然是难以承受的。

虽然苏联科学家的聪明才智是不容否认的,但使苏联的核弹试验成功节约大量时间和资金的原因,是否应该归于从日本那里得到的一颗原子弹呢?

维纳斯的残缺美

现藏于法国卢浮宫的雕塑《断臂的维纳斯》闻名天下,成为残缺美的代名词。这尊雕塑为何有如此魅力,断臂之后还如此令人神往。是谁创作了这样一尊雕塑,又是什么原因使她失去双臂？一个古代艺术品就是一个谜,留给后人永远说不完的话题,是后人取之不尽的艺术源泉。

爱神维纳斯

被称为《断臂的维纳斯》的古希腊雕塑其名称其实不准确,因为维纳斯是古罗马神话中的女神,其对应于希腊神话中的阿佛洛狄忒。所以此雕像更准确的名字叫做《米洛斯的阿佛洛狄忒》。

阿佛洛狄忒是希腊神话中爱与美的女神,同时又是执掌生育与航海的女神,在各族神话中都有她的身影,但是身份略有差别。她生于海中,以美丽著称,是宙斯和大洋女神狄俄涅的女儿。又说她从浪花中出生,故称阿佛洛狄忒(出水之意)。她嫁给了锻冶之神赫准斯托斯为妻。

在希腊神话中,阿佛洛狄忒是个浪漫的女神。她虽然嫁给了锻冶之神,却多次与其他神有染。她与战神阿瑞斯私通,生下5个子女;她还与赫尔墨斯生子;与英雄安喀塞斯生下埃涅阿斯。她甚至追逐人间的美男子阿多尼斯,结果阿多尼斯因拒绝她,而被箭猪咬死。

在希腊人的眼中,阿佛洛狄忒就是性感和美的代名词。而且希腊神话中强调的是人神同性,就是神也具人性,所以人们将阿佛洛狄忒的形象都塑造成了当时女子的形象。大约公元前4世纪时,希腊著名的雕刻家普拉克西德雷斯在神话的基础上加以想象和创造,用大理石雕成了一尊阿佛洛狄忒的塑像,高2.04米,这就是今天的《断臂的维纳斯》。这尊雕像高贵端庄,其丰满的胸脯、浑圆的双肩、柔韧的腰肢,呈现出一种成熟的女性美;人体的结构和动态富于变化却又含蓄微妙,体现了充实的人的内在生命力和精神智慧。

重见天日

普拉克西德雷斯在创作完这尊雕像后,此雕像便下落不明。两千多年之后,它才得以重见天日。

1820年在爱琴海米洛斯岛上,一名叫尤尔赫斯的农民在一个山洞里发现有个半裸美女的雕像。尤尔赫斯当时并不知道其是维纳斯雕像,便把它搬到家里。后来,这尊雕像被两名来该岛考查的法国海员看见,他们来到伊斯坦布尔后,对法国大使馆讲到此事。法国驻土耳其大使立刻派人前去收买。

但是此时尤尔赫斯已把雕像廉价卖给了当地的一位神甫,神甫又打算把它献给君士坦丁总督。当法国人赶到时,神甫拒绝将此雕像转让,双方于是引发冲突。后经米洛当局裁决,米洛当局以8000银币将雕像卖给了法国人。现在该雕像收藏在法国卢浮宫。

法国舰长杜蒙·居维尔在回忆录讲到此事时也有近似情节,但是引起冲突的不是神甫,而是一位希腊商人。这可能是在上百年的流传中,引起的差异吧。

谁动了美神的手臂?

此雕像在法国展出后,引起了各界的轰动,研究者们对其进行研究,并对其作者及年代都有争议。

刚开始将此雕塑作者定位为普拉克西德雷斯,是因为这座石像的脸部雕饰很像公元前4世纪古希腊著名雕塑家普拉克西德雷斯作品的风格。因此,很多人断言她的创作者就是普拉克西德雷斯。另外有一些人认为依据此作品的风格和成就判定,它应该是公元前5世纪古希腊雕塑大师菲底亚斯的作品。后来又有人认为这是一件公元前1世纪希腊化时期的作品。还有一种看法认为这只是一件复制品,是仿制公元前4世纪某件原作的复制品,等等,不一而足。

更让人关心的问题是,她的手臂是怎么掉的。

在法国船长的回忆录中,此雕像是在争夺中将手臂打破的,但是现场考察表明,留在当地的石屑与此雕像并非同一种石材。研究者们在洞中也没有发现相近石质的残片。有一种看法认为,此雕塑在创作时,就被雕塑家自己将手臂去掉了。

一些考古学家、艺术家曾经尝试着为女神像修复手臂。那她原来的手臂形状与姿态是什么样子的呢?对此问题,人们又各持己见。德国考古学家福尔托温古拉根据一本据说是当时回忆录的书认为:原雕像中,女神的左手向前伸,小臂搁在一根柱子上,并且她的手掌里握有一个金苹果,右手下垂按住已坠落在下腹部的衣裙。除此之外,另外一种较为流行的意见是:她左手前伸,握着一面盾牌,右手腾空略向下垂,但是并不按住衣服。许多人甚至还按照自己的猜想去补塑"美神"的一双断臂。

残缺才完美

无论维纳斯的手臂是怎么弄断的,现在的维纳斯雕像依然显得完美。而当安上手臂以后,总是令人感到不怎么自然协调,没有断臂时那么美了。所以,现在人们喜爱的还是这个断了臂的女神。"断臂"给这座雕塑笼罩上了一层神秘色彩,也更增添了她的残缺美。

20世纪末有一个发现宣称,发现了维纳斯雕像的原来的手臂。无论是断口,还是年代都颇合适,然而此手臂仍然与其不甚相合。到底是我们已经习惯了断臂的维纳斯的形象呢,还是断了臂的维纳斯才是最完美的构图呢,这又是一个说不完的话题了。

卡夫卡自己编造的谜

卡夫卡可以说是现代文学史上一个奇妙的人物，你能在他身上读到诸如自我折磨、自我谴责、恐惧、甜蜜和怨毒、刻薄、牺牲和逃避等迷离的性格。这位英年早逝的天才，他的爱情、他的人生组成他的一切的一切，就如同他的名著《城堡》一样，永远也绕不出来。

短暂的一生

弗兰茨·卡夫卡，20 世纪德语小说家，1883 年生于捷克首都布拉格一个犹太商人家庭，他是家中长子，有三个妹妹。卡夫卡自幼爱好文学、戏剧，18 岁进入布拉格大学，初习化学、文学，后来转向法律，获博士学位，毕业后在保险公司谋生，业余发表小说。卡夫卡一生三次订婚，又三次退婚，最后还是终生未娶，1924 年死于肺痨。

1904 年，卡夫卡开始发表小说，其早期风格偏向表现主义。1912 年他写作短篇小说《判决》，开始建立自己独特的风格。卡夫卡生前共出版七本小说的单行本和集子，死后友人替他整理遗稿，又出版了三部长篇小说，以及他的书信、日记等，并替他立传。

卡夫卡式爱情

卡夫卡一生中曾经三次订婚，然后又三次退婚，最终还是终生未娶。卡夫卡一生主要与三位女性有过较为亲密的交往，她们是菲莉斯、密伦娜和朵拉。

在他死后出版的两部书信集《致菲莉斯情书》和《致密伦娜情书》中，才让后人略略了解了一点关于他的爱情。他与"志同道合者"密伦娜的爱情甚至被卡夫卡终生密友勃罗德视为人类历史上最伟大的爱情之一，被卡夫卡研究者们称作"情感的巨澜"和"灵魂的绝唱"。

菲莉斯与卡夫卡有过 5 年的恋爱史，他们两次订婚又两次解除婚约。菲莉斯细心地保存了卡夫卡写给她的 500 多封信。然而，菲莉斯却并不了解卡夫卡，她一直将卡夫卡看作是一个平常人，或者至少希望他是一个平常人。她无法理解卡夫卡生活的意义。

密伦娜本身是作家、翻译家，她能够理解作为作家的卡夫卡。也正因为她了解，她才知道卡夫卡不是用来生活的。因此，她离开了卡夫卡。也因为这一点，卡夫卡给她写的那些情书，更充满了知己的意味，才被人当成爱情的典范。实际上，不过是远离了尘嚣的暂时慰藉。

在卡夫卡生命的最后日子里，他遇到了朵拉。朵拉是可以理解卡夫卡的人，只是上天没有给他们足够的时间。两年之后，卡夫卡死于肺结核。至此，卡夫卡式的爱情在现实与理想之间转了一个圈，然后无声无息地湮灭了。

卡夫卡的遗嘱

卡夫卡生前曾经两次留下遗嘱，要求他的至交好友勃罗德在他死后销毁他的文字。

不过这两份遗嘱都不是正式的遗嘱。第一份遗嘱是一张没有注明日期的纸条，上面有蓝墨水写的字迹，要求勃罗德将其生平所有文字"一点不剩地全部予以焚毁"；第二份遗嘱同样没有注明日期，且用铅笔写成。在这份遗嘱里，卡夫卡表示，除了少数已发表的作品可予保留之外，其余全部销毁。

卡夫卡为什么要立这样两份遗嘱，还使用如此不正式的格式，而且这两份遗嘱又跟许多不相干的文件一道胡乱堆砌在公司办公室的写字台上？有研究者认为，卡夫卡非常了解自己所选定的遗嘱执行人，知道他不会执行自己的决定！那他为什么还要立下这样两份遗嘱呢？对此的解释是，卡夫卡想告诉世人，他的作品是不成熟的。这种解释或许符合卡夫卡的行为方式吧。

卡夫卡是个谜

卡夫卡活在孤独之中，所以他才没法相信外面。他只好自己和自己玩着游戏，这似乎是解释卡夫卡的一种途径。因为有证据表明，卡夫卡有意让自己成为一个不可破解的谜、一个无法被"抓住"的人。

据当事人回忆，卡夫卡曾经与几位友人一道谈论德国诗人海涅。一位友人认为海涅这个人虽然是个天才，却从里到外都是欺骗！卡夫卡听到这番评价之后，认为这一评价别有见地，他说："至少从一个方面是我对作家看法绝好的并仍是十分神秘的概括……"

从这一点说，卡夫卡胜利了，他现在的确成为一个不可解的谜了。

有人认为卡夫卡是恐惧的化身；又有人认为卡夫卡是孤独的象征；还有人认为卡夫卡是欲望的变形。卡夫卡曾经说过："吃生命之果的欲望就是罪，罪意味着死，并因而意味着恐惧。"他的生活、他的感情、他的创作，也总在恐惧和欲望之间摇摆。由于卡夫卡过于深刻地体会了"恐惧—欲望"的辩证关系，这使得他的人生也如此崎岖。

为了理解卡夫卡，研究者们付出了艰辛的劳动，甚至形成了一门"卡夫卡学"。但是，这也许是徒劳的，因为卡夫卡把自己编造成一个不可解的谜，还编造得如此成功。

布哈林"认罪"出于何因？

1937年，因基洛夫被暗杀而开始的肃反运动在苏联又一次掀起了狂潮，次年3月，对布哈林的审判在莫斯科举行，审判长宣读控告结论，认定"被告"参加了反革命的"右派——托洛茨基联盟"并且是这一组织主要领导人之一，接着问布哈林："你是否承认自己有罪?"布哈林回答:"是的,我承认。"这一出人意料的回答几十年来成了人们心中的一个谜:一个被列宁誉为"全党所喜欢的人物"为革命执着坚强,但为什么要在生命的最后一刻自我栽赃呢?

布哈林简况

尼古拉·布哈林,1888 年生于莫斯科一个教师家庭。1906 年他 18 岁时,就在莫斯科大学参加了俄国社会民主工党,后被沙皇政府逮捕流放。同年,他逃出俄国并在波兰遇见列宁,从此成为列宁的战友。1917 年 2 月革命后,布哈林回到了沸腾的俄国。他拥护列宁的《四月提纲》,并在党的六大上当选为中央委员。在准备武装起义的日子里,他出任莫斯科军事革命委员会委员,起草该委员会的各项法令、公报和新闻,直接参加了十月革命的领导工作。苏维埃政权建立后,布哈林长期担任《真理报》主编,成为联共(布)党内著名的理论家。共产国际成立后,他还担任了国际执行委员会主席团委员的职务,为苏联革命和世界革命做出了卓越的贡献。

坦率与执着

长期革命实践的锻炼形成了布哈林个性的两个显著方面。一是坦率,他在承认自己的错误时从来没有虚伪的自尊心;二是执着,只要认准的道理,他会义无反顾地勇于追求、阐述、声辩而容不得他人玷污。1918 年 1 月,布哈林和以他为首的"左派共产主义者"曾猛烈攻击列宁关于缔结对德和约的主张。当党中央通过签订布列斯特和约的决定之后,布哈林甚至发表声明,辞去党内和苏维埃政府的一切职务并保留自己在党内外进行鼓动的充分自由。而在事实证明列宁革命策略的正确性以后,布哈林便多次在公开场合检讨自己在其"政治生活的最主要阶段中"所犯的"极大的政治错误"。

"认错"声明

1927 年,联共(布)党战胜了托洛茨基和季诺维也夫"联合反对派"。以后,斯大林在对待工农联盟问题上也开始急切地向"左"转。1928 年,当粮食收购危机来临之际,斯大林决定采取"非常措施":大规模组织和派遣武装征购队,采取高压手段,侵犯中农利益,破坏粮食市场。同时,在工业化问题上,斯大林提出了"贡税"理论,即要农民以工农业产品价格剪刀差的形式,为工业化缴纳"额外税"。布哈林意识到斯大林这种做法违背了列宁新经济政策的理论和实践,提出了自己市场经济平衡的理论,尖锐地抨击斯大林"贡税论"是托洛茨基"社会主义原始积累论"的翻版,其实质是对农民实行军事封建剥削。由于布哈林的据理力争,他被作为"右倾投降集团"分子受到批判。1929 年 11 月,联共(布)中央决定取消他的政治局委员资格(先前他在共产国际内的任职和《真理报》主编的职务也已被撤销）。随后,布哈林发表"认错"声明,时间只在十几天之后。

从 1933 年下半年开始,苏联政治生活出现了某种宽松的局面,布哈林和斯大林也已握手言和。1934 年 1 月举行的联共(布)十七大上,布哈林被选为苏共党中央候补委员。2 月,他被任命为《消息报》主编。1935 年他参加宪法起草委员会,成为《斯大林宪法》的主要起草人之一。1936 年 11 月 7 日,布哈林还"荣幸地"应斯大林邀请登上观礼台庆贺十月革命节。

叛国者和杀人犯

虚惊一场的欣慰持续短暂。1937 年 1 月,由于基洛夫案的被告在供词中"肯定"了该谋杀案同布哈林"有罪的"联系,报纸很快把布哈林描绘成罪恶滔天的叛国者和杀人犯,他的《消息报》主编的职务也随之被撤销。尽管布哈林在克里姆林宫以绝食表示抗议,但 2 月的中央全会仍决定开除他的党籍。不久他被作为叛国、暗害、间谍、颠覆活动的专犯而遭逮捕。

假说和推测

关于布哈林"认罪"的事实由于同他的个性相去甚远而又无法搞清真实原委,人们只能就此做些假说和推测。国内有人认为:第一、是布哈林想到他这样做可以为那群被称为"布哈林学派"的年轻人,即他的学生和竭诚拥护他的思想的人们,争取一个稍为缓和的处境。第二、一些现代研究者依据布哈林当年的言行分析认为,他完全是自觉地力图不直接和审判员冲突而击中审判在法律上面的要害——全部证据建立在被告交代的基础上——从而指出这是一场违法审判,而被告人的"交代"也是违心的。第三、据目前大量披露出来的 20 世纪 30 年代肃反扩大化内幕材料证明:1936 年至 1938 年审判案中的大多数被告都被实施过各种"加工"——极残酷的严刑拷打和麻醉药、心理战并举的方法,使这些人的毅力被摧残,使他们觉得应该把自己说成是不可救药的、卑鄙无耻的家伙。第四、"有人证明,布哈林是在侦察员威胁他要把他的妻子和刚出生的儿子消灭后才开始'交代'的"。第五、有人甚至作了更为大胆的推测:在法庭上作为"被告人"的不是布哈林和其他人,而是内务人民委员部的暗探,因为"这些人用机械的语言作交代,没有本人所特有的语调和风度"。

1938 年 3 月,苏联最高法院军事审判庭判处布哈林死刑。那时,他正好 50 岁。

沉冤昭雪

1961 年布哈林的遗孀安娜·拉林以及他们的独生子尤尼·拉林向苏共中央申诉,要求为布哈林平反。据说,赫鲁晓夫当政时曾考虑给布哈林恢复名誉。终因外国党告诫这一问题同斯大林问题纠缠在一起,事关重大而未能如愿。戈尔巴乔夫上任后,苏共中央成立了"重新研究30至40年代和50年代初期迫害材料委员会"。他在庆祝十月革命70周年的大会报告中正式肯定了布哈林的历史地位。1988年2月,苏联最高法院宣布取消对布哈林等20人所做的判决。认为"对这一案件的事先调查粗暴地破坏了社会主义法制",因而是不能成立的。这样,延续了六十多年之久的沉冤终于得到昭雪。

"锁不住的奇人"霍迪尼

19世纪末20世纪初,美国出现了一位著名的"逃脱术"大师,他那神奇的逃脱术表演使人们纷纷臆测:他是不是一个具有超自然力量的人?难道他真有特异功能吗?

"自学成材"的魔术师

人们在欣赏魔术表演时,总能看到这么一个节目:观众被请上台,检查一只大木箱和一个大口袋。在确定其中没有什么玄机后,表演者就钻进口袋,让人扎好以后再放入木箱,最后由观众亲手用钉子将木箱钉死。随着一声枪响,人们惊奇地发现,表演者不知运用什么方式,刹那间居然逃脱了这些束缚,走出了箱子。这就是"逃脱术"表演。

作为一名魔术师,一般的逃脱术表演是难不倒他的。实际上,任何魔术表演都"暗藏玄机",只不过观众不明底细罢了。然而在19世纪末20世纪初,风传美国出现了一位"奇人",他的"逃脱术"远远超出魔术表演的范围,这就是海里·霍迪尼。据说,他曾在华盛顿的联邦监狱进行实地表演,结果令人目瞪口呆。人们给他戴上货真价实的手铐脚镣,然后将他关入真正的牢笼。但仅仅在27分钟后,他居然自己逃出来了!这次表演之后,霍迪尼名声大噪,以至于当时的美国报纸称他为"锁不住的奇人"。包括英国著名侦探小说家柯南道尔在内的许多人,都由此认为他是一个"具有超自然力量的人"。

"奇人"霍迪尼像

霍迪尼真有特异功能吗?带着这些问题,人们对其身世展开了详细的调查。

霍迪尼原名埃里奇,1873年出生于匈牙利,周岁时跟全家移居美国,并加入了美国国籍。16 岁时,他读了法国一位著名魔术大师的自传,就开始梦想自己有一天也能成为著名的魔术大师。为此,他还将自己的名字改为霍迪尼。到了 17 岁,霍迪尼白天在工厂做工,晚上则跑到剧场为魔术师当助手。4 年后他来到纽约,开始独立表演逃脱术。从这段普通的个人经历来看,霍迪尼身上没有任何神秘色彩。他至多不过是一个"自学成材"的魔术师而已,先在剧场帮忙打杂跑龙套,然后依靠个人的聪明勤奋,自立门户,糊口谋生。

"霍迪尼神话"

据说霍迪尼在纽约并未获得事业成功,失望之余只得转往伦敦,闯荡江湖,谋求发展。他找到伦敦最大一家剧院的经理,希望能签订演出合同。可是经理根本看不上这个无名艺人,就想尽办法刁难。他声称,只要霍迪尼的逃脱术达到能从伦敦警察的手铐中逃出的水平,就让他在剧院里表演。显然,这种巧妙的拒绝方式多少包含这位经理对"逃脱术"之类的把戏不屑一顾。然而"神话"就从这里开始。据说,为了证明自己高超的逃脱技能,霍迪尼果真来到伦敦警察厅,说服警长用手铐将他锁在一根柱子上。当时已经快吃中午饭了,警长就对他说:"我去吃午饭,等会儿回来放你。"但是当警长转过身刚走两步,就听见霍迪尼在后面叫:"等等,我和你一块儿去。"警长一回头,只见他已经"脱身"走了过来。这件事传开以后英格兰所有报纸都将它作为奇闻报道,从此霍迪尼大名无人不晓。

"把我关在'凯里特'里怎么样?"

后来,还有更加神奇的故事。与之相比,"从伦敦警察的手铐中逃出"简直是小巫见大巫。据说 1903 年 5 月,霍迪尼为了给演出做宣传,来到莫斯科拜访当地的秘密警察头子莱伯托夫,并请求他将自己关进监狱严加防范。当莱伯托夫知道他就是赫赫有名的逃脱术大师霍迪尼时,婉言拒绝了他的请求。不死心的霍迪尼再次提议说:"把我关在'凯里特'里怎么样?"莱伯托夫闻言哈哈大笑起来。因为"凯里特"是一种专门用来押送最危险的要犯前往西伯利亚的特制囚笼,它只有 1.3 米见方,除了在笼顶有一个 20 平方厘米的密布钢条的小透气口外,其余地方都是密不透风的钢板。钢制的门上有一种特殊的装置,上锁时钥匙会带上里面的另一只锁,锁上后就不能打开,而唯一一把能开笼门的钥匙则放在 3200 公里以外的西伯利亚监狱长那里。可见关在设计如此周密的牢笼里,任谁也插翅难飞。但既然霍迪尼提出要试一试,莱伯托夫就回答说:"好吧,我接受你的挑战,但是那样你得在被运到西伯利亚后才能出来。"霍迪尼坚持说:"我一定会出来的。"

警察们先对霍迪尼全身上下进行彻底搜查,使之不可能借助任何工具。然后他们给他戴上特制的手铐和脚镣,并将他塞进小小的囚笼。上锁之后,他们还把囚笼推到狱内的高墙边,以便于仔细观察霍迪尼的"逃脱"经过。莱伯托夫及其手下目不转睛地盯着囚笼,结果20分钟以后,只见霍迪尼满头大汗地从囚笼后面走了出来。见到这一情景,在场的所有人都大吃一惊,几名警察连忙上前去检查囚笼:只见通气口上的钢条毫无损坏,门上的钢板也完整如故,只有手铐和脚镣堆放在笼内。

霍迪尼的逃脱术究竟是怎么回事?那一次次神话般的"逃脱"到底是真是假?现代科学明确地告诉人们:世界上绝对没有超自然的"神奇力量"。如果是魔术师邀请警察、警方"客串演出",以求"轰动效应",倒也无须"揭底"。但问题是,霍迪尼似乎在竭力塑造自己的"超人"形象,他本人生前从未讲过其中的奥妙。当时的各种媒体也多推波助澜,鲜有"好事者"披露"内幕"。

事实上,现在人们将霍迪尼作为一个成功的魔术师来看待。为了纪念他,国外常把魔术表演中的逃脱术称为"霍迪尼",许多魔术师也会到埋葬他的海洛文墓地凭吊。也许那时他们会问:你是一个勤学有成的魔术大师,但你为什么要将自己扮成一个"超人"?

行刺列宁的凶手究竟是谁?

1986年8月版的《苏联百科词典》第804页载:"1918年8月30日,列宁在莫斯科的一家工厂进行讲演,遭到社会革命党恐怖分子女刺客的暗算,身负重伤,但很快就重返了工作岗位。"

但是1993年3月俄罗斯的《共青团青年报》第三版上一篇署名文章题为《是谁向列宁开的枪?》,对长期以来的史实提出了质疑据该文章称,俄罗斯最高检察院已决定重新调查列宁于1918年被刺一案是否属实,即当时有没有人向列宁开枪?是不是卡普兰女刺客向列宁开的枪?

列宁被刺后的四个疑点

据《共青团青年报》载,俄罗斯安全部官员向《共青团真理报》记者透露说,俄国司法机关所以怀疑列宁被刺有假,有以下四点根据:

一是卡普兰不一定是暗杀列宁的女刺客。据调查人员从卡普兰的原籍基辅调来的案犯档案看,卡普兰曾于1906年参加暗杀乌克兰的一位省长,被判处终身苦役。基辅距莫斯科比较遥远,而且她被监督劳役于大墙里面,怎么会有条件前来莫斯科刺杀列宁呢?另据推测,实际刺客比卡普兰高。

二是刺杀列宁的档案残缺不全。从案卷上看不清此案是否已结案,卷宗里没有法庭的物证技术鉴定。全卷宗共124页,其中缺少5页,谁也不知道这5页涉及哪些要害问题。作为刺杀革命领袖案的刑事档案,如此草率不正规,实在使人难以理解。

三是既然涉及社会革命党的要害问题,那又为什么卡普兰就仓促被处决了呢?唯一能做证人的卡普兰是被克里姆林宫卫队队长马尔科夫处决的。从暗杀列宁的刑事案卷中,却看不出卡普兰是死是活,因为没有法庭的判决书,也没有苏联内务部人民委员会和"契卡"(苏联肃反委员会)的决定。那么,卫队长马尔科夫是遵从谁的命令处决卡普兰的呢?

四是刺客刺杀列宁的作案工具——手枪和子弹现在何处?据查现在摆放在列宁博物馆里的所谓卡普兰使用的勃朗宁手枪与两发子弹,不是刺客当时使用的手枪和子弹。据当时的社会革命党人的暗杀队队长谢苗诺夫在审讯中供认,刺客的子弹上有含剧毒成分的药品,如果用这样的子弹打中人或动物,是不可能活下来的。而列宁被枪击身负重伤后,不久痊愈,重返工作岗位,这就证明不是社会革命党暗杀集团使用的手枪。如果不是社会革命党的手枪和子弹,那又是谁暗杀的列宁呢?是社会革命党人干的。还是列宁贴身的党内人干的呢?因此,1918 年 8 月 30 日晚行刺列宁的案件至今仍然是个没有解开的谜。

墨索里尼被处决之谜

墨索里尼是意大利法西斯头子,罪恶昭彰,最终没有逃脱正义的惩罚。是谁"降妖捉怪"? 又是谁用正义的子弹宣告这个罪恶生命的终结?

妻子在家里也要称他"领袖"

本尼托·墨索里尼1883 年 7 月 29 日出生于意大利的罗马尼阿。少年的他只是一个顽劣的小男孩,与常人无异;30 岁时他是一个摇唇鼓舌的报纸编辑,言辞雄辩、语多泼辣;40 岁时他坐镇米兰,指挥法西斯党徒"进军罗马",一举夺得首相之职。他执政时期践踏民主、奉行独裁,却被法西斯舆论捧上天,号称"超过华盛顿、林肯、拿破仑"。他作风粗暴、为人粗野,妻子在家里也要称他"领袖",孙子孙女则要叫他"领袖爷爷"。然而就在离他 60 大寿还有几天的一个晚上,墨索里尼突然被捕,他在意大利二十多年的法西斯统治顷刻告覆。1945 年春末的一天,当人们最后见到墨索里尼时,他已经是一具死尸,倒悬于米兰广场,任万人唾骂。米兰曾经是意大利法西斯的老巢,这里的人们深受其害。对墨索里尼切齿痛恨。据说要不是有关方面防护,一些狂怒的米兰人甚至会将独裁者的尸体撕成碎片。

墨索里尼固然死有余辜,但或许他不该是这种死法。他也可能像其他战犯那样,先上审判台,后上绞刑架,而不是被匆匆处决、曝尸街头。国际方面合理的要求,意大利游击队员激烈的情绪,使得处决墨索里尼也有"内幕"和争夺。

二战中第一个战败的法西斯国家

早在 1943 年,墨索里尼失败的命运就已经注定。年初,英美盟军在意大利南部西西里岛登陆;不久,盟军又在意大利半岛中部发起著名的"拉齐奥战役",给意大利法西斯军队以沉重打击。与此同时,意大利反法西斯抵抗组织展开如火如荼的游击战,墨索里尼统治摇摇欲坠。意大利国王伊曼纽尔三世 1922 年曾经把墨索里尼从米兰召到罗马,让其组建内阁,不得不考虑自己和王室的出路。7 月 25 日晚上,国王宣布逮捕墨索里尼,并将他关押起来。墨索里尼众叛亲离,没有一个法西斯党徒出来保护他。9 月,意大利宣布对盟军投降,成为第二次世界大战中第一个战败的法西斯国家。

但是,苟延残喘的希特勒没有忘记他"落难"的兄弟。他不惜派出德国伞兵部队,成功偷袭关押墨索里尼的城堡,奇迹般地将墨索里尼营救出来。在德国军队扶植下,墨索里尼一度重新建立意大利法西斯政府,并维持了一年多时间。1945 年 4 月,驻意大利德军溃败,墨索里尼如丧家之犬,携其重要追随者从萨诺驻地仓皇出逃。他们原打算逃到中立国瑞士躲起来,但在 27 日傍晚,他的车队在科莫湖畔被番号为"第 52 加里波第旅"的意大利游击队截住。虽然墨索里尼当时已经化装,但游击队员还是立即认出了他。他们迅速把消息向上级汇报,并连夜把墨索里尼等人带到湖边一个叫梅采格拉的小地方。墨索里尼被关进农户德·马里亚家三楼卧室,由两名年轻的游击队员严加看守。

同盟国方面也很快获悉抓获墨索里尼的消息,他们坚决要求将墨索里尼押送米兰,移交审判战犯的军事法庭。而意大利游击队领导层内部却产生意见分歧。有人主张按照同盟国要求办,使墨索里尼接受国际正义力量的审判;有人主张应该由意大利人民自己亲手处决独裁者,正如一位游击队领导人后来说的那样:

"抵抗运动不能放弃这个最后的决定性行动(处决墨索里尼),将他移交给同盟国军队及法庭。"

7 声枪响

28 日凌晨 3 点,他们答复同盟国方面:"抵抗运动组织的一个人民法庭已审判了墨索里尼,并打算在不久前德国法西斯枪决 15 名意大利爱国者的同一地方,将他处决。"这拒绝了同盟国的要求。但是后来,他们又"答应"了同盟国的要求,表示将派人去梅采格拉,把墨索里尼押解到米兰。

但事实上,1945 年 4 月 28 日上午,意大利独裁者本尼托·墨索里尼被游击队在梅采格拉就地枪决。次日,尸体运到米兰,悬于广场示众。这究竟是怎么回事?

当地妇农多丽娜·马左拉是事件的目击者。时隔五十多年后,她已是七十多岁的老人,但仍能清楚地回忆当年看到、听到的一切。当时,多丽娜·马左拉躲在自家院子里的废料堆后面，她先是听见从邻居德·马里亚的屋里传来的 7 声枪响，后来又看见两个男子挽着一个人的臂膀，拖着他慢慢地沿街走来。当这几个人从多丽娜附近走过去的时候，她发现中间的那个人已经死了。此后关于墨索里尼尸体的解剖报告也提到，其颈部和上身共有 7 处枪伤。可见多丽娜看见的那个被处决者，就是墨索里尼。

究竟谁是行刑者

一般认为，执行枪决墨索里尼任务的是化名为"瓦雷里奥上校"的意大利民族解放委员联络官、游击队员瓦尔特·奥迪西奥。但有人认为，实际上奥迪西奥是意大利民族解放委员会派来押解墨索里尼前往米兰的。同时被派来的还有加里波第旅副旅长兰普雷迪。在距离梅采格拉尚有 60 里的科莫，奥迪西奥曾经跟当地的游击队员发生了争吵，似乎由于意见分歧。据说他因此耽搁了 6 个小时，在 28 日中午才到达羁押墨索里尼的地方，而兰普雷迪则先他到达。当他见到墨索里尼时，大概墨索里尼已经被处决。因为据多丽娜回忆，墨索里尼在上午就被处决。这样，奥迪西奥也许只是负责将墨索里尼的尸体于 4 月 29 日送到米兰的落雷托广场。

奥迪西奥似乎没有参与处死墨索里尼的行动，这还可以从其他方面得到证明。首先他本人对事件经过的陈述与事实相矛盾。他将德·马里亚一家的房屋描述成是"紧靠着山的小农舍"，而那实际上是一座三层楼的楼房。其次，奥迪西奥的表妹弗兰西斯卡似乎也能证明他并不是行刑者。弗兰西斯卡时任米兰市加里波第旅总部的女秘书，1945 年 4 月 29 日，她奉命打印一份有关处决墨索里尼经过的正式报告。她回忆说，表哥似乎并不确切地了解事件经过，因为他在陈述过程中一再向加里波第旅副旅长兰雷迪询问一些细节问题。当他陈述完毕后，副旅长亲切地拍着他的肩膀说："好了，你同意了？从此以后你就要扮演英雄的角色了！"最后，副旅长还叮嘱他说："这是将要永远载入史册的说法，明白吗？"弗兰西斯卡心里明白，由于某种需要，正式报告中有许多地方与事实有出入。

由此看来，可能是兰普雷迪直接下令处决墨索里尼。他先是巧妙地摆脱了奥迪西奥，将事情处理完毕。后来又说服奥迪西奥接受既定事实，并承担"责任"。因为奥迪西奥当时是整个意大利抵抗运动作战部队的联络官，在某种意义上他能够代表整个抵抗运动。将他推出来作为"执行人"，说明游击队并非擅自行事，这样同盟国方面也无话可说了。当然，报告里提及的行刑时间，被从上午"延迟"到下午。

珍珠港偷袭之谜

1941 年 12 月 7 日，日本对美国海军太平洋舰队基地珍珠港，进行先发制人的偷袭，使美国蒙受了前所未有的损失和羞辱。

日本人为什么要偷袭珍珠港？美国人知不知道日本人要偷袭珍珠港？既然知道了日本人要偷袭珍珠港，为什么不严加防范，以避免损失？长期以来，学术界对此议论纷纷，发表了许多有趣的意见。

战火焚烧中的珍珠港

噩梦来临的早晨

1941 年 12 月 7 日是个星期天，珍珠港天清气和，风平浪静。对于长期在战舰上生活的美国海军官兵来说，这正是一个寻欢作乐的好日子。大约 7 点 40 分，远处传来马达的轰鸣声，成群结队的轰炸机和鱼雷机突然出现在天空，黑压压的一片，好似满天蝗虫一般。由 183 架日军飞机组成的袭击编队，扑向沉寂中的珍珠港。

美军战列舰"内华达号"的后甲板上，整整齐齐地排列着军乐队。7 点 55 分，随着轰炸机掠过头顶，滚滚浓烟在爆炸声中升上天空。指挥官和乐队看到了这个场面竟然无动于衷，他们都以为这是一场特别的军事演习。8 点钟，军乐队准时奏起了美国国歌，舰旗在乐曲中徐徐升起。

空军基地指挥官克拉克正在进早餐。他看到低空直转弯进港的飞机暴跳如雷：

"这些糊涂的家伙，他们应该懂得，严格的规定是禁止直转弯的。"

他的儿子也在喊叫：

"爸爸，看呀！飞机的翅膀上还有红圈圈。"

克拉克这才注意到机翼上的日本国徽，大惊失色，立即跳进汽车，驶向指挥部。尖锐的汽车喇叭声，成为珍珠港的第一声警报。

转眼之间，飞机轰鸣声，炸弹的爆炸声，将这往日宁静安谧的港口抛进了弥漫的硝烟之中。机场上排列得整整齐齐的美军飞机，被炸得横七竖八，支离破碎；海面上，一艘艘巨大的战舰东倒西歪，狼狈不堪。在 1 小时 50 分钟的袭击中，美军太平洋舰队乱作一团，以至呼救电报全用普通明码拍发，制造这场灾难的日军指挥官听到这一切，捧腹大笑。

9点45分，日机将携带的炸弹、鱼雷倾泻一空，带着胜利者的喜悦，呼啸而去。

历史上把这次偷袭称为"珍珠港事件"。

在这次袭击中，美军共损失40余艘舰船，450架飞机，陆海军及普通市民3784人伤亡；而日本方面仅损失26架飞机和55名飞行员。令人费解的是，袭击战开始前，日军计划攻击的第一目标，一直停泊在港内的3艘航空母舰，恰巧外出执行任务，逃过了这场灾难。

正在欢度星期日的美国公民突然从收音机中，听到了这个令人震惊的消息。随着电台一遍又一遍地重复着这个头号新闻，目瞪口呆的美国人由惊愕转为狂怒。华盛顿市民蜂拥至日本驻美国大使馆门前，激愤的人群用啤酒瓶装满汽油制成燃烧弹，发誓要烧毁大使馆，杀死里边所有的人。一位上尉警官为了制止他们，用嘶哑的嗓音喊道："不要忘记在东京还有我们的格鲁大使。"

第二天，罗斯福在国会大厦向全国发表了颇具鼓动性的演说。

从此，美国正式参加第二次世界大战。

是美国无知吗？

珍珠港事件发生以后，全世界有许多人相信它是日本人的一次偷袭。美国、英国、法国、苏联等许多国家出版的二战史专著，都将珍珠港事件说成是日本玩弄外交手腕，违反国际惯例的一次不宣而战。

我国史学家也普遍认为，珍珠港事件是美国统治集团长期奉行绥靖政策的结果，美国是搬起石头砸了自己的脚。他们认为：

1.美国在第二次世界大战中的全球战略是先欧后亚，在亚洲，美国企图以保持"友好公正的立场"来稳住日本。

2.美国统治集团出于其帝国主义的本性，极力想把日本法西斯这股祸水北调苏联，自己隔岸观火，坐收渔利，待日苏两败俱伤之后，再出来收拾残局。

3.对偷袭珍珠港的可能性估计不足。美国认为，日本要发动太平洋战争，必然是首先进攻英国与荷兰的殖民地，不会进攻美国，更不可能袭击远离日本6000公里的珍珠港。因此，从美国政府、美军参谋总部直到太平洋舰队司令部，对于日军的行动都是没有准备的。

4.美国当局虽说也得到了种种表明日本要发动战争的情报，但由于受孤立主义者的牵制，战备不足，兵力空虚，因而极力想把对日作战的时间往后推移。所以，即使后来收到了日本《对美通牒》的电报译文，也没有及时发出警报。

是"苦肉计"吗？

珍珠港事件之前，美国的孤立主义者企图以太平洋和大西洋为天然屏障，隔岸观火，坐收渔利。各界对参战与否意见不一。一些人整日在国会里吵吵嚷嚷，反对军事拨款，搅得罗斯福伤透脑筋，穷于应付。

5月27日，罗斯福宣布进入"无限期全国紧急状态"，并大声疾呼：

"等敌人打进我们院子里再还击的做法，等于自杀。"

可是，这一切并没有引起人们的重视，甚至被称为骇人听闻之谈。夏威夷的炮火把美国人从梦幻中惊醒，国内舆论骤然一致，人们同仇敌忾，一致要求抗日。

陆军部长史汀生甚至说："由于日本人在珍珠港袭击了我们，因而一举解决了我们的全部问题。"也就是说，日本海军大将山本五十六设计的这场空袭战，为罗斯福甩掉了一个背了许久的包袱。

但是，罗斯福却遭到了怀疑和批评。

英国的军事理论家利德尔·哈特在评价珍珠港事件时认为，日本偷袭珍珠港，"不仅使人对以罗斯福总统为首的政府广泛展开批评，而且还深深怀疑，招致这次灾难的，除了糊涂和慌乱之外，是否还有更坏的因素在起作用"。

美国修正派代表C·A·比尔德在《罗斯福总统与1941年战争来临》一书中写道：1941年1月27日，美国驻日本大使格鲁向国务卿赫尔送达一封电报说："……如果日本与美国发生事端，它就会使用全部力量袭击美国太平洋的海军基地珍珠港。"

这就是说，罗斯福早就知道日本要进攻珍珠港。

美国著名新闻记者托兰，在《丑事：珍珠港事件和它的后果》一书中，断言罗斯福从各种原始资料，包括侦听到的驶向夏威夷群岛的日本航空母舰所发出的无线电报中，肯定知道袭击即将发生。

收听广播的罗斯福，他真的是在等待战争吗？

日本也有类似的看法。原日本外务次长西春彦在1983年发表的文章中，引用了荷兰驻华盛顿武官拉涅弗特上校的证词。12月2日上校到华盛顿海军情报部时，一名士官指着墙上的地图对他说："日本机动部队正从这里东进。"在日本与夏威夷的中间一点上标着两艘航空母舰。上校大吃一惊，他在当天的日记上写道："美国海军情报部开会，他们在地图上标出了日本两艘航空母舰的位置。航空母舰由日本出发,路线向东。"

原日本外务次长西春彦认为,总统特意不对夏威夷发出警报,从而造成日本海军进攻珍珠港的事实,然后用"不忘珍珠港"来动员美国人民投入战争。

甚至参加偷袭珍珠港的日本军官源田实在其《袭击珍珠港》一文中也说:"关于美方是什么时候得知日军偷袭的问题,据我所知,美国政府领导人至少在袭击珍珠港前11小时就知道了我方的动向。他没有通知前方的原因可能出自他的深谋远虑。"

以上种种,说明罗斯福确曾知道这次袭击,之所以没有防备,没有警告,就是为了执行一次"苦肉计"。

但是,这场"苦肉计"的代价,是不是太高昂了一点呢?

罗斯福:等待战争?

对美国总统为了使美国国民同意对日战争,演出了"珍珠港苦肉计"的观点,许多历史学家却有不同的意见。

(一)美国人对所有情报都做过认真的分析

美国驻日本大使格鲁向国务卿所发的电报,在当时纯属街头传闻。事实是格鲁发电报时,偷袭珍珠港还只是日本联合舰队司令长官山本五十六的一种设想,目前还没有材料证明这个计划曾被泄露过。正因为这样,美国海军情报局研究这份电报后得出了"内容纯属虚构"的结论。

(二)罗斯福对海军曾发出过秘密的战争警告

11月27日,美国海军作战部长斯塔克根据罗斯福总统的命令向太平洋舰队司令金梅尔发出指令,劈头第一句就是"此电应视为战争警告"。因此,指责罗斯福对战争毫无警觉,或者有意隐瞒情报,都不是当日的事实。

罗斯福预计到战争即将爆发。

罗斯福总统早就掌握了日本决意对美开战的情报,并据此在11月25日的白宫最高军事会议上发出了明确的警告,他说:"美国有可能在下星期一(12月1日)前后遭到攻击。"12月7日,罗斯福在会见中国大使胡适时又说:"我有这样一种感觉,48小时以内,在泰国、马来西亚、荷属东印度或菲律宾等地将会发生某种不妙的事情。"

可见,罗斯福对于战争,既有预感,又很茫然。他预见到了太平洋战争即将爆发,但不知道战争将在哪里开始。他想到了英国、荷兰的殖民地和美国庇护下的菲律宾群岛,却没有想到美国本土。日本人的成功欺骗和美国人的自大、自信,要了自己的命。

(三)美国人有自动挑起太平洋战争的意图

12月6日,亚洲舰队司令奉命组建一支装备最低限度武器的"防谍巡逻队",并立即将它部署到载运日本南遣兵团舰队所经过的航线上。从当时情况来看,美国完全可以通过空中侦察得到所需情报,根本没有必要去组织一支装备低劣的"防谍巡逻队"。显然,美国人已经等得不耐烦了,这支船队是负有触发战争这样一种特殊使命的。

由此可见,罗斯福总统确实在等待战争,但绝不是珍珠港事件;罗斯福总统也愿意付出代价,但绝不是太平洋舰队。因为一支微不足道的巡逻船队,就足以能代替它挑起战争。

珍珠港事件已过去半个多世纪了,在没有发现新的史料之前,它还只能是个谜,有待我们进一步研究。

卡廷惨案之谜

第二次世界大战期间,法西斯德国突然宣布,在他占领的苏联斯摩棱斯克市以西15公里的卡廷森林里,发现了大量被枪杀的波兰军官的尸骨,他们认为,此事系苏联人所为。苏联当局也立即发表声明,说这是纳粹德国"贼喊捉贼",嫁祸于人。

这段公案被称为"卡廷事件",或称"卡廷惨案"。

究竟谁是杀害波兰军官的凶手? 到底有多少波兰人在卡廷遇害? 这个谜一直困扰着波兰人民。经过他们长期不懈的努力,这个谜也渐次展开。

1939 年 9 月 1 日,纳粹德国突袭波兰,二战开始,波兰人民的苦难开始。

惨剧的开端

1939 年 9 月 1 日,纳粹德国突袭波兰。英、法是波兰的盟国,被迫向德宣战,第二次世界大战全面爆发。

9 月 17 日,正当波军奋力抵抗德国而濒于绝境之际,苏军却根据 1939 年 8 月 23 日签订的《苏德互不侵犯条约》的秘密议定书,以"解救"波兰人民为借口,迅雷不及掩耳地向波兰东部发起进攻,推进 250~350 公里,占领了大片波兰领土。

苦难的波兰两面受敌,爱国官兵纷纷奋起反抗。但是,波兰军队总司令西米格里·雷兹元帅命令波军放下武器,苏联不是交战国,不要抵抗。苏、波军方经十余小时谈判,苏军答应,如波军放下武器,可保证波军官兵人身自由。

为了保存实力,波兰东部总数约 30 万的波军执行了放下武器的命令。一部分自动解散回家,一部分人去了立陶宛和罗马尼亚,另有 130242 名官兵流亡到了苏联。可叹的是,这批进入苏联的波兰人立刻变成了战俘,失去了苏波协议规定的人身自由,统统被关押进了由苏联内务部战俘局管理的战俘营。

为了把祸水引向东方,英、法两国奉行绥靖政策,对德宣而不战,在西线的壁垒里无所事事地等待着德军的进攻。9 月 28 日,悲惨的华沙军民战斗到弹尽粮绝,被迫停止抵抗。

德、苏配合默契,把波兰人民沉入苦海。

完成占领之后,他们又重新签订了边界条约,另附三个秘密议定书,调整了《苏德互不侵犯条约》划定的势力范围,近半个波兰的领土划归了苏联。

这一年的圣诞节,希特勒发给斯大林的贺电是:祝您个人幸福,祝友好的苏联各族人民繁荣富强。

斯大林的复电是:德苏两国人民用鲜血凝成的友谊有一切理由万古长青。

尽管苏联认敌为友,但纳粹德国并没有停止侵略和扩张的步伐。1941 年 6 月 22 日,德国撕毁《苏德互不侵犯条约》,突然大举进攻苏联。苏军由于麻痹大意,措手不及,再加上指挥失当,在战争初期遭到重大损失,西部大片国土沦陷于敌手。

德国对苏联的进攻推动了所有反法西斯势力的联合。1941 年 7 月 30 日,苏联与波兰流亡政府签订了在反法西斯战争中一致行动的协定。根据这个协定,苏联应对境内因被俘等原因而失去自由的波兰公民予以特赦,并组建一支波兰军队,在苏联境内与苏军并肩作战,共同抗击德国法西斯。波兰方面由安德尔斯将军负责组织工作。

然而,苏联只交给了他 448 名被俘军官,另外有 1.5 万多名被拘禁的波兰军官,却是杳无音讯。

惊人的发现

为了寻找这大批失踪的被俘军官,流亡的波兰政府作出了巨大努力。

安德尔斯将军责令恰普斯基搜集失踪军官的资料,同时,他还和波兰政府一起同苏联政府的高级领导层进行多次交涉,督促他们认真寻找,但得到的却往往是模棱两可、强调困难的答复。直至 1941 年 11 月 8 日,苏联外长莫洛托夫发来正式照会,声称苏联过去所拘禁的所有波兰公民均已释放。

针对苏联政府的回答,波兰地下组织对这些波兰军官的下落进行了大量的调查,结

开赴前线的波兰战士

果是,无论是这些波兰军官的家属中,或是德国战俘营中,都没有这些军官的踪迹。这些人从 1940 年 4、5 月起,就同家庭失去了联系。

那么,这些被"释放"的人都到哪里去了呢?

1941 年 12 月 3 日,波兰流亡政府负责人西科尔斯基和安德尔斯在克里姆林宫受到斯大林接见时,当面向斯大林询问这一万多名被俘波兰军官的下落,斯大林的回答是:"他们被释放了,跑掉了,可能到了满洲里。"1942 年 3 月 18 日,安德尔斯和奥库里茨基再次向斯大林提出波兰战俘问题,斯大林则说:"他们可能在德国占领区。"

正当波兰政府寻找失踪军官毫无结果之际,德国柏林电台于 1943 年 4 月 13 日突然宣布:在他们占领的苏联斯摩棱斯克附近的卡廷森林中,发现了掩埋着成千上万具尸体的大批坟墓。因为当地土质特殊,许多尸体变成了干尸。经过验尸和当地目击者的证词确定,他们正是 1940 年 4 月以前关押在苏联科泽尔斯克俘房营中的波兰军官的尸体,总数约为 1.5 万名。德国军事当局宣称,这些波兰军官是在 1940 年德军占领斯摩棱斯克之前被苏军杀掉的。报告还说,苏军用缴获的德军武器枪杀了这些军官,企图以此掩盖罪行并嫁祸于柏林。

两天以后,苏联电台做出反应,指责德国法西斯在进行"肮脏的臆想,无耻的捏造",竟把自己的罪行栽赃到苏联的头上。随后,苏联新闻局发表的一份公报称,波兰战俘曾在斯摩棱斯克以西地区从事建设工作,1941 年夏天,苏联部队撤退后,他们落入德国人之手,最终被"德国法西斯凶手杀害"。

谁是谎言高手？

为了彻底查清卡廷惨案的凶手，1943 年 4 月 17 日，波兰西科尔斯基政府要求国际红十字会调查卡廷残杀案，并要求苏联政府提供"有关战俘命运的翔实材料"。他们委婉地表示，对于德国的说法，"只能用不容置辩的事实去反驳"。

与此同时，德国也邀请国际红十字会派人前往卡廷调查。

4 月 21 日，苏联《真理报》、塔斯社和莫斯科电台同声指责波兰政府，他们向国际红十字会发出调查卡廷事件的呼吁，就是同希特勒携手合作，制造反苏言论。4 月 26 日，苏联以波兰与德国"一起要求红十字会调查"卡廷事件为由，宣布同波兰断交。

由于苏联坚决反对，国际红十字会调查委员会也未能组成。

4 月 28 日至 30 日，由德国人倡议而建立的一个中立的国际委员会在卡廷森林进行了三天的调查，波兰也派出了一个专家组参与了全部调查活动。两个调查组最后得出结论是："根据目击者的证词以及死者身上发现的信件、笔记和报纸判断，行刑时间应在1940 年 3 月或 4 月。"当时，斯摩棱斯克还在苏联人的手里，这就是说，这批波兰军官实际上是苏联人所杀。

斯摩棱斯克州从德军手中解放以后，苏联也搞了一次所谓的"客观的调查"。以布尔坚科院士为首的调查委员会在卡廷掘出并检验了 925 具尸体，倾听了当地许多居民的证词，最后在 1944 年 1 月 24 日，发表了一份由名叫"确定与调查法西斯侵略者在卡廷森林枪杀波兰被俘军官情况的特别委员会"提出的报告。

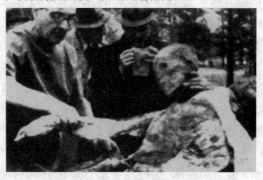

在卡廷森林，一位波兰战俘的尸体被挖出来。

报告说，以前波兰各次照会所提到的那批波兰被俘军官，早在 1940 年春天就由苏联人把他们从科泽尔斯克、斯塔罗别尔斯克和奥斯塔什科夫撤出，送到斯摩棱斯克地区的三个"特别营地"。1940～1941 年期间，他们在那里从事施工和筑路工作。德国入侵时，这批战俘未能及时撤退，因此，在 1941 年 7 月落入德国人手中。德国人把他们一小批一小批地送到卡廷森林，在那里由一个号称"第 537 工程营"的特种部队处决了他们。枪杀事件应发生在 1941 年 9～10 月之间，尸体由德国当局就地埋掉了。

1942年冬天，由于军事形势发生了变化，德国人威胁当时的目击者伪造证词，同时挖坟盗墓，取走写有1941年春天以后日期的文件，并把一些新的材料放到尸骨上。1943年3月，德国人又从别处运来很多尸体，放入坟墓，以达到宣传和挑拨的目的。报告还说：据法医检验，枪决战俘用的是典型的德国方式，发生在1941年秋天，墓中有1.1万具尸骨。这一报告的结论成为苏联当局的正式解释，并为战后波兰政府所接受。

第二次世界大战结束后，在审判纳粹战犯的纽伦堡国际法庭上，苏联检察长鲁登科曾要求法庭把卡廷屠杀事件写入起诉书中，但在最后审判时，却因证据不足，未得到法官们的同意。

那么，这一万多名波兰军官到底是被谁杀害的？是苏联朋友，还是德国敌人？竟成了一个历史的谜团！

真相大白了吗？

二次世界大战以后，西方国家为了解开卡廷惨案之谜，也进行了多方面的调查。

1951年9月18日，美国国会为进一步调查卡廷事件而成立了特别委员会，该委员会的报告说："本委员会一致认为，各项证据确凿无疑地证明，俄国斯摩棱斯克卡廷森林里屠杀波兰陆军军官一事，是由苏联的内务人民委员部干的，屠杀日期不迟于1940年春天。"

卡廷悬案的真相，一直是波兰人民、议会和舆论界最为敏感、激动和关心的问题。在华沙的公共墓地上专设了象征性的"卡廷公墓"。每逢节假日，前往那里凭吊的人络绎不绝，鲜花堆积如山，其盛况超过了其他所有的墓地。

1980年以后，波兰报刊突破阻力，陆续发表了许多有关卡廷事件的报道，所有文章几乎一致地认为，这罪责在苏联。

由于波兰当时是社会主义国家，与"苏联老大哥"是"同志加兄弟"的关系，这样直言不讳不只使"老大哥"非常尴尬，而且使苏联人固守的推脱杀死波兰军官罪责的防线开始动摇。

随后，波兰领导人雅鲁泽尔斯基1985、1987、1988年连续会晤苏联领导人，反复提出要认真查明卡廷事件真相的要求，苏联领导人戈尔巴乔夫根据两国签署的《波苏意识形态、科学和文化领域合作宣言》的精神，答应加紧寻找有关卡廷事件的证据材料。

1988年，苏联被迫同意波兰人前往卡廷，为惨案死难者扫墓。

1989年2月，波兰公布了关于苏联杀害波兰军官的证据。同年4月，波兰领导人再次访苏，同苏联领导人就卡廷事件交换意见。直到这时，苏联政府才被迫在波兰雅鲁泽尔斯基访苏之际正式承认，第二次世界大战期间，将近1.5万名波兰军官是被苏联内务部杀害的。

原来，卡廷事件的原始资料被编为俄罗斯总统密档第一卷，上面标有"永不开启"的

禁令。除了苏联领导层中几位核心人物外，谁都不知道袋内究竟装了什么文件，

1991 年 12 月，戈尔巴乔夫即将向叶利钦移交权力，总统档案馆工作人员认为，戈尔巴乔夫在移交密档之前，应当了解密档的内容。于是，戈尔巴乔夫会同叶利钦，以及他的"改革设计师"雅科夫列夫一起，开启了密档的封印。

事后，戈尔巴乔夫回忆说："我们的头发都竖起来了。……我们无权向波兰隐瞒事实。我们三个人当即认为，不论后果如何，也应向波兰方面通报。……我对叶利钦说：'鲍里斯，现在该由你做这件事了。'"

1992 年 10 月 14 日，叶利钦总统的特使、俄罗斯国家档案委员会主席鲁道尔夫·皮霍瓦到达华沙，向波兰总统瓦文萨移交了有关卡廷事件的两包"绝密档案"，总共 20 个文件的复印件，其中最重要的是由斯大林签署同意的联共（布）中央政治局 1940 年 3 月 5 日关于枪决 14700 名波兰军官和在狱中关押的 11000 名波兰公民的决定。波方立即将其中几个重要文件予以公布。

至此，历时半个世纪的卡廷惨案的真相终于水落石出，大白于天下。苏联官方喉舌塔斯社就此发表声明说："从发现的档案材料中可以得出结论，卡廷森林中这些罪行的直接责任者是当时苏联内务人民委员部的领导人贝利亚、梅尔库罗夫及其帮手。"这是"斯大林主义的严重罪行之一"，苏联人对这一悲剧"探表遗憾"。

原来，波兰亡国之后，苏联境内的被俘官兵统一由内务部战俘和被拘留人员事务局管理。一部分波兰士兵被遣散，另一部分被押解到北极地区的集中营。军官中的极少数人，主要是高级将领，被转移到莫斯科的卢卡卡监狱；其余部分则被转移到奥斯塔什科夫、斯塔罗别尔斯克和科泽尔斯克三个集中营。

从 1940 年初起，由内务部战俘和被拘留人员事务局负责，开始对上述三个集中营进行"清理"。有关档案的资料表明，1940 年 4~5 月，经内务部行刑队枪毙的波兰军官共为 15131 人，其中科泽尔斯克营为 4404 人，奥斯塔什科夫营为 6287 人，斯塔罗别尔斯克营为 3891 人。

又据 1959 年 3 月 3 日克格勃头目谢列平给苏共总书记赫鲁晓夫的报告，核实卡廷惨案中被枪杀的总人数为 21857 人。

虽然卡廷惨案的来龙去脉已大白于天下，但仍然有一些问题值得我们研究：

1.波兰亡国之后，流落在苏联的波兰人——军官、士兵和平民到底有多少？其他的人下落如何？

2.既然苏联人已经大开杀戒，那么，除了已经发现的卡廷外，是否还有第二、第三个"卡廷"？

3.当时，德国法西斯已经凶相毕露，德、苏一战在所难免。这些波兰军官无疑是波兰的精英，苏联为什么要在全世界反法西斯战争打响之前抢先杀害这些波兰精英？难道是害怕这些波兰爱国者会转而同法西斯合流，以至于危害苏联吗？抑或是害怕这些波兰爱国者桀骜不驯，最终不能或者不愿接受"苏联老大哥"的"正确领导"，与其养痈遗患，倒

不如及早除掉这批祸根呢?

这真叫人百思不得其解! 看来,卡廷迷雾的彻底揭开还有待史学工作者进一步努力。

原子弹使用之谜

1945 年 7 月 16 日,在美国新墨西哥州的阿拉莫戈多沙漠里,进行了一次可怕的大爆炸,随着震耳欲聋的一声巨响,一朵巨大的蘑菇云徐徐升上天空,人类历史上第一颗原子弹试爆成功。

第一颗原子弹试爆,相当于 2 万吨黄色 TNT 炸药的威力。半径 1600 米内的实验动物和植物无一幸免,半径 400 米内的砂石全都熔成玻璃状物质。三星期后,第二颗原子弹在日本广岛爆炸。

德国为何未造出原子弹?

第二次世界大战爆发之前,德国就拥有庞大的核物理研究机构和许多杰出的物理学家。在核裂变研究方面,德国物理学家更是远远跑在美国前面,早在 1938 年 3 月,德国著名物理学家哈恩·斯特拉斯曼就在柏林成功地进行了用中子轰击铀原子核的实验,终于出现了物理学界期待已久的裂变效应。从原子核裂变中获得无比巨大能量的实验证明,哪个国家能够首先把它转为实用,就有可能利用核裂变制造出威力无比的原子弹。

1939 年 4 月,纳粹德国召集六位最出色的核物理学家,在柏林讨论了利用原子弹科学成果制造核武器问题。如果数百万豺狼之师的德国钢铁军团,再装备当时绝无仅有的核牙齿,那么,希特勒就能统治世界或者毁灭世界。为了抢在希特勒前面赶制出第一颗原子弹,1939 年 8 月 2 日,爱因斯坦上书罗斯福,提请美国注意来自德国的原子威胁。罗斯福立即采纳了爱因斯坦的建议,组织制订了著名的"曼哈顿计划",命令全力以赴地研制原子弹,抢在德国的前面。

1944 年年底以前,同盟国的科学家普遍认为,按当时德国科学发展水平,德国在1942 年就应该能够造出原子弹。

然而,出乎意料的是,1944 年 11 月 23 日,当佩顿将军攻克德国重要的核研究基地——斯特拉斯堡时,从斯特拉斯堡大学实验室获得的核计划档案中了解到,纳粹德国在原子弹方面的研制工作仍停留在实验室。从而使美国领导人确信,来自德国的突然性的核袭击的可能性是没有的。

究竟是什么原因使当时的德国未能造出原子弹呢? 以往人们总是强调以下几个原因:

1.法西斯当局大肆推行种族歧视,迫害不同政见的科学家,致使像哈恩·斯特拉斯曼、爱因斯坦等一批出类拔萃的人才纷纷逃往国外。

2.在研究方面,德国没有统一的目标和全面的指导。希特勒对要花很长时间来研制新武器不感兴趣,他把相当大的科技力量用来研制"V-2"型导弹。

3.美国的"曼哈顿计划"是在严格保密的情况下进行的,就连当时的副总统杜鲁门也毫无所知。因此,希特勒被蒙在鼓里,没有紧迫感。

4.由于经常遭到空袭,所以,德国研究小组总是不断搬家,试验设备常常是装好又拆,拆完又装,妨碍了德国原子弹的研究工作。

以上是美、德两国科学家的共同看法。但是,1984 年,波兰《是与非》周刊记者提出了一个与众不同的新见解。他认为,战时纳粹德国未造出原子弹,只是由于波兰爱国者的破坏而引起的一个差错造成的。

该文写道:德国物理学家布雷格教授根据自己的理论推断和计算结果,认为最理想的减速剂是碳的一种——石墨。为此,布雷格教授研究所的领导机关请德国西门子公司生产这种减速片。该公司把这项任务下达给位于拉齐布日的"普拉尼亚工厂"。

工厂领导在接受这项"罕见的"订货时,感到十分意外,具有强烈反法西斯思想的总工程师施密特,决定"破坏"这些碳片的化学成分。结果,这些"不纯净"的减速片被按时送到了研究所,很快投入了粘结电子试验,其结果是多次试验全部失败。于是认为碳不适宜作减速剂,便着手从其他途径探索新的减速剂,这样一来,纳粹德国原已临近制成原子弹的日期被大大推迟了。

与此同时,美国正在全力以赴加紧实施"曼哈顿计划"。有趣的是,著名物理学家费米的试验同布雷格的试验一样,也是使用石墨作减速剂。然而费米成功了,只不过他使用的是纯净的石墨而已。

美国物理学家奥本海默后来写道:"本来布雷格教授是会比美国早两年造出原子弹

的,只是由于他的差错,才使人类免遭一场全面的浩劫。"

"小男孩"从天而降

1945 年 7 月 17 日,苏、美、英三国首脑在柏林郊外举行重要会议,会议有一项重要内容是如何挫败日本的问题。此时,美国第一颗原子弹试验已爆炸成功,消息传到在波茨坦开会的杜鲁门总统那里,他马上同丘吉尔商量是否对日本使用这一新武器,最后他们决定这样干,但得给日本一个庄严的警告,决定在《波茨坦公告》后再动手。

7 月 27 日至 8 月 1 日,盟军飞机在日本各城市上空散发了 150 万张传单和 300 万份《波茨坦公告》,促令日本政府投降,但遭到了日本政府的拒绝。日本军政要员还狂妄地叫嚣:"不予理睬,只有完成战争……"

1945 年 8 月 5 日上午,负责投弹的 509 特混大队得到通知,天气预报表明,午夜后的天气适宜起飞。黄昏之前,原子弹被装进一架名叫"依诺拉·盖伊"的 B—29 轰炸机里。这个令人毛骨悚然的可怕的超级炸弹,却取了一个十分可爱的名字——"小男孩"。

8 月 6 日上午 8 时 15 分,轰炸机在广岛近 10000 米的上空,打开弹舱门,"小男孩"细长的尾部朝下掉去,接着翻了个身,弹头朝下,向广岛落了下来……

从此,广岛所有的时钟,都永远停在 1945 年 8 月 6 日 8 时 15 分这个时点上。

从天而降的"小男孩",在离地面 650 米的高度爆炸,形成一个大火球,接着,火球又爆发成一群乱舞的火焰,吐出一团团浓烟,浓烟迅速上升到 3000 多米的高空,开了花,形成一朵硕大的蘑菇云。

爆炸时,火球发射出来的热度只持续了几分之一秒钟,但其温度之高(近 30 万度),使爆炸中心半径 1000 米内的花岗岩全部溶化,屋顶上的瓦也被软化,由黑色变成橄榄色。整个市中心无数人影被永远地印在墙壁上。

片刻之后出现的冲击波,将 3 公里内所有的建筑物全部摧毁。到处是残墙断壁,废墟瓦砾,地面上横七竖八地躺着半裸着身子冒着浓烟的尸体。

一刻钟后,天空开始落下巨大的雨点,袅袅上升的原子云柱带上去的水蒸气凝成雨点,粘上放射性的尘埃落下来。雨点打在半裸体的人们身上,留下一条条灰色的痕迹。幸存者吓得魂飞魄散。

没有受到"黑雨"袭击的城东,一阵旋风吹过来,其风势之大,连大树也被拔起,并使瓦砾中许多家庭主妇准备做早饭的炭火复燃。成千上万的星星之火被狂风煽成燎原烈火。火团四处乱飞,把屋顶全部掀掉,房子也四分五裂,金属桥梁被烧得七扭八歪,电线杆一着火便立即爆裂。

浑身是血的难民惊魂未定,又被突如其来的大火烧得面目全非。他们痛苦地呻吟,嚎叫,不顾一切地跳进路边的河里。霎时间,河面上漂起了红色的泡沫。

在这场人类历史上第一次原子弹对城市的轰炸中,广岛几乎被夷为平地,在这个活的人间地狱里,大约有 20 万人死于人类制造的终极武器。

8 月 8 日,苏联对日本关东军发动全面进攻。

8 月 9 日,另一枚名叫"胖子"的原子弹投向长崎,长崎市 60% 的建筑物被摧毁,伤亡达 86000 人。

8 月 15 日,日本政府宣布无条件投降。

迫不得已,还是另有原因?

1995 年 4 月 8 日,日本首相怒容满面地指责了美国总统克林顿为美国在二战快要结束之前,用原子弹轰炸日本长崎、广岛两城市的辩解。

克林顿在达拉斯举行的美国报纸主编会议上,被问及美国该不该为用原子弹轰炸日本而向日本道歉时,立即明确回答说:

"不应该。"

又被问及当时杜鲁门总统做出轰炸决定是否正确时,他也明确回答说:

"正确。"

第二次世界大战结束 60 年了,但杜鲁门总统对日本使用原子弹的决定,迄今仍然是世界军事史上做出的最有争议的决定。

传统观点认为:美国在日本投掷原子弹的目的,是为了缩短第二次世界大战的时间,避免美军伤亡 100 万人,同时也对苏联炫耀一下原子弹的威力。

在 1945 年初,为夺取冲绳岛附近的小小的硫磺岛,美国海军陆战队就付出了 2.5 万人伤亡的代价,占进攻部队的 1/3。紧接着,美国出动 7 个师向冲绳岛发起进攻,结果又蒙受了 4.9 万人的伤亡。当时,英国首相丘吉尔估计,要征服日本,占领日本国土,美国至少要丧失 100 万人,英国要丧失 50 万人。

日本《文艺春秋》1986 年 3 月特别号上,发表了《美国选择广岛投掷原子弹的原因》一文,对传统的看法提出质疑。

该文说,据当时美军的绝密文件《日本登陆作战纲要》记载,美军拟在日本进行两场登陆作战,一是九州,二是关东平原。他们估算美军伤亡数字是:(1)九州作战死亡 25000人;(2)关东平原作战死亡 40000 人;(3)在九州南部和西北部登陆并进而展开关东平原作战,死亡 46000 人。加上伤员、失踪者,总数约为 20 万人。无论从哪个文件上,也找不到死亡 100 万人的推算数字。因此,他们认为这是一种夸张,目的是为了使投掷原子弹的行为合理和合法。

关于对苏联显示威力一说,也被否定。当时美国虽对苏联怀有戒心,但在任何文件中都未见到后来历史学家所分析的那种对苏联的战略。事实正好相反,在原子弹研究过程中,美国首脑人物一有机会就讨论这种可能性,即向苏联提供原子弹情报,建立国际管理体制。马歇尔甚至主张邀请苏联科学家参观原子弹试验,因有人担心"斯大林把机密泄露给日本"而作罢。这表明,美国投掷原子弹并没有考虑对苏战略未来的格局。

那么,美国为什么在日本投掷原子弹呢?根据所查阅的资料证明,在原子弹研究初期,美国就已确定对日本使用原子弹,他们把它当作一种"巨大的实验"。他们选择人口集中,没有遭到普通轰炸的城市,以便检测其威力。

其次,美国研究原子弹共花费 20 亿美元,相当于整个第二次世界大战期间美国用于生产弹药的全部费用。而原子弹的研究又是在极度保密的情况下进行的,全国只有四位领导人参与,以致议会和政府长期以来围绕巨大军费去向问题不断发生争吵。如果花费如此巨额的经费制成的原子弹,不能发挥任何效力,议会肯定要做出强烈反应。因此,可以认为议会强大的压力,也是使政府最终决定使用原子弹的原因之一。

事实是不是像某些日本人所说的那样:如果没有原子弹,历史就将重写? 答案是否定的。

这只是某些日本人的一厢情愿,事实却绝不会如此。

事实是,要消灭那些被军国主义豢养出来的疯狂野兽,的确有一定的困难,要付出相当的代价,但他们的失败是不可避免的。无数的历史事实证明:非正义的势力可以嚣张于一时,而不可能嚣张于永远,这就是文明之火代代相传、永不熄灭的根本原因。

谁不懂得这点,谁就会被历史的巨轮轧得粉身碎骨。

当代世界史实纵横

新的世界格局

早在二战刚结束的 1947 年，丘吉尔针对当时的境况就曾十分悲痛地说："看看现在的欧洲是什么样子？它不再是以前工业高速运转、商业繁荣的场所。现在，它只是一堆瓦砾，是一个恐怖的藏尸所，而且是瘟疫和仇恨的发源地。"他十分形象地描绘了当时整个欧洲大陆所呈现出的衰败景象。

的确，刚刚经历了第二次世界大战浩劫的西欧和东欧破烂不堪，城市被严重摧毁，弹坑累累、土地荒芜、民穷财尽。而美国和苏联的实力却在不断膨胀，迅速蹿升为战后两个新的超级大国。经济崩溃、需要大量重建资金的欧洲各国，不得不纷纷向美、苏寻求援助和支持。在军事上，西欧向美国靠近组成了北大西洋公约组织，而东欧则依靠苏联组织的华沙条约对抗北约。在经济上，美国的马歇尔计划向西欧提供了大量重建资金，而东欧所依赖的经济互助委员会，只是承担理论上输送苏联支援物资的责任。

两大军事政治集团对峙局面的确立，形成了二战后新的世界格局，那种整块大陆被欧洲列强疯狂瓜分的原有世界格局一去不复返了。

纽伦堡军事法庭

纽伦堡欧洲国际军事法庭从 1945 年 11 到 1946 年 3 月进行了错综复杂、旷日持久的审案工作。这是一场艰苦的、面对面的舌战。法庭成为同德国法西斯战犯最后较量的战场。四国检察官分别对被告们做出详尽的指诉。法庭共进行公开审判 403 次，多次传讯每一名被告。请 200 多位证人出庭作证。请 143 人提供调查记录。还允许 22 名德国律师为被告进行辩护，同时接受了律师们提交法庭的 30 万条书面证明材料。最后在 3 月 8 日至 6 月 26 日准予被告行使答辩权。在审讯过程中，法庭的做法充分体现了公正、人道、民主的精神，从而更加显示了法律的尊严。审讯始终是一场激烈的唇枪舌剑。因为要在法庭上彻底战胜纳粹被告，并从法律的角度定下历史的铁案，就必须让被告在大量确凿的人证物证面前理屈词穷，从根本上服罪（而不是表面上，有些人表面上可能决不服输或

出席雅尔塔会议的丘吉尔、罗斯福、斯大林（从左至右）

只是假服），所以这样的较量并不亚于在枪林弹雨的战场上展开的交锋。

一些顽固的被告竟当庭宣扬悖谬的纳粹理论以为法西斯开脱罪责，对此，法庭理所当然地进行了有力驳斥。

纽伦堡审判

辩护方面（包括某些律师）反复提出了"无法规定者不罚"的理由，一再抗辩说：追溯既往地运用法律是不允许的，言下之意是，在他们谋划和发动侵略战争时，还不存在禁止密谋和进行侵略战争的法律规定，因之不能给他们定罪。检察方面义正词严地指出，这恰恰说明法西斯分子从来就无视国际法。法庭列举了海牙、凡尔赛、洛迦诺、凯洛格—白里安等一系列国际条约的具体条文，一一说明德国法西斯对奥地利、捷克斯洛伐克、波兰、丹麦、挪威、比利时、荷兰、卢森堡、法国、英国、南斯拉夫、希腊、苏联及美国的战争从根本上违背了国际法规，是赤裸裸的侵略战争。而侵略战争历来属刑事犯罪。

被告还提出一种"你亦同样"的论调，企图通过诬蔑对方也犯有同样的"罪行"，而将自己的罪行勾销。他们制造"双方都违法"的谬论，达到"合理"地追究对方法律责任，"双方均不追究"的目的，实质为自己开脱。法庭戳穿了被告们玩弄的"相互抵消法"，指出他们妄图把自己的侵略行径同盟国、受难人民反侵略战争和反法西斯抵抗运动混为一谈，是只许侵略者挑衅而不许受害者作正义还击的强盗逻辑。

被告们还试图以"执行命令"为自己辩解，有军衔者尤其把这点奉若至宝。这是自我洗刷的托词，犯罪已无法抵赖，但不承认是罪犯，因为自己只是执行者，法律责任只能由发布命令的人来承担。按照这种逻辑，最后就只需对希特勒一人治罪，他既已身亡，被告们都可逃脱法网了。但法庭有力地引证道："即使在最富有盲目服从传统的德国，即使在元首国家时期，德国军事刑法第四十七条仍然规定：就是下属人员，假如他知道上级命令以违反民法或军法的犯罪行为为目的时，再执行这道命令也应受到惩罚。"这一论据使被告们无以对答。最后法庭斩钉截铁地裁断："执行上级命令不属减刑之列！"

被告戈林在这类诡辩中表现最为狡黠、蛮横，他准备与法庭对抗到底，公然声称不承认法庭的职权，还在下面暗搞攻守同盟，破坏审讯。对这样顽固的罪犯，法庭与监狱管理人员进行了针锋相对的斗争。

经过九个月艰苦斗争，法庭基本上达到预期的目的。1946年8月31日，法庭给各被告以最后辩护发言的机会并宣布休庭一个月，对案情加以缜密分析及研究最后判决。

1946年9月30日，纽伦堡欧洲国际军事法庭宣读了长达250页的判决书，判刑情况下如下：

判处被告共22名（其中一人缺席）。

判处绞刑者12名：戈林、里宾特洛甫、罗森堡、凯特尔、施特莱歇尔、约德尔、绍克尔、弗兰克、弗利克、卡尔腾布龙纳、赛斯·英夸特、鲍曼（缺席）。

判处无期徒刑者3名：赫斯、冯克、雷德尔。

判处20年徒刑者2名：席腊赫、施佩尔。

判外15年徒刑者1名：牛赖特。

判处10年徒刑者1名：邓尼茨。

被告巴本、沙赫特、弗里切被宣判无罪，予以释放。

以下各组织被宣判为犯罪组织：德国政治领袖集团、秘密警察和保安勤务处、党卫队。

宣判完毕后附加一则说明：凡有上诉者，可在四天之内向管制委员会呈递"宽恕请求书"。

之后，庭长又宣布了苏联方面的不同意见。苏联法官、司法少将伊·特·尼基钦科认为，不宣告德国内阁、参谋本部及国防军最高统帅部为犯罪组织，判处被告赫斯无期徒刑，宣告被告沙赫特、巴本、弗里切无罪而予以释放是不正确的，没有根据的。苏联法官在长达30页的意见书中详尽阐述了自己的理由。他列举了上述三组织的累累罪行，认定其均为犯罪组织。同时一一摆出四名被告的材料说明均属罪大恶极，认为应将赫斯判处死刑。另外三名均应定罪，不该释放。

1946年10月1日下午，纽伦堡法庭正式闭庭。

从退庭之后到行刑之前，被告里宾特洛甫、弗兰克、赛斯·英夸特、席腊赫、施佩尔、邓尼茨六人先后上诉，要求减刑。戈林上诉要求改绞刑为枪决。以上请求均被驳回，法庭一律维持原判。

整个审讯期间，世界公众密切注视着纽伦堡的动向。对德国首要战犯判刑的消息尤使全世界人心大快。苏联《真理报》在判决宣布之后发表的评论说："一切进步的人民，诚实的人民都衷心满意地欢迎国际法庭的判决书。这是无情的、坚决而公正的判决。"而苏联法官所持的不同意见也在民众中得到强烈共鸣。判决公之于世后，人们纷纷谴责法庭对巴本、沙赫特、弗里切三被告的过度宽恕。法、美、英、奥、挪等国进步报刊先后载文，"对释放战犯表示惊愕""遗憾"。柏林十万工人举行罢工，抗议开释战犯。德国统一社会党领导人皮克和格罗提渥发表联合声明，要求对纳粹罪犯严加惩处。值得注意的是"三被告在得知获释时没有任何人比他们本人更觉吃惊"。他们不敢离狱。沙赫特供认："余深惧德国民众……实觉无处容身"，要求暂时"准予留狱"，巴本欲往法国，但法国拒绝为其办理过境手续。当然也有极少数人指责"纽伦堡是胜利者的法庭"，"违背了法律不溯既往的原则"，甚至反对通过设立国际法庭的方式惩处战犯。

1946年10月16日对死犯处以极刑。凌晨1时11分，里宾特洛甫第一个被套上绞索，2时许，10名死囚先后在绞架上结束了罪恶的生命。罪首戈林在临刑前两小时吞服氰化钾毙命。鲍曼"需追捕归案后处死"，余犯皆投入狱中服刑。

客观地说，纽伦堡审判是一次公正的、经得起历史考验的审判。第二次世界大战是人类历史上一场空前的浩劫，5000万无辜人民惨遭屠戮，广袤的和平土地落得满目疮痍，甚至化为焦土。尸横遍野的战场、灭绝营、毒气室、焚尸炉……构成了名副其实的死亡工厂，而法庭正是对一惨绝人寰罪恶的主要肇事者加以惩处，从而在全世界伸张正义，所以是符合人民意愿的。同时对战犯的惩治也是世界反法西斯斗争的重大胜利，它巩固了第二次世界大战的成果。纽伦堡所审理的是历史上规模最大、案情最复杂、犯罪事实最令人发指的大案。而审讯和定案又是严格依靠证据进行的。司法人员能严肃、缜密、客观地依法审案、定审，也为国与国联合共同制裁侵略者提供了先例。纽伦堡审判揭开了国际法史上新的一页。在人类历史上，这是第一次给予侵略战争的密谋者、组织者、执行者以公开公正的处分，它表明："破坏和平和违反人道从法学的观点上是构成犯罪的"。美国首席检察官杰克逊谈道："纽伦堡判决的重要性并不在于它怎样忠实地解释过去，它的价值在于怎样认真地警诫未来。"他认为，审判有两大任务，"一是核实纳粹重大历史罪行的证据，二是解释并规定新形成的国际法基本准则。"后一点在国际范围内是一次新的开拓，而且初见成效，对后来的"联合国国际法委员会"是有启示的。所以有人把纽伦堡审判喻为"国际刑法史上第一部非常重要的文件。"

有人说，纽伦堡审判是"最使德国人民难堪之事"。实际上决不可把德国法西斯与德国人民混为一谈。如果当初德国大众欣然接受了希特勒的计划，那么就根本不需要什么冲锋队、盖世太保了。但纽伦堡审判对德国人民也是有益的教育，因为"德国人民通过纽伦堡审判第一次认识到在他的名义下对手无寸铁者、犹太人、病人、被绑架和被拘捕者所犯下的罪行"。

纽伦堡法庭不宣布德国内阁、最高统帅部和参谋本部为犯罪组织，释放沙赫特、巴本和弗里切三被告是不妥的。杰克逊先生在1955年也承认：如果当时对沙赫特的案件"进行非常慎重的调查，那么起诉肯定也不至于败诉"。另外，联邦德国历史学家埃德曼认为："如果法庭……有中立国参加，那么法庭的设立就会有更大的说服力。"这种见解也属探讨此课题的一家之言。

远东国际军事法庭

第二次世界大战，是人类历史上最大的一场浩劫，给各国人民造成了空前深重的灾难。遭受日本侵略的中国、东南亚等各国人民，在这场战争中付出了重大代价。据不完全统计，仅中国在战争中，军队伤亡达380余万人，民众伤亡达1800余万人，财产损失达一千多亿美元。日本法西斯侵略者令人发指的罪行，使受害各国人民和支持正义的人们从大战初期起就主张，战后应严厉惩处战争罪犯，不能像以前那样，仅仅惩办违反战时国际法规的战犯，而且要惩办对战争本身负有罪责的人，即对准备、发动、进行侵略战争的人，追究其作为战犯的责任。

1941年12月4日，苏联政府发表声明说："在战争胜利并相应地惩处希特勒罪犯后，苏维埃国家的任务将是保证持久正义的和平"。1942年8月，美国总统罗斯福根据对欧、亚侵略者的调查，主张要在实际进行犯罪活动的国家内进行审判。1943年10月，美、英、中、荷、澳大利亚等国设立了战争罪犯调查委员会。1943年11月20日在莫斯科发表的苏、美、英三国外长关于德国暴行的宣言指出：凡是应该对暴行和罪行负责，或者曾经同意进行暴行和罪行的德国军官、人员和纳粹党员，将被解回他们犯下罪恶行为的国家，以便按照这些被解放的国家和将在这些国家建立的自由政府的法律加以审判和惩处；这一宣言不影响主要罪犯的案件，他们罪行没有特殊的地理位置，他们将按照盟国政府的共同决定受到惩处。

1945年8月8日，苏、美、英、法根据上述莫斯科宣言，在伦敦签订了《关于控诉和惩处欧洲的轴心国主要战犯的协定》，及其附件《欧洲国际军事法庭宪章》。欧洲国际军事法庭从1945年11月10日在纽伦堡开庭，到1946年10月1日结束。

战争罪犯调查委员会表示，日本战犯也应受到与德国战犯同样的处理。1945年7月26日，中、美、英三国促令日本投降之《波茨坦公告》第十项规定："吾人无意奴役日本民族或消灭其国家，但对于战罪人犯，包括虐待吾人俘虏者在内，将处以法律之严厉制裁。"

1945年12月16日至26日，在莫斯科召开的苏、美、英三国外长会议决定（中国也同意），驻日盟军统帅应采取一切必要措施，以实现日本的投降条件，占领并管制日本。他必须实施波茨坦公告的条件，包括惩办日本战犯。

经盟国授权，驻日盟军最高统帅麦克阿瑟于1946年1月19日颁布了《特别通告》及《远东国际军事法庭宪章》（同年4月26日修正）。设立东京法庭的根据是1943年12月1日的《开罗宣言》、1945年7月26日的《波茨坦公告》、1945年9月2日在美舰"密苏里"号上签署的日本投降书和1945年12月26日的莫斯科会议决定。法庭宪章共5章17条，规定了任务、组成、诉讼程序及其管辖权。其内容与《欧洲国际军事法庭宪章》大同小异。美国迫于战后初期世界民主舆论的压力，同时为了适当打击日本竞争者，在进行一系列民主改革的同时，不得不同意进行东京审判。但在东京审判无论开始或结束的时间都比较晚，由于战后国际形势的发展，这种时间上的差异也就使东京审判及其结果更多地反映了美帝国主义的要求。随着时间的推移，包庇日本战犯的意图变得越来越明显，甚至反映在法庭的一些程序和技术性问题上。

东京审判并不是以所有的战犯为对象，而只是审理和惩办主要的甲级战犯，其他较次要的战犯由被侵略国设庭审理和处置。宪章第五条规定，法庭有权审理三种犯罪：（甲）破坏和平罪，即计划、准备、发动或实行被宣告的或未被宣告的侵略战争，或参加为达成上述任何行为的共同计划或阴谋；（乙）战争犯罪，即违反战争法规和惯例的行为；（丙）违反人道罪，即在战争发生前或战争进行中，对任何平民之谋杀、灭绝、奴化、放逐，及其他非人道行为，或因政治或种族关系，为执行或关涉本法庭管辖范围内之任何罪行而为之迫害，不问其是否违反所在国之国内法。凡参与策动、或执行任何犯上述罪行的共同计划或同谋之领袖、组织者、教唆犯及共犯，对任何人在执行此项计划中所为之一切行为均应负责。主要战犯称为甲级战犯，因为破坏和平罪属甲类，这种罪行是由侵略国最高负责人所犯。

宪章第二条规定，东京法庭应由盟军最高统帅从日本投降书签署国及印度、菲律宾提出的人员中任命6名以上、11名以下法官组成。纽伦堡法庭的组成及有关事项都是根据完全平等选举和表决的原则，而东京法庭的法官和检察官却不经选举，而是由盟军最高统帅即麦克阿瑟任命。这种做法从组织程序上保证了美国意图的贯彻。1946年2月18日，麦克阿瑟任命澳大利亚的韦伯为首席法官，另外还任命了10名法官（中、苏、美、英、法、荷、菲律宾、加拿大、新西兰、印度）。被任命的首席检察官是接近杜鲁门的美国律师约瑟夫·B·基南，其他30名检察官大都来自上述诸国。

宪章第九条丙款规定，为对被告进行公正审理，各被告有权为自己选择辩护人，但法庭可随时不承认本人选择的辩护人。日本方面的辩护人有鹈泽总明等28人，美国方面有柯尔曼等22人。

1945年9月11日，前首相东条英机等39名战犯被捕；11月19日，宣布逮捕小矶国昭等11名战犯；12月2日，宣布逮捕平沼骐一郎、广田弘毅等59名战犯；12月6日，逮捕近卫文麿、木户幸一等9名战犯。其中除旧有意义的战争罪犯之外,还包括对战争本身负有责任的人。在准备审判时,苏联曾建议,组织和发动侵略战争的财阀头目如鲇川、岩崎、中岛、藤原、池田等也应与东条同时受审。但这个建议被首席检察官基南否决,这些人被捕后又很快被释放。在美国的包庇下,日本财阀头目得以免于受审。对发动侵华战争和屠杀中国人民的战犯,如派遣军总司令西尾寿造、烟俊六,华北方面军司令官多田骏等,到1945年底才能动,冈村宁次则逍遥法外。

用中国俘虏进行生物武器试验的日本战犯也受到美国的包庇。据参与东京审判的荷兰法官伯纳德·列凌克透露,这种试验杀死了两千名中国人。有关人犯战后逃回日本,被捕后送往美国。美国人答应,只要忠实地说出他们通过自己的犯罪行为所得到的全部知识,就不予起诉,后来美国人遵守了诺言,但苏联审讯了犯有这类罪行的日本罪犯,并把起诉书送到东京。实际上,东京审判的首席检察官知道此事,但在法庭上根本不予追究。

关于国家元首应对发动侵略负刑事责任问题,第一次世界大战后对前德皇威廉二世的处理,至少从形式上已有了先例。第二次世界大战后,《欧洲国际军事法庭宪章》第七条规定:"被告之官职上地位,无论系国家之元首或政府各部之负责官吏,均不得为免除责任或减轻刑罚之理由"。而《远东国际军事法庭宪章》中相应的第六条却回避了国家元首的责任问题。该第二条措辞改为:"被告无论何时期内之官职上地位,被告按政府指示或上级官员指示而行动的情况,均不得使其免除对被控所犯任何罪行之责任。"同是关于被告责任问题,东京法庭宪章第六条与纽伦堡法庭宪章第七条不同,恰恰删除了"国家元首"字样,这绝非是偶然,而是反映了美国的需要。

1946年4月29日,即审判开始前四天,对东条英机等28名甲级战犯正式起诉。法庭就设在原日本陆军省即所谓的军部,庭长室就设在东条英机原来的办公室里。5月3日,法庭在军部会议厅召开第一次公开会议,开始审理。由于中国法官梅汝璈的据理力争,法官座次除首席法官外,按日本投降书各受降国的签字顺序美、中、英、苏、加、法……等排定。审理采用英、美法律,分立证和辩论两个阶段,手续烦琐,迁延时日。3日至4日,首席检察官基南宣室读长达42页的起诉书。

起诉书指出,从1928年1月1日至1945年9月2日,日本的对内对外政策"被犯罪的军阀所控制和指导。这种政策是重大的世界纠纷和侵略战争的原因,同时也是爱好和平各国人民的利益和日本人民本身的利益遭受重大损失的原因。"起诉书列举出55项罪状。其中第一项罪状称:"控告全体被告,在1928年1月1日至1945年9月2日这一期间,以领导者、组织者、教唆者或同谋者的资格,参与共同计划或阴谋,欲为日本取得对东亚、太平洋、印度洋以及其接壤各国或邻近岛屿之军事、政治、经济的控制地位,为达到此目的,使日本单独或与其他国家合作,对任何一个或一个以上之反对此项目的国家从事侵略战争。"第二十七项罪状是"对中国实行侵略罪状"。第五十五项罪状称:"应其官职应负有采取适当方法确实遵守及防止违反战争法规和惯例之法律上的义务,而竟完全漠视和蔑视其法律上的义务。"检察官根据以上各项罪状追究被告的个人责任。被告中罪状最少的也有 25 项，最多的达 54 项。但在 5 月 6 日，当时在法庭受审的全体被告 27 人竟都声辩自己"无罪"。东条英机竟说："对一切诉因，我声明无罪。"

审理期间共开庭 818 次，法官内部会议 131 次，有 419 位证人出庭作证，779 位证人提供供述书和宣誓口供，受理证据 4336 份，英文审判记录 48412 页。整个审判长达两年半之久，耗资 750 万美元。到 1948 年 4 月 16 日，法庭宣布休会，以做出判决。从 1948 年 11 月 4 日开始，宣读长达 1231 页的判决书，到 12 日才读完。

判决书由三部分组成。第一部分：一、法庭的设立和审理；二、法（甲，法庭的管辖权；乙，对俘虏的战争犯罪的责任；丙，起诉书）；三、日本的义务和权利；第二部分：四、军部控制日本、准备战争；五、日本对中国的侵略；六、日本对苏联的侵略；七、太平洋战争；八、违反战争法规的犯罪（暴行）。第三部分：九、起诉书中罪状的认定；十、判决。判决书肯定日本的内外政策在受审查的时期（1928~1945 年）内都是旨在准备和发动侵略战争。

被告最初是 28 人，但前外交大臣松冈洋右和前海军大将永野修身病死，为日本侵略炮制理论根据的大川昭明因发狂而中止受审。结果只对 25 人进行了审判和判决。对七人处以绞刑（东条英机、广田弘毅、土肥原贤二、板垣征四郎、木村岳太郎、松井石根、武滕章）。对 16 人处以无期徒刑（荒木贞夫、桥本欣五郎、烟俊六、平沼骐一郎、星野直树、贺屋兴宣、木户幸一、小矶国昭、南次郎、冈敬纯、大岛浩、佐滕贤了、嶋田繁太郎、白鸟敏夫、梅津美治郎、铃木贞一），判处二人有期徒刑（东乡茂德 20 年，重光葵七年）。

由于美国的操纵和包庇，判决书对有些战犯的判词太轻，对有些史实解释失当。例如，松井石根 1937 年任华中方面军司令官，统率上海派遣军和第十军。他在 1937 年 12 月 13 日统率军队占领南京，指挥日军犯下了震惊世界的"南京大屠杀"暴行，被杀害的中国人达 30 万以上，日军在南京疯狂烧杀掳掠，砍头、劈脑、切腹、挖心、水溺、火烧、砍去四肢、割生殖器、刺穿阴户、肛门等无所不用其极。日军的这些残酷暴行，比德军在奥斯威辛集中营单纯用毒气屠杀更加惨绝人寰。但判决书却对他在第二十七项罪状"对中国实行侵略战争"上，"判决为无罪"，硬说"1937 年和 1938 年时他在中国的军事职务，就其本身论，不能认为与实行侵略战争有关"。再如，重光葵除在苏、英等国任大使时的反动活动外，还在 1931~1932 年任驻中国公使，1942~1943 年任驻汪精卫伪政府大使时期，为策应日本的军事侵略，进行了大量罪恶活动。由于在审判期间，美国国务院和英国外交部提供文件为他开脱，判决书说他的活动"未超过职务的正当范围"，"不是阴谋分子之一员"，"并未实行侵略战争"等，因而仅判七年徒刑。1948 年 11 月 12 日苏联《消息报》曾载文批评，指出这种判决本身就是袒护。此外，判决书认为，日本与德国共谋破坏和平的罪行还缺乏证据，那只是两国总参谋部中个别人员的私人图谋，与日本政府无涉。判决书极力强调日本军部在实行侵略计划方面的罪行，减轻日本政府和垄断资本的责任。

尽管存在上述问题，东京法庭的判决总的说来还是严正的，受到世界舆论的欢迎。1948 年 11 月 28 日，苏联《消息报》发表《东京审判的总结》一文，指出："苏联人民也像全世界一切正直的人们一样，对法庭的判决非常满意……，法庭的功绩在于，尽管日本主要战犯的辩护人和保护者们机关用尽，国际反动势力施展了许多诡计，甚至法庭的某些法官也当了他们的代言人，但法庭还是做出了合乎正义的和严厉的判决"。

1948年11月12日，远东国际军事法庭宣告结束。

一群西柏林人正观看西方联盟为他们送来救济品的运输机着陆

英法的削弱和德意日败降

第二次世界大战前，西欧的英、法、德、意和亚洲的日本，都是国际政治舞台上的大国，对国际事务起着举足轻重的作用。但是，经过第二次世界大战，无论是作为战胜国的英、法，还是作为战败国的德、日、意，实力都是受到严重削弱或破坏。

德国、日本和意大利，这三个法西斯国家是二战的罪魁祸首，它们抱着称霸世界的目的挑起了战争，结果却在战争中被彻底打垮了，沦为战败国。军事上法西斯国家的军队被解散，军事设施被摧毁；政治上，处于盟国的军事管制之下，一度丧失了国家主权；经济上，三国在战争中不仅丧失了大量的人力、物力，而且还丧失了几乎所有的海外殖民地、海外投资及国外市场，国民经济全面崩溃。意大利由于较早停止了侵略战争，战后处境相对好一些，但是和德、日一样丧失了大国的实力地位，被排除出战后一流大国的行列。

英国是第二次世界大战的战胜国，并且还是决定战后世界安排的"三巨头"（苏、美、英）之一，但是，英国为了赢得这次战争付出了巨大的代价，实力受到严重削弱。为了支持战争，英国不仅把它的国民生产总值的一半用作军费，而且还大举借债，到战争结束时，英国从战前的债权国变成了负债累累的债务国，欠美国的租借物资债款210亿美元，欠印度、加拿大、埃及、阿根廷等国的短期债务140亿美元。英国还出售了45亿美元的海外投资和若干海外军事基地,使海外投资减少了 1/4,并且丧失了在大西洋和太平洋上的一些战略据点。战争期间,英国的工业总产值减少了 20%,出口贸易下降了约 40%,黄金储备由 20 亿美元下降到 1.5 亿美元,几乎消耗殆尽。英国的军队在战争期间由 130 万人增加到 510 万人,但与美国、苏联相比则大为逊色,特别是支撑了英国一个多世纪世界霸主地位的主要军事力量——海军,更是不能和美国相提并论。实力的衰落,使英国控制殖民地、自治领地能力也大大下降,被迫同意印度、巴基斯坦、锡兰(今斯里兰卡)独立,并且调整了英联邦内部的关系。昔日大英帝国的雄风已经荡然无存,英国已经丧失了一流大国的地位。

第二次世界大战期间,法国的工农业生产下降了 1/2,对外贸易下降了 3/4,经济损失相当于战前 3 年的全部生产总值。战后,经济萎缩,通货膨胀,财政收支恶化等经济困难困扰着法国。战争期间维希政府的投降行径,也极大地损害了法国的国际形象。经济、政治和军事实力的削弱严重降低了法国战后控制海外殖民地的能力,它被迫承认黎巴嫩、叙利亚、摩洛哥等国的独立。在接下来的印度支那战争和阿尔及利亚战争中,法国也处于十分被动的地位,最后不得不放弃在这些地区的宗主权。战争后期,美、英、苏出于种种考虑,把法国拉进了大国的行列,但是,它的国力已经严重衰落,丧失了一流大国的地位。

美国成为世界头号强国

就在英、法、德、意、日衰落的同时,美国的实力却借着第二次世界大战给它提供的机遇急剧膨胀起来,成为世界头号资本主义强国。

作为头号强国的美国,其强大的实力表现在军事、政治、经济以及科技等各个领域。1939 年,美国的军费开支只有 12 亿美元,军队总数才 33.5 万人,位居南斯拉夫、波兰之后,排在资本主义世界第 17 位。到 1945 年战争结束时,美国一跃成为世界第一军事强国:武装部队总数达 1200 多万人,为世界第一;并建立了世界上最强大的空军,拥有 2800 多架超重型轰炸机和 1100 多架重型轰炸机;还建立了世界上最强大的海军,拥有以 30 多艘航空母舰为核心的 1200 多艘战舰及 5 万多艘其他船舶,包括地中海在内的所有海洋都处在美国的有效控制之下;在 1949 年苏联的原子弹爆炸成功之前,美国是世界上唯一拥有原子弹的国家,独自垄断着核武器;国防预算超过 800 亿美元。另外,在战后初期,美国还在 56 个国家驻有军队,建立了 480 多个军事基地。这些海外驻军和军事基地在美国全球扩张中起到了重要作用。

苏联崛起

作为第二次世界大战的主要战场,苏联为赢得反法西斯战争的胜利做出了巨大的贡献,也遭受了巨大的损失。在这次战争中,苏联死亡了2700多万人,4万多座城市被毁,物质损失相当于全部社会财富的1/3。但是,与英、法不同,苏联没有因为巨大的损失而衰落下去,却在战争中崛起,成为一个世界军事、政治强国,成为战后唯一可以与美国抗衡的力量。

1941年,苏联军队大约有540万人,到1945年5月欧洲战争结束时,已经发展到以陆军为主的近1140万人。战争期间,苏联在东部地区建立了重工业和军火工业基地,生产了大量的武器装备。从1943年到1945年,苏联每年平均生产12万门火炮、3万辆坦克、4万架飞机和19390万发炮弹,军火产量仅次于美国。远远超过其他国家。战争结束后,苏联加速研制核武器,于1949年试爆原子弹成功。

战争后期,在追击德军和对日作战过程中,苏军跨越国境,在西面占领了东欧和德国的东部地区;在南面,挺进到巴尔干半岛,控制了多瑙河出海口;在东部,进入中国的东北地区和朝鲜北部,占领了萨哈林岛(库页岛)和千岛群岛,从而使得苏联在战后雄踞欧洲,虎视太平洋,占据了十分有利的战略位置。

由于苏联在反法西斯战争中的卓越贡献和强大的军事力量,它的国际威望大大提高,在国际事务中的影响力也大大增强。在战后世界的安排中,苏联和美国是起决定作用的两个国家。它是联合国组织的创始国之一,是联合国安理会中的常任理事国,拥有否决权。在战前,只有26个国家与苏联有外交关系,到1945年底,与苏联建交的国家已发展到64个。更重要的是,苏联是战后形成的社会主义阵营的核心和领导者。

美苏的相互猜忌

在整个欧洲都被美、苏两国划分成势力范围的情况下,欧洲列强对自己的殖民地也无力控制了,不管列强们是否同意,殖民地全都在摆脱他们的控制,独立运动风起云涌,以适应美、苏主宰的世界格局。

作为两个地域都非常辽阔的大国,早在19世纪90年代时,美国和俄国就因在中国东北的利益而发生过冲突。1917年俄国十月革命后,两国的竞争由原来的帝国主义国家间的利益冲突开始上升成为意识形态的对立。就这样,在1933年之前,美国与苏联一直没有建立外交关系。美国人始终牢记着,正是由于1917年苏维埃政府单方面与德国媾和签署了停战协定,才使得西方国家不得不背负单方面对抗德国的压力。而苏联人也不会忘记,1918年美国曾经与列强一起派兵参与支援反布尔什维克的匪徒武装叛乱,干预苏联内战,妄图扼杀新生的苏维埃政权。

虽然苏联在二战中曾与英美等一起对德、日、意法西斯作战,但这不是一种正常的现象,因为双方的固有矛盾依然存在。苏联人在德国法西斯大兵压境的情况下,只好暂时与英美达成妥协,并一直没有忘记,罗斯福因共同利益曾经答应过将会在欧洲开辟第二战场的承诺。但直到1944年6月,英美盟军才在诺曼底登陆,这是苏联人发出请求两年之后才等来的结果。而在这两年中,苏联遭受了惨重的损失。苏联人不会忘记,正是由于西方国家人为地将进攻计划推迟了,所以才使得苏联不得不在两年之久的时间里,单独承受德国的军事打击。

冷战开始

1945年5月,第二次世界大战欧洲战场战事结束后,苏联和美国、英国、法国等西方国家的军队就沿着中欧的一条分界线分别驻扎着。随后举行的雅尔塔会议又确认了任何一方都不应该将对方赶出当前所在地区的原则。因此,苏联占据三分之一、美国占据三分之二的状况得到认可。但美国与苏联在意识形态上的巨大差异,决定着他们对事情的看法也截然不同。

冷战从第二次世界大战结束时开始,直到20世纪90年代初苏联解体时为止。冷战期间,对立的两大阵营只是在经济、哲学、文化、社会和政治立场方面产生严重对立,朝鲜战争、越南战争和阿富汗争端虽然也是两大阵营对立、矛盾激化后在某些区域的集中体现,但是两个超级大国并未直接交火,而是通过资金和武器来帮助各自支持的国家或组织,让他们作为双方的代理人来充当马前卒。所以说双方冷战政策的最基本特征是遏制对方但不付诸武力,竞争的一个主要领域就是科学技术,还有十分隐蔽的间谍战和政治宣传战。

希腊人民的解放斗争

希腊位于巴尔干半岛南端,地中海东部,扼守着北入黑海,南出红海的要冲,战略地位十分重要。1941年4月,希特勒德国大举入侵希腊,不久即占领全境。希腊国王及其政府要员仓皇出逃,先后在伦敦、开罗建立了流亡政府。面对着大片国土的沦丧,希腊人民在希腊共产党的领导下,掀起了大规模的反法西斯斗争。1941年9月27日,在共产党倡议下,成立了民族解放阵线。除共产党外,参加者还有农民党、统一社会党、激进党等党派。接着组织起一支人民武装——希腊人民解放军,展开了反对法西斯占领军的民族解放战争。人民解放军越战越强,到1944年夏天已发展到7万人,控制着4/5的国土。在解放区内,成立了人民委员会、人民法庭和人民警察。1944年3月3日成立了全国民族解放政治委员会,行使临时人民政府的职能。

希腊人民民族解放战争的不断胜利,特别是民族解放政治委员会的成立,使希腊流亡政府和一切保皇势力惊恐万状,念念不忘"欧洲柔软的下腹部"的丘吉尔更是忧虑不安。为了使战后希腊仍能由亲英势力执政,重新成为英国的势力范围,1944 年 5 月 5 日,英外交大臣艾登与苏驻英大使讨论了双方在巴尔干半岛的活动范围问题。同年 10 月 9 日,丘吉尔又亲赴莫斯科与苏联磋商,双方很快达成了协议。丘吉尔认为这一协议"限制了俄国人在巴尔干半岛的扩张,并使英国在希腊和南斯拉夫获得了一个立足点"。与此同时,英国政府以调解流亡政府和民族解放政治委员会的关系为名,于 1944 年 5 月 17 日在贝鲁特召开了有流亡政府和解放区各党派、组织参加的会议。根据会议最后达成的协议,流亡政府进行改组,民族解放政治委员会宣布解散。有 5 名民族解放政治委员会的代表参加改组后的团结政府。协议还规定,全国解放后解散所有的军事组织,建立统一的军队,实行关于政体的公民投票。

希腊团结政府成立后,1944 年 9 月 26 日,在意大利的卡塞塔举行了统一全国武装力量的会议。会议通过的协议规定,全国所有游击队一律服从民族团结政府的命令,希腊政府将这些军队交给希腊盟军司令英国罗纳德·斯科比中将指挥。这时,人民解放军有 12 万人,其领导人同意把这支大军的指挥交给英军,从而使希腊人民军失去了独立作战的权利和自由。

1944 年夏,第二战场打响后,苏军向巴尔干半岛推进,驻希腊的德寇匆匆撤退。1944 年 10 月底,希腊全国解放。当时人民军控制着全国 33 个省中的 31 个,还解放了首都雅典。但是,随着德军的撤退,斯科比以希腊盟军总司令的名义,指挥英军在希腊登陆。10 月 14 日进入已被人民解放军解放 3 天的雅典。希腊流亡政府和希腊政府军也随英军进入首都。流亡政府首脑潘德里欧来到雅典后,在斯科比的授意下,不顾贝鲁特协议载明的解散全国武装部队并建立统一的国家军的规定,下令单方面解散人民解放军。12 月 1 日,为抗议英军和希腊政府违背贝鲁特精神,民族解放阵线和共产党参加政府的几名部长集体辞职。全军发布了动员令,并重新恢复了民族解放政治委员会。12 月 3 日,民族解放阵线组织了 50 万人示威游行。英军司令斯科比下令军警向手无寸铁的游行队伍开枪,造成了雅典居民死伤 165 人的流血事件。雅典人民忍无可忍,立即与反动军警展开了英勇搏斗。于是英国撕下了"同盟国"的假面具,向人民解放军发动进攻,英军派出了 3 个师的兵力,在飞机、火炮、坦克的配合下,对保卫祖国独立的希腊人民展开了野蛮的进攻。40 多天内竟杀害了希腊爱国人民 6000 余人。这就是震惊世界的雅典大屠杀。1945 年 1 月 5 日,为了减少牺牲,人民解放军主动退出雅典。

人民解放军撤出雅典后,仍控制着希腊一半以上的地区。全国民解放军没有继续进行战争,而是于 1 月 11 日派代表与斯科比谈判停火,1 月 15 日正式停战。停战后双方在瓦尔基扎继续谈判,至 2 月 12 日,签订了一项"瓦尔基扎协定"。协定规定,在民族解放阵线和民族解放政治委员会方面,解散人民解放军,交出军队的武器装备;在政府方面,

1944 年 12 月，希腊内战爆发。图为人们在为被警察枪杀的示威者举行葬礼。

取消军事戒严，大赦政治犯，释放人质，实行言论、出版、集会的自由，举行普选，由人民决定国家体制。民族解放阵线履行了规定的有关条款，交出的武器计有：步枪 48973 支，冲锋枪 713 支，轻机枪 1412 挺，重机枪 419 挺，各类炮 100 门，反坦克炮 54 门，电台 17 部以及粮食马匹等辎重。但是，希腊反动政府在英国支持下非但没有履行他们在协议上写的"确立民主制度"的诺言，反而更加肆无忌惮地镇压革命人民。前人民解放军的许多官兵和革命群众被任意逮捕、拷打和监禁。从 1945 年 2 月 10 日到 1946 年 3 月 21 日 1 年多的时间内，就有 8.4 万人被捕，1289 人被屠杀。1946 年 9 月 1 日，在英国和希腊反动政府的刺刀下，曾被废黜的国王乔治二世重登王位。

艰苦卓绝的三年苦战

英、希反动派的倒行逆施激起了希腊革命人民的坚决反抗。1945～1946 年冬，许多前人民解放军战士和民族解放运动成员，纷纷转入山区，重新拿起武器进行战斗。1946年初，希腊共产党决定领导组织新的武装斗争。2 月 13 日，希共举行了七届二中全会。"全会在衡量国内因素以及巴尔干和国际局势以后，决定立即组织新的武装斗争，反对保皇法西斯暴政"。3 月 30 日夜，即希腊政府举行议会选举的前夕，希共领导的游击队进攻了色萨利地区的奥林匹斯山附近的反动武装力量。这次进攻被认为是"革命的开始"。1946 年 8 月，希共中央派人民解放军领导人之一马科斯到山区加强对游击队的领导。10月 26 日，希腊民主军总司令部在希腊山区成立，由马科斯任总司令。马科斯领导的民主军实行了游击战术。他们"采取简单而有效的战术，选好目标，集中部队，在夜里出其不意地出击……然后撤回山区隐藏处"。从此,希腊人民的革命武装斗争再度高涨,民主军在斗争中不断壮大。在举行选举和公民投票时,瓦菲阿泽斯(马科斯)领导的游击队在希腊北部,甚至在伯罗奔尼撒已非常活跃。到1947年春,希腊民主军已按旅编制,总人数达1.3万人,后逐渐增至2.3万人。反动军队虽然拥有数量上的优势,装备着英制新式武器,但1947年在民主军游击战的打击下节节败退,最后只能控制雅典和萨洛尼卡等大城市及其附近地区。

在希腊民主军的沉重打击下,英国扶植的希腊政府的政治经济状况日益恶化。为了维持其摇摇欲坠的反动统治,1946年11月27日,察尔扎里斯通过希腊驻英大使向英国政府要求帮助它扩充军队,并希望英国政府立即同意。12月18日,希腊驻英大使馆又向英国外交部递交一份备忘录,要求"英国政府承担责任,把希腊陆军扩充到12.8万人,并把这支军队维持在这一水平上,直至叛军被消灭和国内治安部恢复为止"。同时,还要求英国政府提供为维持这支军队所需要的武器、弹药、车辆、役畜、军服以及其他必需的项目和物资。备忘录指出"所有上述装备都必须在1947年4月1日预定向叛军发动总攻击以前运到希腊"。希腊反动政府不断提出的要求使英国感到十分为难。因为当时英国正濒临经济崩溃的边缘,苦于巨额财政赤字。为了维持它对希腊的控制,英国政府已经耗费了巨资,难以再提供更多的援助。

1947年2月21日,英国照会美国,声称英国无力再给希腊和土耳其以经济和军事援助,鉴于希腊和土耳其在军事上和战略上的重要性,决不能让它们落入苏联控制之下,希望美国接过这副担子。而美国早就想争夺地中海霸权,美国统治阶级认为,"强大的英帝国结束以后,美国必须填补真空"。1946年10月18日,美国驻希腊大使麦克佛把杜鲁门的一封信交给希腊国王,提出向希腊提供"大量的援助和物资供应"。英国的照会无疑给了美国一个千载难逢的良机。1947年3月12日,杜鲁门向国会提出了后来被称为"杜鲁门主义"的咨文。咨文最后部分说:"我要求国会授权在截至1948年6月30日为止的时期内给予希腊和土耳其为数4亿美元的援助","除了资金以外,应希腊和土耳其两国的邀请,我要求国会授权派遣美国文职和军事人员到那里去,帮助重建工作,和监督使用可能提供的财政援助和物资援助"。

1947年5月22日,杜鲁门正式签署了为希腊和土耳其提供援助和国会法案,成为第75号公共法律。截止到1949年年中,希腊根据杜鲁门的援助计划共得到5.48亿美元,"其中5.29亿美元用于内战的军事需要"。1947年11月,成立了美希联合总参谋部。1948年2月,范弗里特被任命为美国援助希腊代表团的军事负责人。当时,有250多名美国军官在师一级指导希腊军队的战术活动。1948年8月,范弗里特作出决定并通知希腊政府,今后希腊最高国防会议非经范弗里特召集不得开会。在希腊,范弗里特什么都干,从组织军队的供应到训练士兵如何使用美式MI步枪。

在美国的直接指使下,希腊当局对希腊革命武装力量进行了残酷镇压。同时还加紧迫害广大爱国人民。1947年10月中旬,希腊反动政府封闭了希共主办的报纸。12月,取消了工人罢工的权利。12月24日希共被宣布为非法。仅从1948年11月到1949年7月,被希腊反动当局屠杀的爱国者达4711人。在实行杜鲁门主义的3年中在各地设立了集中营,被关进集中营和监狱的有7万人。

面对反动派的残酷镇压,希腊民主军进行了英勇斗争,先后粉碎了美希反动派1946年的"秋季围剿"、1947年的"春季攻势""夏季攻势"。1947年12月24日,希腊临时民主政府正式宣告成立,马科斯任临时民主政府总理兼军事部长。马科斯将军在广播演说中宣布:新政府将依靠人民民主原则治理解放区;取缔外国企业;创办银行和重工业;实行土地改革;各民族一律平等;同所有民主国家及其政府建立友好关系。

1948年,由于美国的援助,希腊反动政府的军事力量有了增强。希腊政府军已扩充成为一支拥有13.2万人和现代化装备的正规军,另外还有国民自卫队5万人。以范弗里特为首的美国军事代表团帮助希腊反动派总结过去反游击战争失败的教训,改用一种"逐步扩大控制范围"的作战方案。它的要点是:1.无情地消灭希共用于通讯联系、征集人员和负责供应的地下组织;2.不分昼夜连续不停地追击游击队,搜索并破坏他们的营地和仓库,清剿转入地下的残存的游击部队;3.组织各村民防队伍,阻止游击队重新进入已被扫荡的地区;4.把所有住在邻近共产党据点的全部村庄人口迁走,建立"无人地带",使游击队丧失了不可缺少的情报和粮食来源。

在马科斯领导下的希腊民主军,运用游击战术,屡次挫败敌人的进攻,取得巨大的成功。但是在希腊共产党内,以总书记扎哈里阿泽斯为首的一些人,反对在广大山区和农村进行游击战。当希共中央决定领导组织新的武装斗争后,扎哈里阿泽斯一直想把斗争的重点从农村游击转向城市组织武装起义。1947年9月12日至15日,在扎哈里阿泽斯的主持下,希共召开了七届三中会议,决定"把党的活动重心转到军事政治方面,以便使民主军能在最短时间内基本上在希腊北部建立一个自由的希腊"。全会决定把民主军从游击战争转入正规战争阶段,要求把部队集中起来,进行阵地战、攻坚战,夺取城市和保住固定地区。马科斯不同意这项决定,他主张继续打游击战,"用少量的、流动的、以轻武器装备起来的分遣队、敌后爆破工作队和狙击手进行深入的、游击式的活动,主动选择作战地点和时机……使美国人和保皇法西斯在军事和经济上不断遭受损失,政治上越来越不稳定——最后,利用希腊工人的越来越恶化的境况,加强城市的运动和希腊民主军,并做出强有力的和相互配合的打击"。但这一主张遭到了扎哈里阿泽斯的反对。10月8日,在希共报纸上发表了三中全会的决议要点,还刊登了扎哈里阿泽斯的文章,号召进行一场全力以赴的战争。此后,主张采取游击战方针的人便逐步被排挤出民主军的领导岗位,给民主军造成了巨大损失。

1947年12月24日,希共领导人调集大批游击队,强攻科尼察,想把它攻下作为希腊临时民主政府的所在地。这是民主军进行的首次正规战,但结果失败了。1948年4月15日,希腊反动军队在美国军事顾问的指挥下,在鲁梅利发动了一次所谓"黎明战役",以3个师的兵力全面包围了鲁梅利地区,然后派突击队把整个地区分割成几个部分。民主军采取消极防御、固守阵地的作战方法,经过1月苦战,2000多名战士几乎全部伤亡或被俘。

"黎明战役"得逞后,美希反动派于1948年6月初对希共的固定据点格拉莫斯发动攻势,企图一举扑灭民主军。民主军凭借坚固的阵地进行防守,并从邻近的阿尔巴尼亚取得补给,坚持了40天,但最后失利。这时民主军退至阿尔巴尼亚境内,旋又突入希腊西北马其顿的维特西地区,趁该处敌人防守力量单薄,一直攻抵喀斯多里亚和弗洛里纳市郊。希共领导人把这一侥幸胜利视为自己战略的胜利,遂下令全面地推行以攻打城市为目标的正规作战方针。1948年12月至1949年1月,希腊民主军曾连续攻克希腊西北部的几处小镇,但每次都因兵力有限不能固守,得而复失,且因攻城付出了很大代价。

1949年,形势的发展已不利于希腊人民武装。但希共总书记扎哈里阿泽斯在1949年1月召开的七届五中全会上却说,希腊内战正走向决定性胜利的转折点。全会决议还指出,民主军已成为一支强大的正规军,1949年将是具有决定意义的胜利战斗的一年。当时民主军尚有1.5万名战士,足以坚持长期的游击战争。但在希共领导的上述思想指导下,当1949年8月美希反动派以强大兵力进攻维特西和格拉莫斯两个主要据点时,民主军采取了拼消耗的消极防御战略。8月1日至9日,政府军队集中飞机大炮、佯攻格拉莫斯。民主军也集中后备队固守该地,削弱了维特西的防卫力量。8月10日夜,反动军队突然以主力向维特西发起进攻,民主军虽付出了重大代价,仍未守住阵地,只得撤往格拉莫斯。维特西陷落。8月25日,希腊政府军从东西两面向格拉莫斯的民主军发起进攻。希腊国王保罗也赶到前线,给反动军队打气。8月30日,政府军占领了格拉莫斯的最后一块阵地,民主军的一部分人被迫撤至阿尔巴尼亚境内,少数游击队转入希腊边远地区。10月16日,希腊临时民主政府宣布民主军停止战斗,希腊国内革命战争从此结束。

贝尔德

1925年的一天,在伦敦最大的一家百货商店里,兴致勃勃而来的人们沮丧地议论着:

"真是吹牛,就这样的影子也算是图像?"

"这一定是百货商店老板的鬼主意。"

"能不能把图像再调得清楚一些?是否可以在上面展示一只动物让我们看看呢?"

贝尔德十分尴尬地说:"对不起,现在我只能做到这种程度。"

原来这个不到20岁的毛头小伙子贝尔德,正在展示他发明的电视机!

贝尔德出生在苏格兰海伦斯堡的一个牧师家庭,从小就爱好发明。为了发明电视机,他在英格兰西南部的黑斯廷斯建造了一个极为简陋的实验室:用一个盥洗盆作框架,然后同一个破茶叶箱连起来,再把捡来的电动机安上去……这些废品,就是他发明电视机的整个实验装备。

按照电视机的工作原理，贝尔德把需要发送的场景分成若干个小点儿，区分明暗的差别，再以电信号形式把它们传送出去，最后在另一端接收并显示出来。就这样，他年复一年地在简陋的实验室反复试验着。1924年春天他终于成功地发射了一朵十字花。虽然发射距离只有短短三米，而且图像只是一个模糊的轮廓，还闪烁不定，但却令贝尔德兴奋不已。为找出图像不清晰的原因，他把几百个干电池分别连接起来，但一不小心左手碰到一根裸露的连接线，高达两千伏的电压把他击昏了过去。

第二天，伦敦《每日快报》用大字标题报道了贝尔德遭电击的消息。贝尔德抓住这个契机，大肆宣传来筹集实验资金。一家无线电老板表示愿意赞助经费，但要获取发明成功后创收的一半。尽管条件苛刻，但贝尔德同意了。此后，实验装置从黑斯廷斯运到了伦敦。可不久经费就用完了，而试验却没有太大突破。

正在贝尔德焦虑时，一家百货店的老板又愿意提供二十五英镑的赞助，并免费送给他一切实验材料，条件是必须在他的商店里操作表演。令贝尔德沮丧的是，现场表演又失败了。贝尔德再次进入艰难的时期，甚至没钱吃饭、付房租。为了支持他继续试验下去，他的两个堂兄弟为他凑了五百英镑。这使贝尔德如重获新生一般，他又立刻投入到了试验中。

1925年10月2日清晨，接收机上非常清晰地显示出木偶头像"比尔"的脸部特征。"成功了，成功了，我终于成功了！"贝尔德大喊着冲下楼去，遇到一个小伙子立刻把他拽上楼，按在"比尔"的位置上。几秒钟后，小伙子也同样吃惊地大喊起来："不可思议，简直不可思议！"原来他发现自己的脸竟然出现在贝尔德的"魔镜"里。贝尔德的发明很快引起了英国的震惊，发现商机的人们，纷至沓来要求资助。

有了资金后，贝尔德更新设备，开始进行更深层次的试验。1928年，他成功地把伦敦传播室的人像传到了位于纽约的接收机上。不久，又把伦敦一位姑娘的图像送到她正在远洋航行的未婚夫手中。贝尔德成功了，他的名字很快传遍了全世界。

1936年秋，英国广播公司正式从伦敦播送电视节目，这使人们的生活发生了天翻地覆的变化。但贝尔德并没有满足于眼前的成功，而是想着发明彩色电视，让色彩缤纷的世界呈现在荧屏上。

1941年12月，贝尔德第一次成功地传送了完美的彩色图像，他所发明的彩色电视机又成功了，但实验室却毁在了希特勒的炸弹下。贝尔德没有灰心失望，又重新开始了他的试验。转瞬到了1946年6月，英国广播公司又成功地播送了彩色电视节目，而贝尔德却因过度劳累病倒了，几天后，就匆匆地离开了人世，年仅58岁。遗憾的是，这位"电视机之父"始终没有看到彩色电视节目。

如今，贝尔德发明的第一架电视机、与他多年相伴的木偶"比尔"都被保存在英国南肯辛顿科学博物馆中，供游人参观。

联合国大会第一届第一次会议在伦敦举行

1946 年 1 月 10 日至 24 日,联合国大会第一届第一次会议在伦敦举行,51 个成员国代表出席。比利时的保罗·亨利·斯巴克当选为会议主席。2 月 1 日,挪威的特里格夫·赖伊为第一任联合国秘书长。至此,联合国组织系统正式开始启动。

世界第一台电子计算机问世

1946 年 2 月 15 日,世界上第一台通用电子数字计算机"埃尼阿克"(ENIAC)在美国宾夕法尼亚大学诞生。"埃尼阿克"的成功,是计算机发展史上的一个里程碑,是人类在发展计算技术的历程中,到达的一个新的起点。"埃尼阿克"计算机的最初设计方案,是由 36 岁的美国工程师莫奇利于 1943 年提出的,计算机的主要任务是分析炮弹轨道。美国军械部拨款支持研制工作,并建立一个专门研究小组,由莫奇利负责。总工程师由埃克特担任,组员格尔斯坦是位数学家,另外还有逻辑学家勃克斯。

"埃尼阿克"计算机共使用了 18000 个电子管,另加 1500 个继电器以及 70000 个电阻组成,其总体积约 90 立方米,重达 30 吨,占地 170 平方米,需要用一间 30 多米长的大房间才能存放,是个地地道道的庞然大物。

"埃尼阿克"每秒能做 5000 次加法,或者 400 次乘法。如果用当时最快的机电式计算机做 40 点弹道计算,需要两小时,而"埃尼阿克"只要 3 秒钟,这在当时,的确已是很了不起的成绩。然而"埃尼阿克"还不完善,实际上它没有存储器,只有用电子管做的寄存器,仅仅能寄存 10 个数码。当需要换算别的题目时,得重新焊接连线,很费时间。总之,第一台电子计算机的发明,是人类科技发展史上的重大突破。

法国举行首届戛纳电影节

戛纳国际电影节是国际上最有影响的电影节,被誉为"世界电影之窗"。二战爆发前夕,为与法西斯控制的威尼斯电影节相抗衡,建立一个充满艺术气氛不受政治左右的国际电影节,时任法国外交部艺术交流司官员的菲利普艾尔朗在政府、文化界和地方当局的支持下,决定在法国南部的海滨旅游胜地戛纳创立一个国际电影节,并将首届戛纳国际电影节定在 1939 年 9 月 1 日至 20 日举行。明星与游客们兴致勃勃地赶到戛纳。9 月 1 日德军入侵波兰。法国进入紧急状态。两天后,英、法联合宣布对德进入战时状态,影星、旅游者纷纷离去。1939 年的戛纳国际电影节就这样在硝烟纷飞中流产了。直到

1946年，在和平的晴空下，第一届戛纳国际电影节才正式撩开面纱并载入史册。

戛纳电影节设立的奖项名目繁多，最高奖是"金棕榈奖"，分别授予最佳故事片和最佳短片，此外还有银狮奖、评委会特别奖、最佳导演奖、最佳男女演员奖、技术奖、青年奖、国际评论奖、基督教评委会奖、观众奖等等。

比基尼泳装首次亮相

1946年7月25日，在比基尼群岛附近的平静的太平洋海面上爆炸了一枚原子弹。这是历史上由美国军方实施的第一次水下核爆炸。被曼哈顿工程的工程师们称为"比基尼·海伦"的这枚原子弹爆炸的威力相当惊人，炸沉11艘巨型军舰并炸伤6艘，这支旧舰队是供试验用的，停在爆炸区内。就在这次原子弹爆炸的4天后，法国巴黎一个著名的服装设计师路易·雷尔德为女子设计了一种用料少，对人体遮盖少，游泳时阻力小的泳装。但是，因为这种游泳衣的遮盖面太小，穿上后近于裸体，又由于受宗教观念的影响，当时就连许多专业时装模特也不敢穿着向世人展示。这时，一位舞女勇敢地站出来，公开向传统观念宣战，带头穿上雷尔德设计的这种三点式泳装，并公开让记者拍照。舞女的大胆之举，在全世界的震动比美国在比基尼岛上4天前原子弹的试验成功引起的震动有过之而无不及，所以，人们称这种泳装为"比基尼"泳装。

英雄甘地

1869年10月2日，甘地在印度出生，由于其父曾任土邦大臣，所以他长大后得到了到英国接受高等教育的机会。在英国，甘地接触了很多自由和平等的思想，而这时的印度还在英国的殖民统治之下，印度社会中存在着的不平等也深深地刺伤了他的心。因此，他决心改变这种屈辱的状况。大学毕业后，他去南非做了一名律师，他凭借着超人的胆识和坚强的意志，很快就赢得了大家的信任和支持，并顺利地成为印度侨民反对种族歧视斗争的领袖。从南非回到印度之后，他便顺理成章地成为印度民族独立运动的领袖。

甘地是一个极为虔诚的教徒，而佛教与印度教一样，在印度的影响十分深远。这两种宗教有一个共同之处，就是反对暴力，主张用和平的方式解决争端。受佛教思想的影响，甘地创造出了一种独特的争取民族独立解放的方式，人们把它称为"非暴力不合作运动"。"非暴力不合作"的主要内容包括两部分："非暴力抵抗"和与英国殖民者"不合作"的态度。即印度人民不接受英国人授予的公职和爵位；不去参加殖民政府组织的任何集会；不进入英国统治者的公立学校，不接受英国教育，自设私立学校；不购买英国货物和英式服装，自己纺纱织布；不买英国公债，不去英国银行存款，等等。甘地宣称，斗争的目的是达到自治，"如有可能就实行帝国内部的自治，如有必要就实行脱离帝国的自治"。

海边煮盐

1930 年，为争取印度独立，甘地决定以破坏食盐专营法作为运动的开端。当时，英国殖民当局对食盐生产进行垄断，激起了当地人民的强烈不满。已经 60 岁的甘地号召印度人民用海水煮盐，抵制当局的食盐专营法。

3 月 12 日，甘地率领 79 名信徒，从阿默达巴德出发，前往西海岸，徒步 426 千米，沿途成群农民随行，经过 24 天的长途跋涉，等他到达海边时，这个队伍的人数已经上升到千余人。甘地先在海边进行祈祷，然后亲自动手煮盐，持续 3 周。史称食盐进军。当局闻讯后，大肆镇压。5 月 4 日，甘地被捕。

甘地被捕的消息迅速传遍了整个印度，这引起了印度国民的极大愤慨，当时有数万名自愿者要求与甘地共同坐牢。为此，殖民当局逮捕了六万多人，但是这一行为又激怒了更多的人。各地很快都爆发了武装起义。有一些地方甚至宣布独立，并建立了自己的政权。英国殖民政府对革命形势的扩大极为震惊，他们立刻改变了策略，1931 年 1 月，殖民当局将甘地释放，同时撤销了对国大党的取缔禁令。随后，他们又与甘地达成了一项协议，即《甘地——艾尔文协定》：甘地改变和停止不合作运动，当局释放政治犯人，并且允许沿海人民自己煮盐。

殖民当局虽然做出了妥协，但这只是满足了印度人民的部分要求，依然没有使印度获得独立。协议签订后，革命斗争的精神便不复存在，人心开始涣散，仍然坚持斗争的少数人也遭到了不同程度的镇压。

甘地不愿看到更多的暴力和流血事件，所以仍然坚持"非暴力"的斗争形式，但协议的结果和他努力争取的印度独立相差太远。于是，他又积极地发动了几次"个人不合作运动"，继续为获得独立的胜利而奋斗。

甘地在为祖国获得独立解放积极奋斗的同时，也为消除种姓制度以及解除印度教和伊斯兰教之间的纷争而奔走斗争。他周游全国，并到处演讲，还常常因此而绝食祈祷。因而，人们经常可以看到这位老人，他身体消瘦、神情疲倦，但他依然冒着生命危险，继续坚持在调解两个教派的争端之中。

1947 年 6 月，印度半岛终于出现了两个独立的主权国家，以印度教为主的印度和伊斯兰教为主的巴基斯坦。但不幸的是，在 1948 年 1 月 30 日晚，已经 79 岁的甘地在德里做晚祷时，被印度教一名极右派分子开枪暗杀。

马歇尔计划正式实施

马歇尔计划又称《欧洲复兴方案》。第二次世界大战后,美国国务卿马歇尔于1947年6月5日参加哈佛大学毕业典礼时,发表了美国援助欧洲的演说,首先提出援助欧洲经济复兴的方案,因此而得名。1948年4月3日美国国会通过《对外援助法案》,马歇尔计划正式执行。其主要内容是:美国拨款100多亿美元援助西欧各国,以复兴战后经济;受援国必须购买一定数量的美国货,尽快撤除关税壁垒,取消或放松外汇限制,接受美国对使用美援的监督,向美国提供本国和殖民地生产的战略物资;设立由美国政府控制的经济合作总署,控制"对等基金",保障美国的私人投资和开发的权利。英、法、意、联邦德国等西欧国家和土耳其共16国相继接受这些条件,并分别同美国签订双边协定。马歇尔计划原定为5年(1948~1952年),1951年底美国宣布提前结束。

第十四届奥运会开幕

1948年7月29日至8月14日,第十四届奥运会在英国伦敦举行。这是因第二次世界大战而中断了12年后举行的第一次奥运会。伦敦曾被定为第十三届奥运会会址,但因当时(1944年)战争尚在进行而停办,所以本届被再次选为东道主。

参加这次比赛的有59个国家和地区的4099名运动员,其中女选手385人。中国也派运动员参加了这次运动会。德、日等国因是第二次世界大战的发动者,按规定未准参加。因第二次世界大战结束不久,经济尚未恢复,东道主没能增添多少新的体育设施。由于战争使各国的体育运动受到影响,一些有才华的选手年岁已大,而年轻运动员又未经过系统的训练,所以,总的水平不高,仅破了4项世界纪录。

柏林危机与德国分裂

第二次世界大战,德国战败,美、苏、英、法4国分区占领了德国。1945年6月5日,占领区当局在柏林开会,联合发表《关于德国占领区的声明》,规定东区由苏联占领,西区为美、英、法3国占领,柏林由4国共管。随后成立了盟国管制委员会,对德国实行管辖。

1948年3月20日,苏联宣布退出盟国管制委员会。6月19日,针对美国于6月18日宣布将于20日在德境西区进行币制改革的声明,苏联发表了政府声明,指出大柏林属苏占区内,是苏占区的一部分;宣布为了防止对苏占区货币流通的破坏,苏联将采取措施加强管理、控制西方国家进入柏林的通道。柏林危机由此开始。

6月22日,苏、美、英、法在柏林召开会议讨论柏林货币问题。苏联代表在会上宣布,苏联决定在柏林发行新货币,美国随即宣布把德境西区货币改革扩大到柏林西区。

柏林危机全面爆发,一时苏占区和德境西区关系非常紧张,交通、运输中断,居民来德被限制,柏林市政管理陷入混乱,人心惶惶。战争气氛笼罩着柏林。美国为了进一步实现其分裂德国的阴谋,大肆宣传核恐怖,并蓄意制造第三次世界大战即将爆发的假象,以迷惑人心。

1949年4月8日,美、英、法3国外长在华盛顿签署关于德国的协议,单独就西德的成立以及西德与3国的关系作出规定。

经过苏联与美、英、法的谈判,5月5日达成协议,4国政府在莫斯科、华盛顿、伦敦和巴黎同时发表公报宣布:5月12日解除德国各占领区和柏林之间的交通限制,5月23日将在巴黎召开4国外长会议讨论德国问题。5月8日,西德制宪议院委员会通过了《德意志联邦共和国基本法》(通称"波恩宪法")。5月12日,美、英、法3国批准了该宪法。5月12日,柏林的"封锁"全面解除,至此柏林危机结束。5月23日,德意志联邦共和国宣告成立,首都为波恩。10月7日,德意志民主共和国宣告成立。

北大西洋公约组织成立

1949年4月4日,美国、加拿大、英国、法国、比利时、荷兰、卢森堡、丹麦、挪威、冰岛、葡萄牙和意大利等12国在美国首都华盛顿签订了《北大西洋公约》,宣布成立北大西洋公约组织,简称北约。

8月24日公约生效。以后又有希腊、土耳其、西德、西班牙加入,至1982年共有16个成员国。条约规定:缔结国实行"集体防御",当缔结国中的任一国遭到"武装攻击"时,其他缔结国应"采取视为必要之行动,包括武力之使用"。该组织总部设在布鲁塞尔。主要机构有各成员国国防部长组成的部长理事会和各国参谋长组成的军事委员会。另设欧洲盟军最高司令部、大西洋盟军司令部和海峡司令部。欧洲盟军最高司令部下设中欧、北欧、南欧和地中海4个盟军司令部。最高司令由美国将军担任。

苏联研制成功原子弹

1949年,苏联哈萨克斯坦荒无人烟的草原上,一声惊天动地的轰响,宣告了苏联第一颗原子弹试验的成功,打破了美国仅仅保持了4年的核垄断。

1942年11月,代号为"第二实验室"的苏联原子能研究机构正式成立。斯大林亲自任命库尔恰托夫担任实验室负责人。莫洛托夫代表政府负责此项工作。1943年,美国研制原子弹的工作全面展开。1945年7月,在波茨坦会议上,美国总统杜鲁门向斯大林透露了美国有原子武器的信息。接着8月6日、9日,美国的两颗原子弹在日本的广岛和长崎爆炸。斯大林震怒了,他下令解除了莫洛托夫的职务,成立了直属国防委员会的原子弹研制委员会,由贝利亚全权指挥。几十个研究所和工厂划归原子能工业部,上千名专家投入原子弹的研制工作。一场全面加速研制原子弹的"战斗"开始了。1946年12月25日,苏联建成了第一座原子反应堆。1948年,美、英等国在国际上掀起反共浪潮,在冷战局面不可避免的形势下,苏联最高领导下达"死命令",必须在1949年年底前制造出第一批供试验用的原子弹。1949年8月29日,苏联在哈萨克斯坦的谢米巴拉金斯克试验场成功地爆炸了第一颗原子弹。

柏林国际电影节

1951年,德国人阿尔弗莱德·鲍尔在柏林创办了第一届柏林国际电影节。当时二战已结束6年,柏林作为美、英、法共占的城市,在三国政治,文化政策的影响下,创办了这一影展作为西方阵营的文化展台。

柏林国际电影节是欧洲最有影响的综合性国际电影节之一,其目的就是通过放映世界各国的优秀影片,促进全世界电影工作者之间的沟通和交流,同时为优秀影片寻找更广阔的市场。柏林国际电影节主要内容有故事片及短片的评比,同时举行故事片、长纪录片、短片、动画片观摩展。每次电影节放映的各类影片有二、三百部,最多时高达500余部。同一类型的影片,每个国家和地区只能提供一部,放映的影片每种类型也不超过8部。电影节期间,还为电影工作者举办专场演出,举行新电影座谈会,举办青年电影论坛,或为某个国家和地区举办有代表性的影片回顾展,以探讨电影的新倾向、新流派,另外还设立国际电影市场,进行电影交易。

柏林国际电影节原先都在每年六、七月间举行,自1978年起,为和法国戛纳国际电影节竞争,提前到每年的二、三月间举行,为期两周。电影节的主要奖项有金熊奖、银熊奖、国际评委奖、评委会特别奖、纪念奖等,分别授予最佳故事片、短片、导演、男女演员等。

伦敦烟雾事件

英国首都伦敦是世界上最为著名的多雾之城,素有世界"雾都"之称,每当春秋之交,这里经常被浓雾所笼罩,像是披上一层神秘的面纱。据统计,伦敦的雾天,每年可高达七八十次,平均5天之中就有一个"雾日"。1952年12月4日,伦敦城发生了一次世界上最为严重的"烟雾"事件:连续的浓雾将近一周不散,工厂和住户排出的烟尘和气体大量在低空聚积,整个城市为浓雾所笼罩,陷入一片灰暗之中。大雾期间,有4700多人因呼吸道病而死亡,雾散之后的两个月内又有 8000 多人死于非命。这就是震惊世界的"雾都劫难"。

酿成伦敦烟雾事件主要的凶手有两个,冬季取暖燃煤和工业排放的烟雾是元凶,逆温层现象是帮凶。伦敦工业燃料及居民冬季取暖使用煤炭,煤炭在燃烧时,会生成水、二氧化碳、一氧化碳、二氧化硫、二氧化氮和碳氢化合物等物质。这些物质排放到大气中后,会附着在飘尘上,凝聚在雾气上,进入人的呼吸系统后会诱发支气管炎、肺炎、心脏病。当时持续几天的"逆温"现象,加上不断排放的烟雾,使伦敦上空大气中烟尘浓度比平时高 10 倍,二氧化硫的浓度是以往的 6 倍。整个伦敦城犹如一个令人窒息的毒气室一样。

伦敦烟雾事件,不仅给人们的健康带来危害,还给英国的经济带来了巨大的损失。这次烟雾事件过后,有关部门对英国器物腐蚀情况作了测算,认为大约损失 8 亿美元,即人均损失 17 美元。据说,烟雾对伦敦的铁路损害极大,大约 1/3 的铁轨遭到了不同程度的腐蚀。

可悲的是,烟雾事件在伦敦出现并不是独此一次,相隔 10 年后又发生了一次类似的烟雾事件,造成 1200 人的非正常死亡。直到 20 世纪 70 年代后,伦敦市内改用煤气和电力,并把火电站迁出城外,使城市大气污染程度降低了 80%,至此,骇人的烟雾事件没有再度发生。

人类第一枚氢弹试爆

1949 年 9 月,苏联第一颗原子弹爆炸成功的消息传出,美国政客们大吃一惊。失去了"唯一拥有核武器的国家"这一战略优势后,美国不得不开始考虑研制威力更大的炸弹,以便在与苏联的军备竞赛中处于领先地位。1950 年 1 月,美国总统杜鲁门下令研制威力更强的"超级炸弹"。匈牙利籍科学家特勒和他的同事们将此构想变成了现实。这个研究小组包括特勒、加尔文和洛斯阿拉莫斯实验室的数学家乌尔迪等人。试验工作进行得十分顺利,短短 1 年多的时间,小组就将 65 吨重的装置架在了一个高 6 米、直径 1.8 米的钢制框架上,装满核聚变原料——液态氘,并配备冷却系统使氘处于极低温。从远处望去,它就像一个比汽车还大的大暖瓶,小组给它取名叫"麦克"。1952 年 11 月 1 日,这枚氢弹在美国政府托管的马绍尔群岛的恩尼威托克小岛上引爆,爆炸产生了 1000 万吨火药的威力,相当于广岛原子弹的 700 倍。这枚氢弹起爆之后,整个小岛连同钢架都在巨大的爆炸声中沉入太平洋深处。全世界为之震惊。

英国国王乔治六世去世

1952年2月6日,英国国王乔治六世去世,他的女儿伊丽莎白二世继任王位。

　　1937年5月12日,英王乔治六世和王后伊丽莎白在伦敦威斯敏斯特教堂举行了一个多姿多彩的传统仪式加冕。

　　乔治六世是乔治五世的次子,1920年就读于剑桥大学三一学院。同年6月3日,封约克公爵。1923年4月26日,与苏格兰国王罗伯特一世之后代伊丽莎白结婚,打破了英国王子向来与外国王室联姻的惯例。1937年5月12日,乔治六世加冕。他继位之后,社会上纷纷谣传爱德华已经打消同辛普森夫人结婚的念头,一度危及国王的地位。乔治六世和王后力挽狂澜,赢得了正直与真诚的名声。二战前乔治六世力主英法团结,并与美国总统罗斯福是很好的朋友。但是他也支持首相张伯伦对德、意的绥靖政策。1940年5月,张伯伦下台,他选择了丘吉尔为首相,并且无保留地支持丘吉尔的战时首相地位。二战期间,他拒绝了人们要他离开伦敦的劝告,冒着敌机轰炸的危险,每天访问部队、工厂,并曾多次视察战场,赢得了人民的爱戴。此爱戴之深只有丘吉尔首相可相比拟。当他逝世的消息公布后,全国上下一片哀悼,正说明他在人民中的地位。

斯大林逝世

1953年3月5日,苏联主要领导人、最高统帅、战略家斯大林因患脑溢血抢救无效在莫斯科逝世,享年 74 岁。

1879 年斯大林生于格鲁吉亚哥里城,1899 年因积极参加革命活动被学校开除。从此,他走上了职业革命家的道路。

十月革命胜利后,苏维埃俄国开始了反对外国武装干涉和国内战争的伟大斗争,斯大林多次受列宁的委派,前往最关键的战线指挥战斗。1922 年 4 月,斯大林在俄共(布)第 11 次代表大会上当选为党中央总书记。列宁逝世后,他领导苏联党和人民在最困难的条件下进行社会主义建设。1941 年 6 月 22 日,德国法西斯向苏联发动了进攻,斯大林于 7 月 3 日发表广播演说,号召苏联人民不仅要消除本国面临的危险,还要帮助在德国法西斯奴役下的欧洲各国人民。此后担任苏联国防委员会主席和苏联武装部队最高统帅。领导苏联人民经过艰苦奋战,最终打败德国法西斯,取得伟大的卫国战争的胜利。战后,斯大林担任苏联党中央总书记、部长会议主席,领导苏联人民恢复和发展战后经济,迎接"冷战"的挑战。

斯大林在一生中也犯过许多过失。在 20 世纪 30 年代肃反扩大化,使一大批苏联党和军队的优秀干部遭到残酷迫害。在指导国际共产主义运动时,他把苏联一国的经验绝对化,忽视了把马克思主义的基本原理与各国革命的具体实践相结合,采取了不少不妥当的做法,对国际共产主义运动造成了不良影响。

苏联保安机关领导人贝利亚被枪决

贝利亚在苏联政坛上曾经是个不可一世的人物。他一生中所担任的职务之多、之高,在苏联政治历史上是绝无仅有的。

贝利亚于 1899 年 3 月 29 日出生在俄国格鲁吉亚的墨克哈里村,1953 年斯大林逝世后,任苏联部长会议第一副主席兼内务部长。同时,他还是苏联英雄、列宁勋章获得者。

1953 年 12 月 17 日的《真理报》和《消息报》公布了《贝利亚罪行调查报告》,宣称:"贝利亚利用他的职位,组织阴谋家集团,仇视苏联政府。他的罪恶企图是利用内务部的中央机构和地方机构为外国资本的利益服务,他们的阴谋计划是妄图使内务部凌驾于党和政府之上,夺取政权,废除苏联工农制度,复辟资本主义和建立资本主义的统治","破坏集体农庄制度,给国家的粮食供应造成困难","进行暗害活动,杀害许多忠于党的老布尔什维克"……1953 年 6 月 26 日,贝利亚在中央全会上突然被捕并以叛国反党和搞恐怖活动等罪名而被秘密处决。这个仅位于斯大林一人之下的第二号人物,在一夜之间却成了魔鬼、暴君、刽子手和蠢材的代名词。

英国女王伊丽莎白二世加冕

1953年6月2日,伊丽莎白公主坐在一辆金碧辉煌的马车上,几匹骏马牵引的马车载着她缓缓通过伦敦大街,此时她的许多崇拜者都纷纷拥上街头目送她的四轮马车抵达威斯敏斯特大教堂。她走下马车,头戴沉重的王冠缓步穿过铺着地毯的大厅。在千名安静的贵宾面前,主教背诵了沿用几个世纪的祷词,伊丽莎白公主继承了王位。

教堂外面,200万民众冒着寒冷潮湿的天气观看了这一盛大场面。至少3万观众前一天晚上就在白金汉宫前的林荫道边搭起帐篷过夜。观礼台座位的入场券在黑市上转手卖到40至50英镑,而在俯瞰道路的最佳地点,一个阳台的租费高达3500英镑。同时,英国约有一半人在全国各地250万台电视机前观看了当天的重大新闻。

美国原子弹设计人员罗森堡夫妇被处决

1953年6月19日,美国政府不顾世界范围的抗议,在证据不足的情况下便将所谓"原子间谍"罗森堡夫妇送上电椅处决,这是美国历史上第一次夫妻同时被处以死刑。

自称最尊重公民司法权益的美国,在罗森堡夫妇一案中却表现得理屈词穷。法庭公布的"罪证"只是说,有一个叫格林格拉斯的人招供,其姐姐和姐夫罗森堡夫妇可能是苏联间谍,因为姐夫曾动员他为苏联服务。除了那个卑鄙的亲戚的口供,再也拿不出其他"间谍"证据。

在洛斯阿拉莫斯,罗森堡夫妇并未从事很多机密的工作。美国联邦调查局私下称,逮捕他们的根据是截获的苏联外交密码,里面提到其代号,却因高度机密又不能提供给法庭。1951年4月,在众参两院议员们"肃清共产党间谍"的叫嚣声中,法院虽证据不足,仍判处二人死刑。此案成为美国历史上争执最大的司法事件,许多律师乃至官员都认为这是一起冤案。

感到难以圆场的联邦调查局曾对罗森堡夫妇表示,如果认罪并招供,可以免死并减刑。这对夫妇却坚决否认间谍指控,在法庭大义凛然地自我辩护。随后,白宫和最高法院前不时有游行人群抗议,世界上也有24个国家发起了声援运动。巴黎有数万人到美国外交机构前示威,伦敦交通被游行堵塞,中央情报局驻爱尔兰情报站受到袭击……各社会主义国家也纷纷就这一事件进行强烈谴责。面对抗议,美国偏要表示强硬,在1953年6月19日下令将2人处决。

F—100 飞上蓝天

1953 年,美国研制成功第一种平飞速度超过音速的 F—100 制空战斗机并装备空军使用。

F—100 飞机是原北美飞机公司为美国空军研制的第一种超音速战斗机。研制工作从 1949 年 2 月开始。最初研制这种飞机时称作"佩刀-45"计划,因为该机的机翼后掠角为 45 度,形状如同一把佩刀。F—100 装一台喷气发动机,推力 7000 多千克,机上装有 4 门 20 毫米航炮,机身上有 6 个外挂架,最大外挂重量可达 2720 千克。后期的 F—100 加装了"响尾蛇"导弹。执行对地攻击时,还可

经改进的 F—100 飞机

加挂空对地导弹。1953 年 5 月,YF—100A 第一号机首次试飞,飞行高度为 11000 米,速度达到了 1.38 马赫,成为世界上第一种平飞速度超过音速的战斗机。

日本水俣湾污染事件

日本水俣病事件是世界有名的公害事件之一,1953 至 1956 年间该病开始在日本熊本县水俣镇不断发生。

水俣镇是位于日本九州南部的一个小镇,属熊本县管辖,全镇有 4 万人,周围村庄还住着 1 万多农民和渔民。由于西面就是产鱼的水俣湾,因此这个小镇渔业很兴旺。

1925 年,一个资本家在此建成一个小工厂,叫日本氮肥公司。1932 年又扩建了合成醋酸工厂,1949 年开始生产氯乙烯,从此生意开始不断扩大。然而就在这"繁荣"的背后却酝酿着一场灾难。

1950 年,在水俣湾附近的小渔村里,出现了一些莫名其妙的疯猫。它们一开始步态不稳,走路摇摇晃晃,后来便两眼映射出惊恐不安的神色,还不时出现抽筋麻痹等症状,最后跳入海中溺死。这种疯猫跳海的奇闻,在当时却没有引起人们的重视和关注,当地人还开玩笑地称这些疯猫为"自杀猫"。1953 年,在水俣镇发现了一个生怪病的人,开始时只是口齿不清,步态不稳,面部痴呆,进而耳聋眼瞎,全身麻木,最后精神失常,一会儿酣睡,一会儿兴奋异常,身体弯弓高叫而死。1956 年 4 月,一位只有 6 岁的女孩也得了这种病。接着又有 4 个人被送进了医院,此后,又有 50 多名患者相继住进医院。这时,人们才关注起此事来。

当时的熊本大学和医院组成了针对这种怪病的对策委员会,组织专家对这些病例进行分析,调查怪病产生的原因。在调查中发现,疯猫的症状与人们得的病非常相似,于是,专家们将二者联系起来进行分析,最后终于找到了原因。原来,罪魁祸首就是日本氮肥公司水俣分厂排出的废水。这些废水中含有大量的甲基汞毒水废渣。排放到水俣湾的海水中,使鱼和虾体内含有了这些毒素。当地居民常年吃的就是这些带毒的鱼虾,大脑和神经系统受到损伤,轻者眼神呆滞,常流口水;重者手脚不停颤抖,发作起来就狂蹦乱跳。因这种怪病发生在水俣地区,因而被称为"水俣病"。

人类首次登顶珠峰

神秘的珠穆朗玛峰被人们喻为"世界屋脊""地球之巅"。

珠峰静候了几千万年,直到 20 世纪初才有登山探险者到这里活动。这些勇士们庄严地宣告:攀登珠峰是"在地理上对世界的最后一次挑战",并称在它的斜坡上横贯着世界上"最长"的里程。1921 年,豪威德·布里率领一支由 9 名队员组成的英国登山探险队,取道印度到达珠峰活动,他们从北坡和东坡攀登,在那里活动了 3 个月,只到达了北坳海拔 7028 米的地方,并且有一名协作队员死亡。这是第一支向珠峰挑战的登山队,尽管没有成功,但是却留下了勇士们的深深足迹。以后,一直有人沿着他们的足迹攀登,但是均未成功。1953 年,由队长汗特率领的第九支英国珠峰登山队,从尼泊尔一侧沿珠峰南脊攀登,5 月 29 日,队员希拉里(新西兰籍)和尼泊尔向导丹增·诺尔盖终于登上 8848.13 米的珠峰峰顶。这是人类首次登上珠峰峰顶。从 1921 年登山队尝试攀登珠峰,到 1953 年登顶成功,整整相隔了 32 年。

世界第一艘核潜艇"鹦鹉螺"号下水

1954 年 1 月 21 日,美国建造的世界上第一艘核潜艇"鹦鹉螺"号在美国康涅狄格电船公司的船坞下水,1.2 万多名工人和观众聚在看台上观看,美国总统艾森豪威尔也参加了下水仪式。这艘核潜艇的设计者为海曼·乔治·里科弗。他面对着徐徐潜入水中的"作品"热泪盈眶。"鹦鹉螺"号从 1948 年起建造至 1954 年底全部竣工,他耗费了大量的心血。

"鹦鹉螺"号核潜艇长 90 米,总重 2800 吨,全部建造花费 5500 万美元,平均航速为20 节,最大航速 25 节,最大潜深 150 米。按设计能力可连续在水下航行 50 天,驶完全程3 万千米而不用添加任何燃料,潜艇外形为流线形,整个核动力装置占艇身的一半左右。

日内瓦会议

　　召开日内瓦会议，是根据 1954 年 2 月，苏、美、法、英 4 国外长柏林会议的决定召开的。柏林会议曾就朝鲜和印度支那问题达成这样的协议："鉴于用和平方法建立一个统一与独立的朝鲜将是缓和国际紧张局势和恢复亚洲其他地区和平的重要因素；建议由苏维埃社会主义共和国联盟、美国、法国、联合王国、中华人民共和国、大韩民国、朝鲜民主主义人民共和国及其他有武装部队参加朝鲜战争并愿意参加会议的国家的代表于 1954 年 4 月 26 日在日内瓦举行会议，以期对朝鲜问题和平解决。"协议还提出"同意在那个会议上还要讨论恢复印度支那和平的原题，届时将邀请苏维埃社会主义共和国联盟、美国、法国、联合王国、中华人民共和国及其他有关国家的代表参加……"。

　　这一协议的达成，首先是中国人民以及朝鲜、印度支那各国人民坚持反对帝国主义侵略，争取世界和平斗争的重大成果。朝中人民和印度支那人民在两个战场上不断取得的胜利，从根本上迫使美、法等国，不得不同意坐到谈判桌上来，讨论和解决朝鲜问题以及恢复印度支那和平问题。其次，也是苏联政府坚持不懈地争取大国协商，谋求解决重大国际问题的努力的结果。苏联政府早在 1953 年 9 月 28 日，及以后致法、英、美 3 国政府的历次照会中，就一再建议召开 5 大国会议，审查和解决国际紧张局势的问题。

　　第二次世界大战后，美国国力空前增强，它处在扩张的势头上通过各种手段，妄图在世界上建立它的霸权地位，扼杀亚洲人民、特别是中国人民革命事业的胜利成果，用军事冒险行动征服朝鲜，进而进攻中国。它盗用联合国名义，纠集 15 个国家，共同进行了这场侵略战争。但是朝中两国人民并肩战斗通过 5 大战役把美国侵略者及其帮凶赶到三八线以南，美国并被迫同意在板门店举行停战谈判，于 1953 年 7 月 27 日签订了停战协定。

　　朝鲜停战协定签订后，朝中方面反复建议用和平方式统一朝鲜，并坚决主张迅速召开解决朝鲜问题的政治会议，但都遭到了以美国为首的侵略集团的无理反对和拒绝。美国侵略军，还用武力劫夺朝中两国的被俘人员，使遣返战俘和解决朝鲜和平统一的会议迟迟不能召开。

　　印度支那战争，是法帝国主义强加在印度支那人民身上的侵略战争。正如周恩来总理当时指出："印度支那战争是法国殖民主义者挑起的一个企图重新奴役印度支那人民的殖民战争……"。1946 年 9 月，法国趁日本法西斯覆灭和中国国民党军队撤退之机，派军队进驻越南，占领西贡，设立专员公署企图重新恢复殖民统治。1946 年 12 月，法国撕毁"法越初步协定"，向越南民主共和国发动了进攻，但法帝国主义并未能征服印度支那各国人民，自 1946 年开始的抗法斗争，使它陷入了进退维谷的困境。从战争开始到 1954 年 3 月共有 38 万多法军与越南伪军被歼，3/4 的越南领土获得了解放，柬埔寨和老挝人

日内瓦首脑会议使世界最强大的美、英、法、苏四个国家的外交部长在 10 月会聚一堂。他们分别是约翰·福特杜勒斯、哈罗德、麦克米伦、安托万比内和莫洛托夫。

民也奋起反抗。到 1953 年 10 月，法国不得不承认老挝为法兰西联邦内的独立国家，同意柬埔寨在 1946 年 1 月废除保护制，1953 年宣告完全独立。法国在印度支那战场上所消耗的军费，已从 1947 年的 2300 亿法郎增加到 1952 年的 18000 亿法郎，1953 年，达 40000 亿法郎。美国从 1949 年起把印度支那列为侵略对象，干涉越南战争，企图遏制亚洲革命，1950 年 2 月，美国承认了越、老、柬 3 国的伪政权，美国一方面供给法国军队以军费，从 1951 到 1954 年，美国提供的大量军事援助，分别占法国侵越军费的 30%、35%、47% 和 78%，一方面又借机插手印度支那战争，直接派遣军事使团，利用法国屡屡失败的"窘境"，加强"对印度支那的干涉，以图逐步代替法国在印度支那的地位"。印度支那各国人民在对法帝国主义进行英勇斗争的同时，不断提出和平解决印度支那问题的建议。早在 1946 年至 1947 年间，胡志明主席就几次呼吁，在尊重印度支那人民民族权利的基础上进行和平谈判。1953 年 11 月，胡志明主席在答《瑞典快报》记者的谈话中，再次表示了关于和平解决印度支那问题的主张。越南人民的立场，获得了世界各国人民的普遍支持。与印度支那各国人民血肉相连的中国人民，在全力支持他们的反抗斗争的同时，也一贯主张和平解决印度支那问题，实现印度支那人民的独立、自由和民主的愿望。由于侵略印度支那的战争，法国国内的阶级矛盾也空前地激化起来，人民反战情绪愈益高涨，对统治集团极为不满，连法国侵越军总司令也哀叹"印支战争不能获得军事胜利来结束"。1948 年，法国国民议会投票反对侵越战争的非共产党议员仅 5 人，到 1954 年 3 月，增加到 160 余人。法国议会也不得不提出要"用一切可能办法通过谈判谋取全亚洲和平"。

越南劳动党和越南人民军在抗法救国的斗争中日益壮大。1951 年越南人民接连发动了中游战役、西北战役、东北战役、宁平战役，解放了大片国土，歼灭大量法军。1953

7月20日,在日内瓦会议上,各方代表对在越、老、柬停止敌对行动的协定做最后的讨论。

年,越南劳动党根据抗法战争形势,决定在奠边府发动战略进攻,在中国军事顾问团的直接帮助下,战役从1954年3月13日开始,经过55天的激战,5月7日解放奠边府,歼灭法军1.6万人。正是在这种形势下,在中朝人民和印度支那人民斗争节节胜利,在全世界人民渴望和平解决朝鲜问题和恢复印度支那和平的形势下,达成了柏林4国外交部长协议,并如期举行了日内瓦会议。

万隆会议

　　1955年4月18日至24日,亚非会议在印度尼西亚万隆举行。这是历史上第一次由亚非国家自行发起召开、讨论与亚非各国有关重大问题的国际会议,亦称万隆会议。万隆会议的召开象征着亚洲和非洲广大地区的觉醒,标志着亚非国家作为重要的政治力量登上了国际舞台,将在世界事务中发挥重大的作用。

　　1955年4月18日至24日,美丽的山城万隆成了"亚洲和非洲的首都"。4月18日上午,亚非两洲的第一次历史性聚会,在万隆独立厅隆重开幕。来自阿富汗、缅甸、柬埔寨、中华人民共和国、埃及、埃塞俄比亚、黄金海岸(今加纳)、印度、印度尼西亚、伊朗、伊拉克、日本、约旦、老挝、黎巴嫩、利比里亚、利比亚、尼泊尔、巴基斯坦、菲律宾、锡兰(今斯里兰卡)、沙特阿拉伯、苏丹、叙利亚、泰国、土耳其、越南民主共和国、南越、也门(今阿拉伯也门共和国)的304位代表出席了会议。代表团团长中有13位是总理或相当总理一级的国家领导人,有3位副总理和4位外交部部长。一些正在为争取民族独立而进行斗争的亚非国家的民族主义政党,如阿尔及利亚民族解放阵线、突尼斯新宪政党、摩洛哥独立党、南非联邦非洲人国民大会、南非印度人大会等也派出代表,以观察员身份列席了会议。

印度尼西亚总统苏加诺在大会上以《让新亚洲和新非洲诞生吧》为题致了长篇开幕词。他说："这是人类有史以来第一次有色人种的洲际会议"。他指出，殖民主义是一个狡猾的敌人，只要它没有死亡，世界上反殖民主义的斗争就没有完全取得胜利。他呼吁，亚非国家联合起来，共同反对殖民主义，种族主义。苏加诺还强调，亚非国家在世界政治舞台上发出呼声的时刻已经到来，我们不是要建立反对其他集团的集团，而是为亚非各国、为全人类找出通向和平的道路。世界和平和各国之间的合作是亚非国家进行建设、实现社会主义和繁荣的必要条件。沙斯特罗阿米佐约被一致选举为会议主席。会议一致通过的议程是：一、经济合作，二、文化合作，三、人权和自决权，四、附属国问题，五、世界和平和合作的促进。巴勒斯坦、突尼斯和摩洛哥问题也将予以讨论。会议主席宣布，会议将以全体会议、秘密会议和代表团团长会议的形式进行。各代表团团长还决定会议上达成的任何决议都必须全体一致通过。开幕式以后，会议分两个阶段进行。

第一阶段全体会议，从18日下午至19日全天进行大会发言，发言的共有22个国家的代表。大多数代表的发言在基本点上都是一致的。他们谴责殖民主义、种族主义，认为这些祸害是世界不稳定的根源；希望在五项原则基础上加强和扩大亚非国家间的合作和团结；要求维护世界和平与缓和国际紧张局势，渴望发展民族经济和文化，消除饥饿和贫困。

由于与会国家在社会制度和意识形态方面存在着差异，加上历史遗留问题造成的某些国家之间的隔阂，彼此间存在分歧是难免的。美国利用这些分歧，在会前、会外多方活动，使会议很难不受干扰。有少数代表的发言就重复了尽人皆知的西方的反共观点，并把矛头指向中国。有的诬蔑共产主义是一种"新形式的殖民主义"；有的提出"亚非国家当前面临的问题不是反对殖民主义，而是反对共产主义"，并要与美国联合反对共产主义；有的指责中国进行"颠覆活动"要中国代表团表明"对和平共处的诚意"。这些发言一度把会议气氛搞得相当紧张，引起普遍忧虑和不安。

在这种形势下，中国代表团团长周恩来总理将在19日下午发言的消息，引起会议内外格外的关注和重视。周恩来决定把原来准备的一个系统阐明亚非形势和任务以及我国和平外交政策的主要发言用书面形式散发，针对会议出现的情况，在大会上作一补充发言。周总理的发言被安排在下午全体会议接近结束之前。当时会场上座无虚席，包括苏联大使、美国大使、荷兰高级专员等许多国家外交官都来列席旁听。数以百计的记者也涌进会议厅，有的人甚至站在椅子上，等待着中国代表团的发言。

周总理首先向与会各国表明："中国代表团是来求团结而不是来吵架的"，"中国代表团是来求同而不是来立异的"。他深刻地论述了亚非国家间存在着广泛的求同基础，他说："亚非绝大多数国家和人民自近代以来都曾经受过，并且现在仍在受着殖民主义所造成的灾难和痛苦。""从解除殖民主义痛苦和灾难中找共同基础，我们就很容易互相了解和尊重、互相同情和支持，而不是互相疑虑和恐惧、互相排斥和对立"。周总理还就关于不同的思想意识和社会制度问题、关于有无宗教信仰自由问题、关于所谓颠覆活动问题，以确凿的事实和令人信服的论述回答两天来少数代表对中国的误解和指责，阐明中国政府的立场和政策。周总理真挚地表示欢迎所有到会的各国代表来中国参观。他最后热忱地呼吁："让我们亚非国家团结起来，为亚非会议的成功努力吧！"

与会代表热烈欢迎和高度评价周总理的发言。大会主席沙斯特罗阿米佐约等人指出这个发言是使会议走向成功的一个转折点。周总理的发言不仅驱散了两天来在会议上空一度凝聚起来的阴云，而且及时地提出了"求同存异"方针，为下一阶段会议找到了一条绕开对立和争吵而继续进行的道路，为会议的成功做出了重要贡献。

第二阶段会议，从20日到24日进入专项议程讨论。由各国代表团团长及其顾问组成的政治委员会和由各代表团代表组成的经济、文化委员会分头举行秘密会谈。后两个委员会分别讨论经济合作、文化合作两项议程，并很快达成了一致意见。政治委员会讨论其余的全部议程，它是3个委员会中最重要、权限最大，也是争论最多的一个。争论主要集中在下面两个问题上：

第一，反对殖民主义问题。亚非国家深受殖民主义之害，对何谓殖民主义本应是一清二楚的。正如周总理所说："再没有比西方殖民国家几百年来在亚非两洲的殖民统治更能清楚地说明殖民主义的实质。"但有些人节外生枝，对殖民主义作了奇异的和别有用心的歪曲，硬把共产主义诬为"殖民主义"，提出"要像反对西方殖民主义那样反对苏联殖民主义"。在政治委员会会议上，中国、印度尼西亚、印度、埃及、土耳其等9个国家分别提出了关于殖民主义的4个不同提案。土耳其等9国的提案要求"谴责一切形式的殖民主义，包括凭借武力、渗透和颠覆活动的国际学说"。政治委员会为此发生很大争论，最后由主席裁决成立一个专门小组，负责在上述4个提案的基础上拟出各方都能接受的方案。

第二，关于和平共处问题。在讨论世界和平与合作的问题时，政治委员会出现了两种对立观点：坚持和平中立的国家主张同共产主义国家共处，避免结成任何军事联盟，提出以五项原则代替实力政策；参加西方军事联盟的国家则反对同共产主义国家共处，宣扬实力政策，它们把北约、东南亚条约组织等美化成"和平的支柱"，攻击和平共处是共产党的语言。两种观点截然对立、僵持不下，会议面临危机。在关键的时刻，周总理在4月23日上午会议上做了长篇发言。他提出亚非国家讨论世界和平和合作问题，应该撇开不同的意识形态和国家制度，以要求和平合作为共同基础，这样我们就能够达成协议，组成保卫世界和平的强大力量。他举例说，有人说"和平共处"（Co—existence）是共产党用的名词，那么可以换一个名词，可以采用联合国宪章中所用的"和平相处"（live in peace）。他说，如果有人反对五项原则的措辞和数目，那么五项原则的写法可以修改，数目也可以增减，因为我们所寻求的是把我们的共同愿望肯定下来，让大家来遵守，随之他提出了一项由中国代表团草拟的把各国代表连日发言中都同意的共同点归纳成为七项原则的"和平宣言"草案，并且就每项原则都做了详尽的解释。周总理的发言引起了与会代表的极大注意。大家感到就和平共处问题达成协议已经有良好的基础。

促进亚非团结、推动会议成功的种种努力。不只发生在会议厅内，许多代表团为着增进友谊和了解，积极进行接触，展开广泛的会外外交活动。其中中国和印尼两国政府签署关于双重国籍问题条约以及周总理就台湾地区局势问题发表的声明，被认为是对推动会议进展有重要意义的两件大事。

华侨双重国籍问题是旧中国遗留下的一个繁难问题。万隆会议上有的国家代表在发言中借此攻击中国，说中国有可能利用海外华侨的双重国籍进行颠覆活动。为此周总理在会议上正式声明：中国毫无颠覆它的邻国政府的意图，中国政府准备与有关国家的政府解决华侨的双重国籍问题。4 月 22 日，中国和印尼两国政府签订了关于双重国籍问题的条约。这不仅解决了两国之间一个久悬未决的问题，而且表明了中国的诚意，为中国同东南亚其他国家解决这一问题提供了范例。

会议期间发生的轰动最大的事件，是周总理就台湾地区局势发展的重要声明。4 月 23 日中午，中国、缅甸、锡兰、印度、印尼、巴基斯坦、菲律宾、泰国的代表团团长对和缓远东紧张局势问题、特别是和缓台湾地区紧张局势问题进行了会谈。周总理在 8 国代表团团长会议上发表声明："中国人民同美国人民是友好的。中国人民不要同美国打仗。中国政府愿意同美国政府坐下来谈判，讨论和缓远东紧张局势问题，特别是和缓台湾地区的紧张局势问题"。周总理这一简短的声明，立刻震动了万隆，传遍世界，粉碎了美国想利用它一手造成的台湾地区的紧张局势来影响亚非会议的阴谋，向全世界表达了中国人民的和平诚意，并导致了尔后的中美大使级谈判。在万隆的各国代表团对周总理的声明几乎是一致地做出积极反应，认为它是"一篇非常好的声明"，"完全符合亚非会议的目的"。

寻求亚非团结和求同存异的精神，终于使会议克服了分歧。4 月 24 日晚上，万隆会议举行最后一次全体会议。在热烈的掌声中，与会国家一致通过会议决议，即《亚非会议最后公报》。会议充满着亚非世界团结胜利的喜悦。包括中国在内的 19 个国家的代表先后在闭幕式上发言，他们盛赞会议取得的重大成就，盛赞会议对促进世界和平和合作所做的重大贡献。大会主席沙斯特罗阿米佐约在闭幕词中集中表达了亚非国家的心声："现在我们大家都知道，我们需要实行容忍，彼此像友好的邻居一样在和平中一起生活，而这是人类赖以昌盛的唯一可靠的、真实的基础。愿我们在我们已经共同采取的道路上继续前进，并愿万隆会议成为指引亚洲和非洲的进步前途的灯塔"。

不结盟运动

不结盟运动所以能在 20 世纪 60 年代初兴起是国际形势发展的必然结果。世界反法西斯力量在第二次世界大战的胜利，促进了殖民地、半殖民地人民的觉醒，民族解放运动和各国人民反帝、反殖民革命运动蓬勃发展。中国革命的胜利和 1955 年万隆会议的召开,把亚、非民族解放运动推向了新的高潮。自战争结束至 60 年代初期,有 40 多个国家先后摆脱殖民枷锁赢得独立。仅 1960 年,撒哈拉以南非洲就有 17 个国家宣告独立,形成了著名的"非洲独立年"。这些新独立国家大都选择了独立、自主、不结盟的发展道路。另一方面,老殖民主义者力图保住自己的殖民利益;而美国则乘机填补"真空",推行新殖民主义政策。新老殖民主义的矛盾尖锐化、表面化。与此同时,正在兴起的另一个超级大国苏联也在同美国争夺亚、非、拉广大的中间地带。大国之间这种争夺势力范围的斗争,对第三世界国家的独立、主权和安全形成越来越大的威胁。在这种形势下,一些有声望和有影响力的独立国家的领袖,如铁托、尼赫鲁、纳赛尔、苏加诺、恩克鲁玛等逐渐形成了共同的或近似的国际意识,主张参与国际事务,推动第三世界各国政治和经济的联合,为反对新老殖民主义、反对大国干涉、保卫世界和平而斗争。

不结盟运动是随着国际形势的变化发展起来的,而不结盟思想的形成和不结盟运动的酝酿可以追溯到更早的时期。如前所述,第二次世界大战后,国际关系发生的最大变化之一就是亚、非一系列国家取得了独立,为亚、非国家的团结和力量的凝聚创造了新的国际环境。美帝国主义的世界霸权的衰落,则为亚、非国家摆脱美、苏冷战和两大阵营对峙局面,开展集团外交奠定了基础。在此形势下,铁托、纳赛尔、尼赫鲁于 1956 年 7 月 18日至 19 日在南斯拉夫的布里俄尼岛举行政治会晤。7 月 20 日,三国领导人发表一项《联合声明》。《声明》反对把"世界分成强有力的国家集团",提出"应该建立世界规模的集体安全","应该继续并且鼓励奉行不同政策的各国领袖之间的接触和意见交换"。其后,经过几年的酝酿和讨论,在 1960 年第 15 届联合国大会期间,铁托、纳赛尔、尼赫鲁、恩克鲁玛和苏加诺在纽约会晤,协商召开不结盟会议事宜。这 5 个国家的领导人被称为"不结盟运动的创始人"。

1961 年 2 月 6 日,铁托访问非洲 9 个国家,提出关于举行不结盟国家首脑会议的建议。在铁托和纳赛尔的积极努力下,由埃及、南斯拉夫、印度、印度尼西亚、阿富汗 5 国发起(后来它们被称为"不结盟运动的发起国"),1961 年 6 月间在埃及首都开罗召开了由20 个国家的代表参加的不结盟国家首脑会议的筹备会议。这次会议规定了参加不结盟国家首脑会议的 5 项标准:

1.被邀请国必须执行以和平共处和不结盟为基础的独立政策,或者表现出与这一政策相一致的倾向;

2.被邀请国必须一贯支援民族独立运动;

3.它们不得是参与两大阵营纠纷的集体军事条约(军事同盟)的成员;

4.它们不得是有大国参加的、卷入两大阵营纠纷的区域性防御条约或双边条约的成员;

5.被邀请国不得赞成在其领土上为两大阵营之一的利益建立军事基地。

关于参加不结盟运动的 5 项规定,使万隆精神从深广方面得到发扬。筹备会议决定于 1961 年 9 月正式召开不结盟国家和政府首脑会议。

同年 9 月 1 日至 6 日，首届不结盟国家和政府首脑会议在南斯拉夫首都贝尔格莱德举行。25 个国家作为正式成员参加会议，3 个国家作为观察员列席会议。会议通过了《不结盟国家的国家和政府首脑宣言》。宣言指出："只有殖民主义、帝国主义和新殖民主义的各种表现形式都被消除……之后，持久和平才能实现"；不结盟国家"决意协同做出努力来制止各种新殖民主义和帝国主义统治的一切形式和表现"；它宣布与会各国全力支持阿尔及利亚、安哥拉、突尼斯、古巴以及其他为争取和维护民族独立而斗争的各国人民。宣言要求各大国签订全面彻底的裁军条约，以缓和国际紧张形势；认为"现有的军事集团……不时引起国际关系恶化"，"不结盟国家应该参与有关世界和平与安全"的国际问题的解决。宣言要求消除殖民主义遗留下来的经济不平衡状态，废除国际贸易中心的不等价交换，稳定原料和初级产品价格；并建议立即建立联合国基本发展基金。宣言还要求恢复中华人民共和国在联合国的合法权利。会议决定把这个宣言送交联合国。

首届不结盟国家和政府首脑会议的举行，标志着独立于美苏之外的第三种国际政治力量即不结盟运动的形成。这一运动的形成和发展与整个国际斗争格局的演变同步进行，推动了国际政治力量由美苏两极向多极化方向转化。不结盟运动所确立的不结盟、独立自主的原则和反帝、反殖民的立场，以后受到越来越多的第三世界国家的承认和支持，从而促进了第三世界的兴起和壮大。

不结盟运动形成以后，自 1961 年至 1983 年先后召开了 7 次首脑会议。它们在反对帝国主义、殖民主义，促进亚非拉各国民族解放运动的深入发展；在反对霸权主义、国际强权政治和集团政治，维护第三世界国家的独立、主权和平等地位；在反对超级大国侵略和战争政策，保卫世界和平和各国安全；在改革旧的国际经济关系，建立国际经济新秩序等方面，做出了不懈的努力。

1964 年 10 月 5 日至 10 日，第二次不结盟国家和政府首脑会议在埃及首都开罗举行。有 47 个成员国的代表团、10 个国家和两个组织的观察员参加会议。这次会议通过了关于不结盟运动的下列策略原则：

1.争取解放仍然处于附属地位的国家，消灭殖民主义、新殖民主义和帝国主义；

2.尊重各国人民的自主权，谴责使用武力阻挠这一权利的行使；

3.反对种族歧视和种族隔离政策；

4.和平共处；

5.尊重各国主权及领土完整；

6.根据联合国宪章的原则不以武力相威胁或使用武力解决争端；

7.全面彻底裁军：和平使用原子能，禁止一切核武器试验，建立无核区，防止扩散核武器和取消一切核武器；

8.反对军事条约，反对在外国驻军和建立军事基地；

9.执行联合国决议，使联合国有效地发挥职能；

10.推动经济发展和加强合作；

11.进行文化、科学、教育合作。

这11条策略原则，在一定意义上是整个不结盟运动的宗旨。它们在以后历届会议中多次被重申，并根据国际形势的发展做出了相应的决议。这次会议还遵循上述策略原则，通过了《和平和国际合作纲领》。与会的不结盟国家就反帝、反殖民和保卫世界和平问题表示了共同的立场。纲领指出："帝国主义、殖民主义和新殖民主义是国际紧张局势和冲突的一个基本根源"。"殖民地人民可以正当地使用武力来充分运用他们的自决权和独立权"；"与会国保证……齐心协力给正在进行反对殖民主义和新殖民主义的各国人民提供一切道义上、政治上或物质上的一切必要的援助和支持"。纲领要求取消外国军事基地，消除核威胁，停止军备竞赛。

1970年9月8日至10日，第三次不结盟国家和政府首脑会议在赞比亚首都卢萨卡举行。参加会议的有54个成员国，8个国家和8个组织作为观察员出席了会议。会议通过包括《关于和平、独立、发展、合作和国际关系民主化的卢萨卡宣言》《关于不结盟和经济进步的宣言》等一系列文件。

在前两次首脑会议上，与会者的主要矛头是针对老牌的帝国主义，要求"最后结束殖民主义"，随后又转向美国的新殖民主义。进入70年代以来，由于美苏两国在第三世界的争夺日趋激烈，构成对第三世界国家的主要威胁，从这次会议起，与会的不结盟国家把斗争的主要矛头针对美苏两个超级大国，特别是指向美国的霸权主义。两个超级大国受到指名或不指名的谴责。《卢萨卡宣言》第一次提出把世界分为"穷国"和"富国"，指出："超级大国之间的恐怖均势没有给世界其他地区带来和平与安全"，"对别国内政的干涉，施加政治和经济压力，使用武力和进行颠覆的威胁，这些做法都达到了令人吃惊的程度，并成为经常的威胁"。宣言反对"大国垄断"国际事务；主张："一切主权国家都有权完全自由地决定自己在政治、经济、社会和文化各方面的发展道路"。以卢萨卡会议为标志，不结盟运动开始向两个超级大国的霸权斗争提出了公开的挑战。

70年代大批新独立国家面临实现经济独立以巩固政治独立的严重任务。不结盟运动在政治领域进行反殖民、反帝、反霸斗争的同时，还必须在经济领域展开斗争。卢萨卡会议成了这方面的转折点。会议通过的宣言指出，许多新独立的国家"仍然处在帝国主义统治和新殖民主义的剥削下"，表示"争取实现在平等互利基础上的经济独立"，已经是不结盟运动的刻不容缓的基本目标。

按照卢萨卡会议通过的不结盟运动的组织形式走向制度化，每隔3年召开一次首脑会议的决定，1973年9月5日至9日，第四次不结盟国家和政府首脑会议在阿尔及利亚首都阿尔及尔举行。参加会议的有75个成员国，10个国家和16个组织作为观察员、3个国家作为来宾出席了会议。会议通过《在阿尔及尔举行的第四次不结盟国家国家元首和政府首脑会议宣言》《经济宣言》《经济合作行动纲领》《关于民族解放斗争的宣言》等一系列文件。在这次会议上决定成立部长级协调局。会议文件宣布："拒绝任何形式的奴役和依附、任何干涉和压力,不管它们是政治的、经济的还是军事的",并强调"穷国"和"小国"要团结起来"打倒帝国主义、殖民主义、种族主义、犹太复国主义和霸权主义"。

当时的苏联领导人勃列日涅夫在会前给本届会议主席布迈丁写信施加压力,指责不结盟国家把世界分为"大国"和"小国""穷国"和"富国"的主张,不许把美苏两国相提并论。阿尔及利亚公布了这封信,引起与会国家的强烈不满。会议不顾苏联的压力,在会议文件中坚持"反对霸权"的正义立场,把矛头直接指向两个超级大国。

1976 年 8 月 16 日至 20 日,第五次不结盟国家和政府首脑会议在斯里兰卡首都科伦坡举行,参加的有 86 个成员国,10 个国家和 12 个组织作为观察员,7 个国家作为来宾出席了会议。罗马尼亚在大多数成员国的支持下,以来宾身份参加会议。本次会议的一个明显特点是强调了政治独立和经济独立的相互关系;通过《政治宣言》《经济宣言》《不结盟国家和其他发展中国家经济合作纲领》等文件。《政治宣言》宣告:"不结盟运动是抗击各种形式和表现的帝国主义和其他各种形式的外国统治的一支重要力量";指出:"政治和经济有着不可分割的联系","脱离政治来孤立地处理经济事务,是错误的"。《经济宣言》强调:"争取政治独立……不能同争取经济解放的斗争分离开来";号召"不结盟国家同其他发展中国家一起,为建立新的国际经济秩序以结束富国和强国对付弱国和穷国的剥削而努力而奋斗"。

第六次不结盟国家和政府首脑会议是第一次在拉丁美洲国家召开的不结盟运动的会议。它于 1979 年在古巴首都哈瓦那举行,参加会议的有 95 个成员国,12 个国家的观察员和 8 个国家的代表以来宾身份出席了会议。由于会议的某些参加国特别是东道主古巴受到苏联的影响,使不结盟运动内部产生了意见分歧。这次会议在 3 个根本问题上经历了尖锐的争论:一、不结盟运动应该坚持还是放弃其不结盟的概念和反帝、反殖民、反霸的宗旨;二、不结盟国家是否应该努力促使它们各国之间团结合作;三、不结盟运动内部应该坚持民主协商的原则还是采取把少数国家的意志强加给多数国家。在多数国家的努力下,会议坚持了不结盟运动的非集团原则,维护了运动的团结,否定了个别国家鼓吹苏联是不结盟运动的"天然盟友"的主张,取得了积极的成果。

这次会议通过《政治宣言》等一系列决议,重申运动的以下原则:尊重所有国家的独立、主权、领土完整和社会自由发展;不结盟国家独立于大国或集团的争夺和影响之外,反对参加军事条约和联盟;同帝国主义、殖民主义、新殖民主义、外国占领和霸权做斗争;各国实现积极的和平共处;建立新的国际经济秩序,在平等的基础上发展国际合作;在殖民和外来统治下的各国人民有权实行自决和独立;支持民族解放运动。

但是,不结盟运动的首批成员国之一的民主柬埔寨,受到越南的侵略,它的合法性遭到古巴等国的否定,被剥夺了参加会议的权利。由于会议曾一度出现偏袒苏联对外政策的气氛,缅甸代表中途退席,并宣布退出不结盟运动。

第七次不结盟国家和政府首脑会议于 1983 年 3 月 7 日至 12 日在印度首都新德里举行。出席的有 101 个成员国,10 个国家和 8 个组织作为观察员、10 个国家和 16 个组织作为来宾出席了会议,使这次会议成为不结盟运动力量的一次空前大检阅,会议通过了《新德里文件》《政治宣言》《经济宣言》《经济合作行动纲领》《集体自力更生宣言》等一系列文件。这次会议坚持了不结盟运动的基本纲领和宗旨,较大程度上拨正了自上届首脑会议以来出现的偏袒苏联的方向,重申支持不干涉主权国家内部事务以及不允许对主权国家使用武力的原则,呼吁"外国军队"撤出阿富汗和柬埔寨,并要求"全面重建国际秩序",以扭转目前在世界上存在的"争夺势力范围、统治地位和军备竞赛"的趋势。《经济宣言》强调不结盟国家要为建立国际经济新秩序而继续努力,并提出了加速"南南合作"的措施。

法国卷土重来越南

法国统治越南达 80 余年之久。第二次世界大战期间,法国贝当政府于 1940 年 6 月 22 日向德国法西斯投降。同年 7 月,日本法西斯确立武力南进政策,法国维希政府同意日本在北越驻军。9 月 22 日,日本不顾美国警告,派兵侵占谅山,控制了越南北部。1941 年 7 月 21 日,法国维希政府又同意日本在南越驻军,7 月 24 日,日军开进南越。从此,越南沦为日、法两国共同统治的殖民地。

1945 年 3 月 9 日,日寇发动政变,解除法军武装,囚禁法属印度支那联邦总督让·德古海军上将和其他法国军官,接管了法国殖民地机构,并扶植保大上台,在顺化组织越奸陈重金为首的傀儡政府。3 月 11 日,保大发表声明,宣布"恢复独立安南国",废除 1884 年签订的"越法保护条约",保证与日本合作,以实现"大东亚圣战"的目标。就这样,法国经营了 58 年的法属印度支那联邦被日本独占。

在反法西斯战争期间,印度支那原被划分在蒋介石的军事顾问魏德迈将军指挥下的中国战区内。1945 年 7 月,波茨坦会议重新划分了盟军暂时占领印度支那的职责范围,规定北纬 16 度以北保留在中国战区范围内;北纬 16 度以南划归英国海军上将路易斯·蒙巴顿勋爵指挥的东南亚统帅部辖区内。当时,盟军的任务是:解除日军武装,看管和遣返日本投降人员,释放和救济法国战俘及被拘留的平民。戴高乐怀疑美国的动机,强烈地反对波茨坦会议的这一决定。他宣称:那是背着法国而企图夺去它的海外领土,法国将不予承认。战后,随着国际形势的变化,杜鲁门政府调整了美法关系,拉拢法国以共同对付苏联。1945 年 8 月 24 日,杜鲁门在与戴高乐会谈时表示,美国不反对法国重返印度支那,并保证今后不给法国在印度支那的事务制造障碍。在美国的许诺下早已组建好的法国远征军,由英美提供海运,开到印度支那,发动一场新的殖民战争。

根据波茨坦会议的决定,英、美军队进入印度支那南部。一万多英军在格雷西将军率领下于 1945 年 9 月 13 日进入西贡。他们恢复法国殖民统治机构,释放并重新武装法国战俘,将他们和随英军同来的法国先遣队组成 6000 多人的西贡市民警卫队。9 月 21

日，第一批法国远征军乘英舰在西贡登陆，9月23日清晨，法军发动突然袭击进犯西贡市人民委员会市政厅和其他公共建筑，越军随即奋起反击，南部抗法战争爆发。

南部抗战爆发后，西贡市各界立即实行总罢工，越军向法军所有据点发起进攻，法国殖民机构顷刻瓦解。这时，格雷西指挥英军把越军逐出主要据点，并把这些据点交还法军。9月25日，越共南部区党委决定成立南部抗战委员会，统一领导卫国军、自卫队和游击队。次日，胡志明发出《给南部同胞的信》，号召全国人民全力支援为保卫祖国独立而奋斗牺牲的南部军民。越南全国立时掀起声势浩大的支援南部抗战运动。

9月30日，越法双方代表开始谈判，一致同意停火。越方要求所有法军解除武装，将西贡市民警卫队交给西贡市人民委员会管辖。法方拒绝越方的要求。10月12日谈判破裂，战火再起。10月15日，法国远征军总司令勒克莱将军率领一个装甲师到达西贡，到10月25日，法军总数已达2.5万人，战局随即发生变化。10月19日，法军在英军帮助下在芽庄登陆，但被越军围困了3个月之久。11月25日，法军沿1号公路进攻西贡东西各省。12月，法军1.5万人沿14号公路北上，进攻中部西原山区，侵占邦美蜀。1946年1月，法军沿20号公路北上，侵占夷灵、大叻。2月初，自邦美蜀、大叻南下，进攻宁和、藩朗、藩切，芽庄解围。接着，又沿1号公路、14号公路北上，企图侵占岘港以北地区。各地军民吸取西贡抗战经验，法军一到，立即破坏工厂、道路、桥梁，设置街垒、路障，开展游击战，撤往农村，建立抗法根据地。

1946年1月1日，盟军东南亚统帅部与法国驻印度支那高级专员达尚礼签订一项协定：英军除管制和遣返日本投降人员之外，印度支那北纬16度以南的全部军务由法国负责；从1946年3月4日起，英军撤走，由法军接管。

根据波茨坦会议的决定，美国盟军总部在日本投降后禁止日军向越南交出武器，让蒋介石的军队进入印度支那北部。在卢汉将军的率领下，20万中国军队自1945年8月31日起，占领北纬16度以北所有城市。在中国占领军的扶掖下，以武鸿卿、阮祥三为首的"越南国民党"和以阮海臣为首的"越南革命同盟会"也回到了越南。他们组织武装力量，割据老街、河江、安沛、富寿、越池、永安、谅山、海宁等省部分地区。他们要求改组越南民主共和国临时政府，要求担任政府要职，并阴谋发动政变，另建"越南国民政府"。面对这种局势，越共中央"为了不损害民族团结"，采取了"痛苦的方法"，于11月11日宣布"自动解散"，实际是转入地下，秘密领导抗战建国战争。

1945年11月25日，越共中央发出《抗战建国指示》，指出全党、全民的紧急任务是"巩固政权，抗击法国殖民者，清除内患，改善人民生活。"同时还指出："当前的主要敌人是法国侵略者，必须把斗争火力集中起来对准他们。"为争取国民党占领军与共和国政府合作，越共中央决定对中国占领军做些让步：接受武鸿卿、阮祥三、阮海臣担任政府要职的要求；保证让非共产党人士以及中国国民党支持的组织将于1946年1月6日选出的共和国立法机关中有真正的代表；把蒋介石忌讳的越南解放军改称越南卫国军。这样，就可以拒绝法军在北方登陆，不许法国行政官员复职。随后，共和国政府得到了中国方面提供的贷款,用以购买中国枪炮并获得法国和日本两方面留下的军用储备物资。

法国政府为使中国占领军撤走,对中国国民党政府做了让步。1946年2月18日,中法两国政府代表在重庆签订中法协定,法国以放弃他们在中国的治外法权;允许中国政府购买滇越铁路通过中国领土内的部分;允许中国在海防设一自由地带,免付转口贸易关税;法国将颁布一项新的法令,规定中国在印度支那的居民享有的权利等条件,换得了所有中国军队将在1946年3月31日以前撤离印度支那的允诺。中国军队撤离印度支那期限之前,法军即于1946年3月6日在海防登陆,对此中国军队给以炮击,法国军舰也炮击中国军队阵地。4月12日,中法两国军队又在河内发生武装冲突。后来,中国军队因急于调回国内打内战,防务便由法军接替,大批法军进入北方。

越共领导的全国抗法战争

越共中央为争取缓和时间,以巩固和发展革命力量,切实做好抗战建国的准备工作,提出"以和求进"的方针。法国殖民者为争取时间,部署兵力,也愿意谈判。

1946年3月6日,越方代表胡志明、武鸿卿,法方代表法国驻印度支那高级专员让·圣德尼,在河内签订《初步协定》。协定规定:法国政府承认越南民主共和国为一个自由的国家,拥有自己的政府、国会、军队和财政,是印度支那和法兰西联邦的一部分,关于三圻合并问题,通过表决方式征询人民意见决定;越南政府对接管中国军队防务的法军,准备予以友好的接待;双方一致同意立即停止敌对行动,缔结条约附属协定。规定:协定签订后10个月,暂驻越南的1.5万名法军将开始在5年内逐步撤完。1946年7月9日,范文同率领越南代表团在巴黎近郊枫丹白露就越南未来的地位、越南外交权、三圻合并、法国在越南的经济和文化利益等问题同法国政府谈判。9月8日,法国政府宣布,由于意见分歧很大,会议将不再继续进行。9月14日,由胡志明和法国政府海外领地部部长马里于斯·穆泰在巴黎签订《临时协定》。协定规定:越南政府承认法国在越南的经济和文化利益;法国停止在南方的军事行动,尊重越南民主自由的原则,释放由于政治问题和抗战行动而被捕的南方人民;南方人民享有集会、结社、新闻、往来的自由等权利。但是关于越南未来的地位、越南外交权、三圻合并等问题则始终没有得到解决。法国政府坚持重建其在越南的殖民统治,因而只同意越南"在法兰西联邦内实行自治";而胡志明则坚持越南完全独立和统一,所能做出的最大让步,只是同意"在法兰西联邦内的独立和统一"。

法国乔治·皮杜尔总理认为,如果承认越南享有自治领的地位,势必为法国的自治领开创危险的先例。为此,他悍然撕毁了这个协定。1946年4月18日,越法双方代表在大叻举行谈判,旨在停止仍在继续的敌对行动,并对越法之间未来的经济、文化和政治关系提出建议。但在谈判期间,法国远征军总司令华尔露就下令法军进驻海防——芒街和谅山——海宁地区,并进攻北部西北高原和中部西原高原。同年7月至9月,越法双方代表在巴黎谈判期间,法国驻印度支那高级专员达尚礼在大叻召开"法属印度支那联邦会议",法国皮杜尔政府声称:承认"交趾支那自治共和国"的"独立",肢解了越南,同年 9 月 14 日《临时约定》签字后,越南政府将河内巴士特尔医院移交给法国,并下令南方越军停火;法国却在南方恢复伪政权机关乡公所,并下令法军封锁海防港口。11 月 20 日,法军阻挠越南海防海关收税,并枪击越南海关关税警察,越南自卫队立即还击。华尔露遂以此为借口,下令法军侵占海防和谅山,并派几千法军在岘港登陆。12 月 16 日,法国在越南的全体高级官员在海防举行会议,策划新的殖民战争。12 月 17 日,法军越过河内安宁区米粉街的障碍物,袭击越南首都自卫团的防守所,自卫团当即自卫还击。华尔露又以此为借口,下令法军进攻安宁区。12 月 18 日,法军侵占越南政府的交通部和财政部。同日,北部法军司令莫里哀向越南政府提出最后通牒,要求立即解除越南首都自卫团和自卫队的武装,并以占领越南首都警察局相要挟。越南政府拒绝了莫里哀的要求。12 月 19 日,法军开始炮击河内,随后发动了对越南的全面武装进攻。

越南共产党的创始人和领袖,深受越南人民爱戴的胡志明。

　　1946 年 12 月 20 日,胡志明发出《号召全国抗战》的告人民书,庄严宣告:"我们宁可牺牲一切,决不肯亡国,决不肯做奴隶。"他号召全国人民"不分男女,不论老幼,不分宗教、党派、民族,只要是越南人,就要起来打倒法国殖民者,拯救祖国。"12 月 22 日,越共中央发出《全民抗战的指示》,指出抗法战争是一场"全民、全面、长期的抗战",历时 9 年的越南抗法战争从此全面展开。

朝鲜战争

　　朝鲜战争是第二次世界大战后规模最大的局部战争之一,有近 20 个国家和地区(朝鲜民主主义人民共和国、中国、南朝鲜、美国、英国、加拿大、土耳其、新西兰、法国、澳大利亚、泰国、菲律宾、希腊、荷兰、比利时、哥伦比亚、埃塞俄比亚、南非联邦、卢森堡)卷入了这场战争。双方投入战场的兵力,高峰时达 320 多万。这场战争对朝鲜、对中国、对亚洲以及对战后整个世界政治、经济、军事等方面,都产生了深远的影响。

　　早在 1910 年,日本强迫朝鲜签订了"日韩合并条约",朝鲜被日本侵吞,并且沦为日本的总督管辖区。日本侵占朝鲜后，即以朝鲜为跳板，加紧向中国进行侵略。1931 年"九·一八"事变后，日本强占了中国东北。朝鲜人民、中国人民为反对日本帝国主义的侵略，进行了长期艰苦卓绝的斗争。

第二次世界大战后期，美、英、中三国于 1943 年 12 月 1 日在开罗宣言中表示，打败日本后，把日本侵占中国的领土包括东北、台湾、澎湖列岛等归还中国，使朝鲜自由独立。后来在德黑兰会议时，斯大林对开罗宣言的内容表示支持，并说朝鲜应当获得独立。

1945 年 2 月举行雅尔塔会议时，罗斯福和斯大林在非正式谈话中又讨论到朝鲜问题。罗斯福提出朝鲜应当由苏联、中国和美国 3 个国家的代表负责托管。他并以菲律宾为例，说明要使朝鲜能完全自治，将需要很长时间，菲律宾群岛花了 40 年，朝鲜也许只需要 20 年或 30 的。斯大林说，托管时间愈短愈好，他还认为应当请英国一起来商量。在此次会议上，关于苏联参加对日作战的条件，罗斯福同意恢复 1905 年日俄战争以前俄国在远东所获得的利益。1945 年 5 月 7 日，德国宣布无条件投降。7 月，美、英、苏三国举行波茨坦会议，讨论德国战败后的欧洲战后处理及关于苏军对日参战的协议等问题。会议对朝鲜的军事占领或托管问题未讨论，只是由美国参谋长联席会议主席马歇尔和苏军总参谋长安东诺夫就美、苏两军的作战区域进行了磋商。通过了海、空军的一条作战分界线，但对地面部队的作战分界线并未达成协议。当安东诺夫向马歇尔探询美军有没有同苏军在朝鲜半岛实施联合登陆作战的意向时，马歇尔表示美军地面部队尚未准备近期在朝鲜登陆作战。8 月 6 日和 9 日，美国在广岛和长崎投掷了原子弹。8 月 8 日，苏联对日宣战。1 个星期内，苏军消灭了日本关东军主力。接着进军满洲和北朝鲜。与此同时，另一支苏军在北朝鲜登陆。13 日解放了雄基，接着在清津战役中消灭了驻朝日军主力，进驻罗津、罗南、咸兴、元山等地。8 月 15 日，日本宣布投降。同日，美国将以北纬 38 度线为分界线，命令朝鲜境内之日军，三八线以北向苏军、三八线以南向美军投降的文件转交苏联和英国等同盟国征求意见。对此，斯大林 8 月 16 日的答复，没有反对三八线，另外提出了共同占领日本北海道的要求。此要求被美国拒绝。此后，苏军即停止在三八线附近，未再向南前进。20 多天后，即 9 月 8 日，美军第 24 军，在朝鲜仁川登陆，次日进驻汉城。

美、苏军在战后分驻三八线南北地区，由于两国政府的政策截然不同，朝鲜终于分裂成南北朝鲜，种下了战争的种子。

1945 年 12 月，在莫斯科举行的苏、美、英三国外长会议上，美国提出以美、苏、英、中四国对朝鲜实行托管的方案，企图使美获得实际统治权。苏联没有同意美国方案而提出了自己的提案。最后三外长以苏联提案为基础达成了协议。协议主要内容为：1.为重建朝鲜成独立国家，特设立一个朝鲜临时民主政府；2.为协助组成朝鲜临时政府，由美、苏占领军代表组织一个联合委员会，协商组成临时政府方案。1946 年 1 月～1947 年 5 月，美、苏联合委员会围绕组成什么样的朝鲜临时政府问题展开针锋相对的斗争。美国的目标是要组成以南朝鲜李承晚集团为首的亲美的朝鲜临时政府，苏联的目标是建立以北朝鲜民主革命政党为主导的朝鲜临时政府。但到 1948 年 8 月，南朝鲜通过"单独选举"成立了以李承晚为总统的大韩民国政府。南朝鲜李承晚政府成立后,加快了早已开始的扩军备战步伐,企图以武力解决问题。

1945年8月,金日成所率抗日部队配合苏军对日作战,胜利返回朝鲜国土。随后,在朝鲜北部实行了一系列反帝、反封建的民主改革,建立了各级地方政权和朝鲜人民军。1946年8月,北朝鲜共产党和新民党合并为劳动党。朝鲜劳动党领导朝鲜民主爱国力量于1948年8月25日进行了民主选举,成立了朝鲜民主主义人民共和国。9月任命金日成为内阁首相。

朝鲜民主主义人民共和国成立后,苏联宣布从朝鲜撤军。从10月份起,驻北朝鲜的苏军开始撤退,到12月底全部撤完。

南北朝鲜分别成立政府后,各自都加强武装力量建设,准备在必要时依靠武力实现统一。于是,南、北朝鲜之间的斗争日益尖锐,局势日趋紧张。据统计,从1949年1月到12月,三八线上的武装冲突达1000次以上。1950年6月25日,朝鲜南北之间终于爆发了大规模内战。

朝鲜战争按战争进程可分为两个时期。第1个时期,朝鲜人民军单独与美军、南朝鲜军作战。这个时期分为两个阶段:从1950年6月25日至9月14日为第1阶段,朝鲜人民军连续进行了五次进攻战役,由三八线进至洛东江;从9月15日至10月中旬为第2阶段,美军和南朝鲜军发起反攻,朝鲜人民军被迫由洛东江向北部中朝边境地区撤退。第2个时期,中国人民志愿军入朝后和朝鲜人民军一起共同对以美军为首的"联合国军"作战。这一时期也分为两个阶段:第1阶段,从1950年10月19日至1951年6月上旬,中朝人民军队进行五次运动战战役,恢复了朝鲜民主主义人民共和国三八线以北领土;第2阶段,从1951年6月中旬至1953年7月27日,中朝人民军队在三八线地区胜利地进行了阵地防御和阵地进攻作战,迫使美军在停战协定上签了字。

朝鲜人民军进行五次战役

朝鲜战争爆发前,南朝鲜军队有8个步兵师22个联队(团),连同机甲联队、炮兵联队共24个联队,加上其他特种兵及海、空军,共约10.5万余人,另有5万非正规军及武装警察,加起来总数约15万人。朝鲜人民军编有10个步兵师、1个坦克旅和1个摩托化团,加上空海军、炮兵等特种兵及内务省的7人警备旅,总兵力约20万人。

战争爆发后,朝鲜人民军连续进行了五次进攻战役。

第一次战役(汉城战役,1950年6月25日~29日) 朝鲜人民军为围歼汉城地区的南朝鲜军队主要集团,沿西海岸向南实施主要突击,于6月28日攻占汉城,并进至汉江北岸。东线人民军解放春川和江陵两城,击毙和俘虏南朝鲜军队2.1万余人。但南朝鲜军队基本未遭合围和歼灭。

为了挽救南朝鲜军队的覆灭,美国决定公开插手朝鲜内战。1950年6月27日,美国总统杜鲁门发表了三点挑衅性声明：第一，命令麦克阿瑟使用海、空军全力支持南朝鲜军队作战；第二，命令美国海军第七舰队开至台湾海峡，阻止中国人民解放军解放台湾；第三，加强对菲律宾、越南亲美政权的军事援助。同时，美国又操纵联合国安全理事会，在苏联缺席和中华人民共和国的席位被台湾国民党占据的情况下，通过了要求各会员国给南朝鲜当局提供必要的援助、击退军事进攻的美国提案。

对此，中华人民共和国政务院总理兼外交部长周恩来于 7 月 6 日代表中国政府声明："联合国安全理事会于 6 月 27 日在美国政府指使和操纵下所通过的关于要求联合国会员国协助南朝鲜当局的决议，是支持美国武装侵略、干涉朝鲜内政和破坏世界和平的，并且这一决议是在没有中华人民共和国和苏联两个常任理事国参加下通过的，显然是非法的。联合国宪章规定不得授权联合国干涉在本质上属于任何国家国内管辖之事件，而安全理事会 6 月 27 日的决议正违犯了联合国宪章这一重要原则。因此，安全理事会关于朝鲜问题的决议，不仅毫无法律效力，并且大大破坏了联合国宪章。""同时，美国总统杜鲁门在 6 月 27 日关于以武力阻止中华人民共和国解放台湾的声明和美国海军侵入我台湾沿海的行动，是彻底破坏联合国宪章，关于任何会员国不得使用武力侵害任何其他国家之领土完整或政治独立的原则的公开侵略行为。"并一再声明：不管美国政府采取任何军事阻挠，中国人民抱定决心必将要解放台湾。

第二次战役（水原战役，6 月 30 日~7 月 6 日）　在杜鲁门发表声明之后，当日麦克阿瑟即派遣美军驻日本的第 5 航空队、驻冲绳的第 20 航空队支援南朝鲜军作战，宣布在南朝鲜水原设立麦克阿瑟总部之前进指挥所，任命邱奇准将（前菲律宾军政局长）为南朝鲜美军总司令，直接指挥南朝鲜军队作战。29 日，麦克阿瑟率领参谋长阿尔蒙德少将、远东空军司令斯特拉特梅耶中将、谍报组长洛贝少将等赴水原视察。30 日，杜鲁门再度授权麦克阿瑟使用地面部队进攻朝鲜人民军。

朝鲜人民军在取得了解放汉城的第 1 次战役胜利后，于 6 月 30 日发起第 2 次战役。针对南朝鲜军队在美军前进指挥所司令官邱奇指挥下建立汉江以南一线防御，企图凭借汉江阻止人民军前进的企图。人民军第 2 次战役向永登浦、水原、平泽方向进行集中攻击，以便在美国陆军部队增援以前抢渡汉江，突破汉江南岸的敌防线。从 7 月 1 日至 7 月 3 日，人民军经过激烈战斗，分别强渡汉江，西部战线的人民军解放了永登，7 月 4 日解放了被南朝鲜军人宣布为第二根据地的水原，中部战线的人民军在骊州和原州等地消灭了南朝鲜军队防御部队，东部战线的人民军挺进到宁越和三陟以南地区。尽管美军第 24 师先头部队投入战斗，但并未能阻止朝鲜人民军向南进攻。7 月 5 日，人民军在水原以南约 10 多公里的乌山第一次与美军交锋。人民军坦克分队快速地以纵深队形向美军阵地猛冲，而步兵部队在正面实施攻击的同时，并迂回到侧翼打击敌人。歼灭了美军第 24 师先头 1 个营及部分炮兵。至 7 月 6 日，人民军进攻部队基本进至三七线地域，把战线拉平。

第三次战役（大田战役，7 月 7 日~7 月 20 日）　在朝鲜人民军的进攻下，美国决定增强在朝鲜战场的军队。7月7日,联合国安理会通过关于在朝鲜设立联合国军司令部的决议。7月8日,美国总统杜鲁门任命麦克阿瑟为"联合国军总司令"。在此之前,7月6日美军已将第25步兵师调往朝鲜釜山,任命第8集团军司令瓦克中将为驻朝美军司令官。7月7日,瓦克到大田设立了第8集团军前进指挥所,同时在大丘设立了第8集团军总部。7月14日,联合国秘书长赖伊向52个联合国会员国提出了给予南朝鲜军事援助的要求。英国、法国、新西兰等十几个国家答应派出军队或提供其他各种援助。

朝鲜人民军最高司令部为了进一步加强前线部队的指挥和领导,组织了前线司令部,同时把辅助指挥所改编为军团。任命金策为前线司令部司令官,金一为军事委员,姜健为参谋长。金雄为第1军团军团长,武亭为第2军团军团长。为了增强人民军的力量,将内务省的警备旅扩编为人民军师团。人民军原有的师团加上新编的师团共有13个步兵师和1个坦克师。

与此同时,南朝鲜军队征集了大量新兵,对在战争中受到严重损失的各师团进行了补充和整编,编成了2个军团,改变了指挥体系,企图配合美军第24师主力守住新防线,以等待援兵和整训军队,然后转入反攻。

朝鲜人民军决心不让敌军有占据新防线的时间,于7月7日发起第3次战役。7月7日,人民军西线部队向天安、鸟致院、大田方向发起进攻。7月8日,人民军击败了防守天安的美军第24师第21团及部分南朝鲜军,解放了天安,7月10日出击到全义地区。防守在鸟致院的美军飞机第24师第34团及南朝鲜第17团,虽有美军飞机和坦克配合作战,但仍未能阻挡住人民军正面猛攻和侧后迂回,只好撤至新滩津,在锦江一线设防。

美军在锦江以北遭到人民军一连串打击后,一面将第24师全部收缩在大田、公州一线,企图凭借锦江天险组成一条所谓"决不后退"的防线,亦称"最终防线",同时将驻日美军第25师、骑1师增调南朝鲜。

7月14日晨,人民军在大田东北佯渡,主力于14日晚在大田以西强渡锦江,15日一举攻占公州,歼美军第24师第34团千余名;另一部从大田正面突破锦江,17日会歼美军第24师第19团主力1700余人于大田西北大平里地区。至7月19日下午,人民军第3师、第4师和第105坦克师包围了南朝鲜临时首都大田市。

美军为了挽救被围困在大田的第24师,将美军第25师、骑1师迅速地派往大田。然而人民军在美援军没有赶到之前,于20日12时就解放了大田,歼灭了美第24师主力。该师残部向大田东南溃散,人民军继续跟踪追击,于23日占领沃川、永同,再歼美军第24师残部1000多人,并俘其第34团团长阿里斯上校。不久,又生俘了原驻朝美军总司令、美第24师师长迪安少将。

大田战役,美军第24师损失8000余人,其主力基本被歼。漏网之敌,会同美第25师、骑1师,退守金泉、秋风岭、黄涧地区。至7月20日,人民军胜利地完成了第3次战役。是役,人民军毙伤俘美军和南朝鲜军3.2万余人,粉碎了敌人的锦江、小白山脉防线,解放了大田、清州、闻庆等忠清南北道的几乎全部地区和全罗北道与庆尚北道的部分

　　第四次战役(洛东江战役,7月21日~8月20日)　　大田战役后,美军、南朝鲜军在西线的锦山、永同等地区和中部的咸昌、醴泉、安东等洛东江北岸一带加强了防御,企图阻止人民军的进攻。美军、南朝鲜军的部署是:由7月18日在浦项登陆的美骑兵1师(保留老番号、实际上已摩托化)接替遭到歼灭性打击的美第24师大田以南阵地的防御,主要防守锦山至永同地段;由在大丘以北集结的美第25师接替了遭到严重打击的南朝鲜军第1、第2师在中东地段的防御,主要防守永同以东黄涧至咸昌地段;从咸昌东到东海岸的地段以南朝鲜首都师和第3、第6、第8师等4个师防御。换下来的第1、第2师进行整补,并作为中东部战线的预备队。另在美骑1师左翼,部署了南朝鲜军第5、第7师,防御锦山、永同西南地区。遭到歼灭性打击的美第24师残部撤至大丘以北地区整编,由岳奇任师长接替被俘的迪安少将,将美第24师的第19团和第34团合并,第21团进行了补充,并将南朝鲜军第17团配属给它,不久又调来美军第29团。这样,使美第24师不久又能投入到西线作战。

　　7月21日,人民军发起第4次战役,人民军第1和第2军团向金泉、大丘方向并肩实施主要突击。人民军各部队不断猛攻,至8月初先后解放了黄涧、金泉、陕川、金州、西海岸最南端的港口木浦港、晋州、荣州、安东等地,解放了南朝鲜4/5以上的土地。

　　美军、南朝鲜军在朝鲜人民军全面猛烈的攻势下,防不胜防,节节败退,防御圈愈来愈小。被压缩在大丘、浦项、釜山三角地区,其面积不足朝鲜面积的1/20(约1万平方公里)。为保住南朝鲜最南端这一滩头阵地,7月27日,麦克阿瑟飞抵美第8集团军司令部所在地大丘,表示再不容许后退的强硬态度。2天后,美第8集团军司令官瓦克中将,到美第25师司令部所在地,下了就地死守、坚守到底的命令。美军、南朝鲜军利用西面洛东江天险和北面的横向高山,构成坚强的防御阵地。在防御阵地内,有釜山—大丘—浦项—庆州—釜山的环形公路,及釜山向马山、大丘、永川、浦项前线的放射形补给道路网,有利于兵力的机动和补给。此外,在建立洛东江防线的同时,美军、南朝鲜军的作战部队不断得到加强。7月30日,美军第2师在釜山登陆,并立即开赴西部前线。8月2日,美第1陆战旅抵达釜山,并立即配置在马山地区。另外,美独立第5团及5个营以上的坦克部队,计500余辆坦克也陆续到达朝鲜前线。

　　人民军决心迅速突破美军、南朝鲜军的洛东江防线,争取在8月15日,朝鲜解放5周年庆祝日以前解放全朝鲜。因此在西面、北面及东面发起全面进攻。

　　人民军的进攻,遭到美军、南朝鲜军的顽强抵抗。8月4日,进入战役第2阶段,人民军进攻取得进展较小,美军、南朝鲜军从8月7日起并在各战线组织反攻。美空军为了阻止人民军的进攻,掩护美军、南朝鲜军的反攻和破坏朝鲜人民军的后方运输线,出动了大批航空兵进行轰炸。特别是对前线的轰炸极其疯狂。仅8月16日在倭馆前面的一块约12公里长5公里宽的狭窄阵地上,美军竟出动了98架当时美军称为超级空中堡垒的B—29轰炸机和数百架战斗机,投下了960吨炸弹和凝固汽油弹,使该地变成了一片焦土。美军称这种轰炸为"地毯式"轰炸。美军、南朝鲜军坚固的防御体系、新锐兵力的增加和美军的狂轰滥炸,给朝鲜人民军的进攻造成极大困难,使人民军基本没能突破洛东江防线,8月20日结束了第4次战役。此次战役中,人民军毙伤俘美军、南朝鲜军3.5万余人。

第五次战役(釜山战役,8月31日~9月15日)　第4次战役后,美军得到进一步的加强。8月29日,英军第29旅在釜山登陆,同时,南朝鲜军队也经过整训,编成了8个师团。以美军为首的"联合国军"约18万人,并得到美国远东空军和海军的支援。其有生力量和火炮比朝鲜人民军多1.5倍,坦克多5倍,并且完全掌握了制空权和制海权。美军飞机的狂轰滥炸,极其严重地破坏了人民军的后方补给和战场准备。人民军只有靠晚上运输,但晚上亦遭轰炸。在前线,美空军每天出动成百架飞机对人民军阵地密集轰炸,并以密集炮火在阵地前构成火力网,致使距美军、南朝鲜军阵地30公里以内很难立足。人民军进攻时,必须在夜晚从30公里以外,用汽车载运突进,人力物力消耗很大。在这种情况下,人民军的进攻只能是拼消耗的拉锯战。这对人民军是极为不利的。因为美军、南朝鲜军可得到源源不断的补给,而人民军的后方补给困难,坦克缺乏燃料,枪炮缺乏弹

美军总司令麦克阿瑟制定了1950年9月15日的"仁川登陆"作战计划。1950年9月15日,美国调集陆军4万余人,300多艘军舰,500多架飞机,从朝鲜中部仁川登陆,扩大了侵朝战争。9月27日,美国总统杜鲁门授权麦克阿瑟向"三八线"以北大举进犯。

药,战士缺乏食粮。这种情况下的进攻,只会增加人民军的伤亡。另一个不利因素是时间。当时美军正积极准备在仁川登陆,人民军后方空虚,美军一旦在后方登陆,就使人民军陷入极为不利的境地。但是,人民军对上述不利因素没有足够的重视。在第4次战役后,仍决定进行第5次战役。8月31日晚,人民军发起总攻,在艰苦的条件下经英勇作战,在一些地区突破了敌军的前沿防御,但已无力扩张战果。从9月10日起,美军、南朝鲜军在飞机掩护下,以坦克为前导,开始转入反攻。至9月15日,美军开始在仁川登陆,并在全线发起总攻。人民军陷入更加危险的境地。

朝鲜战争第1时期的第1阶段作战中,朝鲜人民军经过80天的作战,毙俘美军、南朝鲜军9.4万余人,向南推进了250～350公里,但因美国进行武装干涉,人民军未能全部解放自己的祖国。

从1950年9月15日转入第1时期的第2阶段作战,即朝鲜人民军防御作战阶段。

1950年9月15日,美军在仁川登陆。仁川位于汉城以西约30公里,是朝鲜西海岸最大的港口。美军最初的仁川登陆计划在7月初制定,称为"兰心作战计划",拟于7月22日登陆。当时麦克阿瑟设想将美军地面部队迅速投入到水原附近顶住朝鲜人民军向南的进攻,而以美骑1师在仁川附近登陆,再从侧背攻击人民军,使人民军腹背受敌。但是由于该计划遭到美军参谋长联席会议主席布莱德雷等的反对,加之人民军进展迅速,南朝鲜军连连败退,连美军第24师先头部队亦在水原以南的乌山被歼,至7月10日,人民军已攻占公州,迫使美军不得不将美骑1师立即投入到洛东江防线,"兰心作战计划"遂于7月10日取消。

但是麦克阿瑟并未放弃登陆计划。尤其是在人民军逼近大丘和釜山以后,为挽救败局,解除人民军对釜山地区的压力,并切断人民军的后方补给及北撤道路,以此达到围歼朝鲜人民军主力的目的。麦克阿瑟又下令制定了代号为"铬铁战役"的仁川登陆计划。该计划确定以9月15日为登陆开始日。以美军第10军担负仁川登陆地面作战任务。该军下辖美军第1陆战师、步兵第7师、第2工兵旅、空降第187团和南朝鲜步兵第17团及陆战4个营,共有兵力7.5万人。由美海军第7舰队与第10军编成联合特遣兵团,作战总指挥为美远东海军司令乔埃中将,第7舰队司令中枢波中将兼任联合特遣兵团司令。下面编有:1个航母舰队(第77特混舰队)、1个后勤支援舰队(第79特混舰队)、1个突击舰队(第90特混舰队)、1个封锁掩护舰队(第91特混舰队)、1个陆军军(第10军)和1个巡逻侦察舰队(第99特混舰队)。共有5艘航空母舰、7艘巡洋舰、32艘驱逐舰、91艘登陆输送舰船,总计各型舰船261艘,舰载攻击机和战斗轰炸机318架。

朝鲜人民军由于急切取得釜山前线的胜利,主力已全部集中于釜山前线,后方空虚。9月上旬,人民军虽已获悉美军将陆战旅从釜山前线调回组成陆战师,并估计到美军可能在仁川或别的港口登陆,但又认为,美军兵力不足,在前方尚且不能进行反攻,在人民军的后方登陆亦有困难。随后,由于美军登陆的迹象愈来愈明显,人民军最高司令部决定组成以崔庸健为司令官的西海岸防御司令部,防守群山港以北的海岸地区。但西海岸防御司令部所属部队,大都是没有受过训练的新兵组成的部队,加之防御的海岸线长,地点多,一个大的港口只有1至2个团的兵力。在这种情况下,美军9月15日的仁川登陆获得了成功。9月16日,美军陆战第1师占领仁川港,18日,美步兵第7师在仁川登陆发起进攻,19日占领水原。25日,美军第10军形成了对汉城的包围。28日,美军、南朝鲜军占领汉城,切断了朝鲜人民军的退路和后勤补给线。

朝鲜人民军主力被隔断,腹背受敌,在既缺食粮又缺弹药的情况下,一边进行艰苦卓绝的战斗,一边向北撤退。美军、南朝鲜军乘势向三八线疾进,9月底10月初占领了整个三八线以南地区。人民军主力由于补给困难,又缺乏撤退经验及交通工具,加之通讯联络中断,撤退十分困难。在美军、南朝鲜军的坦克摩托化部队猛烈进攻和纵深穿插下,人民军遭受严重损失,付出了惨重代价。从9月15日至30日,被俘的人民军达2.3万多人。人民军主力第1军团的第2、4、6、7、9、10师和坦克师等部在三八线以南被分割、打散,处于严重的困难之中。人民军第2军团的第1、5、8、12、15师及第1军团的第3、13师虽撤退到了三八线附近,但因人员和装备损失严重,有的师只有一两千人,战斗力已极大削弱。

在这种情况下,美国决心进一步扩大战争,10月1日,麦克阿瑟下令美军、南朝鲜军越过三八线分3路向北进犯。至10月19日,占领平壤、咸兴、兴南后向中朝边境推进,并企图于感恩节(11月23日)前占领北朝鲜全境,全歼朝鲜人民军。朝鲜民主主义人民共和国处于万分危急之中。

中国人民志愿军五次运动战

1950年9月30日,针对美国进一步扩大侵略战争的企图,中国政府发出严重警告:"中国人民决不能容忍外国的侵略,也不能听任帝国主义者对自己的邻人肆行侵略而置之不理。"同时,周恩来总理通过印度驻华大使转达中国对美国的警告:如果美国军队越过三八线,中国将出兵支援朝鲜。但是美国总统杜鲁门和麦克阿瑟都认为这只是政治恫吓罢了。10月2日,美军、南朝鲜军越过三八线,向中朝边境进犯。在此前后,美军飞机连续多次侵入中国东北领空,扫射和平居民,造成严重死伤。在兄弟国家面临危险、中国安全受到严重威胁的情况下,中国政府应友好邻邦朝鲜民主主义人民共和国的要求于10月上旬做出了抗美援朝的决策。10月8日,毛泽东命令将东北边防军改组为中国人民志愿军,任命彭德怀为司令员兼政治委员。10月19日晚,中国人民志愿军跨过鸭绿江,开赴朝鲜,同朝鲜人民一起进行反对侵略者的作战。入朝后第1阶段连续进行了5次运动战战役。

第一次战役(1950年10月25日~11月5日) 中国人民志愿军以6个军、3个炮兵师,共约32万人入朝参战。以美军为首的"联合国军"总兵力约42万人(除美军和南朝鲜军队外、其他国家的军队有:英国2个旅,加拿大1个旅,土耳其1个旅,新西兰1个炮兵团,法国、澳大利亚、泰国、菲律宾、希腊、荷兰、比利时、哥伦比亚、埃塞俄比亚各1个营,南非联邦1个空手中队,卢森堡1个排,这些国家的军队是陆续到达的),用于向朝鲜北部进攻的部队为1个集团军部4个军10个师另2个旅,共约20万人。志愿军原定计划是进至龟城、德川、五老里一线构筑阵地,组织防御,先站稳脚跟,尔后再组织反攻。入朝后,志愿军利用敌人认为中国不会出兵朝鲜的错误判断,继续分兵冒进的有利时机,改变原定作战计划,采取在运动中各个歼灭敌人的作战方针。25日,当西线之敌进至博川、云山、温井等地，其先头部队已抵近鸭绿江；东线之敌进至真兴里等地时，中国人民志愿军立即发起第1次战役。隐蔽在西线的志愿军主力，向运动之敌展开猛攻，激战12个昼夜，将敌打回清川江以南地区，东线的志愿军和人民军一部，在黄草岭地区顽强地阻止了敌军的猛烈进攻，有力地配合了西线的作战。此役歼敌1.5万余人，粉碎了敌人于感恩节以前占领全朝鲜的企图。

第二次战役(1950年11月8日~12月24日)　美军、南朝鲜军遭到中朝人民军队的打击后，虽然发觉志愿军已经参战，仍错误判断参战兵力不大，于是迅速调整部署，集中5个军21万余人的兵力，从东西两线(主力在西线)发动新的进攻。中国人民志愿军利用美军恃强骄傲情绪，采取"诱敌深入，寻机各个歼敌"的方针，在西线集中主力6个军，在东线投入后续梯队3个军，准备给进攻之敌以沉重打击。11月6日，敌军开始试探性进攻，志愿军故意示弱，敌军将志愿军的"诱敌深入"判断为"怯战败走"，于24日在全线发起了所谓"圣诞节结束朝鲜战争"的总攻势。

11月25日黄昏，当西线之敌被诱至清川江以北预定地区时，志愿军发起猛烈的进攻。经一昼夜激战，左翼两个军将德川、宁远方向的南朝鲜两个师大部歼灭，随即向价川、顺川方向实施战役迂回；正面4个军分别向博川、宁远、价川方向实施猛烈突击。28日晨，向价川以南方向担任穿插任务的1个师，像一把尖刀猛插敌军后方三所里。28日天亮后，一批批敌机飞临上空。副师长刘海清认为，如果让部队疏散隐蔽前进，势必减慢速度，而且路旁也没有可供隐蔽的地形；让部队戴上伪装圈，美机飞得很低，也难免暴露目标。他考虑到进入敌人后方后，敌机除它们自己的部队外，是不会料到志愿军在这里出现并在白天行军的。因此，果断命令部长不隐蔽、不伪装，拉开距离，快速前进。结果一批批美机都误认为是自己的撤退部队而没有轰炸扫射。该师穿插140里，一举攻占三所里，切断了美军第9军南退的主要公路及后勤补给，震撼了敌军。该师接着在三所里、龙源里顽强作战，粉碎了南退和北援的敌军的连续冲击。美军、南朝鲜军在志愿军全线打击威迫下，为摆脱危局，于11月29日开始全线撤退。志愿军歼灭南朝鲜军两个师大部及美军一部，并乘胜追击南逃之敌，于12月5日收复平壤。

东线的中朝人民军队，于11月27日在长津湖地区向美军3个师发起进攻。当晚完成了对新兴里、柳潭里、下碣隅里之美军的分割包围，并占领下碣隅里以南之富盛里，切断了美军的南逃退路。30日晚对新兴里被围之敌发起进攻，至12月1日，将美军第7师1个加强团全歼。至此，东线美军更加动摇，开始撤退并向南突围。中朝人民军队进行了阻击和追击，17日收复咸兴，20日收复兴南。美军被迫从海上撤逃。至12月24日战役结束。此役歼敌3.6万余人，收复了三八线以北广大地区，迫使美军、南朝鲜军转入防御，从而扭转了朝鲜战局。

第三次战役(1950年12月31日~1951年1月8日)　以美军为首的"联合国军"退至三八线以后，利用原有工事进行防御，企图整顿后卷土重来。中朝人民军队为了不使敌人有喘息机会，集中志愿军6个军和朝鲜人民军3个军团，于12月31日发起第3次战役。当夜一举突破临津江及其以东至吉香山间敌人的阵地,接着向敌纵深进行穿插、分割。敌军慑于被歼,于 1951 年 1 月 2 日全线撤退。中朝人民军队立即猛追,乘胜解放汉城,将战线推至三七线附近。此时,中朝军队察觉"联合国军"的节节后撤,是企图诱我深入,伺机反扑,遂停止追击。战役至 1 月 8 日结束,歼敌 1.9 万余人。

第四次战役(1951 年 1 月 25 日~4 月 21 日) 中国人民志愿军入朝后连续 3 次战役的胜利,引起敌人一片惊慌,他们抱怨美军统帅对中国人民志愿军入朝判断错误,不应该进犯三八线以北,尤其是中朝边境地区。为了巩固内部,美军决心不惜代价,集中 16 个师另 3 个旅共 23 万余人发起新的进攻。当敌军于 1 月 25 日和 31 日先后在西线和东线发起大规模进攻后,中朝人民军队遂以一部兵力在汉江南北地区抗击敌主要攻击,主力于 2 月 11 日对横城地区突出之敌发起反击作战,歼美军、南朝鲜军各一部后,乘胜向原州西南方向发起进攻,一部兵力攻抵平里之敌未克,因援敌已到,遂停止反击。从 2 月 17 日起,全线转为机动防御。3 月 14 日,为了保持主动,遂撤出汉城。至 4 月 21 日,中朝人民军队将"联合国军"阻止于三八线附近地区,迫使敌除在铁原地区继续进攻外,全部转入防御。第 4 次战役至此结束。此役共歼敌 7.8 万余人,给进犯之敌以沉重打击,并掩护了后续兵团的集结。

第五次战役(1951 年 4 月 22 日~6 月 10 日) 第 4 次战役期间,麦克阿瑟主张将战略重点放在亚洲,不惜将战争扩大到中国,并将前几次战役战败的责任推到政治领导上。杜鲁门被迫撤销了麦克阿瑟的职务,任命李奇微接任。此时,美军仍计划以侧后登陆配合正面进攻。

中朝人民军队为粉碎敌人的登陆计划,夺取战场主动权,继续歼灭敌人有生力量,遂集中 12 个军和 4 个炮兵师的兵力,组成 3 个突击集团,于 4 月 22 日在西线发起进攻作战。战役第 1 阶段,集中主力攻歼北汉江以西之敌,至 29 日歼敌 2.3 万余人,其余敌军撤至汉城及其以南地区。战役第 2 阶段,从 5 月 16 日至 21 日,中朝人民军队主力转至东线攻击县里地区之敌,激战 6 昼夜,再歼敌 2.3 万余人。5 月 23 日,战役进入第 3 阶段,中朝人民军队为进行休整补充,开始向三八线转移。敌乘机集中美军、南朝鲜军 13 个师进行反扑。中朝人民军队随即展开 8 个军进行机动防御。美军、南朝鲜军遭到严重损失后,被迫于 6 月上旬停止在三八线附近地区,转入防御。至此,第五次战役胜利结束,此役共歼敌 8.2 万余人。

这一阶段,中国人民志愿军和朝鲜人民军经过 7 个半月的作战,粉碎了敌人灭亡朝鲜民主主义人民共和国、消灭朝鲜人民军的企图,歼敌 23 万余人,把敌人从鸭绿江边赶回到三八线,并把战线稳定在三八线附近地区。

朝鲜停战谈判及阵地战阶段的作战

经过连续 5 次战役的较量,力量对比已趋于均势。1951 年 6 月,以美军为首的"联合国军"总兵力增至约 70 万人（其中美军 41 万人,南朝鲜军 24 万人,其他国家的军队 5 万人）。中朝人民军队的兵力增到 112 万余人（其中中国人民志愿军 77 万余人,朝鲜人民军 34 余万人）。中朝人民军队在兵力上处于优势,但在技术装备上,处于异常悬殊的劣势。敌方有迫击炮以上火炮 3560 余门,坦克 1130 余辆,飞机 1670 余架,舰艇 270 艘。中朝人民军队仅有少量的坦克和飞机,火炮的数量、质量亦远不如敌人。制空权、制海权完全握在敌人手里。

美军虽在技术上占有优势,但兵力不足,美国国内仅剩下不足 7 个师,再往朝鲜增兵已十分困难。英法等国则更不愿意再往朝鲜增兵。面对步兵占有巨大优势且已构成绵亘防线的中朝人民军队,美军、南朝鲜军以其现有兵力,不仅无力像仁川登陆后那样长驱直入,即使突破防线某一部分,也十分困难。而中朝人民军队虽然步兵占有很大优势,但由于装备过于劣势,尤其是没有制空权,在白天部队无行动自由,机动和物资供应受到很大限制,在这种情况下,要歼灭敌人重兵集团是很困难的。因此,双方从 1951 年 6 月开始均转入阵地防御作战,朝鲜战争出现相持局面。

在这种情况下,美军被迫与中朝人民军队进行停战谈判。1951 年 7 月 10 日,停战谈判在开城举行。美国虽然被迫参加停战谈判,但又企图通过谈判捞取在战场上得不到的东西。7 月 26 日,美方以其海、空军优势要在陆地分界线上得到"补偿"为理由,拒绝中、朝人民军队代表提出的以"三八线"为军事分界线的合理建议,而提出将军事分界线划在中、朝人民军队阵地后方,企图不战而攫取 1.2 万平方公里土地。这一无理要求遭到拒绝后,美方便企图以军事压力迫使中朝人民军队屈服。

1951 年 8 月中旬至 10 月下旬,"联合国军"发起夏季攻势和秋季攻势。中朝人民军队进行夏秋季防御作战,粉碎了敌军的进攻。"联合国军"以伤亡数万人的代价,仅在金城方向前进几公里。美军参谋长联席会议主席布莱德雷说:用这种战法,李奇微至少要用 20 年光景才能到达鸭绿江边。整个夏、秋季防御作战,中朝人民军队共歼敌 15 万余人。通过这次作战,迫使以美军为首的"联合国军"代表团不得不放弃攫取 1.2 万平方公里土地的要求,接受中朝方面提出的以双方实际接触线为军事分界线的建议。

1951 年 8 月,"联合国军"在其地面部队发动夏季攻势的同时,以空军发动了以摧毁朝鲜北部铁路、公路,切断中朝人民军队运输补给线为目的的"绞杀战"。中朝人民军队加强了后方的对空防御,采取了对交通线的抢修措施和物资抢运措施。1951 年 9 月,志愿军航空兵投入了反"绞杀战"作战,在清川江南北上空打击敌机,掩护后方。到 1952 年 6 月,中朝人民军队航空兵和高炮部队共击落敌机 2191 架,击伤敌机 2337 架,取得了对空作战的重大成果。美军于 1952 年还结合"绞杀战",发动了细菌战。中国人民志愿军同朝鲜人民军和朝鲜人民一起,粉碎了敌人的罪恶企图,取得了反细菌斗争的胜利。

1952 年春、夏季,中国人民志愿军贯彻"持久作战、积极防御"的方针,建成了以坑道为骨干、支撑点式的防御体系。同时积极开展小部队战斗活动,在整个前沿开展狙击活动,大量地杀伤消耗敌人。

1952 年 5 月,停战谈判因美方顽固地坚持扣留朝中人民军队被俘人员而陷入僵局。秋季,为了主动打击与大量杀伤敌人,粉碎敌人可能发动的局部进攻,中朝人民军队从 9 月 18 日开始,举行了全线战术反击作战。至 10 月 31 日止,历时 44 天,中国人民志愿军 7 个军、朝鲜人民军 2 个军团,对敌 60 个连排支撑点和个别营防御地域进行进攻作战 77 次,打敌排以上兵力反扑 480 余次,歼敌 2.7 万余人。

1952 年 10 月 8 日,美军、南朝鲜军片面宣布停战谈判无限期休会。接着,于 10 月 14 日,发动了 1 年来规模最大的以上甘岭地区为主要进攻目标的"金化攻势"。上甘岭战役从 10 月 14 日至 11 月 25 日,历时 43 天。在面积仅有 3.7 平方公里的两个高地附近,美军、南朝鲜军先后投入兵力 6 万人,火炮 320 余门,坦克 180 余辆;志愿军先后投入兵力 4 万人,火炮 130 余门。战斗中,美军、南朝鲜军共倾泻炮弹 190 余万发,最多 1 天达 30 余万发;出动飞机 3000 多架次,投弹 5000 多枚,最多一天投弹 500 余枚。山顶的土石被打松 1 米多深,表面阵地被全部摧毁。美军、南朝鲜军为了破坏坑道,使用了轰炸、爆破、放毒、熏烧、堵塞、封锁、围困等各种手段。志愿军防守部队在缺粮、缺弹、缺水、缺氧等极端困难的条件下,依托坑道,英勇顽强作战,与敌反复争夺,打退了敌数百次冲击,终于粉碎了敌军的进攻,守住了阵地,歼敌 2.5 万余人,并取得了依托坑道工事,抗击现代化技术装备之敌重兵进攻的坚守防御作战经验。从此以后,"联合国军"再也没有敢发动较大规模的进攻。

停战谈判于 1953 年 4 月 26 日恢复。朝中人民军队为了以积极行动配合停战谈判,决心于 5 月中、下旬发起"战役性反击作战"。从 5 月 13 日至 6 月 23 日,中朝人民军队在第 1、2 次进攻中,取得了歼敌 4.5 万余人的胜利。

从 7 月 13 日开始对敌实施了第 3 次进攻。其中志愿军 5 个军编成 3 个作战集团,在金城以南上所里至北汉江之间地区,进行金城进攻战役,向南朝鲜军队阵地实施了主要突击,突破其 4 个师的坚固防御阵地,并先后击退"联合国军"约 8 个师的大小反扑 1000 余次,至 7 月 27 日战役胜利结束,共歼敌 5 万余人(第 3 次进攻共歼敌 7.8 万余人),恢复土地 180 平方公里,拉直了战线,促进了停战的实现。

中朝人民军队作战的胜利,终于迫使以美国为首的"联合国军"向朝中方面做出了实施停战协定的保证。7 月 27 日,签署了停战协定。至此,朝鲜战争以中朝人民军队的胜利而告结束。

美国对古巴的侵略和古巴人民的反抗

20 世纪 50 年代,古巴爆发了反对亲美独裁统治的民族民主革命战争,古巴人民从 1953 年 7 月武装起义开始,经过 5 年多的武装斗争,于 1959 年 1 月取得胜利,在美洲大陆建立了第一个摆脱帝国主义统治的社会主义国家。

古巴位于加勒比海西北部,是西印度群岛中最大的岛国,北距美国佛罗里达州仅90海里,1492年古巴被哥伦布所发现,此后,沦为西班牙的殖民地。古巴人民为反对殖民统治进行了长期的斗争。19世纪,古巴人民为争取独立和解放,进行了第1次独立战争(1868年~1878年)和第2次独立战争(1895年~1898年)。美国早有吞并古巴的企图,一向把古巴看作是北美大陆的"天然附属品"和一个迟早会落入美国怀抱的"熟果"。美国国务卿阿丹姆斯说:"古巴在墨西哥湾和安得列斯海所处的险要位置,当地居民的性格,它位于我国南海岸和圣多明各岛的中间,宽广的哈瓦那避风港与我国缺少良港的漫长海岸线遥遥相对,它的生产和消费的特点为双方互利的贸易提供了基础,所有这一切集中起来,就使古巴对我们民族利益具有如此重要的意义,任何其他外国领土都不能与它相比;而我们同它的关系,差不多与我联邦各州之间的关系一样。"美国曾想以1亿美元的代价购买古巴,但被西班牙政府拒绝。

19世纪后期,美国资本主义迅速发展,逐步进入帝国主义阶段,美国资本控制了古巴的制糖、烟草、造船等工业部门。为了维护在古巴的经济利益,美国在古巴第2次独立战争即将取得最后胜利的时刻,以"援助"古巴独立为名,进行武装干涉。

1894年4月,美国发起对西班牙的战争,在古巴起义军支持下,打败了西班牙殖民军。但是,西班牙殖民统治被推翻后,古巴人民并没有得到独立和自由。战争一结束,美国占领者就背弃了过去所声明的那些"为了古巴的解放和独立"等漂亮言词,一面镇压古巴人民的民族解放运动,解散古巴的起义军;一面收买大批古巴克列奥地主和买办资产阶级,担任本地的政治职务,通过这些代理人控制古巴的整个局面。1901年,美国强迫古巴接受"普拉特修正案",规定美国有权干涉古巴内政和在其领土上建立海军基地。由于古巴人民的斗争,1902年古巴正式宣告成立共和国。但独立后的古巴政府,从第一届总统帕尔马起,到50年代的历届总统,几乎都是受美国控制的,他们完全代表着大地主、大进口商人、糖业巨头以及美国银行与企业家的利益。一个美国作家曾经说:没有美国的赞同,任何人也不能成为古巴总统。美国对古巴的政策是"反对由任何原因引起的革命"。1906年、1912年、1917年,美国3次派兵进驻古巴,镇压古巴人民的反抗,干涉古巴内政。1933年,美国驻古巴大使威尔斯曾毫不讳言地指出:古巴总统应具备6个条件,其中包括:"第一,他要彻底了解美国的愿望……第六,他要顺从可能向他提出的建议和劝告"。美国通过其代理人,控制着古巴,让他们为美国资本家的利益服务。美国资本家廉价收购了古巴大批的土地;采取租让权的办法攫取古巴丰富的地下矿藏;用雄厚的经济力量,迫使古巴原来的一些工商业家破产或者沦为他们的附庸;作为古巴经济基础的制糖工业几乎完全为美国垄断资本家所掌握。古巴经济的畸形发展和对美国的依赖,使古巴在1929~1933年资本主义世界经济危机期间遭受严重的打击,出口锐减,失业猛增。1933年爆发的反美、反独裁斗争,推翻了马查多独裁政权,并于1935年废除了普拉特修正案。但美国实际上仍保持着对古巴的控制地位。

古巴人民为争取民族独立和自由,进行了长期英勇不屈的斗争。赶走了西班牙殖民者后,斗争的目标就是控制古巴的美帝国主义和依附美国的独裁政权。1900年建立的人民党,是古巴第一个劳动者的政党。1904年又组织了工人党,该党接受马克思主义理论,1905年改名社会主义工人党。俄国十月社会主义革命的胜利,对古巴劳动人民的斗争产生了巨大影响。1925年,成立了古巴共产党。但被当时的独裁者宣布为"非法"。1938年,共产党获得合法地位。1940年,共产党与革命联盟合并为"共产主义革命联盟",1944年改名为古巴人民社会党。古巴革命政党领导人民不断进行反美、反独裁的斗争。

第二次世界大战结束后,美国进一步加紧对拉丁美洲的干涉和控制。古巴因特别靠近美国,便首当其冲。1952年,巴蒂斯塔在美国政府支持下,再次夺取了政权。他依靠美国的支持,公开对人民实行残暴的统治。1952年,解散了议会,废除了1940年以来带有资产阶级进步性质的宪法,制定了反动的"宪法条例"和反劳工法。1953年,宣布人民社会党为"非法"。1954年,禁止罢工和群众集会,甚至连人民的家庭或节日聚会也需事先得到政府许可。残暴地镇压人民反抗。1952年到1958年,古巴有2万多人被杀,数万人遭监禁或流放,10万多人流亡他国,上百万人失业。古巴变成了一座庞大的集中营和暗无天日的人间地狱。

巴蒂斯塔的反动独裁统治,激起了古巴人民的无比愤怒和强烈反抗。1952年,巴蒂斯塔发动军事政变后的数星期,一位年轻的律师菲德尔·卡斯特罗具状哈瓦那宪法保障法院,控告巴蒂斯塔违反宪法,非法出任"总统、总理、议员、军政首长"等职,要求裁定巴蒂斯塔违宪,并处以刑罚。在法院拒绝受理后,他决心采取更为激烈的革命行动。

菲律尔·卡斯特罗于1926年8月,出生于古巴东省的一个甘蔗种植园主家庭。1945年进入哈瓦那大学攻读法律,并出任学生联合会主席。1947年9月离校参加多米尼加共和国的反独裁斗争。1950年在获得法律博士学位后参加人民党。1952年在向法院控告巴蒂斯塔违宪而法院不受理后,便投入组织革命军,准备以武装起义推翻巴蒂斯塔政权的活动。

卡斯特罗的革命起义和战争

1953年7月26日,菲德尔·卡斯特罗率领一批革命者(165人)攻打圣地亚哥德古巴市郊蒙卡达兵营,以便夺取武器武装人民,开展广泛的解放运动。此举未能成功,许多革命者牺牲。菲德尔·卡斯特罗等幸存者被捕入狱。同一时间发动的对巴亚莫城兵营的进攻也告失败。攻打兵营成为反对独裁,争取恢复被巴蒂斯塔废除的宪法武装斗争的开端,鼓舞了古巴劳动人民进行反对帝国主义垄断组织和地主、资本家的革命斗争。国内出现了名为"7·26运动"的新的有组织的政治运动,提出了进行武装斗争反对暴政的问题。菲德尔·卡斯特罗被捕后,被判以15年徒刑。在圣地亚哥一个法院受审时,卡斯特罗以律师身份,获准自行答辩。他在法庭上慷慨陈词,发表了《历史将宣判我无罪》的著名演说。该演说后来成为武装斗争的政治纲领。

古巴革命领袖卡斯特罗在一次凯旋入城仪式上讲话。

　　鉴于全国爆发了要求特赦政治犯的人民运动,巴蒂斯塔于 1954 年 11 月总统选举前夕释放了攻打蒙卡达的参加者。菲德尔·卡斯特罗因大赦获释后,返回了哈瓦那。1955年,菲德尔·卡斯特罗与其弟劳尔·卡斯特罗迁居墨西哥,他们在那里组织了一支革命部队,伺机打回古巴。在墨西哥,菲德尔·卡斯特罗遇见了拉美游击战理论创始人之一格瓦拉。格瓦拉是阿根廷的一名青年医生,原在布宜诺斯艾利斯大学学医,24 岁辍学后,游历南美各地。1954 年在危地马拉的阿本斯民主政府中服务。阿本斯被军人推翻后,他逃到墨西哥。1955 年在墨西哥参加菲德尔·卡斯特罗领导的"7·26 运动",接受游击训练。

　　1956 年 11 月 25 日晚,菲德尔·卡斯特罗率领有 82 名成员的古巴革命队伍,乘坐"格拉玛"号游艇,离开墨西哥的图斯潘河口,向古巴进发。他们计划在 11 月 30 日抵达时,国内 24 岁的革命者派斯在圣地亚哥发动一连串游击战,予以配合。到了那一天,派斯依照计划很快控制了圣地亚哥。但由于海上波涛汹涌,卡斯特罗的队伍直到 12 月 2 日才到达古巴奥连特省。卡斯特罗的革命远征队伍一上岸,就遭到巴蒂斯塔军队的围剿。经过 3 天血战,只有 12 人突出重围,进入马埃斯特腊山区,其中包括菲德尔·卡斯特罗本人、他的弟弟劳尔·卡斯特罗和格瓦拉。他们在马埃斯特腊山区建立革命根据地,开展游击战。1957 年 1 月,起义军夜袭普拉塔兵营,歼敌 12 人,首战告捷。同年 5 月,菲德尔·卡斯特罗部队进攻乌贝罗,歼敌 53 人。此后,起义军明确宣布要推翻巴蒂斯塔反动统治,建立人民革命政权,并提出进行土地改革,释放政治犯,恢复公民的政治权利等口号,赢得各阶层人民的广泛支持,队伍不断发展壮大。

　　马埃斯特腊山区革命根据地的斗争对全国反抗巴蒂斯塔独裁统治有着重大的影响。1957 年 3 月 13 日,哈瓦那大学学生联合会主席安东尼奥·埃切维里亚率领一部分爱国青年攻打巴蒂斯塔总统府。虽然这次要打倒独裁统治的行动失败了,但却推动了群众斗争的积极开展,大学生运动自此得名为"3·13 革命指导委员会",进行武装斗争。4 月 9

日,哈瓦那工人举行了总罢工。1957年9月5日,爆发了西恩富戈斯市人民起义。革命者和起义水兵占领卡约洛科海军司令部,控制了全市,并把武器发给人民。巴蒂斯塔军队前去残酷地镇压了西恩富戈斯起义。

在反对巴蒂斯塔暴政的斗争中,马埃斯特腊山区成为联合一切反政府力量的中心。古巴建立了以菲德尔·卡斯特罗总司令领导的"7·26运动"为中心的,包括人民社会党、"3·13革命指导委员会"及其他政党派别都积极参加的民族民主反帝阵线。菲德尔·卡斯特罗于1957年7月12日宣布的《土改宣言》和1958年10月10日宣布的《农民土地权》第三号法令,对于动员群众革命起了极其重要的作用。根据这些文件,解放区没收了地主的土地,分给农民。革命的社会基础扩大了。农民、工人、大学生等纷纷参加起义队伍。1957年底至1958年初,游击队发展到2000多人,菲德尔·卡斯特罗把游击队改编为起义军。

为了解放全国,起义军积极作战。1958年初,劳尔·卡斯特罗带领50名战士通过敌占区,从马埃斯特腊山区转移到克里斯塔尔山区,在那里开辟了"弗兰克·派斯第二东方战线"。不久,奥连特省北部马亚里至巴腊夸一带即为起义军所控制。同时,在胡安·阿尔梅达指挥下开辟了"圣地亚哥德古巴第三战线"。人民社会党领导的游击队在拉斯维利亚斯省北部活动。"3·13革命指导委员会"的一个武装小组于1958年2月在努埃维塔斯地区登陆,经过5天行军到达埃斯坎布赖山区,在那里开展游击活动。到1958年上半年,起义军活动在奥连特省的大部地区。其他几个省区内也爆发了武装起义。

1958年5月,巴蒂斯塔在镇压四月罢工和哈瓦那等城市的武装起义后,开始大肆鼓吹对马埃斯特腊山区的"总进攻"。此时,游击队主要基地仅有300余人防守,只装备有步枪和冲锋枪。巴蒂斯塔政府出动1万多人的军队,配备有飞机、坦克和大炮,围剿马埃斯特腊山区革命根据地。驻关塔那摩基地的美国军队也提供飞机对起义军基地进行轰炸。起义军面对优势的敌军,与之展开了艰苦的游击战。他们在山村基地实施巧妙机动,充分利用山区险峻的地理条件,疲惫和袭击敌军。政府军官兵不愿为巴蒂斯塔卖命,士气低落。起义军对俘虏的政府军人员进行教育,然后遣送回去,这些被俘官兵回到巴蒂斯塔军队后进行鼓动,数星期之内官兵纷纷开小差。起义军在当地群众的支援下,给进攻的敌军一系列打击。7月底,在圣多明各的3天战斗中,得到增援的起义军歼灭了政府军最强大的一股敌军后,转入反攻。经过1个多月的战斗,起义军歼灭政府军队1000多人,并肃清了马埃斯特腊地区的政府军,巴蒂斯塔发动的"总进攻"以失败告终。

1958年下半年,古巴革命战争进入一个新的阶段。8月底,起义军的两个纵队在卡米洛·西恩富戈斯少校和格瓦拉少校指挥下开出马埃斯特腊山区,穿越奥连特省和卡马圭省南部沼泽地,在古巴西部地区展开进攻。在拉斯维利亚斯省,根据已达成的政治协议加入进攻的革命军队有"3·13革命指导委员会"、人民社会党和其他反美反独裁团体的武装部队。这就使这地区的力量联合起来并加速了军事行动的进程。从巴蒂斯塔军队占领下解放了重要城镇福缅托,这具有重大的政治和军事意义,起义军进而控制了大片领土。1958 年 12 月 29 日，起义军开始攻打省会圣克拉拉。守城的政府军近 3000 人，装备有自动武器和大量弹药，并得到 20 余辆坦克、1 列装甲列车和航空兵的支援。进攻该城的起义军约 400 人，装备自动和半自动步兵武器。尽管政府军占有优势，起义指挥部仍决定攻打圣克拉拉。为防止政府军从东部地区调兵增援，特别是机械化分队的增援，格瓦拉在进攻前夕下令炸毁法尔孔城附近的桥梁。起义军在居民的支援下，在攻打圣克拉拉的激烈战斗的第 1 天就获得重大战果。他们缴获了满载武器弹药的政府军装甲列车。1959 年 1 月 1 日，"列昂西奥·维达尔"兵营最后一批守军缴械投降。同一天，菲德尔·卡斯特罗和劳尔·卡斯特罗指挥的起义军占领了东部省会圣地亚哥。在这前一天，独裁者巴蒂斯塔慌忙逃往国外。地方反动势力和美国大使馆企图将革命引向歧途，扶植其代理人取代巴蒂斯塔。但是，起义军指挥部和人民社会党号召总罢工，挫败了这一阴谋。1 月 2 日，卡米洛·西恩富戈斯和格瓦拉指挥的起义军开进首都哈瓦那，政府军投降，人民革命战争取得了胜利。

1959 年 1 月 3 日，在圣地亚哥成立临时革命政府，由自由资产阶级的代表乌鲁亚蒂任临时总统，卡斯特罗任武装部队司令。这个政府不批准革命者拟制的法律。2 月，革命力量迫使这个政府辞职，由菲德尔·卡斯特罗担任革命政府总理，由多尔蒂科斯任总统。革命政府主要是以菲德尔·卡斯特罗为首的"7·26 运动"所领导的革命力量为中心的政权，包括不同倾向的反对巴蒂斯塔的各党派人物。新政权实现了社会和经济的根本变革，实行土地改革和发展工业的政纲，宣布美国公司和当地大、中资产阶级的财产收归国有，执行反对帝国主义干涉、维护国家独立的政策。1961 年，菲德尔·卡斯特罗宣布古巴革命是社会主义性质的革命。同年，"7·26 运动"与人民社会党、"3·13 革命指导委员会"合并为古巴革命统一组织。1965 年，革命统一组织改名为古巴共产党。古巴革命战争的胜利，使古巴的历史翻开了新的一页。

尼克松的关岛主义

1969 年 1 月，尼克松以和平解决越南战争的许诺上台执政。他根据国际国内形势的变化，决定调整全球战略，从亚洲收缩力量，以摆脱美国军事力量长期陷于越南战争泥潭中的被动局面。7 月，尼克松在关岛提出"新亚洲政策"，即"尼克松主义"，提出"战争北美化"或称"越南化"的策略，要求大力扩充伪军，重新利用伪军为主要工具，逐步代替美军。这个战略实质上是以美国为靠山，在美国人指挥下，重操"用越南人打越南人"的手段。从 1967 年 7 月起，美军开始分批撤出。另一方面，尼克松面对南越民族解放力量的扩大，被迫在事实上承认越南南方民族解放阵线及 1969 年 6 月成立的越南南方共和临时革命政府，将巴黎越美双方会谈扩大为包括南方民族解放阵线及西贡阮文绍政权在内的四方会谈。

巴黎四方会谈从 1969 年 1 月 25 日开始。同时，从 3 月 22 日起，由美国总统国家安全事务助理基辛格和越南民主共和国政府特别顾问黎德寿举行秘密会谈。在公开谈判中，双方陈述各自的主张，实质问题则在秘密谈判中解决。谈判涉及停火、遣返战俘、撤军和南越政权组成等方面，焦点集中在撤军和政权两大问题上。越南主张"必须从越南南方撤出美军和其他外国的全部军队"，由南越人民在没有外来干涉下自己解决内部事务；解散西贡伪政府，成立民族和睦政府。美国提出"共同撤军"，实行国际监督，即要求从越南南方撤走北方部队，保证南越伪政权，成立以阮文绍集团为主体的联合政府。尼克松政府既想从越南"体面地撤军"，又想保存以阮文绍为首的亲美政权。

为了达到上述目的，美国不断玩弄军事冒险和政治讹诈，时而停炸诱和，时而以炸迫和。

1970 年 3 月 18 日，美国乘柬埔寨国家元首西哈努克亲王出国访问时机，策动柬埔寨朗诺—施里玛达集团发动反动政变，并于 4 月 30 日，以攻打"越共庇护所"为名，出动约 10 万美伪军入侵柬埔寨，把战火扩大到柬埔寨境内。在美国扩大侵略战争的形势下，1970 年 4 月 24~25 日，印支三国四方领导人举行印度支那人民最高级会议，发表联合声明，号召越、柬、老三国人民加强团结，把抗美救国战争进行到底。从此，印支三国人民的抗美战争连成一片，开创了一个新局面。

1971 年 2、3 月间，美伪军 4 万多人在越南溪山至老挝东部地区的九号公路一带发动"兰山七一九"攻势，企图切断越南北方通向南方的战略补给线，封锁"胡志明小道"。南方解放武装力量与老挝解放军互相配合，在九号公路两侧，经过 43 个昼夜激战，歼敌 2 万余人，击落击毁敌机 496 架。同年 12 月初，柬埔寨朗诺集团 15 个旅在美国空军支援下，发动"真腊二号"战役，企图打通六号公路切断解放区东部与西南地区的联系。柬埔寨军民在以西哈努克亲王为首的柬埔寨民族统一阵线领导下，重创敌军 6 个旅，击毙击伤 12000 多人，赢得抗美救国战争以来最大一次胜利。

印支三国人民在抗美救国战争中，协同作战，终于挫败了美国的战争"越南化""老挝化""高棉化"的计划。尽管 1972 年美国恢复对越南北方的全面轰炸，4 月出动 B—52 战略轰炸机对河内、海防等城市滥施轰炸，并进行"空中布雷"，封锁越南北方的港口与河道，但都摆脱不了它的困境。

1973 年 1 月 27 日，越南人民经过 10 多年的英勇战斗和 4 年多的谈判斗争，终于迫使美国签订《关于结束战争、恢复和平的协定》，即《巴黎协定》。根据协定，美国保证尊重越南的独立、主权、统一和领土完整；在 60 天内从越南南方撤出全部美国及其同盟者的军队和军事人员；承认南方人民的自决权；承认在越南南方存在两个政权、两种军队、两种控制区。3 月 2 日，在巴黎召开了有 12 个国家和政府代表参加的关于越南问题的国际会议。会议通过决议书，确认和保证关于越南问题的协定和各项议定书得到严格、彻底的执行。3 月 29 日，最后一名美军士兵撤出南越。

印尼 1945 年的八月革命

日本发动太平洋战争后,于 1942 年 3 月初进攻印度尼西亚,当时的荷印总督及其殖民军队不战而降。印尼人民从此又遭受日本法西斯铁蹄的践踏。日本占领军为了继续在太平洋地区的侵略战争,大肆掠夺印度尼西亚的石油、橡胶等重要资源,强迫印尼农民向占领当局低价出售大米。茂物等地农民被迫交售的大米竟占收成的 40% 至 70%。日军还在印尼大规模征募"劳务者",派往缅甸、泰国等地,替日本侵略者修建铁路等军事工程。这些劳工因积劳成疾而死或因反抗而被杀害者达 200 万人以上。1943 年,日军强迫十几万印尼青年参加"兵补"和"卫国军"等军事组织,充当日本侵略者的炮灰。

日本的殖民统治激起印度尼西亚人民的反抗。印尼共产党人建立了"反法西斯运动"等抗日组织。许多共产党参加了以"佐约波约"为名的抗日团体;发动印尼石油工人和种植园工人进行怠工。并破坏铁路、桥梁以截断日军的运输线。爪哇和苏门答腊各地先后爆发了反抗日军征粮的斗争。1942 年春,苏门答腊阿隆地区的农民,在共产党人沙利佛丁领导的"印尼人民运动"所属农民组织的发动下,举行反抗日军支持地主夺地的起义。1944 年 2 月 25 日,在爪哇新雅巴那爆发有几百人参加的抗日武装斗争。1945 年 2 月 14 日,驻守在爪哇勿里达的卫国军因不满日军的高压政策,在印尼军官苏普里雅迪率领下,打死当地全部日本驻军。日本当局从雅加达增派大批援军,才把起义镇压下去。苏普里雅迪和 8 名印尼军官被处死,40 多人被监禁。

日本侵略者在对印尼人民进行残酷镇压的同时,推行所谓"三亚运动",鼓吹"日本是亚洲的领袖,日本是亚洲的保护者,日本是亚洲的光明"。日本占领印尼后,即取缔印尼原有的政党、工会和团体。1943 年,日军当局建立御用组织"民众力量总会"(翌年改称"爪哇奉公会")和所谓中央参议院及地方参议会,宣称"将赐予印度尼西亚独立",欺骗印尼人民为日本侵略战争效劳。日军释放了战前被荷兰殖民者监禁的苏加诺等民族独立运动领导人,以争取印尼民族资产阶级的合作。印尼民族资产阶级的领袖人物对日本将赐予印尼独立的诺言抱有幻想,对日军采取积极配合的态度。苏加诺出任民众力量总会会长。一些资产阶级作家鼓吹所谓"双刃文学",认为它既可以为"大东亚共荣圈"服务,也可以宣传印尼的民族主义。

1945 年初,日军在南太平洋海战中节节败退。2 月底,美军攻入马尼拉市,重新占领菲律宾。日本占领者为了进一步争取印尼民族资产阶级的支持,对付印尼人民日益增长的反日情绪,于 3 月宣布成立印度尼西亚独立准备调查会。6 月 1 日,苏加诺在这个机构的第一次会议上发表题为《建国五原则的诞生》的著名演说,提出以印度尼西亚民族主义、国际主义或人道主义、协商制或民主主义、社会繁荣和信仰神道为基础,建立独立的印度尼西亚,这就是印度尼西亚建国五项原则("潘查希拉")。与此同时,沙里尔等领导的各派青年组织在雅加达和万隆召开会议。号召印尼青年准备为独立而战。8月7日，日军宣布成立印度尼西亚独立筹备委员会，由苏加诺任主席，哈达任副主席。第二天，苏加诺和哈达飞往西贡，谒见日军南侵最高指挥官寺内寿一。在印尼人民要求独立的热情高涨的形势下，日本当局被迫同意印尼成为一个独立国家。随后，战争形势急转直下，日本法西斯于8月15日宣布无条件投降。

日本投降的消息传出后，参加苏加尼派、学习社、海军团等抗日组织的印尼爱国青年学生的代表，于8月15日晚在雅加达举行会议。代表们认为，由于日本投降，出现了极为有利的形势，印尼必须立即宣布独立，不能等待日本的"恩赐"。苏加诺和哈达曾长期反对荷兰殖民统治，在印尼民族主义者中享有较高声望，青年们认识到，只有苏加诺和哈达能担当联合一切民族主义力量，实现民族独立的重任。会议决定派艾地、威卡纳、苏巴迪奥等代表会见苏加诺和哈达，反映青年的要求。苏加诺和哈达认为日军当局的态度还不够明朗，主张等候时机，避免流血。他们的答复使青年们失望和不满。于是，青年们于8月16日晨把苏加诺和哈达强制带到雅加达市郊的凌牙斯登克洛，直到他们同意立即宣布独立，才将他们送回雅加达。苏加诺和哈达在同印尼独立筹备委员会成员及苏巴佐、威卡纳、苏加尼等人商讨后，起草了《印度尼西亚独立宣言》。8月17日早晨，各派政治组织代表在苏加诺住所庭院内集会。苏加诺宣读了由他和哈达共同签署的宣言：

我们印度尼西亚民族于此宣布印度尼西亚的独立。有关移交政权及其他事宜将尽快以有秩序的方式进行。

苏加诺　哈达
代表印度尼西亚民族，
雅加达，1945年8月17日

会后，在日本同盟通讯社工作的印尼职工把宣言印发各地；通过电台向全世界宣告印度尼西亚八月革命的爆发和印度尼西亚共和国的成立。这一消息激起印尼人民为独立而战的热情。雅加达、泗水等城市的群众纷纷集会、示威和游行，到处响彻着同一个口号："一旦独立，永远独立！"

8月18日，苏加诺召开独立筹备委员会会议。会议修改并通过在日军占领时期起草而尚未公布的共和国宪法；推选苏加诺为共和国总统，哈达为副总统；成立国民委员会，协助总统处理国事。8月29日，由137名委员会组成的中央国民委员会正式成立，选举加斯曼为委员会主席，印尼独立筹备委员会即宣布解散。9月4日，组成以苏加诺为首的第一届总统制内阁。10月5日，苏加诺宣布建立印尼人民治安军，作为共和国的武装部队。10月17日，中央国民委员会宣布其为印尼国会，并成立以沙里尔为首的工作委员会，主持日常工作。10月30日，工作委员会宣布在印尼实行多党制。于是，印度尼西亚共产党、社会党、马斯友美党和印度尼西亚民族党等宣告成立或恢复活动。

印尼的抗荷独立战争

日本投降后,荷兰殖民者未能立即重返印尼,从而有利于印尼人民从日军手中夺取政权。但是,印度尼西亚幅员广阔,岛屿众多,荷兰殖民者有长期的统治基础,又使印度尼西亚独立运动的发展极不平衡。八月革命爆发后,年轻的印度尼西亚共和国面临极为复杂的局势。

早在 1942 年 12 月 8 日,流亡在伦敦的荷兰女王发表声明,计划在战后举行一个圆桌会议,讨论由荷兰与印尼等原有的 3 个直属殖民地共同组成荷兰联合王国。战后,荷兰并没有放弃这一梦想。它企图靠 5 万多人的军队,重建在印尼的统治。1945 年 9 月 15 日,第一批"远征军"从荷兰派往印尼。

荷兰的计划得到英国的积极支持。1945 年 7 月在波茨坦召开的英美联合参谋部会议决定,东南亚地区的军事管辖权交由东南亚战区司令英国海军上将蒙巴顿负责。日本投降后,应由英军受降,解除日军武装和遣返被日军囚禁的欧洲人。9 月 29 日,第一批英军在雅加达登陆,10 月 10 日占领万隆,10 月 29 日占领泗水。英军占领印尼的大城市,为荷军重返印尼开辟道路,同时在马来西亚和新加坡加紧训练荷兰军队。英国国务大臣诺贝尔贝克公然声称:"英国政府仅承认在荷兰盟邦主权下所有领土中的荷兰政府"。

但是,英国政府错误地估计了形势。在八月革命中建立起来的印尼武装力量在各地反抗英军的入侵。

早在八月革命爆发时,泗水市民奋起夺取日军武器,到 10 月初,泗水完全掌握在印尼共和国青年团、印尼共和国暴动队等武装力量手中。10 月 25 日,英国军队在泗水登陆后,在港口区遭到印尼武装力量的顽强抵抗。应雅加达英荷联军总部的要求,苏加诺、哈达和沙里尔等飞往泗水寻求解决办法,结果达成一项停火协议,其中规定英军撤回港口区内,印尼武装力量同意被日军监禁的欧洲人经港口上船离境,双方交换战俘,联合组织巡逻部队。但是,苏加诺等人返回雅加达后,战斗重新爆发。不久,英军 49 旅旅长马拉贝上校遭枪杀。在查明事实真相之前,英军当局断定这是印尼武装力量策划的暗杀事件,并以此为借口,增派第 5 步兵师到泗水。10 月 31 日,苏加诺总统在广播讲话中呼吁印尼武装力量停止一切战斗,用和平手段解决争端,泗水的局势暂趋平静。11 月初,当被日军监禁的约 8000 名欧洲人全部撤离泗水后,英军便开始部署新的进攻。11 月 9 日,新任 49 旅旅长曼塞尔少将下令印尼武装力量在 24 小时内交出全部武器。在这一要求遭到拒绝后,英国在 11 月 10 日出动大军,包括几十架飞机和 7 艘战舰,向印尼武装力量发动总攻,经过半个多月激战,印尼武装力量撤离市区,转移到农村继续进行游击战争。印尼人民的英雄奋战使泗水赢得"英雄城市"的光荣称号。战争爆发的日子——11 月 10 日被共和国定为英雄节。

11月25~26日，万隆也发生反对英军占领的战争。由于力量悬殊，印尼武装力量被迫退出市区。12月8日，英军进攻茂物，几天后占领全市。英国由于战后经济凋敝，困难重重，不愿长期陷入印度尼西亚的战争，便策动荷兰政府于1946年3月13日开始同印尼进行谈判。谈判期间，荷兰一方面赶运大批增援部队到印尼接管英军占领区；一方面采取分而治之的老手法，在印尼各地扶植一批傀儡邦，如在东部地区成立包括苏拉威西、马鲁古和努沙登加拉等岛屿的所谓东印尼邦，在西爪哇成立所谓巴巽丹邦等，以分化印尼民族抗荷阵线。

在此期间，英军逐步撤出在印尼的占领区，交由荷兰军队接管。1946年7月14日，盟军东南亚战区司令部决定把原荷印领土主权全部移交给荷兰政府。沙里尔内阁在谈判中要求荷兰承认印尼西亚共和国在爪哇和苏门答腊的领土主权。印尼陆军中的激进派认为沙里尔内阁过于退让，于6月27日绑架沙里尔。在苏加诺总统干预下，沙里尔获释，谈判重新举行。11月15日，荷兰与印度尼西亚共和国达成一项以谈判地点命名的《林牙椰蒂协定》。1947年3月，两国政府分别批准了这一协定。协定共17条，主要内容是：荷兰承认印度尼西亚共和国在爪哇、苏门答腊和马都拉的事实上的政权。印度尼西亚领土划分为4个区，即印度尼西亚共和国，波罗洲，东印度尼西亚和新几内亚（西伊里安）。其中新几内亚前途未定。印度尼西亚共和国应首先与各邦组成印度尼西亚合众国，于1949年1月1日前同荷兰组成荷兰印度尼西亚联邦，以荷兰国王为最高元首。盟军与荷军从印度尼西亚共和国领土撤退。印度尼西亚共和国同意将八月革命中没收的外国财产全部归还。《林牙椰蒂协定》签订后，英军在1946年11月内全部撤离。

尽管印度尼西亚共和国在《林牙椰蒂协定》中做了许多让步，荷兰殖民者并不打算执行协定，它利用谈判之机，向印尼增运大批军队，使总兵力达12万人。1947年6月以前，美国向荷兰提供的贷款达3.55亿美元，还提供大批飞机、大炮等武器装备。1946年12月，荷兰殖民军在军官威斯特林指挥下，在苏拉威西大肆焚烧村庄，杀害4万多名无辜平民。《林牙椰蒂协定》经两国政府批准后不久，荷兰还企图利用自己的军事优势，修改《林牙椰蒂协定》，于1947年5月27日突然向印度尼西亚共和国发出"最后通牒"，强迫印尼接受下列要求：1.印度尼西亚共和国应立即与荷兰及东印尼邦、西加里曼丹邦等合组临时联邦政府；2.组织联合宪警部队，以维持包括印度尼西亚共和国在内的治安与秩序；3.设立联合机构，以管制印尼的出口和外汇。这些正是荷兰在林牙椰蒂谈判中曾经提出而遭印度尼西亚共和国拒绝的要求。美国为了插手印尼事务，以提供经济援助为诱饵，迫使印度尼西亚共和国接受这些条件。沙里尔内阁基本上同意上述要求，只有组织联合宪警一项未敢接受。沙里尔内阁对荷兰的妥协退让政策引起人民的反对，于6月27日宣布辞职。随后，由印度尼西亚共产党领导人沙利佛丁组成包括马斯友美党、社会党、印度尼西亚民族党在内的联合内阁。

荷兰没有达到既定目的，便在1947年7月21日，向印度尼西亚共和国发动全面战争，即所谓第一次警卫行动。荷兰军队在爪哇从雅加达和泗水，向印度尼西亚共和国两面夹攻,企图占领共和国临时首都日惹。在苏门答腊,则扩大荷兰在棉兰、巨港和巴东的占领区,夺取种植园区和油田。印尼武装力量在进行顽强的抵抗后,被迫放弃了一部分城市,在农村开展游击战争。他们不断袭击铁路和公路,使荷兰军队只能龟缩在一些大城市里。

7月30日,印度和澳大利亚把印度尼西亚问题提交联合国安全理事会。8月1日,安理会向荷兰和印度尼西亚双方呼吁停战,并决定受理印度和澳大利亚关于讨论印度尼西亚问题的提案。8月4日,荷兰同意暂时停火。8月7日,安理会接受印度尼西亚共和国提出由联合国仲裁的要求,决定成立由3国代表组成的调处委员会,荷兰和印度尼西亚共和国各提一国担任委员,再由这两国提名第三国。结果,荷兰提名比利时,印度尼西亚共和国提名澳大利亚,比、澳两国共同提名美国。由于美国听任荷兰侵略军向印度尼西亚共和国首都日惹进攻,故意拖延,直到12月8日,调处委员会才在美国军舰伦维尔号上召集双方开始正式谈判。

1948年1月17日,荷兰和印度尼西亚共和国签订了《伦维尔协定》。它在军事方面的主要内容是:双方就地停战,以原荷兰驻印尼总督樊·穆克提出的划界线为基准,划分双方占领区。所谓樊·穆克线是从荷兰军队插入印度尼西亚共和国境内最远的两点划一直线,这样就把印度尼西亚共和国的一些大米产区划入荷兰占领区。

沙利佛丁内阁在内外压力下接受了这条划界标准线,从袋形地带撤出了大约3万名印尼军队。在政治方面,规定印度尼西亚共和国必须加入印度尼西亚合众国。但是,印尼合众国已不再是由原来的4个区域组成,而是由共和国和荷兰扶植的14个邦组成。在过渡时期,荷兰在印度尼西亚领土上继续行使主权,成立临时联邦政府。沙利佛丁内阁中的右翼政党——马斯友美党的成员先是极力主张接受《伦维尔协定》,协定签字后又攻击这项协定并退出内阁,迫使内阁倒台。2月初,组成了以副总统哈达为首的新内阁。哈达内阁立即表示要切实执行《伦维尔协定》。这充分说明马斯友美党反对沙利佛丁内阁签订《伦维尔协定》,是为了把共产党人和其他进步势力排斥于内阁以外,建立清一色的资产阶级右翼政府。

根据《伦维尔协定》,荷兰占领了印度尼西亚大部分领土,包括许多种植园和主要港口雅加达、泗水、三宝垄、棉兰、巨港、巴东等。印度尼西亚共和国的辖区只限于爪哇和苏门答腊的内地。荷兰还进一步对印尼共和国实行经济封锁,使共和国的处境日益困难,哈达内阁对外妥协和对内反共的政策引起广大人民的极为不满,加剧了国内的阶级矛盾。哈达内阁一成立,日惹和茉莉芬、谏义里等城市就爆发了群众示威游行。5月21日,印度尼西亚共产党和其他进步党派团体召开会议,制定了民族纲领,要求改组哈达内阁。民族纲领提出最迟在1949年1月1日建立独立的印度尼西亚民族国家,但是未能提出实现独立所应采取的具体办法。

当时,兼任内阁国防部长的哈达提出一项军队整编方案,准备把共产党人和具有进步思想的官兵从军队中清洗出去。5月20日,梭罗驻军第4师官兵5000人为反对整编方案举行示威。结果,第4师师长苏塔尔托7月3日在梭罗被暗杀。7月21日,美国政府外交政策顾问霍普金斯和调处委员会美方代表柯契兰在爪哇的沙冷岸同哈达以及马斯友美党领导人纳席尔、苏基曼和穆罕默德·罗姆等人秘密会谈,制定所谓消灭赤色分子的建议,由美国提供武器和经费6500万美元。

8月10日,长期在国外的印度尼西亚共产党领导人慕梭回到国内。在慕梭领导下,印度尼西亚共产党于8月13~14日在日惹召开中央政治局会议,总结八月革命的经验教训,通过了称为《印度尼西亚共和国的新道路》的决议(简称《新道路》)。决议说,"印度尼西亚共产党承认它过去赞同《林牙椰蒂协定》的错误,印度尼西亚共产党将继续努力为废除《伦维尔协定》及一切不是基于平等地位签订的协定而奋斗。"决议提出建立一个工人阶级的公开政党。决议认为,秘密的共产党党员建立的印度尼西亚社会党同沙里尔的社会人民党合并为社会党是一个错误。它要求印度尼西亚共产党、社会党和劳工党统一为一个政党即印度尼西亚共产党。决议还要求进一步发动农民,为此提出了土地归农民的口号。会议决定10月召开印度尼西亚共产党代表大会。由于发生茉莉芬事件,这次代表大会未能举行。

茉莉芬事件是帝国主义和印尼反动派策划的。1948年9月1日,印尼军队中的反动军官在梭罗绑架了人民民主阵线秘书、印尼共产党党员斯拉末维查雅等人,转往日惹秘密监禁。进步官兵占优势的梭罗驻军第4师立即派5名军官前往营救,结果这5人又被扣留。9月11日,第4师向西利旺仪师发出最后通牒,要求9月13日下午2时前释放这些军官,但是他们却遭杀害。于是,这两支部队开始交战。消息传到茉莉芬后,当地驻军第29旅也同西利旺仪师军警部队发生冲突,并于9月18日夜晚解除了军警部队的全部武装。这时,茉莉芬州州长不在,由人民民主阵线各党推举茉莉芬副市长苏巴尔迪代行州长职务,以稳定局势。在日惹的哈达政府认为这是"推翻印度尼西亚共和国的叛乱行动",出动大军围攻茉莉芬。9月19日,印度尼西亚共产党领导人慕梭和沙利佛丁来到茉莉芬。慕梭向哈达政府建议停战,遭到拒绝。共产党人被迫拿起武器自卫。经过十几天战斗,印尼共产党领导的武装于9月30日退出茉莉芬,他们在向梭罗转移途中受到西利旺仪部队的围剿,伤亡惨重。10月31日,慕梭在战斗中牺牲。西利旺仪部队占领茉莉芬后,实行白色恐怖,逮捕共产党人和其他进步人士3万多人,其中约1万人遭到危害。印尼共产党领导人沙利佛丁、苏立诺、马鲁多·达鲁斯曼等11人未经法庭审判被秘密枪杀。

茉莉芬事件使印度尼西亚革命力量遭到重大挫折。荷兰殖民者认为有机可乘,进一步向印度尼西亚共和国提出无理要求。1948年12月初,荷兰和印度尼西亚共和国恢复谈判,主要讨论组织联邦政府问题。荷兰要求享有派兵镇压印度尼西亚共和国内部"骚乱"的权力,为共和国政府所拒绝。12月11日,荷兰单方终止伦维尔停火协议,向印度尼西亚共和国发动第二次殖民战争,即所谓第二次警卫行动。荷兰军队在空军的配合下攻陷了日惹。苏加诺、哈达以及总理沙里尔、外交部长阿古斯·沙林等内阁阁员被俘,分别拘禁在苏门答腊岛的托巴湖畔和邦加岛上。同时,印度尼西亚共和国在苏门答腊武吉丁宜成立了以沙弗鲁丁为首的临时政府。

荷兰发动第二次殖民战争后,仍然只能占领印尼的大城市和主要交通线。印尼武装力量在广大农村展开游击战,使荷军疲于奔命,粮食供应短缺。因茉莉芬事件被监禁的共产党员纷纷逃出集中营,重新拿起武器,英勇抗击荷兰侵略者。印尼武装部队和游击队一度攻入日惹市,占领市区6个小时。在荷兰的军事优势面前,印尼人民始终没有屈服。

12月24日,安理会通过决议,要求荷兰和印度尼西亚停止敌对行动,荷兰立即释放印度尼西亚共和国总统和副总统等领导人,荷兰政府未予理会。12月28日,安理会再次决议要求荷兰首先释放印度尼西亚共和国领导人。1949年1月7日,荷兰政府同意半年后在印度尼西亚举行大选,1950年内把印度尼西亚主权移交给民选政府。

1949年1月20日,印度召集20个亚非国家在新德里举行会议,讨论印度尼西亚问题。23日,会议向安理会建议要求荷兰无条件释放印尼共和国领导人,荷军于3月15日前撤出印尼共和国领土,6月1日前举行大选,1950年1月1日前将印尼主权交给印尼政府。1949年1月28日,安理会基本上同意这些建议,只是把大选日期推迟到10月10日前,1950年7月1日前移交主权。安理会还决定将原来的三国调处委员会改为印度尼西亚委员会,扩大其权力。

在国际舆论的压力下,荷兰政府于2月26日宣布同意恢复与印尼的谈判,并提出3月12日在海牙举行圆桌会议,讨论成立印度尼西亚联邦和临时政府问题。3月1日,荷兰政府又宣布,即使印度尼西亚共和国拒绝参加圆桌会议,它也将同印度尼西亚各邦举行这一会议。

以色列国的建立

第二次世界大战期间,希特勒残酷迫害犹太人。据战后调查统计,仅在德军占领区的900万犹太人中就有600万惨遭杀害。这使得全世界的犹太人不管是否已参加"犹太复国主义组织",都出现了一致支持犹太复国主义的倾向。1942年5月,犹太复国主义者在纽约比尔特摩尔旅馆举行会议,制定了所谓"比尔特摩尔纲领",内容有:结束英国在巴勒斯坦的委任统治;在整个委任统治下的巴勒斯坦建立一个犹太国家和一支犹太人军队;撤销英国1939年的白皮书,取消对犹太移民的限制。在此纲领指导下,他们采取的策略是反英亲美,打击阿拉伯人。在英国放弃巴勒斯坦委任统治权之前,破坏它的委任统治权力的基础;在英国无力保持其委任统治并决定撤出巴勒斯坦后,就转而打击阿拉伯人,尽量夺占更多的土地,把阿拉伯居民驱赶出去。犹太人为此积极扩充自己的武装力量,其主力叫哈加纳军。

二次大战结束后，美国为攫取巴勒斯坦和中东的霸权地位，积极利用阿犹纠纷以及它们同英国的矛盾，支犹制阿，排挤英国。当时美国统治集团内部在推行这个基本政策前提下在具体做法和侧重点上曾有着分歧。他们竞相对新上任的杜鲁门总统施加影响。同石油财团关系较深、对中东事务比较熟悉的外交军事部门官员，从战略和经济利益考

以色列在得到美、苏等国承认后加入联合国，这是在联合国门前升起的以色列国旗。

虑出发，提醒杜鲁门在推行政策时要顾及阿拉伯人的反应。同犹太金融资本联系密切的政客、包括杜鲁门的一些主要顾问，则从国内外政治考虑出发，认为为了利用犹太复国主义排挤英国，防止犹太复国主义者倒向苏联，争取国内犹太人投票支持民主党，必须公开全面地支持犹太复国主义者的计划。杜鲁门虽然有时在做法上摇摆于上述两派之间，但其基本态度是倾向于后一种意见，并最终亲自出马支持建立以色列国。

战后英美之间在巴勒斯坦的矛盾首先在犹太移民问题上白热化起来。1945年5月，犹太复国主义者向英国送交请愿书，要求让10万犹太人迁入巴勒斯坦，英国断然拒绝，而杜鲁门却表示支持。1945年7月波茨坦会议期间，杜鲁门特地向英国首相艾德礼提出犹太复国主义者的上述要求。艾德礼有意回避。波茨坦会议后，杜鲁门于8月31日写信给艾德礼，声称："美国人民坚决相信，移民到巴勒斯坦去的大门不应关闭。"杜鲁门以后又多次致函艾德礼，重申这一要求。英国此时要拒绝美国插手巴勒斯坦问题，已是力不从心了。

1945年10月19日，英国为了拖延解决移民问题的时间，并使美国在巴勒斯坦事务中"从幕后策划者的地位变为公开负责的合伙人"，向美国建议成立英美联合调查委员

会。该委员会于 1946 年 1 月 4 日开始工作,同年 4 月 30 日公布了调查报告。报告中提议准许 10 万名犹太人移入巴勒斯坦,这就在主要点上适应了美国的政治需要。英国原先要求美国推迟公布调查报告,美国置之不理。英国不甘示弱,宣布在巴勒斯坦犹太地下部队解除武装和美国对军事、财政援助做出保证之前,不予执行。

1946 年 6 月,英美达成协议,同意双方派出联合专家代表团进一步协商。代表团在英国代表的坚持下提出一个在英国高级专员负责的中央政府下成立犹太省、阿拉伯省、耶路撒冷区和内格夫区的"分省自治计划",也称莫里森—格雷迪计划。计划中的犹太省只占巴勒斯坦面积的 17%;关于 10 万移民,提出要"征得阿拉伯人同意。"犹太复国主义者对此计划激烈反对。在美国,国务卿贝尔纳斯虽赞同此计划,但民主党纽约州委员会主席保罗·菲茨帕特里克则警告杜鲁门总统:"要是这个计划付诸实施,民主党在今秋选举中提出州的候选人名单就将毫无意义。"杜鲁门接受了后者意见,通知艾德礼他不能接受分省自治计划。

1946 年 7 月,犹太建国协会执行机构在巴黎开会商讨对策。会前,执行机构头目之一、内厄姆·戈德曼曾和华盛顿官员交换意见,结论是在全巴勒斯坦建立犹太国的纲领在目前是不现实的,只有准备接受分治,才有希望获得美国支持。8 月 5 日,会议接受此意见,通过了"在巴勒斯坦适当地区建立有活力的犹太国的'新计划'。"这个所谓"适当地区"是指加利利和特拉维夫到阿克的沿海平原,再加上整个内格夫沙漠,约占巴勒斯坦面积的 65%。

犹太建国协会执行机构在同美国官员共同炮制"新计划"后,就决定拒绝出席英国 9 月 10 日在伦敦召开的阿犹圆桌会议。10 月 4 日犹太教赎罪日那天,杜鲁门发表关于巴勒斯坦局势的声明,公开支持犹太建国协会的"新计划",并表示随时准备帮助 10 万名犹太人移入巴勒斯坦。英国对此提出强烈抗议。英国外交大臣贝文说,如果不是杜鲁门坚持要让 10 万名犹太人移入巴勒斯坦,破坏了他的计划的话,一切都会很顺利。贝文揭露杜鲁门发表此声明是为了竞选总统的需要,抢在(他的竞选对手)杜威的前面。10 月 6 日,杜威发表了"移民不仅是 10 万名而是几十万名"的讲话,杜鲁门确实比杜威抢前了两天。

英国看到巴勒斯坦问题无法解决,犹太复国主义者在美国的支持和怂恿下,在巴勒斯坦肆无忌惮地开展恐怖活动,直接危及它的殖民统治,于是采取以退为进的策略,于 1947 年 2 月宣布把巴勒斯坦问题提交联合国。4 月 2 日,英国驻联合国代表贾德干正式通知联合国秘书长赖伊,把巴勒斯坦问题列入联合国议程,并要求事先召开联大特别会议,成立一个特别委员会,进行实地调查,然后提出报告,供 9 月间联大讨论。英国估计联合国讨论的结果,不是同意延长英国委任统治的期限,便是无法达成任何协议,只得交还英国处理。它预计后一种结果可能性最大,不想事与愿违,弄巧成拙。

联合国巴勒斯坦特别会议于 1947 年 4 月 28 日到 5 月 15 日举行。5 月 14 日,苏联代表葛罗米柯在会上做了长篇发言。他首先用了很长篇幅讲到委任统治制度的"破产",说联合国在审议时"必须考虑到结束委任统治这一点。"然后他说,犹太人在战时"遭受到非常的不幸和苦难","西欧国家都不能够确保犹太人的基本权利受到保护,并保护他们不受法西斯刽子手的暴力迫害,这说明了犹太人之所以有建立他们自己的国家的愿望。不把这个事实予以考虑而拒绝犹太人有实现这个愿望的权利,是不公正的。不以这个权利给予犹太人民是没有理由的。"他建议在巴勒斯坦"建立一个独立的、二元的、民主的和同样性质的阿拉伯——犹太国",如果该方案不能实施,就考虑"把巴勒斯坦分成两个独立的自治国家,一个是犹太国,一个是阿拉伯国。"葛罗米柯的发言使联合国人士普遍感到"大为吃惊",英国更是惊慌失措,犹太复国主义者则感到喜出望外。

联合国特别会议最后通过决议,成立了由加拿大等11国组成的特别委员会进行具体研究。该委员会后来提出两种方案:一是加拿大、捷克等7国的方案,即所谓"多数方案",主张在英国委任统治结束后有两年过渡时期,然后实施分治;另一个是印度、伊朗、南斯拉夫三国的方案,即"少数方案",主张成立联邦国家。9月16日第2届联合国大会成立专门委员会,进一步讨论上述两个方案。美、苏都表示支持"多数方案。"苏联并对该方案提出修改建议,主张委任统治结束后立即实施分治。11月25日,专门委员会以25票对13票通过了"多数方案。"

联合国大会11月26日讨论专门委员会通过的分治计划。美国代表发言要求大会立即表决。英国代表反对。阿拉伯国家和一些非阿拉伯国家的代表也坚决反对。犹太复国主义者代表眼看要以2/3的多数通过分治决议有困难,忧心忡忡。下午,葛罗米柯在会上发言,支持分治计划。他说,"巴勒斯坦分成两个国家的决定,是符合联合国的原则和宗旨的","符合两个民族的根本民族利益","是唯一行得通的办法。"27日是感恩节,联大会议休会。犹太复国主义头目魏兹曼赶紧写信给杜鲁门,表示新建立的犹太国决不会落入苏联手中,以解除美国的顾虑,进一步争取美国的支持。魏兹曼说,正因为来自东欧的犹太移民"不愿意被共产主义同化",所以不必担心犹太国"会在某种方式下被人作为共产主义思想侵入中东的通道。"28日会议复会。法国代表提议推迟一天表决,以给阿犹双方"进一步提供协商的机会。"犹太机构代表分赴白宫、美国国会和各社会团体加紧活动,要求对在纽约开会的各国代表团施加影响。海地、菲律宾、利比里亚等在美国压力下支持分治计划。午夜,杜鲁门亲自出马,命令国务院为通过分治方案做出"外交努力。"国务院于是动用了全部力量,不择手段地拉票,特别是对一些拉美国家施加压力。29日,联合国大会以美苏等33国赞成,阿拉伯国家等13国反对,英国等10国弃权,通过了"巴勒斯坦将来治理(分治计划)问题的决议[第181(二)号决议]。"

巴勒斯坦分治决议规定:英国在巴勒斯坦委任统治的结束不得迟于1948年8月1日,在委任统治结束后两个月内成立阿拉伯国和犹太国;阿拉伯国面积为11000多平方公里,包括北部的加利利、约旦河以西地区和加沙地区,占总面积的40.7%,犹太国面积为15850平方公里(其中内格夫面积9500平方公里),占全面积的58.7%;两国经济上实行联合;耶路撒冷及其郊区村镇(计158平方公里)是一个"在特殊国际政权下的独立主体并由联合国管理。"

联合国分治决议一通过,巴勒斯坦阿拉伯人和阿拉伯国家纷纷举行示威,反对分治。12月8日至17日,阿拉伯联盟7个成员国的总理和外长在开罗集会,发表声明,宣布阿拉伯人"决心为反对联合国分裂巴勒斯坦的决议而战。"英国积极支持阿盟反对联大决议。犹太复国主义者则认为联大分治决议的通过是大好时机,决定采用武力建立犹太国。1948年春,犹太地下军向阿拉伯人不断发动进攻。4月9日,犹太复国主义者头目之一梅纳赫姆·贝京领导的恐怖组织"伊尔贡"血腥屠杀耶路撒冷附近的德杰尔·亚辛村,全村250名男女老少无一幸免。4月22日,犹太武装力量占领海法港,迫使当地7万阿拉伯人离乡背井。

阿犹双方在巴勒斯坦的武装冲突急得联合国秘书长赖伊坐卧不安。赖伊曾一再向美国要求组织联合国军队去巴勒斯坦强制执行分治决议。美国考虑强行分治将冒与阿拉伯人作战的风险,另外美国一旦出兵将很难拒绝苏联参加这支联合国部队的要求,于是一度改变态度,于3月19日向安理会提出托管巴勒斯坦的建议。4月19日,联合国召开紧急会议,讨论美国托管建议,辩论毫无结果。犹太复国主义者明白,既然联合国不能强行干涉,只要巴勒斯坦还处于激烈的军事冲突中,托管就无法实现。他们便加紧向阿拉伯人发动进攻,继续制造流血事件。同时还公然宣布,英国委任统治结束之时,便是犹太国成立之日。这使美国统治集团感到托管已行不通。杜鲁门和他的白宫亲信担心苏联屡次声明坚持联大

1948年,以色列临时政府总理查伊姆·魏茨曼。

分治决议也许会对犹太人发生作用。民主党内亲犹太集团此时也不断向杜鲁门陈述获得犹太人选票之重要。这样,杜鲁门最后决定继续支持分治计划。

5月12日,犹太复国主义领导集团开会具体讨论建国宣言的内容。当讨论到有无必要在宣言中提到国家边界时,出任以色列临时政府总理兼国防部长的本古里安野心毕露地说:"美国独立宣言中没有提到边界线。我们没有必要提边界。国家宣布独立不需要规定边界。我们一个字也不需要提到它,因为我们不知道边界将来情况怎样。……如果我们把阿拉伯人打败,占领了西加利利和耶路撒冷通道两侧的土地,这些地区就可成为

我们国家的一部分。"会议最后同意本古里安的意见,在建国宣言中只字不提边界。

5月13日,魏兹曼又给杜鲁门写信,信中说:"5月15日,英国将结束委任统治,犹太国的临时政府将承担在犹太国境内维持法律和秩序的全部责任","我深切地期望美国将立即承认新的犹太国的临时政府。我想全世界将认为,当今最伟大的民主国家作为第一个欢迎世界大家庭中的新国家是特别适宜的。"杜鲁门接到这封信后,决定立即采取行动,宣告美国承认这个新国家。5月14日,巴勒斯坦时间半夜12点(华盛顿时间下午6点),本古里安在特拉维夫现代艺术博物馆正式宣布"以色列国"成立。电台播出消息后,白宫新闻秘书就向记者宣布美国对以色列"事实上"的承认。这时距以色列宣布成立后只有11分钟,5月17日苏联承认以色列,照会中把以色列政府看作是"在犹太人的巴勒斯坦地区的合法政权。"

5月15日,即在以色列国成立的第2天,阿拉伯联盟成员国埃及、外约旦、伊拉克、叙利亚和黎巴嫩就与以色列之间爆发了第一次中东战争。阿拉伯国家初期曾占优势,部队直逼以色列临时首都特拉维夫,后由于内部不团结,加上以色列在美国的支持下实行反攻,结果战败。1949年2月至7月分别同以色列签订停战协定。以色列通过战争控制了巴勒斯坦20700平方公里。而联合国分治决议规定要建立的阿拉伯国家却没有建立,联大关于耶路撒冷国际化的决议也没有实施。战争使96万巴勒斯坦人被逐出家园,沦为难民,此后以色列统治集团进一步推行侵略和扩张政策,使阿、以冲突连绵不断,中东局势持续紧张。

第一次中东战争

中东地区,是亚、非、欧三洲连接的地区,主要包括埃及、叙利亚、黎巴嫩、伊拉克、约旦、科威特、巴勒斯坦、巴林、卡塔尔、也门、沙特阿拉伯、阿拉伯联合酋长国、阿曼、土耳其、塞浦路斯、伊朗和以色列等广大地区,总面积为749万平方公里,人口约1.7亿。中东地区不仅战略地位极为重要,而且蕴藏有十分丰富的石油资源。第二次世界大战前,这一地区主要受英国和法国殖民主义控制。战后,美国乘英、法势力的削弱,乘虚渗透,逐步取代了英、法两国的地位。这一地区历史遗留的各种问题,随着国家的独立和发展而不断激化,使这一地区长期处于动荡不安之中,武装冲突和局部战争不断发生,成为世界重要"热点"地区。

1948年5月14日,犹太人宣告成立以色列国。当日夜半,埃及、叙利亚等6个阿拉伯国家集中数万军队,从3个方向向以色列发动进攻。史称第一次中东战争、巴勒斯坦战争;以色列则称为独立战争。

战后,阿拉伯国家与以色列在巴勒斯坦及其周围地区连续爆发多次较大规模的局部战争,有其深刻的历史渊源和国际背景。

历史上,阿拉伯人与犹太人的祖先均为古代的闪族。约在公元前 30 世纪,闪族中的迦南人(即阿拉伯人)建立了巴勒斯坦历史上第一个国家。公元前 1020 年,自阿拉伯半岛移居至巴勒斯坦的闪族希伯来人,建立希伯来王国。随后,这一王国分裂为以色列王国与犹太王国,均统称为犹太人。公元前 722 年与前 586 年,这两个国家先后被亚述帝国和巴比伦王国所灭亡。公元 2 世纪,罗马帝国军队征服这一地区,将居住在巴勒斯坦地区的犹太人驱逐出境。从此,犹太人被迫流落世界各地。犹太人坚信自己乃是"神所选择的子民",坚持信奉犹太教,坚持犹太人的生活方式,矢志不与其他民族同化。因而,当罗马帝国确立基督教为其国教时,犹太教便被视为异教而遭到迫害,这种迫害延续到中世纪,被基督教宣布为邪教而遭取缔时,愈演愈烈。一直到 1789 年法国大革命后,对犹太人的迫害才趋向缓和。但到第二次世界大战期间,希特勒纳粹屠杀、迫害犹太人,达到了无以复加的地步。

从罗马帝国逐出犹太人之后,巴勒斯坦地区便成为阿拉伯人的居住区。1917 年 11 月 6 日,英国军队占领巴勒斯坦地区,尔后于 1922 年对这一地区实行委任统治。之后,英国又将这一地区一分为二:以约旦河为界,约旦河东部称为外约旦,成立外约旦酋长国,1949 年后改称约旦哈希姆王国;约旦河西部仍称巴勒斯坦。第二次世界大战中,希特勒纳粹对犹太人的大肆屠杀和迫害,激起犹太复国主义运动的蓬勃兴起,犹太人开始向巴勒斯坦地区移民。自 1939—1944 年,从欧洲各地移居巴勒斯坦的犹太人 4.4 万人。连同第一次世界大战后回迁的犹太人,使巴勒斯坦地区的犹太人增至 44 万多人。英国委任统治当局在巴勒斯坦地区,实行支持犹太人、压制阿拉伯人的政策,并鼓励世界各地区的犹太人向巴勒斯坦地区移民,使这一地区的犹太人从 1918 年的 5 万余人,至 1946 年剧增到 60 余万人,加剧了阿拉伯人同犹太人的矛盾与冲突。同时,犹太人对英国采取的限制政策也日益不满,进行反限制斗争。在这种情况下,英国于 1946 年 9 月和 1947 年 1 月,先后两次召开巴勒斯坦地区的阿拉伯人与犹太人在伦敦举行的会议,会议建议建立阿拉伯区与犹太区,仍由英国实行委任统治,招致双方的强烈反对未遂。美国乘机插手,致使英国束手无策。英国终于 1947 年 4 月,将对巴勒斯坦委任统治问题交联合国处理。联合国为此组成了由 11 个国家参加的巴勒斯坦特别委员会,并赴巴勒斯坦调查考察,提出了两个解决方案。一是印度、伊朗、南斯拉夫等提出的,建立巴勒斯坦联邦,阿拉伯人与犹太人分别实行地区分治;二是加拿大、捷克等提出的,在巴勒斯坦地区分别成立阿拉伯国与犹太国,对耶路撒冷则实行国际化。1947 年 11 月 29 日,联合国第二次大会决定采纳加拿大、捷克等国提出的解决方案。会议以美苏等 33 国赞成,英国等 10 国弃权,阿拉伯国家联盟等 13 国反对的情况下,以超半数通过了"关于巴勒斯坦将来治理(分治计划)问题的决议",决议规定:英国于 1948 年结束委任统治后,在巴勒斯坦成立阿拉伯国和犹太国,阿拉伯国面积为 1.1 万平方公里,犹太国面积为 1.4 万多平方公里。耶路撒冷及其郊区则由联合国负责管理。根据这一决议,占人口总数 2/3(约 130 万)以上的阿拉伯人,其国土面积仅占巴勒斯坦总面积的 42.88%;而人口总数不及 1/3(约 60.2 万)的犹太人,其国土面积为 56.47%。此前,犹太人居住区仅占巴勒斯坦面积的 6%。巴勒斯坦的阿拉伯人与犹太人实行分治政策,为这一地区战乱频繁埋下了深重的祸根。

联合国通过巴勒斯坦分治决议案后半年,1948 年 5 月 15 日,犹太人成立以色列国。在以色列发表独立宣言 11 分钟后,美国便宣布承认以色列国,尔后苏联成为第 2 个承认以色列国的国家。对于联合国的分治决议案,阿拉伯联盟国家一直是持反对态度的。尽管它们内部意见不一,存在着严重矛盾。但从 1948 年 2 月 9 日、4 月 16 日、4 月 25 日召开的几次会议来看,在对待阻止建立以色列国,阿拉伯联盟统治巴勒斯坦,甚至不惜以武力阻止联合国分治决议的实施等问题上,意见是一致的。于是,犹太人宣布成立以色列国,便成为第一次中东战争的导火索。

在战争爆发的初期阶段,阿拉伯联盟军队总兵力约 4 万人,其中埃及投入 3 个旅、1个守备队,伊拉克 3 个旅、1 个守备队,叙利亚 3 个旅,外约旦 2 个旅、1 个守备队,黎巴嫩和阿拉伯解放军 6 个营、4 个守备队,拥有各型飞机 131 架,舰船 12 艘,坦克装甲车 240辆,各种野战炮 140 门。以色列军队总兵力约 3 万人,作战部队 10 个旅,各型飞机 33 架,舰船 3 艘,坦克装甲车 3 辆,65 毫米野战炮 5 门。交战双方兵力对比,从兵力、兵器上看,阿拉伯联盟军队占有较大优势,以色列居于明显劣势地位。

整个战争进程,大致经历以下 3 个阶段:

第一阶段(1948 年 5 月 15 日~1948 年 7 月 8 日)

该阶段大致经历了阿拉伯联盟军队向以色列发动进攻,双方实行第 1 次停火,以及以色列军队准备反攻和进攻等 3 个过程。

阿拉伯联盟军队的作战企图是,由埃及、叙利亚和黎巴嫩 3 国军队,分别从南北两个作战方向压迫与钳制以色列军队,由伊拉克与阿拼命后军团(外约旦军队)密切配合,渡过约旦河,攻击海法,进而夺占耶路撒冷。其中,南线为埃及军队 2 个旅,约为 1 万人,包括装备有“谢尔曼”式坦克的装甲部队,还有 5 个步兵营、1 个机枪连、1 个炮兵团,15 架战斗机。其作战部署和作战目标是,以 1 个加强旅沿海岸公路向北推进,夺占特拉维夫;以另 1 个旅经比尔谢巴指向耶路撒冷。北线,叙利亚以 2 个机械化旅的主力向太巴列湖南端实施辅助进攻;黎巴嫩军队与阿拉伯解放军则分别对海法与太巴列湖西侧实施攻击。东线,伊拉克则集中主要兵力自纳布卢斯分别向特拉维夫与海法发动进攻;外约旦军队分兵向特拉维夫与耶路撒冷实施突击。

以色列军队部署:北部地区 3 个旅,中部地区 2 个旅,南部地区 2 个旅,耶路撒冷及其他通道以及拉特伦地区各部署 1 个旅。

战争初期,以色列三面临敌,处于明显不利的境地。在南线,阿拉伯军队于 5 月 21 日进抵伯利恒、阿什杜德一线,并继续向耶路撒冷和特拉维夫发动攻势。但在北线,叙利亚军和黎巴嫩军从 5 月 16—19 日,同以色列军队在太巴列湖南部展开激战,以空军首次支

援地面作战,迟滞了叙、黎军的进攻。在东线,伊拉克兵分三路向约旦河以西推进,攻占

1948 年,埃及、叙利亚等国部队进攻以色列。

了距地中海仅有 10 公里的图勒卡姆后,继续向海边突击,几近把以色列拦腰切断。外约旦军在南线的埃及军队协同下,夺占了耶路撒冷旧城阿拉伯地区,同时在旧城犹太人居住区,迫使以 150 名武装人员和 1700 名居民向外约旦军投降。

阿拉伯联盟国家向以色列发动进攻的第 3 天,美国即向联合国安理会提出一份决议案,要求安理会出面,命令交战双方在 36 小时内停火;苏联也要求就美国的提案进行表决,还要求阿拉伯国家立即停止军事行动。英国则站在阿拉伯联盟国家一边,明确表示不能将巴勒斯坦的局势,说成是"对和平的威胁。"经过 10 余天的反复磋商协调,交战双方终于同意从 6 月 11 日开始停火四周。

四周的停火时间,为以色列获得了喘息时机合作进一步战争准备的时间。在这期间,以色列从美国、西欧一些国家和捷克等,得到了一大批武器装备,继续进行动员和军事训练,重新组织了步兵、炮兵、装甲兵和空、海军,组建了 4 个军区,实现了国防军的统一领导。与此同时,阿拉伯联盟国家也利用停火的时机,继续做了一次军事准备,主要包括:对驻地内的作战部队进行重新编组,埃及作战部队增至 1.8 万人,伊拉克作战部队增至 1.5 万人,叙利亚和黎巴嫩的作战部队也有所增加,使阿拉伯联盟国家的作战部队增到 4.5 万人。

第二阶段(1948 年 7 月 9 日~10 月 14 日)

在该阶段中,以色列经过充分准备,首先向阿拉伯联盟国家发起攻势,战事持续至 10 月 14 日,交战双方实现第 2 次停火。

7 月 9 日,以色列军队向阿拉伯联盟国家军队发动攻势,持续至 18 日,称为"10 天进攻。"以色列这次发动的进攻行动,从根本上改变了第 1 阶段不利的作战态势。进攻行动大致可分为 3 个步骤:第 1 步,以军在中央战线加强了特拉维夫的阵地,夺回通至耶路撒冷的公路。以色列在此集中了 4 个旅(包括 1 个装甲旅),对特拉维夫东南约 12 英里的卢德和腊姆拉城,实施突击和合围,并大量投入自行火炮、装甲输送车辆,空军直接支援地面作战,一举打通了通往耶路撒冷的公路。第 2 步,以军在中央战线进行反攻作战的同时,以 1 个旅的兵力分 4 路向北实施反击,试图攻占太巴列湖以北约旦河流域 30 公里正面的桥头阵地,一举击退叙利亚军队。但由于以军兵力分散,未形成重点,被叙军击败,未能实现作战企图。以军吸取兵力分散的失败教训,决定先行击退拿撒勒与加利北部的黎巴嫩军队和阿拉伯解放军。由卡梅尔指挥的 2 个营,利用夜间实施攻击,夺占了沙德阿姆尔和拿撒勒地区,直到夺占了整个西加利利地区。第 3 步,进军耶路撒冷。其作战企图是:首先夺占旧城西南马纳哈与艾因卡里姆谷地,以控制旧城和占领耶拉赫贾拉;夺回耶路撒冷,并切断阿拉伯人到新城的通道。以军投入 1 个旅的兵力,经过反复争夺,于 7 月 15 日攻占了巴纳哈谷地的大部地区。但对耶路撒冷旧城的突击,被埃及军队阻击于锡安门附近,未实现夺占旧城的作战企图。7 月 18 日联合国安理会关于阿以停火令时限已到,战斗停止。

以色列通过"10 天进攻",占领了阿拉伯人的土地约 1000 平方公里,改善了战略地位,并将 6 万多阿拉伯居民逐出卢德和腊姆拉城,成为难民流入阿拉伯占领区。以色列还利用停火的时机,继续实行大量移民计划,扩充兵员和武器装备,截至 10 月初旬,以色列军队增到约 8 万人。

第三阶段(1948 年 10 月 15 日~1949 年 3 月)

以色列军队再次发动攻势,进一步改善了其战略态势和战略地位。

以色列利用第 2 次停火时机,扩充了国防军,改善和充实了武器装备,加紧了再次发动进攻的作战准备。10 月 15 日,以军破坏停火令,向阿拉伯联盟国家再次发动攻势。双方参战兵力:以色列投入陆军 9.93 万人,12 个旅,坦克、装甲车等战斗车辆 315 辆,各型火炮近 300 门,空军各型飞机近 80 架,海军各型舰艇 15 艘;阿拉伯联盟投入陆军 7 万人,18 个旅,坦克、装甲车等战斗车辆 625 辆,各型火炮 532 门,空军各型飞机 160 余架,海军各型舰艇 46 艘。阿拉伯联盟在兵力对比上略占优势。

10 月 15 日下午,以军以 4 个旅向埃及军队发起进攻,以空军轰炸了埃军阿里什机场和基地,但未能予以彻底摧毁。以军的进攻受到埃军的顽强反击而归于失败。次日以军运用装甲兵部队与炮兵的协调行动,向曼希方向埃军发动进攻,仍遭致失败。在这种情况下,以军决定改变进攻方向,将主攻方向改向胡莱卡特。进攻是于 10 月 19 日 22 时发起的,以军一举突破成功,夺占了从 1947 的 11 月以来一直被围困的通向内格夫地区的走廊,随后又于 10 月 21 日夺占了有 500 名埃及军队驻守的比尔谢巴,从而切断埃及军队通向北方的后方补给线,孤立了担任防守希布伦的埃及军队,并于 10 月 27 日夺占了阿什杜德。10 月 28 日,北线以色列作战部队从塔尔希哈、萨费德向萨萨方向发动进攻,以空军集中力量袭击这地区的军事目标,并直接支援地面部队作战。以军终于 10 月 31 日攻占了萨萨和胡拉谷地。

与此同时,以色列在黎巴嫩边境地区的作战部队,也陆续夺取了北至利塔尼河、南至马利基亚一带。11 月 19 日,南线埃及军队从加沙地区向内格夫沙漠推进,并于 12 月 7 日向以军发动攻势,但被以军击退。12 月 22 日,以色列军队发动了代号为"霍霍夫"的进攻作战。以军以戈兰尼旅对加沙地区的埃军进行钳制性进攻,阿隆师集中主力从比尔谢巴向奥贾发动攻势,夺占阿里什。随后又于 12 月 28 日夺占了阿布奥格拉。旋即调头向北推进,直指阿里什及其附近的海湾地区。正当以色列军队准备对埃及军队实施决定性打击之时,英国出面斡旋,要求以色列从埃及领土上撤出;埃及也于 1949 年 1 月 7 日提出停战。以色列同意埃及所提要求,双方停止战斗。2 月 24 日,埃、以双方在罗得岛签订了停战协定。但到 3 月 6 日,以色列再次发动军事进攻,用 2 个旅的兵力向内格夫沙漠推进,不仅保住了埃拉特,而且占领了其附近地区。从 3 月 23 日以后,以色列在联合国代表的组织主持下,先后与黎巴嫩、外约旦和叙利亚等国家签订了停战协定。停战协定生效时双方军队实际控制线,便被定为停火线,也成为后来不断爆发武装冲突的直接隐患。

在整个战争期间,以色列亡 6000 人,伤 1.5 万人。阿拉伯联盟国家军队亡 1.5 万人,伤 2.5 万人。以色列夺占了巴勒斯坦 4/5 的土地,达 2 万多平方公里,较联合国"分治"决议所确定的面积多出 6700 平方公里。有 96 万巴勒斯坦人被逐出家园,流离失所,成为难民。

费萨尔王朝

位于两河流域、已有近 5000 年文明史的伊拉克,16 世纪初成为奥斯曼帝国的一部分。第一次世界大战期间,英国出兵占领了巴格达及伊拉克的大部分地区。战后,伊拉克成为英国的"委任统治区。"1920 年伊拉克人民举行反英大起义,沉重地打击了英国的殖民统治。1921 年,英国政府被迫宣布伊拉克"独立。"根据英国殖民大臣温斯顿·丘吉尔主持的 1921 年 3 月 12 日开罗会议决定,伊拉克实行帝制,立前汉志国王侯赛因的第三子费萨尔·伊本·侯赛因·哈希米(史称费萨尔一世)为国王。费萨尔王朝的建立绝不意味着帝国主义在伊拉克的统治结束。1922年10月签订的《英伊同盟条约》规定,伊拉克在财政和国际事务方面接受英国的建议,英国承诺向伊拉克提供军事援助。条约确认英国在伊拉克的委任统治地位。1930年6月签订的为期25年的《英伊同盟条约》规定,两国建立密切的同盟关系,在外交事务上充分协商。伊拉克同意英国在巴士拉附近的塞巴和巴格达以西的哈巴尼亚建立空军基地并在那里驻军,由英国训练和装备伊拉克军队……;战时英军享有伊拉克所能提供一切便利和协助,并享有在伊拉克陆、海、空交通线的使用权。1932年伊拉克加入国际联盟后,英国大使作为英国高级专员的接替者,仍然干涉伊拉克的各项事务。1948年1月在朴茨茅斯签订的《英伊同盟条约》进一步加强了英国对伊拉克的控制。《条约》除规定英国有权在伊拉克境内建立军事基地外,遇到"战争威胁"时英国有权派军队到伊拉克,双方成立"共同防御委员会"。

费萨尔王朝是英国一手扶植起来的封建政权。1924年王朝发布的宪法内容与1922年《英伊同盟条约》相吻合,它既保护英帝国主义的利益,也维护伊拉克封建统治阶级的利益。宪法虽然规定公民享有民主权利,却并不实施,议员名单由首相、内政大臣和王室人员决定,而不是由公民选举产生。1933年9月费萨尔一世病逝后,太子继位,称加齐一世。后来因为加齐一世反对英、法政策,英大使示意亲英的伊拉克首相努里·赛义德"把国王控制起来,或者废掉。"1939年4月,加齐一世便突然死于车祸。此后,年仅4岁的太子继位,称费萨尔二世,由其堂叔、亲英的阿卜杜·伊拉摄政(1943年,阿卜杜·伊拉被立为王储)。由于英国政策的需要,以及伊拉克政界无止无休的权力之争,伊拉克内阁更迭频繁。自1920年至1958年革命前夕,伊拉克前后组阁50余次。仅努里·赛义德1人即组阁14次之多。最短的内阁只有11天。努里·赛义德为效忠英国,1942年曾提出过旨在将叙利亚、黎巴嫩、外约旦、巴勒斯坦和伊拉克组成一个由英国控制的联邦的"肥沃新月计划"(亦称"大叙利亚计划")。1954年,他的第12届内阁以反对共产主义为名,发布一系列法令,对集会、结社、出版等都做了极严的限制,特别规定对赞成、传播共产主义思想,参加共产党,声援和平运动和民主青年组织等,谋求推翻现制度者处以7年以上徒刑直至死刑。1954年底至1955年初,他与土耳其首相阿德南·曼德列斯谈判,于1955年2月24日签订《伊拉克和土耳其间互助合作和约》(巴格达条约)。1955年11月,根据该条约规定,成立了英、美操纵的以反对阿拉伯民族解放运动和社会主义为宗旨的"巴格达条约组织。"在伊拉克人民的心目中,努里·赛义德是帝制时代黑暗统治的象征。

50年代的伊拉克,政治上追随帝国主义,经济上受帝国主义的控制。国家石油收入的70%掌握在帝国主义者手里,主要用于帝国主义军事项目和战略科研项目。1951年至1956年用于发展工业的投资为9800万伊拉克弟纳尔,仅占同期预算总数的18%。1957年工业收入为2.984万伊克拉弟纳尔,仅占同年国民总收入的8.5%。外国垄断公司千方百计削弱本国资本。国内市场被外国商品全面占领。在农村,地主、部落酋长、反动王室和寺院占据着90%的农田。大部分农民被束缚在地主的土地上,终生成为地主的债务人。用一位伊拉克经济学家的话来说，"伊拉克农民的收入还不够养活家畜。"农业生产方式落后，生产力低下。闻名于世的两河流域沃土，只有大麦和椰枣勉强维持出口。王朝为了满足帝国主义战略需要和统治阶级腐朽生活需要，逐年增加外债，岁岁增加捐税。市场通货膨胀，50 年代物价比 30 年代末增长 6 倍。人民生活日益贫困，健康水平每况愈下，竟有 50% 的儿童活不到 10 岁就夭折，人均寿命只有 30 岁，库尔德等少数民族境遇更差。

帝国主义者和封建统治者相互勾结，残酷剥削压迫人民大众，阶级矛盾、民族矛盾日益尖锐。继 1920 年人民大起义以后，伊拉克的反帝反封建运动一浪高过一浪。1935、1948 年两次人民起义和 1936、1941 年爱国军人发动的两次军事政变，都沉重地打击了帝国主义势力和封建王朝的统治。第二次世界大战以后，阿拉伯民族解放运动深入

伊拉克总理卡基姆宣布：伊拉克脱离所谓"艾森豪威尔主义"

发展。1952 年 7 月 23 日，以加麦尔·阿卜杜勒·纳赛尔为首的埃及"自由军官组织"发动武装起义，推翻法鲁克封建王朝统治，摆脱了帝国主义对埃及的控制。在埃及"7·23"革命精神鼓舞和启发下，1952 年 10 月民族民主党、独立党、人民联合阵线党向王储阿卜杜勒·伊拉提交一份备忘录，要求在伊拉克进行根本性改革。随之发动的起义迫使当时的穆斯塔法·奥迈里内阁辞职。

在伊拉克各阶层人民反帝反封建斗争过程中，陆续建立起一些爱国党派，如伊拉克共产党、民族民主党、独立党、民族联盟党和库尔德民主党等。这些政党在 50 年代非常活跃：通过本党的机关报抨击当局政策；发表声明，宣传本党的政治主张；积极组织罢工、示威游行……。1956 年 11 月至 1957 年初，伊拉克人民声援埃及反对英、法、以 3 国侵略的运动遭到努里·赛义德政府的镇压后，便发展为全国规模的反政府斗争。1957 年 2 月，在伊拉克共产党和民族民主党的倡导、推动下，伊拉克共产党、民族民主党、阿拉伯复兴社会党、独立党及一些民族独立主义者联合成"伊拉克民族统一阵线。"1957 年 3 月 9 日，"民族统一阵线"发表声明，提出推翻努里·赛义德内阁，解散议会；退出巴格达条约组织，反对帝国主义各种形式的干涉，奉行独立的阿拉伯政策，首先是积极中立政策；给

人民以集会、结社、出版、组织政党的自由；取消非常法、释放政治犯等爱国进步主张。"民族统一阵线"成立后，积极组织、领导了人民群众的反抗斗争：1957 年 4 至 5 月反对努里·赛义德政府接受美国旨在指使中东国家反对共产主义的"艾森豪威尔主义"的斗争；1958 年 2 月反对伊拉克、约旦为对抗埃及、叙利亚联合成立"阿拉伯联合共和国"而结成"阿拉伯联邦"的斗争。

这时的伊拉克，已成"山雨欲来风满楼"之势，一场摧毁腐朽的革命运动随时都有爆发的可能。

伊拉克共和国的建立

1958 年 7 月 14 日革命的第 1 号声明宣告了伊拉克共和国的诞生。随后成立了以卡塞姆为总理的共和国政府。伊拉克的帝制时代从此结束了。

卡塞姆政府没收了王室、王宫中的一切财产；没收了王室成员和其他大封建主的大部分土地。政府根据 1958 年 7 月 27 日颁布的临时宪法组成了土改委员会。土改委员会按照 1958 年 10 月 1 日颁布的 30 号法令，将土地分给无地少地的农民（1959～1962 年伊拉克全国有 27000 户农民分到土地 1440000 杜纳姆），并规定了私人占有土地的最高限额（水浇地为 1000 杜纳姆，旱地为 2000 杜纳姆），铲除了封建土地所有制的基础。分到土地的农民和原小土地所有者由于摆脱了封建剥削，劳动积极性大大提高。农业生产力也得到相应的发展。

伊拉克共和国领导人利用各种场合宣布伊拉克反对形形色色的帝国主义计划和帝国主义同盟的立场。共和国诞生的第 2 天即 1958 年 7 月 15 日，伊拉克就退出了伊约联邦；1959 年 3 月 24 日，伊拉克正式退出巴格达条约，从根本上动摇了总部设在巴格达的该条约组织，从而使这个帝国主义国家旨在包围和威胁社会主义国家的军事同盟集团的链条断了关键的一节。

1959 年 5 月 15 日，伊拉克政府宣布废除 1954 年～1955 年美、伊签订的关于军事援助等 3 个协定；经过伊、英两国政府长时间谈判，1959 年 5 月 30 日，英军最后撤离它在伊拉克的军事基地。从此，伊拉克摆脱了帝国主义的奴役和压迫，获得了真正的独立和主权，帝国主义在阿拉伯国家及整个中东的势力受到了沉重的打击。

1959 年 6 月 22 日，伊拉克退出英镑区，这是实现国家财政、经济独立的重要步骤。1960 年 8 月，伊拉克政府与英国石油公司谈判，争得了伊拉克在公司内投资和增加伊拉克分享石油利润份额的权利；1961 年，伊拉克政府又发布 80 号法令，收回租让给外国石油公司土地的 99.5%；1962 年，伊拉克建立了国家石油公司和国家生产、出口石油组织，从而结束了外国垄断石油公司掌握伊拉克经济命脉的历史。共和国采取减免税收等措施鼓励民族工商业的发展，使伊拉克从经济上摆脱外国资本的控制。

伊拉克共和国重视加强与阿拉伯各国人民的团结。1958 年临时宪法明确指出，伊拉克是阿拉伯民族的一部分。"7·14"革命胜利后不久，伊拉克政府就以人力、财力和武器支援巴勒斯坦、阿尔及利亚和阿曼人民的解放斗争，与阿联等国政府和人民建立了密切关系。伊拉克革命的胜利为阿拉伯民族解放运动增添了新的活力。

在国际关系上，伊拉克共和国政府奉行积极中立、不结盟的外交政策，在万隆会议 10 项原则基础上同许多国家建立了外交关系。革命的胜利使伊拉克脱离了反动营垒，步入争取和平进步的革命洪流。

伊拉克 1958 年革命后建立的政权基本上实现了革命前自由军官组织最高委员会制定的革命目标和原则。只是拟议中的革命指导委员会始终没有建立起来。卡塞姆实行少数人专权，未能像革命前和革命中那样继续依靠人民群众和爱国党派的力量。

伊拉克共和国总理卡塞姆

加之领导人之间的互相猜忌、暗算，妨碍了革命的继续发展。1958 年 9 月底，卡塞姆免去了武装部队副总司令阿里夫的副总理兼内政部长职务，委派他为驻西德大使。随后不久，卡塞姆粉碎了阿里夫的一个团发动的叛变，又将阿里夫及其部下逮捕，以企图谋杀政府总理的罪名审讯、定罪。1959 年 2 月，内阁的 6 位部长辞职，其中包括独立党总书记和复兴党在内阁的唯一代表。由于他们不支持卡塞姆的政策，或对这些政策持模棱两可的态度，卡塞姆对内阁进行了改组。革命后形势的发展和暴露出的问题，充分说明了民族资产阶级的革命不彻底性。然而，伊拉克 1958 年革命的功绩不属于任何个人和组织，而是属于全体人民。它是伊拉克人民多年来为反帝反封建而进行的殊死斗争的结果。

伊拉克民族主义自由军官发动和领导的、各爱国党派、爱国人士和全国人民共同参加的 1958 年革命，宣告了伊拉克封建制度的灭亡，将这个文明古国从几个世纪被奴役的地位拯救出来，成为拥有主权的独立国家；它使帝国主义在中东的政治、经济、战略利益受到了极大损失，摧毁了帝国主义反动派在中东的堡垒，使中东人民增强了从帝国主义枷锁下挣脱出来的信心。

埃及七月革命

1952 年 7 月,埃及全国处于白色恐怖之中。在此同时,以加麦尔·阿卜杜勒·纳赛尔为首的自由军官组织积极筹划推翻法鲁克王朝的斗争。

自由军官组织创建于 1939 年。它的成员是军队中具有反帝、爱国思想的中下级青年军官。他们在各级军事院校里受过教育,较多地了解社会各阶层的情况。严酷的现实生活,激发起他们的民族责任感,他们立誓要拯救危难中的祖国,要保卫埃及的荣誉和尊严。埃及军官自 30 年代末以来已发生变化,"除王室家族外,军官中没有贵族、地主和商人的子弟",他们大部分出生于中小资产阶级。自由军官组织首先是代表这些社会阶层的利益。自由军官组织在军队中进行民族主义的宣传活动和基层组织的建立工作。1948 年巴勒斯坦战争中,它的成员积极作战,在军队中有很大影响。然而,法鲁克国王及其卖国集团贪污军费,干涉军事指挥,竟将大批破烂武器运往前线,致使埃及军队遭到失败,充分暴露了封建王室和政府的腐败无能,同时激化了埃及士兵和军官的不满情绪。纳赛尔这时认识到:"除了赶走英国人之外,'自由军官组织'还必须献身于推翻或至少是彻底改革埃及政府的整个体制。"自由军官组织放弃了对国王的幻想,并且宣布:"最大的战场,还是在埃及!"

1950 年,自由军官组织进行了改组,建立了由 10 人组成的革命执行委员会作为最高领导机构,纳赛尔当选为该委员会主席。从此,自由军官组织在纳赛尔的领导下进行武装起义的准备。

军队中革命情绪的增长,引起内外反动势力的恐慌。1951 年底,法鲁克国王将埃及军队中的军官俱乐部组织进行改选,企图安插亲信以加强控制。为了挫败国王的阴谋,纳赛尔第一次领导了公开反对国王的斗争。经过自由军官组织的宣传鼓动,冲突了军队中亲王室势力的百般阻挠,军官们选出了自己所拥护的军官俱乐部主任和由 1/3 自由军官组织成员组成的军官俱乐部管理委员会。这一事件表明,革命思想已深入到军队,自由军官组织在军队中已具有很大的实力。

1952 年初,自由军官组织提出了自己的政治纲领:消灭殖民主义,取消封建制度,根除垄断和资本主义剥削,加强军队,建立稳定的民主生活。这个纲领概括了埃及民族民主革命的基本任务,它反映了民族的利益和广大工农群众的愿望。到 1952 年初,自由军官组织组织的成员发展到约 1 千人,遍及各个兵种,掌握了军队的实权。自由军官组织严密、精干,以秘密活动为主,当埃及其他民族主义组织遭到破坏而纷纷瓦解的时候,它仍然完整地保存了自己的组织,逐步地控制了埃及的军队。

1952 年春天,埃及革命形势日渐成熟,纳赛尔决定选择一个有利时机发动起义。2月 10 日,自由军官组织执行委员会召开会议,决定把原来计划于 1955 年 11 月开始的行动提前,在当年 11 月发动起义。因为每年 8 月 5 日国王要率领群臣去亚历山大港避暑,11 月返回开罗。自由军官组织就可以把打击目标集中在开罗。为了使这一计划能稳妥实施,自由军官组织执行委员会成员鉴于他们自己在社会上缺乏名望,便于 1952 年 6 月,推选颇有"名望"的纳吉布将军担任执行委员会主席,纳赛尔任副主席兼参谋长。实际上,革命的决策者和领导者仍是纳赛尔。

法鲁克国王和英国殖民当局预感到革命难以避免,决定先发制人。6 月 17 日,国王下令解散军官俱乐部管理委员会,将所有非王室指定的委员调往边远哨所。同时,根据国王的命令,对军官进行大调动,自由军官组织一些重要骨干被迫离开首都。7 月 20 日,自由军官组织还得到这样的消息:国王将改组政府。熟知自由军官组织执行委员会情况的侯赛因·苏里·阿密尔少将将担任内阁国防部长,政府有一个逮捕 14 名自由军官组织重要成员的黑名单。埃及形势发生突然变化。

阿卜杜勒·纳赛尔(1918~1970)是 1952 年推翻埃及
国王法鲁克的埃及军官团的发起人之一,以后成为"革命
指导委员会"的主席

1952 年 7 月 20 日夜,自由军官组织执行委员会在开罗召开紧急会议,决定将起义的时间提前到 7 月 23 日。计划分 3 个步骤:(一)夺取军队的领导权,并完全控制武装力量;(二)组织文官政府;(三)驱逐国王。会上,纳赛尔还分析了英国和美国可能采取的行动。为了对付英军可能发动的袭击,他在军事上采取了预防措施,以一个旅的兵力封锁通往苏伊士的道路,还布置了一条临时防线,配备更多的后备兵员。

　　7月22日晚11点钟,在纳赛尔指挥下,自由军官组织发动起义。起义部队首先逮捕全部高级官员,占领各兵种的重要据点,控制军队。随后,起义部队占领飞机场、火车站、电报电话局、埃及广播电台、各警察所和政府办公大楼。7月23日凌晨,纳赛尔所领导的革命武装力量已完全控制了首都。

　　7月23日早晨7点半,自由军官组织的领导人之一萨达特以纳吉布的名义向埃及人民发表广播讲话。他指出:贪污和行贿是"我们在巴勒斯坦战争中失败的主要原因。"自由军官组织认为,"必须采取措施,用新的精神和决心激励埃及人民勇往直前,为实现埃及人民的愿望而奋斗。"为了反对王室的专制暴政和国家的腐败政治,埃及军队已经起义,夺取了政权。

　　自由军官组织宣布解散最后一届王室内阁,组织一个在自由军官组织执行委员会绝对监督下的、过渡性的文官内阁。旧政府被推翻了。

　　正在亚历山大港消夏的法鲁克国王,用尽一切办法来挽救自己的王位,甚至请求英、美政府出兵干涉埃及革命。革命领导当局派遣装甲兵团开进亚历山大,迫使统治埃及16年的法鲁克国王于7月26日逊位给未成年的儿子艾哈迈德·法德亲王。当天下午6时,法鲁克国王和他的妻子,带着几十件行李,乘游艇离开埃及,逃往意大利。封建王朝统治埃及的时代结束了。

肯尼亚"茅茅"运动

　　从15世纪葡萄牙殖民者入侵到1963年英国殖民政府垮台,位于非洲东部的肯尼亚经历了漫长的殖民统治。其间,当地人民为反对殖民统治、争取民族独立,曾进行过多次艰苦卓绝的斗争,涌现出许多可歌可泣的民族英雄。20世纪50年代爆发的指向英国殖民者的"茅茅"运动是肯尼亚反殖民斗争史上规模最大、影响最深的一次群众斗争运动。"茅茅"运动延续数年,给了英国统治当局以沉重的打击,有力地加速了肯尼亚民族独立运动的进程。也推动了整个东部非洲的民族觉醒。

　　"茅茅"估计创建于20世纪40年代末期,它是肯尼亚当地非洲人反对英国白人殖民者的民族爱国武装组织。有关"茅茅"创建的确切日期,在肯尼亚史书和各国历史文献上均无明确记载。关于这个组织的名称——"茅茅"的由来,存在着各种各样不同的解释。有人说它源于肯尼亚主要部族吉库尤人领地的一个地名,也有人说它是"欧洲人滚回欧洲去! 让非洲人独立!"这句口号的斯瓦希利文缩略语。多数倾向于认为J.M.卡里乌基所提供的解释是迄今为止最有权威和最有说服力的。

　　卡里乌基是"茅茅"运动著名的参加者,著有《被拘留的茅茅》一书。在这本书里,他解释说,"茅茅"的命名源于"茅茅"战士的秘密联络暗号。他写道,"茅茅"创建初期在奈瓦沙举行了一次大规模加入组织的宣誓集会。为了防止当局破坏,会场外设有哨兵防守,并规定万一有情况,就高喊"茅茅"作为联络暗号,与会者听到喊声就马上离散。在吉库尤土语里,uma uma(乌马 乌马)是离开、散开的意思。为了迷惑敌人,哨兵故意将

乔莫·肯雅塔(约 1891~1978 年)是肯尼亚主要政党卡努的领导人

uma uma 倒过来喊成 Mau Mau(中文译作"茅茅")作为联络暗号,结果警察真的来了,哨兵即高喊"茅茅! ……"与会者闻讯随即离散,使敌人扑了个空。后来奈瓦沙警察所在打给当局的报告中说,当他们刚逼近会场时,就听有人高喊"茅茅"的名字通报消息,使他们的行动失败。当局据此便把"茅茅"误认为是这个组织的名称。此后便以讹传讹,"茅茅"也就真的成了这个组织的名称。由此可见,"茅茅"并不是这个组织自己确定的名称。

"茅茅"是肯尼亚民族独立运动深入发展的产物,在政治纲领与其先前的肯尼亚主要民族主义组织基本相似。早在 20 世纪 20 年代,哈里·舒库创立的吉库尤中央协会就明确提出了"争取自由独立,夺回本地人失去的土地"的政治口号。这个组织于 1940 年 5月 30 日被当局取缔。1944 年,原吉库尤中央协会总书记乔莫·肯雅塔创建了肯尼亚非洲人的联盟(以下简称肯联)。这个组织把发展成员的范围从原吉库尤中央协会的吉库尤族扩大到整个肯尼亚非洲人,以至成员曾多达 10 万之众。由于上述组织强调以和平抗议为主要斗争方式屡遭镇压,肯尼亚人民才在实践中认识到单靠政治斗争是不能获得成功的,必须开展武装斗争。于是,肯尼亚第一个反对英国殖民者的黑人爱国武装组织——"茅茅"诞生了。"茅茅"与肯联有着极为密切的联系,许多肯联成员同时也是"茅

茅"组织的成员或领导者。正因为如此,殖民当局在对"茅茅"运动开始全面镇压的第2天,即1952年10月21日,便以"茅茅""领袖罪"逮捕了肯联主席乔莫·肯雅塔。次年6月,又指控肯联是"茅茅"的秘密后台,进而宣布肯联为非法组织,予以取缔。

鉴于英国殖民当局对黑人的高压统治和严密控制,也为了适应当地人的觉悟水平,"茅茅"在发展成员时均通过秘密誓约的方式进行,这种仪式带有原始的部落传统色彩,只是在誓词中鲜明地表达了这个组织进步的政治倾向。誓词是这样写的:"我决心为土地、为民族而战,不惜流血捐躯,若派我焚毁敌营,无论白天黑夜,我决不畏惧。若派我消灭敌人,不管敌人是谁——即使是父母兄妹,我决不犹豫。……禁止调戏妇女,戒绝腐化堕落。保护战友,严守机密……如果我违背誓言,甘受极刑惩处。"

"茅茅"在创建初期,其成员都是吉库尤人。后来发展到吉库尤族的近亲梅鲁族和恩布族以及其他部族,成员遍及肯尼亚今中央省、内罗华地区以及东方省、峡谷省和尼安萨省的部分地区。"茅茅"的主要领袖人物都是吉库尤人,他们大都是受过良好教育的知识分子。这个组织的主要创建人和领导人是德舟·基马蒂·瓦契乌利。他于1920年出生在肯尼亚涅里城附近赛盖恩盖村的一个吉库尤族农民家庭。幼时在吉库尤族自己办的小学就读。这种教育使他从小就在心灵里滋生了民族主义的萌芽。后来接受了中等教育。1941年初,他辍学到军队服役。退役后继续上学深造。1944年从学校毕业。他当过教员,做过工,经过商。基马蒂具有较深的文化素养,有着强烈的民族主义感。基马蒂亲身体察到处于殖民统治下的广大黑人群众的疾苦,认清了殖民主义者的罪恶本质,从而坚定了他团结黑人群众与英国殖民者进行斗争的决心,终于积极参加创建和领导了肯尼亚黑人爱国武装组织——"茅茅。"

阿尔及利亚民族解放战争

阿尔及利亚民族解放战争是阿尔及利亚人民为反抗法国殖民统治,谋求民族解放、国家独立而进行的战争。这场战争从1954年11月1日起,到1962年3月18日止,历时7年零4个月。阿民族解放军在民族解放阵线领导下,从3000名游击队员,发展成为13万多人的军队,抗击着80多万法国殖民军队,粉碎了法军多次围剿,消灭了10万名以上的法国殖民军,解放了大片国土,在不少地区建立了政权,最后使法国政府停止殖民战争,承认阿尔及利亚人民独立自主的权利。

阿尔及利亚是北非国家。位于地中海区域的西部,紧靠海上交通要道。西与摩洛哥、西撒哈拉接壤,西南与毛里塔尼亚、马里交界,东南为尼日尔,东与利比亚、突尼斯相邻。古代阿拉伯人称这一地区为阿尔及利亚,是由阿尔爵萨尔(通往西方中途站之意)一词转化来的。阿尔及利亚资源丰富,战略地位重要,距法国本土较近,早为法国统治者垂涎。1930年,法国国王查理十世借口法国领事受到阿尔及利亚德伊(土耳其统治的最高首脑)的侮辱,派遣布尔蒙将军率领 3 万多人远征阿尔及利亚。7 月 5 日,德伊投降,法国征服了阿尔及利亚。

1834 年法国宣布阿尔及利亚为法国属地,实行军事统治。1848 年推行同化政策,1871 年,阿尔及利亚被划为法国的 3 个省,由法国派总督统治。1881 年,法国通过法令规定阿尔及利亚各行政机构移交法国各部管理。1896 年重新扩大总督的职权。总督听命于法国内政部。1905 年,法国攻占撒哈拉地区后,使阿尔及利亚全部沦为法国殖民地。

法国殖民当局在阿尔及利亚推行种族歧视和民族压迫政策。法国鼓励本国人或其他欧洲人移居阿尔及利亚。殖民当局不断颁法令,用"空而无主地""管理不善""国家收购"等名义,没收非人土地。许多土地被转让给欧洲的投机商、冒险家和法国地主。土地投机公司相继出现。1850 年,殖民者的土地达到 10 多万公顷,到 1952 年增至 270 万公顷左右。失去土地的阿尔及利亚农民或沦为法国地主的分成制农民、土地公司的农业工人,或流落城市当佣工,还有到法国和欧洲其他国家当劳工。阿尔及利亚人民在政治、文化和社会生活方面也备受歧视和压迫。殖民当局规定,阿尔及利亚的居民分为法国"公民"和"臣民"(或土著)两种。殖民政府对占阿尔及利亚居民 90% 的非洲人任意进行迫害,不准他们自由集会和使用本民族的文字。阿尔及利亚最好的土地、全部的矿山、银行、90% 以上的大商业、对外贸易、现代的运输工具、大部分的轻型加工工业都掌握在法国大托和殖民者的手里。20 世纪 50 年代,阿尔及利亚每年大约生 350 万吨铁、80 万吨磷酸

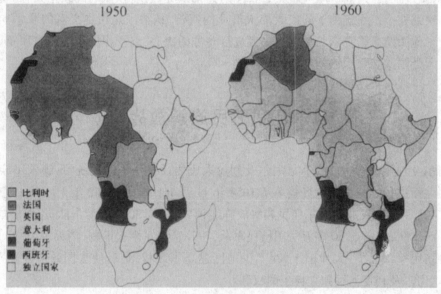

非洲独立形势图

盐、10 万吨石油、30 万吨煤、210 万吨粮食,40 万吨水果、1500 万公升葡萄酒。这些财富绝大部分被大托拉斯和殖民者夺取了。殖民者和大托拉斯在阿尔及利亚所获得的利润是十分惊人的。据在阿尔及利亚进行经营的 23 家殖民公司承认,从 1947 年到 1953 年,它们的利润从 4.62 亿法郎增加到 65.79 亿法郎。

阿尔及利亚人民因此陷入了无以复加赤贫境地。在阿尔及利亚的 900 万非洲居民当中,共有 150 万失业者,还有几十万半失业者,他们每年只有 3、4 个月的工作,而且得不到任何的补助。另外,还 40 万人被迫飘流到法国谋生。法国政府自己也不得不承认阿尔及利亚人民生活水平的低下。法国政府指派的官方机构马斯佩蒂委员会曾经指出:1953 年,584 万居住在乡村的阿尔及利亚居民的总收入共有 1120 万法郎,平均每人收入为 2 万余法郎,约相当于 50 美元。

从法国殖民者 1830 年入侵阿尔及利亚、1905 年使阿尔及利亚全部沦为殖民地,到第二次世界大战的 100 多年里,阿尔及利亚人民为反对法国殖民主义的奴役压迫、争取民族的解放,先后爆发武装起义 50 余次。1832 年,阿卜杜·卡迪尔和艾哈迈德领导的反法武装斗争,坚持了 15 年并曾多次击败法军,迫使法国签订《瓦赫兰条约》和《塔夫那条约》,承认阿卜村·卡迪尔的统治地位。1851、1852、1857、1859 和 1864 年,相继在卡比利亚山区等地爆发武装起义。1871 年普法战争期间,由穆罕默德·莫克兰尼领导的大规模起义,坚持了 10 个月,几乎将法国殖民者逐出阿尔及利亚东部地区。20 世纪初,阿尔及利亚资产阶级领导的民族运动开始出现。其成员大多是法国学校毕业的律师、商人和医生。他们要求摆脱法国统治,争取独立。1924 年,在法国巴黎,梅萨利·哈吉创办了第 1 份阿尔及利亚民族主义报纸。1926 年,成立了民族主义组织"北非之星",要求民族独立。1931 年,该组织解散后,又成立阿尔及利亚人民党,第二次世界大战前夕该党被查禁。1937 年,阿尔及利亚爱国宗教代表人物本·迪斯成立了阿尔及利亚的伊斯兰教政治团体,主保卫阿拉伯民族文化,反对法国殖民者当局的同化政策。1930 年,费尔哈特·阿巴斯建立由法属各殖民地议会成员参加的穆斯林议员联合会,主张在平等基础上同法国联合。1936 年,阿尔及利亚共产党正式成立,主张法军从阿尔及亚撤走,实现民族独立。

第二次世界大战期间,阿尔及利亚人民积极参加了反法西斯的斗争。1942 年 11 月,英美部队在阿尔及利亚沿海地区登陆。主要由阿尔及利亚人和摩洛哥人组成的法军军团协同他们作战。阿尔及利亚人还参加在北非组建的法国第 1 集团军到中欧作战(1944~1945 年)。大战期间,美、英、法等国曾经许诺,战后满足阿尔及利亚人民的独立要求,改善他们的生活等等。但是,战后他们不仅没有实践其对阿尔及利亚人民许下的诺言,反而用血腥的屠杀政策对付阿尔及利亚人民。1945 年 5 月,阿尔及利亚各大城市的居民在退伍军人领导下举行示威游行,要求结束殖民统治,实现民族独立。法国殖民者出动了大批军队并派出海、空军对示威群众进行屠杀,死伤几万人,上万人被监禁和流放到沙漠地带。殖民者的血腥屠杀教育了人民,使他们认识到要依靠自己的力量,走武装斗争争取民族解放、国家独立的道路。1954 年,阿尔及利亚革命者建立了"团结与行动革命委员会"(起义开始改称民族解放阵线)把分散的游击队和游击小组联合起来,建立新的游击队(起义后改称民族解放军),新编的游击队至 10 月发展到 3000 余人。游击队按计划做好了于 11 月 1 日发动起义的各项准备工作。

第一阶段,武装斗争的初级阶段(1954年11月~1956年7月)

1954年11月1日凌晨零时至3时,3000多名阿尔及利亚爱国志士在全国30多个地方袭击殖民当局的驻地、军事哨所、宪兵队、警察和其他军事目标,发动了武装起义。武装起义的行动出乎法国殖民当局的预料。起义的消息,连同民族解放阵线和解放军的宣言,于11月1日早晨通过驻埃及开罗的阿尔及利亚爱国者向全世界进行了广播。11月2日,阿尔及利亚各晨报都附以照片大量地报道了"遍及整个阿尔及利亚国土的恐怖活动。"总督府的公报对这天晚上发生的事件的报道:"昨晚在阿尔及利亚各地,特别是君士坦丁省东部和奥雷斯地区,发生了由恐怖小集团挑起的大小30多起暴力事件。在亨谢拉和巴特纳有1名军官和2名士兵被杀害。在卡比利亚有2名夜间巡逻警察被杀害。宪兵的哨所也遭到枪击。有的地方还使用了简易炸弹和火焰弹。但损失并不严重。不过,布利法克工会,赛留那夫仓库和卡比利亚的考鲁克仓库却受到巨大损失。根据总督的命令已及时采取了必要的保护措施和镇压措施。总督还要求把必要的手段置于他的指挥之下,这一要求马上得到了批准。各地居民都保持着冷静。总督将采取一切必要的措施来确保居民的安全和肃清这些犯罪活动。"

武装起义给法国以巨大的震动,给全体阿尔及利亚人民以巨大的鼓舞,革命的火焰从此燃遍整个阿尔及利亚。

起义者首先在沿地中海的大卡比利山区和靠近突尼斯边境的奥雷斯山区建立了根据地。不久,根据地连成一片,形成东部战区。1955年上半年,起义军又在西部靠近摩洛哥地区发动起义,建立了以特罗姆森为中心的西部战区。经过1年多的奋战,新开辟的中部越来越受到广大群众的支持。农民、工人、知识分子、中间阶层以民族资产阶级都先后参加了起义。阿尔及利亚议会的议员,其他行政机构的代表,一部分官吏以及某些地方的封建地主也以某种形式参加了起义。阿尔及利亚的武装斗争,形成一个真正的全民族的武装斗争。

法军司令部调动全部驻军5万人镇压起义者,并且从法国向阿尔及利亚调遣新的军队。法国内政部长密特朗1955年2月在议会上发表的数字:"本届政府成立时(1954年6月)驻阿尔及利亚法军兵力是4.97万人,而现在则达到了8.3万人。"就是说,在武装起义开始后的3个月内,已增派了3万多人。至1955年底,法军兵力增加到20万人。殖民主义者封锁整个奥雷斯山区,烧毁许多村庄,将居民赶进"重新集合营",在全国逮捕与起义涉嫌的人,力图使起义者失去群众的魂。法军开始实行"拉网"战术,以小股兵力到处合围起义者。后来又编成突击群对起义者作战。同时还广泛使用航空兵和空降兵,使用海军阻止阿尔及利亚民族解放军从海路获得武器,发动若干大规模的围剿进攻战役等。法军虽然在兵力兵器方面占有巨大优势,但无法阻止民族解放军和民族解放运动的蓬勃发展。

阿尔及利亚民族解放军采用灵活机动的游击战术。他们在法军难以到达的山区,建立了根据地。作战中,避开敌人的突击力量,利用熟悉的地形,分散成小股活动,成功地打击法军的守军和护送队。至1956年初,阿尔及利亚民族解放军已发展到1.5万余人,加上民兵共有11.5万人。武装斗争遍及整个阿尔及利亚北部地区,其主动性大为提高,并开始波及城市。据有关材料称,阿民族解放军的战斗组织在城市每月进行约200次袭击行动。

第二阶段,准备举行全国性起义(1956年8月~1958年9月)

经过几年的斗争,阿民族解放阵线认识到,要使武装斗争获得成功,就必须将松散的民族解放阵线建成领导民族解放战争的坚强组织,并确立正确的政治纲领和领导原则。为此,1956年8月,在卡比利亚的苏马姆溪谷召开了阿民族解放阵线第1次代表大会,史称"苏马姆会议。"会议历时2个星期。会议选举出阿尔及利亚全国革命委员会为民族解放阵线的最高政治和军事领导机构,它由17名正式委员和17名候补委员组成。执行机构是"联络与执行委员会",由"阿尔及利亚革命全国委员会"成员中选出阿巴奈、本·马赫迪、克里姆、本·赫达和萨阿德·达拉布等五人组成。确立了两条基本领导原则:一是政治领导优先于军事领导;二是国内领导优先于国外领导。

大会通过了《民族解放阵线的纲领》。这个对日后整个运动的发展起到火炬般作用的纲领,详细地叙述了过去两年民族解放军进行武装斗争的经过,并得出结论:"阿尔及

为镇压阿尔及利亚民族解放运动,1956年10月,法国政府绑架了阿尔及利亚民族解放阵线的领导人。右一为本·贝拉。

利亚革命,确实已经完满地突破了历史发展的第1阶段。"《纲领》对阿尔及利亚革命的性

质做了如下规定："它是有组织的革命，不是无政府主义的反抗；是旨在破坏殖民地体制的人民斗争，不是宗教战争；是沿着人类历史前进的运动，不是恢复封建制；是通过建立同民主社会的共和国来重新复兴阿尔及利亚国家，不是复兴王制和落后时代的神权国家。"《纲领》对战争目标、停战条件、和平谈判内容，以及行动、宣传手段等，都有详细的规定。提出的战争目标是：使法国军队完全无能为力，叫它不能依靠武器来取胜；通过怠工，从内部破坏殖民地经济和扰乱法国正常秩序；尽可能使法国经济上和社会上的地位完全处于混乱，使它的机器瘫痪下来；在阿尔及利亚和世界舆论中，使法国陷入孤立；起义工作的进行，在做法上一定要不违反国际法的原则，为此要建立具有在国际能取得承认的政治势力，要遵守战时国际法，要在解放区组织正常的行政机构。停战的政治条件是：承认阿尔及利亚是不可分割的；承认包括国防在内的阿尔及利亚一切领域的独立和主权；释放政治犯、俘虏和被扣留、被清洗的人；承认民族解放阵线是阿尔及利亚人民的唯一代表。

民族解放阵线第 1 次代表大会以后，阿尔及利亚全国分为奥兰、阿尔及尔、卡比利亚、北君士坦丁、奥雷斯—内门查、撒哈拉 6 个军区。每个军区下辖 4、5 个区段，每个区段分成 4、5 个地区，每个地区分成 4、5 个区段，每个区段包括若干个村庄。每个区域性军事单位由指挥员、政治委员和副指挥员实行集体领导。阿尔及利亚民族解放军编有团、营、连、排、班建制单位，基本的行政和战术单位为连（110 人）。连通常配置在某一区段内；实施大规模进攻战役时，则调集到其他地区或分区。民族解放军 1956 年秋发展到 3 万人（不包括民兵），1956 年底，阿民族解放阵线分别在国内和国外（摩洛哥和突尼斯）建立了训练营地、训练中心和武器供应基地。

1956 年，驻阿尔及利亚的法国殖民军已增至 40 万。法军根据阿军活动在高山丛林，既分散又隐蔽的特点，改变了战争初期用大部队"全面围剿、梳形搜索、聚而歼之"的战术，改而采用"重点围剿、机动搜索、空降突击"战术。使用空军和直升机，按地区分区包干实施侦察，然后派出清剿部队。有时则向山区派出小股突击队，四处搜索，发现阿民族解放军后，一面追踪并监视其行动一面用无线电通报，直升机运载部队进行垂直包围。直升机一般配属给一线部队，以"战斗支队"为单位使用，每队由 8 架直升机组成（每架成员 8 人），一架为指挥机，6 架载运战斗部队，另一架负责保护停机地区的安全和监视周围敌情，战斗过程中可继续运援兵或后运伤员。同时，为阻止民族解放军从国外获得武器援助，法军用了很大力量封锁阿尔及利亚的陆、海边境。

这一阶段，民族解放阵线领导人在政治、军事指导上曾出现失误，导致严重挫折。政治上，过高地估计了群众参加起义的准备程度，过高地估计了动员世界舆论支持的能力，认为只要民族解放军在各地采取广泛武装行动，全体阿尔及利亚人就会群起响应，法国政府就会在军事打击和世界舆论压力下，停止军事行动，给阿尔及利亚以独立。军事上，则认为战争不会持续很久，因而决定放弃游击战的战术，转而进行正规战争。改变过去以小股兵力（排、连）行动的作战方式，而转向以大的战斗群（营、团）遂行作战任务。民族解放军开展了积极进攻行动,作战中虽然使法国殖民军遭到较大杀伤,但是由于大的战斗群机动性差,易被法军地面和空中侦察发现,因而,致使自己也遭受很大损失。

阿尔及利亚民族解放军指挥及时总结经验教训,重新采用游击战术。他们决定减少作战次数,不再集结大量兵力进行作战,并开始征集和训练民兵。民族解放阵线的战略目标也转换为以积极的进攻行动保持军事上的"均势",迫使法国承认阿尔及利亚的独立。

战争第2阶段,民族解放阵线虽然未能将武装斗争发成全国性的总起义,但武装斗争的水平不断提高。民族解放军的兵力发到13万人(正规军6万人,游击队7万人),技术装备也得到改善,武装斗争的范围扩大到全国3/4的地区。1958年6月,阿尔及利亚民族解放军司令部下令在全国各地转入进攻。在民族解放战争不断取得胜利的基础上,1958年9月19日,以费尔哈特·阿巴斯为首的临时政府在埃及开罗成立。9月26日,临时政府发表声明指出,临时政府的首要任务是领导人民走向解放。同时,也希望同法国举行谈判,和平解放阿尔及利亚。临时政府的成立标志着阿民族解放阵线在战场上和外交上都取得了重大胜利。

第三阶段,夺取全国胜利(1958年9月~1962年3月)

在阿尔及利亚人民武装力量的沉重打击下,法军死伤数万人,并消耗大量财力。据统计,从1955年到1959年,共消耗80多亿美元,相当于1959年度法国预算收入的60%,远远超过这5年中法国预算的赤字总和。致使法国六届内阁相继垮台。1958年6月,戴高乐开始执政,为摆脱困境,从1959年起,他一再声称给阿尔及利亚人民以自决权,并建议进行法、阿谈判。但在1960年6月,法、阿开始谈判时,法国又多次提出种种无理主张,企图从谈判桌上得到战场上得不到的东西。事实上,就在谈判的同时,法国又加强了对阿尔及利亚的军事压力。法国殖民军增加到80万人,加上警察、保安队等已达100万之众。法军采取了所谓"固守要点,全面封锁"的战略方针,妄想守住主要城镇、石油产区以及东西两面同突尼斯、摩洛哥的边境防线。为此,专门修筑了一条长3000公里,宽约1公里,由几道电网、堡垒、电子报警器、观察哨和地雷场组成的防线,即所谓不可突破的"莫里斯防线。"并将这一地带所有的居民都搬迁到"迁居营",企图隔断民族解放军与居民的联系。同时,在民族解放军周围也建立起由军队和"安全部队"控制的地带。1959年2月,法军按照新的作战计划,即所谓"沙利计划",从摩洛哥边境至突尼斯边境向阿民族解放军各军区逐次实施突击,妄图歼灭民族解放军的主力,夺占其根据地,破坏其政权机构。

针对法国玩弄的反革命两面手法,阿尔及利亚民族解放阵线,一方面在谈判桌上坚持原则,据理斗争;另一方面在战场上进行顽强的战斗,抗击法国殖民军的进攻。阿民族解放军多次突破"莫里斯防线",使法军的"困守要点、全面封锁"的战略方针遭到破产。

民族解放阵线的领导人同时动用非武装的形式,如罢工、示威游行、拒绝与殖民者合作等,同殖民当局进行坚决的斗争。阿尔及利亚人民的正义斗争,得到了世界人民的支援。特别是亚非各国,多次举行群众性的示威游行,给予坚决的支持。经过阿尔及利亚人民的艰苦卓绝的斗争,1962 年 3 月 18 日,法国政府被迫同阿尔及利亚临时政府签订了"埃维昂协议",承认阿尔及利亚人民的自决权和阿尔及利亚国家的独立和主权。第 2 天中午在阿尔及利亚全境实行停火,从而宣告了阿尔及利亚民族解放战争的胜利和持续 7 年半的战争的结束。1962 年 7 月 1 日,阿尔及利亚举行全国公民投票,7 月 3 日,正式宣告独立。

第二次中东战争

　　1956 年 10 月 29 日,以色列向埃及发动突然袭击。10 月 31 日,英法空军空袭埃及机场,爆发了第 2 次中东战争。亦称苏伊士运河战争。战争持续到 1957 年 3 月,以色列军队全部撤出埃及领土方告结束。

　　埃及自由军官团领导人、陆军中校纳赛尔,于 1952 年 7 月 23 日发动埃及革命,并于 1954 年执掌埃及政权,着手进行经济建设和加强军队建设。1956 年 6 月 18 日,最后一批英军从苏伊士运河撤出。7 月 26 日,纳赛尔宣布将苏伊士运河收归国有,并以运河的收益修建阿斯旺水坝。埃及实行运河国有化的举措,激起英、法两国极大的不满。英国首相艾登明确表示,在必要时不惜动用武力,以解决苏伊士运河问题,直至重新占领苏伊士运河。为此,英国政府于 8 月 3 日向英军下达了准备制定对埃及采取军事行动的作战计划。法国政府向英国派出联络员,以协调行动。而以色列一方,早在 1953 年埃及就封锁其蒂朗海峡。因此,当 1956 年 7~8 月间爆发的苏伊士运河危机,以色列就力主以军事手段解决危机,并指示国防军制定"卡达希"作战计划;同法国建立军事合作关系,购进武器装备,以增强其军队实力。

　　苏伊士运河、扼控欧、亚、非 3 洲海上交通要冲,欧、亚、非海上航运直航苏伊士运河,比绕道非洲好望角,其航程缩短 5500~8000 公里,战略地位十分重要。运河从 1869 年开通以来,一直受英国长期占领和控制。因此,当纳赛尔宣布运河国有化后,英、法深感其战略利益受到严重损害,便以运河国有化后,运河的自由通航将受严重威胁为借口,一方面冻结埃及的资金,策划召开"国际管制"运河的会议,另一方面加紧战争准备,包括英、法建立联合军事机构,制定作战行动计划,举行海陆空联合演习,大量集结部队,进行秘密动员,积极准备以军事行动解决运河问题。截至 9 月初旬,英、法基本完成了战争准备。

　　交战双方投入的兵力　英国、法国和以色列投入的兵力为 22.9 万人;海军舰艇 185 艘(其中有航空母舰 7 艘);各型飞机 1261 架,分别部在马耳他岛、塞浦路斯、利比亚,以色列、约旦、亚丁地区和航空母舰上。埃及总兵力为15万多人，坦克530辆，火炮500余门，其中部署在西奈半岛的3个师（第3步兵师、第8巴勒斯坦师、第4装甲师）3万余人；有作战飞机250余架，可遂行作战任务仅有100余架。英、法、以3个国家无论在兵力和武器装备上都对埃及占有明显的优势。

就重要作战方向和地区来看也是如此。在西奈半岛，以色列军队较埃军多一半以上，个别作战方向达2倍以上；在塞得港地区，英法军队较埃军多4倍以上。

战争发起一方的作战企图 英、法的作战企图是：利用以色列军队率先沿边境对埃发起大规模的突然攻势，将埃及军队主力和注意力吸引在西奈半岛上，尔后英、法集中空军力量，一举歼灭埃及的空军，并在运河地区实施登陆和空降，切断埃及军队主力的退路，将其歼灭在西奈半岛地区，进而夺占开罗、亚历山大地区，以控制埃及的心脏地区。

以色列则按事先同英、法商定的方案，首先发起代号为"卡达希"的西奈战役，作战企图是席卷西奈半岛，击溃埃及，解除埃及对蒂朗海峡的封锁，并摧毁埃及军队设在加沙地区和边境附近的基地。

为了达成以上作战目的，英、法、以采取的作战方法是，英、法在以色列发起攻势之后，借口"保证运河的通航安全和自由"，向埃、以双方发出"最后通牒"，要求双方实行战场停火，并从运河区后撤10英里，英、法进驻运河区，以保护航行安全。当埃及拒绝接受这一"最后通牒"，便立即集中空军力量，突然攻击埃及的大城市和机场、基地等。

1956年10月28日，即以色列向埃及发动进攻的前一天，其陆军共18个野战旅完成了作战部署。其中，12个旅由南部军区司令阿萨夫·辛霍尼准将负责指挥，总兵力4.5万人，分为4个支队，每个支队负责一个作战方向：第77支队辖第1、第11、第27旅，向北部海岸公路推进；中路支队辖第4、第10步兵旅，第7装甲旅，遂行半岛中部的作战任务；南部的作战任务，由第202空降旅负责；沙姆沙伊赫方向，由第9旅负责。作战目的是，以突然袭击席卷西奈半岛，击溃埃及军队，并解除埃军对蒂郎海峡的封锁，以阻止埃及军队尔后的进攻行动，并摧毁埃及军队设在加沙及其附近地区的基地。

以军发起突然袭击，埃及奋起抗击

10月29日下午5时，以军4架运输机搭载第202空降旅一部，穿越西奈半岛边境，在米特拉山隘附近实施空降。同时第202空降旅主力3000余人，则在孔蒂拉附近突破边境，沿萨马德、纳赫勒直指米特拉山隘。从约旦方向攻击的以色列军队，经过30小时战斗，推进250公里，终于抵达米特拉山隘。

以色列作战的重点方向是阿布奥格拉方向。阿布奥格拉是埃及军队在西奈半岛的主要防御阵地。攻战阿布奥格拉，便可打通通往阿里什的海岸公路。以军中路支队3个旅，为加强这一作战方向的攻击力量，还将37机械化旅配属给中路支队。但第7装甲旅、第37机械化旅，要待以军方确实判明英、法作战意图后才能投入作战。因此，初期作战，中路支队实际只投入2个旅的兵力。中路支队于10月29日深夜,以第4步兵旅突击边境埃军防御阵地,于次日上午6时占领了库赛马地区,并乘胜追击,还向阿布奥格拉方向派出侦察部队。与此同时,第10步兵旅也突击了边境埃军防线,于30日12时30分推进至乌姆·卡泰南人南侧600米处,遭受埃军顽强阻击,前进受阻。第7装甲旅在意识到从正面攻占乌姆·卡泰夫无望的情况下,决定派出侦察部队,试图从达伊卡山隘突击。第7装甲旅通过达伊卡山隘这后,在以空军的支援下,经过与埃及军队的激烈战斗,夺占并守住阿布奥格拉,尔后于31日下午4时攻占鲁瓦法水坝。以军第10步兵旅和第37机械化旅进攻乌姆·卡泰夫,遭到埃军的顽强阻击,进攻受挫,被迫宣布终止对乌姆·卡泰夫阵地的进攻行动。

11月1日晨,北路支队以军向加沙地区发起攻势。其作战企图是,首先攻战腊法,并扫荡加沙地区,尔后打通阿里什,向坎塔腊、苏伊士运河推进。以工兵部队先行在腊法阵地正面的地雷场开辟了3条通路,以色列和法国海军对腊法阵地实施了舰炮火力准备,以空军进行了猛烈的空中火力袭击,尔后地面部队发起攻击。而实际上埃军已经接到撤退命令,并于数小时前就开始撤退,仅后卫部队以炮火和机枪火力阻击以军进攻,以军基本没有遇到大的抵抗行动,便占领了腊法地区。随后于2日下午攻战了加沙地区。

以色列作战目的之一,是解除埃及军队对蒂郎湾的封锁。以军第9步兵旅担任这一方向的作战任务。11月2日上午5时,以军第9步兵旅越过边境,至4日下午2时,推进至沙姆沙伊赫以北地区,夺占了埃军警戒阵地。以空降兵为配合第9步兵诱的作战行动。于2日中午在托尔空降了2个连的兵力,并以1个伞兵营自苏德尔沿公路南下。5日凌晨,以地面部队在空军和地面炮兵火力的支援发起进攻,经过数小时的激烈战斗,于当日上午9时30分发,夺占了埃军沙姆沙伊赫要塞。

埃军总司令于10月29日下午3时,获悉以军向埃军阵地发动进攻的信息。埃军东部军区对空降在朱特拉山隘的以军做出反应,下令驻守在苏伊士运河西岸的第2步兵旅派出部队,向以空降部队发动攻势。30日上午,埃、以双方均出动空军飞机动摇地面部队作战。经过激烈争夺,埃军控制了米特拉山隘东端入口的海坦谷地;以军地面部队后撤,以利于英法空军对埃及军队阵地的空袭。

埃军的作战企图是,埃军前沿部队竭力迟滞以军的进攻,主力则向吉夫加法、萨马代迅速集结,从左翼向阿布奥格拉实施包围作战,准备投入1个装甲师和2个步兵旅,预定于11月2~3日发动攻势。30日,埃及总统纳赛尔发布总动员令,号召埃及军民奋起抗击侵略者。埃及人民掀起自动参军的热潮,积极准备抵抗侵略者的入侵行动。

埃、以双方在朱特拉山隘的争夺战斗相当激烈。朱特拉山隘全长30公里,包括东端的海坦谷地,西端的朱特拉谷地及中间的蝶状谷地3部分。海坦谷地长6公里、宽50米,两侧为悬崖峭壁,是米特拉山隘的要冲。埃空控制海坦谷地东半部后,以军进行反复争夺。31日中午,以军侦察部队在坦克的支援下,强行通过海坦谷地。埃军以猛烈炮火予以阻击,致以军坦克、弹药车、油料车中弹起火,其前进纵队被阻于谷地内无法前进。为此，以军增派部队，并在火力支援下，同埃及军队展开了激烈的争夺战斗，至当日黄昏，夺占了海坦谷地东部地区。

　　埃、以在西奈地区的作战，持续到11月6日，以军经过反复争夺，迫使埃军撤出西奈半岛，以军全部夺占了西奈半岛。

以色列步兵

英、法两国空军对埃及实施大规模空袭

　　以色列向埃及发动入侵之后，英、法两国于10月30日下午6时，当即向埃及、以色列两国政府发出"最后通牒。"其内容包括：两国应立即停止陆、海、空的作战行动；两国军队各自后撤，埃军撤至苏伊士运河西岸，以军撤至运河东岸的12英里处；埃及政府同意英、法联军为隔离埃、以两国军队及保障一切国家船舶依据国际法在运河航行，而暂时占领富阿德港、伊斯梅利亚、苏伊士城。这个所谓致埃、以两国政府的"最后通牒"，实际上是对埃及进行军事干预的"最后通牒"，也是向以色列显示英、法准备军事介入的决心和企图。

　　"最后通牒"要求埃及、以色列两国政府在12小时内做出答复。以政府答复接受"通牒"的要求。30日深夜，埃及纳赛尔总统表示断然拒绝接受"最后通牒"的无理要求，并于31日上午6时发出命令，要求尼罗河流域与苏伊士运河地区的埃及防空部队，进入防空作战的戒备状态。在埃及政府宣布拒绝接受英、法的"最后通牒"的次日，即31日19时，英、法两国空军向埃及发动空中突然袭击，对埃及4个主要机场进行集中轰炸。11月1日晨，再次出动空军作战飞机和海军舰载飞机，对这些机场实施猛烈的补充轰炸，并同时袭击了埃及另外 5 个机场,还运用燃烧弹袭击了埃及首都开罗及亚历山大等 5 个大城市。随后,英、法空军对埃及的袭击目标,转向对埃及军坦克、炮兵、战斗车辆集中地域及重要交通线,试图将埃军拦截在西奈半岛,配合以军将埃军包围歼灭。

埃军统帅部识破了英、法联军的作战企图,适时指挥埃军撤出西奈半岛,以便集中力量在苏伊士运河沿岸地区,抗击英、法的地面入侵。11 月 2 日,埃军完成从西奈半岛的安全撤离,从而保存了有生力量。

埃军在苏伊士运河地区抗击英、法
联军的地面入侵

11 月 5~6 日,英、法联军开始向苏伊士运河地区发动地面入侵。英、法在塞得港和富阿德港实施空降作战和登陆作战。11 月 5 日拂晓,英军舰载飞机袭击了塞得港和富阿德港的埃军防御阵地,8 时 20 分,其第 16 空降旅一部在加密尔机场实施空降,并夺占了机场附近地区;8 时 35 分,法军第 2 空降团一部在富阿德港空降。下午 1 时 45 分,英、法军第 2 批空降部队实施空降。至此,英、法联军共空投了两个伞兵旅。10 月 6 日上午 6 时 50 分,英海军陆战旅一部于炮火准备之后,在塞得港登陆;法海军陆战旅则在富阿德港登陆,至当日下午,英、法 2.2 万登陆部队完成登陆任务,夺占了塞得港和富阿德港,并于当日深夜,沿苏伊士运河向南推进,企图一举攻占整个运河地区,遭到埃军的顽强抗击,仅前进 35 公里,抵达开普地区。6 日下午 4 时,法军空降部队夺占了伊斯梅利亚,英军也攻占了阿布苏外尔机场。

英、法联军的入侵,激起了埃及军民的愤慨和英勇抵抗,并给予英、法入侵部队以沉重打击。埃及军民在保卫塞得港的战斗中,英勇奋战。英、法联军的第 1 批空降部队着陆后 1 个小时,即武装起来的埃及工人所歼灭。英、法联军以 8 万兵力从陆海空 3 面对塞得港发起突击。但直到停战前夕,也未达成全部占领塞得港的目的。在运河南端,英、法联军也受到埃及的陆海空部队的顽强抵抗,其登陆夺占苏伊士市的企图也未得逞。

英、法、以 3 国军队对埃及发动侵战争,激起了埃及人民、阿拉伯国家和全世界爱好和平的人民的强烈反对,也引起了美、苏两个大国的强硬反应。当时,苏联部长会议主席赫鲁晓夫发表声明,宣称如英、法等国不同意停战,将对英国本土实施核攻击。但苏联当时正卷入东欧匈牙利事件之中,难以抽身。英、法将其看作是一种恐吓姿态。而美国总统艾森豪威尔的强硬态度,却使英、法不得不有所顾忌。艾森豪威尔命令部署在世界各地的美军进入戒备状态,并强烈要求英、法必须立即停战。英、法两国政府迫于各方的强烈反应和压力,接受停战要求。11 月 6 日,第 2 次中东战争即苏伊士战争宣告结束。但以色列入侵部队直至 1957 年 3 月,才全部撤出埃及领土。

在整个战争过程中,英、法对埃及连续 6 天的空中袭击,地面作战 40 余小时,伤亡约

300 人,损失飞机 50 余架(一说 20 架);以色列伤亡 1000 余人。埃及损失飞机约 200 架,伤亡、被俘约 1.1 万人,5 个大城市遭到严重破坏。

英、法并未达成战略目的,反而使其在政治、军事上都遭到严重挫折和失败,在国际上处境孤立,失去了在中东地区的主动权,英国首相艾登被迫宣布辞职。战争的结果之一,为美、苏进一步涉足中东地区埋下了深重的祸根。

以色列虽然最终被迫撤出西奈半岛,但达成击退西奈半岛的埃军和解除埃军对蒂郎海峡封锁的目的,以在亚喀巴湾的航行已不再受阻。而联合国部队驻扎在西奈半岛停战区,则使埃及的部队再无可能潜入以色列境内活动。埃及在军事斗争上遭到失败,但在政治上达成了实现苏伊士运河的国有化和促使以色列军队撤出西奈半岛的目的。当然,这一政治目的的达成,是同美、苏两个大国的插手和干预密切相关的。

苏美英法分区占领德国

1945 年第二次世界大战结束后,美苏英法 4 大国分区占领了德国。苏联和美英法 3 国的占领政策各自有别,在德国问题上的矛盾日益加深。美国提出马歇尔计划后,美苏关系进入"冷战"阶段。作为冷战的必然产物,1949 年 9~10 月间,德国被一分为二,形成了德意志民主共和国和德意志联邦共和国两个国家。

德国在 20 世纪曾两度成为欧洲的战争策源地。制止德国军国主义的东山再起,是战后国际关系上的一个重要问题。第二次世界大战尚未结束时,美国便考虑对德处置问题。在经济上,美国曾抛出变德国为农业国家的摩根索计划,后因统治阶层意见不一,中途夭折。在政治上,美国主张肢解德国。1943 年底,罗斯福在德黑兰会议上提议将德国分割成 5 个部分,每个部分为一个独立国家,德国的鲁尔和萨尔地区则由国际共管。罗斯福的政治肢解方案曾得到苏联的支持。斯大林在德黑兰会议上表示赞成肢解德国,他担心一个统一的德国很可能在 10 至 20 年之间恢复它的力量。

英国对于美国肢解德国的方案,只在表面上表示支持,实际大有保留。英国首相丘吉尔认为,肢解德国势必损害德国人民的民族感情,他主张占领德国,避免背上肢解战败国的恶名。丘吉尔还通过历史的回顾,为他的占领主张寻找依据。在他看来,德国在第一次世界大战后复活了军国主义,成为第二次世界大战的罪魁,关键在于盟国并未强制德国执行凡尔赛条约中关于解除武装的规定。他认为,若要使德国在第二次世界大战后不再危害和平,首要条件是盟国必须在德国保持主宰地位,强制德国按照盟国意愿行动。丘吉尔主张德国在战后应由美英苏三大盟国共同占领。在他的指示下,英国设立了艾德礼委员会,并就占领德国事宜拟订报告。1944 年初,英国根据艾德礼委员会报告,正式向欧洲协商委员会提出关于划分德国占领区的建议。

战争后期欧洲战场军事形势的迅速发展,促使美国向英国的立场靠拢。1944 年上半年,苏联红军胜利的攻势很快逼近德国东部边界。美国担忧苏军有可能占领德国大片领土。届时,美国便会陷入被动状态,不仅肢解德国不成,恐怕连占领德国也成问题。出于上述考虑,美国决定支持英国的占领方案。1944 年 9 月,当欧洲协商委员会以艾德礼报告为蓝本,提出第一份临时划分德国占领区建议时,美国表示同意。按照这一建议,德国领土划分成 3 个占领区,苏联占领东部,英国占领西北部(包括鲁尔地区),美国占领西南部和萨尔地区,首都柏林由 3 国共同占领。

1945 年初召开雅尔塔会议时,美英两国已就临时占领德国达成了协议。苏联觉得,按照英国的占领方案,它的占领面积占德国领土的 40%,比英、美的占区都大得多。此外,德国战败在即,苏联若要在德国问题上具有发言权,首先必须取得占领德国的合法地位。因此,苏联愿意接受英国的占领方案。在雅尔塔会议召开之初,美英苏 3 大国实际上已就临时占领德国达成默契。在雅尔塔会议上,美英苏三国肯定了大国占领乃是处置德国的有效形式,会议《公报》指出:"根据已商得同意的计划,三国部队将各自占领德国的一个区域,……成立一个中央管制委员会执行互相协调管理控制的工作。此委员会由三国的最高司令官组成;总部设在柏林。"

雅尔塔会议实际肯定了分区占领德国的方式,而且从三国扩大为四国占领。英国竭力主张法国应参加对德占领,因为英国无法承担在欧洲战场西线单独遏制德国的任务。美国经慎重考虑,同意英国的建议。雅尔塔会议召开的第 2 天,1945 年 2 月 5 日,罗斯福提议法国参加对德占领。斯大林在罗斯福斡旋下表示赞成。会议《公报》表示:"法兰西如果愿意的话,三国当邀请它承受一个占领区,并参与管制委员会,作为第四委员。"法国参加对德占领必须在这样的前提下,即法占区只能从英占区和美占区中划出,而不缩小苏占区的范围。

盟军在欧洲战场告捷和占领德国后不久,1945 年 6 月 5 日,四国驻德占领军总司令在柏林发表声明,把德国分成 4 个占领区,东区归苏联,西北区(包括鲁尔)归英国,西南和萨尔归美国,西区归法国;柏林由"四国的武力占领。"柏林声明还规定,由四国驻德占领军总司令正式组成"盟国管制委员会","共同管理当地的行政。"从 7 月中旬起,苏美英法四国在德国和柏林按划定区域实行占领和管制。8 月初,波茨坦协定肯定了苏、美、英、法对德国的分区占领状态,确定了对德管制的政治与经济原则:在政治上,使德国非军国主义化,非纳粹化,实现民主化;在经济上,有步骤地消灭德国的军事潜力,改组德国经济,使之纳入和平轨道,控制其战后的生产水平。根据这些原则,战后的德国应该建成一个爱好和平的民主国家。

法兰西第四共和国的危机

第五共和国的建立是第四共和国日趋没落的必然结果。第四共和国历届政府连年进行殖民战争，追随美国扩军备战，不仅使法国财政经济情况日趋恶化，而且国际地位日益下降。1948年，法国接受美国的马歇尔计划。次年参加北大西洋公约组织，把自己牢牢地拴在美国的战车上，经济上极大地依赖美国，政治上唯美国马首是瞻，追随美国的侵略政策和战争政策。为了对付殖民地国内风起云涌的民族解放运动，维护其殖民体系，法国在1946年开始了反对越南人民的"肮脏战争。"1954年，又发动一场镇压阿尔及利亚民族解放运动的殖民战争。1956年，伙同英国和以色列发动了因苏伊士运河事件而导致侵略埃及的战争。连年的殖民战争不但未能扑灭民族解放运动的熊熊烈火，反而给法国带来了接连的失败和严重的危机。摩洛哥和突尼斯于1956年相继宣告独立。由于过分依赖美国，法美之间的矛盾也有所加深，法国的国际地位每况愈下。加剧了法国国内的各种矛盾，财政日益枯竭，经济经常处于衰弱和不稳的状态。印度支那战争使法国死伤20万人，耗资达3万亿法郎；特别是旷日持久的阿尔及利亚战争使法国投入了大量的军事力量，每年要花费7000多亿法郎，从1955年至1959年耗资达83亿美元，大量的国家军事订货，使法国经济表现出这样一种不正常的趋势：一方面是工业生产指数继续上升；另一方面是财政赤字增大，外汇储备减少，物价飞涨，法郎贬值。广大人民群众对第四共和国的失望和不满情绪日益加剧。大规模的罢工，要求停止阿尔及利亚战争的群众集会和游行示威时常发生。第四共和国已处于困境之中。

1946年成立的第四共和国基本上承袭了第三共和国的资产阶级议会制。议会由名目繁多、代表着不同政治势力和阶级利益的议会党团组成。没有任何一个政党能单独掌握议会多数，左右局势。政府往往由几个政见不同，利益各异的政党临时拼凑而成。因而，政府危机频起，导致政局长期处于动荡之中。在戴高乐重新执政之前，第四共和国先后更换了20届政府，每届政府的平均寿命仅半年左右，其中最短命的罗贝尔·舒曼内阁只有两天。这种局面已经不能适应法国垄断资产阶级的政治经济利益和要求。第二次世界大战后，随着法国垄断程度不断提高，垄断资产阶级愈来愈需要有一个强有力的政权，保证其统治地位的稳固和内外政策的连续性，以适应增强经济实力，更好地对付殖民地声势浩大的民族解放运动，提高法国的国际地位。这些实非第四共和国体制所能胜任。改革政治体制已成为当时的客观需要。

阿尔及尔"五·一三"事件与戴高乐

1958年5月13日发生在阿尔及尔的"五·一三叛乱事件"敲响了第四共和国的丧钟。阿尔及利亚自沦为法国殖民地以来，一直被视为法国本土的延伸，与法国本土有着密切联系。在阿尔及利亚居住着大批的法国移民。法国在阿尔及利亚有着巨大的殖民利益。阿尔及利亚所处的战略地位极其重要。1956年在撒哈拉发现储量丰富的石油和天然气，使法国垄断资本集团特别是石油集团垂涎欲滴。然而，由于阿尔及利亚人民在民族解放运动中英勇不屈,顽强奋战,法国在这场旷日持久的殖民战争的泥潭中越陷越深,使法国垄断资产阶级统治集团内部在阿尔及利亚问题上存在严重分裂,矛盾日趋尖锐。

阿尔及利亚战争成为第四共和国后期政治危机的根源。自 1954 年 11 月到 1958 年 4 月,短短几年内有 6 届内阁先后因阿尔及利亚问题倒台。1958 年 4 月 15 日,费利克斯·盖伊阿内阁又由于萨基埃特事件被推翻,开始了延续 4 周之久的内阁危机。在这期间,乔治·皮杜尔和勒内·普列文试图组阁,均告失败。5 月 8 日,共和国总统勒内·科蒂召请人民共和党领袖皮埃尔·弗林姆兰组阁。弗林姆兰被认为是阿尔及利亚自由政策的拥护者,他主张所谓以实力求和平的阿尔及利亚政策,即首先加强对阿尔及利亚民族解放运动的军事镇压,提高法国的实力地位,然后选择有利时机与之进行谈判,从而取得“肯定法国的胜利”的和平。坚决主张“法国的阿尔及利亚”,强烈反对任何和谈的阿尔及利亚殖民集团和法国驻阿尔及利亚军队中的极端殖民主义分子,把弗林姆兰的这一政策斥之为“放弃政策。”前驻阿尔及尔部长罗贝尔·拉科斯特公开地表示担心法国正在向外交上的另一个奠边府进军。驻阿尔及利亚部队总司令拉乌尔·萨朗打电报向巴黎的国防部总参谋长保罗·埃利将军报告军队以叛乱反对谈判的可能性,表明了军队已经起来反对政府。因此,议会讨论授权弗林姆兰组阁便成为“五·一三”事件的导火线。

5 月 13 日下午,正当巴黎的国民议会进行辩论,决定是否授权弗林姆兰组阁时,阿尔及尔 10 万人游行示威,总督府大楼被袭击和占领。叛乱者成立了以伞兵司令雅克·马絮将军为首的“公共安全委员会。”全面负责行政和军事。同日,另一位头目萨朗将军起草了一份致总参谋长埃利将军请转科蒂总统的电报。要求法国成立“坚决捍卫”法国在阿利益的“救国政府。”电文中写道:“现在我们面临着威胁民族团结的严重混乱局面,不冒流血危险,这种局面恐难结束。在这种情况下,负责的军事当局认为:迫切需要呼吁一位能主持全国大局的人出来组成一个可使阿尔及利亚公众舆论安心的公共安全政府,由这位最高权威人士发出和平的呼吁,重申使阿尔及利亚归属法国的坚定决心,只有这样才能挽回局势。”翌日凌晨 5 时,马絮将军公开呼吁戴高乐打破沉默出面组织一个公共安全政府,把阿尔及利亚从外交上的奠边府惨败局面中拯救出来。

这一切对在科隆贝隐退多时的戴高乐来说,无疑是一个盼望已久的机会。事实上,“五·一三”事件是由多种政治势力包括戴高乐分子在内参与并经过长期精心策划的一场针对第四共和国的军事政变。除殖民主义集团的极端分子、驻阿尔及利亚军队的将军和通称为“黑脚”(pieds-noirs)的欧洲移民外,另一部分人则是戴高乐于 1947 年建立、尔后在 1953 年解散的法兰西人民联盟的旧部。这一部分人在阿尔及利亚的人数不多,但能量颇大,极力想利用政府困境促成戴高乐东山再起。他们在“五·一三”事件前后推波助澜,通过说服或计谋使其他各派接受让戴高乐上台的主张。戴高乐虽未直接参与其事,但绝非如他自己在《希望回忆录》中所表白的那样“丝毫没有关联”,而是与闻其事的。他与在事件中起重要作用的莱昂·德尔贝克的联系就是例证。德尔贝克从 1957 年

12 月到 1958 年 5 月往返巴黎与阿尔及尔之间多达 27 次。当德尔贝克向戴高乐报告,无论在阿尔及利亚及法国本土,无论在穆斯林、移民以及军队中,公众的情绪现在都赞成将军再度出山时,戴高乐向他暗示,一旦召唤到来,他将起来响应。这无异向德尔贝克交底。五·一三事件时,另一戴高乐派要员、前驻阿尔及利亚总督雅克·苏斯戴尔也秘密前往阿尔及利亚进行拥戴活动。实际上,面对微妙复杂的形势,戴高乐早已做好再度出山的准备。他施展种种政治手腕,笼络诸方,争取公众舆论,排除阻力,以图合法上台。5 月 15 日上午 10 时,当萨朗将军在德尔贝克鼓动下,在阿尔及尔喊出:"戴高乐万岁"的口号之后 4 小时,戴高乐终于打破多年的缄默,向报界散发了一个简短的声明:

"国家的衰落不可避免地使得同法国联合的各族人民疏远起来,使得战斗中的军队发生动乱,使得全国分崩离析,并导致丧失独立。

"法国 12 年来纠缠于党派政权所解决不了的问题中,它已经被卷进这个灾难性的过程。

"过去,法国在深渊中曾经信任我领导全国获得拯救。

"今天,当法国再度面临考验时,但愿全国知道,我已准备好担负起共和国的权力。"

为了清除某些人的不安和疑虑,安定人心,争取多数政党支持,5 月 19 日,戴高乐举行记者招待会,否认支持阿尔及利亚叛乱,表白自己无意"侵害公共自由",回顾自己过去执政时的政绩,重申自己准备执掌共和国的权力。5 月 24 日,一支从阿尔及利亚出发的伞兵部队未发一枪一弹就在科西嘉岛安然登陆,公共安全委员会在阿雅克修和巴斯提亚掌握了政权,由马赛派驻科西嘉岛恢复秩序的宪兵队被解除武装。据内政部估计,这种入侵将在 5 月 27 日、28 日夜间在巴黎或其他地方发生。事态加快了戴高乐争取上台的进程。5 月 26 日深夜,他约请弗林姆兰总理在圣克卢故宫主管人费利克斯·布律诺的家里进行秘密会晤。翌日,他在新的公开声明中宣布:"我已经开始了为建立一个能够确保国家统一和独立的共和政府所必需的正常程序。"5 月 29 日,科蒂总统向议会两院发出咨文,提醒内战威胁的存在,并向"那位法国最杰出的人士,那位在我国历史上最黑暗的年代里曾领导我们争取自由,而且在把全国团结在他的周围之后毅然拒绝独裁政权而建立了共和国的那位人士"即戴高乐发出呼吁。同时宣布如果议会同意这一提议的话,他本人将辞去总统职务。这是 1946 年以来共和国总统对全国政治大事进行积极干预的仅有的一次。此举排除了戴高乐上台的最后障碍。爱丽舍宫通过电话把总统咨文内容告诉戴高乐,戴高乐同意应召。晚上 7 时半左右,戴高乐来到爱丽舍宫,在总统办公室里和科蒂总统很快就达成协议。科蒂总统同意戴高乐的计划,即:授予全权,然后让议会休会,最后由薪政府草拟新宪法并交付公民投票表决。接着,由戴高乐对外界宣布俩人所达成的协议和条件。5 月 30 日,戴高乐在科隆贝接见各党派来访者。首先是樊尚·奥里奥尔自告奋勇担任新政府副总理。随后是社会党两位领袖居伊·摩勒和莫里斯·戴克松来访。戴高乐对他们做了两点让步,他承认政府应向议会负责,同意亲自到国民议会去,由此在议会投票中获得了社会党议员中大多数人的支持:5 月 31 日,戴高乐在巴黎拉佩鲁斯饭店召集除共产党外的议会各党派负责人开会,当场阐述他的执政纲领。除弗朗索瓦·密特朗外,所有代表都没有提出反对意见。6月1日上午,戴高乐完成了新政府的组织工作。戴高乐任总理兼国防部长,顾夫·德姆维尔担任外交部长,米歇尔·德勃雷担任司法部长。此外,由安托万·比内负责财政,埃米尔·佩尔蒂埃负责内政。同日下午,戴高乐登上国民议会讲坛,宣读总理候选人的例行声明。他用简短的几句话描绘了国家的衰微和危机,然后说道:"在这种情况下,我自告奋勇,愿意尝试再一次引导全国、国家和共和国走向得救之道。在经过国家元首提名以后,我必须要求国民议会授权我担负重大的任务。"并指出:"如果你们愿意授权成立这个政府的话,它将向你们建议立刻赋予它这些手段。它将要求你们授予全权,以便能够依照环境的要求,在有效率、敏捷和负责任的情况下行动。它将要求你们授予它6个月期限内的全权,希望在这个期限届满时,在国家中已恢复秩序,在阿尔及利亚已重新找到希望,全国重新建立团结。从而使政权机关可以重新正常地行使职能。"戴高乐讲完话后,随即离开议会,由议会按照形式进行讨论。在讨论中,孟戴斯—弗朗斯和密特朗等人发言表示反对。最后国民议会还是以329票对224票的绝对多数通过授权戴高乐组阁。6月2日、3日,国民议会又通过3项议案:重新授予新政府在阿尔及利亚的特别权力;授予新政府6个月的特别权力;授予新政府修改宪法并交付全民表决的权力。经参议院同意后,国民议会宣告解散。至此,戴高乐便作为第四共和国的末任总理,东山再起了。

第四共和国的终结

戴高乐东山再起,标志着第四共和国实际上的终结,然而,戴高乐重掌政权,绝非偶然。法国当时那种岌岌可危的形势需要有这样一个人物出现,他既能被认为是共和国的救星和国内和平的维护者,又能被叛乱者所接受。这只有因第二次世界大战享有崇高威望的戴高乐能够胜任。此外,戴高乐打出"复兴""革新"的旗号,并围绕阿尔及利亚战争和日益下降的法国国际地位等问题大力煽动民族主义情绪,高喊要恢复"法国的伟大",提出稳定财政经济的诺言,在当时具有很大的蛊惑性。因而,戴高乐得以充当法国垄断资产阶级统治集团解救危局的一柄利剑再度执政。戴高乐的重新上台排除了极端殖民主义分子策动军事暴乱的威胁,避免了一场迫在眉睫的内战。更重要的是大权在握,使戴高乐有可能实现他多年来的革新主张。

戴高乐把建立新的政治体制作为自己上台后的当务之急,戴高乐的体制改革集中地体现在他领导制定的第五共和国宪法上。改革的要旨在于扩大总统和行政权力,削弱议会的地位和作用,重新调整总统、政府和议会的关系,变传统的资产阶级议会制共和国为半总统制的共和国,以强化资产阶级专政。戴高乐在12年前,即1946年6月16日在贝叶的讲话中已提出法国需要一部什么样的宪法。这次讲话为第五共和国宪法提供了基本思想。由于时间紧迫，司法部长德勃雷从最高行政法院抽调出一批年轻骨干组成一个班子，以最快的速度进行工作，按照戴高乐贝叶讲话精神的骨架上增肌添肉，拟订了宪法草案，并交付戴高乐和他指定的部长首先进行审查。然后，戴高乐依照议会在6月2日通过的责成他完成其事的议案办法行事，立即设立一个由39人组成的宪法咨询委员会进行咨询活动。在保罗·雷诺主持下，宪法咨询委员会于8月上半月进行审议。该委员会对草案做了一些修改，但对其基本内容并没有做什么改动。随后，最高行政法院也对草案进行了一次讨论。9月3日，政府最后正式通过宪法草案。9月4日，戴高乐在巴黎共和广场向全国公民提出这个草案。他在讲话中解释了宪法草案的精神和内容，呼吁人民批准这一草案。这一天的时间和地点都是在著名作家、当时的文化部长安德烈·马尔罗的启示下选择的。9月28日，举行公民投票进行表决。尽管共产党和社会党中左翼的一些人极力反对，但投票表决的结果大大超过了甚至最乐观的戴高乐分子的估计。弃权票是1936年人民阵线选举以来最少的一次，只占15.1%，投票赞成的人占压倒多数，占79.25%。

第五共和国宪法的特点，首先是扩大总统权力，它赋予共和国总统国家元首、三军统帅和共同体总统的权力。总统任命总理并根据总理的提议任命其他部长，签署法令，批准国际条约，可以无须内阁连署，单独采取某些重要的行动，如解散国民议会、提交公民投票，特别是还可以援引第16条，即"当共和国制度、国家的独立、领土的完整、国际义务的履行受到严重和急迫的威胁，宪法公共权威的正常发挥被中断，总统有权根据形势需要采取各种措施。"这就使法国总统权力骤然膨胀，这在法国史上是少有的。

新宪法对政府的权力加以明确规定，政府成员（包括总理）均由共和国总统任免。"政府成员不得同时担任议员职务。"议员一旦被任命为部长就得辞去议员职务。此举使政府的实际结构非议员化，或至少部分地非议员化。政府得以摆脱议会党派的控制，提高政府对议会的权力。新宪法规定政府成员不受议会党派利益的羁绊，改变了只有议员才能直接进入政府任职的陈规，有利于从议员之外挑选部长，而且有可能改善政府本身的素质，提高其效率。

新宪法对议会的权力与作用做了某些相应的限制。虽然外交上议会仍拥有立法监督之权，但有许多立法要受总统、政府和宪法委员会的限制。新宪法规定所有法律均须经议会通过，但在实际工作中总统有权越过议会把议案提交公民表决，议会因立法或监督政府的某些事项而影响政府权力时，政府可以阻碍投票，使法案无法通过。当议会讨论某些法案时，如有必要政府部长可以出席发言。出现意见分歧，总统可以解散议会，或使议会无限期休会。在议事程序中，取消了议员对政府的质询，并对弹劾和信任投票规定了一项相当独特的程序。这样，遂使议会和政府在权力关系上互易其位。过去是议会监督政府，现在许多方面是政府制约着议会。新宪法对议会两院的关系也做了调整。第四共和国时，参议院的地位大大低于国民议会。新宪法适当提高了参议院的权力与地位。两院享有几乎同等的立法权，当总统未能行使其职务时，不再由国民议会议长代理，而改由参议院议长代理。这样,使议会两院保持平衡,互相制约。总之,法兰西第五共和国宪法使总统拥有广泛的立法权和行政权以及内阁成员任命权。总统还具有撇开议会而行使的"非常权力",这样议会的权力便缩小了。通过这部宪法,使法国从议会制共和国演变为半总统制的共和国。

新宪法草案在9月经过公民投票通过,10月5日,第五共和国宪法正式公布。戴高乐赢得了实际上是对他个人的公民投票以后,面临着入主爱丽舍宫必须要走的最后一段路程。然而当他们因戴高乐的再度出山而踌躇满志、得意扬扬的时候,戴高乐派还缺少一个具有广泛基础的政治党派。这个党派可以使他们得到权力,并提供一个不是妨碍而是执行戴高乐旨意的议会机器。所以,在全民表决后,苏斯戴尔立即邀请3个戴派小组:社会共和党、法国复兴联盟和共和协会的领导人到他的办公室商量联合事宜。在这3个派别组成的联盟以及后来的3派合并的基础上,于10月1日建立了新共和联盟。这个曾经多次易名的组织后来成为第五共和国占统治地位的党。由于大选在即,新共和联盟非常迅速地在各区建立了自己的组织。当时,因为决定采用何种选举制度将会深刻地影响国民议会的成分,所以在政府内部,对新的选举法条款的辩论异常激烈。最后,在戴高乐的干涉下,以减少政党的影响,保证政策的连续性为名,决定废弃过去的比例代表制,直截了当地采用"单记名多数二轮投票制"的选举法。11月23日举行议会选举的第1轮投票,结果465名候选人中,只有39人当选。正如戴高乐所期望的那样,大量的左翼选票在共产党和社会党候选人之间分摊了。因此,第2轮投票转而大大有利于戴高乐。新共和联盟获得了26%的有效选票(在第1轮中只获得18%),居于温和派(24%)、共产党(21%)之前。共产党成了新选举制度的牺牲品,他们虽获得21%的选票,却只有2%的席位。而新共和联盟的席位却比按比例代表制可获得的席位多了一倍。在法国本土的465个席位中,新共联盟获得198席,组成一个相当扎实的坚定的核心。温和派获得133席,社会党获得44席,共产党只获得10席。上届议会的议员在新议会中只剩下133名,这一数字大大低于传统的标准。各个政党的许多领袖被击败,其中包括达拉第、孟戴斯—弗朗斯和埃德加·富尔等人。大批新人进入议会,使议会面貌一新。作为这一深刻改革的显著标志,12月9日雅克·沙邦—戴尔马被选为本届国民议会的议长。12月21日举行总统选举。根据新宪法第6条,由国民议会议员、参议院议员、省参议员、市长和许多市参议员组成的选举团选举国家元首。戴高乐获得约8万张选票中的62394票,击败共产党候选人阿尔贝·夏特莱,当选为法兰西第五共和国的第一任总统。1959年1月8日,新总统前往爱丽舍宫就职。前总统科蒂用这样的话迎接他:"第一个法国人现在变成了法国第一人。"随后,两位总统肩并肩地乘坐总统专车前往凯旋门,按照传统向无名英雄墓致敬。次日,新总统任命前司法部长德勃雷为第五共和国的第一届政府总理。新体制开始在法国付诸实施。

第五共和国

　　1959 年 1 月正式付诸实施的第五共和国体制标志着法国现代史上一个重大转折。在第五共和国时期,法国的政治格局、社会经济生活、国际地位都发生了极大的变化。

　　首先,第五共和国改变了第四共和国 12 年来那种软弱无力、政局动荡不定、政府更迭频繁的局面。从 1959 年以来,政府尽管时有改组和变动,但总理人次更换不多,政治体制较为稳固。继戴高乐之后的几任总统基本上都承袭了戴高乐开创的这一政治体制。政策的连续性得到了一定的保证。其次,由于新体制相对稳定,保证了国家经济职能的加强和政府对经济干预规模的扩大。有利于增加资本主义国家所有制、经济计划的实施、社会福利的干预和调节,有利于提高对外竞争能力。新政府运用国家权力对经济进行直接干预,通过财政改革(包括紧缩开支、增加税收、发行新法郎)以及国家投资、采购、补贴等措施,首先改善了上台时所面临的恶劣的经济状况。继而充分利用 60 年代资本主义高速发展的有利形势,推进法国社会经济的迅速发展,生产总值在 50 年代每年平均增长 4.8%,60 年代达 5.7%,黄金储备由 1958 年的 10 亿美元增加到 1967 年的 61 亿美元,1960 年法国试验成功了原子弹,法国成为资本主义世界第四经济大国。再次,新体制保证了戴高乐推行其独立的外交政策。他全力以赴维护法兰西民族独立,力争法国的大国地位。为此,法国建立了独立的核力量,脱离北大西洋公约军事一体化组织,撤除美国在法国的驻军和基地,反霸抗美,鼓吹"欧洲人的欧洲",建立巴黎—波恩轴心联合西欧,团结好第三世界,使法国摘掉了"欧洲病夫"的帽子,提高了国际地位。

　　戴高乐上台后,还有一件重要的事情是结束了阿尔及利亚战争。戴高乐认为,不解决阿尔及利亚问题,法国的一切就无从谈起。他从现实出发,改变了本人过去所持的殖民主义立场,主张经过谈判,允许阿尔及利亚独立和自决,与此同时,设法保持法国在那里的利益。1960 年 6 月,法国与阿尔及利亚开始谈判。极端的殖民主义分子反对戴高乐的政策。萨朗等人在 1961 年 4 月再次发动叛乱。戴高乐下令镇压了叛乱。1962 年 3 月 18 日,两国达成埃维昂协议。法国承认阿尔及利亚独立,又在阿尔及利亚获得开采石油、使用军事基地等权利。

　　戴高乐第五共和国体制改革,其实质是如何在第二次世界大战后出现的新的历史条件下巩固和加强垄断资产阶级的统治。新体制具有两重性,它虽在一定程度上在某些方面符合生产力发展的要求,暂时缓和了某些矛盾,消除了危机,稳定了政局,但没有,也不可能解决资本主义社会所固有的矛盾。新体制加强了本已高度集中的庞大的官僚行政机构,必然招致另外一些不可避免的弊端。总统权力过大,独断专行,限制和侵害了资产阶级民主,势必引起资产阶级统治集团内部新的矛盾和冲突。此外,戴高乐加速资本集中的种种经济措施使垄断兼并的进程加快,规模增大。大批企业和大片耕地的合并使广大中间阶层、手工业者、小商人和农民面临着破产的威胁，引起人民的严重不满，最终加剧了政治和社会矛盾；戴高乐在某些方面能顺应历史潮流，做出了与民族利益相一致的事件，但又视进步势力如邪恶，推行新殖民主义，处处表现出他是垄断资产阶级的意志和愿望的忠实代表者。戴高乐新体制的这种两重性决定了法兰西第五共和国的历史局限性。

希、土危机

1947 年 2 月 21 日，英国政府发表白皮书，承认 1946 年财政赤字超过原先估计，已达 4.5 亿英镑，不得不大大削减海外开支。同日，英国政府向美国国务院发出了结束援助希、土的照会，声称国内严重的经济困难使英国在 3 月 31 日以后无法继续向希腊、土耳其两国提供援助。英国强调希、土面临共产主义的严重"威胁"，根本无力维护"民主制度"，由于希、土在军事和战略上的重要性，西方国家决不能眼看它们落入苏联控制之下。白宫要求华盛顿立即接过援助希、土的担子。"希、土危机"一时成为国际关系中引人注目的突出事件。

巴尔干半岛和东地中海地区，历来被英国视为大英帝国的生命线。大战结束前后，美国利用种种借口，千方百计渗入这个联结欧亚非 3 大洲的重要战略地区。苏联与伊朗、土耳其的纠纷，恰好为美国提供了机会。1946 年初，美国指使伊朗向刚刚成立的联合国控告苏联拒绝从伊朗撤军，同时扬言美国准备"使用军事实力。"接着又支持土耳其指责苏联企图侵犯土耳其领土和主权，以夺取黑海海峡。1946 年 3 月，一支包括"密苏里号"主力舰在内的特遣舰队，借口运送土驻美大使的尸体回国，开往东地中海游弋示威。8、9 月间，苏联两次照会土耳其，要求修改蒙特勒公约，由苏、土共同防卫达达尼尔海峡。而美国却派遣最大的航空母舰"罗斯福号"加入地中海舰队；11 月，"伦道夫号"又接踵而至。这支庞大的美国舰队耀武扬威地访问土耳其、希腊、西班牙等地，要以美国的实力驱赶"俄国的巨大阴影。"它后来扩展成为常驻东地中海的第 6 舰队。

与此同时，美国利用英国耗费巨资仍无法消灭希腊民主军的困境，以提供援助的方式来"填补真空。"1946 年初以后，提供了 2.6 亿美元的援助，年底又派经济代表团赴希腊"考察。"这时渲染形势危急的报告接连从希腊和英国传来，国务院认为希腊"正成为紧张的国际关系的焦点"，草拟了题为"危机和迫在眉睫的崩溃的可能性"的备忘录。据说形势危急的根源是苏联的"侵略"，希腊、土耳其和伊朗当即被确认为遏制苏联的前哨阵地。

恰恰在美国跃跃欲试，准备取代英国控制东地中海地区战略要地的时候，英国发来前述的照会，将渗入、干涉希腊、土耳其的机会拱手送上门来。美国政府官员立刻又惊又喜地认为，"英国此刻已将领导世界的任务，连同其全部负担和全部光荣，一齐移交给了我们"，美国应该从更广阔的世界背景上考虑"希、土危机"，要把援助希、土当作"一把钥匙",去打开一个"广阔得多的局面。"杜鲁门决定利用这个机会,提出酝酿已久的全球性侵略扩张的纲领。

从"强硬"到"遏制"的对苏政策

第二次世界大战结束后,美国统治集团企图凭借自己强大的经济、军事实力,调整与西欧盟国以及昔日敌国德、日的关系,趁它们急需美国援助之机,把它们拴在一起,既在政治、经济和军事上控制西欧,又在战略上利用西欧,以便对付苏联这个阻碍美国称霸世界的主要对手。杜鲁门上台伊始当即准备对苏联实行"强硬"政策。美国决策层对战后世界性质和美国对策的看法,已在1945年底1946年初基本形成。

1945年12月,美国国内掀起一股反对"姑息主义"的浪潮。1946年1月5日,杜鲁门当面指责国务卿贝尔纳斯对苏不够"强硬",明确表示"我已厌倦于笼络苏联人",而要用"强硬的抗议"和武力的"铁拳"对付苏联。杜鲁门自己把这一举动称作"我们政策的转折点。"2月22日,美驻苏代办乔治·凯南向国务院发回一份长达8千字的电报,提出了一套"遏制"苏联的政策,美国政府内主张对苏"强硬"的一派立即对此大加赞赏。

美国政府对于公开与苏摊牌会引起什么反响感到没有把握。趁丘吉尔访美的机会,杜鲁门把丘吉尔推上前台,1946年3月5日请他在密苏里州的富尔敦发表了著名的"铁幕"演说,借以试探公众反应。结果是美国各界舆论哗然,表明美国人民希望同苏联继续保持友好关系,美国政府和国会内部也有不同看法。杜鲁门深感时机尚未成熟,赶紧举行记者招待会,矢口否认自己与丘吉尔的演说有任何关系。

从杜鲁门陪同丘吉尔到富尔敦发表演说以后1年间,尽管大国之间就意、罗、匈、保、芬5国和约问题勉强达成协议,美国并未放弃伺机插手东欧事务的企图,同时致力于夺取所谓苏联"势力范围"以外的地区。美国统治集团一方面利用德国、希腊、土耳其等问题,竭力渲染苏联"扩张"的危险,制造反共气氛,另一方面在内部加紧制定遏制苏联、争霸世界的全球战略。

当时在对苏方针问题上,美国有两种人与当权的决策集团有严重分歧。一种是以共和党参议员塔夫脱为代表的"孤立主义"派,他们坚决反共,赞成对苏强硬,不过他们反对过多卷入外国事务,主张回到战前孤立主义的做法上去。他们要求削减政府开支,反对拨付巨额援外经费,反对大量海外驻军,这就实际上剥夺了美国政府实行对苏强硬方针的主要手段。

另一派是以罗斯福时期的担任过副总统的商务部长华莱士为代表的"自由派",他们以罗斯福政策的继承者自居,在美国公众中有较大影响。他们反对与苏联公开决裂,甚至提出用承认苏联在东欧的"势力范围"为代价,换取苏联在经济上服从美国的"门户开放"政策。这种和平缓进战略目的同样是夺取世界霸权,可是在做法上却与杜鲁门政府的"主流派"很不相同。华莱士曾两次写信给杜鲁门，反对丘吉尔的富尔敦演说，抨击联英对苏的对外政策，强调美苏合作的重要性。在美国借口土耳其问题耀武扬威，大搞炮舰外交时，华莱士、佩珀等民主党显要议员公开提出异议，给杜鲁门政府泼了一大盆冷水，指出美国如果强硬起来，苏联照样也会强硬起来。正在巴黎出席 21 国和会的贝尔纳斯，依仗范登堡、康纳利等人的支持，指责华莱士作为政府官员不该公开批评政府的对外政策。杜鲁门利用华莱士与贝尔纳斯公开对峙、互不相让的局面，于 1946 年 9 月 20 日把华莱士撵出政府，为公开宣布全球扩张计划扫除了一个内部障碍。

4 天之后，白宫主要助理克拉克·克利福德提出了"美国与苏联关系"的长篇报告。这份按照杜鲁门的命令起草、由政府重要官员几经商讨写成的文件，继凯南 8 千字长电报之后，进一步系统阐述了遏制苏联、称霸世界的战略原则。报告鼓吹美国应与英国和其他西方国家建立"我们自己的世界"；报告还建议将苏联"侵略扩张"、奉行"军国主义"的情况公之于众，以便改变公众对苏联的看法。报告提出"美国必须拥有强大的军事力量，强大到足以抑制苏联，使苏联的势力范围限于目前它所控制的地区"，这就是所谓"遏制战略。"杜鲁门把这份报告在统治集团内部传阅，力图在遏制苏联的全球战略上进一步取得一致意见。1946 年底 1947 年初，凯南又写了一篇分析苏联的政权以及美国应采取的对策的文章，凯南征得国务院有关方面许可，化名"x"在《外交季刊》7 月号上抛出这篇文章，题为《苏联行为的根源》。供福莱斯特尔（海军部长，后任国防部长）"私人参考。"福莱斯特尔极为赞赏，把它推荐给新上任的国务卿马歇尔。这样，遏制战略就具有了"更坚定、更严峻的理论基础。"

这时，苏联报刊先后发表了斯大林对英美记者提问的几次答复和会见罗斯福总统之子埃利奥特·罗斯福时的谈话。斯大林表示，在苏联那样的国家内建设共产主义是完全可能的，苏联和西方民主国家可以长期和平合作。对于美国舰队在地中海游弋，他觉得"无所谓"，不相信有新的战争的实际危险。他指出，必须揭露和约束丘吉尔之流新战争的煽动者，但是，应把现时进行的战争叫嚣，同目前并不存在的新战争的实际危险区别开来。

美国政府官员根本不相信苏联的和平诚意。他们认为这是苏联"讹诈"政策失败后发起的和平攻势，目的无非是为华莱士那样的反对派撑腰，制造和利用美英之间矛盾，挫败美英的对苏政策。他们把苏联大量裁减兵员，说成是因为国内发生严重经济困难而作出的"暂时退却。"他们得出的结论是，情况并不像华莱士他们所说的那样，苏联很可能是欺软怕硬的，美国越是"强硬"，也许苏联就越是"谨慎"，因此他们更增强了发动"冷战"的决心。

在 1946 年 11 月国会中期选举中，共和党大获全胜，取得了 1928 年以来第一次控制参众两院的胜利。被民主党参议员佩珀斥为"帝国主义反赤色集团"首领的范登堡当上了参议院外交委员会主席，同时由于副总统职位的空缺，又被推为参议院临时议长。当时，许多报刊认为共和党是靠高唱反共口号，抗议民主党政府对苏过于软弱而赢得选票的。本来就属于民主党保守派的杜鲁门，自然不甘心让共和党将反共旗帜夺走。他不仅深知坚决反共在政治上会获得的好处，而且知道只有这样，才能冲破"孤立主义"的障碍，从共和党控制的、正准备把政府预算削减 60 亿美元的国会手中获得大量拨款。

美国统治集团正是在这样的国际国内形势下，决定对苏联实行"坚定""强硬"的方针，进而制定了全面遏制苏联，夺取世界霸权的全球战略。英国决定停止援助希、土，恰好为美国提供了公开宣布这个遏制战略的最佳时机。

苏联发射世界上第一颗人造卫星

20 世纪初，俄国科学家齐奥尔科夫斯基创立宇航理论。经过半个世纪的探索和实践，1957 年 10 月 4 日，人类终于突破运载火箭的难关，苏联发射了世界上第一颗人造卫星，开创了航天新纪元。

这颗人造地球卫星的本体是一只用铝合金做成的圆球，直径 58 厘米，重 83.6 千克。圆球外面附着 4 根弹簧鞭状天线，其中一对长 240 厘米，另一对长 290 厘米。卫星内部装有两台无线电发射机，频率分别为 20.005 兆赫及 40.002 兆赫，无线电发射机发出的信号，采用一般电报讯号的形式，每个信号持续时间约 0.3 秒，间歇时间与此相同。此外还安装有一台磁强计，一台辐射计数器，一些测量卫星内部温度和压力的感应元件及作为电源的化学电池。该卫星在拜克努尔发射场由一支三级运载火箭发射。起飞后几分钟，卫星从第三级火箭中弹出，达到第一宇宙速度(7.9 千米/秒)，进入环绕地球飞行的轨道。它距离地面最远时为 964.1 千米，最近时为 228.5 千米，轨道与地球赤道平面的夹角为65°，以 96.2 分钟时间绕地球 1 周，比原来预计的所需时间多 1 分 20 秒。卫星在天空中运行了 92 天，绕地球约 1400 圈，行程 6000 万千米，于 1958 年 1 月 4 日陨落。为了纪念人类进入宇宙空间的伟大时刻，苏联在莫斯科列宁山上建立了一座纪念碑，碑顶安置着这颗人造卫星的复制品。

国际原子能机构成立

国际原子能机构是国际原子能领域的政府间科学技术合作组织，同时兼管地区原子安全及测量检查，于 1954 年 12 月由第 9 届联大通过决议设立并于 1957 年 7 月成立，是联合国的一个专门机构。总部设在维也纳，现有 129 个成员国。

国际原子能机构的宗旨是"加速扩大原子能对全世界和平、健康和繁荣的贡献"，并"确保由机构本身。或经机构请求，或在其监督管制下提供的协助不致用于推进任何军事目的。"由 35 国组成的理事会为该组织最高执行机构；秘书处由总干事领导下的专业人员和工作人员组成，总干事由理事会任命，6 名副总干事负责 6 个独立的部门，下设科学咨询委员会、技术援助委员会、行政和预算委员会和保障委员会；每年召开一次由全体成员国代表组成的大会；出版物有《核聚变》《国际原子能机构通报》。

非洲独立国家会议召开

1958 年 4 月 15 至 22 日，由加纳总理恩克鲁玛倡议召开的非洲独立国家会议，在加纳首都阿克拉举行。参加会议的有加纳、阿拉伯联合共和国（埃及、叙利亚）、利比亚、突尼斯、摩洛哥、苏丹、埃塞俄比亚和利比亚 8 个非洲独立国家的代表，当时尚未获得独立的阿尔及利亚、喀麦隆等国的民族解放运动领导人也出席会议。会议就有关非洲各国的外交政策、非洲未独立国家的前途、阿尔及利亚问题、种族问题、保卫非洲独立国家的措施、经济合作和文化交流等方面交换了意见，并通过了 11 项决议。会议提出了"不许干涉非洲""非洲必须自由"的口号，并决定每年 4 月 15 日为"非洲自由日。"

慕尼黑空难

1958 年 2 月 6 日，英国足球劲旅曼联队在欧洲冠军杯 1/4 决赛中淘汰了南斯拉夫贝尔格莱德红星队，获得半决赛权。他们兴高采烈地踏上了返乡路程，可这却成了一场死亡之旅。飞机在慕尼黑加油之后，在风雪中两次起飞都没有成功，最终坠毁，23 名乘客在空难中丧生，其中包括 8 名曼联球员、3 名俱乐部官员、8 名记者，教练巴斯比也身受重伤。

在死亡的 8 名球员中，最受球迷崇拜的是邓肯·爱德华兹，他外号"美洲豹"，身受重伤的他被送到医院抢救了 15 天后，最终没能逃过死神的魔爪，死于肾衰竭。他当时只有 21 岁，如果能活下来，他很可能成为英格兰历史上最伟大的射手。死去的人中还有托米·泰勒，当年身价最高的球员，身价为 29999 英镑。天才的队长罗杰·拜恩也死于这场浩劫中，他和布兰奇弗勒是最早的两名"Busby babies"（巴斯比宝贝）。10 名幸存的队员中，博比·查尔顿身上多处骨折，但幸运地活了下来；布兰奇弗勒和强尼·巴里伤势严重，终生不能踢球。

为了曼联的复兴，空难的幸存者们强忍悲痛，用血泪和着汗水立即投入了工作。昔日曾在曼联队踢球的队员纷纷赶来效力，空难后曼联的首场比赛是足总杯第 5 轮对谢菲尔德星期三队，上场阵容中除了福克斯和格雷格两名老队员外，其余全是替补和青年队员。他们一进场，全场观众就报以热烈的掌声。曼联队同仇敌忾，以 3∶0 获胜。此后他们一路闯进足总杯决赛，但在决赛中负于博尔顿队。在 1958 年的冠军杯半决赛首轮回合中,曼联在球迷的助威声中仍然以 2:1 战胜了 AC 米兰,捍卫了老特拉福德的荣誉,只是在客场失利。此后曼联积极地培养新秀和招兵买马。许多英雄也为他们的精神所感动,从四面八方投至曼联旗下,其中包括后卫坎特威尔、前锋丹尼斯·劳和乔治·贝斯特等。1963 年 5 月,巴斯比苦心经营 5 年重建的球队得到了回报,曼联夺得了当年的足总杯冠军,这是慕尼黑空难后曼联首次夺冠。1968 年 5 月 29 日,在慕尼黑空难整整 10 年后,巴斯比带领他的新孩子们终于捧起了欧洲冠军杯。

引起全世界关注的厨房辩论

1959 年 7 月 24 日,在莫斯科举行的美国国家展览会上,美国副总统尼克松和苏联总理赫鲁晓夫之间发生了著名的“厨房辩论。”这个展览是美国消费商品的橱窗,展览目的是通过“政治和经济自由的意识形态”表现资本主义的优越性。但展览真正要传达的信息不是自由,而是消费观念——更准确地说,是两者的合一。尼克松在为莫斯科之行做准备时,一位前美国驻苏联大使敦促他要强调美国价值观:“我们是理想主义者;他们是物质主义者。”但展览会开幕日发生的事件好像将两者的位置颠倒过来。尼克松讲话的题目是“自由对我们来说意味着什么?”,但全部内容不是讲言论自由,也不是讲不同的政府形式,而是美国的“不同寻常的高生活水平。”他宣称,美国已经取得了苏联人只能梦想的事情——“在一个无阶级社会中的、所有人共同享有的繁荣。”

展览会第二天,尼克松与赫鲁晓夫就资本主义与共产主义谁优谁劣进行了两次辩论,第一次在展出一个现代城郊平房住宅的厨房中进行,第二次在展出的一个未来世界的“梦幻厨房”中进行,那里有一个移动机器人在扫地。尼克松宣称,这个厨房象征普通美国人对自由的享受,将“我们的家庭妇女”从枯燥乏味的工作中解放出来。赫鲁晓夫却嘲笑美国人迷信家用电器。他问道:“你们有没有把食物送进嘴里再压下去的机器?”他认为,展出的许多东西“有意思”,但却“没有任何有用目的。”可是,当他预测说在 7 年之内国家消费品生产上会超过美国时,在某种意义上已在辩论中认输。这样看起来,两种制度间的竞争不是在政治理想或军事力量方面,而是在于谁能提供更大程度的物质富裕。

美苏戴维营会议

1959 年 9 月 15 日至 28 日,苏联部长会议主席赫鲁晓夫访问美国,同美国总统艾森豪威尔在离华盛顿 100 千米的美国总统别墅戴维营举行了非正式会谈,并发表了会谈公报。这是赫鲁晓夫上台以后,苏美两国首脑的第一次会晤。双方就德国问题、柏林问题、裁军问题、禁止核试验问题、进行科学文化交流、发展经济合作和双边关系等广泛地交换了意见。此次会谈虽未取得任何实质性的成果，但它是美苏两个超级大国试图走出冷战禁锢、走向对话缓和、彼此伸出橄榄枝的初步尝试，不仅此后美苏关系得到了逐步缓和，也为美苏两国通过以首脑会晤的形式来解决国际争端和双边关系问题开创了历史性的先河。

莱维顿经济适用房

战后初期，美国房荒严重。由于战时的劳动力和建筑材料都用在军事工业上，战后数百万军人退伍，随之而来的结婚人数增加、"婴儿潮"的出现，使房荒问题更为突出。1946 年底，纽约实业家、建筑营造商威廉·莱维顿在政府给予的优惠政策支持下，在牡蛎湾附近的一片土豆地上用预装配构件建造了第一批造价低廉的科德角式家庭住房。结果出现了第一个以莱维顿命名的"莱维顿镇"，共有 17544 户人家。

"莱维顿"式住宅因造价低廉、经济实用很快地被各地效仿。一时间，美国的版图上如雨后春笋般地出现了许多以"莱维顿"命名的小镇。当时，曾有人预计，莱维顿建造的这些没有地下室的廉价住房很可能成为未来的"贫民窟"，然而，10 多年过去了，这些住宅依然挺立。购买莱维顿式住宅的都是低收入者，一是退伍大兵；一是纽约城里想改善住房条件的低收入者。

工业机器人的诞生

1959 年，美国人英格伯格和德沃尔制造出世界上第一台工业机器人。英格伯格负责设计机器人的"手""脚""身体"，即机器人的机械部分和完成操作部分；德沃尔设计机器人的"头脑""神经系统""肌肉系统"，即机器人的控制装置和驱动装置。这个机器人的功能和人手臂功能相似。它成为世界上第一台真正的实用工业机器人。此后英格伯格和德沃尔成立了"尤尼梅逊"公司，兴办了世界上第一家机器人制造工厂。第一批工业机器人被称为"尤尼梅特"，意思是"万能自动。"1962 年美国机械与铸造公司也制造出工业机器人，称为"沃尔萨特兰"，意思是"万能搬动。"至此"尤尼梅特"和"沃尔萨特兰"就成为世界上最早的、至今仍在使用的工业机器人。

飞往月球的探路者

1959 年 1 月 2 日，苏联发射了"月球 1 号"探测器。这个探测月球的仪器，途中飞行顺利,但是没有命中月球,而是从距离月球表面约 7000 千米的地方飞过去,后来成为历史上第一颗围绕太阳运行的"人造行星。"在这一年的 3 月 3 日,美国也向月球发射了"先

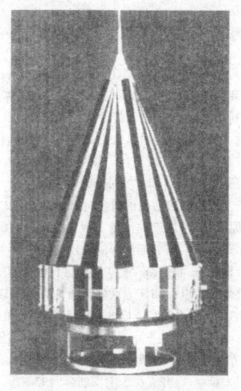

"月球 1 号"探测器

锋 4 号"探测器,它从距离月球 59000 千米处飞过。接着,9 月 12 日苏联又发射了"月球 2 号"探测器,9 月 14 日上午 6 时 2 分 24 秒抵达月球表面的"澄海",只比预计的时间迟了 1 分 24 秒。这是到达月球的第一位使者。"月球 2 号"飞行的成功,开辟了飞往月球的道路。同年 10 月 4 日苏联"月球 3 号"探测器飞往月球,3 天后环绕到月球背面,拍摄了第一张月球背面的照片,让人们首次看全了月球的面貌。在苏联的月球探测器陆续成功之后的 2 年 7 个月,美国的探测器"徘徊者 4 号"飞抵月球的背面。

韩国"四·一九"起义

1960 年 3 月韩国大选,人民对这次政府变动机会寄予厚望。但李承晚傀儡集团为维持其法西斯统治,不甘于退出执政地位,使用了一些不合法律的手段操纵选举,企图使权柄不易人手。韩国人民对政府的做法坚决反对。4 月 19 日,汉城几十万群众上街游行、示威,同反动军警展开了英勇搏斗。在韩国人民斗争力量的沉重打击下,李承晚伪政府

成员被迫在 4 月 21 日宣告集体辞职,27 日,李承晚本人被迫下台。

石油输出国组织成立

1960 年 9 月 14 日,伊拉克、沙特阿拉伯、伊朗、科威特和委内瑞拉 5 个石油生产国在伊拉克首都巴格达举行会议,成立石油输出国组织,简称欧佩克,目的是联合起来,反对国际石油垄断资本的控制和剥削,维护石油资源和民族利益。后卡塔尔、印度尼西亚、利比亚、阿拉伯联合酋长国、阿尔及利亚、尼日利亚、加蓬、厄石油输出国组织成立瓜多尔相继加入,到 1986 年,欧佩克共有 13 个成员国。1980 年已探明该组织成员国的石油储量占世界总储量的 67%、开采量的 45%、出口量的 80%。

长期以来,西方石油公司控制产油国油价制订权,1959 年 2 月和 1960 年 8 月,两次降低中东和其他地区的原油标价,使产油国遭受很大损失。该组织成立后,多次迫使西方石油公司提高油价和石油税率,增加产油国的股权。1973 年 10 月第四次中东战争爆发后,又以收回原油标价权、提高油价、减产、禁运及国有化等措施展开斗争,不仅保障了产油国的合理收入,而且第一次以石油作为武器沉重地打击了以色列及其支持者,促发了 1973 年至 1974 年资本主义世界的经济危机。1975 年 3 月,在阿尔及尔召开石油输出国组织第 1 届首脑会议,通过《庄严宣言》,提出了维护石油输出国合法权益,争取建立国际经济新秩序的一系列方针和原则。1979 年末,由于伊朗政局变化,石油收入受到美元贬值的影响,该组织决定大量减产,并提高长期供油合同的油价,对资本主义世界的经济和政治再次造成深刻的影响。

进入 20 世纪 80 年代以来,该组织成员国还在石油的运输、提炼、化工和销售等领域加快发展步伐,以全面控制各自的石油资源。该组织注意增进与发展中国家(特别是非产油国)的合作,1976 年,设立石油输出国组织特别基金,向其他发展中国家提供财政援助。石油输出国组织的斗争打破了帝国主义长期垄断国际石油经济的局面,在第三世界原料生产国和输出国组织中所起作用最为显著,它已成为当今世界经济和政治发展中的一个不容忽视的因素。该组织总部初设于日内瓦,1965 年迁至维也纳。最高权力机构是大会,由各成员国石油部长率团组成,每年举行两次会议,负责制定总政策和确定实施办法,协调成员国的石油政策。下设理事会和秘书处,负责整个管理工作和日常事务。秘书处内设一经济委员会,协助该组织把国际石油价格稳定在公正合理的水平上。

苏联宇航员加加林太空飞行成功

1961 年 4 月 12 日 9 时 7 分(莫斯科时间),苏联宇航员加加林乘"东方 1 号"飞船从拜科努尔发射场升空,进入地球轨道,飞行了31小时48分后安全返回,降落在萨拉托夫州斯梅洛夫卡村地区,驾驶员加加林平安归来。它标志着从这一日起,人类不再被禁锢在地球上,一个古老的梦想——走出地球——已经成为现实。

加加林于1934年3月9日生于苏联格扎茨克卢希洛镇的木匠家庭。1955年参加空军,成为空军飞行员。后来被挑选为苏联第一批航天员。1964年4月14日,加加林被授予"苏联英雄"称号,以后又获得列宁勋章。1968年3月27日,已晋升为上校的加加林与另一名飞行教官在演习飞行中,因为天气不好出事故而丧生。为了纪念他,苏联将他的出生地改名为加加林区,将发射"东方1号"飞船的发射阵地命名为加加林发射阵地,并在阵地旁边修建了加加林塑像,把莫斯科郊外的航天员培训中心命名为加加林航天员培训中心。国际航空联合会设立了以他的名字命名的加加林金质奖章,以奖励那些有突出贡献的航空人员。月球背面的一座环形山也以他的名字命名为加加林山。加加林成为宇宙时代的象征。

庞贝遗迹发现罗马人遗骸

1961年5月4日,意大利庞贝遗迹再度挖掘出数具古罗马人的遗骸,其中有小孩的遗骸。庞贝古城遗迹自公元79年因维苏威火山爆发被埋没,有2000人来不及逃出,被埋葬在厚厚的火山灰下,经过很长时间,人体腐烂了,火山的尘埃却形成了人体的模型。考古学家自1748年左右着手挖掘,至今已出土的有神殿石柱、石砌道路、水道、公共浴室以及美术工艺品等。如今再度挖掘出土的罗马人遗骸,对研究当年被埋没原因和古希腊罗马文明提供了宝贵的根据。

不结盟运动

不结盟运动是第三世界形成的重要里程碑。1961年6月,由20多个国家发起的第一届不结盟国家首脑会议筹备会议在埃及首都开罗举行。同年9月,由南斯拉夫、埃及、印度尼西亚、印度、阿富汗发起,第一届不结盟国家和政府首脑会议在南斯拉夫首都贝尔格莱德召开,出席会议的有25个国家的代表。由此,不结盟运动正式形成。会议结束时发表了《不结盟国家和政府首脑会议宣言》。

不结盟运动奉行独立、自主和非集团的宗旨和原则,对各国人民争取和维护民族独立、捍卫国家主权以及发展民族经济和民族文化的斗争给予大力支持,对帝国主义、新老殖民主义、种族主义和一切形式的外来统治和霸权主义则坚决反对,呼吁发展中国家加强团结,主张国际关系民主化和建立新的国际经济秩序。截至2006年底,不结盟运动共有 116 个成员国。

苏美冷战大较量

1959 年 5 月 11 日,在日内瓦召开苏、美、英、法 4 国外长会议,讨论对德和约和柏林问题,毫无结果。9 月 15 日至 27 日,苏联党和国家领导人赫鲁晓夫访美,同艾森豪威尔总统举行"戴维营会谈",双方达成就柏林问题恢复谈判的谅解。随后,美、苏商定于 1960 年 5 月 16 日在巴黎召开 4 国首脑会议。由于 5 月 1 日发生美国 U-2 型飞机侵犯苏联领空事件,首脑会议和艾森豪威尔访苏均被取消。1961 年 1 月 20 日,肯尼迪继任美国总统。6 月 3 日,美苏两国首脑在维也纳会晤,赫鲁晓夫重提苏联 1958 年 11 月 27 日建议,声称"必须在今年使欧洲的这个问题得到和平解决。"肯尼迪也持强硬态度,扬言要武力"保卫西柏林。"会谈仍无任何结果。8 月华沙条约各国党中央第一书记在莫斯科集会,声明:如西方不愿签订对德和约,华约各国决定单方面与民主德国签订和约。8 月 13 日,在华约组织的建议下,民主德国沿东西柏林分界线修筑"柏林墙",封锁东、西柏林边界。18 日,美国派遣 1500 名士兵通过民主德国检查站增援西柏林。接着,双方互相以核武器进行威胁。当危机达到高峰时,赫鲁晓夫态度软化,宣布苏联将不再坚持单方面缔结和约,撤销了"六个月的期限",从而结束了这场持续 3 年多的"柏林危机。"

柏林墙

在德国投降 16 年后,第二次世界大战战胜国仍然没有同德国签署和平条约。这表明苏联新的西部边界即同波兰和捷克斯洛伐克的边界还没有得到确认。位于西部的德意志联邦共和国成为大西洋联盟的组成部分,北约组织的一员。位于东部的德意志民主共和国参加社会主义阵营,加入华沙条约组织。

这种形势对东德更为不利。战争期间,属于民主德国的地区受到的破坏大于属于联邦德国的地区,而且 1939 年以前东德地区的经济就已经落后于西部地区。况且,德意志民主共和国承担的战争赔偿更为沉重,因而民主德国的生活水平大大低于西德。资本家、地主、富农对民主德国的社会变革不满,移居西德。更为严重的是,高级专家和熟练技术工人也纷纷离去。

1961 年 8 月 13 日夜,一道道耀眼的探照灯光刺破夜空,宣告了柏林市东西分隔的开始。当柏林人一觉醒来时,发现一道 40 千米长的带刺铁丝网沿着苏联占领区界限被匆匆布下。民主德国人民议院发布命令,用铁丝网封锁西柏林,后改为混凝土墙,建成举世瞩目的"柏林墙",切断了东西柏林间的自由往来。

当时这个被东德称作"反法西斯保护墙"的堡垒于1964年建成。1975年最后一次工程竣工。柏林墙全长169.5千米,其中包括水泥板墙104.5千米、水泥墙10千米、铁丝网55千米。墙高约3.6米。沿墙修建了253个观望台、136个碉堡、270个警犬桩、108千米长的防汽车和坦克的壕沟。此外,还有一触摸会发出信号的铁栅栏119.5千米和供边防军士兵巡逻用的巡逻道119.5千米。柏林墙设有7个过境站,供墙两边的人员来往之用。在隔离期间不断有人试图越过柏林墙,寻求自由。在近30年中,至少有255人在越境时死亡,其中的171人是在试图越过市中心的混凝土墙时丧生的。

柏林墙也成了冷战及东西德间谍战的最前沿。克格勃和中央情报局在两边分别设有大规模的谍报机构相互对敌,苏联就在连接波茨坦与西柏林的格利尼克桥上与西方交换被俘间谍。1961年10月27日至28日间,美苏两军就美方进入苏占区一事发生争执,双方坦克在弗里德里希大街的查利检查哨正面对峙了16小时之久,这可能是东西方关系中最危险的一幕。

海明威

迷惘的一代

1899年7月21日,海明威出生在美国芝加哥郊外橡树园镇。少年的海明威对父亲打猎、钓鱼等爱好不感兴趣,而对于母亲的文学爱好却特别钟情。这给海明威带来了很大的影响。中学毕业后,海明威到美国西南的堪萨斯《星报》,做了六个月的实习记者。第一次世界大战爆发后,海明威毅然加入到美国红十字会战场服务队,前往意大利战场。由于表现英勇,战后海明威被意大利政府授予十字军功奖章、银质奖章和勇敢奖章,还被晋升为中尉。但是战争在他身上所留下的237处伤痕,成了他恶魔般的记忆。身体康复后,海明威以加拿大多伦多《星报》记者的身份常驻巴黎:此时,他对创作产生了浓厚的兴趣,在当记者的同时还努力写小说。

10年中,他出版了很多作品,其中最著名的就是长篇小说《太阳照样升起》。小说描述了第一次世界大战后,流落在法国的一群美国年轻人,因为战争结束而迷失了前进的方向,因而感到空虚、苦恼和忧郁,虽然想重新振作起来,但精神上陷入了迷茫的状态之中,而尔虞我诈的社会现实又使他们十分厌恶……美国作家斯坦因把小说中的人物称为"迷惘的一代",因而海明威及其所代表的文学流派也被称为"迷惘的一代。"

再次奔赴战场

1929年,长篇小说《永别了,武器》问世,这是"迷惘的一代"文学的最高成就。小说描写的是战争背景下的一个爱情故事:一个叫亨利的美国青年自愿前往意大利战场。负伤后,他受到了英籍女护士凯瑟琳的照顾,并深深地爱上了她。在一次撤退中,亨利被误认为是德国间谍,而险遭枪毙。他被迫跳河逃生,想从此脱离战争。为了躲避宪兵的追捕,亨利和凯瑟琳来到瑞士,度过了一段非常幸福的生活。可是不久,凯瑟琳却因难产死亡,婴儿也未能存活。亨利从此变成了一个孤独的人……

1928年,海明威离开巴黎,在美国的佛罗里达州和古巴度过了一段宁静的田园生活。他常以狩猎、捕鱼、看斗牛比赛作为消遣。第二次世界大战爆发后,海明威无心再过这种宁静的生活,他又奔赴战场,作为一名随军记者报道战争,还参加了巴黎的解放斗争。

太平洋战争爆发后,海明威把自己的游艇改装成巡艇,对德国潜艇的行动进行侦查,提供消灭敌人的情报。1944年,海明威前往欧洲采访,因飞机失事而受重伤,痊愈后,他又奔赴敌后进行采访。

"硬汉子"

1952年,海明威完成了中篇小说《老人与海》。小说描述了老渔夫桑提亚哥在海上连续工作了84天都没有捕到鱼的故事。起初,一个叫曼诺林的男孩曾和他一起出海,可因连续四十天都没有任何收获,孩子的父母就让他到别的船上去了,他们认为孩子跟着

写作中的海明威

老头不会有好运气。第85天,桑提亚哥一清早就出海了,并把船划到了很远的地方,这一次,他得到了一条大马林鱼,经过两天的努力,他征服了这条鱼。但受伤的大马林鱼在海上留下的腥味,吸引了无数的鲨鱼。老人又与鲨鱼展开了殊死搏斗,等他回到海港时,大马林鱼只剩下一副庞大的骨架了。孩子前来探望老头儿,发现了大马林鱼的庞大骨架,他感觉到桑提亚哥并没有失败,是条真正的"硬汉子。"

"一个人并不能被打败,你可以消灭他,但决不能打败他。"这是支撑着桑提亚哥生活的信念,也是文章所要阐明的思想。海明威借助桑提亚哥的形象,赞颂了人类在困难面前所显示出的坚不可摧的精神力量。在人生的角逐中,他或许已经失败了,但在命运面前,他依然是精神上的强者,是条"硬汉子。"

1954年,海明威凭借此文获得了诺贝尔文学奖。但以后因身体患有多种疾病,精神

也长期处在抑郁状态,没能再创作出影响深远的作品。1961 年 7 月 2 日,"硬汉子"海明威竟用猎枪结束了自己的生命……

布罗迪与绝对武器

1945 年 8 月 6 日,一架美国轰炸机飞临日本广岛市上空,扔下一颗奇怪的炸弹。随后升起的巨大蘑菇形烟云及其引起的风暴性大火几乎立即夺去了至少 6 万多人的生命。3 天后,同样一颗炸弹又在日本长崎上空爆炸,4 万余人死于非命。爆炸后数周乃至数月之内,有更多的人患放射线病死去。

决定这两次轰炸行动的美国总统杜鲁门为自己拥有这种被称之为"原子弹"的威力巨大的武器感到庆幸,但同时也不免心惊肉跳。万一其他国家也研制出原子弹,并将它在纽约、芝加哥等美国重要城市引爆,后果会如何呢? 人们将如何预防这种无法想象的灾难到来? 就如同神话传说中被打开的潘多拉魔盒一样,人们第一次在自己亲手制造的武器面前战栗了。

最早对核时代的到来有清醒的认识,并且开始探讨核时代战略问题的一位美国军事理论家,名叫伯纳德·布罗迪。

布罗迪生于 1910 年,曾长期从事学术研究工作。第二次世界大战期间,他进入达特莫斯学院任教,并将研究兴趣转向海军战略,著有《机器时代的海上战略》《海军战略指南》(本书最初称《外行人的海军战略指南》,修订第三版时方改用今名)。他在思想上虽然深受马汉的影响,但看到当时兴盛一时的"大炮巨舰"主义已开始衰落,潜水艇、鱼雷艇、航空母舰和飞机在海战中扮演了更重要的角色,而新兵器、新技术的发展必然使得海上战争以种种新的样式表现出来,并引起海军战略的变化。所以"海权论"的某些结论需要进行改造,才能适应现代海上作战的需要。他指出,现代战争中海权的作用是控制战时的海上交通运输,保护陆、空军的输送与补给,保护海上交通线,阻止敌人从海上运送军队和物资。这种控制只能是相对的,潜艇的出现使一举消灭敌国舰队,完全控制海洋更加困难。由于航母的出现,海上的空中力量可以不再以陆地为根基。航母将海军与机动空军有机地结合在一起,加上其他支援兵器,构成现代海上战场的共同主宰。

第二次世界大战末期,美国虽然在日本投掷了两颗原子弹,但无论是军事理论界,还是民间学术机构,对核时代的到来反应都相当迟钝。布罗迪当时正在耶鲁大学研究系当研究员,他敏锐地感到这个问题在国家防务中至关重要的地位,于 1945 年耶鲁大学国际问题研究所秋季出版的第 18 号不定期刊物上发表了《原子弹与美国的安全》一文,较早地讨论了核威慑、有限战争、军备竞赛、核扩散等问题。1946 年,他将此文与自己在耶鲁大学几位同事论述核武器政治含义的几篇文章合起来,取名为《绝对武器》在纽约出版。20 世纪 50 年代,他在兰德公司任高级研究员时,接受美国空军的研究课题,出版了《导弹时代的战略》一书。以后他担任过美国国防军事学院教授、国防军事学院顾问委员会委员、加利福尼亚大学政治系教授等职务,出版了《逐步升级和核选择》《战争与政治》等专著。1978 年,布罗迪逝世。

布罗迪以最早开拓性地研究核战略并提出一系列重要的理论观点而蜚声美国军事论坛。从他的一系列有关论著中,可以概括出他对核战略问题的基本观点是:

一、在核时代以前,任何军事组织的目的都是打赢战争。进入核时代以后,总体战会给人类带来比过去更大的灾难,给人民和领土造成巨大破坏,因此应竭力避免战争。

二、避免核战争的最好办法是采取威慑战略。威慑战略有三大行动原则,一是在放弃预防性战争政策的同时,必须使用最大的军事力量剥夺敌人采取突然袭击以实现先发制人的有利条件,为此必须通过各种防护和保障措施确保自身报复力量的安全;二是保持一支强大的常规军队,在局部地区应付有限规模的军事行动,避免在局部战争中处于要么承认失败,要么增加爆发总体战的风险的两难境地;三是应当采取预防措施,应付总体战。

三、在总体战中,包括导弹在内的战略轰炸力量不论作为进攻手段还是防御手段都将绝对支配战争的一切,战争的结局取决于战略空中优势。

四、即使在不使用核弹的大规模战争中,核弹的阴影仍将有力地支配着双方的战略或战术部署,以致会出现一种全新的样式。

布罗迪关于核战争的论述出现在美国核战争理论发展早期,尽管不乏开拓之功,但也有许多简单表面化的倾向和错误的观点。就连美国军事理论界,也由赞同他的报复战略转向灵活反应与有限威慑、确保相互摧毁、高边疆等新的战略,变化幅度是非常大的。

战后美国的黑人运动

第二次世界大战后,美国广大黑人反对种族歧视和压迫的觉悟不断提高,黑人运动蓬勃发展。50、60 年代发生的大规模黑人民权运动和抗暴斗争,更以磅礴的气势震撼了整个美国社会,引起世界各国人民的关注、同情和支持。

自从奴隶制度在美洲建立起,黑人就开始了反抗奴役的斗争。绵亘二百多年的奴隶制度因 19 世纪 60 年代美国内战全面解体,黑人世世代代争取人身解放的斗争终于获得胜利。然而,奴隶制的废除并没有给黑人带来真正的自由和解放。虽然他们不再是奴隶了,但依然饱受种族歧视和压迫。在黑人人口最多的南部诸州,种族歧视和隔离制度尤为猖獗,广大黑人的处境极为悲惨。宪法中有关禁止歧视黑人的条文徒具虚文,不能保证黑人的正当权利。美国实际上依然为两个社会,即白人社会和黑人社会。黑人在美国被视为"次等公民",他们绝大多数被剥夺选举权和受教育权。在就业、工资、住房、公共服务设施等方面,备受歧视和凌辱。美国黑人约占全国总人口的 12%,他们仍然生活在社会的最底层，成为长期贫困的"下层阶级。"在"解雇在先，受雇在后"的原则下，黑人的失业率比白人高出 1 倍以上。尤其在美国南部 12 个州是美国黑人最集中的地区。实际上存在着一条长 1600 英里，宽 300 英里的"黑人地带"，他们备受奴役和歧视。三 K 党等种族主义组织的私刑和其他恐怖活动，使广大黑人连起码的人身安全都得不到保障。总之，内战后黑人仍然一直处在美国社会的底层，遭受各种侮辱和损害。

热爱自由的美国黑人为反对种族歧视和争取平等权利进行了长期不懈的斗争。1910 年成立的全国有色人种协进会，在反对种族压迫特别是在办理有关种族权利的诉讼案件方面开展了大量的工作。但囿于它的改良主义和渐进主义，只能在法律范围内进行某些斗争，收效不大。直到第二次世界大战后，美国黑人反对种族压迫的斗争才发展成为波澜壮阔的群众运动。

大战期间，由于军需工业急剧发展，劳动力匮乏，罗斯福政府于 1941 年宣布在国防工业部门雇用工人时不得因种族、肤色等原因而有所歧视，并且成立了"公平就业实施委员会。"大批黑人由南部乡村迁入北部和西部城市，黑人无产阶级的队伍逐渐壮大。在反法西斯战争期间，美国黑人（特别是在海外作战的黑人士兵）开阔了眼界，受到了深刻的启发，从而促使他们将反对纳粹种族主义同反对国内种族主义的斗争联系起来。战后亚非国家有色人种反对帝国主义和争取民族独立斗争的胜利，也鼓舞了美国黑人的斗志。社会主义国家和世界进步舆论对美国黑人反对种族歧视的斗争寄予无限同情，并给予坚决支持。由于上述种种因素所形成的推动力，美国黑人运动在战后进入一个蓬勃发展的新时期。

战后头十年，美国黑人运动的主要内容是进行合法斗争。但这期间，也曾发生过数次群众性斗争。如战后初期的 1946 年发生在田纳西州哥伦比亚市的一次规模较大的群众斗争。这年 2 月 25 日，该市一名老年黑人妇女遭白人种族主义分子殴打，她的儿子——退伍军人史蒂文森为保卫老母，亦被毒打。暴徒们还开车闯进黑人区，用枪射击住宅。黑人群众奋起抵抗。接着，500 名警察和国民警卫队带着机枪开进黑人区，袭击黑人，抢劫财物，破坏房屋。黑人英勇还击。最后至少有 100 名黑人被捕，其中半数是退伍军人，31 名黑人被控以谋杀罪和同谋罪。在这次事件中，黑人的斗争得到社会的广泛同情，一些反种族主义的群众团体积极发起营救运动。反动当局在黑人坚决斗争和全国进步舆论的压力下，被迫将逮捕的黑人大部释放。黑人退伍军人通过这次斗争成立了一个争取黑人平等权利的进步组织"美国黑人和退伍军人联谊会。"

这个时期，美国黑人还向外部世界控诉美国剥夺黑人基本权利的情况。1947 年，全国有色人种协进会曾向联合国提交由著名黑人学者和战士威廉·杜波依斯博士起草的请愿书："关于否认美国黑人公民的少数民族人权的声明；请求联合国予以匡正的呼吁。"这份长达 154 页的文件，要求联合国保证黑人的生存基本权利，消除美国的种族歧视。1951 年，由黑人共产党员领导的左翼组织"民权大会"向联合国提交"我们控告（美国实行）种族灭绝"的请愿书，陈述美国南部黑人惨遭私刑等种种遭遇，呼吁联合国根据"防止

马丁·路德·金

及惩办灭绝种族罪公约"对美国采取行动。

1949年，弗吉尼亚州马丁斯维尔城，7名黑人青年被诬告为"强奸罪"被判处死刑，激起全国抗议。但这7名青年在1951年2月被杀害，黑人民权保障大会将2月2日定名为"马丁斯维尔蒙难者纪念日。"

1951年10月，全国黑人劳工协会在辛辛提那成立，号召保卫黑人工人的政治和经济权利，争取就业和晋升的平等权利而斗争。美国黑人运动在经历了战后初期短暂的高潮之后，从1947年下半年开始进入一个低潮时期。这是战后美国统治阶段加紧迫害进步力量，尤其是麦卡锡主义猖獗一时所造成的。从战后到1954年期间，美国黑人主要是在法院进行合法斗争，促使联邦最高法院和地方法院做出一些反对种族歧视和种族隔离的判决。

总之，战后最初10年，美国的黑人运动具有短暂和分散的特点，也缺乏坚强的领导和一致的目标，因而没有出现十分高涨的斗争形势，规模也相当有限。

60年代后期美国种族骚乱

1964年以前，美国黑人运动中心主要在南部，主要目标是反对种族隔离制度，争取民权，斗争方式以非暴力的形式为主。但自1964年之后，美国黑人运动已经不再局限于南部几个州，而且逐步摆脱了非暴力主义的束缚，走上了武装抗暴斗争的道路。

1964年7月16日，纽约哈莱姆区就爆发了黑人骚乱，从此，美国大中城市抗暴事件迭起,形成了规模空前的黑人抗暴斗争。7月16日纽约哈莱姆区1名黑人少年被警察枪杀。哈莱姆黑人群众怒不可遏,走上街头游行示威,要求逮捕凶手。警察挥舞警棍,大打出手。愤怒的群众连续数日同警察搏斗,从屋顶上投掷砖头、石块、垃圾箱盖、玻璃瓶和自制燃烧瓶。直到23日才平息下来。

继哈莱姆区黑人抗暴斗争之后,7月底在罗彻斯特,8月初在泽西,8月中旬在芝加哥,8月底在费城,先后爆发了规模较大的黑人抗暴斗争。《华盛顿邮报》惊呼:黑人斗争"是一个长期潜在火山的爆发。"

1965年在洛杉矶市瓦茨黑人区又爆发了规模空前的抗暴斗争。8月11日,洛杉矶警察蛮横逮捕黑人青年弗赖伊兄弟等7人,成为这场骚乱的导火线。黑人群众拥上街头,举行抗议示威。当局出动大批警察进行镇压。黑人奋起以石块、玻璃瓶、自制燃烧瓶袭击警车。反动当局调集大批国民警卫队进行武力镇压。黑人狙击手在屋顶上英勇反击。黑人群众还燃起烈火,将200家素日盘剥黑人的商店焚毁。此后,当局增派步兵师将瓦茨区包围起来,一万多名军警设置路障,架起机枪,到处搜捕和屠杀黑人。据统计,在瓦茨区为期1周的暴力事件中,有34人丧生,1032人受伤,3438人被捕;起火24至34次,财产损失约4000万美元。

在许多白人看来,历史性的《民权法案》既已于1964年7月间通过,黑人理当心满意足,他们对层出不穷的黑人暴力骚乱感到无法理解,有些白人以此指责黑人。其实,只要对黑人骚乱的缘由和背景做一番分析,就不难理解黑人抗暴斗争的缘起。第一,民权法的通过只是在法律上结束种族隔离,事实上的隔离并没有随即消除,种族压迫依然存在。第二,黑人在政治上无权,经济上深受剥削,生活日益贫困。尤其是北部城市聚居区的黑人,失业率极高,居住条件恶劣。他们胸中的愤懑,犹如火山熔岩,蓄之既久,其发必猛。第三,在非暴力抗议时期,许多黑人遭警察和暴徒毒打甚至杀害。一次又一次血的教训,擦亮了广大黑人的眼睛,促使他们以暴力代替非暴力的斗争方法。第四,在黑人运动内部,马丁·路德·金的非暴力哲学受到以马尔科姆·爱克斯为首的一批激进青年领袖的非难,不抵抗主义在黑人群众中影响日渐缩小。

随着战后美国黑人运动冲破非暴力主义的藩篱,进入以暴抗暴斗争新阶段,黑人运动在思想上和组织上有了相应的变化。越来越多的黑人摒弃种族合一的思想,而接受黑人民族主义和黑人分离主义。60年代后半期黑人民族主义最有影响的口号"黑人权力",是由激进的青年黑人领袖斯托克利·卡迈克尔在1966年6月的一次集会上提出来的。此外,还产生了"黑人觉醒""黑就是美"和"文化民族主义"等口号。1964年,马尔科姆·艾克斯发起成立"黑人民族党。"1966年秋,最著名的以暴抗暴的黑人组织黑豹党在加利福尼亚州成立。领导人是休·牛顿,该党在"黑豹党十点纲领"中要求立即结束警察对黑人的暴行和屠杀,号召所有黑人武装起来,进行自卫。这些思想上和组织上的新发展必然使抗暴斗争更进一步和更猛烈地开展。

1967年美国发生了128起种族骚乱。其中规模和影响最大的数7月份在新泽西州纽瓦克市和密歇根州底特律市发生的 2 起。1967 年 7 月,纽瓦克市的黑人区是北方条件最差的黑人区之一。暴乱是因征用 50 英亩黑人区土地而引起的,结果 25 人死亡,725 人受伤,1462 人被捕,财产损失达 1500 万美元。后者更被称为"南北战争以后最大规模的国内暴乱。"7 月 23 日晨,警察在底特律市黑人区肆意殴打和捕捉黑人,激起黑人群众的愤慨和反抗。黑人群众燃起一千多处大火,焚烧那些平日残酷剥削黑人的税务所和白人资本家的商店。黑人狙击手以密集的火力惩罚逞凶的军警,一度控制了该市的大片地区。一些老警察说,这是 20 世纪最要命的城市游击战。美国统治阶级大为惊慌。总统约翰逊下令派空降部队镇压。坦克开到了底特律大街上,参加镇压的军警达 2 万人,截至 8 月 6 日,共有 43 人丧生,约 2000 人受伤 7200 人被捕。财产损失估计约 4400 万美元。

1968 年 4 月 4 日,美国最著名的黑人民权运动领袖马丁·路德·金在田纳西州孟菲斯城被白人种族主义分子暗杀。这一卑鄙行径激怒了黑人,近 10 万人参加了葬礼。这一事件导致几天之内在 36 个州的 138 个城市爆发了规模空前的黑人抗暴斗争。其中首都华盛顿、巴尔的摩、芝加哥、匹茨堡等地的斗争最为激烈。约翰逊政府投入镇压黑人的正规军竟达 68000 多人,另有 2 万人待命出动。据司法部门统计,在这次全国性的黑人抗暴斗争中,有 46 人丧生,3500 多人受伤,21271 人被捕,财产损失 4500 万美元。

第二次世界大战后尤其是 60 年代的美国黑人运动,一定程度地推动了社会改革,使黑人和其他少数民族的处境有所改善。70 年代初,广大黑人还积极投入反对美国侵略印度支那战争的群众运动,沉重地打击了美国的战争政策。

美国黑人运动和民权运动,不仅是美国历史上的重大事件,在战后世界历史上也占有重要地位。它在帝国主义心脏地区猛烈地冲击垄断资本的反动统治,对于第三世界人民反对帝国主义和殖民主义的斗争是一个巨大的鼓舞。美国黑人的英勇斗争,受到世界舆论的关注,赢得各国人民的尊敬和支持。

小洛克菲勒守业

小洛克菲勒生于 1874 年,是老洛克菲勒的独生子。他是一个兼具谦卑感和责任感的人。十分严肃而又笃信宗教。在父母的影响下,他遵守浸礼会对信徒的有关禁条,不饮酒、不吸烟、不淫乱,对庞大的洛氏家产,他认为自己不过是保管员或管家而已,小洛克菲勒存心摆脱业务,而将他的一生贡献给社会慈善事业和他称之为"人类福利"的事业。他练出了一套散钱的本事,与他父亲赚钱的本事正相媲美。他在美国人生活上留下的印记,像他父亲在上一代人生活上留下的印记一样深刻。

1897 年,小洛克菲勒 23 岁。刚从布朗大学毕业,他就进了百老汇路 26 号美孚石油公司纽约市总部,在他父亲的办事处工作,职位是父亲的助理。尽管父亲和同事及顾问对他进行了有意识的训练、指点和帮助,但小洛克菲勒却总是对具体的商业事务不感兴趣。赚钱对他几乎没有什么吸引力。1902 年,他辞去国民城市银行董事的职务。1910 年,他又辞去美孚石油公司副总裁和董事以及美国钢铁公司董事的职务。

从 1901 年起,小洛克菲勒就做出了最后决定:有效地使用家中财产。这一年,小洛克菲勒创办了洛克菲勒医学研究所(就是现在的洛克菲勒大学),这是他投身慈善事业的第一个重大举措。接着,他又出钱帮助提高梅森——狄克森线(也就是美国南北分界线)以南的黑人教育水平。1913 年 5 月,洛克菲勒基金连同一张"促进全世界人类福利"的凭照在纽约州立了案。小洛克菲勒当了四年第一任总裁,随后成为以后 23 年的董事长。小洛克菲勒还耗巨资做了许多保护大自然的工作。如捐 200 万元给加利福尼亚州的"抢救红杉林同盟",花 1000 万元替纽约州抢救沿哈得逊河的帕利塞兹河边悬崖,耗资 5260 万元重建威廉斯堡时期的建筑等等。此外,纽约的联合国总部用地、林肯表演艺术中心、现代艺术博物馆,也都是他捐赠的。

总之,在经管钱财方面,小洛克菲勒成了一名专家。他把洛氏家产明智而有效地使用。他不是去挣更多的钱,而是用万贯家财为社会的进步发展做出贡献。

虽说小洛克菲勒不以教育为职业,但他在教育好子女尤其是在教育富家子弟方面也堪称专家。

1927 年,他在普林斯顿大学家长会上说:

"我们的子女应该在这个世界上表现得纯洁、诚实而畏惧上帝。为了达到这个目的,我们不能自己做的是一套,而要求子女做的却是另一套。我们必须是他们的榜样。这样做有时也许会约束我们自己,可是舍此别无他途。"

他把自己作为一位父亲的作用完全看作上帝赋予的责任和特权。在培养儿女,尤其是培养五个儿子方面,主要是依据他作为父亲的模范作用以及他妻子的协助和合作。

小洛克菲勒深知家庭教育的重要,作为洛克菲勒家族事业的承上启下的人物,他深感其责任的重大。他自己也承认过,几乎每一天,他和他的夫人都在关心他们儿女们的成长。

《圣经》是他人生旅途的北极星。他坚持自己的信仰,他也要使《圣经》成为儿女们个人道德修养的指南。他每天都要给孩子们读《圣经》。无论在什么时间、什么地点,洛克菲勒一家总要奉行晨祷、在餐桌上谢恩、星期日上主日学校和礼拜堂做弥撒、晚上唱圣歌。他给儿子们定下一套规矩:主日禁止娱乐消遣,尤其禁止打网球。凡是浸礼会教派所禁止的吸烟、饮酒和其他一切恶习,在洛克菲勒家庭里都是严格禁止的。他知道,不能光凭说教去教育儿女。必须以身作则,以自己的态度和行动为孩子们做出表率。

小洛克菲勒要求孩子们像平民百姓一样生活。他自己也同样如此。他外出时,穿的都是老式样的衣服,在家则穿宽大的旧衣服,往往使不认识他的人误以为他是庄园里的一名工人。男孩们上学时穿伊顿公学式服装、天鹅绒上衣和短裤。平时则穿与雇工儿子穿的一样的普通服装。他的孩子们在童年初期,没有享受过超级富豪的任何优越生活,在孩子们长大成人后，他才在家里建游泳池、网球场，才让孩子们玩棒球等等。

洛克菲勒家的孩子们的大部分活动由保姆或家庭教师监督着。对男孩们来说，上课和家庭作业花去一天的大部分时间，不上学的幼儿则由家庭女教师照管并授课。"轻松自由"在洛克菲勒家族的词汇里只是相对的。孩子们一天的活动通常划分成一小时学习，一小时打网球，一小时骑马。留下的时间让孩子们在庄园内做游戏。小洛克菲勒教他们骑马、游泳、野营、伐木、割草等等。

小洛克菲勒教育孩子们要克勤克俭、自力更生。孩子们小时候他只给他们每人每周发三角钱零花钱，而且还希望这三角钱"既花用又节储和施舍。"具体如何安排这三角钱呢？小洛克菲勒不强迫他们如何做，但暗示他们每周节储一角，捐给教堂一角，花用一角。每个孩子在领到零用钱时还得到一个小账本，他或她必须在这上面记载他或她是怎样处理这些零用钱的。每分钱都必须说出用途和写明日期，每项开支都必须有解释，而且如果账目记得好，就能指望增加零用钱。这笔钱的数目随年龄而增加：11、12 岁时每周约 1 元，15 岁时 2 元上下，一直发到每个小孩参加工作，有收入为止。以后，只要他们接受父亲给予的钱，同样得载明用途。

为了使儿女们懂得金钱的价值和来之不易。从一开始，他就把发放的零用钱数限制在孩子们当时觉得需要的数额之下，故意让他们处于经济压力之中。要想得到更多的钱吗？唯一的方法就是自己去挣！家务活有的是，小洛克菲勒决不逼着他们干。但他制定了干家务的有偿服务报酬，如逮到走廊上的苍蝇每 100 只给 1 角钱，每捉住 1 只阁楼上的耗子就给 5 分，背木柴、拔草等按时计酬或按件（量）计酬。经济压力起了很好的作用。纳尔逊和劳伦斯，当时一个 9 岁，一个 7 岁，就乐于取得擦全家皮鞋的特许权，因为擦一双皮鞋可得到 5 分钱的报酬，而擦一双长筒靴可得到 1 角钱。于是他们每天清早 6 点就起床，以便在早祷以前完成擦鞋的工作。

小洛克菲勒看到孩子们积极肯干家务劳动非常高兴，他认为，这表明他的孩子们正在树立一种自给自足的观念。但是他还特别强调孩子们要干他们不喜欢干的事情，他认为那有助于锻炼一个人的意志和毅力，以便日后能够妥善处理在生活中肯定会出现的问题。

有趣的是，小洛克菲勒的男孩们自己在菜园里种莴苣、黄瓜、南瓜等。小洛克菲勒总是按时价向他 6 岁的第四个儿子温斯洛普购买他种的南瓜供家人食用，其他孩子们则把他们的产品用童车推到市场上去卖。

自给自足始终是洛克菲勒家族训练儿女们的目标。小洛克菲勒夫妇教每个孩子怎样整理出门用的旅行箱，怎样折叠衣裤，还教男孩们烹调和缝补衣服等。这些家教深深地留在他们的心里。1968 年，纳尔逊·洛克菲勒竞选美国总统时，有一次曾使与他一起坐在飞机里的工作人员大吃一惊。因为当时他的裤子的后缝裂开了一个大口子。而这位家财亿万、争取共和党提名为总统候选人的大人物，竟然认真地在旅行针线包里找到针线，自己动手默默地把裂缝缝好了。诸如此类的事例有很多，这只不过是其中较为典型的一桩而已。

洛克菲勒第三代开拓"新边疆"

小洛克菲勒有 6 个小孩(5 男 1 女)。女孩最大,名叫阿比,生于 1903 年。约翰(也就是人们通常所称的洛克菲勒第三)生于 1906 年,纳尔逊生于 1908 年,劳伦斯生于 1910年,温斯洛普生于 1912 年,戴维生于 1915 年。

洛克菲勒家族到了第三代,兄弟们分别向不同的领域开辟"新边疆":约翰继续扩展慈善事业和福利事业,从医学研究扩大到自然保护、计划生育和环境卫生等等;从小就想当美国总统的纳尔逊则一心搞政治,当了 15 年纽州州长,大约两年副总统,卸任后伺机出任总统,终因共和党内部争权夺利,梦想未能实现,于 1979 年去世;劳伦斯主要经营宇航、旅游和多种尖端工业;早年是家中"黑羊"("黑羊"是美国俗语,意为败家子)的温斯洛普后来远去阿肯色州办大牧扬,繁殖良种牛,当了 6 年阿肯色州州长,于 1973 年去世;小戴维跻身银行,争得大通曼哈顿银行第一把交椅后,在国际银行界特别活跃,并与各国政治首脑交往,有人认为他是美国权力仅次于总统的人。

五兄弟之间虽有些小摩擦,但对外是团结一致的。他们之间订有不成文的内部协定:个人的事业前途不得妨碍整个家族或其他弟兄的利益。

洛氏五兄弟像围绕着他们父亲旋转的一个太阳行星系。每人可以朝不同的方向、以不同的速度运行,划出不同的椭圆形轨道。可是,他们每人又都像行星无法摆脱太阳那样无法摆脱父亲的控制。

金钱不过是洛氏家族异乎寻常的继承物的一个部分。五兄弟和他们的大姐继承到的财产比大多数人设想的要少得多。对于他们来说,继承到的无形之物,比与他们的姓氏联系在一起的寓言般的大量财富更有个人意义。他们继承了家族健康的体格和过人的精力。在体格上,他们每个人都比同龄人或竞争对手强健得多,受得劳累也耐得久。而过人的精力是他们在事业上取得成功的一个重要条件。他们日复一日,年复一年地每天工作 12~16 小时,看起来还并不疲倦。在谈判桌上,他们能比几乎任何人都坐得久,他们能够从一个会场赶到另一个会场。从一个话题跳到另一个话题。这种精力使他们能在人类事务上走漫长的路。他们继承到那张长寿的保票:他们的祖父活到 98 岁差两个月;父亲活到 86 岁。

美国的经济增长和通货膨胀因素对于洛氏第三代家财的增长起了重大的作用。第三代——约翰、纳尔逊、劳伦斯、温斯洛普、戴维和阿比——既没有挥霍掉家财也没有大增家财。洛氏的家产三代以来始终保持在 10 亿左右。这些洛氏财产——信托基金和完全自有的财产,并不令人惊奇。他们大多数的钱都投在以下众所周知的老牌公司上,如埃克森石油公司、莫比尔石油公司、美孚石油公司、大通曼哈顿银行、都会和公平两家人寿保险公司、伊斯特曼·柯达克、美国电话电报公司、通用电器公司、国际商业机器公司、德克萨斯仪器公司、静电印刷复制公司、明尼苏达采矿和制公司、蒙桑托公司和美国铝公司等。

洛氏兄弟们学会了利用杠杆作用去得到他们想要得到的东西，也学会了要在团体内工作，而不是单干。他们的那些事业尽是一些这个协会那个理事会之类的组织机构，他们参加进去，行使领导，把联合起来的力量用在一项手头计划上。他们用于一些新计划的投资是一种杠杆形式。他们在联邦政府采纳这个想法之前早就拿出一些"匹配基金"，因此，一名洛克菲勒家族成员捐赠的 100 万元可以扩展为 200 万元或 400 万元。洛克菲勒第三帮助兴建林肯表演艺术中心，投下共达 1100 万元的一笔笔种子钱，就设法从别人手里筹集到 1 亿以上。把洛克菲勒这块招牌和资金提供给任何新的项目或企业之前，他们一向都谨慎行动。但一旦承担下来，他们就长期坚持不渝，慷慨地付出金钱、时间和努力。各种公民和社会圈子里的人都知道，假使有一名洛克菲勒家族成员参与在内，这项计划十之七八有价值，可望获得成功。洛克菲勒家族的声誉、姓氏和成功史吸引和影响别人跟着他们跑。

洛克菲勒第三是职业慈善家。他喜欢开玩笑地把自己说成是弟兄中唯一失业的人。第二次世界大战期间，他在海军中服役。此后，他就没有担负过一项具体工作。他也没有亲自从事过任何冒险事业去赚钱。他把经管他财产的事务交给一批专职的投资顾问。在从事新投资方面，他是弟兄中最谨慎的。洛克菲勒第三在情感上致力慈善事业，对这方面的知识很渊博。自 20 世纪 50 年代开始，洛克菲勒第三开始深切关心，甚至全神贯注于人口过剩问题。他向美国总统和罗马教皇游说人口平衡的好处和人口增长的危险性。他向全世界的政府首脑分送一份他创作的关于人口增长的政策宣言。他说："原子弹是突如其来的，是一种暴力行为，人口过多是更为微妙的事物，像一种消耗性的疾病。二者都危及人类的生命。"他认为无计划的人口增长对世界和平的威胁与核屠杀对世界和平的威胁同样危险。宣言要求世界领袖们表示意见，人口问题应由国家做出长期计划。宣言发出后，到 1967 年 12 月 11 日，得到了 30 位国家元首的赞同。倒数第二个签字的是印度尼西亚总统苏哈托。几年以前，洛克菲勒第三第一次向苏哈托的前任苏加诺总统提出他那些有关计划生育的想法时，苏加诺总统不予理睬，斥之为"帝国主义的狗屁！"《纽约时报》关于这次签署人口宣言的评论说，约翰·戴·洛克菲勒第三大概是整个世界唯一的一个能把代表世界人口 1/3 的 30 位国家元首拉到一起签署一个关于人口问题的联合宣言的人。

洛克菲勒第三本人的满足来自他所干的工作，他信奉的事业，他赢得的战斗，他帮助造成的美国生活方式的改变。他确信，他在挑战性的时代所过的生活是于人有益的。他喜爱这样一句话："这是一个激励人活着的时代。"他为大于他本人和大于他自身利益的一些事业而工作，是全然真诚而献身的。

纳尔逊在战时的华盛顿度过一生中最有生气、最起刺激作用和最受教育的 5 个年头之后，于 1945 年后期回到纽约家族办事处。在华盛顿的经历成了他的往事。在那里，他因功晋升到助理国务卿这一职位，因通晓拉丁美洲事务，而以"拉丁美洲先生"闻名。战后随着白宫首脑易人，他也突然被打发走了，真的是"一朝天子一朝臣。"他不喜欢回首往事，他说："回顾是浪费时间，我真正的兴趣是始终、始终朝前看。"他认为自己的一生，像其他一切人一样，由偶然的机会所支配。回到家里后，纳尔逊作为洛克菲勒中心的理事长和首席行政人员，负责将洛氏承担的义务从上了年纪的父亲手里接替过来。1946 年 7 月，纳尔逊组成了一个慈善机构，名为"美国国际协会"，主要在拉丁美洲帮助改善健康、卫生和教育状况。6 个月以后，他又设立了"国际基础经纪公司"，旨在促进世界各地的经济发展，有效地改善当地人民的生活水平。

不久，纳尔逊便逐渐认识到个人努力的微小。纳尔逊也好，所有洛克菲勒家族的人合在一起也好，都没有解决一些处理全国性问题的财力，甚至在南美最小的国家里也不行。洛氏可以经营千百万元的事业，可是只有政府才有千百亿元的财力给拉美提供经济援助。同样的道理适用于几乎所有的其他方面。他想，为了干大事业，他就必须重新进入政府，重操办理公共事务和制定公共政策的旧业。

不久，他的这一愿望实现了。1954 年底，艾森豪威尔总统任命他为总统外交事务特别助理。作为特别助理，纳尔逊参加各种最高级会议，他在政府内部制定政策的最高层具有实际上的自由支配权。

但是，在 1955 年的最后一天，纳尔逊递了辞呈，又离开了华盛顿。他不是掼乌纱帽，不是放弃仕途，而是改变方针。他要以民选的职位入主白宫，而不是以受任的职位在白宫服务。他决定，首先要取得全国最有威望的纽约州州长职位，因为这是取得总统职位的传统的晋身之阶。

真是心想事成。1958 年 11 月 5 日，纳尔逊真的当选为纽约州州长。以后他又连续当选为纽约州州长。1973 年 12 月 11 日他宣布："我决定不寻求当纽约州的第五任州长，在为纽约人民服务 15 年之后，我将于下星期二辞职。"在他下野当普通公民才 8 个月，他由福特总统提名当了美国第 41 任副总统。

在任州长期间，纳尔逊曾积极参加了 1964 年和 1968 年的总统竞选，但都未能如愿。经过这两次打击，纳尔逊的"总统梦"消失了。对 1976 年的总统选举，他心灰意冷。副总统任职期满，他便回洛氏庄园休养去了。

劳伦斯在第二次世界大战中当了 4 年的美国水兵。退役后开始投资航空业。1934 年，他第一次乘飞机旅行，目睹大地在他下面飞掠而去的壮观景象，那时，他就确信航空旅行大有前途。

1946 年，他用大约 130 万美元进行投资。其中大部分投入东方航空公司、麦克道奈尔飞机公司和皮亚赛茨基直升飞机公司。劳伦斯的投资还涉及食品和住房建筑等多方面。在五兄弟中，劳伦斯在几乎所有保护自然的事务方面成了他父亲的副官和替身。他在夏威夷的莫纳克亚海滩、波多黎各的多拉多海滩、美国圣约翰岛的坎尼尔湾等处兴建豪华旅馆,使他成了一名"海滩学家",并使他在旅馆业方面声誉卓著。

他的投资取向是以社会而不是以利润定方位的。他一共投资了78家公司,全部是科学工艺技术新领域中有较大风险的事业。劳伦斯所取得的成就,证实了他本人做生意很精明。他通过先进的科技工艺为改变美国的面貌做出了贡献。有人概括劳伦斯一生有三大贡献,即三个大"C":一为Capital(资本),二为Circumstance(环境),三为Cancer(癌症)。在美国人心目中,他是一位"自然保护先生。"

温斯洛普在第二次世界大战时,他作为美国海军陆战队员参加了太平洋岛屿上的许多战斗,获紫心铜星勋章。退役后投身于石油事业。

在洛氏五兄弟中,温斯洛普是唯一一个继续从事与家族姓氏联系在一起的石油事业,而且,他是众兄弟中唯一合乎逻辑的人选。他从耶鲁大学肄业后,曾在德克萨斯州的油田里当过挖掘工和钻探工,接着又去新泽西标准石油公司工作过。在五兄弟中,他是真正在石油行业的职工名单上当过被雇职工的人。如此看来,温斯洛普从业石油十分合适。其实,温斯洛普很痛苦,他一直不知道自己该干什么好。他对干办公室的日常事务感到厌烦。除了上8小时班之外,他大部分时间在酒吧和咖啡屋里度过,并传出了许多风流韵事。后来,他对纽约的生活感到厌倦无聊,于是决定应朋友之邀迁居美国当时第二穷的州——阿肯色州,去过接近大自然的生活。

1953年,他辞掉在纽约的一切职务,来到阿肯色州。他在这里可以远离家族的影响和其他人盯着他看的眼光而尽情地表现自我。温斯洛普意识到阿肯色能为他提供种种机会。

果然,他在阿肯色找到了他的新天地。他在这里创办了温洛克牧场,培养出许多良种牛;当上了自从美国南北战争末期南方重建运动以来阿肯色州第一任共和党人州长。

在洛氏五兄弟中,只有戴维具有哲学博士学位和经济学博士学位。第二次世界大战时,他被美国军方派去北非当少尉情报官,后被派往巴黎当史密斯少将的助理武官。二战结束后,他便跑进了大通银行。在大通银行任副总裁:1961年4月,他担任了大通曼哈顿银行的新行长。1969年3月1日,戴维被选为该行的董事长兼总经理。他的姓氏已成为华尔街资本主义的缩影。戴维在营利或营利动机上是毫无顾忌地。他说:"利润是自由企业制度的心脏和血液。自由企业制度是与个人自由和谐一致的唯一经济制度。"

戴维是受到社会主义国家欢迎的第一位金融资本家。1972年,戴维与其妻子,即已故美国总统尼克松的女儿,在北京同周恩来总理和其他一些中国领导人就"许多问题"交换了意见。首次打开了战后中美金融合作的通道。10天的访华结束后,他宣布大通曼哈顿银行将充当中国银行在纽约的代理行,办理汇款业务。

现在,戴维·洛克菲勒被公认为美国10位最有影响和权力的人士之一。在金融界,他是居于影响和权力之巅的极少数人士之一。他不仅拥有350多亿资产,是个超亿万富翁,而且,按照一般舆论,他是五兄弟中性格最完整的一个,也是洛氏五兄弟中最成功、最有势力和最有权威的一位。

历史发展到现在,洛克菲勒家族到了第四代(23)人和第五代(41 人)时,已不再围绕家族的一个中心人物旋转,而是像大号铅弹一样地散开。在个性、政治、个人生活方式上,他们几乎成了美国生活的全部模式。他们继续在继承、发展和开拓着洛克菲勒家族的事业。当然,家族这一观念在他们心目中开始逐渐在淡化。他们不像他们的前辈通过一些团体和组织进行工作,寻求领导权。第四、第五代人大多选择的是靠个人努力决定成败的事业。诸如医务、法律、音乐、写作和教育等。这些领导里的成败并不依赖一个人的姓氏。当然,尽管第四、第五代强调个人奋斗,各行其是,但最终还是有人承袭了洛克菲勒家族的衣钵。像纳尔逊的长子罗德曼,在第四代中是老大,也是第四代中唯一的商人,他就认为洛氏在慈善事业方面的慷慨好施应马上告终,全家应当回头经商,以进一步充实洛氏家族的保险箱。当然,他这一观点未必会得到其家族成员的首肯。

在美国,洛克菲勒家族拥有的权力是惊人的。但这种权力并不是在美国工业或政府的任何部门,或者在民众身上行使任何行政权。洛克菲勒家族的权力是另外一种,一种施加影响的权力,一种说话能产生作用、能推动别人去行动的权力。如果他们要和美国总统讲话,电话一接就通。说不定什么时候洛克菲勒家族就要圆那个总统梦。

洛克菲勒家族祖孙三代创造了神话般的财富,成了美国企业的象征,引起世人注目。时至今日,洛克菲勒家族虽然比较松散,但其影响仍然是巨大的。他们的顽强拼搏、勇于开拓的冒险精神,他们的散钱术,他们的家教方法,他们的人生哲学和道德准则等等,仍将给世人以一定的影响。

肯尼迪家族

“要不惜一切代价取得胜利!”——这是约瑟夫·帕特里克·肯尼迪的信条。而且,他不仅将这一信条传给了他的儿子,也传给了儿子的儿子。对于肯尼迪家族而言,只有第一,没有第二! 也许正因为有这样一种追求,他们家族方在一个历史阶段中一直为世人瞩目,并因而不断引起国际社会的轰动,且给后世留下了久久的震荡……

约瑟夫·P.肯尼迪出生于一个爱尔兰血统的家庭。1848 年,他的爷爷为了逃避大饥荒,从爱尔兰的邓甘斯敦移居美国东波士顿的诺德斯岛。爷爷是个桶匠,凭着手艺和勤劳养活一家人。但在 1858 年,他忽然染上了可怕的霍乱。由于缺医少药,他一直高烧不退,恶心不止。最后,当圣·雷迪默教堂的牧师来到时,他已不行了,年仅 35 年就不幸去世。

爷爷没有留下分文遗产。约瑟夫·P.肯尼迪的父亲 P.J.肯尼迪靠当码头工人攒下一些钱,于 1884 年在东波士顿的草市广场开了一片酒店。由于经营有方,不久,他的酒店就成了东波士顿的大酒店之一。1885 年,P.J.肯尼迪作为东波士顿的代表参加了马萨诸塞州的议会竞选,并一举成功。这便是肯尼迪家族在美国的漫长政治生涯的开始,肯尼迪家族也从此开始崛起!

　　父亲很快由一个酒店老板变成一个老练的政治家:他在当选州众议员以后又连续三次当选州参议员;他接连被任命为波士顿选举委员(4 人之一)、电报局长和代理消防局长,而且每次的任命都是一致通过;他还先后担任民主党选区委员会主席、民主党州中央委员会委员,并是 1892、1896、1900 年的民主党全国大会的代表;1899 年,他光荣地应邀参加了民主党战略委员会,从而成为波士顿 4 位最有势力的政治家之一。

　　按照时下的说法,约瑟夫·P.肯尼迪是在一个非常吉利的年份来到这个世界的,因为他生于 1888 年。他亲爱的母亲玛丽·奥古斯塔·希基是布罗克顿市市长的妹妹。希基家族在波士顿地区的爱尔兰人中也是出类拔萃的。不过,如果不是在 1901 年采取了一项重大的家庭决策,也许肯尼迪家族将永远只是在东波士顿荣耀,而不可能进入美国生活的主流。这一决策就是把 13 岁的约瑟夫·P.肯尼迪从东波士顿的天主教泽维里安学校转到有名的波士顿拉丁学校。

　　小约瑟夫没有让他父母失望。在拉丁学校,他表现得很好,而且还真的交了一批名流子弟朋友。

　　当小约瑟夫要上大学时,父母再一次显示出目光远大:他们不顾波士顿主教的反对,毅然为自己的儿子选择了哈佛大学。因为在主教眼里,哈佛大学是异教之地,天主教徒的子弟是不能去该校读书的。

　　在哈佛大学,约瑟夫·P.肯尼迪依然遵照父母的旨意,着重提高自己的文化素养及社交能力。

　　大学毕业后,约瑟夫·P.肯尼迪靠父的政治影响,在州银行当了一名检查员,年薪为 1500 美元。不久,他就成为"美国最年轻的银行董事长。"

　　1914 年 10 月 7 日,约瑟夫·P.肯尼迪与父亲好友的女儿露丝·菲茨杰拉德成婚。应该说,这一天是肯尼迪家族史上的重要日子。因为,当时菲茨杰拉德家族号称波士顿的"高等爱尔兰人",在社会地位上胜过肯尼迪家族一筹。露丝的父亲约翰·F.菲茨杰拉德是当时有名的政治家,他于 1891 年被选入波士顿议会,第二年又被选入州参议院,1894 年他便进入了美国国会,是选进众议院的第一位天主教徒。1905 年和 1910 年,他还两度担任波士顿市市长。对于肯尼迪家族来说,能与菲茨杰拉德家族联姻是很荣幸的。不过,更使肯尼迪家族感到荣幸的,是约瑟夫·P.肯尼迪与露丝·菲茨杰拉德共同养育了包括肯尼迪总统在内的一代出类拔萃的人才!

　　作为 20 世纪肯尼迪家族的族长,约瑟夫·P.肯尼迪为家族的兴旺发达奋斗了一辈子。

　　1918 年,约瑟夫·P.肯尼迪凭自己的能力当上了大船厂福尔河船厂的总经理助理。也就在那个时候,他认识了年轻的海军部长助理富兰克林·罗斯福。当时,罗斯福来到福尔河船厂视察生产,这给肯尼迪留下了深刻的印象,而罗斯福也记住了肯尼迪这个人。几年后,当罗斯福竞选总统时,他依然记得约瑟夫·P.肯尼迪,这使肯尼迪受宠若惊。无疑,这一经历给约瑟夫·P.肯尼迪及其家族带来了极为有利的影响。

约瑟夫·P.肯尼迪31岁那年,以积极的推销术赢得了海登·斯通经纪商行高级股东的好感,谋到了一个股票部经理的美差。精明的肯尼迪,仅购买庞德·克里克股票,一个回合下来就净赚21万美元。从此以后,他跨入了他一生中真正的聚敛财富的时期。

1926年,从来不怕冒险的约瑟夫·P.肯尼迪又开始从事新兴的电影事业。他和盖伊·柯里尔合作,率领一批投资者购买了新英格兰的全部31家电影院的控制权,并在两年内拍成76部电影,创下了高纪录!

经济地位的提高,使得约瑟夫·P.肯尼迪夫妇打定主意要向纽约进军。1928年9月,一列火车载着肯尼迪一家人闯进了纽约,闯进了这个世界金融贸易中心。几个月后,他们又买下了海恩尼斯港的一座夏季别墅。后来,这座别墅就成了肯尼迪大家族精神的象征——不管子孙怎么浪迹天涯,怎样出人头地,他们的心总是向着海恩尼斯港、向着至尊的族长。

在纽约,肯尼迪一家得到了在波士顿永远也不能指望得到的社会待遇,而约瑟夫·P.肯尼迪也得到了在波士顿不可能得到的机会、运气和成功。当富兰克林·罗斯福宣布参加1932年的总统竞选时,约瑟夫·P.肯尼迪认为机会来了。他毅然放弃了赚钱,转而积极投入罗斯福的竞选运动,全力保成罗斯福的提名,甚至出版了一本名为《我支持罗斯福》的书。的确,他的助选活动成绩卓著。因此,他相信罗斯福总统会重用他。他私下曾对朋友们说:"我愿意当财政部长。"有人就说:"那样的话,一方面你可以管理国家的钱,另一方面你也可以照看自己的钱,对吧?"他尴尬地笑了。

后来,虽然罗斯福总统没有任命他为财政部长,但还是把他放在了一个很重要的职位上——任命他为新的证券和交易管理委员会主席。约瑟夫·P.肯尼迪没有辜负总统的厚望,他在这个职位上干得非常出色,以致受到他以前金融界老朋友的埋怨,因为他有时为了效忠总统而对朋友不留情面。1937年3月,罗斯福又任命他为美国驻英国宫廷大使,这使得他又一次受宠若惊。约瑟夫·P.肯尼迪如今是国家要人了,他不仅是一位百万富翁,更重要的是他已成为美国总统的朋友和亲信,这该是多么荣耀呵!这正是他梦寐以求的!

不过,老肯尼迪并没有以此为满足。他总觉得,肯尼迪家族还应该追求更高的荣耀,他这一代不行,下一代就应该继续不懈地追求下去。于是,他对他的儿女们寄予厚望。

他的家教很严,在他立下的家规里,仅共同进餐这一规矩就令人叹为观止:他要求孩子们在规定的开饭时间准时上餐桌,如果有人迟到就要受到惩罚。有一次,小罗伯特为了及时赶来进餐,匆忙而又迅速地从房间冲向餐厅,以致在玻璃上撞得头破血流。但老肯尼迪并没因此而放松这一家规。

他以各种方式培养孩子们守信的人格、实干的精神和参与激烈竞争的意识与能力。他经常在家里安排各种竞赛活动,要求孩子们谁都不能拒绝参赛,而且都要力争取胜,永远不得松劲,永远不得放任自流。

为了家族的荣耀,老肯尼迪不断给下一代灌输争强好胜的观念,并为他们追求卓越而开辟道路。

马林科夫新纲领

1953年8月5日至8日,苏联最高苏维埃举行第5次会议。部长会议主席格·马·马林科夫在最后一天的会议上发表了长篇演说。这是自斯大林逝世以来苏联新领导人第一次全面地阐述自己的施政纲领。

马林科夫在演说中提出"迫切的任务是在两三年内大大增加食品和制成品及各种消费品。"

为此,他首先提出要调整工业和农业、重工业和轻工业的关系。他说,解决了这个问题,"就能更顺利地实现我们的首要任务——确保进一步增进工人、集体农民、知识分子和全体苏联人民的物质福利。"他指出,党是以发展重工业开始国家工业化的,28年来,重工业已在工业总产量中由1/3增加到2/3强。"现在,在发展重工业已获得胜利的基础上,我们有了一切条件来迅速提高人民消费的生产量。"在过去的28年中,生产资料的生产量大约增加了55倍,而人民消费品的生产量只增加12倍左右。因此,马林科夫指出:政府和党中央认为必须大大增加发展轻工业、食品工业和发展农业的投资,广泛地吸收机器制造工业和其他重工业企业来增加消费品的生产。

其次,为了确保人民消费品生产急剧地提高,必须确保农业得到进一步的发展和提高。马林科夫在充分肯定苏联农业的伟大成就后指出,农业中一些重要部门落后,有不少集体农庄,甚至整个地区的农业处于无人过问的情况;许多区里,集体农庄和国营农场的谷物及其他作物的收获量很低,并且在收割期间,听任作物遭受巨大损失;一部分集体农庄的实物和现金收入都不多,集体农民按劳动日所得的实物和现金、谷物和其他产品也很少。畜牧业的发展不顺利。马铃薯和蔬菜生产严重落后。他提出,要在最短期间结束各落后地区和集体农庄农业无人过问的状态,保证集体农庄的经济得到迅速的发展和巩固,用经济利益的措施保证农业的发展。要提高肉类、奶类、羊毛、马铃薯、蔬菜的收购价格。增加用高价收购的数量,纠正对待集体农民个人副业的不正确态度;大大降低个人副业的义务交售标准,减少农民家庭的现金税。另外,还要提高农业机械化和电气化的水平,增加矿质肥料的生产。1953年国家给农业的拨款增加到520亿卢布。

再次,要进一步扩大贸易,增加商品量。马林科夫强调:社会主义制度下的贸易,现在是,而且在今后几年通过收购和采购掌握25至26亿普特粮食。为此,赫鲁晓夫提出今后很长时间内仍然是社会主义社会成员中消费品分配的主要形式,他提出要增加消费品的生产,开辟供应市场商品的其他来源,要利用贸易机关在经济中的杠杆作用。

同时,他还提出要改善居民居住条件,改善医疗设施,扩大学校和儿童福利机关网等。这表明马林科夫要改变斯大林时期发展经济的传统方针，要调整重工业、轻工业和农业的比例关系，用增加投资、改变政策、发展贸易等办法迅速发展轻工业和农业，更快地提高人民的生活水平。

过了 1 个月，苏共中央召开九月会议，赫鲁晓夫在会上做了《关于进一步发展苏联农业的措施》的报告。报告中提出的任务与马林科夫的演说完全一样，就是在今后两三年内大大增加对全体居民的食品供应，同时保证把全体农民物质福利提高到更高水平。赫鲁晓夫对苏联农业状况的估计同马林科夫的估计也一致。但是，赫鲁晓夫在对待重工业、农业和轻工业的关系上与马林科夫的提法不同。他认为："在现阶段，最迫切和最重要的国民经济任务是：在继续大力发展重工业的同时，求得农业所有部门的迅速高涨。"中央委员会根据赫鲁晓夫的报告通过了一项相应的决议。这次会议选举赫鲁晓夫为苏共中央第一书记。

此后，苏联部长会议和苏共中央根据马林科夫的演说和赫鲁晓夫的报告发布了一系列决议，人们看不出政府和党的领导人之间有何分歧。

1954 年 1 月 12 日，最高苏维埃主席团发布了举行最高苏维埃选举的命令。13 日，党的机关报《真理报》就此事发表了一篇社论，只提九月会议的决议，不提最高苏维埃第 5 次会议，而且强调党的中心工作是两个：一方面尽力使国家的经济基础——重工业得到发展并推向前进，一方面要在两三年内迅速提高农业各部门，大量供应居民的食品和工业品。接着，在 1 月 21 日纪念列宁逝世 30 周年的大会上，中央书记处书记波斯别洛夫作报告时开始着重强调发展重工业的必要性。

1 月 22 日，即波斯别洛夫发表演说的第 2 天，赫鲁晓夫给苏共中央主席团写了一封《解决粮食问题的途径》的信。赫鲁晓夫在信中指责马林科夫在党的十九大宣布粮食问题已经解决，这是不完全符合国内粮食供应的实际情况的。他认为，目前国家的任务是：设法急剧增加粮食产量，使国家在今后几年通过收购和采购掌握 25 至 26 亿普特粮食。为此，赫鲁晓夫提出今后几年内在哈萨克斯坦、西伯利亚、伏尔加河流域以及北高加索的一部分地区开垦熟荒地和生荒地。他通过计算认为，这种办法无须大量投资便可大大提高粮食产量，不用削减重工业投资又可在短期内得到大量廉价粮食，似乎是一个两全俱美的办法。

2 月 11 日，以苏联共产党中央委员会名义发表的告全体选民书，其中明确强调：重工业一向是而且仍然是我们和平时期发展经济的基础，是国防力量的基础。这项政策迅速得到军方的支持。2 月 23 日，华西列夫斯基在其纪念建军节的文章中再次阐述了斯大林工业化、农业集体化政策对于加强红军力量、对于打败法西斯的重要意义。他提出，国家要一方面加强国防，一方面提高人民生活水平。

同日，苏共中央全会开会，赫鲁晓夫作了《关于进一步扩大苏联的谷物生产和开垦生荒地和熟荒地的报告》。会上对赫鲁晓夫的垦荒计划进行激烈争论，最后通过了一项相应决议。

主席团和中央委员会的大多数成员之所以赞成垦荒计划,是从这一计划能继续保证优先发展重工业这一愿望出发的。当时西方国家正积极武装西德,接收西德加入北约组织,国际形势一时紧张起来。在斯大林领导的30年中,苏联国内已经形成一种传统观念,人们把优先发展重工业看成社会主义建设的金科玉律。谁要是对此怀疑很容易会被认为是企图削弱社会主义的经济基础,危害国防,站在右倾机会主义立场上。在3月6日到13日这一周里,主席团成员在各个选民区的选民大会上发表演说,大多数成员竞相强调发展重工业的意义。以致马林科夫也不得不说:"我们目前拥有强大的重工业,我们今后还要不断地发展重工业,把它当作保证整个国民经济不断增加和发展的基础,当作苏联国防的可靠堡垒。"

1954年6月24日赫鲁晓夫主持召开苏共中央全会,通过了关于春播总结、作物田间管理、收获准备和保证完成1954年农产品采购计划的决议。决议对苏联农业发展提出尖锐批评:"苏联国营农场部和苏联农业部在组织开垦生荒地和熟荒地的工作中存在着严重的缺点。如在选派领导干部和专家方面显得行动很迟缓,新成立的国营谷物农场的建筑施工进度很慢,技术设备的供应不成套和不及时,没有及时在垦荒地区开展商业工作,使国营农场和机器拖拉机站的职工和专家们享受到应有的服务。汽车、拖拉机和农业机器制造都没有保证完成生产各种牌号的拖拉机和农业机器的任务。集体农庄庄员的劳动积极性、劳动纪律和劳动生产率等方面都存在严重问题。"会后,苏联领导人在排列次序上发生了变化,过去马林科夫总是排在第一位,现在是按姓的第一个字母的顺序排列了。这样一来,马林科夫在党中央主席团内成为平等的一员,已失去最高领导的地位。

1955年1月,苏共中央召开讨论增加畜牧生产品生产的全会。赫鲁晓夫在报告中指责说:"有些同志,因为看到近年来采取了一些增加人民消费品生产的措施,因而在我国重工业和轻工业发展速度问题上就糊涂了。这些可怜的理论家们错误地理解社会主义的基本经济规律并把它作了庸俗化的解释,他们企图引用这个规律来证明,到了社会主义建设的某一阶段,发展重工业好像不再是主要任务了,而轻工业则可以而且必须比其他一切部门优先发展。这是一种极端错误的、反马克思列宁主义的见解,这是与列宁敌对观点的复活,当年李可夫和布哈林一伙就曾宣传过这种观点。"这显然是对马林科夫的批评。

1955年2月3日,最高苏维埃会议开幕。会上赫鲁晓夫和马林科夫亲热地坐在一起,看不出两人之间有何龃龉。但在2月8日的会议上,联盟院主席沃尔科夫宣布联盟院和民族院联席会议主席收到苏联部长会议主席马林科夫请求解除部长会议主席的申请书。马林科夫承担了导致农业落后的责任,并且承认只有"继续尽力发展重工业……才能为一切必需消费品生产的真正高涨创造必要的条件。"同日,苏联最高苏维埃做出关于解除马林科夫苏联部长会议主席职务的决议,并于2月9日在《真理报》发表。

马林科夫失去部长会议主席的职务除了他的新纲领触动了多年的传统观念而不能

得到主席团多数支持这一重要原因外,还因为贝利亚被揭露,接着清理"列宁格勒案件"的关系。马林科夫被控同造成这一案件有关。

莫洛托夫外长职务被解除

斯大林逝世后,莫洛托夫同贝利亚、布尔加宁、卡冈诺维奇被任命为部长会议第一副主席,在党中央主席团内名列第三,同时继续担任外交部长。执行马林科夫的和平外交政策,在重大的国际问题上采取了一系列步骤。1953年4月1日,莫洛托夫发表支持中、朝两国政府关于立即恢复朝鲜停战谈判建议的声明。4月25日,《真理报》微妙地转载了艾森豪威尔总统的一篇演说,其中说道:"现在全世界都知道,随着斯大林去世,一个时代已经结束了。"5月20日,苏联部长会议决定撤销对德管制委员会,设立高级专员职务。5月30日,莫洛托夫向土耳其大使宣布:"亚美尼亚和格鲁吉亚政府认为,可以放弃对土耳其的领土要求。"7月15日莫洛托夫答复以色列外长夏特里,同意恢复自2月9日以来中断的外交关系。

8月8日,马林科夫在最高苏维埃会议上发表的施政纲领演说中进一步说:"对苏联政府,对我们全体苏联人民来说,巩固和平和保证世界人民安全的事业不是一个外交手腕的问题。这是我们外交政策的总路线。"8月17日,苏联政府就德国问题向美、英、法三国发出照会,提出召开和平会议讨论对德和约;建议组织全德临时政府,举行全德自由选举,减轻德国由于战争后果而担负的财政与经济义务;同时提出了一个对德和约草案。8月20日到22日,马林科夫同民主德国总理格罗提渥举行会谈。苏联政府决定,从1954年1月1日起停止收取德意志民主共和国赔偿费,把苏联在德国的企业移交民主德国,减少驻扎在德国的苏军军费等。

1954年元旦,马林科夫答美国记者问时指出:"在1954年内国际紧张局势的缓和,是存在着有利条件的。"苏联政府要促进国际紧张局势的缓和,并建立正常的国际关系。1月25日到3月5日,莫洛托夫参加了在柏林举行的苏、美、英、法四国外长会议。他代表苏联政府提出召开包括中国在内的五大国外长会议,召开世界普遍裁军会议,让东西德代表参加讨论德国问题,签署对德和约草案和保证欧洲安全第一系列建议。由于西方坚持要重新武装西德,把西德纳入北大西洋条约组织,四国外长会议仅达成在4月召开讨论朝鲜和印度支那和平的日内瓦会议的协议。4月21~27日,苏联举行第4届最高苏维埃第1次会议,马林科夫继续被任命为部长会议主席,莫洛托夫继任部长会议第一副主席兼外交部长。4月26日,莫洛托夫率领苏联代表团参加日内瓦会议,是日内瓦会议两主席之一。在日内瓦会议期间,他进行了频繁的外交活动,同与会各国外交部长多次会谈,提出许多建议。

这些事实证明,直到1954年夏天,苏联政府的外交大权一直掌握在马林科夫和莫洛托夫手中。莫洛托夫为实现新的外交路线承担了繁重的外交任务。

可是,在9月下旬发生了一件令人注目的事情。苏联共产党中央委员会第一书记赫鲁晓夫以最高苏维埃主席团委员会的身份率领苏联政府代表团到北京参加中华人民共和国成立5周年庆祝活动。代表团成员包括部长会议第一副主席布尔加宁、部长会议副主席米高扬、全苏工会理事会主席什维尔尼克、苏联文化部长亚历山大德罗夫、《真理报》总编辑谢皮洛夫、莫斯科市委书记福尔采娃等。苏联代表团同中国领导人进行了较长时间的谈判。10月20日,中苏发表会谈公报,两国政府发表关于中苏关系和国际形势各项问题的联合宣言、关于对日本关系的联合宣言、关于苏军从旅顺口海军基地撤退并将基地交由中国完全支配的联合公报、关于将各股份公司中的苏联股份移交中国的联合公报、关于联合修建兰州—乌鲁木齐—阿拉木图铁路的公报、关于修建从集宁到乌兰巴托铁路的联合公报。苏联代表团执行这么重大的外交任务,代表团并不是部长会议主席马林科夫率领,而且外长莫洛托夫也被排除在外,西方驻莫斯科的外交使节们纷纷猜测其中的奥妙。

在1955年2月举行的最高苏维埃会议上解除了马林科夫部长会议主席的职务,莫洛托夫仍然做了关于国际形势和苏联外交政策的报告。会议还通过一项专门决议对他的报告表示赞同。

斯大林逝世后,苏联领导就着手恢复1948年搞坏了的苏联同南斯拉夫之间的关系。1953年4月,铁托就苏联外交政策评论说:"我认为,他们战后的国际政策已把他们推到一个死胡同里了,他们只要考虑到世界爱好和平的力量在不断增长,就能够从死胡同里找到一条出路……如果有一天他们承认对我们国家犯过错误的话,我们南斯拉夫人将感到满意,甚至非常高兴。我们在等待他们。"5月,苏联同南斯拉夫恢复外交关系。1955年2月,莫洛托夫在关于苏联外交政策的报告中指出,在苏南关系方面最近取得一些成就。他又说:"我们并不认为在这方面已经大功告成,但是,我们相信在这方面也要看南斯拉夫的态度。在最近几年里,南斯拉夫显然在某种程度上离开了它在第二次世界大战后头几年里所走的道路。"3月7日,铁托在南斯拉夫国民议会上批评了莫洛托夫的讲话。他说:"去年年底以前,东欧国家停止了反南斯拉夫的宣传……但奇怪的是几乎在所有这些国家都发生了这样的事情,即在正常化问题上,人们在各种会议上在党员和老百姓面前尽力把我们描绘成据说依然是他们指控我们的那种情况,不过我们总算在某种程度上已经认识了自己的错误,并且正在努力纠正自己的错误。莫洛托夫在最高苏维埃会议的报告中提到南斯拉夫时的说法,在某种程度上与上述说法是相符的。这是企图在他们人民面前把事实真相掩盖起来,这是又一次对我们的损害。"苏联报告先是不加评论地报道了铁托的讲话,几天后才发表了一个温和的评论,而且把莫洛托夫上述言论引了出来,这对莫洛托夫来说又是一个不祥之兆。5月13日,苏南就两国最高级代表团会晤达成协议。苏联方面的代表团成员为:最高苏维埃主席团委员、苏联共产党中央委员会第一书记赫鲁晓夫(团长);苏联部长会议主席布尔加宁;部长会议第一副主席米高扬;苏联最高苏维埃民族院外交委员会主席、《真理报》主编谢皮洛夫；外交部第一副部长葛罗米柯和苏联外贸部长库米金。外交部长莫洛托夫又被排除在外。南斯拉夫代表团成员是：共和国总统铁托；联邦执行委员会副主席卡德尔、兰科维奇和富克曼诺维奇—泰波；外交部长波波维奇和外交部副部长书·米丘诺维奇等。

苏南会谈于5月底和6月初在南斯拉夫举行。5月26日，赫鲁晓夫来到贝尔格莱德机场后发表谈话，表示决心要消除被破坏了的苏南关系。6月2日，双方发表《贝尔格莱德宣言》。宣言规定在相互尊重主权、独立、领土完整、平等和互不干涉内政的基础上发展合作关系。同时宣布："发展社会主义的基本形式不同是各国人民自身的事。"南斯拉夫的社会主义道路得到承认。长达7年之久的苏联和南斯拉夫之间的冲突暂告结束。

1955年5月14日，在维也纳签订对奥和约的莫洛托夫表示接受英国首相艾登关于召开四国首脑会议的原则。苏、美、英、法四国首脑战后的第一次会议决定在7月18日至21日在日内瓦举行。苏联方面的代表团长是布尔加宁，赫鲁晓夫又以最高苏维埃主席团委员的身份参加代表团，布尔加宁几乎是挂名团长，莫洛托夫参加了日内瓦会议，只是作为外长和其他三国外长一起为首脑会议做程序性的准备。四国首脑会议讨论了4个问题：德国问题、欧洲安全问题、裁军问题和发展东西方接触问题。结果一个问题也没达成协议。但这次会议对赫鲁晓夫来说，却开始了他同大国首脑之间的直接接触和对话，为以后的个人外交打下了基础。因此，他一直念念不忘"日内瓦精神。"

9月9日到13日，根据苏联政府倡议，苏联和德意志联邦政府代表团在莫斯科举行会谈。联邦德国总理阿登纳后来回忆说："赫鲁晓夫的十足的权力野心和领袖欲已引起了我的注意，他是苏联的一位真正拥有实力的人物。"赫鲁晓夫为了表示自己是左右会谈的主角，他甚至把部长会议主席布尔加宁抛在一边，向阿登纳保证在建交签字后1个月内提前释放9626名德国战俘。苏联和德意志联邦共和国建立了外交关系。

赫鲁晓夫抓住莫洛托夫在2月18日外交报告中的一句话大做文章。莫洛托夫谈到社会主义阵营各国处在不同的发展水平上，指出"同已经建立了社会主义社会基础的苏联一道，还有朝着社会主义采取了只是初步的然而十分重要步骤的各人民民主国家。"赫鲁晓夫认为莫洛托夫把已建成社会主义的苏联说成"建立了社会主义社会的基础"，同苏联的一贯提法有矛盾，是严重的政治错误。莫洛托夫不得不在9月16日给《共产党人》杂志的编辑部写信承认自己的说法"在理论上是错误的，在政治上是有害的。"10月8日，《共产党人》杂志发表社论批判莫洛托夫的观点。

1956年6月1日，南斯拉夫总统铁托出发到莫斯科访问。在铁托夫妇到达莫斯科之前，苏联塔斯社宣布：苏联最高苏维埃主席团批准了苏联部长会议第一副主席莫洛托夫呈请辞去苏联外交部长职务的请求。德·特·谢皮洛夫被任命为新外长。

莫洛托夫终于丢掉外交部长的职务。这是继贝利亚垮台、马林科夫辞职之后，赫鲁晓夫在取得最高领导权的道路上又一胜利。

赫鲁晓夫掌权

1956 年 2 月 14~25 日召开了苏共第二十次代表大会。在这次代表大会上,赫鲁晓夫成为最活跃的中心人物。赫鲁晓夫致开幕词,赫鲁晓夫作中央委员会的总结报告,在 2 月 25 日夜间的秘密会议上赫鲁晓夫向全体代表做了批判斯大林的《关于个人崇拜及其后果》的报告。在代表大会闭幕后召开的第一次中央委员会上选出了布尔加宁、伏罗希洛夫、卡冈诺维奇、基里钦科、马林科夫、米高扬、莫洛托夫、别尔乌辛、萨布罗夫、苏斯洛夫、赫鲁晓夫等 11 人为中央主席团委员:朱可夫、勃列日涅夫、穆希金诺夫、谢皮洛夫、福尔采娃、什维尔尼克等 6 人为候补委员;赫鲁晓夫继续当选为苏共中央第一书记。

对斯大林的批判在东欧引起的反响尤为强烈。3 月 29 日,匈牙利首先宣布 1949 年与其他领导人一起被控犯叛国罪的原外长拉伊克·拉斯洛恢复名誉。4 月 6 日,1951 年被捕的瓦·哥穆尔卡和其他波兰共产党人恢复名誉并恢复自由。6 月 28 日,波兰的一个工业城市波兹南发生了罢工和骚乱。10 万工人走上街头。

几乎在波兹南事件的同时,发生了匈牙利事件。匈牙利事件由于国内外反革命的插手,大大超过了波兰事件的规模和范围。

1956 年 12 月召开的中央全会上,通过了编制第 6 个五年计划的方针和关于改进国民经济领导的决议。会议强调了国民经济领导工作的民主集中制原则。为此决定,一方面要大力改进计划工作,加强国民经济委员会在制订计划工作中的作用,另一方面则要扩大加盟共和国的权限。会议还决定,暂时减少对重工业的投资,要增加住房建筑、提高生活水平和改善饮食方面的投资。这次会议的决议表明,马林科夫、莫洛托夫等在中央的影响加强了,布尔加宁至少同他们采取了一致的立场。在同年 11 月底,莫洛托夫被任命为国家监察部长。

在这种形势下,赫鲁晓夫极力扭转危局。他从谴责斯大林转向肯定斯大林。宣称他"是在斯大林领导下成长起来的":从 1956 年 12 月开始,赫鲁晓夫借 1956 年农业丰收,亲自一个地区一个地区去颁发勋章和奖章。他把这一行动作为政治上巩固自己地位的重要手段。因为农业是他领导的。此外,他把已经开始的改进国民经济领导工作抓到自己手中。在 1957 年 2 月,赫鲁晓夫提出了按地区管理国民经济的原则。中央全会根据赫鲁晓夫的原则通过一项决议,委托苏共中央主席团和部长会议拟订具体的建议。3 月底,发表了赫鲁晓夫提出的供最高苏维埃审查的提纲,交全民讨论。5 月 7 日,赫鲁晓夫亲自向最高苏维埃会议作了报告。苏维埃通过了相应的法律。根据这项法律,全国划分 105 个经济行政区。每个经济行政区设立一个国民经济委员会管理本区所属工业和建筑业。由于工业和建筑业下放给地方管理,因而相应地撤销了部长会议所属的 28 个专业部委。通过这次改组不仅中央大部分部被撤销了,而且把原来的"苏联部长会议国民经济长期计划委员会"和原来的"苏联部长会议国民经济年度计划委员会"合并改组为"苏联部长会议国家计划委员会。"这个机关只对各经济委员会提出建议,而无权进行行政领导。部长会议被架空了,工业的实际领导权通过各加盟共和国党中央和地方党委完全落在赫鲁晓夫手中。

5月22日,赫鲁晓夫在列宁格勒市召开的俄罗斯联邦西北地区各州各自治共和国农业工作者会议上讲话时提出:在按人口平均计算的肉类、牛奶和黄油的产量方面赶上美国。1956年苏联农业大丰收,但肉类按人平均产量美国还相当于苏联的3.5倍。赫鲁晓夫要在三、四年内实现这一口号。这个口号事前未经中央讨论。赫鲁晓夫置中央委员会于不顾,完全由他一人随意发号施令。这就发生了主席团的大多数成员联合起来,企图解除赫鲁晓夫第一书记职务的事件。

这次从6月18日到29日的事件,分为两个阶段。头一阶段是在主席团内展开。主席团在克里姆林宫举行了3天会议,这期间任何与会者均未离开过克里姆林宫主席团所在地。围绕着要不要解除赫鲁晓夫第一书记职务的问题进行了激烈的争论。站在反对赫鲁晓夫立场上的有马林科夫、莫洛托夫、卡冈诺维奇、布尔加宁、萨布罗夫、别尔乌辛和伏罗希洛夫;站在赫鲁晓夫一边的有苏斯洛夫、基里钦科和米高扬。但是,赫鲁晓夫坚持,主席团无权选举和解除中央委员会第一书记职务,要求召开中央委员会,他尽量拖延时间,争取中央委员会的援助。先是在莫斯科的20名中央委员闻讯赶到克里姆林宫要求参加主席团会议,接着支持赫鲁晓夫的国防部长朱可夫和内务部长谢罗夫动用军用飞机把大批在各地的中央委员运到莫斯科,在83名中央委员的书面要求下,6月22~29日召开了中央委员会。在中央委员会上绝大多数发言者谴责主席团的多数派,支持赫鲁晓夫,最后会议通过把马林科夫、卡冈诺维奇和莫洛托夫定为反党集团并开除出主席团和中央委员会的决定。全会还解除谢皮诺夫苏共中央书记的职务并撤销他的中央主席团候补委员和中央委员的职务。此后不久,解除了他们4人在政府的职务。

赫鲁晓夫对布尔加宁、萨布罗夫、别尔乌辛和伏罗希洛夫采取了区别对待的策略。布尔加宁和伏罗希洛夫仍保留在主席团,别尔乌辛降为主席团候补委员,萨布罗夫保留中央委员资格。他们在政府和最高苏维埃的职务暂时未变。到1953年3月的最高苏维埃会议上,赫鲁晓夫取代布尔加宁兼任部长会议主席,集党政大权于一身。斯大林逝世后,苏联党的领导层之所以经历了5年之久的夺权斗争,最后出现了赫鲁晓夫一人掌权的局面,是苏联当时政治和经济制度的产物。

肯尼迪被刺

美国第35届总统约翰·肯尼迪是一个雄心勃勃,刚愎自用的人。而德克萨斯州,特别是达拉斯市,又是反对肯尼迪的保守派势力比较集中的地方。为了取得德克萨斯州选民的支持,以便在第二年举行的下届总统竞选中取胜,肯尼迪不顾任何人的劝阻,于1963年11月22日与夫人杰奎琳一起飞抵达拉斯市,驱车前往离机场10多英里的市贸易中心出席盛大午宴和准备发表演讲。当总统车队浩浩荡荡驶过闹市,来到德克萨斯州教科书仓库附近时,突然从书库大楼窗口"叭,叭"地传来了枪响,一颗子弹击中了总统的颈部。紧跟着又飞来一颗子弹击中了陪同总统的康纳利州长。随即又是一枪不偏不斜地击中肯尼迪的头部。一小时以后,这位年富力强、年仅46岁的总统便死去了。

凶手当场就被保安人员抓获,此人名叫李·哈维·奥斯瓦德,年24岁,他曾经在美国海军陆战队服役,由于违犯规章被开除。后来,他到了莫斯科,和一位苏联姑娘结了婚。其间他曾设法要放弃美国国籍,但最后还是回到了美国。回国后,他一直在"公平对待古巴委员会"工作。不久前才去德克萨斯州教科书仓库当保管员。

可是,凶手奥斯瓦德被捕后的第二天,当他在70多名警察的监护下由警察局解往监狱时,突然遭到一位名叫杰克·鲁比的夜总会老板的枪击,子弹击中他的小肚子,当天中午他便死在医院。无独有偶。夜总会老板鲁比随后又被人神秘地杀害。这使肯尼迪遇刺案的调查工作一开始就遇到了麻烦,变得难上加难了。

肯尼迪遇刺后,约翰逊总统任命以最高法院首席法官厄尔·华伦为主席的委员会负责查明肯尼迪总统被刺的真相。1964年9月,美国政府公布了华伦委员会在对肯尼迪遇刺案进行了长期调查后提出的一份冗长的报告。报告重申了最初由达拉斯警察局提出,得到联邦调查局肯定的结论,即肯尼迪总统确被奥斯瓦德所枪杀,属于个人行动,没有阴谋。至于鲁比枪杀鲁斯瓦德,可能出于对总统不幸遇刺过于悲痛和愤怒,才产生打死凶手的思想和行为。

对于华伦为主席的委员会的结论,美国公众中除了一些人相信奥斯瓦德单独行动之外,多数人表示怀疑,因为肯尼迪和康纳利被击中的时间相隔不到两秒钟,这是用来复枪射击办不到的事。因而除了奥斯瓦德外,至少还有一个凶手。另一些人认为,暗杀肯尼迪是一起极为重要的事件,即便开枪打死肯尼迪总统的确是奥斯瓦德一个人,其背后也必定有指使者。这样,肯尼迪之死,便引起人们种种猜测。

有些人认为,奥斯瓦德枪杀肯尼迪是受命于苏联人,和苏联"克格勃"有关。奥斯瓦德早就自认为是马克思主义者,1959年跑到苏联当了三年工人,娶了一个苏联老婆,并且公开宣称要取得苏联国籍。但后来不知什么缘故又改变了主意,于1962年返回美国,次年即作案。

另一方面,奥斯瓦德返回美国后,在路易斯安那州的新奥尔良城工作。在那里,他和一些亲卡斯特罗的组织来往。而在此以前,肯尼迪曾支持过一批流亡的古巴人颠覆古巴政府的"猪湾事件。"因此,有人又认为,奥斯瓦德行凶和亲卡斯特罗的古巴人有关系。

在调查过程中,有个证人提到,奥斯瓦德受雇于联邦调查局,每月领取200元美金,情报代号为S—172。因此,有人认为,刺杀肯尼迪的阴谋也可能与联邦调查局某些人有牵连。

肯尼迪家族是美国的一个新兴大家族。它和某些别的家族有过旧恨,而且积怨甚深。肯尼迪当上总统后,所采取的政治、经济措施,对这些家庭的发展造成危害。所以,有人认为肯尼迪是死于门阀财团之争。

还有人认为,肯尼迪被刺和美国黑社会的罪恶有关。在美国南方有个叫马赛洛的意大利西西里人,他是黑世界里的铁腕人物。1961年,他被总统的弟弟、司法部长罗伯特·肯尼迪下令驱逐出境。第二年,他又偷渡回美国。1963年,肯尼迪政府重新提起了把他驱逐出境之事。所以,有人认为奥斯瓦德是像马赛洛这样的人找到的一个枪手。

以上这些猜测,虽曾作为调查线索,但均查无实据,不能定案。肯尼迪遇刺已经20多年了,但是,这位美国历史上最年轻的总统之一,为什么遇刺?谁是刺杀肯尼迪的幕后操纵者?这些问题,至今还没能搞个水落石出。看来,这个案件错综复杂、很难搞清楚。连美国人自己也在说,要搞清肯尼迪总统被刺事件的真相,也许还需要几十年的时间吧!

苏共二十大

1956年苏联共产党第二十次代表大会(以下简称苏共二十大)是苏联历史发展过程中的一个转折点。这次大会确定的路线以及批判斯大林的错误,对苏联国内,对国际共产主义运动,都发生了很大的影响。

1956年2月14日,苏共二十大在莫斯科克里姆林宫开幕。来自世界55个国家和地区的共产党、工人党代表团应邀出席大会。大会主席台上没有悬挂斯大林画像。大会议程是:一、苏共中央委员会报告,报告人苏共中央第一书记赫鲁晓夫;二、苏共中央检查委员会报告,报告人前苏共中央检查委员会主席莫斯卡托夫;三、苏共二十大对第6个五年计划(1956~1960年)的指示,报告人苏联部长会议主席布尔加宁;四、党中央机构的选举。

2月14日,赫鲁晓夫致开幕词,接着作了《苏联共产党中央委员会向党的第二十次代表大会的总结报告》。报告分为3部分。第1部分《苏联的国际形势》,分析了自苏共十九大以来国际形势的变化,着重阐述了"和平共处""和平竞赛""和平过渡"等3个理论问题。他指出:资本主义的总危机在继续加深,认为资本主义总危机意味着完全停滞,意味着生产和技术进步的停止,这种想法始终是同马克思列宁主义者的观点不相容的。"必须仔细考察资本主义的经济,不是对列宁关于帝国主义腐朽的学说采取简单的看法,而是研究资本主义国家的科学和技术所提供的一切优良的东西,以便为社会主义的利益来利用世界技术进步的成就。"

关于国际形势发展的总趋势,赫鲁晓夫指出:近几年来,国际舞台上发生了新的变化;欧洲和亚洲爱好和平的国家组成了广阔的"和平地区",各资本主义国家的共产党和其他社会集团采取了反对战争的立场;许多社会民主党人赞成进行积极的斗争来反对战争危险,主张同社会主义各国接近,赞成工人运动统一;帝国主义统治集团中较有远见的代表人物正在开始承认"实力地位"政策破产了。"在这些无可争辩的事实影响下,西方的有势力的人士中间开始出现了头脑有些清醒的征象。""近来,资本主义国家的著名人士越来越经常地坦白承认,在使用原子武器的战争中'将没有胜利者',这并不是偶然的。"

关于和平共处,赫鲁晓夫说:"和平共处不是策略措施,而是苏联外交政策的基本原则。"但这绝不意味着我们曾经干涉过或者准备干涉那些保存资本主义制度的国家的内政。"如果以为革命是按定货方式进行的,那未免太可笑了。"社会制度不同的国家不仅仅是能够共处,而且还应当前进,改善关系,加强彼此的信任,实行合作。

关于和平竞赛,赫鲁晓夫说:"当我们说在资本主义和社会主义两种体系的竞赛中社会主义体系必将取得胜利的时候,这绝不意味着,胜利将通过社会主义国家对资本主义国家的内政进行武装干涉来实现。"我们一向断定说,在这个国家或那个国家建立新的社会制度,是这些国家的人民内部的事情;我们相信,全世界劳动人民一旦相信共产主义会带来怎样的好处,他们迟早会走上为建设社会主义社会而斗争的道路。

关于和平过渡,赫鲁晓夫说:这是"不同的国家向社会主义过渡的形式问题。""社会革命的形式有各种各样。说我们把暴力和内战看成是社会改造的唯一途径,这是不符合事实的。"他问道:"是不是也有可能通过议会的道路向社会主义过渡?"他说:自十月革命胜利以来,"历史情况有了根本的变化,因而有可能用新的态度来对待这个问题。""工人阶级只要把劳动农民、知识分子和一切爱国力量团结到自己的周围,并且给那些不能够放弃同资本家和地主妥协的政策的机会主义分子以坚决的回击,就有可能击败反动的反人民的势力,取得议会中的稳定的多数,并且迫使议会从资产阶级民主机构变成真正代表人民意志的工具。在这种情况下,许多高度发达的资本主义国家的这种传统的机构,也就可能成为一个真正民主即劳动人民民主的机关。""争取了以无产阶级、劳动者的群众革命运动为依据的议会的稳定的多数,就可以为若干资本主义国家和过去的殖民国家的工人阶级,创造实现根本社会改造的条件。"

报告第2部分《苏联的国内状况》,除了重申优先发展重工业和开垦荒地这两项经济建设的基本方针之外,还强调加强苏维埃法制。说"经验表明,社会主义法制稍微削弱一点,就会使苏维埃国家的敌人乘机进行他们卑鄙的破坏活动。"报告说,中央委员会曾经审查了所谓"列宁格勒案件",查明这个案件是贝利亚和他的党羽捏造的。以后,中央委员会又审查了其他一些可疑的案件,采取了恢复正义的措施。"根据中央委员会的建议,恢复了那些被无辜判罪的人们的名誉。"

在报告的第3部分《党》中,赫鲁晓夫批判了"个人崇拜",强调恢复和加强集体领导原则。他说:苏联共产党"坚决反对和马克思列宁主义精神不相容的个人崇拜,因为个人崇拜把这个或那个活动家变成创造奇迹的英雄,而同时缩小党和群众的作用,降低他们的创造积极性。个人崇拜流行的结果就降低了党的集体领导作用,有时给我们的工作带来了严重的损失。"

2月16日下午，米高扬在大会发言中激烈地批判了个人崇拜。他说："我之所以要强调这条老道理，是因为大约20年内我们实际上没有集体领导，而流行着早就被马克思、后来又被列宁指责过的个人崇拜。"米高扬公开否定斯大林的观点，说："斯大林在《苏联社会主义经济问题》中分析当前的资本主义经济的情况的时候，有一些关于美国、英国和法国的大家知道的论点，这些论点未必能对我们有所帮助，未必是正确的。"这是30多年来第一次在党的会议上公开批评斯大林。

米高扬并不分管外交事务，但是他在发言中涉及苏联外交政策上的错误。他说："当我们的外交政策过去犯了某种错误的时候，当在某种情形下由于我们的过错而使关系紧张起来的时候，我们的政府对有关这样一些事实的国际问题公开加以说明，这使得很多资产阶级人士颇为吃惊。"米高扬积极支持赫鲁晓夫的外交政策，说："党的集体领导在这方面也带来了新的清新的空气，实行了具有高度原则性的、积极的、灵活的、心平气和而不带谩骂的坚定的外交政策。"

2月21日，布尔加宁在大会上做关于1956~1960年苏联发展国民经济第6个五年计划的指示的报告。报告提出，第6个五年计划的主要任务是："在优先发展重工业、不断改进技术和提高劳动生产率的基础上，保证进一步大力发展国民经济的各个部门，急剧地发展农业生产，并在这个基础上大大提高苏联人民的物质福利和文化水平。"

2月24日，代表大会通过关于苏联共产党中央委员会总结报告的决议。决议说：完全赞同苏联共产党中央委员会的政治路线和实际活动，赞同中央委员会在它的总结报告中所提出的建议和结论。

2月25日，赫鲁晓夫主持了苏共二十大的闭幕会议。在闭幕会议上，代表们通过了关于1956~1960年苏联发展国民经济的第6个五年计划的指示。代表大会选出133名中央委员（有54名是新当选的）、122名中央候补委员（有72名是新当选的）、63名中央检查委员会委员。

2月27日，苏共中央举行全体会议，选举布尔加宁、伏罗希洛夫、卡冈诺维奇、基里钦科、马林科夫、米高扬、莫洛托夫、别尔乌辛、萨布罗夫、苏斯洛夫、赫鲁晓夫为中央委员会主席团委员；选举朱可夫、勃列日涅夫、穆希金诺夫、谢皮洛夫、福尔采娃、什维尔尼克为主席团候补委员；选举赫鲁晓夫为中央委员会第一书记；阿里斯托夫、别利亚耶夫、勃列日涅夫、波斯别洛夫、苏斯洛夫、福尔采娃、谢皮洛夫为书记处书记。中央委员会还选举什维尔尼克为党的监察委员会主席；选举莫斯卡托夫为中央检查委员会主席。

赫鲁晓夫批判个人崇拜的秘密报告

苏共二十大在全世界引起最大的震动莫过于赫鲁晓夫作了谴责斯大林个人崇拜的"秘密报告。"这是一项未列入正式议程的内容。

在二十大召开之前，苏共中央主席团内部很多委员反对赫鲁晓夫在党代表大会上公开批判斯大林的个人崇拜。直至大会召开前夕，这一争论不能统一。经过协商，主席团决定：赫鲁晓夫不在正式大会上，而在非正式的内部会议上另做一个专门的报告，专门报告不以赫鲁晓夫个人的名义，而是以中央委员会的名义。赫鲁晓夫同意在中央委员会的工作总结报告中不公开批判斯大林个人崇拜，而在新的中央委员会选举以后，做关于斯大林个人崇拜的第2个报告。

根据苏共中央主席团的决定，2月24日深夜11时至25日凌晨，在克里姆林宫大厅举行了一次未列入议程的内部会议，外国代表团没有被邀请参加。出席会议的人员中有100名30年代遭受迫害、业已恢复名誉、重返工作岗位的早年党的活动分子。这份名单经过赫鲁晓夫审定。内部会议之所以选择在这个时间是因为新的中央委员会已经选举出来，选举结果尚未宣布。大会由赫鲁晓夫主持，并以第一书记的身份做了题为《关于个人崇拜及其后果》的报告。

第2个报告的内容没有经过中央委员会主席团的审查。赫鲁晓夫做报告时手里拿着的仅仅是一份提纲，尚未最后形成文字。报告的材料是由波斯别洛夫领导的委员会提供的。此外，在1954、1955年的两年里，赫鲁晓夫曾找过许多过去被逮捕、现已恢复名誉的干部谈话，在他的头脑里有许多感性的认识和材料。

赫鲁晓夫一开始就说："在这个报告里不想全面评价斯大林的生平事迹。关于斯大林的功绩，还在他活着的时候就已经写了足够数量的书籍和小册子，就已经进行了足够的研究。斯大林在准备和实现社会主义革命中，在国内战争中，以及在我国建成社会主义的斗争中所起的作用是尽人皆知的。现在我要谈的是对斯大林的个人崇拜是怎样形成的，它怎样在一定阶段上变成一系列极其严重地歪曲党的原则、歪曲党的民主和革命法制的根源的。"赫鲁晓夫的报告长达4个多小时，讲了五个问题。

一、集体领导是苏联共产党领导的最高原则，斯大林破坏了这一原则。

报告指出：列宁称党中央委员会是领导者的集体，是党的原则的保护者和说明者。"斯大林与列宁不同。他不是耐心地对人们进行工作，循循善诱地教导他们，不是依靠集体从思想上影响的办法，从思想斗争走上了强迫命令的道路，走上了大规模镇压和恐怖的道路。"

赫鲁晓夫谴责斯大林利用无限的权力，滥用职权，以中央的名义行事，但不征求中央委员们，甚至不征求中央政治局委员们的意见。斯大林做了许多专横的事，他经常个人独断地决定党和政府的重大事务，连政治局委员都不通知。党的第十八次和第十九次代表大会之间相隔13年，中央委员会几乎未召开过，这一事实表现出斯大林对党的生活准则的轻视，蔑视党的集体领导原则。

二、个人崇拜的最大危害是破坏革命法制，使许许多多过去维护党的路线的无辜的人们吃了苦头。

赫鲁晓夫几乎用一半的时间谈这个问题。他说：当苏联基本上建成社会主义，剥削阶级基本上消灭，党的思想敌人在政治上早已被粉碎的情况下，斯大林采用了"人民的敌人"这个概念。"凡是在某一点上不同意斯大林的人，或者只是被怀疑有敌对打算的人，或者仅是受到诬蔑的人，都可以加上这个罪名，对他横施镇压，破坏革命法制的一切准则。"

大规模的恐怖以及对社会主义法制的粗暴违反是在基洛夫惨遭杀害以后开始的。基洛夫被害的当天晚上，未经政治局讨论，仅仅根据斯大林的建议，苏联中央执行委员会就签署了《关于修改各加盟共和国现行刑事诉讼法典》的决议。这一决议成了大规模破坏社会主义法制的根据。

1936年9月25日，斯大林、日丹诺夫从索契打电报给卡冈诺维奇、莫洛托夫及其他政治局委员之后，大规模恐怖行为更为加剧了。被诬告犯有反革命罪而遭逮捕的人数，1937年比1936年增加了9倍多。赫鲁晓夫说：经查明，第十七次党代表大会选举的139名中央委员和候补中央委员，有98名遭到逮捕和枪决，占70%。出席十七大的有表决权和发言权的1966名代表，有1108名遭逮捕，占一大半。

国家保安机关为了证明被诬告者确有罪行，采用的办法只有一个，就是严刑逼供，以获得虚假的"招供。"国家保安机关之所以敢于为非作歹，就是因为有斯大林的支持。"最最粗暴地破坏苏维埃法制，对一些无罪的人实行严刑拷打以追逼他们招供，乃是由斯大林以联共（布）中央的名义批准的。"

三、个人崇拜的危害之二是使苏联在卫国战争中受到不应有的严重损失。

赫鲁晓夫说："斯大林的独一无二的权力给伟大卫国战争带来特别严重的后果。"战争爆发前，苏联通过各种渠道得到不少非常重要的信息，但是斯大林没有采取必要的步骤，以便很好地准备防止国土和防止突然袭击。在希特勒开始军事行动的前夕，斯大林又忽视了个别军事首长的警告，忽视了德国逃兵的口供，甚至忽视了敌军的明显行动。"结果在最初数小时，在最初数天，敌军在我国边境地区歼灭了大量空军、炮兵、其他军事设施，歼灭了我们大量的军事干部，瓦解了部队的指挥，使我们处于无法防止敌军深入国境的局面。"

斯大林破坏苏维埃法制，大规模镇压，几乎摧毁了各级有指挥经验的干部，破坏了部队的纪律。当前线遇到严重失败之后，斯大林又长时间没有领导作战。在整个卫国战争时期，斯大林没有到过任何一个战线的区段，也没有到过任何一个解放后的城市。

四、个人崇拜的危害之三是阻碍了苏维埃社会的发展。

赫鲁晓夫说:"战后时期情况变得更加复杂了。斯大林变得更加任性、易怒、粗暴,尤其是他的猜疑更加滋长了。迫害狂发展到惊人的程度。在他的眼中,许多人都成了敌人。斯大林更加脱离集体,完全是个人独断专行,不顾任何人和任何事物。"

斯大林粗暴地破坏苏维埃国家的民族政策,将许多个民族从生长的地方大规模地迁移走。乌克兰人因为人口太多,没有地方迁移,否则也会被迁到别处去的。

所谓"列宁格勒案件"是伪造出来的。中央政治局委员、部长会议第一副主席沃兹涅辛斯基、中央委员会书记库兹涅佐夫等有才干的干部,是斯大林提拔和信任的。但是当斯大林一接到贝利亚和阿巴库莫夫送来的"材料",不研究这些"材料"的真实性,在大多数政治局委员不了解案情的情况下,决定了他们的命运,使他们成为无辜的牺牲者。

斯大林的专横在对外关系上也表现出来。"南斯拉夫事件"是斯大林臆造和扩大起来的。南斯拉夫的领导不是没有缺点和错误,然而这些缺点和错误被斯大林骇人听闻地夸大了,使得我们同一个友好国又断绝了外交关系。

斯大林仅仅根据女医生季马舒克的报告就制造了"医生间谍案件。"

五、产生个人崇拜的根源是斯大林的个人不良品质。

赫鲁晓夫说:"个人崇拜达到了如此骇人听闻的规模,主要是因为斯大林本人百般地鼓励和支持某个人的颂扬。"赫鲁晓夫把斯大林个人的不良品质归纳为任性、专横、傲慢、滥用职权、病态的猜疑、自我吹嘘和缺乏最基本的谦虚精神,等等。又说,这些不良品质在列宁活着的时候还只是处于萌芽状态,由于列宁的严肃批评,斯大林在列宁逝世后的初期还稍为检点,以后就发展得越来越严重,到他晚年已经达到令人不能容忍的地步了。

最后,赫鲁晓夫说:个人崇拜助长了党的建设和经济建设中的有害方法,产生了命令主义,各种歪风,掩饰缺点和粉饰现实。而斯大林一生的悲剧在于:他认为他所做的一切都是为了党和劳动人民的利益,为了保卫革命成果所应做的。

赫鲁晓夫在结束报告时提出3点结论:1.谴责和根除个人崇拜,从马克思列宁主义出发,批判地审查和纠正历史学、哲学、经济学、文学艺术等领域因个人崇拜而广为流行的错误观点;2.严格遵守集体领导原则,遵守党章所规定的党的生活准则,开展批评和自我批评;3.完全恢复体现在苏联宪法中的社会主义民主,同一切滥用职权的人们的专横行为做斗争,彻底纠正破坏社会主义法制的现象。

匈牙利事件中的纳吉

处死一个人,如果行刑的是势不两立的敌手,死者亦死得明白;如果是同一信仰、同一奋斗目标的人砍下自己的头颅,那是死不瞑目的冤情了;倘若以一个崇高的名义磨就的锋利剑刃砍杀真心诚意为此目标奋斗的殉道者时,那就是不折不扣的反讽和无可奈何的悲哀。法国大革命时,罗兰夫人在断头台前一声:"自由,自由,多少罪恶之行假汝之名主、不受外来干涉的发展道路。1956 年事件,如果抛开当时炽热的意识形态色彩面纱,它不过是匈牙利历史上人民争取民族独立、民族自决的众多事件中最让人痛心、最让人沉思的一节。历史给了他们伟大诗人裴多菲,裴多菲则给了他们"生命诚可贵,爱情价更高,若为自由故,二者皆可抛"的名句。这一次,他们仍然在这一旗帜下斗争、流血。

"以行"，算是对此有了精辟的总结。但罗兰夫人并不是被"自由"的双刃剑刺中的最后一人，人们似乎总是在追求幸福社会的过程中玩着轮盘赌，往往是刀锋所指，一片血肉模糊。

隔了30多年的雾障风烟，我们仍然可以在被蓝色的多瑙河一分为二的布达佩斯城听见一个智者的声音：

"我曾两次努力在我国维护社会主义这个词的荣誉，那是1953年和1956年。第一次，拉科西出来反对我。第二次时，反对我的则是苏联的整个武装力量。在这个由热情和仇恨构成的诉讼中，我必须为了我的思想而牺牲我的生命。我愿意奉献它，因为按照你们的观点它已失去了价值。我相信，历史终将宣判杀害我的刽子手。……'

说话者名叫伊姆雷·纳吉，匈牙利共和国部长会议主席，这是他在1958年6月14日走上绞刑架前的讲话。这位戴着夹鼻眼镜的教授、布哈林最勤奋的学生，孜孜以求的是建立一个充满人情味的社会主义。两天后，他高喊"社会主义的、独立的匈牙利万岁！"走向晨风中飘荡在绞刑架上的绳套。尽管他一直申辩自己的清白，然而法庭仍"以工人阶级和全体劳动人民的名义"给他定罪，这是让纳吉哭笑不得的事情。"人民"是那些提着反坦克炮对准苏军坦克的青年人吗？是那些对保安部的滥杀奋起还击的人吗？不是的。"人民"只是苏军坦克碾过布达佩斯大街硝烟散后所操纵的应声虫而已。就像匈牙利一首歌中所唱："我们的国家有多大呀，连坏蛋也随处有容身之地"，匈牙利人民几百年来争取像多瑙河那样的奔腾自由又遭到了挫折。伊姆雷·纳吉双脚离开了沉睡的匈牙利大地，带着他的自信和遗憾。

但是，纳吉的预言在30多年漫长的沉默等待之后，终于变成了事实。1989年1月25日，匈牙利政府宣布，30年前被处决的前政府总理及其同案人员遗体将被重新安葬。6月16日，25万人聚集在布达佩斯的英雄广场上，匈牙利政府为纳吉等人举行了隆重的葬礼，宣称纳吉是"杰出的国家领导人"，纳吉等人的案件是"臆造的"，"判决是非法的。"实际上，已为纳吉事件平了反。

纳吉的死是匈牙利人民在探索符合国情的社会主义建设模式过程中的一次重大挫折。给纳吉平反，固然是拂去了历史的尘垢，让理性、正义和良知重见光明，但这一悲剧性的伤痕永远烙在匈牙利人民的心上，永远烙在追求公正、合理、幸福、充满人情味的人们的心上。

在众多论及匈牙利1956年事件的著作中，几乎无一例外地都把它说成是一场悲剧。这是符合实际情况的。就像匈牙利人民在1848年科苏特起义反对奥匈帝国哈布斯堡王朝一样，他们再次以流血的头颅祭了自由、民主、独立的神圣殿堂——当然，其中夹杂着错综复杂、一时分辨不清的矛盾，以至于人们可以随意从中抽取一两个事例给它定性，正义或是非正义，进步或是倒退，革命或是反革命。但是当我们透过30多年的历史迷障，会发现匈牙利人民只是在当时社会危机、政治危机的情况下自己选择一条独立、自由、民